Kurt Kardinal Koch

Gottes Freude und Freude an Gott

Perspektiven heutiger Glaubensverantwortung

HERDER

FREIBURG · BASEL · WIEN

MIX
Papier aus verantwortungsvollen Quellen
FSC® C005833

www. herder. de

Umschlaggestaltung: Verlag Herder
Umschlagmotiv: © Francesco Pistilli/kna-Bild 2019
Satz: Barbara Herrmann, Freiburg
Herstellung: Těšínská Tiskárna a.s., Český Těšín
Printed in the Czech Republic

ISBN Print 978-3-451-38736-4
ISBN E-Book (PDF) 978-3-451-83736-4

Kurt Kardinal Koch

Gottes Freude und Freude an Gott

Inhalt

Ekklesiologische Dimension des Glaubens

Ministeriologische Dimension des Glaubens

Missionarische Dimension des Glaubens

Ökumenische Dimension des Glaubens

Dialogische Dimension des Glaubens

Vorwort

„Freue dich, du Gnadenvolle, der Herr ist mit dir“ (Lk 1,28). Mit diesen Worten begrüßt der Erzengel Gabriel Maria, bevor er ihr die Verheißung zuspricht, dass sie ein Kind empfangen wird, das Sohn Gottes genannt werden wird. Die Anrede Marias hört sich zunächst an wie die im damaligen griechischen Sprachraum geläufige Grußformel, und so wird sie heute auch zumeist übersetzt: „Gegrüßt seist du“. Betrachten wir die Anrede jedoch von ihrem alttestamentlichen Hintergrund her, wird deutlich, dass der Erzengel Maria jene neue Freude zuspricht, die von Gott her kommt: „Freue dich“. Das erste Wort, mit dem die neutestamentliche Heilsgeschichte beginnt, ist somit ein Wort der Freude; und Freude ist zugleich der zentrale Inhalt der Botschaft Gottes, die sich Evangelium nennt. Die Freude steckt nicht nur im Wort „Evangelium“, sondern sie steckt auch alle an, die auf das Evangelium hören, es verkünden und leben. Indem das Evangelium mit seinem ersten Wort der Freude beginnt, wird zugleich sichtbar, dass das Christentum in seinem innersten Kern Freude, ja göttliche Ermächtigung zur Freude ist.

Die Freude hat dabei einen konkreten Grund, wie wiederum in der Anrede Marias angezeigt ist. Der Erzengel spricht Maria als „Gnadenvolle“ an. Dabei gilt es zu beachten, dass in der griechischen Sprache das Wort für Gnade – „charis“ – den gleichen Wortstamm aufweist wie das Wort für Freude – „chara“ –. Von daher wird uns die frohe Einsicht geschenkt, dass alle wahre Freude aus der Gnade kommt, ja dass die Gnade die wahre Freude ist.

Von dieser Freude ist Maria so sehr erfüllt, dass sie bei ihrem Besuch bei Elisabet als Antwort ihrer Freude in ihr grosses Loblied des „Magnifikat“ einstimmt. Auch dieses Wort gilt es genau zu übersetzen: „meine Seele macht Gott gross“. Denn Maria weiß im Glauben, dass dann, wenn Gott mit unserem Lob und unserem Leben gross gemacht wird, der Mensch gerade nicht klein gemacht wird. Der Mensch wird vielmehr immer dann klein gemacht, wenn auch Gott klein gemacht oder gar aus der Öffentlichkeit verdrängt wird, wie wir dies im vergangenen Jahrhundert in den antichristlichen und neuheidnischen Terrorherrschaften des Nationalsozialismus und des Sowjetkommunismus bitter haben erfahren müssen. Dort jedoch, wo Gott durch uns Menschen gross gemacht wird, hat auch der Mensch an der Größe Gottes Anteil, und dort lebt wahre Freude.

Maria steht vor uns als der exemplarische Mensch der Freude. Sie hat uns vorgelebt, wozu wir Christen berufen sind, nämlich Gottes Geschöpfe in Freude zu sein. Damit ist freilich der tiefste Grund der christlichen Freude noch nicht genannt. In erster Linie haben nicht wir Christen Freude an Gott, sondern Gott selbst hat Freude an seiner Schöpfung und an seinen Geschöpfen. Bereits im Alten Testament begegnet uns Gott, der sich über seine erlösten Geschöpfe freut, wie beispielsweise der Prophet Zefanja verheißt: „Der Herr, dein Gott, ist in deiner Mitte, ein Held, der Rettung bringt. Er freut sich und jubelt über dich, er erneuert seine Liebe zu dir, er jubelt über dich und frohlockt an einem Festtag" (3,17). Vollends im Neuen Testament, vor allem im 15. Kapitel des Lukasevangeliums, in dem uns die Gleichnisse vom verlorenen Schaf, von der verlorenen Drachme und vom verlorenen Sohn geschenkt sind und das man mit dem Titel „Die Freude Gottes" überschreiben könnte, wird uns Gott vor Augen gestellt, der sich über das Verlorene, das er wiedergefunden hat, von Herzen freut.

Diese wenigen Beispiele bestätigen die sensible Aussage des protestantischen Theologen Jürgen Moltmann: „Das Christentum ist eine Religion der Freude Gottes."[1] Das Christentum ist eine Religion der Freude, weil sie in erster Linie Gottes Freude an seiner Schöpfung verkündet. Daraus folgt die Freude, die wir Christen an Gott haben können. Der tiefste Grund der christlichen Freude aber ist die Freude Gottes selbst. Diese Freude Gottes und die Freude an Gott zu verkünden ist die wichtigste Sendung der heutigen Christenheit, wie Papst Benedikt XVI. immer wieder in Erinnerung gerufen hat: „Die Freude an Gott, die Freude an Gottes Offenbarung, an der Freundschaft mit Gott wieder zu erwecken, scheint mir eine vordringliche Aufgabe der Kirche in unserem Jahrhundert. Gerade auch für uns gilt das Wort, das der Priester Esra dem ein wenig mutlos gewordenen Volk nach der Verbannung zurief: Die Freude am Herrn ist unsere Stärke" (Neh 8,10)."[2] Auch für Papst Franziskus ist Freude ein Schlüsselwort, das er bereits in seinem Ersten Apostolischen Schreiben zum Klingen hat bringen lassen: „Die Freude des Evangeliums". Denn er ist überzeugt, dass mit Jesus Christus „immer – und im-

1 J. Moltmann, Christliche Erneuerungen in schwierigen Zeiten (München 2019) 48.

2 J. Kardinal Ratzinger, Die Kirche an der Schwelle des 3. Jahrtausends, in: Ders., Weggemeinschaft des Glaubens. Kirche als Communio (Augsburg 2002) 248–260, zit. 259.

mer wieder – die Freude“ kommt und dass wir deshalb eine „neue Etappe der Evangelisierung“ brauchen, „die von dieser Freude geprägt ist“[3].

„Gottes Freude und Freude an Gott“: mit diesem Titel sind auch die Beiträge überschrieben, die im vorliegenden Buch versammelt sind. Es handelt sich dabei um Vorträge und Artikel, die ich in den vergangenen Jahren zu verschiedenen Anlässen verfasst und für die Drucklegung nochmals überarbeitet habe, indem vor allem Wiederholungen dort, wo sie für das Verständnis des Zusammenhangs nicht notwendig sind, vermieden worden sind. Mit der Auswahl dieser Texte soll zum Ausdruck gebracht werden, dass die Kirche heute berufen ist, Zeugnis zu geben von jener Freude, zu der der christliche Glaube uns ermächtigt, weil wir im Glauben daran leben dürfen, dass Gott selbst Freude an uns hat. Wenn wir aus dieser Frohen Botschaft leben, werden wir gewiss auch jene Worte beherzigen, die der heilige Paulus an die Gemeinde in Korinth geschrieben hat: „Wir wollen ja nicht Herren über euren Glauben sein, sondern wir sind Helfer zu eurer Freude; denn im Glauben sind wir fest verwurzelt“ (2 Kor 1,24). Wenn das vorliegende Buch helfen könnte, bei den Lesenden die Freude an der Schönheit des christlichen Glaubens zu wecken und zu vertiefen, dann hätte es seinen bescheidenen Dienst erfüllt.

Rom, im August 2019 — Kurt Cardinal Koch

3 Franziskus, Evangelii gaudium, Nr. 1.

Theozentrische Dimension des Glaubens

In Liebe erlöste Freiheit

Besinnung auf das anthropologische Geheimnis des christlichen Glaubens[1]

Gleichsam wie der verlorene Sohn kehre die säkularisierte Kultur heute zu ihrem Vater zurück: Mit dieser gesellschaftlich gewendeten Interpretation des Gleichnisses vom verlorenen Sohn beschreibt Wolfram Weimer die religionspolitische Situation der Gegenwart, die er als Übergang vom postmodernen in ein neoreligiöses Zeitalter charakterisiert und in der das zunehmende Heimweh der Menschen nach Gott zu einer „inneren Zuneigung der Gesellschaft zum Glauben" führe.[2] Wenn die für die mit der europäischen Aufklärung anhebende Neuzeit kennzeichnenden Leitwörter Freiheit und Emanzipation heißen, die sich nicht nur auf die traditionalen Bestände der Gesellschaft, sondern auch und gerade auf den christlichen Glauben beziehen, dann bedeutet die Kulturdiagnose Weimers zugleich eine neue Versöhnung zwischen der menschlichen Freiheit und dem christlichen Glauben. Eine solche Versöhnung drängt sich nicht nur von der heutigen Gesellschaft her auf, sondern auch von der Tradition des christlichen Glaubens selbst her, in der das Verhältnis von Glaube und Freiheit das große Thema neuzeitlicher Theologie gewesen ist. Während der Reformator Jean Calvin diese Frage mit der Lehre von der Prädestination und Martin Luther mit der forcierten Betonung der Trennung von Glauben und Werken beantwortet haben, versuchte demgegenüber die katholische Theologie beide Wirklichkeiten zusammenzuhalten; sie hat aber angesichts des dazu notwendigen Kraftaufwandes unter anderem in einen Parteienstreit zwischen den Jesuiten und Dominikanern geführt. Trotz der Divergenz dieser verschiedenen Ansätze sind sie aber darin übereingekommen, dass der Glaube irgendwie eine Einschränkung der menschlichen Freiheit nach sich zieht, und sie standen damit mitten im Drama der neuzeitlichen Emanzipation des Menschen, für den die Liebe des göttlichen Vaters nicht mehr selbstverständliche Voraussetzung seines Lebens

1 Erschienen in: G. Augustin/M. Brun/E. Keller/M. Schulze (Hg.), „Christus – Gottes schöpferisches Wort". Festschrift für Christoph Kardinal Schönborn zum 65. Geburtstag (Freiburg i. Br. 2010) 371–402.

2 W. Weimer, Credo. Warum die Rückkehr der Religion gut ist (München 2006) 78.

ist, sondern eher „das Bleigewicht der Fremdbestimmung", der gegenüber „man den Raum des eigenen Seins sichern muss"[3]. Von daher kann man in der Tat im biblischen Gleichnis vom verlorenen Sohn die neuzeitliche Emanzipationsgeschichte und die neue Sehnsucht nach Erlösung zur wahren Freiheit vorweg dargestellt sehen; und es legt sich nahe, dieses Gleichnis als Leitfaden für die Erörterung des Zusammenhanges zwischen menschlicher Freiheit und göttlicher Erlösung zu nehmen. Damit wird zugleich deutlich, dass diese Frage nicht nur für die Neuzeit typisch ist, sondern sich als eine anthropologische Grundfrage herausstellt, die sich durch die ganze Geschichte hindurch zieht und den Menschen aller Zeiten bewegt hat und auch in Zukunft bewegen wird.[4]

1. Freiheit als Selbstbesitz und Streben nach Emanzipation

Wie der Vater und seine beiden Söhne im Gleichnis zusammenleben, so gehören für Paulus Glaube und Freiheit unlösbar zusammen. Sie konkurrenzieren sich nicht und sind schon gar nicht einander entgegengesetzt; sie fordern und fördern sich vielmehr wechselseitig. Paulus kann deshalb den Galatern die Würde ihres Christseins mit einfachen Worten in Erinnerung rufen: „Ihr seid zur Freiheit berufen, Brüder" (Gal 5,13a). Paulus bringt damit seine Grundüberzeugung zum Ausdruck, dass die Freiheit des Menschen nirgendwo so gut aufgehoben ist wie im Glauben an Jesus Christus, der selbst die Freiheit in Person ist. Paulus rechnet freilich auch damit, dass der Christ immer wieder hinter seine Berufung zurückfallen kann, wenn er die Galater mit eindringlichen Worten mahnt: „Nur nehmt die Freiheit nicht zum Vorwand für das Fleisch, sondern dient einander in Liebe" (Gal 5,13b). Was dies für eine Freiheit ist, die ihr elementares Kriterium und ihre Bewährung im gegenseitigen Dienst der Liebe findet, darauf wird zurückzukommen sein. Zunächst aber gilt es zu bedenken, dass Paulus offensichtlich davon ausgeht, dass man die Freiheit nicht einfach ein für allemal hat, sondern dass wir zur Freiheit berufen sind, aber immer wieder der Versuchung ausgesetzt sind, sie

3 J. Cardinal Ratzinger, Geleitwort, in: L. Weimer, Die Lust an Gott und seiner Sache, oder: Lassen sich Gnade und Freiheit, Glaube und Vernunft, Erlösung und Befreiung vereinbaren? (Freiburg i. Br. 1981) 5.

4 Vgl. G. Greshake, Geschenkte Freiheit. Einführung in die Gnadenlehre (Freiburg i. Br. 1977); O. H. Pesch, Frei sein aus Gnade. Theologische Anthropologie (Freiburg i. Br. 1983); Th. Pröpper, Erlösungsglaube und Freiheitsgeschichte. Eine Skizze zur Soteriologie (München 1988).

als „Vorwand für das Fleisch“ zu nehmen und sie in fleischlicher Weise zu missbrauchen.

a) Größe und Tragik der Freiheit

Das Gleichnis vom verlorenen Sohn dürfte den heutigen Menschen vor allem deshalb unmittelbar ansprechen, weil in ihm ein Loblied auf die menschliche Freiheit gesungen wird und weil die Freiheit zu den größten Lebensheiligtümern des heutigen Menschen gehört, und zwar selbst dann, wenn es sich um eine sehr riskante Freiheit handelt.[5] Als Freiheitskünstler wird es dem Menschen heute leicht fallen, sich im jüngeren Sohn im Gleichnis wieder zu erkennen. Dieser lebt zwar mit seinem Vater und seinem Bruder in Frieden. Sie scheinen erfolgreiche Landwirte zu sein und ein gutes Leben zu führen. Dieses Leben aber erscheint dem jüngeren Sohn stets als langweiliger und unbefriedigender. Deshalb beschließt er, sein Vaterhaus zu verlassen, um fort zu ziehen in ein fernes Land. Dazu verlangt er vom Vater den Anteil des Erbes, der ihm in seiner Sicht zusteht.

Damit tritt bereits die abgrundtiefe Radikalität jener Freiheit vor Augen, die er anstrebt. Denn in dieser nüchternen und einfachen Feststellung liegt letztlich etwas Unerhörtes verborgen: Wer bereits zu Lebzeiten des eigenen Vaters das Erbteil für sich beansprucht, der wünscht im Grunde nichts anderes als dies, dass der Vater tot sei. Das Weggehen des Sohnes in ein fernes Land haben deshalb die Kirchenväter mit Recht als innere Entfernung und Entfremdung des Sohnes von der Lebenswelt des Vaters interpretiert. Indem der Sohn in der Ferne sein Erbe verprasst, sein neues Leben genießt und bis zum Letzten ausschöpft, scheint er endlich jene Freiheit gefunden zu haben, die er sich gewünscht hat. Sehr bald muss er freilich die Erfahrung machen, dass auf seinen verschlungenen Wegen von der ursprünglichen Sehn-Sucht nach Freiheit in der Ferne nur noch die Sucht, die Freiheit ganz auszuleben, übrig bleibt. Erst im Elend, auf dem Lebensniveau sogar noch unter dem der Schweine angelangt, das so gross geworden ist, dass selbst die Süchte nicht mehr befriedigt werden können, meldet sich die ursprüngliche Sehn-Sucht nach dem Haus des Vaters wieder. Damit zeigt sich die Hypothek der Freiheit an, die der jüngere Sohn angestrebt hat und die gar nicht größer sein könnte.

---

5 Vgl. P. M. Zulehner – H. Denz, Wie Europa lebt und glaubt. Europäische Wertestudie (Düsseldorf 1993).

Größer könnte freilich auch der Schmerz der Liebe nicht sein, den der Vater bei diesem Ansinnen seines Sohnes ertragen muss. In diesem Schmerz der Liebe lässt er aber seinem Sohn die Freiheit, von Zuhause wegzugehen. Er respektiert großzügig die Freiheit seines Sohnes, der offensichtlich seinen eigenen Lebensentwurf selbst finden muss. Auf dieses großzügige Verhalten des Vaters wird zurückzukommen sein. Zunächst müssen wir uns aber den zweiten Sohn vor Augen führen, der zwar zu Hause bei seinem Vater bleibt, insgeheim aber auch von einem anderen Leben träumt, wie seine Reaktion des Neides bei der Heimkehr des jüngeren Sohnes überdeutlich anzeigt. Auch der ältere Sohn, der ebenfalls im Stillen von einer Freiheit ohne Grenzen träumt und deshalb die wirkliche Freiheit, nämlich die Gnade des Daheimseins beim Vater, nicht mehr zu schätzen weiß, erweist sich im Grunde ebenfalls als ein verlorener Sohn. Seine Verlorenheit besteht freilich darin, dass er im eigenen Vaterhaus ein Fremder geworden ist und dass er weder die tägliche Liebe seines Vaters zu ihm wahrnehmen noch nach der Heimkehr des ersten Sohnes in die Freude des Vaters einstimmen kann. Dies ist die Erfahrung eines wegen der großherzigen Liebe des Vaters verbitterten und verhärteten Herzens. Auch der daheim gebliebene Sohn muss deshalb innerlich nach hause zurückkehren, um neu zu verstehen, dass beim Vater die wahre Freiheit lebt. Diesbezüglich hat Henri J. M. Nouwen sensibel beobachtet, dass die am schwersten zu vollziehende Umkehr die Umkehr desjenigen ist, der zuhause geblieben ist. Denn vom leichtsinnigen Leben der Süchte umzukehren dürfte leichter sein, „als sich von der Kälte der Verbitterung zu lösen, die sich in den tiefsten Fasern meines Wesens eingewurzelt hat“[6].

Das Gleichnis Jesu vom verlorenen Sohn muss man als Gleichnis von den verlorenen Söhnen lesen; und als solches bringt es an den Tag, was wirklich Freiheit und was nur der Schein von Freiheit ist. Die Freiheit ist ein Integral der Würde des Menschen, der als Bild und Gleichnis Gottes geschaffen ist. Der Mensch ist aber auch ein schwaches Geschöpf und wird immer wieder von der Schwerkraft des Bösen angezogen, so dass er seine Freiheit missbraucht und zum Gegenteil seiner Würde macht. In dieser Spannung zwischen Größe und Elend der menschlichen Freiheit zeigt sich jene Ambivalenz an, die bereits Paulus analysiert und die Papst Benedikt XVI. meisterhaft ins Wort gebracht hat: Die Freiheit ist „ein Sprungbrett, um in das unendliche Meer der göttlichen Güte hineinzuspringen; sie

---

6 H. J. M. Nouwen, Nimm sein Bild in dein Herz. Geistliche Deutung eines Gemäldes von Rembrandt (Freiburg i. Br. 1998) 94.

kann aber auch zu einer schiefen Ebene werden, auf der wir zum Abgrund der Sünde und des Bösen hin abrutschen und damit auch die Freiheit und unsere Würde verlieren"[7].

b) Ambivalenz der europäischen Freiheitsgeschichte

Kann und muss man in diesem biblischen Gleichnis nicht auch die Geschichte Europas vor allem in der Neuzeit seit der Aufklärung dargestellt finden? Die europäische Neuzeit zeichnet sich dadurch aus, dass sie zwar den Weg aus der Geborgenheit im Vaterhaus in die Freiheit in der Ferne durchaus mit ihrem christlichen Erbteil angetreten ist, dieses Erbe aber in ganz weltliche Bahnen gelenkt hat und mit ihm ihre eigenen Wege gegangen ist. Auf diesem Weg ist zwar viel Positives erreicht worden, bei dem das christliche Evangelium als Salz gewirkt hat und das dankbar zu anerkennen die Kirche allen Grund hat. Sie darf sich deshalb mit gutem Gewissen darüber freuen, dass das Christentum im neuzeitlichen Europa auch „in weltlicher Gestalt existiert" und kostbare Früchte des Evangeliums der gesamten Gesellschaft vermitteln konnte.[8] Zu denken ist dabei vor allem an die weltliche Hochschätzung der Freiheit des menschlichen Gewissens, das der Philosoph Johann G. Fichte zu einem „Heiligtum" erklärt hat, „das anzutasten Frevel wäre", aber auch an die säkulare Betonung der unverletzlichen Würde jeder Person, ferner die weltliche Einführung der allgemeinen Schulpflicht und viele andere Errungenschaften des modernen demokratischen Rechtsstaates, die als säkularisierte Schätze der christlichen Tradition identifiziert werden können.

(1) Freiheit ohne verbindliche Wahrheit

Mit der zunehmenden Säkularisierung hat sich die europäische Neuzeit aber immer mehr von der christlichen Tradition abgekoppelt, sich von ihren Wurzeln abgeschnitten und das Erbe, das sie vom Vaterhaus mit in die Ferne genommen hat, weithin verausgabt, und zwar bis dahin, dass der Name Gottes in der europäischen Konstitution nicht einmal mehr erscheinen sollte. Die Diskussionen über die so genannte Charta der Europäischen Union haben

7 Benedikt XVI., Homilie im Römischen Jugendgefängnis „Casal del Marmo" am 18. März 2007.

8 E. Jüngel, Das Evangelium und die evangelischen Kirchen Europas, in: Ders., Indikative der Gnade – Imperative der Freiheit. Theologische Erörterungen IV (Tübingen 2000) 279–295, zit. 286.

es jedenfalls an den Tag gebracht, dass die öffentliche Erwähnung Gottes in Europa nicht mehr mehrheitsfähig ist und dass in der Folge die Rede von Gott immer mehr aus der Öffentlichkeit in die Privatsphäre verbannt und von Gott in gesellschaftlichen Belangen abgesehen wird. Muss man daraus nicht den Schluss ziehen, dass Europa sein Erbe zu einem großen Teil verprasst, so dass die vielen Freiheitsmöglichkeiten, die realisiert werden konnten, zugleich neue Unfreiheiten und Zwänge hervorgebracht haben, und dass der ganz frei sein wollende Mensch wieder als Knecht dasteht, gleichsam als Schweinehüter, der bereits froh wäre, wenn er wenigstens Schweinefutter sein eigen nennen dürfte?

Um die Reise dieses europäischen Sohnes in die Ferne verstehen zu können, drängt es sich auf, sich den Start dieser Reise zu vergegenwärtigen. Dann zeigt sich, dass am Beginn der neuzeitlichen Freiheitssehnsucht und der mit ihr einhergehenden Alleinherrschaft der technischen Vernunft die Verabschiedung von jeder Gestalt von Tradition steht. Denn das neuzeitliche Programm der Freiheit versteht sich bewusst als „radikale Antithese zur Idee der Überlieferung“[9]. Dem gemäß werden in konsequenter Anwendung der technischen Rationalität alle traditionellen Wertesysteme für prinzipiell durchschaubar erklärt, konstruiert der Mensch die gesamte Wirklichkeit neu und wird er zum Schöpfer seiner selbst. Diese Loslösung des Menschen von jeder Tradition zeigt sich heute am deutlichsten einerseits in der prinzipiellen Verfügbarkeit über das menschliche Leben, vor allem an seinem Beginn und an seinem Ende[10], und andererseits in der Auflösung jedes Wesen-tlichen Unterschiedes zwischen Mann und Frau. Indem als Freiheit ausgegeben wird, dass der Mensch auch mit seinem geschlechtlich geprägten Leib machen kann, was er will, kommt es zu einer „Banalisierung des Körpers, die unvermeidlich die Banalisierung des Menschen einschließt“[11]. Diese Freiheit, die jedes dem Menschen vorgezeichnete „Wesen“ des Menschseins leugnet, stellt sich aber letztlich als Pseudofreiheit heraus, die in der Zerstörung der Familie als Urzelle der Gesellschaft endet, wie wir sie heute erleben. Hier bewahrheitet sich, dass im Gleichnis des verlorenen Sohnes jenes Wort, das für das verprasste Erbe steht, in der griechischen Sprache „Wesen“ be-

9 J. Ratzinger, Tradition und Fortschritt, in: A. Paus (Hg.), Freiheit des Menschen (Graz 1974) 9–30, zit. 18.

10 Vgl. K. Koch, Wähle das Leben! Herausforderungen der Biowissenschaften im Licht des christlichen Glaubens (Solothurn 2007).

11 Papst Benedikt XVI., Schreiben zur Eröffnung der Pastoraltagung der Diözese Rom zum Thema Familie am 6. Juni 2005.

deutet.[12] Damit tritt die Tragik des europäischen Sohnes vollends ans Tageslicht: Der verlorene Sohn verprasst sein „Wesen“ und damit sich selbst.

Mit der fundamentalen Traditionskrise engstens zusammen hängt die neuzeitliche Verabschiedung der Frage nach der Wahrheit. Wenn die Tradition als Gefängnis der menschlichen Freiheit betrachtet und wenn die Frage nach dem Wesen einer Wirklichkeit als eine unwesentliche Frage beurteilt wird, entfallen auch die objektiven Kriterien dessen, was als Wahrheit gelten darf. Diese radikalisierte Freiheitskonzeption hat ihre letztmögliche Verabsolutierung bei Jean-Paul Sartre gefunden, bei dem der Mensch überhaupt kein Wesen mehr hat, sondern nur noch Freiheit ist, weshalb der Mensch zur Freiheit verdammt ist. Im Konzept einer derart verabsolutierten anarchischen Freiheit hat Wahrheit keinen Ort mehr, verliert freilich auch die Freiheit jedes Mass und jede Ausrichtung.[13] Wenn zudem die technische Rationalität, die in den Naturwissenschaften grundlegend geworden ist, nur das als „wahr“ gelten lässt, was experimentell belegbar und exakt erklärbar ist, kann es „Wahrheit“ nur noch in der Gestalt von entweder empirisch verifizierbaren Aussagen oder subjektiven Wertungen geben, die aber keine allgemeingültige Verbindlichkeit mehr beanspruchen können.

Verbindliche Annahmen, ausgenommen freilich die naturwissenschaftlich exakt belegbaren, stehen überhaupt dem neuzeitlichen Lebensgefühl entgegen. Angesichts dieser modernen Mentalitätslage scheinen nur noch der Relativismus und der Subjektivismus modernitätsverträgliche Einstellungen zu sein, die sich freilich vermehrt absolut setzen und damit selbst ad absurdum führen, wie an den so genannt neuen europäischen Werten abgelesen werden kann, nämlich an der Dogmatisierung des Relativismus und an der intoleranten Durchsetzung der Toleranz.

Der neuzeitliche Relativismus und Subjektivismus führt schließlich von selbst in den Individualismus, der als größtes Hindernis bei der Entwicklung einer tragfähigen Kultur verbindlicher Solidarität diagnostiziert werden muss.[14] In der Gestalt des Wunsches ist zwar auch in der heutigen Gesellschaft Solidarität stark, sie ist aber relativ schwach in der Art ihrer Realisierung. Die Menschen wünschen sich durchaus mehr Solidarität, aber sie bringen sie doch allzu oft nicht zustande. Was bereits Paulus von sich beklagt

---

12 J. Ratzinger – Benedikt XVI., Jesus von Nazareth (Freiburg i. Br. 2007) 244.

13 Vgl. J. Pieper, Kreatürlichkeit und menschliche Natur. Anmerkungen zum philosophischen Ansatz von J.-P. Sartre, in: Ders., Über die Schwierigkeit, heute zu glauben (München 1974) 304–321.

14 Vgl. K. Koch, Solidarität: Lebenselixier christlichen Glaubens (Freiburg/Schweiz 1998).

hat – „Das Wollen ist bei mir vorhanden, aber ich vermag das Gute nicht zu verwirklichen" (Röm 7,18b) –, gilt auch für die Solidarität, deren Wunsch auf dem Weg zur Praxis oft genug auf der Strecke bleibt. Der heute weit verbreitete Individualismus korreliert jedenfalls mit Desolidarisierung, also mit einem katastrophalen Mangel an belastbarer Solidarität. Die moderne Freiheit ist der großen Gefahr ausgesetzt, unsolidarisch gelebt zu werden. Für die Lebensart des heutigen Menschen ist – mit dem Züricher Paardynamiker Jürg Willi gesprochen – die „unbezogene Selbstverwirklichung" charakteristisch.[15] Und amerikanische Soziologen wie Robert N. Bellah reden sogar von einem „expressiven Individualismus" als der dominierenden Haltung vornehmlich derjenigen Menschen, die heute zu den jüngeren Generationen gehören.[16] Das eigentliche Kernproblem des heutigen Menschen ist folglich daran festzumachen, dass sein Freiheitsanspruch im Kontext mangelnder Solidarität aufkommt und nicht selten darin umkommt und die hoch eingeschätzte Freiheit des einzelnen Menschen sich nicht mehr mit solidarischer Gerechtigkeit verschwistern will.

(2) Emanzipation als Kern neuzeitlicher Freiheit

Die Charakterisierung des neuzeitlichen Freiheitsverständnisses könnte leicht den Eindruck erwecken, dieses stehe in einem völligen Gegensatz zur Tradition des christlichen Glaubens. In dieser Pauschalität trifft ein solches Urteil aber nicht zu. Denn der christliche Glaube trifft sich mit dem neuzeitlichen Grundempfinden des heutigen Menschen durchaus darin, dass auch der Christ sich als unfrei erfährt, an seiner Unfreiheit leidet und sich nach mehr Freiheit sehnt. Die christliche Tradition unterscheidet sich aber maßgeblich bei der dedektivischen Suche nach den eigentlichen Wurzeln der menschlichen Unfreiheit.

Der neuzeitliche Mensch pflegt diese Wurzeln zumeist gerade nicht bei sich selbst zu suchen, sondern außerhalb seiner. Bereits Jean Jacques Rousseau vertrat die Überzeugung, der Mensch sei von Haus aus eigentlich gut und frei; unfrei und böse werde er vielmehr allein aufgrund von äußeren Verhältnissen und Einflüssen. Folglich müsse man den jungen Menschen, damit

15 J. Willi, Was hält Paare zusammen? Der Prozess des Zusammenlebens in psycho-ökologischer Sicht (Reinbek bei Hamburg 1991).

16 R. N. Bellah u. a., Gewohnheiten des Herzens. Individualismus und Gemeinsinn in der amerikanischen Gesellschaft (Köln 1987).

er gut und frei bleiben könne, von seiner Umwelt abschirmen. In den Fußtapfen dieses Philosophen sucht auch der moderne Mensch die Ursachen seiner Unfreiheit nicht in seinem Innern, sondern gleichsam im „Außerorts“ seiner eigenen Existenz: sei dies in den sozialen Bedingungen, sei dies in den gesellschaftlichen Verhältnissen oder sei dies in den hierarchischen Strukturen der Katholischen Kirche. Getreu dem Motto von Bertold Brechts „Gutem Menschen von Sezuan“ – „Ich wär ja gern ein guter Mensch, nur leider sind die Verhältnisse nicht so“ – pflegt auch der moderne Mensch die Schuld für seine Unfreiheit so oft allein bei den andern zu suchen. Denn er ist weithin überzeugt, von Haus aus eigentlich frei zu sein, in seiner Freiheit aber von der gesellschaftlichen Umwelt behindert zu werden.

Das elektrisierende Stichwort des modernen Menschen heißt deshalb nicht zufälligerweise Emanzipation, und zwar im ursprünglichen Sinn des Wortes: e manu capere – aus der Hand dessen fallen, der einen in Verwahrung hält. Im römischen Recht war Emanzipation der juristische Sachbegriff für das Mündigwerden des jungen Römers. In einem übertragenen Sinn wird unter Emanzipation heute die Selbstbefreiung des Menschen von allen versklavenden, unfrei machenden und unmündig haltenden äußeren Bedingungen verstanden, um die uns von Haus aus eigene Freiheit zurückgewinnen zu können. Darin besteht im Kern die moderne Emanzipationsthese, die den charakteristischen Freiheitsgedanken der europäischen Neuzeit enthält, der davon ausgeht, dass das, was von außen in den Menschen hinein wirkt, seine Freiheit unrein macht. Diese These ist nicht nur wirksam geworden im liberalistischen Menschenbild, sondern auch in der marxistischen Sicht des Menschen, die die unrealistische und letztlich absurde Hoffnung geweckt hat, die Veränderung der gesellschaftlichen Strukturen werde von selbst den neuen und freien Menschen hervorbringen[17].

Diese weltanschaulichen Tendenzen haben in den vergangenen Jahrzehnten auch einen großen Einfluss auf verschiedene Strömungen des theologischen Denkens gehabt, in denen entweder Emanzipation als der neue Name für Erlösung ausgegeben[18] oder Erlösung mit einem praxisorientierten, so genannt befreienden Handeln der Menschen identifiziert wurde.[19] Vor allem in jenen Strömungen der Befreiungstheologie, die in einer unkritischen

---

17 Vgl. dazu die frühen Analysen bei J. Ratzinger, Die christliche Brüderlichkeit (München 1960), bes. 26–32; Ders., Einführung in das Christentum (München 1968), bes. 43–48.

18 Vgl. L. Scheffczyk (Hg.), Erlösung und Emanzipation (Freiburg i. Br. 1973).

19 Vgl. H. Kessler, Erlösung als Befreiung (Düsseldorf 1972).

Weise auf die marxistische Ideologie zurückgegriffen und diese leichtfertig auf den christlichen Hoffnungsbegriff übertragen haben, wurde Erlösung selbst als politischer Prozess verstanden, so dass die Erlösung des Menschen nicht mehr von Gott, sondern vom Menschen und seinen geschichtlichen Erfahrungen her gedacht wird, diese zum Maßstab und Kriterium dessen angesetzt werden, was Erlösung genannt wird, und damit die christliche Botschaft vom Kommen des Reiches Gottes in eine innergeschichtliche Eschatologie umgewandelt wird.[20]

Der Traum vom neuen Menschen und der neuen Gesellschaft ist freilich im vergangenen Jahrhundert gehörig ausgeträumt worden. Überall dort, wo man sich anschickte, den neuen Menschen zu produzieren und das Reich Gottes zu errichten, ist das Gegenteil bewerkstelligt worden: Das Tausendjährige Reich des Nationalsozialismus hat mitnichten das Reich der Freiheit gebracht, sondern das schiere Gegenwerk davon. Auch die marxistische Gesellschaft hat nicht das Reich Gottes errichtet, sondern uns bloß mit einer neuen Diktatur der Partei und ihrer Klasse versehen. Dort, wo im vergangenen Jahrhundert viel vom „neuen Menschen" geträumt worden ist, ist der alte Mensch besonders wirksam geblieben. Der Traum vom „neuen Menschen" ist gerade im vergangenen Jahrhundert für Millionen von Menschen zum Albtraum geworden. Nach dem Zusammenbruch der marxistisch inspirierten Regierungssysteme, die zusammen mit der nationalsozialistischen Terrorherrschaft zu den größten Sklavensystemen der neuzeitlichen Gesellschaft zu zählen sind, ist vollends deutlich geworden, dass eine innergeschichtliche Eschatologie nicht befreit, sondern in neuer Weise versklavt. Diese Einsicht hat Joseph Ratzinger, der als Papst Benedikt XVI. in seiner zweiten Enzyklika über die christliche Hoffnung „Spe salvi" die Umwandlung des christlichen Hoffnungsglaubens in der Neuzeit nochmals hellsichtig analysiert hat[21], mit den klaren Worten ausgesprochen: „Wo Politik Erlösung sein will, verspricht sie zuviel. Wo sie das Werk Gottes tun möchte, wird sie nicht göttlich, sondern dämonisch."[22]

---

20 Vgl. Internationale Theologenkommission (Hg.), Theologie der Befreiung (Einsiedeln 1977).

21 Benedikt XVI., Spe salvi, Nr. 16–23.

22 J. Kardinal Ratzinger, Die in den 1990er Jahren aufgebrochenen neuen Fragestellungen. Zur Lage von Glaube und Theologie heute, in: Ders., Glaube – Wahrheit – Toleranz. Das Christentum und die Weltreligionen (Freiburg i. Br. 2003) 93–111, zit. 94.

2. Christliche Erlösung zur Freiheit

Von dieser neuzeitlichen Freiheitsgeschichte unterscheidet sich das biblische Freiheitsverständnis darin, dass der neue Mensch und die neue Gesellschaft gerade nicht das Produkt von politisch-revolutionären Anstrengungen allein sein können, sondern ein neues Herz voraussetzt, das freilich nur Gott dem Menschen einpflanzen kann. In aller Deutlichkeit kommt diese Sicht zum Ausdruck in der Botschaft des Propheten Ezechiel von der göttlichen Transplantation des menschlichen Herzens: „Ich schenke euch ein neues Herz und lege einen neuen Geist in euch. Ich nehme das Herz von Stein aus eurer Brust und gebe euch ein Herz aus Fleisch“ (Ez 36,26). In der Auseinandersetzung mit den Pharisäern über Reinheit und Unreinheit betont Jesus: „Nichts, was von außen in den Menschen hineinkommt, kann ihn unrein machen, sondern was aus dem Menschen herauskommt, macht ihn unrein“ (Mk 7,15); und er begründet dies mit der weiteren Feststellung: „Von innen, aus dem Herzen der Menschen kommen die bösen Gedanken, Unzucht, Diebstahl, Mord, Ehebruch, Habgier, Bosheit, Hinterlist, Ausschweifung, Neid, Verleumdung, Hochmut und Unvernunft. All dieses Böse kommt von innen und macht den Menschen unrein“ (Mk 7,21–23).

a) Hamartiologisch vergiftete Freiheit

Die Freiheitsbotschaft des biblischen Glaubens geht von einem durchaus weniger optimistischen, dafür aber realistischeren Menschenbild als demjenigen aus, das der modernen Emanzipations- und Befreiungsthese zugrunde liegt. Selbstverständlich leugnet auch der Glaube nicht, dass es äußere Verhältnisse und Bedingungen gibt, die die menschliche Freiheit behindern. Aber dieses „Außerorts“ macht in seiner Sicht noch nicht die eigentliche Wurzel der menschlichen Unfreiheit aus. Diese liegt vielmehr im „Innerorts“ des Menschen selbst. Der biblische Glaube versteht den Menschen deshalb nicht als von Haus aus frei und gut, sondern gerade als unfrei, wiewohl er zur Freiheit bestimmt und berufen ist, wie Paulus explizit hervorhebt, für den Freiheit ein zentraler Begriff in seiner Verkündigung gewesen ist.[23] Der Glaube weiß darum, dass der Mensch elementar darauf angewiesen ist, allererst von seiner Unfreiheit zu seiner Freiheit befreit zu werden, um von seiner befreiten Freiheit

---

23 Vgl. M. Hüttner, Zur Freiheit befreit (Gal 5,1). Die moralisch-praktische Relevanz der Rechtfertigungslehre = Bamberger Theologische Studien 25 (Frankfurt a. M. 2004).

auch wirklich befreienden Gebrauch machen zu können. Das entscheidende Stichwort des christlichen Freiheitsverständnisses heißt deshalb nicht Emanzipation, jedenfalls nicht in erster Linie, sondern Erlösung. Dabei handelt es sich um eine Wirklichkeit, die wir nicht selbst machen, die wir uns vielmehr nur schenken lassen können.

In der biblischen Sicht der menschlichen Freiheit wird zunächst deutlich, was gerade nicht der Inbegriff, sondern das Gegenteil der Freiheit ist, nämlich der tiefere Sinn dessen, was der christliche Glaube als Sünde bezeichnet, also jene Wirklichkeit, die das neuzeitliche Freiheitsverständnis gerne verschweigt oder gar leugnet. Das christliche Freiheitsverständnis kann aber auf Begriff und Wirklichkeit der Sünde nicht verzichten, sondern stellt sie vielmehr klar vor Augen, wie dies beim verlorenen Sohn im biblischen Gleichnis zu Tage tritt. Denn seine Einsicht in die Sünde beginnt präzis damit, dass er sich im buchstäblichen Sinn als verloren erfährt. In dieser Situation geht ihm auf, dass er zuhause bei seinem Vater ein Freier gewesen ist und dass selbst dessen Knechte freier sind als er jetzt, der meinte, dadurch frei werden zu können, dass er in die Fremde gehen wollte. In der Fremde aber entdeckt er, dass er auch innerlich fremd gegangen ist und nun nicht als freier Mensch, sondern als Entfremdeter dasteht. Damit bahnt sich der Weg der Umkehr an, die die Unfreiheit als Folge der Sünde erkennen lässt.

Der verlorene Sohn macht die Erfahrung, dass Sünde nicht mehr Freiheit gewährt, sondern erst recht in die Unfreiheit führt. Diese Erkenntnis steht freilich quer zur Freiheitssehnsucht des modernen Menschen, der sich nur dann als frei empfindet, wenn er von nichts und von niemandem abhängig ist und wenn er tun kann, was er will. Doch solche Absolutsetzung des eigenen Ich, das gleichsam alles sein und alles haben will, macht den Menschen gerade nicht frei, sondern macht ihn zum Sklaven seiner selbst; und der aus dieser Absolutsetzung des eigenen Ich folgende Libertinismus ist nicht Freiheit, sondern ihr Scheitern. Denn der Mensch ist kein Absolutum, das wähnen könnte, es könne sich in sich selbst einigeln und nur seinem eigenen Wollen gemäß handeln. Der Mensch ist vielmehr ein Wesen, das in Beziehungen lebt und deshalb sich selbst verrät, wenn es gegen seine eigene Wahrheit lebt und beziehungslos sein Leben gestalten will.

Der innerste Kern der Sünde ist folglich die Leugnung des geschöpflichen Seins des Menschen und damit Selbstentfremdung, die gerade dann eintritt, wenn der Mensch um sich selbst kreist und sich zum Mittelpunkt der Welt erklärt. Wenn der Mensch ein Wesen ist, das in Beziehungen lebt, und wenn er an einen Gott glauben darf, der in sich selbst Beziehung in der Gemeinschaft der drei Personen ist, dann bedeutet Sünde Störung und Zerstörung von Beziehungen und damit Leben gegen die Wahrheit des eigenen Seins. Die Beschreibung der Sünde als Selbstentfremdung des Menschen ruft die weitere Frage hervor, weshalb der Mensch es offensichtlich immer wieder vorzieht, nicht der Wahrheit seines eigenen Wesens zu folgen, sondern der Lüge, und weshalb er das Gegenteil von dem, was er wesensgemäß wollen sollte, bewerkstelligt, wie dies Paulus in seinem Brief an die Römer meisterhaft beschrieben hat: „Das Wollen ist bei mir vorhanden, aber ich vermag das Gute nicht zu verwirklichen. Denn ich tue nicht das Gute, das ich will, sondern das Böse, das ich nicht will. Wenn ich aber das tue, was ich nicht will, dann bin nicht mehr ich es, der so handelt, sondern die in mir wohnende Sünde" (7,18–20).

Die Rede vom Wohnen der Sünde im Menschen verweist auf einen Widerspruch, der offensichtlich im Inneren des Menschen west und gleichsam sein Un-Wesen treibt. Dabei handelt es sich keineswegs bloß um eine Theorie, die sich möglicherweise aus einem pessimistischen Menschenbild nährt, sondern um eine Tatsache, die jeder Mensch immer wieder erfahren kann, wenn er mit offenen Augen in die Welt blickt. Weil aus Bösem immer wieder Böses entsteht und Sünde immer wieder Sünde hervorbringt und somit alle Sünden der Geschichte untereinander zusammenhängen, spricht die christliche Tradition von Ursünde oder Erbsünde, die sich im Menschen auswirkt. Wer die Geschicke der heutigen Welt aufmerksam beobachtet, für den ist die Erbsünde auch als empirische Realität mit Händen zu greifen, zumal die Sünde nicht Freiheit ermöglicht, sondern Freiheit vergiftet. Von daher erklärt sich nicht nur das neue Interesse, das – nach einem langen Verschweigen oder gar Verleugnen – der Erbsünde in der Theologie wieder entgegengebracht wird[24], sondern auch das immer wieder neue Erwachen der Sehnsucht nach Erlösung der vergifteten Beziehungen und der vergifteten Herzen.

b) Befreiung zu kommunikativ-solidarischer Freiheit

Das Unwesen der Erbsünde besteht im Streben nach einer solipsistischen Freiheit, die sich in erster Linie als Freiheit *von* versteht, die sich selbst isoliert und sich unabhängig machen will, und nicht als Freiheit *zu*, die sich in der Praxis der Liebe bewährt. So verstandene Freiheit strebt nach völliger Unabhängigkeit selbst von Gott und seiner Liebe, die die Verabsolutierung des ei-

24 H. Hoping/M. Schulz (Hg.), Unheilvolles Erbe? Zur Theologie der Erbsünde (Freiburg i. Br. 2009).

genen Ich nach sich zieht und zur Selbstvergottung führt. Gegenüber dieser angestrengten Borniertheit der Sünde und der mit ihr verbundenen Götterdämmerung stellt sich als alternative Lebensart des Glaubens die Gelassenheit heraus. In ihr kann man den tiefsten Wurzelgrund jener Freiheit des Menschen erblicken, die sich im christlichen Glauben eröffnet. Denn Glauben im Sinne des Vertrauens auf Gott ist die Befreiung des Menschen aus dem Kerker des Kreisens um sich selbst und Befreiung zu menschlichen Beziehungen und menschengerechten Verhältnissen. Wer glaubt und vertraut, vollzieht damit das eine Notwendige, das Papst Benedikt XVI. in einer sehr frühen Publikation die „kopernikanische Wende des eigenen Lebens" genannt hat, nämlich dass wir uns selbst nicht mehr als den Weltmittelpunkt betrachten, um den sich die anderen zu drehen haben, sondern dass wir stattdessen beginnen, mit vollem Ernst zu bejahen, „dass wir eins von vielen Geschöpfen Gottes sind, die sich gemeinsam um Gott als die Mitte bewegen"[25].

Wenn wir diesen hohen Anspruch des Glaubens in seiner ganzen Tragweite ernst nehmen, spüren wir erst recht, wie resistent die Sünde, genauer die vorkopernikanische Illusion in uns lebt und wirkt. Nicht nur meinen wir noch immer dem Augenschein nach, dass die Sonne auf- und untergeht und sich um die Erde dreht, sondern auch in einem viel tieferen Sinn leben wir noch immer existenziell vor Kopernikus, wenn wir illusionär meinen, das eigene Ich für den Mittelpunkt halten zu dürfen und zu sollen, um den herum sich die Menschen und die ganze Welt zu drehen haben. Demgegenüber mutet uns der christliche Glaube zu, dass wir die kopernikanische Wende auch in unserem Leben vollziehen und den Egoismus, die Selbstzufriedenheit und das Zurückschauen auf uns selbst überschreiten.

Von daher gilt es neu zu buchstabieren, was Freiheit bedeutet, und dabei zu erkennen, dass Freiheit kein Gegensatz zu Bindung, Treue und Liebe sein muss und auch nicht ist, dass sich Freiheit und Treue vielmehr gegenseitig fordern und fördern. Der wahre Ausdruck der Freiheit besteht in der Fähigkeit, sich für eine endgültige Hingabe zu entscheiden, in der sich die Freiheit dadurch, dass sie sich weggibt und verschenkt, selbst ganz wieder findet. Der christliche Glaube will, wie Kardinal Carlo M. Martini mit Recht betonte, die „Verschmelzung der beiden Gegebenheiten, der Freiheit nämlich und der Gemeinschaft"[26]. Denn Freiheit ist entweder kommunikativ und solidarisch oder sie ist nicht wirklich Freiheit.

25 J. Ratzinger, Vom Sinn des Christseins. Drei Predigten (München 1966) 58.
26 M. Garzonio, Nahaufnahme. Carlo Maria Martini (Trier 1997) 36.

Das christliche Konzept einer treuen Freiheit und einer freien Treue hat seinen anthropologischen Grund darin, dass der Mensch von Haus aus ein Wesen der Beziehung und deshalb menschliche Freiheit immer in dem Sinn begrenzt ist, dass die Freiheit des einen die Freiheit des anderen begrenzt. Freiheit kann es nur als geteilte Freiheit geben und nur in der Gemeinschaft der Freiheiten gelebt werden. Es kann prinzipiell keine Freiheit des einen gegen den anderen geben. Wenn ein Mensch sein eigenes Ich verabsolutiert, wird er zum Konkurrenten des anderen; und wer sich selbst zu Gott erklärt, muss notwendigerweise den anderen Menschen zum Anti-Gott und Feind erklären. Dann können Menschen nicht mehr zusammenleben, weil dann Feindschaft und Gewalt das Leben dominieren. Dem gegenüber kann Freiheit nur gedeihen und sich entfalten, wenn die Menschen lernen, in rechter Weise miteinander und füreinander zu leben. Nur eine gemeinsame Freiheit ist eine wirklich menschliche Freiheit; und menschliches Zusammenleben kann nur gelingen, wenn Freiheiten symphonisch zusammenklingen.

Das musikalische Bildwort der Symphonie verweist auf Wahrheit, wie Hans Urs von Balthasar in Erinnerung gerufen hat, dass die Wahrheit symphonisch ist und umgekehrt Symphonie Anwesenheit von Wahrheit anzeigt.[27] Menschen können nur dann in Freiheit zusammenleben, wenn sie sich an der Wahrheit ihres Seins orientieren und dabei erkennen, dass die Wahrheit ihres Seins eine allen Menschen gemeinsame Wahrheit ist. Freiheit kann es deshalb nicht ohne Wahrheit geben; und umgekehrt ermöglicht und schafft nichts mehr Freiheit als Wahrheit. Wenn der Kern der Sünde in der Selbstentfremdung des Menschen liegt, dann vermag der Mensch seine Freiheit nur wiederzugewinnen, wenn er sich der Wahrheit seines Seins stellt und sich der Bekundung dieser Seinswahrheit in seinem Gewissen öffnet. Denn recht verstanden ist das Gewissen das vornehmste Organ der Freiheit, insofern in ihm die Stimme der objektiven Wahrheit im konkreten Menschen wahrgenommen und es nicht als subjektivistischer Widerstand gegen die Wahrheit des Seins missverstanden und missbraucht wird.

27 H. U. von Balthasar, Die Wahrheit ist symphonisch. Aspekte des christlichen Pluralismus (Einsiedeln 1972).

c) Befreiung zu einem mündigen Gewissen

Beim menschlichen Gewissen handelt es sich ohne Zweifel um ein äußerst komplexes Phänomen, das es um der Rettung der Freiheit des Menschen willen genauer zu analysieren gilt.[28] Es sind vor allem zwei wesentliche Ebenen des Gewissensbegriffs zu unterscheiden und zugleich einander zuzuordnen. Diese beiden Ebenen hat die christliche Tradition mit den Begriffen „Conscientia“ und „Anamnesis“ zum Ausdruck gebracht: Während mit Conscientia der Gewissensakt auf der Ebene des konkreten Urteilens umschrieben wird, bezeichnet Anamnesis die ontologische Schicht des Gewissensphänomens im Sinne der Urerinnerung des Menschen an das Gute und Wahre, wie dies Augustinus mit den Worten ausgedrückt hat: „Wir könnten nicht urteilend sagen, dass das eine besser sei als das andere, wenn uns nicht ein Grundverständnis des Guten eingeprägt wäre.“[29] Wenn man beide Ebenen zusammen sieht, dann geht es im Gewissensakt im Sinne der Conscientia um die Anwendung der Urerinnerung an das Gute und Wahre im Sinne der Anamnesis in den einzelnen Lebenssituationen der Menschen. Blendet man hingegen die ontologische Ebene der Anamnesis, nämlich der vernehmlichen und gebieterischen Gegenwart der Stimme des Wahren und Guten im Menschen aus, dann bleibt vom Gewissen nur noch der Gewissensakt, nämlich das Gewissen als Geschehen im Vollzug, das die Anamnesis nicht mehr wirken lässt. Damit aber wird das Gewissen auf die subjektive Überzeugung des einzelnen reduziert, so dass der Mensch riskiert, bloß noch aus gewissen Gründen, aber nicht mehr aus Gewissensgründen zu entscheiden und zu handeln.

Diesen grundlegenden Unterschied im Gewissensverständnis kann man sich am besten am Begriff des irrenden Gewissens veranschaulichen. Dass auch das irrige Gewissen den Menschen bindet, dieser Grundsatz ist einerseits auf der Ebene des Gewissensurteils im Sinne der Conscientia in der Tat gültig und unerlässlich. Es kann deshalb nie Schuld sein, wenn ein Mensch seiner – auch irrigen – Überzeugung folgt; er muss es vielmehr. Dass auch das irrige Gewissen verpflichtet, dieser Grundsatz trifft andererseits aber nicht auf der ontologischen Ebene der Anamnesis zu. Hier muss vielmehr von Schuld gesprochen werden, die darin besteht, dass man deshalb zu verkehrten und irrigen Überzeugungen gelangt ist, weil man die Anamnesis, die Urerinnerung an das Gute und Wahre, in sich zum Verstummen gebracht

28 Vgl. D. V. Twomey, Benedikt XVI. Das Gewissen unserer Zeit (Augsburg 2006).

29 Augustinus, De trinitate VIII 3,4.

hat. Die eigentliche Schuld liegt dann nicht im jeweiligen Gewissensurteil, sondern in der „Verwahrlosung meines Seins, die mich stumpf gemacht hat für die Stimme der Wahrheit und deren Zuspruch in meinem Innern"[30]. Hier liegt der tiefste Grund, dass Überzeugungstäter wie beispielsweise Hitler und Stalin in schwerster Weise schuldig geworden sind, selbst wenn sie sich auf ihr – freilich irriges – Gewissen berufen haben.

Der Begriff des irrigen Gewissens kann verdeutlichen, dass die eigentliche Problematik bei der heute üblich gewordenen Berufung auf das Gewissen nicht selten darin besteht, dass man von den zwei wesentlichen Ebenen des Gewissensbegriffs die ontologische Ebene der Anamnesis ausblendet und die andere Ebene der Conscientia beinahe ausschließlich zum Tragen bringt. Mit einer solchen Subjektivierung des Gewissensverständnisses aber wird das komplexe Phänomen des Gewissens auf die subjektive Gewissheit des einzelnen Menschen reduziert, die dann freilich oft kaum mehr von bloß persönlichen Meinungen unterschieden werden kann, wie Papst Benedikt XVI. messerscharf analysiert hat: „Die Identifikation des Gewissens mit dem Oberflächenbewusstsein und die Reduktion des Menschen auf seine Subjektivität befreit nicht, sondern versklavt; sie macht uns erst vollends abhängig von den herrschenden Meinungen und erniedrigt das Niveau der herrschenden Meinungen selbst von Tag zu Tag."[31] Auf diesem Weg verkommt das Gewissen leicht zum Entschuldigungsmechanismus für eine maßlose und unbeschränkte Freiheit und vermag nicht mehr als Transparenz des menschlichen Subjekts für das Göttliche und damit als Garant der Würde und Größe des Menschen und seiner wahren Freiheit zu wirken.

Angesichts dieses neuzeitlichen Schrumpfungsprozesses im Gewissensverständnis wird sichtbar, wie aktuell die Warnung des Paulus auch heute ist, bei der befreiten Freiheit zu bleiben und sich nicht wiederum das „Joch der Knechtschaft" aufzuerlegen (Gal 5,1). In unserem gedanklichen Zusammenhang bedeutet dies konkret, dass jenes Gewissen noch nicht als mündig zu bezeichnen ist, das sich allein am persönlichen Gewissensurteil des einzelnen Menschen im Sinne der Conscientia orientiert und darauf den Grundsatz von der Bindung auch des irrigen Gewissens auf das subjektivistisch reduziert verstandene Gewissen anwendet. Als mündig ist vielmehr erst jenes Gewissen zu

30 J. Kardinal Ratzinger, Wenn du den Frieden willst, achte das Gewissen jedes Menschen. Gewissen und Wahrheit, in: Ders., Wahrheit, Werte, Macht. Pluralistische Gesellschaft im Kreuzverhör (Frankfurt a. M. 1999) 25–62, zit. 58.
31 Ebd. 38–39.

bezeichnen, das sich so gebildet hat, dass sich in seinen Vollzügen auf der Ebene des konkreten Urteilens im Sinne der Conscientia vor allem die Anamnesis, die Urerinnerung daran, was wahr und gut ist, wirksam zu Wort zu melden und das konkrete Gewissensurteil zu leiten vermag. So verstanden können sich beispielsweise die dogmatischen Glaubensbekenntnisse und die ethischen Normen der Kirche auf der einen und das Gewissen des einzelnen Christen auf der anderen Seite nicht frontal gegenüberstehen. Die dogmatischen Glaubensbekenntnisse und die ethischen Normen der Kirche sind vielmehr Orientierungshilfen für das Gewissen des Einzelnen, die vor allem die ontologische Ebene der Anamnesis wach halten. In diesem elementaren Sinn erweist sich das Gewissen als Hort der menschlichen Freiheit, die die Wahrheit des menschlichen Seins zugunsten der wahren Freiheit des Menschen zur Geltung bringt.

d) Gott als Grund der Freiheit

Ein derart anspruchsvolles Gewissen hat bereits Paulus den Christen und Christinnen in Ephesus zugemutet. In seinem Brief an diese Gemeinde beurteilt er einen Glauben, der vor allem den Wellen der Mode und der letzten Neuheiten folgt, gerade nicht als mündig. Er fordert die Epheser vielmehr auf, nicht mehr unmündige Kinder zu sein, die von den Wellen hin- und hergeworfen werden. Erwachsen, reif und frei ist für ihn vielmehr ein Glaube, der in der Freundschaft mit Jesus Christus so tief verwurzelt ist, dass er offen wird für alles, was gut ist, zwischen wahr und falsch, zwischen Wahrheit und Trug zu unterscheiden lernt und sich vor allem in der Liebe verwirklicht, wie Paulus schreibt: „Wir wollen uns, von der Liebe geleitet, an die Wahrheit halten und in allem wachsen, bis wir ihn erreicht haben. Er, Christus ist das Haupt. Durch ihn wird der ganze Leib zusammengefügt und gefestigt in jedem einzelnen Gelenk. Jedes trägt mit der Kraft, die ihm zugemessen ist. So wächst der Leib und wird in Liebe aufgebaut“ (Eph 4,15–16).

Einen erwachsenen Glauben reifen zu lassen und, von der Liebe geleitet, die Wahrheit zu leben, um so Christus, dem Haupt der Kirche, immer näher zu kommen: Darin besteht die wahre Freiheit des Christen, die er nur in Gemeinschaft mit Gott finden kann. Während menschliche Emanzipation und zwischenmenschliche Befreiung letztlich nur Fragmente von Freiheit ermöglichen, aber nicht inhaltsvolle und wahre Freiheit schenken und garantieren können, kann christlich verstandene Freiheit nur aus Freiheit entstehen, und zwar aus jener absoluten Freiheit Gottes, die gerade nicht Konkurrenz, sondern Garant der menschlichen Freiheit ist.

Diese christliche Grundüberzeugung lässt sich auch philosophisch erhärten: Wenn menschliche Freiheit nur als gemeinsame und zwischen Menschen geteilte Freiheit möglich ist, kann noch nicht der Mitmensch der letzte Grund meiner Freiheit sein, weil auch dieser wie ich auf das Geschenk der Freiheit angewiesen ist. Freiheit als gemeinsame begründen kann vielmehr nur „eine personhafte Wirklichkeit übermenschlicher Art", „die im Unterschied zur menschlichen reiner Akt der Freiheit" ist[32]. Der Mensch ist zudem nur dann wirklich das weltoffene Wesen, wie ihn die moderne Anthropologie beschrieben hat[33], wenn er nicht im innerweltlichen Raum verharrt, sondern den Horizont der Welt überschreitet, so dass er als das gottoffene Wesen charakterisiert werden muss. Wenn menschliche Freiheit deshalb nur in Bezug auf die vollkommene Freiheit Gottes sein kann, was sie ist, ist im Urteil des Transzendentalphilosophen Hermann Krings der Gottesgedanke im Horizont der die transzendentale Freiheit erfüllenden vollkommenen Freiheit „nicht nur möglich, sondern notwendig"[34]. Und Krings hat mit Recht hervorgehoben, dass ein so gedachter Gott weitgehend der biblischen Gottesvorstellung entspricht: „Christlich realisiert sich die Freiheit als der unbedingte Ent-schluss für den Menschen im Hinblick auf den unbedingten Entschluss Gottes für den Menschen; jener Ent-schluss, als welcher Jesus existiert hat."[35] Damit ist die Grundintuition des christlichen Glaubens angesprochen, die davon ausgeht, dass der Mensch elementar darauf angewiesen ist, allererst zu seiner Freiheit befreit zu werden, und zwar in der persönlichen Begegnung mit jener Freiheit, die diesen Namen wirklich verdient, nämlich mit der absoluten Freiheit Gottes, wie Alfred Delp diese tiefste Glaubenswahrheit ausgesprochen hat: „Die Geburtsstunde der christlichen Freiheit ist die Begegnung mit Gott."

Darin besteht auch die Erfahrung des verlorenen Sohnes, bei dem bereits in der Fremde in seinem Innern die Er-Inner-ung an die Freiheit im Vaterhaus wach wird und der sie vollends bewahrheitet findet, wenn er nach Hause zurückkehrt und der Vater ihm entgegenläuft. Die Großzügigkeit des Vaters hat sich bereits darin gezeigt, dass er den Sohn hat seinen Weg gehen und ihn gewähren lassen, auch wenn es sich in seinen Augen um eine sehr

32 W. Pannenberg, Gottesgedanke und menschliche Freiheit (Göttingen 1972) 45.
33 W. Pannenberg, Anthropologie in theologischer Perspektive (Göttingen 1983), bes. 25–150: Der Mensch in der Natur und die Natur des Menschen.
34 Hermann Krings, Freiheit. Ein Versuch Gott zu denken, in: Ders., System und Freiheit. Gesammelte Aufsätze (Freiburg i. Br./München 1980) 161–184, zit. 177–178.
35 Ebd. 181.

riskante und deshalb missbrauchbare Freiheit handelt. Wenn dann der Ausgeflippte mit zerknirschtem Herzen nach Hause kommt, rechnet der Vater keineswegs mit ihm ab und wartet nicht einmal auf Vorleistungen, sondern läuft ihm entgegen. Dies muss nach dem damals herrschenden Verhaltenskodex als etwas Unerhörtes empfunden worden sein. Doch genau dieses unerhörte Vaterverhalten zeigt, von welchem Gott Jesus redet, wenn er ihn Vater nennt. Dies ist ein Gott, der jedem Menschen, und sei er noch so tief gefallen, immer wieder einen neuen Anfang schenkt: „Gott ist nicht der Patriarch, der zu Hause sitzt, sich nicht von der Stelle rührt und erwartet, dass seine Kinder zu ihm kommen, sich für ihr Fehlverhalten entschuldigen, um Verzeihung bitten und versprechen, es besser zu machen. Im Gegenteil, er verlässt das Haus, er achtet nicht auf seine Würde, sondern rennt ihnen entgegen, hält sich nicht bei Entschuldigungen und Beteuerungen der Besserung auf und bringt sie an den reich für sie gedeckten Tisch.“[36]

Warum verhält sich Gott so? Darauf gibt das Gleichnis eigentlich nur eine Antwort: Weil Gott Gott ist und gar nicht wie ein Mensch handeln könnte. Der verlorene Sohn darf deshalb die wunderschöne Erfahrung machen, dass der Vater ihn zwar frei-gegeben, aber nie auf-gegeben hat, und dass er auf die Rückkehr des Sohnes gar nicht anders antworten kann als dadurch, dass er ein Fest feiern lässt und den verlorenen Sohn bekleidet, und zwar mit den Insignien der wahren Freiheit: mit dem Kleid der Ehre, mit dem Ring des Erbes und dem Schuhwerk des Ansehens. All dies ist schließlich verdichtet in der schönen Geste des Vaters, der seinem Sohn um den Hals fällt und ihn küsst. Damit bringt der Vater zum Ausdruck, dass er keine andere Autorität hat als die Autorität seines grenzenlosen Erbarmens und dass es seine Liebe ist, die den verlorenen Sohn rettet und ihm seine Freiheit zurück schenkt. Diesem Gleichnis gemäß ist der Mensch nur frei, „wenn er sich Gott zuwendet, so dass ihn Gottes Herrlichkeit erfasst und durchströmt. Nur in der Verbundenheit mit Gott wird der Mensch frei, nur dann, wenn der Geist Gottes ihn erfüllt“[37].

36 H. J. M. Nouwen, Nimm sein Bild in dein Herz. Geistliche Deutung eines Gemäldes von Rembrandt (Freiburg i. Br. 1998) 127.

37 W. Pannenberg, Freude des Glaubens (München 2001), bes. 9–15: Die Berufung zur Freiheit, zit. 9.

e) Erlösung allein durch Liebe

Damit wird der Blick frei auf die höchste Würde des Menschen, die in seinem Geschöpfsein besteht. Geschöpf sein bedeutet zwar immer abhängig sein. Der christliche Glaube verkündet aber nicht eine Abhängigkeit von einem allmächtigen Tyrannen, der nur Unfreiheit bewerkstelligen kann, sondern Abhängigkeit von einer grenzenlosen Liebe, die die Freiheit des Menschen nicht nur respektiert, sondern geradezu hervorlockt. Die heilige Edith Stein geht sogar so weit, dass sie Gott zumutet, die Freiheit des Menschen, ohne sie zu schmälern, überlisten zu können: „Die menschliche Freiheit kann von der göttlichen nicht gebrochen und nicht ausgeschaltet, wohl aber gleichsam überlistet werden."[38] Geschöpf sein bedeutet demnach im christlichen Glauben, vom Schöpfer selbst geliebt, von ihm in eine Liebesbeziehung hinein gerufen zu sein und damit im Lebensraum einer grenzenlosen Liebe stehen und gedeihen zu dürfen und selbst zur Liebe berufen zu sein. Wie der Vater im Gleichnis dem verlorenen Sohn entgegen geht, so geht Gott im Menschen Jesus auf uns Menschen zu und schenkt in seiner Liebe Erlösung. Denn erlöst werden kann der Mensch nur durch die Liebe, wie dies Papst Benedikt XVI. in seiner Enzyklika über die christliche Hoffnung „Spe salvi" mit den tiefen Worten ausgesprochen hat: „Wenn es diese unbedingte Liebe gibt mit ihrer unbedingten Gewissheit, dann – erst dann – ist der Mensch ‚erlöst', was immer ihm im einzelnen auch zustoßen mag. Das ist gemeint, wenn wir sagen: Jesus Christus hat uns ‚erlöst'."[39]

Warum kann letztlich nur Liebe erlösen, und warum ist Geliebt-Werden zugleich Erlöst-Werden? Dabei ist zuerst zu bedenken, dass wir Menschen nur erlöst *werden* und uns nicht selbst erlösen können. Wie bereits dem menschlichen Lieben-Können immer das Passiv des Geliebt-Werdens vorausgeht und zugrunde liegt, so ist erst recht die Liebe Gottes zu uns Menschen das Fundament des christlichen Lebens. Erst und nur wenn wir bereit sind, dieses passivum divinum anzuerkennen und anzunehmen, erreichen wir die Region, in der von Freiheit und Wahrheit und damit von Erlösung gesprochen werden kann. Denn wahr und frei können wir nur werden, wenn wir unsere Autarkiesucht aufgeben und aufhören, Gott sein zu wollen. Dies bedeutet konkret, dass

38 Edith Stein, Welt und Person (Freiburg i. Br. 1962) 158 ff., zitiert nach Ch. Kardinal Schönborn, Wir haben Barmherzigkeit gefunden. Das Geheimnis des göttlichen Erbarmens (Freiburg i. Br. 2009) 178.

39 Benedikt XVI., Spe salvi, Nr. 26.

wir unsere Freiheit nur zurückgewinnen können, wenn wir diese größte Sünde eingestehen und sie uns vergeben lassen. Da aber tragfähige Absolution nur vom Absoluten her möglich ist[40], und da die Sünde, wie wir bereits gesehen haben, das geschöpfliche Sein des Menschen lädiert und die Schöpfungsbeziehung stört, kann nur der Schöpfer der Erlöser sein.

Damit ist zweitens evident, dass Erlösung dem Menschen nicht einfach von außen verfügt werden kann, weil auf diesem Weg die Freiheit des Menschen nicht befreit, sondern niedergedrückt würde. Erlösung ist vielmehr nur dadurch möglich, dass sie dem Menschen von innen her begegnet. In seiner Freiheit von innen her berührt wird der Mensch aber in der Liebe. Das anthropologische Grundwesen und die theologische Tiefe der Liebe besteht dabei in der Anerkennung der anderen Person in ihrem gottgewollten Anderssein, in der Zustimmung zum Anderen, dass er da ist und dass es gut ist, dass er ist, oder mit den Worten des Philosophen Josef Pieper: „In jedem denkbaren Fall besagt Liebe soviel wie Gutheißen."[41] Liebe als Gutheißung des Seins können wir uns aber nicht selbst zusprechen. Damit der Mensch sich selbst so annehmen kann, wie er ist, muss er zunächst von einem Du angenommen sein, das ihm die Worte zuspricht: „Es ist gut, dass es dich gibt." Bereits in diesem grundlegenden anthropologischen Sinn ist es die Liebe, die den Menschen befreit und ihn gleichsam zu einer neuen Schöpfung macht.

Die wahre Gutheißung des menschlichen Lebens kann nur von Gott, dem Schöpfer und Erlöser kommen. In tiefster Weise hat er sie uns zugesprochen am Kreuz seines Sohnes: „Der gekreuzigte Christus ist die konkrete Zusage Gottes, die einem jeden Menschen gilt und die ihn gewiss macht, dass er, der Mensch, so sehr für Gott ein Ernstfall ist, dass er ihn sich sein eigenes Todesschicksal kosten lässt." Und weil zur Gutheißung auch das Ernstgenommenwerden gehört, ist der gekreuzigte Jesus sogar der „Ernstfall der Gutheißung des siebten Schöpfungstages".[42] Das Kreuz Jesu schenkt die trostvolle Zusage, dass wir wirklich geliebt und deshalb erlöst sind. Die christliche Botschaft vom Kreuz ist eindeutig eine Botschaft von Erlösung und Liebe, ja das Kreuz ist die Erscheinung der größten Liebe Gottes und seiner Liebe in der radikalsten Form.

---

40 H.-B. Gerl-Falkovitz, Verzeihung des Unverzeihlichen? Ausflüge in Landschaften der Schuld und der Vergebung (Wien 2008), bes. 215–223: Nur im Absoluten gibt es Absolution.

41 J. Pieper, Über die Liebe (München 1972).

42 J. Ratzinger, Vorfragen zu einer Theologie der Erlösung, in: L. Scheffczyk (Hg.), Erlösung und Emanzipation (Freiburg i. Br. 1973) 141–155, zit. 153.

3. Vollendet freier Mensch und erlöstes Christsein

Liebe erlöst und schenkt erlöste Freiheit. Diese Quintessenz des voraufgehenden Gedankengangs führt auch zu einer erneuerten Sicht des Menschen. Da für den christlichen Glauben der Primat des Empfangens vor dem Tun konstitutiv ist und folglich der kategorische Indikativ der Liebe Gottes zu uns Menschen dem kategorischen Imperativ der Gottes- und Nächstenliebe immer vorausgeht, hat der christliche Glaube sogar die Kraft und den Mut, das neuzeitliche Selbstverständnis des Menschen, das René Descartes in der klassischen Formel ausgedrückt hat: „Cogito ergo sum" – „Ich denke, also bin ich", auf den Kopf zu stellen und mit der barmherzigen Verheißung zu überbieten: „Cogito*r* ergo sum" – „Ich werde gedacht, also bin ich", oder noch besser: „Amo*r* ergo sum" – „Ich werde geliebt, also bin ich". Erst der von Gott geliebte Mensch ist der erlöste und deshalb freie Mensch, der in Jesus Christus bereits erschienen ist und zu dem wir Menschen berufen sind. Diesem christologisch-soteriologischen Fundament einer christlichen Anthropologie der Freiheit sollen die abschließenden Überlegungen gewidmet sein.

a) Jesus Christus als der vollendet freie Mensch

Das neue Menschsein Jesu Christi hat vor allem Paulus mit seiner Adam-Christus-Typologie im Römerbrief zum Ausdruck gebracht, mit der er nicht einfach die bereits alttestamentliche Zwei-Adam-Lehre (Abel und Kain, Esau und Jakob) aufgenommen, sondern die neue und wahre Humanität beschrieben hat, die im gekreuzigten und auferstandenen Christus aufgeschienen ist. Mit dem wiederholten „erst recht" im Blick auf Jesus Christus und im Vergleich zu Adam führt uns Paulus mit Jesus Christus einen Menschen vor Augen, der ganz Mensch ist wie wir, der aber so wahrhaft Mensch ist, dass wir Menschen gleichsam erst noch werdende Wesen sind. Da in der Sicht des Paulus nicht mehr einfach der Mensch, sondern erst Christus das wahre Ebenbild Gottes ist und wir Menschen Ebenbilder Gottes nur durch Teilhabe an Christus werden, ist der Mensch vor allem dadurch definiert, dass er ein Wesen ist, das noch aussteht, das aber in Christus bereits begonnen hat, in seine Zukunft einzutreten.[43] Insofern ist der eigentliche anthropologische Gegensatz, der sich durch die ganze Heilige Schrift hindurch zieht, derjenige

43 W. Pannenberg, Das christologische Fundament christlicher Anthropologie, in: Concilium 9 (1973) 425–434.

„zwischen erstem und zweitem Adam, zwischen dem rückwärts und dem vorwärts gewendeten Wesen, zwischen Grundeinstellung des Egoismus und Grundeinstellung der Hingabe“[44]. Von dieser anthropologischen Grundalternative her stellt sich erst recht die Frage, worin denn die Neuheit des neuen Adam genauer besteht.[45]

Das Konzil von Chalkedon (451) hat diese Neuheit darin gesehen, dass Jesus Christus wahrer Mensch und wahrer Gott und somit eine Person in zwei Naturen ist. Diese Formel konnte allerdings missverstanden werden entweder im Sinne einer naturalistischen Verschmelzung der beiden Wesenheiten oder im Sinne von zwei nicht nur verschiedenen, sondern auch getrennten Naturen in Christus. Der der chalkedonensischen Formel inhärente Parallelismus der beiden Naturen in Christus war jedenfalls eine wesentliche Ursache der Spaltungen in der Kirche nach dem Konzil von Chalkedon. Von daher drängte sich die weitere Aufgabe auf, die Weise der Einheit zu klären, die zwischen dem wahren Menschsein und dem wahren Gottsein in Jesus Christus besteht. Dieser denkerischen Aufgabe hat sich vor allem der große Theologe Maximus Confessor im siebten Jahrhundert gewidmet, dessen Theologie Hans Urs von Balthasar mit Recht ins christologische Gespräch der jüngeren Vergangenheit eingebracht hat[46]. Maximus Confessor hat gegenüber den beiden von Chalkedon her gegebenen Missverständnissen sowohl die monistische Konzeption einer naturalistischen Einheit in dem Sinne, dass in Jesus Christus das Menschsein und Gottsein zu einem Mischwesen verschmolzen wären, als auch die dualistische Konzeption einer Art Schizophrenie in dem Sinne, dass man in Jesus Christus von zwei verschiedenen Ichs ausgehen müsse, als inadäquate Interpretationen der christologischen Formel von Chalkedon in Frage gestellt und die vollkommene Vereinigung, die sich auf der personalen Ebene vollzieht, in der lebendigen und personalen Synthese von zwei Freiheiten in Jesus Christus gesehen und mit den Worten zum Ausdruck gebracht: „Die menschliche Natur des Sohnes kannte und bekundete in sich – nicht von sich aus, sondern aufgrund ihrer Vereinigung mit dem Wort – alles, was Gott zukommt.“[47]

---

44 J. Ratzinger, Was ist der Mensch? (1966/69), in: R. Voderholzer – Ch. Schaller – F.-X. Heibl (Hg.), Mitteilungen des Institut-Papst-Benedikt XVI. Band 1 (Regensburg 2008) 28–49, zit. 49.
45 Vgl. C. L. Rossetti di Valdalbero, Novissimus Adam. La novità cristiana: figliolanza, communione e risurrezione. Saggi di antropologia ed escatologia biblica (Città del Vaticano 2010).
46 H. U. von Balthasar, Kosmische Liturgie. Das Weltbild Maximus' des Bekenners (Freiburg i. Br. 1941).
47 Maximus Confessor, qu. dub., q. I. 67.

Maximus Confessor ist denn auch der große theologische Interpret des Dritten Konzils von Konstantinopel (680/81) gewesen, über das Joseph Ratzinger mit Recht geurteilt hat, dass die christologische Formel von Chalkedon nur verstanden werden könne, wenn man sie im Licht der späteren Tradition, und zwar vor allem des Dritten Konzils von Konstantinopel, betrachtet. Dieses ist nämlich davon ausgegangen, „dass zur Vollständigkeit der menschlichen Natur auch die denkbar höchste Vollkommenheit der Aktuierung dieser Natur gehört", und es hat deshalb Christus auch „ein wirkliches menschliches Wollen" zugesprochen[48]. Damit hat es die chalkedonensiche Aussage, dass Jesus Christus eine Person in zwei Naturen ist, wesentlich auf ihre existenziellen und personalen Implikationen hin vertieft, indem es der Frage nachging, wie in Christus zwei Willen miteinander leben und wirken können, und indem es diese Frage anhand eines zentralen Wortes des johanneischen Christus dargelegt hat: „Ich bin vom Himmel herabgestiegen, nicht um meinen Willen zu tun, sondern den des Vaters, der mich gesandt hat" (Joh 6,38). In diesem Wort scheint eine elementare Subjekteinheit in Jesus in dem Sinne durch, dass der menschliche Wille Jesu mit dem Willen des Logos ganz eins und damit reines Ja zum Willen des Vaters ist. Weil das Konzil gelehrt hat, dass die Einheit von Gott und Mensch keine Beeinträchtigung des Menschseins Jesu bedeuten kann, und somit eine „Synthese der Freiheiten" anvisiert hat, „aus der eine nicht naturale, aber personale Einheit entsteht"[49], hat das Konzil hervorgehoben, dass der menschliche Wille Jesu auf keinen Fall geleugnet werden darf, dass aber auch nicht zwei verschiedene Willenskräfte nebeneinander stehen, sondern dass die beiden Willen Jesu wirklich geeint sind, nämlich im Ja-Wort des menschlichen Willens Jesu zum göttlichen Willen des Logos. Da die beiden Willen ein einziger Wille sind und doch ontologisch zwei selbständige Wirklichkeiten bleiben, kann es sich nicht um eine Einheit des Ununterschiedenen handeln, sondern um eine „Einheit in der Weise der Kommunion", genauer um eine „Einheit, die die Liebe schafft und ist"[50]. Weil somit der Wille des Menschen Jesus nicht vom göttlichen Willen absorbiert wird, sondern in Freiheit ein einziger Wille in ihm bleibt, kann in dieser Ontologie der Freiheit die Einheit des Menschen Jesus mit Gott keine Minderung des Menschseins bedeuten, sondern bringt

48 K.-.H. Menke, Jesus ist Gott der Sohn. Denkformen und Brennpunkte der Christologie (Regensburg 2008) 272.
49 J. Kardinal Ratzinger, Ein neues Lied für den Herrn. Christusglaube und Liturgie in der Gegenwart (Freiburg i. Br. 1995) 22.
50 M. Schneider, Einführung in die Theologie Joseph Ratzingers (Köln 2008) 121.

diese Einheit das Menschsein und seine Freiheit vielmehr zur Vollendung. In der Sicht des Konzils von Konstantinopel schließt die Einheit von Gott und Mensch in Jesus folglich „keinerlei Amputation und Reduktion des Menschseins" ein: „Wenn Gott sich seinem Geschöpf Mensch verbindet, so verletzt und verringert er es nicht; er bringt es erst zu seiner vollen Ganzheit."[51]

Die personale Synthese der Freiheiten kommt am dramatischten in der Stunde von Gethsemani im Gebet Jesu zum Ausdruck: „Nicht wie ich will, sondern wie du willst" (Mk 14,36). In diesem Gebet erfüllt Jesus nicht seinen Willen, sondern den des Vaters; er vollzieht dies aber als Mensch, der in allem auf den Willen des Vaters hört. In der Stunde von Gethsemani begegnen sich auf der einen Seite die völlige Unterordnung des Sohnes unter den Auftrag und Willen des Vaters und auf der anderen Seite die absolute Freiheit der Liebe des Sohnes, der das eigene Leben hinzugeben bereit ist. Der vordergründige Widerspruch zwischen Unterordnung und Freiheit löst sich nur von der vollkommenen Gemeinschaft zwischen Vater und Sohn her auf: „In seinem Sterben verwirklicht Jesus das Werk des Vaters – und gerade das ist Jesu persönlichste Tat."[52] Das Passiv des von Menschen Getötetwerdens wird von Jesus am Kreuz umgewandelt in das Aktiv seiner Liebe in Freiheit; und der Kreuzestod als Wille des Vaters wird umgewandelt in die liebende Hingabe Jesu an seinen Vater für uns Menschen. Dies wird noch deutlicher, wenn man die Bewegung von der anderen Seite her beschreibt, dass nämlich der Logos selbst sich erniedrigt, den Willen eines Menschen als seinen eigenen annimmt und mit dem Ich dieses Menschen zu seinem Vater spricht. Damit wird nicht nur das Reden eines Menschen in das innertrinitarische Wort „Ja, Vater" umgewandelt, sondern der Sohn wandelt auch die abgrundtiefe Angst eines Menschen in seinen Sohnesgehorsam um, so dass Jesus Christus, der neue Adam, gerade in Gethsemani als der vollendet Freie im Gehorsam gegen den Vater ist, nämlich „die lebendige und persönliche Synthese der vollkommenen Freiheit im völligen Gehorsam gegenüber dem Willen Gottes"[53].

51 J. Kardinal Ratzinger, Schauen auf den Durchbohrten. Versuche zu einer spirituellen Christologie (Einsiedeln 1984) 34.

52 G. Rossé, Christsein in Gemeinschaft. Bibeltheologische Reflexionen zu den johanneischen Schriften (München 1998) 31.

53 Benedikt XVI., Ansprache an die päpstliche Bibelkommission am 27. April 2006.

b) Erlöste Freiheit in der marianischen Existenz

Das Dritte Konzil von Konstantinopel bekennt eindeutig einen freien menschlichen Willen in Jesus, aber gerade nicht in Entgegensetzung zum göttlichen Willen, sondern in höchster Zustimmung und Einheit mit diesem. Damit hat es nicht nur christologisch vertieft, dass Gottesbeziehung und menschliche Freiheit sich gegenseitig fordern und fördern; die konziliare Lehre von den zwei Willen Jesu hat vielmehr auch eine eminent soteriologische Bedeutung, auf die Kardinal Christoph Schönborn mit Recht hingewiesen hat: Durch die Art, wie Jesus menschlich will, führt er auch den Menschen dahin, so wollen zu können wie er. Da Jesus aber uns Menschen mehr geliebt hat als sich selbst, indem er an Stelle seiner Herrlichkeit den Platz der Menschen und damit Feindschaft, Passion und Tod auf sich genommen hat, hat er auch dem Menschen den Weg eröffnet, Gott und den Nächsten mehr zu lieben als sich selbst.[54]

Die neue christologische Existenzweise muss in erster Linie von Maria prädiziert werden, die für den Willen Gottes in Freiheit ebenso empfänglich gewesen ist wie Jesus. Dass auch Maria in erlöster Freiheit gelebt und gehandelt hat, zeigt die innere Einheit zwischen Jesus und Maria: Wie Christus bei seinem Eintritt in die Welt gesprochen hat: „Ja, ich komme, um deinen Willen, Gott, zu tun“ (Hebr 10,7), so hat Maria als Antwort auf den Anruf des Erzengels Gabriel ihren eigenen Willen in Freiheit in den Willen Gottes hinein gebeugt: „Siehe, ich bin die Magd des Herrn, mir geschehe nach deinem Wort“ (Lk 1,38). Das Ja des Sohnes und das Ja Mariens, die zunächst als zwei Ja erscheinen, werden zu einem einzigen Ja, damit das Wort in Maria Fleisch werden kann. Mit dieser Grundhaltung der Demut und Großherzigkeit, den Willen Gottes in Freiheit anzunehmen, ihm zu vertrauen und ihm alles zu überlassen, nimmt Maria im Grunde die dritte Bitte des Vater-unser vorweg: „Dein Wille geschehe.“ Diese Grundhaltung hat ihre Wurzel im Geheimnis der erlösten Freiheit Mariens, das in seinem zentralen Kern bedeutet, dass derjenige den Weg der wahren Freiheit finden wird, der sich und sein Leben ganz Gott übereignet und überlässt – wie Maria es exemplarisch bereits bei der Hochzeit zu Kana getan hat. Dort hat sie Jesus nicht um irgendetwas Bestimmtes gebeten; sie hat ihn gerade nicht darum gebeten, dass er Wein produziere und damit ein Mirakel wirke. Sie hat Jesus vielmehr nur die Sorge der Hochzeitsleute anvertraut und es ihm überlassen, was er daraufhin tun will.

54 Ch. Schönborn, Gott sandte seinen Sohn. Christologie (Paderborn 2002), bes. 185–188.

Was auf den ersten Blick den gläubigen Leser der Heiligen Schrift irritieren mag, dass Jesus nämlich bei der Hochzeit von Kana seine eigene Mutter mit „Frau" anspricht, hat bei näherem Zusehen eine tiefe Bedeutung. Mit dieser Anrede drückt der Evangelist Johannes nicht nur die Stellung Mariens in der Heilsgeschichte aus, sondern er weist vor allem darauf hin, dass Jesus der menschlichen Verwandtschaft die geistliche Verbindung voranstellt, der gemäß Maria die geliebte Braut des Herrn verkörpert und Christus als der Bräutigam des neuen Israel erscheint, der den Neuen Bund in die Welt bringt, der im „guten Wein" symbolisiert ist. Von daher versteht man auch, dass im Johannesevangelium Jesus seine Mutter unter dem Kreuz nochmals als „Frau" anspricht. Denn am Kreuz ist die „Stunde", von der Jesus bei der Hochzeit zu Kana gesagt hat, dass sie noch nicht gekommen ist, da, nämlich als Stunde der endgültigen Hochzeit zwischen Gott und Mensch. Diese Hochzeitssymbolik zeigt vollends, dass mit Maria, dem vornehmsten Geschöpf, das Bild und der Beginn jener neuen Menschheit vor uns steht, die in erlöster Freiheit lebt: „Indem sich Maria so in ihrer totalen Abhängigkeit zeigt, bringt sie in Wirklichkeit eine Haltung völliger Freiheit zum Ausdruck, die darin gründet, dass sie ihre wahre Würde ganz erkennt."[55]

In solcher erlöster Freiheit zu leben macht auch die Berufung der Kirche aus, die in Maria ihr Urbild und ihren Ursprung sehen und ihr personales Zentrum und die volle Verwirklichung der kirchlichen Idee finden darf. Weil Christus seine Kirche als seiner würdige Braut ansieht, leuchtet in Maria die personifizierte Entsprechung zwischen dem göttlichen Wort und der menschlich-geschöpflichen Antwort auf. In dieser reinen Entsprechung spiegelt das Ja-Wort Mariens das Wort der Liebe Gottes ungetrübt, nämlich in unbefleckter Empfängnis, wider und macht es in seiner verklärten Schönheit transparent.[56] Denn Maria ist „nicht das Wort, aber sie ist die adäquate Antwort, wie sie von Gott aus dem geschöpflichen Raum erwartet und in seiner Gnade durch sein Wort darin hervorgebracht wird"[57]. Die Kirche und der

55 Benedikt XVI., Predigt bei der Feier des 150. Jahrestages der Erscheinungen in Lourdes am 14. September 2008.

56 Vgl. G. Lohfink/L. Weimer, Maria – nicht ohne Israel. Eine neue Sicht der Lehre von der Unbefleckten Empfängnis (Freiburg i. Br. 2008).

57 H. U. von Balthasar, Wer ist die Kirche?, in: Ders., Sponsa Verbi. Skizzen zur Theologie II (Einsiedeln 1961) 148–202, zit. 169. Vgl. K. Koch, Kirche als bräutliche Ikone der Trinität. Unverwelkte Perspektiven der Ekklesiologie Hans Urs von Balthasars, in: Hans Urs von Balthasar-Stiftung (Hg.), „Wer ist die Kirche?" Symposion zum 10. Todesjahr von Hans Urs von Balthasar (Einsiedeln 1999) 9–31.

einzelne Christ leben umso mehr in erlöster Freiheit, je marianischer sie sind und dabei erkennen, dass ihre Berufung darin besteht, in das bräutliche Verhältnis zwischen Christus und Maria hinein genommen zu werden.

c) Kirchliche Laboratorien der Freiheit

Diesen existenziellen Vorgang hat Paulus mit den unüberbietbaren Worten ausgesprochen: „Ich bin mit Christus gekreuzigt worden; nicht mehr ich lebe, sondern Christus lebt in mir. Soweit ich jetzt aber noch in dieser Welt lebe, lebe ich im Glauben an den Sohn Gottes, der mich geliebt und sich für mich hingegeben hat“ (Gal 2,19b–20). Darin besteht die neue Ausrichtung des Lebens und die neue Freiheit, die uns von Jesus Christus im Glauben geschenkt wird: Wer sich Christi grenzenlose Liebe, die er am Kreuz bewiesen hat, schenken lässt, der lebt nicht mehr für sich selbst und hört im Grunde genommen auf, ein autonomes, in sich selbst stehendes und gründendes Subjekt zu sein. Er lebt vielmehr mit Christus, indem er am Geschehen Jesu Christi Anteil gewinnt und sich selbst hingibt. Das „Ich, doch nicht mehr ich“ verweist auf einen eigentlichen Subjektwechsel, der sich im Glauben an Christus vollzieht und der zugleich ein Todesvorgang ist, nämlich Beteiligung am Kreuzesgeschehen. Denn es ist das Kreuz, der höchste Ausdruck der Selbsthingabe Jesu Christi in Freiheit, der es nicht mehr erlaubt, sich selbst und seine eigene Gerechtigkeit zu rühmen. In den Augen des Paulus gilt vielmehr: „Wer sich also rühmen will, der rühme sich des Herrn“ (1 Kor 1,31).

Was Paulus hier beschreibt, ist freilich nicht eine „private mystische Erfahrung“, sondern das „Wesen der Taufe“[58], die einen radikalen Existenzwechsel von der „fleischlichen“, der Sünde und dem Tod ausgelieferten Existenz zur „geistlichen“, von Gottes Geist geleiteten Existenz im Sinne der Befreiung zum wahren Sein impliziert. Diese muss Gestalt gewinnen in einer radikalen Änderung der Lebensweise, die vor allem einschließt, in Einheit mit Christus zu leben. Für Paulus genügt es deshalb nicht, dass Christen einfach Getaufte sind; für ihn ist es viel entscheidender, dass sie durch die Taufe in Christus Jesus sind und in erlöster Freiheit leben. Die Taufe erweist sich so als Sakrament der christlichen Freiheit.

Was in der Taufe ein für allemal geschehen ist, will jeden Tag neu ratifiziert werden im Gebet, in dem der glaubende Mensch in die Intimität des

58 J. Kardinal Ratzinger, Theologie und Kirche, in: Communio. Internationale katholische Zeitschrift 15 (1986) 515–533, zit. 520.

Dialoges Jesu mit seinem Vater und damit in die Einheit der Willen Jesu und seines Vaters eintritt. Weil der Glaubende auf diesem Weg Anteil an der vollendeten Freiheit Jesu Christi gewinnt und damit selbst in der Freiheit der Kindschaft Gottes leben darf, erweist sich das Gebet als „Laboratorium der Freiheit“[59]. Im Gebet bringen wir zum Ausdruck, dass wir Freiheit nicht selbst erwirken, sondern sie uns nur schenken lassen können, und zwar in der persönlichen Begegnung mit Christus, der uns zur Freiheit befreit. Christliche Freiheit erwächst nur in einer tiefen Freundschaftsbeziehung mit Christus und mündet – im Doppelsinn dieses Wortes – in die Anbetung.

Die Anbetung Gottes ist die Atmosphäre, in der die Freiheit der Kinder Gottes gedeihen kann, zu der wir in Jesus Christus befreit worden sind. Er ist der Grund und Garant der menschlichen Freiheit, nach der wir uns sehnen, und er verhilft auch zu einem freien Umgang mit der Welt, der uns nicht wieder zu einer neuen Knechtschaft verführt, sondern uns in den Dienst der Liebe hinein führt, ohne die die Freiheit nicht wirklich zu sich selbst kommen kann und die für Paulus das Kriterium wahrhafter Freiheit ist. Damit kommt schließlich an den Tag, dass im Gleichnis vom verlorenen Sohn Christus selbst spricht und seine Güte zu den Sündern mit der Güte des Vaters im Gleichnis identifiziert. Denn in ihm, dem Sohn schlechthin, wird das Antlitz Gottes sichtbar, der nicht nur ein liebender Gott, sondern selbst Liebe ist, die allein erlöst und uns den Weg zeigt, in erlöster Freiheit zu leben.

Im leuchtenden Widerschein dieses Vaters erscheint auch das ganze Wesen Jesu Christi als „Liebe und Wahrheit, Güte und Schönheit“ und ist er die „fleischgewordene Schönheit Gottes“[60]. Für diese Schönheit des christlichen Glaubens und der Kirche in der heutigen Welt zu werben, macht den christlichen Dienst an der Freiheit des Menschen aus, die wahre Freiheit nur als in Liebe befreite Freiheit ist.

59 J. Kardinal Ratzinger, Schauen auf den Durchbohrten. Versuche zu einer spirituellen Christologie (Einsiedeln 1984) 37.

60 Ch. Kardinal Schönborn, Der Mensch als Abbild Gottes (Augsburg 2008) 23.

Die Gottesfrage in Gesellschaft und Kirche[1]

„Der Gott Jesu Christi“: so lautet der Titel des Buches von Walter Kardinal Kasper über die Gottesfrage, das vor einigen Jahrzehnten erschienen ist und ganz im Vorzeichen einer intensiven Auseinandersetzung mit der Negation Gottes im modernen Atheismus stand und den Anspruch erhob, dass eine wirkliche Antwort auf die moderne Gottesfrage und die Situation des neuzeitlichen Atheismus „einzig und allein der Gott Jesu Christi, das trinitarische Bekenntnis“ zu geben vermag, „das es wieder aus dem Winkeldasein herauszuholen und zur Grammatik der gesamten Theologie zu machen gilt“[2]. In der Zwischenzeit haben sich die gesellschaftliche Problemlage und die theologische Herausforderung nicht nur zugespitzt, sondern auch nicht unmaßgeblich verschoben.

1. Die Gottesfrage in den heutigen Gesellschaften Europas

Bei der Wahrnehmung der geistesgeschichtlichen Situation heute kann zwar keine Rede davon sein, dass der moderne Atheismus argumentativ überwunden worden wäre und in der gesellschaftlichen Öffentlichkeit nicht mehr eine dominierende Rolle spielen würde. Im Gegenteil ist seit einiger Zeit eine neue Welle von aggressiven Atheismen festzustellen[3], wie beispielsweise die Publikationen von Richard Dawkins, Daniel C. Dennet, Christopher Hitchens und Michel Onfray belegen.[4] Auch wenn in diesen Publikationen vorwiegend

1 Vortrag beim Symposion „Gottesfrage heute“ anlässlich des 75. Geburtstages von Walter Kardinal Kasper an der Philosophisch-Theologischen Hochschule Vallendar am 11. April 2008, erschienen in: G. Augustin/K. Krämer (Hg.), Gott denken und bezeugen. Festschrift für Kardinal Walter Kasper zum 75. Geburtstag (Freiburg i. Br. 2008) 481–503.

2 W. Kasper, Der Gott Jesu Christi (Mainz 1982) 9.

3 Vgl. Th. Schärtl, Neuer Atheismus. Zwischen Argument, Anklage und Anmaßung, in: Stimmen der Zeit 133 (2008) 147–161; M. Striet (Hg.), Wiederkehr des Atheismus. Fluch oder Segen für die Theologie (Freiburg i. Br. 2008).

4 R. Dawkins, The God Delusion (London 2006), Deutsch: Der Gotteswahn (Berlin 2007); D. C. Dennett, Breaking the Spell. Religion as a Natural Phenomenon (New York 2006); Ch. Hit-

„Uraltklischees einer Vulgäraufklärung“ neu aufbereitet werden[5], darf man doch deren Einwirkungen auf das öffentliche Bewusstsein nicht unterschätzen. Man wird eher davon ausgehen müssen, dass die heutige Erinnerung an frühere Atheisten ein willkommener Anlass für weitere polemische Wortmeldungen sein wird, mit denen – beispielsweise im Sinne von Charles Darwin – die Gottesfrage als ein biologisches Nebenprodukt verabschiedet werden soll. Auf der anderen Seite mehren sich die Stimmen derer, die erklären, dass sich angesichts der gesellschaftlichen Entwicklungen der bisherige Säkularisierungsprozess umkehren und die Religion wieder in die gesellschaftliche Öffentlichkeit zurückkehren wird und dass dies positiv zu würdigen sei, Ob und inwiefern mit der Rückkehr der Religion auch eine Hinwendung zum christlichen Gottesglauben einhergehen wird, oder ob es sich bei dieser Rückkehr eher um ein diffuses Phänomen handelt, ist freilich eine andere Frage.

a) Die Gottesfrage in einer pluralen Öffentlichkeit

Die konträren Entwicklungen weisen auf den zweifellos elementarsten Grundzug der heutigen Gesellschaften hin, nämlich auf die durchgehende Pluralisierung aller Wirklichkeitsbereiche. Da dieser gesellschaftliche Kontext unmittelbare Auswirkungen auf den Umgang mit der Gottesfrage in der Öffentlichkeit hat, drängt sich eine Vergewisserung darüber auf, was unter diesem heute inflationär verwendeten und doch letztlich diffus bleibenden Wort „Pluralismus“ genauer zu verstehen ist.

Zunächst dürfte die Erinnerung daran hilfreich sein, dass der Begriff erst in der Neuzeit terminologisch verwendet wird und dass er in seiner philosophischen Verwendung ursprünglich den „Gegensatz zum Egoismus“ benennt.[6] So kann man beim Philosophen Immanuel Kant lesen: „Dem Egoism kann nur der Pluralism entgegengesetzt werden.“[7] Heute jedoch wird unter Pluralismus nicht mehr eine dem Egoismus entgegenstehende Verhaltens-

---

chens, God ist not Great. How Religion Poisons Everything (New York 2007), Deutsch: Der Herr ist kein Hirte. Wie Religion die Welt vergiftet (München 2007); M. Onfray, Wir brauchen keinen Gott. Warum man jetzt Atheist sein muss (München 2006).

5 K. Müller, Neuer Atheismus? Alte Klischees, aggressive Töne, heilsame Provokationen, in: Herder Korrespondenz 61 (2007) 552–557, zit. 552.

6 Vgl. E. Jüngel, Kirche im Sozialismus – Kirche im Pluralismus. Theologische Rückblicke und Ausblicke, in: Th. Rendtorff (Hg.), Protestantische Revolution. Kirche und Theologie in der DDR: Ekklesiologische Voraussetzungen, politischer Kontext, theologische und historische Kriterien (Göttingen 1993) 311–350.

7 I. Kant, Anthropologie in pragmatischer Hinsicht = Akademie-Textausgabe VII, 128–130.

weise verstanden, sondern eine Einstellung zur Wirklichkeit, die selbst ein nicht kleines Mass an Egoismus voraussetzt und auch legitimiert. Das Wort Pluralismus ist überhaupt zu einem Grundbegriff zur Charakterisierung der gegenwärtigen Wirklichkeitserfahrung geworden.[8] Es ist gleichsam zum Grunddogma der modernen Philosophie avanciert, dass die Pluralität die einzige mögliche Weise ist, in der uns das Ganze der Wirklichkeit gegeben sein kann. Dahinter steht die Überzeugung, dass man denkerisch nicht hinter die Pluralität der Wirklichkeit zurückgehen könne und auch nicht dürfe, wenn man sich nicht dem Verdacht eines totalitären und fundamentalistischen Denkens aussetzen wolle.

Die durchgehende Pluralisierung nicht nur der Lebensformen, besonders im Bereich von Ehe und Familie, sondern auch der Wertüberzeugungen, Weltanschauungen und ethischen Grundannahmen ist in den vergangenen Jahrzehnten so sehr vorangeschritten, dass sich der gesellschaftliche Pluralismus als die deutlichste Konstante in den postmodernen Gesellschaften herausgestellt hat. In der Folge hält sich auch das Christentum prinzipiell in einem vom Pluralismus durchgehend geprägten Lebensraum auf und sieht sich damit unausweichlich vor die Frage gestellt, wie der christliche Gottesglaube in der heutigen Öffentlichkeit angesichts des vielfältigen Religionsangebotes redlich verantwortet werden kann, ohne ihn zu einem Religionsangebot unter vielen anderen herunterzustufen, das wenig stört und freilich auch wenig bewegt.

Der gesellschaftliche Kontext von heute stellt unter seinen pluralistischen Voraussetzungen das Christentum somit vor die elementare Herausforderung, sich auf den seine eigene Existenz relativierenden weltanschaulichen Pluralismus angstfrei einzulassen und mit ihm produktiv umzugehen. Dieses Wagnis kann selbstverständlich nicht die Selbstdispens davon bedeuten, den von der Kirche indispensabel zu vertretenden Wahrheitsanspruch des Gottesglaubens auch in der Öffentlichkeit einer pluralistischen Gesellschaft als universalen Wahrheitsanspruch zu vertreten. Wohl aber ist die Kirche damit zugleich herausgefordert, den *universalen* Wahrheitsanspruch des Gottesglaubens, der für sie selbst außer Zweifel steht, innerhalb der weltanschaulich plural gewordenen Gesellschaften Europas als *einen* Wahrheitsanspruch unter vielen anderen anzunehmen. Die Wahrnehmung dieser doppelten Herausforderung schließt freilich die christliche Evangelisierung in der gesellschaftlichen Öffentlichkeit keineswegs aus, sondern ruft sie vielmehr in die Pflicht.

8 Vgl. W. Welsch, Unsere postmoderne Moderne (Weinheim 1987).

b) Säkularisierung und Privatisierung des Gottesglaubens

Eng mit der Pluralisierung der gesamten Wirklichkeit zusammen hängt ein starker gesellschaftlicher Trend zur Privatisierung der Religion und des Redens von Gott, die aufgrund der in den europäischen Gesellschaften weit vorangeschrittenen Ausdifferenzierung des gesellschaftlichen Gesamtsystems weithin Tatsache geworden ist. Damit ist gemeint, dass – im Unterschied zur „segmentierten" Gesellschaft beispielsweise des Mittelalters, die noch von einem religiösen Einheitsgrund geleitet gewesen war –, die neuzeitliche Gesellschaft eine „ausdifferenzierte" Gesellschaft geworden ist, in der sich das gesellschaftliche Gesamtsystem zu autonomen Teilsystemen auseinanderdividiert hat.[9]

Angesichts dieser gesellschaftlichen Randstellung der Religion kann es nicht erstaunen, dass in Europa starke Tendenzen wirksam sind, sich von den christlichen Wurzeln immer deutlicher zu lösen. Die Diskussionen über die so genannte Charta der Europäischen Union haben es jedenfalls an den Tag gebracht, dass die öffentliche Erwähnung Gottes in Europa nicht einmal mehr mehrheitsfähig ist. Muss man daraus nicht den Schluss ziehen, dass das neue Europa auf einer atheistischen Basis errichtet werden soll, wobei sich dieser neuartige Atheismus dadurch auszeichnet, dass er weder anklagt noch polemisiert, die Rede von Gott vielmehr aus der Öffentlichkeit in die Privatsphäre oder sogar Tabuzone verbannt und von Gott in gesellschaftlichen Belangen einfach absieht? Unwillkürlich stellt sich dabei die weitere Frage, wohin ein solches Europa führen wird: Tritt nicht stets deutlicher zu Tage, dass ein Europa, das sich bloß auf einer gemeinsamen Wirtschaft und auf vereinheitlichen Finanzen aufbaut, auf einem sehr wackligen Fundament stehen wird?

Das Sich-Abnabeln Europas von seinen christlichen Wurzeln muss als die letzte Konsequenz seines kulturgeschichtlichen Sonderweges betrachtet werden, den es in der Neuzeit eingeschlagen hat. Da keine andere Kultur ein solches Ausmaß an Säkularisierung wie Europa kennt, dürfte dieser Kontinent als der säkularisierteste dastehen, der es in den vergangenen Jahrzehnten zudem noch mehr geworden ist. Da nämlich der Säkularismus im ehemaligen Osten Europas offener zu Tage getreten ist als im Westen, kann es nicht erstaunen, dass wir seit der Wende im Jahre 1989 nochmals eine rasante Welle der Säkularisierung aller Lebensbereiche und eine weitgehende Erosion des Christlichen in ganz Europa zu verzeichnen haben.

9 Vgl. N. Luhmann, Die Funktion der Religion (Frankfurt a. M. 1977).

Die Auswirkungen dieses europäischen Sonderweges sind mit Händen zu greifen. Es wird erstens immer deutlicher, dass es die Säkularisierung selbst ist, die das Phänomen einer gesellschaftlichen Rückkehr des Religiösen provoziert hat. Während man vor fünfzig Jahren im allgemeinen erwartet hat, dass die Aufklärung durch die Wissenschaften, vor allem durch die Naturwissenschaften, mit Gewissheit das Ende der Religion herbeiführen würde, muss man heute feststellen, dass genau das Gegenteil eingetreten ist, nämlich das Wiederaufleben des Religiösen, freilich nicht in einer kirchlichen, sondern in einer privaten Gestalt mit der ganzen Beliebigkeit, die zum Bereich des Privaten gehört und die auch zu einer Rückkehr der Götter geführt hat. Wenn nämlich der biblische Glaube an den einen Gott, der gerade nicht das „Göttliche" der Welt, der vielmehr Schöpfer des Himmels und der Erde ist, und damit zu einer Entgötterung der Welt geführt hat, schwach wird oder sogar erlischt, dann kehren unweigerlich die alten Götter wieder oder, wie es der Volksmund zu sagen pflegt: Wenn der Glaube durch die Vordertüre das Haus verlässt, dann kehrt der Aberglaube durch die Hintertüre wieder zurück. Während der christliche Glaube an Gott, den Herrn der Schöpfung und der Geschichte auf die Fundamentalunterscheidung zwischen dem Letzten und dem Vorletzten zielt, kommt es in der Hinwendung zu neuen religiösen Gestalten auch zu neuen Götterdämmerungen im gesellschaftlichen Leben.

Mit diesem Phänomen einer neuen Religiosität muss sich die gesellschaftliche Öffentlichkeit kritisch auseinandersetzen. Dass eine totale Privatisierung der Religion in eine Sackgasse führt, wird zweitens durch die wachsenden multireligiösen Begegnungen in unseren Gesellschaften und vor allem durch die Feststellung bestätigt, dass andere Religionen und Kulturen die eigentliche Bedrohung ihrer Identität nicht im christlichen Glauben erblicken, sondern in der Verdrängung Gottes in den westlichen Gesellschaften. Denn die westliche Vernünftigkeit, die Gott aus dem Blickfeld des Menschen ausgrenzt und dies für die höchste Vernunft erklärt, ermöglicht den interreligiösen Dialog nicht, sondern schreckt andere Religionen und Kulturen von ihm ab. Die absolute Profanität, die sich in Europa herausgebildet hat, ist jedenfalls den religiösen Kulturen von Grund auf fremd. Sie sind vielmehr überzeugt, dass eine Welt ohne Gott keine Zukunft haben kann.

c) Diktatur des Relativismus

Der interreligiöse Dialog, der in unseren Gesellschaften unumgänglich geworden ist, stellt insofern grundlegende Anfragen an den säkularistischen Sonderweg Europas und an den Relativismus, der in den europäischen Gesellschaften mit der Säkularisierung einhergeht. Dieser stellt immer mehr grundlegende Werte zur Disposition und führt zu einem verhängnisvollen Indifferentismus und Skeptizismus, wie Kardinal Walter Kasper mit Recht urteilt: „Marx ist tot, aber Nietzsche ist zu einem ungemütlichen Zeit- und Hausgenossen geworden."[10] In der Tat droht dem von Friedrich Nietzsche in Europa proklamierten „Tod Gottes" der „Tod des Menschen" auf der Spur zu folgen. Denn dort, wo Gott aus dem gesellschaftlichen Leben verabschiedet wird, besteht höchste Gefahr, dass auch die Würde des Menschen mit Füssen getreten wird.

Die Symptome dieser Gefahr sind in der heutigen Gesellschaft mit Händen zu greifen, und zwar vor allem am Ende des menschlichen Lebens wie an seinem Beginn. Denn beide Probleme – die Frage der Euthanasie und die Frage des Schwangerschaftsabbruchs und der Embryonenforschung – sind unlösbar miteinander verbunden. Wenn sich in der gesellschaftlichen Öffentlichkeit die Überzeugung immer mehr durchgesetzt hat, dass der Beginn des menschlichen Lebens in der Hand des Menschen selbst liegt, dann erscheint es nur als konsequent, dass auch das Ende des Menschenlebens immer mehr in die Hand des Menschen selbst gelegt wird. Und wer den staatlichen Schutz des menschlichen Lebens an seinem Beginn preisgibt, wird dasselbe auch für das Ende des menschlichen Lebens geltend machen. Am Beginn und am Ende des menschlichen Lebens ist jedenfalls in der heutigen Gesellschaft ein gewaltiges Zerbrechen der Ehrfurcht vor dem Leben festzustellen, das mit der Abdrängung des Gottesbewusstseins aus der gesellschaftlichen Öffentlichkeit unmittelbar zusammenhängt.[11]

Das Zerbrechen der Ehrfurcht vor dem menschlichen Leben ist ein untrügliches Zeichen dafür, dass das Leben heute weithin nicht mehr als Geschenk des lebendigen Schöpfergottes betrachtet, sondern immer mehr in die Verfügungsmacht des Menschen selbst gelegt wird; und dieses Zerbrechen zieht

---

10 W. Kardinal Kasper, Europa – eine geistige Herausforderung. Unveröffentlichtes Manuskript 2007.

11 Vgl. K. Koch, Wähle das Leben! Herausforderungen der Biowissenschaften im Licht des christlichen Glaubens (Solothurn 2007).

immer breitere Kreise: Von der Instrumentalisierung des menschlichen Lebens durch die Freigabe von menschlichen Embryonen zu Zwecken der Forschung wird es nur ein kleiner Schritt bis zur Präimplantationsdiagnostik sein, die die Selektion menschlichen Lebens bezweckt und mit der durch die Vernichtung von erbbelasteten Embryonen behindertes Leben überhaupt aus der Gesellschaft „entsorgt" werden soll. Als nächster Schritt wird das Klonen menschlichen Lebens anvisiert werden, bei dem Embryonen allein mit dem Zweck hergestellt werden, der Produktion von embryonalen Stammzellen geopfert zu werden. Doch wenn der Mensch meint, selbst Menschen machen zu können, werden die Menschen zum Vorratslager für unser Machen degradiert, mit dem der Tod überwunden werden soll, dabei aber die Würde des Menschen immer mehr erniedrigt wird. Und wenn der Mensch zum Produkt seiner selbst wird, verändert sich das Verhältnis des Menschen zu sich selbst von Grund auf, wie Papst Benedikt XVI. mit Recht betont hat: „Er ist nicht mehr ein Geschenk der Natur oder des Schöpfergottes; er ist sein eigenes Produkt."[12]

Die genannten Beispiele dokumentieren, dass in den europäischen Gesellschaften stets deutlicher so genannte neue Werte in den Vordergrund rücken, vor allem die Verabsolutierung des Relativismus und die intolerante Durchsetzung der Toleranz. Die Toleranz wird heute derart überstrapaziert, dass sie selbst intolerant zu werden beginnt. Darin kann man unschwer Anzeichen einer voraussehbaren Christenverfolgung in Europa wahrnehmen. Denn in den Gesellschaften Europas ist eine feindselige Haltung gegen das Christentum vor allem in bestimmten Medien mit Händen zu greifen. In der öffentlichen Meinung wird nicht selten die Behauptung vertreten, das Christentum und speziell die Römisch-katholische Kirche seien an beinahe allen Übeln der Menschheit schuld: der Überbevölkerung, der Aids-Epidemie, kriegerischen Auseinandersetzungen und so genanntem fundamentalistischem Verhalten. Christen werden immer häufiger als „Fremdkörper und Störenfriede in einer neuheidnischen Gesellschaft" empfunden, wenn sie deren Konsense nicht mittragen, sondern als Christen und Christinnen vieles nicht zu tun bereit sind, was „man" in der heutigen Gesellschaft tut.[13]

Vielleicht macht es die Tragik der europäischen Geschichte aus, dass solche pauschale Anschuldigungen an die Adresse des Christentums manche

12 Benedikt XVI./J. Kardinal Ratzinger, Werte in Zeiten des Umbruchs. Die Herausforderungen der Zukunft bestehen (Freiburg i. Br. 2005) 33.

13 Ch. Kardinal Schönborn, „Dominus Iesus" und der interreligiöse Dialog, in: E. Kapellari/H. Schambeck (Hg.), Diplomatie im Dienst der Seelsorge. Festschrift zum 75. Geburtstag von Nuntius Donato Squicciarini (Graz 2002) 113–123, zit. 119–120.

der maßlosen Beschuldigungen des Judentums wiederholen, die in früheren Zeiten auch in christlichen Kreisen anzutreffen gewesen sind, und dass wir Christen und Kirchen im säkularisierten Europa heute eine ähnliche Erfahrung wie das jüdische Volk in den langen Jahrhunderten seiner Diaspora inmitten der Christenheit hat machen müssen. Ähnlich der europäischen Christenheit, die in der Vergangenheit die kleine jüdische Minderheit in ihrem Lebensraum für viele Übel verantwortlich gemacht und diese auf sie projiziert hat, müssen wir Christen heute erleben, wie in den säkularisierten Gesellschaften Europas das Christentum stets stärker „dämonisiert und als menschenfeindliche, zu allem Bösen fähige Vereinigung dargestellt wird“[14].

d) Öffentliche Gottesrede im Dienst am Menschen

Wie aber das jüdische Volk auf seine Anfechtungen stets mit einer neuen Orientierung am lebendigen Gott und an seiner von ihm zugewiesenen Sendung geantwortet hat, so brauchen auch wir Christen in Europa eine neue Vergewisserung hinsichtlich unseres Auftrags der Verkündigung des lebendigen Gottes und neuen Mut zur Bezeugung des Glaubens im Dienst am Leben der Menschen. Denn die öffentliche Gottesrede der Christen kommt dem Menschen, seinem Leben und seiner Würde zugute. Dieser Zusammenhang zeigt sich bereits in negativer Hinsicht am Sachverhalt, dass der radikalen Krise des Gottesbewusstseins, von der unsere Gesellschaften weithin befallen sind, eine ebenso gefährliche Krise des Menschenbildes auf dem Fuße folgt, und zwar mit einer inhärenten Logik. Wenn nämlich gemäß der Überzeugung des christlichen Glaubens der Mensch das Ebenbild Gottes ist, das Gott hütet wie seinen eigenen Augapfel, dann nagt das Verdunsten des Gottesbewusstseins in der heutigen gesellschaftlichen Öffentlichkeit in einer gefährlichen Weise auch an der Würde des menschlichen Lebens.

Angesichts der vielfältigen Bedrohungen des menschlichen Lebens in der heutigen gesellschaftlichen Öffentlichkeit erwächst der Kirche die ernste Pflicht, das Lebensrecht eines jeden Menschen zu verteidigen und sich dafür stark zu machen, dass der Respektierung der Würde des menschlichen Lebens vor allen pragmatischen Nützlichkeitserwägungen und wirtschaftlichen Vorteilen der absolute Vorrang gegeben wird. Dieser Primat der Würde des Lebens bildet die Kernmitte jener „Zivilisation der Liebe“, zu deren Aufbau Papst Johannes Paul II. immer wieder ermutigt hat, und zwar dadurch, dass

14 Ebd.

er aufgefordert hat, die „Laboratorien des Todes" zu verlassen und „Fabriken des Lebens" zu eröffnen. Wie kein Zweiter erwies er sich als engagierter Kämpfer für die Würde des menschlichen Lebens, und zwar von allem Anfang an bis zu seinem natürlichen Ende. Diesem ihm besonders am Herzen liegenden „Evangelium des Lebens" hat er eine engagierte Enzyklika gewidmet, die man als „prophetisches Wort in die Zeit" würdigen muss[15].

Die Kirche ist berufen, sich als evangelische Lebensbewegung zu erweisen: gegen Ungerechtigkeit für mehr solidarische Nachhaltigkeit, gegen die Bedrohung der Schöpfung für ihre Bewahrung, gegen den Krieg für den Frieden, gegen die Eskalation von Hass und Gewalt für Versöhnung, gegen Ausländerfeindlichkeit für echte Hilfe für in Not geratene Menschen und gegen die Tötung menschlichen Lebens im Kleinen wie im Großen für das Evangelium des Lebens. In diesem Einsatz für eine neue Kultur des Lebens müssen Christen heute besonders den Einspruch wagen, dass nicht gentechnisch manipulierten und pränatal diagnostizierten und selektierten Designer-Babies, sondern noch immer den Kindern Gottes die Zukunft gehören muss.

Von daher leuchtet die Elementaraufgabe der Kirche erst recht ein, den lebendigen Gott zu verkünden und sich für das Gottesrecht auf das Menschenleben, und zwar von der Empfängnis bis zum Tode, gelegen oder ungelegen stark zu machen. Denn die gesellschaftlichen Herausforderungen, vor denen wir heute stehen, berühren zutiefst Fragen des christlichen Glaubens. Diese Fragen warten auf hilfreiche Antwort, und zwar aus der Kernmitte des christlichen Gottesglaubens selbst heraus. Letztlich wird nur die religiös-christliche Begründung der unbedingten Würde, die dem Menschen von Gott zugesprochen ist, in der Lage sein, eine ethische Sperre gegen eine stille Auszehrung der Menschenwürde zu errichten.

Der evangelische Theologe Wolfhart Pannenberg hat mit Recht immer wieder betont, dass das Leben des Menschen nicht nur dem Zugriff anderer Menschen, sondern auch der Gewalt des Staates entzogen bleiben muss, weil dieses Leben Gott gehört, und er hat daraus den Schluss gezogen, dass dies „die einzig wirklich durchschlagende Begründung für die Personwürde des Menschen und insbesondere für die sie kennzeichnende Unantastbarkeit" ist: „Sie gilt dann, weil in der Bestimmung des Menschen begründet und nicht in irgendwelchen vorfindlichen Merkmalen auch für die Menschen, die den Gebrauch ihrer Vernunft noch nicht oder nicht mehr haben. Die

---

15 W. Kasper, Ein prophetisches Wort in die Zeit. Anmerkungen zur Enzyklika „Evangelium vitae", in: Communio. Internationale katholische Zeitschrift 24 (1995) 187–192.

Ausstattung des Menschen mit Vernunft hat in der Geschichte leider nicht gehindert, dass Menschen einander zu Tode brachten."[16] Von daher hat die Kirche in der heutigen gesellschaftlichen Öffentlichkeit keine wichtigere Sendung als die, Gott als Liebhaber des Lebens zu verkünden und dem Menschen Geborgenheit im Geheimnis Gottes als Obdach der Seele zu schenken. Denn die Menschen brauchen in der Unbehaustheit des heutigen gesellschaftlichen Lebens nicht nur ein Dach über ihrem Kopf, sondern auch ein Dach über ihrer Seele.

2. Die Gottesfrage in der Kirche heute

Darin besteht die indispensable Sendung der Kirche in Europa, sofern sie sich auch weiterhin als „Erdensekretariat" Gottes für den Menschen versteht und bewährt. Von daher zwingt uns die heutige Situation, die elementarste Lektion unseres Glaubens neu zu buchstabieren, dass das Christentum in seinem Kern Glaube an Gott und das Leben einer persönlichen Gottesbeziehung ist und dass alles Andere daraus folgt. Dies gilt zumal in der heutigen Gesellschaft, in der die Gottesfrage ganz energisch an die Kirchentüre klopft[17].

a) Primat der Gottesfrage in der Kirche

Das Klopfen der Gottesfrage an der Kirchentüre hat das Zweite Vatikanische Konzil gehört und aufgenommen. Im allgemeinen Bewusstsein gilt dieses Konzil allerdings noch heute als eine Kirchenversammlung, in der vor allem die Kirchenfrage im Vordergrund gestanden habe. Doch bereits der Titel der Dogmatischen Konstitution über die Kirche weist in eine andere Richtung. Denn „Lumen gentium" – „Licht der Völker" – ist gerade nicht die Kirche, sondern Christus, wie das Konzil schon mit dem ersten Satz seiner Kirchenkonstitution betont und daraus die Selbstverpflichtung abgeleitet hat, „alle Menschen durch seine Herrlichkeit, die auf dem Antlitz

16 W. Pannenberg, Christliche Rechtsüberzeugungen im Kontext einer pluralistischen Gesellschaft, in: Ders., Beiträge zur Ethik (Göttingen 2004) 55–68, zit. 60. Vgl. Ders., Christliche Wurzeln des Gedankens der Menschenwürde, in: Ders., Beiträge zur Systematischen Theologie. Band 2: Natur und Mensch – und die Zukunft der Schöpfung (Göttingen 2000) 191–201.

17 Vgl. Kardinal F. König, Die Gottesfrage klopft wieder an unserer Tür. Vorwort zu C. M. Martini/U. Eco, Woran glaubt, wer nicht glaubt? (Wien 1998) 11; K. Koch, Die Gottesfrage klopft an die ökumenische Türe, in: Catholica 54 (2000) 1–13.

der Kirche widerscheint, zu erleuchten, indem sie das Evangelium allen Geschöpfen verkündet“[18].

Diese grundlegende Wegweisung hat das Zweite Vatikanische Konzil vor allem mit seinen vier Konstitutionen eingelöst, die man in ihrem symphonischen Zusammenklingen würdigen muss: Dass die Konstitution über die Heilige Liturgie „Sacrosanctum concilium“ am Anfang steht, macht sichtbar, dass in der Kirche am Anfang die Anbetung und damit Gott steht. Dass sich die Kirche von dem Grundauftrag, Gott zu verherrlichen, herleitet, kommt in der Dogmatischen Konstitution über die Kirche „Lumen gentium“ zum Ausdruck. Die dritte Konstitution über die göttliche Offenbarung „Dei verbum“ handelt vom lebendigen Wort Gottes, das die Kirche zusammenruft und sie zu jeder Zeit neu belebt. Wie die Kirche das von Gott empfangene Licht in die Welt hinein bringt und dadurch die Verherrlichung Gottes voranbringt, ist schließlich das Thema der Pastoralkonstitution über die Kirche in der Welt von heute „Gaudium et spes“.

Nimmt man dieses Grundsatzprogramm ernst, muss man einem früheren Urteil von Papst Benedikt XVI. zustimmen: „Das II. Vaticanum wollte durchaus die Rede von der Kirche der Rede von Gott ein- und unterordnen, es wollte eine im eigentlichen Sinn theo-logische Ekklesiologie vorlegen, aber die Rezeption des Konzils hat bisher dieses bestimmende Vorzeichen vor den einzelnen ekklesiologischen Aussagen übersprungen, sich auf einzelne Stichworte gestürzt und ist damit hinter der großen Perspektive der Konzilsväter zurückgeblieben.“[19] Das Grundsatzprogramm, das das Zweite Vatikanische Konzil vor über fünfzig Jahren mit seinen vier Konstitutionen verabschiedet hat, hat deshalb nichts an Aktualität eingebüßt. Der Kirche heute ist damit die Gewissensfrage gestellt, ob sie sich diese Herzensanliegen des vergangenen Konzils in genügender Weise angeeignet hat oder ob sie nicht immer wieder in die Schule des Konzils gehen muss. Wir dienen jedenfalls nur dann einer guten Zukunft der Kirche, wenn wir alle unsere Bemühungen in und um die Kirche an den Leitlinien des vergangenen Konzils ausrichten. Es ist und bleibt die Magna Charta der Katholischen Kirche auch auf dem begonnenen Weg im Dritten Jahrtausend.

Als konzilstauglich erweisen wir uns vor allem dann, wenn wir der Grundüberzeugung des Konzils folgen, dass es die Kirche nicht um ihrer

18 Lumen gentium, Nr. 13.

19 J. Cardinal Ratzinger, Die Ekklesiologie der Konstitution *Lumen gentium*, in: Ders., Weggemeinschaft des Glaubens. Kirche als Communio (Augsburg 2002) 107–131, zit. 109.

selbst willen gibt, sondern „um Gottes willen", und zwar im buchstäblichen Sinn. Diesen Primat des Gottesgeheimnisses haben bereits frühchristliche Theologen mit dem schönen Bild von Sonne und Mond zum Ausdruck gebracht[20]: Wie der Mond sein ganzes Licht von der Sonne empfängt, um es in die Nacht hinein strahlen zu lassen, so liegt die Sendung der Kirche als Mond darin, das Licht der Christussonne in die Weltnacht der Menschen hinein zu strahlen und erleuchtende Hoffnung zu ermöglichen. Wir brauchen deshalb dringend eine „lunare Ekklesiologie"[21], der gemäß sich die Kirche damit zufrieden gibt, Mond zu sein, und sich nicht selbst sonnen will, sondern auf Christus als die wahre Sonne unseres Lebens hinweist. Die Kirche lebt folglich nur dann glaubwürdig und wirklich evangelisch, wenn sie möglichst wenig von sich, dafür möglichst intensiv von Gott und seinem Geheimnis spricht, wenn also alles Reden in der Kirche der einen Rede von Gott eingeordnet wird. Die heutige Situation der Kirche zeigt unmissverständlich, dass es Zeit geworden ist, intensiv an Gott zu denken.[22]

b) Kritische Situation der Gottesfrage in der Kirche

Die Rückfrage muss aber erlaubt sein, ob dieser Primat der Gottesfrage in der Kirche heute in genügender Weise wahrgenommen wird. Dass dies viel zu wenig zutrifft, ist vor allem daran ablesbar, dass in der gegenwärtigen Situation der Kirche zumeist die Rede von einer tief greifenden Kirchenkrise ist. Die Gründe für diese weit verbreitete Kirchenmüdigkeit sind gewiss sehr vielfältig. Zumeist werden sie bei jenen innerkirchlichen Problemen ausfindig zu machen versucht, die so oft die Tagesordnung des kirchlichen Lebens beschäftigen, die auch in der öffentlichen Diskussion verhandelt und oft mit der Kurzformel „Jesus ja – Kirche nein" zum Ausdruck gebracht werden. Selbstverständlich können und sollen diese innerkirchlichen Probleme weder verschwiegen noch tabuisiert werden. Aber man würde zu kurz greifen, wollte man die eigentlichen Herausforderungen, vor denen wir heute stehen,

---

20 Vgl. H. Rahner, Symbole der Kirche. Die Ekklesiologie der Väter (Salzburg 1964), bes. 91–173.

21 G. Fuchs, Neue Gnosis – alte Kirche. Eiserne Ration für den geistlichen Aufbruch, in: A. Biesinger/P. Braun (Hg.), Jugend verändert Kirche. Wege aus der Resignation (München 1989) 45–79, zit. 60.

22 Vgl. K. Lehmann, Es ist Zeit, an Gott zu denken. Ein Gespräch mit Jürgen Hoeren (Freiburg i. Br. 2000).

in diesen innerkirchlich-hausgemachten Schwierigkeiten lokalisieren oder gar absorbieren.

Demgegenüber hat der katholische Theologe Johann B. Metz mit seiner grundlegenden Analyse der heutigen Kirchensituation tiefer gebohrt: „Die Krise, die das europäische Christentum befallen hat, ist nicht mehr primär oder gar ausschließlich eine Kirchenkrise … Die Krise sitzt tiefer: sie ist keineswegs nur im Zustand der Kirchen selbst begründet: Die Krise ist zur Gotteskrise geworden."[23] Diese Krise besteht vornehmlich in einem weitgehenden Verblassen des biblisch-christlichen Bildes Gottes als eines in der Geschichte gegenwärtigen und handelnden Gottes. Dieses fundamentale Problem lässt sich in der Kurzformel festmachen: „Religion ja – ein persönlicher Gott nein". Diese Gotteskrise ist dabei nicht leicht zu diagnostizieren, zumal sie in einer äußerst religionsfreundlichen Atmosphäre stattfindet. Aber sie bringt auf jeden Fall zum Ausdruck, dass man sich einen Gott weithin nicht mehr vorstellen kann, der sich um den einzelnen Menschen kümmert und der überhaupt in der Welt handelt. Dies bedeutet freilich nicht, dass die Menschen heute nicht mehr an Gott glauben würden; aber es scheint sich weithin um einen Gott zu handeln, der in der Geschichte der Menschen nicht mehr als gegenwärtig wahrgenommen wird.

Von daher muss man einer früheren Diagnose von Papst Benedikt XVI. zweifellos zustimmen, dass sich der seit der europäischen Aufklärung aufgekommene Deismus „praktisch im allgemeinen Bewusstsein durchgesetzt" hat: „Gott mag den Urknall angestoßen haben, wenn es ihn schon geben sollte, aber mehr bleibt ihm in der aufgeklärten Welt nicht. Es scheint fast lächerlich sich vorzustellen, dass ihn unsere Taten und Untaten interessieren, so klein sind wir angesichts der Größe des Universums. Es erscheint mythologisch, ihm Aktionen in der Welt zuzuschreiben."[24] Ein solch deistisch verstandener Gott aber ist weder zum Fürchten noch zum Lieben. Es fehlt die elementare Leidenschaft an Gott; und darin liegt die tiefste Glaubensnot in der heutigen Zeit.

Die Gotteskrise findet zudem ihre radikalste Zuspitzung in einer elementaren Krise des Christusglaubens. Zumal in der heutigen Gesellschaft, die sich durchgehend durch Multikulturalität und damit auch Multireligiosität aus-

---

23 J. B. Metz, Gotteskrise. Versuch zur „geistigen Situation der Zeit", in: Diagnosen zur Zeit (Düsseldorf 1994) 76–92, zit. 77.

24 J. Kardinal Ratzinger, Christus und Kirche. Aktuelle Probleme der Theologie – Konsequenzen für die Katechese, in: Ders., Ein neues Lied für den Herrn. Christusglaube und Liturgie in der Gegenwart (Freiburg i. Br. 1995) 47–55, zit. 50.

zeichnet, stellt sich mit besonderem Ernst die Frage, wie der Christusglaube der Kirche angesichts des vielfältigen Religionsangebotes von heute redlich verantwortet werden kann, ohne den Christusglauben zu einer bloß humanistischen Jesulogie herunterzustufen. Papst Benedikt XVI. hat deshalb mit Recht betont, dass der eigentliche Gegensatz, dem wir uns stellen müssen, noch nicht durch die Formel „Jesus ja – Kirche nein“ ausgedrückt wird, sondern eher mit dem Wort umschrieben werden müsste: „‚Jesus ja – Christus nein‘ oder ‚Jesus ja – Sohn Gottes nein‘“[25]. In dieser Formel verschafft sich die durchschnittliche Einstellung des heutigen Menschen und auch von nicht wenigen Christen Ausdruck, die sich vor allem berühren lassen von allen menschlichen Dimensionen an Jesus von Nazareth, denen aber das Glaubensbekenntnis, dass Jesus der eingeborene Sohn Gottes ist, der als der Auferweckte in der Gestalt und Person des Heiligen Geistes unter uns gegenwärtig ist, und insofern der kirchliche Christusglaube weithin Mühe bereitet.

c) Gott und Geschichte

„Jesus ja – Kirche nein“, „Religion ja – ein persönlicher Gott nein“, „Jesus ja – Christus nein“: Diese dreifache Krise ist zudem nicht konfessionell bedingt, in ihr spiegelt sich vielmehr die ökumenische Situation schlechthin in der heutigen Zeit, und sie fordert dazu heraus, die Gottesfrage ökumenisch zu verantworten und ökumenisch von Gott zu sprechen.[26] Dies bedeutet vor allem, dass es in der heutigen Gesellschaft, in der sich verschiedene Religionen begegnen, unabdingbar ist, den spezifisch christlichen Gottesgedanken in ökumenischer Gemeinschaft neu zum Leuchten zu bringen:

Der jüdisch-christliche Glaube bekennt Gott als „Schöpfer Himmels und der Erde“. Von daher ist Gott zu denken als die alles, was überhaupt ist, bestimmende und umgreifende Wirklichkeit. In diesem Sinne ist Gott das exklusiv-eine Thema des christlichen Glaubens. Dies gilt freilich nicht im Sinne eines abstrakten Specialissimum. Das exklusiv-eine Thema der Wirklichkeit Gottes kann vielmehr nur dadurch verantwortet werden, dass zugleich und in einem, mithin inklusiv, alle Gegenstände der Wirklichkeitserfahrung und der Wirklichkeitserkenntnis zum Thema gemacht werden.

---

25 Ebd. 47.

26 Vgl. Kardinal W. Kasper, Ökumenisch von Gott sprechen?, in: I. U. Dalferth u. a. (Hg.), Denkwürdiges Geheimnis. Beiträge zur Gotteslehre. Festschrift für Eberhard Jüngel (Tübingen 2004) 291–302.

Es macht das spezifische Kennzeichen des christlichen Glaubens aus, dass sich dieses Exklusivitäts-Inklusionsverhältnis im Blick auf das Reden von Gott im Horizont von Geschichte vollzieht. Im christlichen Glauben zeigt sich Gott dadurch als alles bestimmende Wirklichkeit, dass er sich als die sich im konkret-geschichtlichen Ereignis Jesus Christus offenbarende alles bestimmende Wirklichkeit erweist, wie Papst Benedikt XVI. hervorhebt: „Für den biblischen Glauben ist es wesentlich, dass er sich auf wirklich historisches Geschehen bezieht ... Das factum historicum ist für ihn nicht eine auswechselbare symbolische Chiffre, sondern konstitutiver Grund: Et incarnatus est – mit diesem Wort bekennen wir uns zu dem tatsächlichen Hereintreten Gottes in die reale Geschichte.“[27]

Der biblisch-offenbare Gott ist folglich als „Gott der Geschichte“ und zugleich als Wahrheit der Geschichte zu verstehen, die in Jesus Christus erschienen ist[28]. Wenn die Wirklichkeit Gottes in der ganz konkreten menschlichen Geschichte Jesu für unsere Welt offenbar ist, dann kann Gottes Sein nicht als von der Geschichte ablösbar verstanden werden. Das christliche Verständnis der *Selbst*-Offenbarung Gottes in der Person und im Geschick Jesu hat dann vielmehr Konsequenzen für den Gottesgedanken selbst, und zwar in dem Sinne, dass die im geschichtlichen Werden statthabende Veränderung auch etwas bedeutet für das *Selbst* Gottes. Wie aber Gottes Sein und die Geschichte seines Handelns als Einheit gedacht werden können, ohne den Gedanken der Absolutheit und Allmacht Gottes preiszugeben, für die Beantwortung dieser Frage liegt der entscheidende Schlüssel im Gedanken des Dreieinen Gottes.

d) Trinität als konsequenter Monotheismus

Erst der christlich-trinitarische Gottesgedanke vermag einen tendenziellen Dualismus zwischen Transzendenz und Immanenz und damit zwischen Gott und Welt zu überwinden, weil er es zu denken ermöglicht, dass Gott als Schöpfer nicht nur der der Welt transzendente, sondern auch und gerade in seiner weltjenseitigen Unendlichkeit der der Welt immanente Gott ist, wie der evangelische Theologe Wolfhart Pannenberg betont: „Der trinitarische Gott hebt, ohne Verwischung der Differenz von Schöpfer und Geschöpf, diesen Gegensatz auf im Gedanken der Versöhnung der Welt. Erst der trinita-

27 J. Ratzinger – Benedikt XVI., Jesus von Nazareth (Freiburg i. Br. 2007) 14.

28 Vgl. K. Koch, Der Gott der Geschichte. Theologie der Geschichte bei Wolfhart Pannenberg als Paradigma einer Philosophischen Theologie in ökumenischer Perspektive (Mainz 1988).

risch gedachte Gott ist, ohne Beseitigung des Unterschiedes von Gott und Geschöpf, sondern gerade durch Anerkennung dieses Unterschiedes auf beiden Seiten, alles in allem."[29] Zugleich erweist sich von daher der trinitarische Gottesgedanke als die konzise Formulierung der Eigenart des in dem besonderen historischen Jesusgeschehen offenbaren Gottes, so dass allererst die Trinitätslehre als Vollendung eines wahrhaften Monotheismus verstanden werden kann. Dadurch nämlich, dass die Trinitätslehre den in der Geschichte Jesu offenbaren Gott namhaft macht, formuliert sie zugleich das Verhältnis Gottes zur Geschichte insgesamt.

Mit seinem trinitarischen Gottesgedanken unterscheidet sich der christliche Glaube von anderen Religionen, und zwar vorrangig dadurch, dass er im Kern persönliche Begegnung mit Jesus Christus ist und in dieser Begegnung den Sinn der Welt als eine Person erfährt, die uns Menschen liebt. Christlicher Glaube ist das Suchen und Finden eines personalen „Du", das mich trägt und mir die Verheißung einer unzerstörbaren Liebe schenkt, in der ich ewiges Leben nicht nur begehren kann, sondern in der es mir wirklich gewährt wird. In diesem Sinn unterscheidet sich der christliche Glaube selbst vom Judentum, wie das theologische Gespräch von Papst Benedikt XVI. mit dem jüdischen Gelehrten Jacob Neusner in aller Deutlichkeit zeigt[30], und erst recht vom Islam, der den christlichen Glauben an Jesu Gottessohnschaft als Gotteslästerung brandmarkt und deshalb in der Bezeichnung Jesu als des „Sohnes Gottes" die „Sünde der Beigesellung" erblickt, weil gemäß Sure 5 Gott „darüber erhaben" ist, „dass er ein Kind habe": „Nicht ist der Messias, der Sohn der Maria, etwas anderes als ein Gesandter".

Von daher wird im christlich-islamischen Dialog gerne geltend gemacht, dass nur der strikte Monotheismus im Islam eine vernünftige Gottesidee darstelle. Dem gegenüber hat der deutsche Philosoph Robert Spaemann darauf hingewiesen, dass vielmehr der Gedanke Gottes als einer einzigen Person in sich höchst problematisch ist, weil der – zumal moderne – Personbegriff wesentlich Beziehung zu anderen Personen impliziere: „Wenn Gott eine einzige Person wäre, dann müsste er eine Welt mit anderen Personen erschaffen, um seiner Einsamkeit zu entgehen und sich als Person überhaupt erst zu konstituieren. Gott könnte natürlich nicht in seinem Wesen Liebe sein, so lange er

29 W. Pannenberg, Probleme einer trinitarischen Gotteslehre, in: W. Baier u. a. (Hg.), Weisheit Gottes – Weisheit der Welt. Festschrift für Joseph Kardinal Ratzinger zum 60. Geburtstag. Band I (St. Ottilien 1987) 329–341, zit. 341.

30 J. Neusner, Ein Rabbi spricht mit Jesus. Ein jüdisch-christlicher Dialog (München 1997); J. Ratzinger – Benedikt XVI., Jesus von Nazareth (Freiburg i. Br. 2007), bes. 131–160.

kein personales Gegenüber hat." Da aber der Persongedanke auch historisch zuerst im Zusammenhang der Ausbildung der christlichen Trinitätslehre entwickelt worden ist, erweist sich diese nicht als „Abschwächung des Glaubens an die Einheit und Einzigkeit Gottes", sondern als „dessen definitive Bekräftigung"[31].

Den trinitarischen Gottesgedanken gilt es gerade auch im interreligiösen Dialog heute zu bewähren, weil er zum innersten Selbstverständnis des christlichen Glaubens gehört. Der trinitarische Glaube ist „Paradigma, Grammatik und Summe der Theologie, und zwar einer theologisch verstandenen Theologie"[32]. Oder wie Kardinal Walter Kasper im Vorwort zur Neuausgabe seines Werkes „Der Gott Jesu Christi" geschrieben hat: „Die Trinitätslehre ist nicht nur der einzige Monotheismus, der sich denkerisch halten lässt; sie ist auch der einzige Monotheismus, der angesichts des ungeheuren Ausmasses des Leidens in der Welt existenziell durchzuhalten ist."[33] Diese klare Wegweisung hat auch heute nichts an Aktualität eingebüßt. Sie muss im Gegenteil auch in der heutigen Gesellschaft Leitlinie des christlichen Gottesdenkens in der theologischen Reflexion und in der kirchlichen Gottesverkündigung sein.

31 R. Spaemann, Gedanken zur Regensburger Vorlesung Papst Benedikts XVI., in: Benedikt XVI. u. a., Gott, rette die Vernunft. Die Regensburger Vorlesung des Papstes in der philosophischen Diskussion (Augsburg 2008) 147–170, zit. 160.

32 W. Kasper, Der Gott Jesu Christi = Gesammelte Schriften. Band 4 (Freiburg i. Br. 2008) 38.

33 Ebd. 34–35.

In Ewigkeit geliebt sein
Eschatologie im Glauben der Kirche[1]

Von Jean-Paul Sartre, dem bedeutenden französischen existenzialistischen Philosophen und erklärten Atheisten, wird berichtet, er soll auf seinem Sterbebett von einem Freund gefragt worden sein, ob er nicht doch an ein Leben nach dem Tode glaube. Entgegen seiner bisher konsequent vorgetragenen Überzeugung, dass mit dem Tod alles aus sei, soll er jetzt kurz vor seinem Sterben mit einem Wort geantwortet haben: „Peut-être" – „Vielleicht". Mit diesem Peut-être-Glauben steht Sartre freilich nicht allein; er steht vielmehr für viele Menschen und selbst Christen in der heutigen Zeit. Sie scheinen in ihrer Deutung des Todes und dessen, was danach kommt, unsicher geworden zu sein.

1. Feuerprobe des christlichen Glaubens

Nach neueren Untersuchungen dominiert in der europäischen Bevölkerung hinsichtlich des Glaubens an ein ewiges Leben eher ratlose Ungewissheit. Es liegt eine große Vielfalt von Deutungen vor: Für die einen ist mit dem Tod alles aus, andere hoffen über den Tod hinaus, vor allem in der Gestalt von Wiedergeburt und Reinkarnation. Viele können sich unter einem Leben nach dem Tod nur wenig vorstellen. Nicht wenige bringen es kaum weiter als zu einem „peut-être" à la Sartre. Und einzelnen dürften angesichts ihres eigenen Todes die letzten Worte des sterbenden Rabelais auf die Lippen kommen: „Ich gehe also das große Vielleicht zu sehen." Solche Untersuchungen und die mit ihnen zu Tage tretende Ungewissheit über das Leben nach dem Tod dokumentieren, dass es der christlichen Verkündigung nur noch schwer gelingt, ihre Deutungen vom Tod und vor allem vom Leben nach dem Tod den Menschen der heutigen Zeit zu vermitteln, wie die Kongregation für die Glaubens-

1 Vortrag bei dem von der Fondazione Vaticana Joseph Ratzinger – Benedetto XVI. veranstalteten Simposio Internazionale „L'escatologia: analisi e prospettive" an der Pontificia Università della Santa Croce am 25. November 2016. Unter dem Titel „L'escatologia nella fede della Chiesa" erschienen in: B. Estrada/P. Azzaro/E. Manicardi (ed.), Ciò che il fedele spera. L'escatologia cristiana a partire dal pensiero di Joseph Ratzinger – Benedetto XVI (Città del Vaticano 2017) 233–254.

lehre in ihrem „Schreiben zu einigen Fragen der Eschatologie“ im Jahre 1979 mit Recht festhält: „Wer sähe nicht, wie sich hier ein subtiler und immer tieferer Zweifel in den Herzen ausbreitet?“ Die Kongregation macht zugleich darauf aufmerksam, was mit dem fehlenden Glauben an das ewige Leben auf dem Spiel steht: „Wenn für die Christen nicht sicher feststeht, welcher der Inhalt der Worte ‚ewiges Leben‘ ist, dann zerrinnen die Verheißungen des Evangeliums und die Bedeutung von Schöpfung und Erlösung, und selbst das irdische Leben wird jeglicher Hoffnung beraubt (vgl. Hebr 11,1).“[2]

Die wenigen Hinweise zeigen, dass sich die Situation in der Kirche heute im Blick auf das eschatologische Bewusstsein von derjenigen in der frühen Kirche maßgeblich unterscheidet. Vor allem der Apostel Paulus hat den Korinthern, die den Glauben an ihre eigene Auferweckung offensichtlich nicht annehmen wollten, mit aller nur wünschbaren Deutlichkeit ins Stammbuch geschrieben: „Wenn es keine Auferstehung der Toten gibt, ist auch Christus nicht auferweckt worden. Ist aber Christus nicht auferweckt worden, dann ist unsere Verkündigung leer und euer Glaube sinnlos“ (1 Kor 15,13f.). Gleich anschließend hat Paulus ebenso unmissverständlich betont: „Wenn Tote nicht auferweckt werden, ist auch Christus nicht auferweckt worden. Wenn aber Christus nicht auferweckt worden ist, dann ist euer Glaube nutzlos und ihr seid immer noch in euren Sünden“ (15,16f.). Dieselbe Grundüberzeugung hat die gesamte Alte Kirche in der Kurzformel verdichtet: „Nimm die Auferstehung hinweg, und auf der Stelle zerstörst du das Christentum.“[3]

Die Alte Kirche ist voll und ganz der Überzeugung gewesen, dass es sich beim christlichen Glauben an die Auferstehung Jesu Christi in das neue und ewige Leben bei Gott und bei der Anteilhabe der Getauften an dieser Auferstehung um einen radikalen Ernstfall für diesen Glauben handelt. Den ersten Christen ist es voll bewusst gewesen, dass der Glaube an die Auferstehung Jesu Christi und deshalb an das ewige Leben des Menschen den Kerngehalt ihres Glaubensbekenntnisses bildet. Sie sind voll und ganz der Überzeugung gewesen, dass es sich beim christlichen Glauben an das ewige Leben nicht bloß um einen mehr oder weniger wichtigen Zusatz zu ihrem Gottesglauben handelt, sondern um seine Radikalisierung, gleichsam um die entscheidende Feuerprobe, die der christliche Glaube zu bestehen hat.

2 Kongregation für die Glaubenslehre, Schreiben zu einigen Fragen der Eschatologie, in: Dies., Dokumente seit dem Zweiten Vatikanischen Konzil. Erweiterte Ausgabe (1966–2013) (Freiburg i. Br. 2015) 172–176, zit. 173.

3 Zit. bei L. Scheffczyk, Auferstehung. Prinzip des christlichen Glaubens (Einsiedeln 1976) 46, Anm. 49.

2. Eschatologischer Ernstfall des christlichen Glaubens

Die grundlegende Bedeutung des eschatologischen Glaubens scheint freilich zunächst nicht offen zu Tage zu treten, da in den Glaubensbekenntnissen der frühen Kirche die eschatologische Hoffnung erst ganz am Schluss zum Ausdruck gebracht wird: „Wir erwarten die Auferstehung der Toten, und das Leben der kommenden Welt." Wenn man jedoch bedenkt, dass im letzten Artikel des Glaubensbekenntnisses Sinn und Ziel des Heilsplanes Gottes thematisiert werden, der im ganzen Glaubensbekenntnis entfaltet wird, macht gerade die Tatsache, dass das Glaubensbekenntnis der Kirche in die Formulierung der eschatologischen Hoffnung mündet, darauf aufmerksam, dass es sich bei dieser Hoffnung um einen radikalen Ernstfall des christlichen Glaubens handelt, gleichsam um eine verdichtende Zusammenfassung aller Gehalte des christlichen Glaubensbekenntnisses.[4] In dieser Sinnrichtung gilt es im Folgenden den eschatologischen Glauben des Christentums zu entfalten.[5]

a) Theo-Logische Dimension: Ernstfall des Glaubens an Gott

An erster Stelle muss die Theo-logische Dimension der eschatologischen Hoffnung im elementaren Sinn des Wortes erwähnt werden. Der Glaube an das ewige Leben nach dem Tod stellt einen radikalen Ernstfall des christlichen Glaubens an Gott dar. Dies leuchtet spätestens dann ein, wenn man sich radikalen Fragen aussetzt: Was wäre dies denn für ein Gott, der Jesus, seinen eigenen Sohn, der die Liebe seines Vaters zum Leben verkündet hat, im Tode gelassen hätte? Was wäre dies für ein Gott, der den Glaubenden, die seinem Sohn nachgefolgt und seiner Verheißung des Lebens in Fülle vertraut haben, die Erfüllung ihrer Hoffnung vorenthalten würde? Und was wäre dies für ein Gott, der den Menschen nur zeit ihres relativ kurzen Lebens auf der Erde die Treue halten, der aber vor ihrem Sarg kapitulieren und ihnen beim Tod die Treue aufkündigen würde? Dies wäre gewiss ein erbärmlicher Götze, nicht aber der Gott des Erbarmens, den der christliche Glaube verkündet.

---

4 Vgl. G. L. Müller, Katholische Dogmatik (Freiburg i. Br. 1995), bes. 515–568: Neuntes Kapitel: Die Selbstoffenbarung des Dreifaltigen Gottes in der Vollendung des Menschen (Eschatologie).

5 Vgl. K. Koch, Von der Kunst, über das Leben nach dem Tod zu sprechen. Kriterien für ein redliches Reden von den „Letzten Dingen", in: Ders., (Hg.), Radikaler Ernstfall. Von der Kunst, über das Leben nach dem Tod zu sprechen (Luzern – Stuttgart 1990) 110–147.

Der im christlichen Glauben offenbare Gott stellt seine Treue vielmehr auch und gerade über das menschliche Grab hinaus unter Tatbeweis. Der Gott des Lebens ist und bleibt bei uns Menschen, wenn wir in unserem Tod völlig einsam geworden sein werden. Er behütet uns, wenn wir „fortgehen und wiederkommen", wie Psalm 121 diese tröstliche Verheißung sehr schön ausdrückt: „Er lässt deinen Fuß nicht wanken; er, der dich behütet, schläft nicht. Nein, der Hüter Israels schläft und schlummert nicht" (Ps 121,4–5). Mit diesen Worten sind in Israel die Pilger aus dem Heiligtum entlassen worden. Denn an der Schwelle des Heiligtums sollte Gottes Schutz nicht enden; er sollte die Pilger vielmehr auch dann begleiten, wenn sie sich auf den Weg zurück in ihr alltägliches Leben machen. Erst recht wird Gottes Schutz nicht enden, wenn der Mensch sich auf den letzten Weg zu seinem endgültigen und ewigen Leben macht. Gerade dann, wenn der Mensch ent-schläft, darf er hoffend wissen, dass Gott nicht schläft, sondern hellwach ist und über die Lebenden und Toten wacht. Der Katechismus der Katholischen Kirche hält deshalb in seinem eschatologischen Artikel als erste Aussage das Hoffen auf das ewige Leben als Konsequenz des Glaubens an Gott fest: „Das christliche Credo – das Bekenntnis unseres Glaubens an Gott den Vater, den Sohn und den Heiligen Geist und an sein schöpferisches, erlösendes und heiligendes Wirken – gipfelt in der Verkündigung, dass die Toten am Ende der Zeiten auferstehen und dass es ein ewiges Leben gibt."[6]

Wenn der Glaube an das ewige Leben eine innere Konsequenz des Glaubens an Gott ist, dann versteht es sich auch von selbst, dass das ewige Leben ein Geschenk des liebenden Gottes ist und keineswegs vom Menschen selbst erleistet werden kann. Unsterblichkeit ist nicht menschliche Leistung und auch nicht einfach naturale Gegebenheit. Da der eschatologische Glaube des Christentums vom Gottesgedanken abhängt, weist er vielmehr einen elementaren dialogischen Charakter auf, der in besonderer Weise die Mitte des eschatologischen Denkens von Joseph Ratzinger ausmacht[7]: „Unsterblichkeit ergibt sich nicht einfach aus der Selbstverständlichkeit des Nicht-Sterben-Könnens des Unteilbaren, sondern aus der rettenden Tat des Liebenden, der die Macht dazu hat: Der Mensch kann *deshalb* nicht mehr total untergehen, weil er von Gott gekannt und geliebt ist. Wenn alle Liebe Ewigkeit will – Got-

6 Katechismus der Katholischen Kirche, Nr. 988.

7 Vgl. G. Nachtwei, Dialogische Unsterblichkeit. Eine Untersuchung zu Joseph Ratzingers Eschatologie und Theologie (Leipzig 1986); Ders. (Hg.), Hoffnung auf Vollendung. Zur Eschatologie von Joseph Ratzinger = Ratzinger-Studien. Band 8 (Regensburg 2015).

tes Liebe will sie nicht nur, sondern wirkt und ist sie.“[8] Der Mensch als Gottes Geschöpf kann deshalb nicht verloren gehen, sondern wird ewig leben, weil Gott der Gott der Lebenden ist und sein Geschöpf, den Menschen, in Liebe ewig beim Namen ruft.

Unsterbliches Leben ist zudem vor allem deshalb Geschenk des lebendigen Gottes, weil Gott selbst Unsterblichkeit hat oder besser Unsterblichkeit ist als Beziehungsgeschehen trinitarischer Liebe: „Gott selbst ist nicht ‚Atom‘, sondern Beziehung, weil er Liebe ist, und darum ist er das Leben.“[9] Daraus ergibt sich die weitere Konsequenz, dass der Inbegriff des ewigen Lebens Gott selbst ist und ewiges Leben bedeutet: ewig bei Gott sein. Christliche Eschatologie ist nicht einfach „Lehre von den letzten Dingen“, Lehre von den so genannten Endereignissen am Lebensende des einzelnen Menschen (Tod und besonderes Gericht) und am Ende der Welt (Wiederkunft Christi, Auferweckung der Toten und allgemeines Weltgericht) und Lehre von den so genannten Endzuständen (Himmel, Fegefeuer, Hölle). Christliche Eschatologie ist vielmehr Lehre vom „letzten Ding“ schlechthin, das nur Gott sein kann, wie dies der heilige Augustinus mit einer Sentenz zum Ausdruck gebracht hat: „Ipse (Deus) post istam vitam sit locus noster“: „Gott selbst ist nach diesem Leben unser Ort.“[10] Die in der traditionellen Dogmatik so genannten „letzten Dinge“ sind folglich nicht einfach als Endereignisse und Endzustände zu verstehen, sondern als inhärente Momente und innere Dimensionen der eschatologischen Begegnung des Menschen nach seinem Tod mit Gott; und sie sind auf den ersten und letzten Brennpunkt des menschlichen Lebens, nämlich auf Gott hin in einer personalen Weise zu zentrieren, wie dies Hans Urs von Balthasar in der berühmt gewordenen Kurzformel verdichtet hat: „Gott ist das ‚letzte Ding‘ des Geschöpfs. Er ist als Gewonnener Himmel, als Verlorener Hölle, als Prüfender Gericht, als Reinigender Fegefeuer.“[11]

---

8 J. Ratzinger, Schwierigkeiten mit dem Apostolicum. Höllenfahrt – Himmelfahrt – Auferstehung des Fleisches, in: Ders., Grundsatzreden aus fünf Jahrzehnten (Regensburg 2005) 43–60, zit. 55.

9 J. Ratzinger, Eschatologie – Tod und ewiges Leben (Regensburg 1977) 132.

10 Augustinus, En. in Ps 30 n 8 = PL 36,252.

11 H. U. von Balthasar, Eschatologie, in: J. Feiner/J. Trütsch/F. Böckle (Hg.), Fragen der Theologie heute (Einsiedeln 1957) 403–421, zit. 415.

b) Christologische Dimension: Ernstfall des Glaubens an den Sieg Christi

Hans Urs von Balthasar fährt dann fort: Gott ist „Der, woran das Endliche stirbt und wodurch es zu Ihm, in Ihm aufersteht. Er ist es aber so, wie er der Welt zugewendet ist, nämlich in seinem Sohn Jesus Christus, der die Offenbarkeit Gottes und damit der Inbegriff der ‚letzten Dinge' ist. Eschatologie ist darin, beinahe noch mehr als jeder andere locus theologicus, im Ganzen Lehre von der *Heil*swahrheit. Das ist … schlechthin zentral."[12] Aus der Theo-logischen Dimension der eschatologischen Hoffnung ergibt sich von selbst die christologische Dimension dieser Hoffnung, genauer die christologische Konkretisierung des Glaubens an den Gott des Lebens. Denn in Jesus Christus ist der Dialog Gottes mit uns Menschen Fleisch geworden; und da wir aufgrund der Taufe dem Leib Christi zugehören, sind wir auch dem Leib des Auferstandenen und seiner Auferstehung geeint, wie Paulus an die Gemeinde in Ephesus schreibt: Gott „hat uns mit Christus auferweckt und uns zusammen mit ihm einen Platz im Himmel gegeben" (2,6).

Christliche Eschatologie muss sich deshalb ganz an Jesus Christus und seinem Heilswerk orientieren. Sie ist in ihrem wahren Kern nicht eine antizipierte informative Reportage über später nach dem Tod des Menschen und dem Ende der Welt eintretende Ereignisse von einer Vorausschau auf diese zukünftigen Ereignisse her, sondern Vorausblick aus der durch das Christusereignis bestimmten heilsgeschichtlichen Situation heraus auf die endgültige Vollendung der bereits jetzt eschatologisch geprägten Lebenssituation der Menschen hin. Eschatologische Aussagen sind nicht gleichsam zusätzliche „Informationen" zur Christologie und Soteriologie hinzu, sie sind vielmehr zu verstehen als deren Radikalisierung und Transponierung in den Modus der Vollendung hinein. Oder mit anderen Worten: Das hermeneutische „Prinzip" aller eschatologischen Aussagen ist Jesus Christus selbst in Person.

(1) „Himmel": endgültiges Gelingen des menschlichen Lebens

Dieses hermeneutische Grundprinzip bedeutet, dass eschatologische Aussagen über das Heil und das Unheil des Menschen und damit über Himmel und Hölle nicht auf der gleichen Ebene liegen können. Es handelt sich dabei nicht um gleichsam gleichrangige Möglichkeiten für den Menschen im Sinne von gleichmäßigen Verlängerungen einer Zwei-Wege-Lehre in zwei End-

12 Ebd.

stationen dieser beiden Wege hinein. Christliche Eschatologie ist vielmehr die *eine* Aussage über die siegreiche und den Menschen wie die ganze Welt verwandelnde und vollendende Gnade Jesu Christi, die der christliche Glaube „Himmel“ nennt.

„Himmel“ ist das religiöse Symbolwort für das endgültige Gelingen des Lebens des Menschen bei Christus und damit für diejenige Lebenssituation des Menschen, in der er – endlich – nicht nur sich selbst sein darf, sondern gar nicht mehr anders kann, als sich selbst zu sein: in bleibender Identität und ewiger Treue. Denn erst im Himmel werden wir Menschen endgültig so sein, wie wir seit Ewigkeit in den Gedanken Gottes gewollt sind. Der Himmel ist uns von Jesus Christus durch seinen Tod und seine Auferstehung geöffnet worden, so dass wir mit Christus leben dürfen, wie der Katechismus der Katholischen Kirche den „Himmel“ sehr einfach, aber elementar beschreibt: „Im Himmel leben heißt ‚mit Christus sein‘. Die Auserwählten leben ‚in ihm‘, behalten, oder besser gesagt, finden dabei jedoch ihre wahre Identität, ihren eigenen Namen.“[13]

Mit Christus leben können wir aber nur, wenn wir auch in seinem vollendeten Leib leben. Der Himmel ist nicht nur das Leben des einzelnen Menschen mit Christus, sondern auch die Gemeinschaft all derjenigen, die in Christus eingegliedert worden sind. Dieses Geheimnis der Gemeinschaft mit Christus und der Gemeinschaft mit all denjenigen, die in Christus sind, wird in der Heiligen Schrift mit ausdrucksstarken Bildern beschrieben: Bereits die Propheten zeichnen den Himmel mit dem Bild der Stadt und damit einer gemeinschaftlichen Wirklichkeit. Wenn Jesus vom Himmel spricht, verwendet er zumeist das Bild des gemeinsamen Mahls. In der Apokalypse des Johannes wird der Himmel mit dem Bild der gemeinsamen Liturgie geschaut und steigt das himmlische Jerusalem sogar auf die Erde herab, wie dies mit dem Bild vom neuen Himmel und der neuen Erde zum Ausdruck gebracht wird.

Wenn man diese biblischen Bilder ernst nimmt, muss jene individualistische Verengung der eschatologischen Hoffnung überwunden werden, die teilweise in der christlichen Tradition wirksam geworden ist und die Papst Benedikt XVI. in seiner Enzyklika über die christliche Hoffnung „Spe salvi“ mit Recht als mit der großen christlichen Tradition unvereinbar beurteilt hat, da in ihr das Heil immer als eine gemeinschaftliche Wirklichkeit angesehen worden ist.[14] Der Himmel bezeichnet zwar durchaus das gelungene Heil des

---

13 Katechismus der Katholischen Kirche, Nr. 1025.

14 Benedikt XVI., Spe salvi, Nr. 13–15.

einzelnen Menschen in der Gemeinschaft mit Christus. Da aber das Leben des einzelnen Menschen nie voll gelingen kann ohne die Vollendung seiner gemeinschaftlichen Beziehungen, gleichsam seines „sozialen Leibes", meint der Himmel auch und gerade die Vollendung der ganzen Gemeinschaft. Im christlichen Glauben ist der Himmel nicht als ein rein „privates tête-à-tête des einzelnen mit Gott" zu verstehen, sondern durch die endgültige Gemeinschaft des einzelnen mit Gott auch die vollendete Gemeinschaft mit den anderen Menschen, genauer als „wesentlich eine soziale Größe, die Wirklichkeit einer Gemeinschaft, die getragen ist von universaler Liebe"[15]. Da der Himmel auf dem In-Sein in Christus gründet und damit das Mit-Sein mit denjenigen, die gemeinsam den einen Leib Christi bilden, einschließt, kennt der Himmel, wie Joseph Ratzinger hervorgehoben hat, „keine Isolierung"; er ist vielmehr „die offene Gemeinschaft der Heiligen und so auch die Erfüllung alles menschlichen Miteinander, die nicht Konkurrenz zu, sondern Konsequenz aus dem reinen Geöffnetsein für Gottes Angesicht ist"[16].

Bereits unser jetziges Glaubensleben besteht im Kern darin, immer mehr Leib Christi zu werden. Von daher bedeutet der Himmel die Vollendung des Leibes Christi in dem Sinn, dass wir Menschen durch den vorbehaltlosen Austausch der Liebe untereinander ganz und gar vollendeter Leib Christi geworden sein werden. Nur auf dem Hintergrund dieses Geheimnisses des Leibes Christi lässt sich auch die gewagte Hoffnung der heiligen Theresa von Avila verstehen, für die nur schon der Gedanke an die Möglichkeit der Hölle für auch nur einen Menschen unerträglich bleibt: „Sehen wir jemanden, besonders einen befreundeten Menschen, in großen Bedrängnissen oder großen Leiden, so werden wir anscheinend naturhaft von Mitleid gepackt, und sind seine Schmerzen heftig, so empfinden wir sie höchst lebendig. Aber eine Seele in alle Ewigkeit zur Folter aller Folter verurteilt zu sehen: wer könnte so etwas ertragen?"[17]

(2) „Hölle": Tragödie des Menschen und Gottes

Mit dieser eschatologischen Hoffnung ist bereits das Thema der Hölle angesprochen, und es ist zugleich der Weg gewiesen, wie von ihr theologisch gesprochen werden kann. Während vom Himmel sehr wohl, da in Jesus

15 G. Greshake, Himmel – Hölle – Fegfeuer im Verständnis heutiger Theologie, in: Ders., (Hg.), Ungewisses Jenseits? (Düsseldorf 1986) 72–94, zit. 89.
16 J. Ratzinger, Eschatologie – Tod und ewiges Leben (Regensburg 1977) 191.
17 Theresa von Avila, Lebensbeschreibung, Kapitel 32.

Christus endgültig geoffenbart, als Wirklichkeit für den Menschen die Rede sein darf und muss, kann von der Hölle nicht in der gleichen Weise von einer Wirklichkeit gesprochen werden. Der Katechismus der Katholischen Kirche lehrt zwar, „dass es eine Hölle gibt und dass sie ewig dauert“. Denn die schlimmste Pein der Hölle besteht in der „ewigen Trennung von Gott, in dem allein der Mensch das Leben und das Glück finden kann“[18]. Der Katechismus hält aber zugleich fest, dass niemand von Gott dazu vorherbestimmt ist, in die Hölle zu kommen, dass vielmehr „nur eine freiwillige Abkehr von Gott (eine Todsünde), in der man bis zum Ende verharrt“, in die Hölle führt[19]. Die Lehre der Kirche über die Hölle ist folglich als „Mahnung an den Menschen“ zu verstehen, „seine Freiheit im Blick auf sein ewiges Schicksal verantwortungsvoll zu gebrauchen“, und zugleich als „eindringlicher Aufruf zur Bekehrung“[20].

Nimmt man beide Aussagen des Katechismus ernst, legt es sich nahe, von der Hölle als einer wirklichen, aber absurden Möglichkeit für den Menschen zu sprechen, der sich der Liebe Gottes in prometheischer Freiheit versagt und damit sein eigenes Leben verfehlt. Während der Himmel erfüllte Liebe ist und deshalb nur geschenkt werden kann, ist die Hölle die Einsamkeit schlechthin, die vom Menschen verursacht ist, weil er die Liebe Gottes nicht annehmen will. Es ist der Mensch selbst, der sich die Hölle erwirkt, und zwar dadurch, dass er eine freiheitliche, personale und endgültige Entscheidung gegen Gott fällt und ihm ein freies Nein sagt. Die Rede von der Hölle setzt dabei voraus, dass der Mensch überhaupt vor der Möglichkeit stehen kann, Gott endgültig zu verlieren, wiewohl Gott doch das Ziel und die Erfüllung des menschlichen Lebens ist. Die Rede von der Hölle erweist sich genauer als theologisch notwendig, um zwei fundamentale Geheimnisse des christlichen Glaubens wahren zu können.

Da die Hölle eine Möglichkeit darstellt, die mit der Freiheit des Menschen gegeben ist, wahrt die Höllenaussage erstens den radikalen Ernst der menschlichen Freiheit. Im Blick auf die Möglichkeit der Hölle stellt sich das menschliche Leben als ein Ernstfall dar, der todernst werden kann. Die Rede von der Hölle wahrt zugleich das Geheimnis von Gottes unbedingtem Respekt vor der Freiheit des Menschen. Indem sich ein Mensch in seiner Freiheit radikal verfehlt und sein Leben verwirkt, wenn er sich Gott verweigert und nicht

18 Katechismus der Katholischen Kirche, Nr. 1036.
19 Ebd., Nr. 1037.
20 Ebd., Nr. 1036.

liebt, bereitet sich der Mensch selbst die Hölle. Denn Gott stößt keinen Menschen in die Hölle; wenn aber ein Mensch partout ohne Gott und seine Liebe leben und deshalb in seinem Egoismus gefangen bleiben will, wird auch Gott diese absurde Entscheidung respektieren. Würde Gott dies nicht tun, würde er diesen Menschen an seiner Freiheit vorbei und dann mit Gewalt in den Himmel hinein führen. Dies aber wäre ein grausames Bild von Gott, das der christlichen Offenbarung der Liebe Gottes widerspricht.

Die Rede von der Hölle wahrt zweitens auch das Geheimnis der liebenden Freiheit Gottes. Da sich die wahre Macht Gottes nicht in der Vernichtung seiner Gegner offenbart, sondern in ihrer Widergewinnung, schließt die christliche Rede von der Hölle auch die Hoffnung mit ein, dass Gottes freie und vom Menschen nicht erzwingbare Liebe keinen Menschen in die äußerste Möglichkeit der Hölle gelangen lässt, sondern darum wirbt und ringt, dass alle Menschen die Vollendung ihres Lebens bei Gott erreichen werden. Denn würde auch „nur“ ein Mensch verloren gehen, wäre dies nicht nur eine Tragödie für diesen Menschen, sondern auch, wie Hans Urs von Balthasar zu sagen wagt, eine Tragödie für Gott selbst.

Beide Wahrheiten, einerseits von der Freiheit des Menschen, der sich im Missbrauch seiner Freiheit auch die Hölle erwirken kann, und anderseits von der Liebe Gottes, die alle Menschen für sein Heil gewinnen will, muss christliche Theologie gleichermaßen festhalten, ohne sie miteinander synthetisieren zu dürfen und zu können. Nur dann entspricht die christliche Rede von der Hölle der Sinnrichtung der biblischen Botschaft. In ihr ist auf der einen Seite die Hölle ein durchaus gegenwärtiges Thema und nimmt in der Verkündigung Jesu einen keineswegs unbedeutenden Stellenwert ein, so wenn Jesus beispielsweise in den Drohreden sehr ernsthaft mit dem Verlorengehen von einzelnen Menschen droht. Auf der anderen Seite stehen im Neuen Testament aber auch Aussagen, die im Sinne einer universalen Hoffnung für alle Menschen das Überwiegen der göttlichen Gnade über die Schuld der Menschen verheißen. Erschwerend kommt hinzu, dass die Heilige Schrift keinen Versuch unternimmt, die Möglichkeit der Hölle mit der Wirklichkeit des universalen Heilswillens Gottes in Einklang zu bringen. Wir stehen vielmehr, wie Hans Urs von Balthasar den biblischen Befund zusammenfasst, „vor zwei Aussagereihen, die wir letztlich, weil wir *unter* dem Gericht stehen, nicht synthetisieren können noch dürfen“[21].

21 H. U. von Balthasar, Was dürfen wir hoffen (Einsiedeln 1986) 18.

Im Unterschied zu dieser offenen Haltung, der wir in der Heiligen Schrift begegnen, ist in der christlichen Tradition immer wieder die Versuchung festzustellen, die eine der beiden Aussagereihen in die andere aufzuheben: sei es, dass – in der Linie des Origenes – der radikale Ernst der menschlichen Freiheit durch den Gedanken der Apokatastasis, der Allversöhnung aller Weltwesen, den Teufel eingeschlossen, nivelliert worden ist, oder sei es, dass – in der Linie des Augustinus – der Hoffnung auf Allversöhnung der Boden entzogen und damit der universale Heilswille Gottes für alle Menschen verdunkelt worden ist. Dem gegenüber stehen wir heute vor der Herausforderung, die existenzielle Spannung, die zwischen beiden Glaubensgeheimnissen liegt, auszuhalten, wozu bereits ein Theologe im 19. Jahrhundert, wenn auch auf eine etwas saloppe Art, geraten hat: „Wer nicht glaubt, dass Gott es gelingt, alle zu gewinnen, ist ein Ochse; wer diesen Glauben aber lehrt, ist ein Esel." In der Tat darf man beim theologischen Reden von der Hölle weder „Ochs" noch „Esel" sein. Man kann weder nicht hoffen, dass es Gott gelingen wird, letztlich das Herz eines jeden Menschen zu gewinnen, noch darf man in absoluter Gewissheit darum wissen wollen oder gar in erschreckender Vermessenheit mit diesem Gedanken spekulieren. Man muss vielmehr beim theologischen Reden mit der absurden Möglichkeit der Hölle rechnen, und zwar primär für sich selbst. Im Vollzug des hoffenden Gebetes jedoch kann man nicht anders, als auf die Erlösung aller Menschen zu hoffen und Gott darum zu bestürmen, dass er mit seiner grenzenlosen Liebe jeden Menschen endgültig gewinnen wird.

c) Soteriologisch-anthropologische Dimension: Ganzheitlichkeit der Erlösung

Eine den Ausgang des Gerichts Gottes offen lassende Hoffnung auf die Rettung aller Menschen, die freilich auf eine letzte Sicherheit verzichtet, ist im christlichen Glauben durchaus möglich. Darin besteht die befreiende Botschaft des Fegefeuers, das im Katechismus der Katholischen Kirche als „abschließende Läuterung" beschrieben wird: „Wer in der Gnade und Freundschaft Gottes stirbt, aber noch nicht vollkommen geläutert ist, ist zwar seines ewigen Heiles sicher, macht aber nach dem Tod eine Läuterung durch, um die Heiligkeit zu erlangen, die notwendig ist, in die Freude des Himmels eingehen zu können."[22]

---

22 Katechismus der Katholischen Kirche, Nr. 1030.

(1) „Fegefeuer": reinigender Vorlauf zum Himmel

Befreiend ist die Botschaft, die in der Lehre vom Fegefeuer enthalten ist, vor allem deshalb, weil sie von der realistischen Annahme ausgeht, dass es im irdischen Leben des Menschen viel Misslungenes gibt, das nach seinem Tod der Reinigung bedarf, und dass diese Reinigung in der Begegnung mit Gott geschieht. Wie die lehramtlichen Stellungnahmen zum Fegefeuer nie ein Substantiv, sondern stets ein Verb – „purgari" – benützen und damit zum Ausdruck bringen, dass es sich beim Fegefeuer nicht um einen jenseitigen Ort handelt, sondern um einen Prozess der Läuterung und damit um eine innere Dimension der personalen Gottesbegegnung des Menschen nach seinem Tod, so ist es in der Sicht des Glaubens nicht der Mensch, der sich selbst läutern könnte, sondern Gott selbst bereitet den Menschen in der personalen Begegnung mit ihm durch das „Feuer" seiner göttlichen Liebe für das Eingehen in das ewige Leben: Das Fegefeuer ist „der von innen her notwendige Prozess der Umwandlung des Menschen, in dem er christus-fähig, gott-fähig und so fähig zur Einheit mit der ganzen Communio sanctorum wird"[23]. Da die Botschaft vom Fegefeuer verheißt, dass die endgültige Vollendung des Menschen nicht dessen eigene Leistung ist, sondern das befreiende Gnadengeschenk Gottes, enthält sie zugleich die entlastende Zusage, dass der Mensch nicht als perfekter Mensch sterben muss, sondern auch nach dem Tod noch die Gelegenheit zur Läuterung und Ausreifung dessen hat, was noch nicht vollkommen ist.

In diesem Sinn ist die Lehre vom Fegefeuer wirklich Evangelium, dessen Kerngedanke im Ausgeschmolzenwerden des Menschen im brennenden Feuer der göttlichen Liebe liegt: Im Tod steht der Mensch in seiner Endgültigkeit vor Gott, die freilich von Gott her nur eine noch vorläufige sein kann, genauer eine solche, die voraus läuft in die allein von Gott dem Menschen geschenkte Vollendung hinein, weshalb man das Fegefeuer auch als „Vorlauf zum Himmel" bezeichnen kann[24]. In dieser vorlaufenden Endgültigkeit des heilenden Läuterungsgeschehens des Fegefeuers erkennt der Mensch endgültig und ohne Maske, wer er in Wahrheit ist. Indem der Mensch in seinem Tod vor die Unbegreiflichkeit des absoluten Geheimnisses und vor die Unauslotbarkeit der Majestät Gottes tritt, findet er – endlich – jene Identität, auf die hin er sein ganzes irdisches Leben unterwegs gewesen ist. Da solche

23 J. Ratzinger, Eschatologie – Tod und ewiges Leben (Regensburg 1977) 188.
24 B. J. Hilberath, Heiliger Geist – heilender Geist (Mainz 1988) 55.

Identitätsfindung nicht gelingen kann ohne Erkenntnis und Anerkenntnis der eigenen Schuld, wird der Mensch im Prozess des Fegefeuers von selbst seiner Schuld inne, dass er die Verwirklichung der ihm von Gott zugeeigneten unverwechselbaren Lebensbestimmung weithin schuldig geblieben ist. In dieser abgründigen Verborgenheit des unmittelbaren Aug-in-Aug des Menschen mit Gott begegnet der Mensch dem prüfenden und reinigen „Feuerblick Gottes“ (Hebr 12,29), in dem Läuterung, Schmerz und auch Strafe impliziert sind.

(2) „Gericht“: individuelle und universale Rettung

Von daher wird deutlich, dass die Botschaft des Fegefeuers mit dem Gedanken des Gerichts unlösbar verbunden ist, und zwar jenes besonderen Gerichts, in dem gemäß der Lehre der Kirche dem Menschen unmittelbar nach seinem Tod entsprechend seinem Glauben und Leben vergolten wird: „Jeder Mensch empfängt im Moment des Todes in seiner unsterblichen Seele die ewige Vergeltung. Dies geschieht in einem besonderen Gericht, das sein Leben auf Christus bezieht.“[25] Auch die eschatologische Aussicht, dass der Mensch von Gott nach seinem Tod gerichtet werden wird, ist eine dem Menschen widerfahrende Wohltat und deshalb Evangelium. In der Sicht der biblischen Botschaft ist nicht das Gericht Gottes bedrohlich, sondern umgekehrt die Annahme, dass es kein Gericht geben wird. Denn die Botschaft vom Gericht Gottes enthält die tröstliche Verheißung vom vitalen Interesse Gottes am Leben des Menschen. Dass Gott sich im Gericht meinem gelebten Leben nochmals zuwenden wird, verheißt mir, dass ich ihm nicht gleichgültig bin. Die Wohltat von Gottes Gericht besteht darin, dass Gott den Menschen zum Gericht nicht erniedrigt, sondern ihn zum Gericht erhöht, ja ihn seines Gerichts würdigt. Denn der barmherzige und liebende Gott lässt nicht einfach – wie bei uns Menschen üblich – Gnade vor Recht ergehen; er ist vielmehr mit seiner Gnade im Recht, und deshalb ist das Gericht Gottes der Ernstfall seiner Liebe und damit ein erbarmungsvoller und therapeutischer Akt der Gnade.

Was vom Gericht am einzelnen Menschen nach seinem Tod zu sagen ist, gilt auch vom Letzten Gericht, das bei der Wiederkunft Jesu Christi stattfinden wird. Auch diese eschatologische Aussicht ist Evangelium. Es ist keineswegs bedrohlich, dass es dieses Gericht geben wird; es wäre vielmehr schreck-

25 Katechismus der Katholischen Kirche, Nr. 292.

lich, wenn es kein Weltgericht geben sollte. Würde die Menschheit und die Welt am Ende von Gott nicht beurteilt und gerichtet werden, wäre dies die Erfahrung einer schrecklichen Abwesenheit und Interesselosigkeit Gottes uns Menschen gegenüber, wie der evangelische Theologe Eberhard Jüngel mit markanten Worten hervorhebt: „Das Ausbleiben eines Jüngsten Gerichts wäre der schreckliche Ausdruck göttlicher Gleichgültigkeit: der Gleichgültigkeit des Schöpfers gegenüber der eigenen Schöpfung und speziell gegenüber dem von ihm geschaffenen Menschen. Nichts aber würde den Menschen tiefer erniedrigen als dies, Gott gleichgültig zu sein."[26] Wenn es kein Weltgericht gäbe, dann bliebe alles im Dunkeln und im Zwielicht der Lüge. Würde die Menschheit und die Welt keinem letzten Gericht Gottes entgegen gehen, dann wäre die Weltgeschichte selbst das Weltgericht – und das wäre schrecklich. Dann würden in der Tat die Mörder über ihre Opfer und die weltgeschichtlich Siegreichen über die von ihnen Unterdrückten in Ewigkeit triumphieren.

Setzt man sich dem hypothetischen Gedanken des Ausbleibens eines Letzten Gerichts aus, beginnt man auch zu verstehen, warum in der heutigen Welt gerade kritische Denker wie Theodor Adorno ihre Hoffnung auf Gottes Gericht setzen. Dieser jüdische Philosoph, der zeitlebens leidenschaftlich danach gefragt hat, wie man Gerechtigkeit in der Welt ermöglichen kann, ist bei diesem Fragen schließlich zur grundlegenden Einsicht gekommen: Wenn es wirklich Gerechtigkeit geben soll, dann muss sie eine Welt verlangen, „in der nicht nur bestehendes Leid abgeschafft, sondern noch das unwiderruflich Vergangene widerrufen wäre"[27]. Wenn es wirklich Gerechtigkeit in der Welt geben soll, dann muss es eine Gerechtigkeit für immer und für alle und damit auch für die Toten sein. Dies bedeutet, dass es keine Gerechtigkeit ohne Auferstehung der Toten geben kann und dass es ein Gericht geben muss. Denn allein Gottes Gericht vermag die tiefste Hoffnung der Menschen einzulösen, „dass am Ende alle Masken fallen, dass alle wirklich gleich sein werden und Rechenschaft geben müssen, dass am Ende die Wahrheit über die Lüge, die Gerechtigkeit über das Unrecht und Gewalt, die Liebe über den Hass und das Leben über den Tod

26 E. Jüngel, Evangelischer Glaube und die Frage nach dem ewigen Leben, in: Das Wesen des Christentums in seiner evangelischen Gestalt. Eine Vortragsreihe im Berliner Dom (Neukirchen 2000) 112–132, zit. 125.

27 Th. W. Adorno, Negative Dialektik (1966) Dritter Teil, III, 11, in: Ders., Gesammelte Schriften. Band VI (Frankfurt a. M. 1973) 395.

und die Mächte des Todes recht bekommen werden“[28]. Die Frage nach einer wahren Gerechtigkeit ist heute in der Tat das stärkste Argument für den Glauben an ein ewiges Leben.

Damit ist sichtbar geworden, dass der christliche Glaube ein doppeltes Gericht kennt, nämlich das individuelle Gericht des Menschen, in dem die unsterbliche Geistseele nach ihrer im Tod erfolgten Trennung vom Leib von Gott endgültig beurteilt wird, und das universale Weltgericht am Ende der Geschichte, dem die allgemeine Auferstehung der Toten voraus geht. Damit stellt sich die Frage, wie sich diese beiden Gerichte zueinander verhalten und wie die damit notwendig gewordene Annahme eines Zwischenzustandes der menschlichen Seele zwischen beiden Gerichten verstanden werden kann.

(3) „Geistseele“: Wahrung der Identität des Menschen

Die Vorstellung eines doppelten Gerichts und eines damit in Zusammenhang stehenden Zwischenzustandes der menschlichen Geistseele ist in der jüngeren Vergangenheit von nicht wenigen Theologen problematisiert und dahingehend umformuliert worden[29], dass sich die Vollendung des Menschen und der Welt in einem geschichtlichen Prozess abspielt, und zwar so, dass das universale Weltgericht die Vollendung dieses geschichtlichen Prozesses bedeutet, dass es sich gleichsam „entlang“ der Geschichte ereignet und die Vollendung des Menschen nach seinem Tod als bleibendes Moment der Vollendung der universalen Geschichte zu verstehen ist. Dies heißt, dass sich das universale Gericht für den einzelnen Menschen ineins mit seinem individuellen Gericht nach seinem Tod ereignet, so dass beim einzelnen Menschen das allgemeine Gericht am Jüngsten Tag mit dem persönlichen Gericht zusammenfällt. Wenn sich aber das universale Gericht für jeden einzelnen Menschen persönlich nach seinem Tod ereignet, also gleichsam Auferstehung im Tod stattfindet, kann nicht nur die Frage nach einem Zwischenzustand zwischen dem persönlichen und dem universalen Gericht entfallen, sondern braucht es im eschatologischen Denken auch die Vorstellung einer unsterblichen Geistseele nicht mehr.

---

28 Kardinal W. Kasper, Religion und die Zukunft des Menschen, in: Communio. Internationale katholische Zeitschrift 36 (2007) 300–315, zit. 310.

29 Vgl. vor allem G. Greshake/G. Lohfink, Naherwartung – Auferstehung – Unsterblichkeit. Untersuchungen zur christlichen Eschatologie (Freiburg i. Br. 1975).

Gegenüber solchen eschatologischen Denkversuchen, in denen danach gefragt wird, was sich zwischen dem Tod des Menschen und der allgemeinen Auferstehung am Ende der Zeiten ereignet, und die Existenz der Seele in Frage gestellt wird, hat die Kongregation für die Glaubenslehre bereits im Jahre 1979 in Erinnerung gerufen, dass die Kirche an der „Fortdauer und Subsistenz eines geistigen Elementes nach dem Tode" festhält, „das mit Bewusstsein und Willen ausgestattet ist, so dass das ‚Ich des Menschen' weiterbesteht, wobei es freilich in der Zwischenzeit seiner vollen Körperlichkeit entbehrt. Um dieses Element zu bezeichnen, verwendet die Kirche den Ausdruck ‚Seele', der durch den Gebrauch in der Heiligen Schrift und in der Tradition sich fest eingebürgert hat"[30].

In der Folge hat sich vor allem Kardinal Joseph Ratzinger mit der These, dass die Auferstehung im Tode erfolge, auseinandergesetzt und dabei gezeigt, dass der Glaube an die Unsterblichkeit der Seele und der Glaube an die Auferstehung des Fleisches unlösbar zusammengehören, dass die Ablehnung des Gedankens der Seele letztlich auch die Auferstehung in Frage stellt und umgekehrt die eigentliche Funktion des Gedankens der unsterblichen Seele gerade im Festhalten der wirklichen Auferstehung des Fleisches besteht: „Denn die These von der Auferstehung im Tod entmaterialisiert die Auferstehung; sie schließt ein, dass die reale Materie nicht am Vollendungsgeschehen teilhat. So individualisiert diese Theorie die christliche Hoffnung. Wenn die einzelnen als einzelne im Tod ins Ende heraustreten, bleibt die Geschichte als solche außerhalb des Heils und wird nicht vollendet."[31] Letzten Endes würde die individuelle Eschatologie die universale Eschatologie in sich absorbieren, die aber wesentlich zum christlichen Glauben gehört, der nicht nur von der Vollendung des einzelnen Menschen, sondern auch von der Vollendung der Menschheit und der ganzen Schöpfung handelt und sie als Hoffnung auf den neuen Himmel und die neue Erde bekennt.[32]

In diesem Gesamtzusammenhang hat sich in der jüngeren Vergangenheit Kardinal Joseph Ratzinger wie kaum ein zweiter für die christliche Idee der

30 Kongregation für die Glaubenslehre, Schreiben zu einigen Fragen der Eschatologie, in: Dies., Dokumente seit dem Zweiten Vatikanischen Konzil. Erweitere Ausgabe (1966–2013) (Freiburg i. Br. 2015) 172–176, zit. 174.

31 J. Ratzinger, Nachwort zur 6. Auflage von „Eschatologie – Tod und ewiges Leben" (Regensburg 2007) 189–206, zit. 194.

32 Vgl. K. Koch, Weltende als Erfüllung und Vollendung der Schöpfung, in: J. Pfammatter/E. Christen (Hg.), Hoffnung über den Tod hinaus. Antworten auf Fragen der Eschatologie = Theologische Berichte XIX (Zürich 1990)139–179.

unsterblichen Geistseele als Trägerin der den Tod überdauernden Kontinuität des menschlichen Ich stark gemacht. Er sieht in ihr den Anhalt im Menschen, woran seine Beziehung zu dem hängt, der ewiges Leben schenkt. Da die Unsterblichkeit nicht im Menschen selbst gegeben ist, sondern auf der Relation zu Dem beruht, Der ewig ist und ewiges Leben schenkt, ist die menschliche Geistseele als „Beziehungsfähigkeit des Menschen zur Wahrheit, zur ewigen Liebe“ zu verstehen[33]. Die Überzeugung von der Existenz der menschlichen Geistseele ist von daher notwendig, um die Ganzheitlichkeit der eschatologischen Hoffnung wahren zu können, da gerade die Hoffnung auf die leibliche Auferstehung der Toten am Ende der Zeiten zu verstehen ist als „Folgerung aus dem Glauben an einen Gott, der den ganzen Menschen, Seele und Leib erschaffen hat“[34].

Von daher wird der soteriologisch-anthropologische Ernstfall der eschatologischen Hoffnung des christlichen Glaubens für die unantastbare Würde der menschlichen Individualität vollends sichtbar. Er lässt sich bereits an der geschichtlichen Entwicklung der jüdisch-christlichen Hoffnung auf das ewige Leben ablesen. Wie sehr es heutige Christen immer wieder erstaunen mag, so erweist sich der Glaube an ein Leben nach dem Tod als eine in der biblischen Tradition relativ späte Überzeugung. Ihre Entstehung hängt vor allem mit der Vereinzelung des Individuums gegenüber dem Volksganzen in der nachexilischen Zeit zusammen. Der entscheidende Ausgangspunkt für das Erwachen der Auferstehungshoffnung ist die „Verselbständigung des einzelnen gegenüber der Gesellschaft, eine Einstellung zum Leben, die den einzelnen nicht aufgehen lässt im gesellschaftlichen Lebenszusammenhang, sondern einen eigenen Lebenssinn für das individuelle Dasein fordert, einen Sinn, der sich am einzelnen selbst erfüllt“[35]. Mit dieser Überzeugung bahnte sich die revolutionäre Wende zu jener Auffassung vom unendlichen Wert des einzelnen Menschen vor Gott an, die eine fundamentale Würde des einzelnen auch der Gesellschaft gegenüber begründet. Die Überzeugung von der unzerstörbaren Würde des einzelnen auch der Gesellschaft gegenüber hängt folglich auf das Engste zusammen mit der Hoffnung auf das Leben des Menschen über den Tod hinaus.

---

33 J. Ratzinger, Zwischen Tod und Auferstehung. Ergänzende Reflexionen zur Frage des „Zwischenzustandes“. Anhang 2 in der 6., erweiterten Auflage von: Eschatologie – Tod und ewiges Leben = Kleine katholische Dogmatik. Band IX (Regensburg 1990) 211–226, zit. 223.

34 Katechismus der Katholischen Kirche, Nr. 992.

35 W. Pannenberg, Tod und Auferstehung in der Sicht christlicher Dogmatik, in: Ders., Grundfragen systematischer Theologie. Band 2 (Göttingen 1980) 146–159, zit. 147.

Der geschichtliche Zusammenhang zwischen der Auferstehungshoffnung und der Überzeugung von der Würde des einzelnen Menschen provoziert umgekehrt das bedrängende Urteil, dass das heutige Verdunsten des Glaubens an ein Leben nach dem Tod und damit die Abwendung von den religiösen Lebensfragen nach Tod und ewigem Leben auch für die Entwicklung der gegenwärtigen Gesellschaft alarmierende Phänomene darstellen und gefährliche Erosionen der Grundlagen der individuellen Freiheit des einzelnen Menschen und seiner Würde implizieren. Denn letztlich vermag nur die Hoffnung auf das ewige Leben eine tragfähige Basis abzugeben für die Freiheit des einzelnen Menschen gegen allen gesellschaftlichen Zwang und auch für die Respektierung des menschlichen Lebens von seiner Zeugung bis zu seinem letzten Atemzug.

3. Ernstfall eschatologischer Hoffnung und Diesseitsverantwortung

Damit dürfte deutlich geworden sein, dass Eschatologie die Lehre von der christlichen Hoffnung ist und der Glaube an das ewige Leben auch einen radikalen Ernstfall für die Tragfähigkeit der menschlichen Hoffnung darstellt. Um dies zu verstehen, muss man sich wiederum radikalen Fragen aussetzen: Was wäre dies denn für eine Hoffnung, die allein für unser jetziges Leben tragen würde und deren alleinige Kraft letztlich darin bestünde, uns dem Tod-sicheren Ende unseres Lebens im Grabe näher zu bringen? Dann wären wir in der Tat, wie Paulus mit Recht urteilt, „erbärmlicher dran als alle anderen Menschen“ (1 Kor 15,19). Christliche Hoffnung aber, die diesen Namen verdient, hat den viel längeren Atem. Sie bewährt sich auch und erst recht über den Tod hinaus. Denn wirkliche Liebe will Ewigkeit, wie der französische Dichter Gabriel Marcel betont hat: Einen Menschen wirklich lieben, dies heißt zu ihm sagen, dass er nicht sterben werde. Wahre Hoffnung bewährt sich darin, dass wir den Toten ewiges Leben gönnen. Erst recht will die unendliche Liebe Gottes Ewigkeit für jeden Menschen. Darin besteht die große Hoffnung des christlichen Glaubens, wie sie Papst Benedikt XVI. sehr schön formuliert hat: „Ich bin definitiv geliebt, und was immer mir geschieht – ich werde von dieser Liebe erwartet.“[36]

Christliche Eschatologie verheißt dem Menschen Zukunft, wenn er in jener großen Hoffnung lebt, die nur Gott sein kann, der uns auch schenkt,

36 Benedikt XVI., Spe salvi, Nr. 3.

was wir allein nicht vermögen, nämlich ewiges Leben. Die Dynamik dieser Hoffnung im Leben der Menschen hat der französische Pilot und Schriftsteller Antoine de Saint-Exupéry mit den Worten beschrieben: „Wenn du ein Schiff bauen willst, so trommle nicht Leute zusammen, um Holz zu beschaffen, Werkzeuge vorzubereiten, Aufgaben zu vergeben und die Arbeit einzuteilen, sondern wecke in ihnen die Sehnsucht nach dem weiten endlosen Meer." Wenn wir diese Weisheit auf den christlichen Glauben und seine Verkündigung übertragen, kann man sie sinngemäß so abwandeln: Es ist viel wichtiger, in den Menschen heute die Sehnsucht nach dem weiten Ozean des ewigen Lebens zu wecken, als das gegenwärtige Leben zu organisieren.

Die Lebensweisheit Saint-Exupérys wäre freilich missverstanden, würde man aus ihr eine Einladung zur Weltflucht und Jenseitsvertröstung heraushören, wie Ludwig Feuerbach und Karl Marx dem Christentum vorgeworfen haben. Man muss deshalb auch die andere Seite der Lebensweisheit Saint-Exupérys wahrnehmen: Wiewohl es, wenn man ein Schiff bauen will, besser ist, in den Menschen die Sehnsucht nach dem weiten, endlosen Meer zu wecken, als das Holz zu beschaffen, Werkzeuge vorzubereiten, Aufgaben zu vergeben und die Arbeit einzuteilen, so werden die Menschen doch, sobald die Sehnsucht nach dem weiten, endlosen Meer einmal geweckt ist, unverzüglich an die Arbeit gehen und das geplante Schiff bauen. Genauso trübt die christliche Hoffnung auf das ewige Leben keineswegs den Blick für das gegenwärtige irdische Leben, sondern setzt ganz besonders den entschiedenen Lebensbezug des christlichen Glaubens frei. Da es gemäß der Verheißung des christlichen Glaubens unser gegenwärtiges Leben ist, das in der Zukunft Gottes verherrlicht werden wird, weist die Hoffnung auf das Leben nach dem Tod den Christen von selbst zurück auf das gegenwärtige Leben vor dem Tod. Der hoffnungsvolle Ausblick über die Todesgrenze hinaus auf die jenseitige Vollendung des Lebens kann deshalb den Christen nie von den Aufgaben seiner Gegenwart ablenken; er fordert ihn vielmehr dazu auf, sich entschieden diesen Aufgaben zu stellen und sich für das Leben der Menschen und der ganzen Schöpfung einzusetzen.

Diese glaubenslogische Konsequenz ist in der Geschichte des Christentums vielfältig bezeugt. Es sei nur an das sprechende Beispiel von Mönchs- und anderen Ordensgemeinschaften erinnert, die sich nach der Heimat im ewigen Leben gesehnt und deshalb ihre irdische Heimat verlassen haben, um als Fremde in fremden Ländern Christus zu suchen und zu bezeugen, und die gerade so zu großen Zivilisatoren und Kultivatoren in der europäischen Landschaft geworden sind. In der gleichen Weise sind wir Christen heute herausgefordert, in einem gesunden Gleichgewicht zu halten, was sich nicht trennen lässt, und dabei die richtigen Prioritäten zu bewahren, wie sie Kardinal Christoph Schönborn treffend formuliert hat: „Die wirkliche ‚Diesseitsverantwortung' erwächst erst aus der echten ‚Jenseitshoffnung'. Es gilt aber auch das Umgekehrte: die Verantwortung für das ewige Leben gibt auch erst die richtige Freude an diesem Leben: aus der ‚Jenseitsverantwortung" erwächst die echte ‚Diesseitshoffnung'."[37]

4. *Vorerfahrungen des ewigen Lebens*

Aus der Hoffnung auf das Leben nach dem Tod im Heute leben und die leidenschaftliche Sehnsucht nach dem Jenseits und die hartnäckige Arbeit im Diesseits glaubwürdig miteinander zu verbinden: Darin besteht die grundlegende Lektion christlicher Eschatologie. Sie ist umso besser erlernbar, desto mehr wir im jetzigen Leben Vorerfahrungen des ewigen Lebens machen können. Dabei sei abschließend der Blick nur auf die zwei elementarsten Vorerfahrungen des ewigen Lebens gelenkt, die uns der christliche Glaube im irdischen Leben schenkt.

Die Verheißung, dass die Vollendung unseres Lebens bei Gott bereits mitten in unserem Leben begonnen hat, ist uns vor allem zugesagt in der Taufe. Denn die Taufe und nicht der leibliche Tod, den wir noch vor uns haben, stellt im Licht des christlichen Glaubens die eigentliche Scheidelinie in unserem Leben dar. Die Taufe beinhaltet eine elementare Vorverlagerung unseres Todes, da von Gott her in ihr unser Tod und unsere Neugeburt bereits vollzogen sind. In dieser Sinnrichtung deutet Paulus das liturgische Untertauchen des Täuflings in das Wasser der Taufe als Untertauchen in die abgründigen Wasser des Todes, und zwar in solidarischer Gemeinschaft mit Christus: „Wir wurden mit ihm begraben durch die Taufe" (Röm 6,4a). Und die Erfrischung durch das Bad der Taufe deutet Paulus als Auferweckung zu einem neuen und unvergänglichen Leben, und zwar wiederum in solidarischer Gemeinschaft mit Christus: „Wie Christus durch die Herrlichkeit des Vaters von den Toten auferweckt wurde, so sollen auch wir als neue Menschen leben" (Röm 6,4b). Wie Jesus Christus in das Bad des Todes un-

37 Ch. Schönborn, Existenz im Übergang. Pilgerschaft, Reinkarnation, Vergöttlichung (Einsiedeln 1987) 94.

tergetaucht, daraus aber am Ostermorgen als der vollendet neue Mensch hervor gegangen ist, so taucht im Bad der Taufe der Mensch in das Grab Christi hinab, um zusammen mit Christus aus dem Grab als neuer Mensch aufzuerstehen. Die Taufe schenkt Anteil am österlichen Heilsgeschehen von Tod und Auferstehung Jesu Christi, sie nimmt den Getauften in die Bewegung Jesu Christi vom Tod zum Leben hinein und bewirkt so bereits den endgültigen Übergang vom Land des Todes in das Land des neuen Lebens des Getauften.

Die wohl elementarste Vorerfahrung des ewigen Lebens ist dem Christen in der Eucharistie geschenkt. Da in ihr Leben, Tod und Auferstehung Jesu Christi gegenwärtig sind, ist die Eucharistie auch die Feier der Anteilnahme der Glaubenden am Paschamysterium und damit auch die Feier der Vollendung des Menschen und der ganzen Schöpfung mitten in den Zweideutigkeiten und Zerrissenheiten der heutigen Welt. Diese eschatologische Dimension der Eucharistie wird zweifellos am schönsten ausgedrückt im Dritten Hochgebet des Römischen Messbuches, das der katholische Dogmatiker Medard Kehl mit Recht als „liturgische Feier der Hoffnung“ bezeichnet hat[38], weil in ihm der Leitgedanke der Wiederkunft des Herrn grundlegend ist. In der Eucharistie wird die Parusie Christi in der sakramental-symbolischen Weise vorweg gefeiert, womit zugleich die Hoffnung der Kirche auf die Wiederkunft des Herrn am Ende der Zeiten und auf ihre Anteilhabe am verheißenen Erbe geweckt und genährt wird.[39] In diesem Sinn ist, wie Kardinal Joseph Ratzinger betont hat, jede Eucharistie bereits „Parusie, Kommen des Herrn“; zugleich ist jede Eucharistie „doch erst recht Spannung der Sehnsucht, dass er seinen verborgenen Glanz offenbare“[40]. Bei der Anteilhabe an der eschatologischen Vollendung in der Eucharistie geht es dabei nicht nur um das endgültige Gelingen des Lebens des einzelnen Glaubenden, sondern auch und vor allem um die gemeinschaftliche Teilhabe der ganzen Kirche, wie sie im dritten eucharistischen Hochgebet betet: „Bis ans Ende der Zeiten versammelt du dir ein Volk, damit deinem Namen das reine Opfer dargebracht werde vom Aufgang der Sonne bis zum Untergang.“ Die Eucharistie ist das wahre „Viaticum“ im ursprünglichen Sinn: „Wegzehrung“ für das

38 M. Kehl, Eschatologie (Würzburg 1986) 45.

39 Vgl. E. Keller, Eucharistie und Parusie. Liturgie- und theologiegeschichtliche Untersuchungen zur eschatologischen Dimension der Eucharistie anhand ausgewählter Zeugnisse aus frühchristlicher und patristischer Zeit (Freiburg/Schweiz 1989). Vgl. auch G. Wainwright, Eucharist and Eschatology (New York 1981).

40 J. Ratzinger, Eschatologie – Tod und ewiges Leben (Regensburg1977) 167.

Volk Gottes auf seiner irdischen Wanderschaft hin zu seiner wahren Heimat im Himmel.

Wenn wir solche Vorerfahrungen des ewigen Lebens bereits im jetzigen Leben nicht nur bedenken, sondern auch immer wieder vollziehen und damit unsere eschatologische Hoffnung auf das ewige Leben als Ernstfall des Glaubens an den dreifaltigen Gott stärken und nähren, dann werden wir auf die Lebensfrage nach Sterben, Tod und ewigem Leben gewiss nicht mit einem „peut-être“ à la Jean-Paul Sartre antworten, sondern mit einem beherzten und dankbaren „Amen. Halleluja.“

Doxologische Dimension des Glaubens

Betet ohne Unterlass!

Das Gebet als Sprache des hoffenden Menschen[1]

„Verweile doch, oh Augenblick, du bist so schön!" Diese Worte pflegen Menschen zu sprechen, wenn sie bei Liebesbeziehungen mitten im Strudel der vergehenden Zeit Oasen der Ewigkeit erleben dürfen und deshalb wünschen, dass die Zeit stehen bleibt. Indem sie sich gegenseitig in die Augen blicken, möchten sie am liebsten den „Augen-Blick" – im tiefen Doppelsinn dieses Wortes – festhalten. Solche Oasen der Ewigkeit mitten in der Zeit brauchen wir Menschen auch und vor allem im Leben des Glaubens. Der christliche Glaube nennt sie die Zeit des Gebetes. Sie ist eine qualifizierte Zeit, genauer die Zeit Gottes mitten in der Weltzeit und auch gegen sie, nämlich als Unterbrechung des natürlichen Zeitenlaufs. Das Gebet ist der Einbruch der Ewigkeit in die Zeit der Welt, auch wenn es nur für die Zeitspanne eines Augenblicks ist. Vom Gebet gilt deshalb erst recht: „Verweile doch, oh Augenblick, du bist so schön!"

Es ist von daher verständlich, dass der christliche Glaube die Zeit sehr bald mit dem Gebet strukturiert hat, nämlich zunächst die Woche mit der sonntäglichen Feier der Eucharistie, sodann den Tag mit dem täglichen Stundengebet und schließlich das Jahr mit den wiederkehrenden Festen, vor allem mit dem österlichen Urfest. In dieser christlichen Prägung der Zeit der Menschen zeigt sich nicht nur, dass alles Beten und gottesdienstliche Leben der Kirche seinen Ursprung im Ostergeheimnis hat. Von ihr her wird vielmehr auch deutlich, was Gebet ist, nämlich die für Gott verlorene Zeit. Wer sich darauf einlässt, wird erfahren, dass die für Gott verlorene Zeit sich wandelt zu der für uns Menschen gewonnenen Zeit und dass dies die schönste und reichste Zeit ist. Denn im Gebet kann es gar keine verlorene Zeit geben. Gerade dann, wenn die Zeit endgültig verloren zu sein scheint, schenkt das Gebet wieder Zeit, wie

---

1 Vortrag am Liturgiewissenschaftlichen Kolloquium „Betende Menschen – Betende Kirche. Tagzeitenliturgie in den Kirchen der Schweiz im 20. Jahrhundert" an der Universität Fribourg am 30. September 2002; erschienen in einer gekürzten Fassung mit dem Titel „‚Eines Christen Handtwerk ist beten' (Martin Luther). Menschen auf Gottsuche im Gebet", in: M. Klöckener und B. Bürki (Hg.), Tagzeitenliturgie. Ökumenische Erfahrungen und Perspektiven. Liturgie des Heures. Expériences et perspectives oecuméniques (Freiburg/Schweiz 2004) 23–45.

der reformierte Theologe Robert Leuenberger festhält: „Im Strom der Zeit ist das Gebet die Zeit, welche jedem Zeitstrom standhält, weil sie Gott gehört.“[2] Das Gebet stellt insofern immer in eine grenzenlos offene Zeit hinein.

1. Dreifache Not des Gebetes

Wir Menschen brauchen immer wieder Oasen des Gebetes und deshalb der Ewigkeit mitten in der Zeit. Die Lebensintensität eines einzigen Augen-Blicks im betenden Verweilen in der Gegenwart Gottes ist mehr als alles extensive Durcheilen unserer Lebenszeit: „Die Erfahrung der Gegenwart des ewigen Gottes bringt unser zeitliches Leben wie in einen Ozean, der uns umgibt und trägt, wenn wir in ihm schwimmen.“[3] Doch haben wir Christen und Christinnen heute den Mut, betend in der Gegenwart Gottes zu schwimmen; oder schwimmt uns nicht vielmehr umgekehrt die Zeit sogar für das Gebet davon? Beherzigen wir die Zumutung Jesu, die er im Gleichnis vom treuen und vom schlechten Knecht ausspricht: „Selig die Knechte, die der Herr wach findet, wenn er kommt“ (Lk 12,37)? Oder gilt auch uns eher der Vorwurf Jesu an Petrus im Garten Gethsemani: „Konntest du nicht einmal eine Stunde wach bleiben?“ (Mk 14,37). Da die Zeit des Betens vor allem Zeit des Wartens und Wachens ist, stellt sich die Frage, ob die heutige Krise des Gebetes nicht in erster Linie eine Krise der Zeit und des modernen Zeitgefühls ist.

a) Krise der eilig gewordenen Zeit

Der deutsche Schriftsteller Botho Strauss hat vor einigen Jahren ein Buch geschrieben, das den auf den ersten Blick merkwürdigen Titel trägt: „Beginnlosigkeit“. Tiefer gesehen hat er damit das durchschnittliche Zeitempfinden des heutigen Menschen treffend beim Namen genannt. Hinzuzufügen bleibt dabei nur, dass der von Botho Strauss diagnostizierten Beginnlosigkeit im heutigen Empfinden erst recht auch die Endlosigkeit der Zeit entspricht. Im Grunde sind wir Menschen heute fasziniert von einer Zeit, die weder einen Anfang noch ein Ende zu kennen scheint.

---

2 R. Leuenberger, Zeit in der Zeit. Über das Gebet (Zürich 1988) 118.

3 J. Moltmann, Christlicher Glaube im Wertewandel der Moderne, in: Ders., Gott im Projekt der modernen Welt. Beiträge zur öffentlichen Relevanz der Theologie (Gütersloh 1997) 73–88, zit. 87.

Die Vorstellung von einer Zeit ohne Beginn und ohne Finale verdient freilich den Namen „Zeit“ nicht. Hier liegt der Grund, dass sich vielen Menschen heute die Zeit immer mehr entwichtigt, wiewohl sie ständig im Fluss ist. Man kann sie weder anhalten noch zurückdrehen; alles geht vorbei, verschwindet und lenkt sich seinem unversöhnlichen Ende zu. Die Menschen heute aber glauben weithin an eine evolutionär stets fortschreitende oder auch an eine immer wiederkehrende Zeit. In der heutigen Zeit ist den Menschen jedenfalls die Zeit zum großen Problem geworden. Dies hängt vor allem damit zusammen, dass wir zwar immer länger, faktisch jedoch viel kürzer leben: Die Menschen lebten früher vierzig Jahre plus ewig. Heute jedoch leben sie nur noch neunzig Jahre; und dies ist ungemein viel kürzer.

In diesem grundlegenden Unterschied liegt eine tiefe Wahrheit verborgen: Für die Menschen in früheren Zeiten gehörte die Ewigkeit selbstverständlich zum Leben hinzu. Heute jedoch konzentrieren sich die Menschen so sehr auf das irdische Leben, dass sie beinahe den Eindruck gewinnen, ihr Leben sei die „letzte Gelegenheit“[4]. Und weil sie bei dieser letzten Gelegenheit maximales und optimales Glück erstreben, sind sie dazu verurteilt, vor allem auf ihr eigenes Wohlbefinden zu schauen, das Meiste und Beste aus dem Leben herauszupowern – natürlich für sich selbst – und dabei immer schneller zu leben. Das forcierte Tempo in der heutigen Zeit hängt weitgehend mit dem Verlust der Aussicht auf die Ewigkeit zusammen.

Es ist genau dieser Verlust, der uns so eilig macht: Wir wollen überall, wie unsere Sprache verräterisch sagt, „auf dem Laufenden sein“ und nehmen dazu den Wettlauf mit der Zeit auf. Wir wollen die Zeit überwinden durch Hochgeschwindigkeitszüge und Flugzeuge, Fax und E-Mail, Internet und Handy. Wir wollen alles gesehen haben und auf Dias und Videos festhalten, können dabei aber nur wenig in uns aufnehmen und verarbeiten. Deshalb haben wir so viele Erlebnisse, aber machen kaum Erfahrungen. Ebenso haben wir viele Kontakte, aber kaum Beziehungen. Wir verschlingen „Fast Food“ und werden von Mc’Donald verpflegt, und zwar möglichst im Stehen, weil wir kaum mehr genießen können. Als Touristen sind wir überall gewesen, aber kaum irgendwo angekommen, weil wir immer nur im Transit leben. Weil wir immer Zeit gewinnen wollen, haben wir keine Zeit mehr. Und weil wir hinter der Zeit her rennen, nehmen wir uns das Leben, im Extremfall sogar im wörtlichen Sinne.

---

4 M. Gronemeyer, Das Leben als letzte Gelegenheit. Sicherheitsbedürfnisse und Zeitknappheit (Darmstadt 1993).

In diesem Klima der gehetzten Eile hat das Gebet einfach keinen Raum und keine Chance. Denn die Zeit des Gebetes ist eine ganz besondere Zeit. Sie ist vor allem die Zeit des Wartens und Wachens, wie diese Dimension die Benediktinerin Silja Walter mit ihrem schönen Text über das „Kloster am Rande der Stadt" artikuliert hat. Den tiefsten Sinn eines Klosters erblickt sie darin, dass jemand zuhause ist, wenn Gott kommt, dass jemand Gottes Abwesenheit aushält, ohne an seinem Kommen zu zweifeln, und dass jemand das Schweigen Gottes aushält und trotzdem singt.

Die dem Gebet gewidmete Zeit steht zum gravierenden Zeitverlust in der heutigen Zeit quer. Denn mit dem Gebet wird sichtbar, dass von Zeit zu Zeit unsere Zeit anders werden soll. Das Gebet bringt uns keine evolutionär zerdehnte oder stets wiederkehrende Zeit nahe. Es ist vielmehr eine befristete Zeit, die sowohl einen Anfang als auch ein Finale kennt. Dieser im Gebet erfahrbare Horizont befristeter Zeit bedeutet freilich gerade nicht eine Entwichtigung der Gegenwart. Im Gegenteil! Erst in diesem Horizont wird Gegenwart in jener emphatischen Weise erfahrbar, wie sie für die biblische Botschaft kennzeichnend ist. Diese ist nämlich in das „Jetzt" und „Heute" verliebt. Von daher dürfte es wohl kein Zufall sein, dass sich dieses neue Zeitverständnis der Bibel in der deutschen Sprache kaum ausdrücken lässt. Demgegenüber kennt die griechische Sprache für das eine deutsche Wort „Zeit" zwei Begriffe mit recht unterschiedlichem Inhalt:

Chronos ist ein rein quantitativer Begriff und bezeichnet die messbare Zeit. Diese ist vor allem Uhr-Zeit, die durch objektive Beobachtung erfasst und am Chronometer abgelesen werden kann, der ohnehin die Schlüsselmaschine des modernen Industriezeitalters geworden ist, weil er alles reguliert. Die mechanische Zeit der allgegenwärtigen Uhren beherrscht unser Leben und macht alle Zeiten gleich. *Kairos* ist dem gegenüber ein qualitativer Begriff. Er bedeutet eine besonders günstige Gelegenheit oder auch eine andrängende Situation für fällige Entscheidungen. Diese Zeit lässt sich nicht ohne persönliche Betroffenheit und innere Beteiligung des Beobachtenden selbst erfahren. Erst diese erlebte Zeit ermöglicht Lebensqualität, die nicht dem Diktat der Uhrzeit unterworfen ist.

Die Zeit des Gebetes erhebt den Anspruch, nicht bloß Chronos zu sein. Sie will für jeden einzelnen Menschen zum Kairos werden. Während viele Menschen heute in der fatalen Gefahr stehen, die gegenwärtige Weltzeit im Sinne des Chronos – geradezu chronisch (!) – zu missverstehen, zeichnen sich Christen dadurch aus – sie sollten es jedenfalls und könnten es auch! –, dass sie gerade in der Zeit des Gebetes das biblisch bezeugte befristete Wesen der Zeit wahrnehmen. Das Gebet ist ein eigentliches Remedium gegen den Zeitverlust in der heutigen Zeit.

Dieses Remedium findet seinen Ausdruck bereits darin, dass das Kirchenjahr seinen Anfang nicht mit dem Neujahrstag, sondern mit dem Advent nimmt. In dieser offenkundigen „Unterordnung des bürgerlichen Beginns unter das Geheimnis des Glaubens und seines neuen Anfangs“ wird jene „Verwandlung der Zeit“ angesagt, „die durch den Glauben geschieht“[5]. Da nämlich von Zeit zu Zeit unsere Weltzeit anders werden soll, will das Beten im Kirchenjahr uns Christen dazu anleiten, die Zeit nicht Gott-los, sondern vor und mit Gott zu leben, und dies heißt beten. Darin liegt der alternative Lebensstil, zu dem das Gebet uns Christen ermutigen will.

b) Krise der modernen Funktionalität

Die Not des Gebetes heute hängt nicht nur mit der eben besprochenen Zeitkrise zusammen, sondern auch mit der modernen Weltsicht, die von Effizienz und Funktionalität imprägniert ist und beinahe alltäglich geworden ist. Das Gebet muss dort verstummen, wo die Welt für die Menschen selbst stumm geworden ist, weil sie die Welt nur noch als funktionales Material der Forschung und Technik betrachten. Die moderne Welt hat „zum ‚Stummen Frühling‘ (R. Carson) geführt und den Lobgesang der lebendigen Schöpfung zur Totenstille der verwüsteten Welt gemacht“[6]. In dieser Weltsicht erscheint das Gebet sehr bald als etwas Absonderliches.

Die Dominanz der Funktionalität zeigt sich heute vor allem in einer durchgehenden Konzentration auf das Machen. „Wie macht man das?“ Dies ist die alles entscheidende Frage geworden. Denn „nur das, was wir selbst machen können, verstehen wir aus dem Grunde“[7]: Mit diesem philosophischen Grundsatz hat bereits der Philosoph Immanuel Kant das Selbstverständnis des neuzeitlichen Menschen programmatisch auf den Begriff gebracht. Denn der neuzeitliche Mensch versteht sich als das handelnde Wesen schlechthin, das stets etwas machen muss.

---

5 J. Ratzinger, Gottes Angesicht suchen. Betrachtungen im Kirchenjahr (Meitingen – Freising 1978) 9.

6 J. Moltmann, Die Quelle des Lebens. Der Heilige Geist und die Theologie des Lebens (Gütersloh 1997) 130.

7 I. Kant, Brief an Johann Plücker vom 26.1.1776, in: Kants Briefwechsel III, 1795–1803 = Kants Gesammelte Schriften XII (1922) 57.

Die nervöse Konzentration auf das Machen hat heute weithin auch Einzug in die Kirche gehalten. Wie man etwas macht, ist auch im Lebensraum der Kirche zur alles entscheidenden Leitfrage geworden. Und sobald man weiß, wie man es macht, hindert einen nichts und niemand daran, es eben zu machen. Auf jeden Fall ist auch in der heutigen Kirche das Handeln und Machen gross geschrieben. Gemäß dieser Logik der instrumentellen Vernunft wird auch das Handeln des Glaubens und der Kirche als her-stellendes Handeln betrachtet und vollzogen, dessen Hauptkriterium in der Effizienz liegt, wie moderne Wortschöpfungen wie „Pastoralkonzepte" und „Seelsorgestrategien" in verräterischer Weise zeigen. In dieser Dominanz des Funktionalen und des Machens bleibt das Gebet aber am Rand oder es wird umfunktioniert zur bloßen Vorbereitung auf das Handeln und Machen, gleichsam zur „moralischen Aufrüstung" der Christen und Christinnen.

Dem gegenüber muss es zu denken geben, dass in der Sicht der Heiligen Schrift das Gebet vom Heiligen Geist angetrieben ist und dass es sogar eine seiner schönsten Wirkungen ist, wie Paulus betont: „So nimmt sich auch der Geist unserer Schwachheit an. Denn wir wissen nicht, worum wir in rechter Weise beten sollen; der Geist selber jedoch tritt für uns ein mit Seufzen, das wir nicht in Worte fassen können" (Röm 8,26). Insofern sind es eigentlich nicht wir Menschen, die beten. Es ist vielmehr der Heilige Geist, der in uns betet. Er ist der wahre und eigentliche Vorbeter. Und das Gebet ist der Atem des Glaubens, der aber nur im Kraftfeld des Geistes Gottes möglich ist. Das Gebet gehört, wie Oscar Cullmann sagt, „zu den großen Liebesgaben Gottes für die Menschen"[8].

Im Gebet „machen" wir Menschen etwas, das wir prinzipiell nicht machen können, weil das, was im Gebet geschieht, nicht dem Machen des Menschen, sondern dem Handeln Gottes entspringt. Deshalb erinnert gerade das Gebet, das gewiss in empirischer Sicht von uns Menschen „gemacht" wird, daran, dass nicht alles im Leben machbar ist. Die menschliche Aufgabe im Gebet besteht vielmehr in der Bereitschaft, sich helfen zu lassen. Im Gebet wird evident, dass Christen und Christinnen nicht – auch und gerade in der Kirche nicht – allein auf das Sichtbare und Machbare, auf das Planbare und Leistbare schauen und bauen, sondern auf das unverfügbare Wirken des Heiligen Geistes und ihm Raum geben, und dass sie dem Gebet zumindest so viel zutrauen wie ihrer eigenen Leistung.

---

8 O. Cullmann, Das Gebet im Neuen Testament. Zugleich Versuch einer vom Neuen Testament aus zu erteilenden Antwort auf heutige Fragen (Tübingen 1994) 180.

Im Licht des Gebetes wird deutlich, dass das Handeln des Glaubens und der Kirche nicht *her*-stellendes, sondern vielmehr *dar*-stellendes Handeln ist, das sichtbar macht, was vor-gegeben ist, nämlich das pastorale Wirken des einen Pastors Jesus Christus in seiner Kirche. Ihm gegenüber können menschliche „pastores" nur den Sinn haben, den einen Pastor der Kirche sichtbar darzustellen. Wenn Christus selbst der Pastor seiner Kirche ist und wenn er durch menschliche pastores sichtbar dargestellt wird, dann geht es im Handeln des Glaubens und der Kirche nicht um ein effizientes Her-Stellen, Machen und Managen, sondern um ein glaubwürdiges Dar-Stellen des Wirkens Jesu Christi in Sakrament und Wort, in der Diakonie und in der pastoralen Begleitung von Menschen. Hier liegt der tiefste Grund, dass das entscheidende Vorzeichen des kirchlichen Handelns das Gebet ist.

c) Krise des biblischen Gottesbewusstseins

Wenn das Machen und Handeln des Menschen im Vordergrund steht, dann rückt das Handeln Gottes in den Hintergrund. Damit wird die dritte Wurzel der heutigen Krise des Gebetes sichtbar, die Oscar Cullmann in seinem schönen Buch über das Gebet im Neuen Testament so formuliert hat: „Die Gottesfrage bestimmt die Einstellung zum Gebet, und zwar nicht nur die negative, ablehnende, sondern auch die positive: Wie stellt sich der Betende Gott vor?"[9]

Die unverkennbare Spezialität des biblischen Gottesgedankens besteht darin, dass sie durchgehend das Handeln des transzendenten Gottes in der Welt zum Thema hat. Das biblisch-christliche Bild Gottes als eines in der Geschichte gegenwärtigen und handelnden Gottes droht aber in der heutigen Welt und selbst in der Kirche immer mehr zu verblassen. Diese Erscheinung, die elementare Konsequenzen für das Gebet hat, hat Johann B. Metz mit dem Stichwort der „Gotteskrise" namhaft gemacht und in ihr die „ökumenische Situation" schlechthin in der heutigen Zeit erblickt.[10] Diese Gotteskrise ist gewiss nicht leicht zu diagnostizieren, zumal sie heute in einer äußerst religionsfreundlichen Atmosphäre stattfindet. Aber sie bringt auf jeden Fall zum Ausdruck, dass man sich einen Gott weithin nicht mehr vorstellen kann, der sich um den einzelnen Menschen kümmert und der überhaupt in der Welt handelt. Dies bedeutet freilich nicht, dass die Menschen heute nicht

9 Ebd. 161.

10 J. B. Metz, Gotteskrise. Versuch zur „geistigen Situation der Zeit", in: Diagnosen zur Zeit (Düsseldorf 1994) 76–92, zit. 77.

mehr an Gott glauben würden; aber es scheint sich weithin um einen Gott zu handeln, der in der Geschichte der Menschen nicht mehr als gegenwärtig wahrgenommen wird.

„Religion ja – ein persönlicher Gott nein“: Auf diese Kurzformel könnte man das religiöse Empfinden vieler Menschen in der heutigen Zeit bringen. Damit ist deutlich, dass sich der seit der europäischen Aufklärung aufgekommene Deismus heute praktisch im allgemeinen Bewusstsein durchgesetzt hat. Ein solch deistisch verstandener Gott aber ist weder zum Fürchten noch zum Lieben. Es fehlt die elementare Leidenschaft an Gott; und darin liegt die tiefste Glaubensnot in der heutigen Zeit, die sich in der Gebetsnot am deutlichsten auswirkt. Denn zu einem deistisch verstandenen Gott kann man nicht beten. Das Gebet setzt vielmehr eine persönliche Beziehung zu Gott und seinem in Jesus von Nazareth offenbar gewordenen Sohn voraus. Im Gebet werden wir sogar in die intime Sohnesbeziehung Jesu zu seinem Vater hineingenommen, und zwar so sehr, „dass wir gewürdigt sind, das unaussprechliche Geheimnis Gottes im Gebet so anzurufen, wie Jesus selbst es tat, nämlich mit den Worten des Vaterunsers“[11].

Das Gebet verhilft zudem dazu, dass wir Gott so sein lassen, wie er sich selbst versteht und sich uns offenbart hat. Dazu brauchen wir eine neue Toleranz Gott gegenüber, die ihn so erkennt und anerkennt, wie er sich selbst zeigt.[12] Wenn Gott uns so nahekommen will, wie er es in seinem Sohn getan hat, dann sollten wir dies zumindest tolerieren, sodann aber dankbar annehmen und daraus leben. Solche Toleranz Gott gegenüber einzuüben, dazu bietet das Gebet eine gute, wenn nicht die beste Gelegenheit. Beten verhilft dazu, auch gegenüber Gott tolerant zu werden und zu sein.

2. Das Gebet als innerer Ort der Erkenntnis Jesu Christi

Hinter der heutigen Tendenz, Christus und Gott voneinander zu trennen, steht, tiefer gesehen, der Zweifel, ob Gott uns überhaupt so nahe sein könne und ob er sich so weit zu uns hinunter beugen dürfe, wie er es in seinem

---

11 W. Pannenberg, Die Bedeutung von Taufe und Abendmahl für die christliche Spiritualität, in: Ders., Beiträge zur Systematischen Theologie. Band 3: Kirche und Ökumene (Göttingen 2000) 74–85, zit. 80.

12 Vgl. G. L. Müller, Gegen die Intoleranz der Relativisten. Die Erklärung der Glaubenskongregation „Dominus Iesus“, in: Ders., Mit der Kirche denken. Bausteine und Skizzen zu einer Ekklesiologie der Gegenwart (Würzburg 2001) 314–325.

Sohn getan hat. Was beten wirklich heißt, können wir deshalb vor allem von ihm, von Jesus Christus, dem lebendigen Sohn Gottes, lernen. Denn die Gesprächsverbundenheit mit seinem Vater war die innerste Mitte des Lebens und Wirkens Jesu. Alle Evangelisten stimmen einhellig darin überein, dass die Worte und Taten Jesu aus seinem innersten Zusammensein mit dem Vater hervorgegangen sind und dass er deshalb immer wieder die Einsamkeit des Gebetes gesucht hat.

a) Gesunder Blutkreislauf des Glaubens

Der menschliche Blutkreislauf kennt zwei Bewegungen, die sich wechselseitig ablösen, nämlich auf der einen Seite die systolische Bewegung, mit der das Blut in den Kreislauf des Körpers bis in die äußersten Verästelungen hinaus gepumpt wird, wo es verbraucht wird, und auf der anderen Seite die diastolische Bewegung, mit der das Blut zurückgeholt und in Lunge und Herz gereinigt wird, um von neuem in den Kreislauf des Körpers hinaus gesandt zu werden. Dieselben Bewegungen finden sich auch im Leben Jesu, wie sie Markus gleich zu Beginn seines Evangeliums schildert, indem er einen charakteristischen Tag im Leben Jesu darstellt (Mk 1,32–39). Es sind dabei vor allem drei Aussagen, die von Jesus gemacht werden und die den gesunden Blutkreislauf seines Lebens und Wirkens zum Ausdruck bringen:

Jesus verlässt erstens die Synagoge und geht mit seinen Jüngern in das Haus des Simon und Andreas und heilt die Schwiegermutter des Simon. Am Abend bringt man alle Kranken und Besessenen zu ihm, und er heilt viele. Jesus wird gebraucht und seine Kräfte werden beinahe verbraucht. Von allen Seiten strömen Menschen zu ihm. Er ist den Wünschen und Ansprüchen der verschiedensten Menschen ausgesetzt. Diese wenden sich an ihn im Vertrauen, von ihm geheilt zu werden. Da ist Jesus ganz gefordert, mit allen seinen Kräften. Er weicht nicht aus, sondern stellt sich den Anforderungen der Menschen.

Doch in aller Frühe, als es noch dunkel war, steht Jesus auf und geht an einen einsamen Ort, um zu beten. Mitten in den Anforderungen seiner Sendung sucht Jesus zweitens die Einsamkeit, die Stille und darin das Gespräch mit seinem Vater. Im Gebet will er sein gelebtes, gefordertes und beanspruchtes Leben vor seinen Vater ins Wort bringen. Im Gebet kann er wieder neu erfahren, woher er eigentlich lebt und woher er die Kraft bekommt für seine Sendung. Im Gebet bringt er sein Leben vor seinen Vater zur Sprache, um es zu klären, neu zu orientieren und auszurichten auf die weiteren Anforderungen seines Lebens.

Diese werden in der Tat nicht lange auf sich warten lassen. Denn Markus berichtet drittens weiter, dass Simon und seine Begleiter zu Jesus in die Einsamkeit kommen und ihn drängen mitzukommen. Viele Menschen warten auf sein tröstendes Wort und sein befreiendes Wirken. Sofort macht sich Jesus auf, um seine Sendung weiterzuführen: „Er zog durch ganz Galiläa, predigte in den Synagogen und trieb Dämonen aus“ (Mk 1,39).

Die Bewegungen von gelebtem Leben im Alltag hin zu dem vor Gott ins Wort des Gebetes gebrachten Leben hin zu neuem gelebtem Leben im Alltag gilt auch für das Leben eines jeden Christen und einer jeden Christin in der Nachfolge Jesu, wie es die benediktinische Spiritualität auf die gelungene Kurzformel gebracht hat: „Ora et labora“. Dabei handelt es sich nicht um ein beziehungsloses Nebeneinander von Beten und Arbeiten, sondern um ein sich wechselseitig forderndes und förderndes Verhältnis: Wir Christen haben in unserem alltäglichen Leben immer wieder den Rückzug in die Stille und Einsamkeit des Gebetes dringend nötig. Denn im Gebet begegnen wir jenem Gott, der in allem gegenwärtig ist. Diese Glaubensüberzeugung ist aber nur dann keine bloße Theorie, wenn wir uns jeden Tag dieser Gegenwart Gottes im alltäglichen Leben im Gebet vergewissern und unsere Verbundenheit mit ihm vertiefen. Die Menschen, denen wir im Alltag begegnen, können in uns nur dann wirklich Christus begegnen, wenn wir selbst im dauernden Austausch mit ihm leben. Von dieser freundschaftlichen Vertrautheit mit Christus muss das christliche Leben geprägt sein. Christen und Christinnen müssen in erster Linie Menschen des Gebetes sein – wie Jesus.

b) Zwiesprache mit dem Vater als Mitte der Person Jesu

Im Neuen Testament ist es vor allem der Evangelist Lukas, der Jesus als durch und durch betenden Sohn Gottes zeichnet, dessen Mitte die Zwiesprache mit seinem Vater ist und der sich besonders vor wichtigen Weichenstellungen in seinem Leben immer in das Gebet zurückzieht.[13] Wenn wir genauer in dieses Evangelium hinein schauen, werden wir auch den entscheidenden Weg finden, wie wir unser Leben im Gebet verwurzeln und wie wir auch heute Christus erkennen können.

13 Vgl. J. Kardinal Ratzinger, Christologische Orientierungspunkte, in: Ders., Schauen auf den Durchbohrten. Versuche zu einer spirituellen Christologie (Einsiedeln 1984) 13–40, vor allem 19–25.

(1) Berufung im Gebet

„In diesen Tagen ging Jesus auf einen Berg, um zu beten. Und er verbrachte die ganze Nacht im Gebet zu Gott. Als es Tag wurde, rief er seine Jünger zu sich und wählte aus ihnen zwölf aus; sie nannte er auch Apostel" (Lk 6,12–13). Die Berufung der zwölf Apostel geht aus der Gebetsnacht Jesu hervor. Das nächtliche Gebet auf dem Berg ist der innere Ort der Berufung. In der Nacht nimmt Jesus bereits vorweg, was er am Tag vollziehen wird. Die einsame Zwiesprache mit dem Vater ist im strikten Sinn der theologische Ort von Berufung und Apostolat.

Wie Jesus die Zwölf im Gebet erwählt hat, so bitten die Zwölf ihrerseits Jesus um ein gemeinsames Gebet. Damit kommt die grundlegende Bedeutung der Zwölf als Ursprung einer neuen Gemeinschaft zum Ausdruck. Denn bei den religiösen Gruppierungen in der Umwelt Jesu war die eigene Gebetsordnung ein „wesentliches Kennzeichen ihrer Gemeinschaft"[14]. Wenn nun auch die Jünger Jesus um ein gemeinsames Gebet bitten und er ihnen das „Vater unser" schenkt, verstehen sie sich selbst als neue Gemeinschaft, die von Jesus her geworden ist. Die Zwölf sind so die Urzelle von Kirche, und sie weisen unmissverständlich darauf hin, dass Kirche eine vom Beten mit Jesus her geeinte Gemeinschaft ist.

Dies muss auch uns heute zu denken geben. Denn mit der Berufung der Zwölf hat Jesus mit einer zeichenhaften und ganz realen Handlung Kirche als Volk Gottes neu eröffnet. Wie die Berufung der Apostel im Gebet als Beginnen von Kirche zu verstehen ist, so wird auch heute die Kirche immer wieder im Gebet geboren. Und wie die Berufung der zwölf Apostel aus dem Gebet, aus dem Reden des Sohnes mit dem Vater, hervorging, in dem der Sohn seinen Willen mit dem Willen seines Vaters in Übereinstimmung brachte, so besteht auch heute die erste Vorsorge für neue Berufungen zum kirchlichen und spezifisch priesterlichen Dienst im Gebet, das die innerste Mitte der Berufungspastoral ist und bleibt.

(2) Bekenntnis im Gebet

„Jesus betete einmal in der Einsamkeit und die Jünger waren bei ihm. Da fragte er sie: Für wen halten mich die Menschen?" (Lk 9,18). Anschließend stellte er ihnen persönlich die Frage: „Ihr aber, für wen haltet ihr mich?"

14 J. Jeremias, Neutestamentliche Theologie. Band I (Gütersloh 1971) 167.

(9,29a). Auf diese Frage antwortete bekanntlich Petrus mit dem Bekenntnis, dass Er der Messias, der Sohn des lebendigen Gottes sei. Dieses ist zum Ursprung des christlichen Bekenntnisses überhaupt geworden.

An diesem Text fällt ein Sachverhalt besonders auf. Das Christusbekenntnis des Petrus geht aus dem Beten Jesu hervor und antwortet auf dieses Beten. Lukas formuliert dabei paradox: Als Jesus allein war, um zu beten, waren die Jünger bei ihm. Doch diese Paradoxie ist bewusst gewollt, weil er damit sagen will: Die Leute, die die Einsamkeit des Betens Jesu nicht kennen, halten ihn für alles Mögliche, nämlich für Johannes den Täufer, für Elija oder sonst einen Propheten. Nur die Jünger, die begonnen haben, an der Verborgenheit des Betens Jesu teilzunehmen, können erahnen, wer Jesus ist. Nur weil sie in die Einsamkeit Jesu eintreten und an seinem Gespräch mit dem Vater teilnehmen, dringen sie zur Identität Jesu vor und verstehen sie sein Geheimnis.

Wer Jesus wirklich sehen will, kann ihn nur in seinem Beten, in seinem Eins-Sein mit dem Vater sehen – auch heute. Wie bei Petrus das Bekenntnis aus der Anteilhabe am Beten Jesu kommt, so kann auch das Christusbekenntnis der Kirche heute nicht einfach ein neutraler Satz oder eine theologisch-objektive Aussage sein; es erschließt sich vielmehr nur im Gebet und es ist selbst Gebet. Das Christusbekenntnis kann auch heute nur wachsen in der Teilhabe an der betenden Einsamkeit Jesu und im Sein mit Ihm gerade dort, wo er allein beim Vater ist. Auch Theologie heute wird nur dort zum Bekenntnis, wo sie aus dem Gebet heraus entsteht und sich selbst am Feuer aufhält und nicht nur zu berichten weiß, dass es irgendwo ein Feuer geben soll. Umgekehrt beginnt überall dort das bloße Analysieren, wo das Feuer, vor allem das Feuer des Betens, ausgegangen ist.

(3) Verklärung im Gebet

„Etwa acht Tage nach diesen Reden nahm Jesus Petrus, Johannes und Jakobus beiseite und stieg mit ihnen auf einen einsamen Berg, um zu beten. Und während er betete, veränderte sich das Aussehen seines Gesichtes, und sein Gewand wurde leuchtend weiß" (Lk 9,28–29). So beginnt die Geschichte von der Verklärung Jesu. Es ist bereits aufschlussreich, dass sich auch dieses Ereignis „auf dem Berg" zuträgt. Denn „der Berg" ist in den Evangelien immer der Ort des Gebetes, des Seins Jesu mit dem Vater. Auf diesen „Berg" nimmt Jesus die Drei, die den Kern der Zwölfergemeinschaft bildeten, mit. Während des Betens und in der Anteilhabe der Apostel am Gebet Jesu auf dem „Berg“ ereignet sich die Verklärung. Wiederum kommt im Beten der Kern des Geheimnisses Jesu zum Vorschein.

Die Verklärung macht insofern sichtbar, was ohnehin im Beten Jesu schon geschieht, nämlich das Versenktwerden des Eigentlichen Jesu in seine Rede mit dem Vater hinein, das zugleich Teilhabe am Lichtglanz Gottes ist. Dies wird dadurch bestätigt, dass die Evangelisten in der Verklärung Jesu eine Art Vorwegnahme von Ostern sehen und damit wiederum den Kern des Geheimnisses Jesu sehr schön ausdrücken: Der wahre Grund, warum Jesus nicht im Tod bleiben konnte, ist seine intime und intensive Kommunikation mit dem Vater, die im Verklärungsgebet sichtbar ist.

Jesus wirklich erkennen können wir auch heute nur, wenn wir an seiner Verklärung teilhaben und damit dessen inne werden, dass die ganze Existenz Jesu letztlich nichts anderes als Gebet ist und dass folglich auch unser Glaube an Christus nichts anderes sein kann als Auslegung des Betens Jesu. Anders als im Gebet kann man Jesus nicht verstehen, auch nicht den so genannten historischen Jesus. Lukas will uns vor Augen führen, dass gerade vom Gebet Jesu her er vollends als der „Sohn“ offenbar ist. Denn Lukas erhebt das Beten Jesu „zur zentralen christologischen Kategorie“, von der aus er „das Sohnesgeheimnis beschreibt“[15].

(4) Leiden und Sterben im Gebet

Dies zeigt sich zumal am Ölberg, der für Jesus in der Stunde der beginnenden Passion ganz zum Berg seiner Einsamkeit mit seinem Vater geworden ist und an dem seine Zwiesprache mit seinem Vater ihre schwere Bewährungsprobe zu bestehen hat: „Vater, wenn du willst, nimm diesen Kelch von mir. Aber nicht mein, sondern dein Wille soll geschehen“ (Lk 22,42). In diesem Zusammenhang überliefert Markus im Munde Jesu die Anrede „abba“ für Gott und zeigt damit, dass Jesus die übliche Weise des Betens überschreitet. Mit diesem familiären Wort kommt die neue und einzigartige Gebetsbeziehung Jesu zu seinem Vater so sehr zum Ausdruck, dass man sagen muss, dass Jesu Existenz schlechthin Gebet ist.

Von daher kann es nicht erstaunen, dass Jesus nicht nur betend gelebt und gelitten hat, sondern auch betend gestorben ist. Dies überliefern alle Evangelisten, auch wenn sie die letzten Worte Jesu verschieden wiedergeben. Nach Lukas

15 J. Ratzinger, Der Gott Jesu Christi. Betrachtungen über den Dreieinigen Gott (München 1976) 67.

betet Jesus den großen Passionspsalm 31: „Vater, in deine Hände lege ich meinen Geist“ (Lk 23,46). Johannes verbindet die Psalmen 21 und 68 und lässt Jesus sprechen: „Es ist vollbracht“ (Joh 19,30). Nach Matthäus und Markus hat Jesus mit lauter Stimme jene Worte ausgerufen, mit denen Psalm 21, der große Psalm von dem leidenden und geretteten Gerechten beginnt: „Mein Gott, mein Gott, warum hast du mich verlassen?“ (Mt 27,46 und Mk 15,34). Mit seinem Todesruf stimmt Jesus in das messianische Gebet des großen Psalms der Leiden und Hoffnungen Israels ein, das in den Ausblick auf die Sättigung der Armen und die Bekehrung aller Enden der Erde zum Herrn mündet.

Beide Evangelisten vermerken zudem, dass die Worte Jesu von den Umstehenden nicht verstanden worden sind, dass sie den Schrei Jesu vielmehr als Ruf nach Elija gedeutet haben. Sie bringen damit sensibel zum Ausdruck, dass erst der Glaube wahrnehmen kann, dass Jesus mit dem Beten des Psalms als der wahre Beter erscheint, der sich gerade als der Verlassene und Verhöhnte von seinem Vater gehalten und verherrlicht erfährt. Die frühen Christen haben deshalb den Ausblick auf die Sättigung der Armen und auf die Bekehrung aller zum Herrn in Psalm 21 als am Kreuz Jesu erfüllt gesehen, nämlich einerseits in der wahren Sättigung der „Armen“ im Geheimnis der Eucharistie und andererseits in der ebenfalls vom Kreuz her kommenden Kirche der Heiden.

(5) Nachfolge im Beten Jesu

Im Tod Jesu zeigt sich die letzte Tiefe seines Gebetes, das er in seinem Leben als Zwiesprache mit seinem Vater vollzogen hat. Da das Gebet das innerste Zentrum des Lebens und Wirkens und damit der Person Jesu ist, ist ein wirkliches Verstehen dieser Person nur dadurch möglich, dass wir selbst in die Gebetshaltung Jesu eintreten und uns in jene Gesinnung Jesu hinein begeben, die in seinem Beten zum Ausdruck kommt, nämlich die Grundhaltung der Liebe, der Selbstübereignung an Gott und damit auch der Selbstschenkung an die Menschen. Wie man sich Philosophie nur durch das Mit-Philosophieren aneignen und wie man Medizin nicht allein durch Bücher, sondern letztlich nur im Vollzug des heilenden Tuns erlernen kann, so kann auch der Glaube nur durch Glauben wirklich erkannt werden. Da der Grundakt des Glaubens das Beten ist, kann der Christusglaube letztlich nur im Gebet verwirklicht werden. Denn das Gebet macht sehend, wie der mittelalterliche Theologe Richard von St. Viktor sehr schön sagt: Wer betet, fängt an zu sehen, weil „die Liebe Auge“ ist[16].

16 Patrologia Latina 196,1203.

Um diese tiefe Weisheit weiß auch die Heilige Schrift, wie beispielsweise die tiefsinnige Erzählung in der Apostelgeschichte zeigt, in der Hananias vom Herrn zu Saulus geschickt wird, um ihn in die Kirche aufzunehmen. Darauf entgegnet Hananias, der gegenüber Saulus arg misstrauisch ist, er habe gehört, Saulus habe viel Böses den Heiligen in Jerusalem angetan. Doch der Herr begründet seinen Ruf, zu Saulus zu gehen, mit dem einen Satz: „Er betet gerade" (Apg 9,11). Daraufhin geht Hananias und legt Saulus die Hände auf. Dann heißt es gleich anschließend: „Sofort fiel es wie Schuppen von seinen Augen, und er sah wieder; er stand auf und ließ sich taufen" (Apg 9,18). Im Beten wird Saulus von seiner Blindheit befreit und wird ein Sehender.

Genauso werden auch wir Sehende, wenn wir innerlich am betenden Zwiegespräch Jesu mit seinem Vater teilnehmen. Wir werden dann dieselbe Erfahrung machen wie bereits die Jünger. Als Jesus an einem Ort betete, sagte einer seiner Jünger zu ihm: „Herr lehre uns beten" (Lk 11,1). Daraufhin schenkte er ihnen das „Vater-unser" und nahm sie damit hinein in seine Sohnesbeziehung zum Vater. Genauso können wir auch heute nur durch die Teilhabe an der Sohnesbeziehung Jesu zu seinem Vater Gott als unseren Vater anrufen. Indem wir gewürdigt werden, Gott mit den Worten des Gebetes Jesu anzurufen, wird Gott uns nicht mehr einfach bloß gegenüberstehen, sondern ist er uns persönlich nahe, weil dieses Gebet im Inneren der Gemeinschaft des Sohnes mit dem Vater seinen Ort hat. Damit ist freilich die eindringliche Einladung an uns verbunden, unsere Nachfolge Jesu als Teilhabe an seinem Beten und so selbst als Gebet zu vollziehen.

c) Apostolisches Leben und apostolische Sendung

Dieser Vorrang des Gebetes leuchtet bereits auf in der Berufung der ersten Jünger durch Jesus, wie sie Markus überliefert: „Jesus stieg auf einen Berg und rief die zu sich, die er erwählt hatte, und sie kamen zu ihm. Und er setzte zwölf ein, die er bei sich haben und die er dann aussenden wollte, damit sie predigen und mit seiner Vollmacht Dämonen austrieben" (Mk 3,13–14). Dem gemäß enthält die Berufung der Zwölf durch Jesus zwei wichtige Dimensionen: Die Zwölf sollen erstens „mit Ihm" sein, und sie werden zweitens von ihm gesandt, zu predigen und in seiner Vollmacht Dämonen auszutreiben.

Die erste Berufung könnte man das apostolische Leben der Zwölf mit Jesus – „vita apostolica" – nennen, die zweite Berufung könnte man als apostolische Sendung der Zwölf in die Welt – „missio apostolica" – bezeichnen. Nicht nur gehören beide Berufungen unlösbar zusammen, sondern es gibt auch eine eindeutige Reihenfolge: Die Berufung zur apostolischen Sendung folgt der Berufung zum apostolischen Leben. Dahinter steht die Überzeugung Jesu, dass die Jünger nur dann das Evangelium verkünden und in seiner Vollmacht Dämonen austreiben können, wenn sie zunächst und immer wieder das Mit-Ihm-Sein erlernen und leben. Jesus sendet die Zwölf zwar aus: „Er rief die Jünger zu sich und sandte sie aus, jeweils zwei zusammen" (Mk 6,7). Aber schon sehr bald kehren die Jünger wieder zu Jesus zurück: „Die Apostel versammelten sich wieder bei Jesus und berichteten ihm alles, was sie getan und gelehrt hatten. Da sagte er zu ihnen: Kommt mit an einen einsamen Ort, wo wir allein sind, und ruht ein wenig aus" (Mk 6,30–31a).

Wenn wir den Aufbau des Markusevangeliums ernst nehmen, dann wäre die Berufung zum Mit-Sein mit Jesus unterbelichtet oder gar missverstanden, würde sie nur im Sinne einer begrenzten Zeit der Zurüstung zur Sendung verstanden, gleichsam als Grundkurs oder Seminar, nach dem erst das Eigentliche käme, nämlich die Zeit, in der die Zwölf als apostolische Einzelkämpfer unterwegs und im Einsatz sind. Es verhält sich vielmehr umgekehrt: Die Sendung der Zwölf spielt im Aufbau des Markusevangeliums keineswegs eine größere, sondern eher eine kleinere Rolle als das unablässige Ringen der Zwölf um das Mit-Sein mit Jesus. Apostolisches Leben und apostolische Sendung sind im Markusevangelium „nicht zwei einander ablösende Zeitabschnitte, sondern zwei ineinandergreifende Daseinsweisen des Zwölferkreises, von denen die zweite die erste stets voraussetzt"[17].

In den Augen Jesu setzt die Sendung der Zwölf ihr Mit-Sein mit ihm voraus, das einen permanenten Lernprozess darstellt. Entgegen dieser klaren Prioritätenordnung ist freilich im Laufe der Geschichte bis auf den heutigen Tag immer wieder die Versuchung festzustellen, der apostolischen Sendung den Vorrang vor dem apostolischen Leben einzuräumen. In diesem Sinne wird im Mit-Sein mit Jesus gleichsam nur der Ort und die Zeit der Zurüstung gesehen, damit bald möglichst die Sendung beginnen kann. Diese Prioritätensetzung zeigt sich in der Kirchengeschichte darin, dass das apostolische Amt der Sendung nie gefehlt hat, dass aber das apostolische Leben immer wieder und immer mehr zurückgetreten ist oder einfach als Spezialität den Orden und Geistlichen Kommunitäten zugewiesen worden ist. In dieser Fehlentwicklung erblickt der katholische Neutestamentler Gerhard Lohfink mit Recht die tiefste Wurzel der gegenwärtigen Krise im kirchlichen

17 G. Lohfink, Braucht Gott die Kirche? Zur Theologie des Volkes Gottes (Freiburg i. Br. 1998) 220.

Leben: „Dass die Kirche heute noch lebt, verdankt sie dem apostolischen Amt. Dass sie lebend dahinkränkelt, hat im Schwinden des apostolischen Lebens seine Ursache.“[18]

Diese Diagnose ist Grund genug, unsere ganze Aufmerksamkeit auf das Mit-Sein mit Jesus, auf die vita apostolica hin zu konzentrieren. Dies gilt vor allem für das apostolische Amt in der Kirche, das keineswegs eine Erfindung der Kirche ist, sondern bereits in der Sendung der Zwölf durch Jesus grundgelegt ist und in dem die Zeugenschaft der Zwölf ihre kirchliche Fortsetzung findet. Dabei kann wiederum ein kurzer Blick in die Kirchengeschichte hilfreich sein. Dieser zeigt, dass man die Notwendigkeit des apostolischen Lebens mit Jesus Christus gerade von solchen Menschen lernen kann, die sich in der apostolischen Sendung sehr engagiert haben.

Zu denken ist vor allem an den heiligen Karl Borromäus, den großen Bischof von Mailand im 16. Jahrhundert, der seine Hauptaufgabe in der apostolischen Verkündigung erblickt hat und bereits mit 46 Jahren nach einem hingabebereiten Leben gestorben ist.[19] Gerade er aber wusste darum, dass der Priester bei aller seelsorgerlichen Anstrengung und Belastung immer wieder Augenblicke des Atemholens für sich selbst braucht, in denen er zusammen mit Christus verweilt und sich wieder neu in das Geheimnis Jesu Christi hinein kniet. Von daher konnte Borromäus seinen Priestern diese Mahnung mit auf den Weg geben: „Du bist Seelsorger? Versäume darüber nicht die Sorge um dich selbst; teile dich nicht dermaßen großzügig aus, dass dir selbst nichts mehr übrig bleibt, denn wie du an die Seelen der anderen denken musst, für die du da bist, so darfst du auch deine eigene Seele nicht vergessen.“ Und diese grundlegende Mahnung hat Karl Borromäus weiter so konkretisiert: „Wenn du die Sakramente spendest, betrachte, was du tust. Wenn du die Messe feierst, betrachte, was du darbringst; wenn du im Chor Psalmen betest, betrachte, zu wem und was du sagst; wenn du Seelen führst, betrachte, mit welchem Blut sie gewaschen sind.“[20]

Wie das vierfache „meditare“ in diesem Text des großartigen Mailänder Bischofs zeigt, war diesem engagierten Seelsorger, der sich ganz und gar für die Menschen verbraucht hat, die dem seelsorgerlichen Handeln stets vorausgehende innere Vertiefung unendlich wichtig. Borromäus wusste, dass die

18 Ebd. 218–219.

19 Vgl. G. Alberigo, Karl Borromäus. Geschichtliche Sensibilität und pastorales Engagement (Münster 1995), bes. 38–42: Die apostolische Verkündigung.

20 Acta Ecclesiae Mediolanensis (Milano 1599) 1177f.: Brevierlesung am 4. November.

seelsorgerliche Hingabe an die Menschen ohne die permanente Zuflucht zu einer wahren Innerlichkeit des Glaubens und apostolischen Lebens nicht möglich ist. Denn pastoraler „Dienst ohne Innerlichkeit wird zu leerem Aktivismus“[21]. Diesem kann nur gewehrt werden, wenn die vita apostolica das Fundament für die missio apostolica bildet. Für diesen Vorrang steht im Leben des Christen und vor allem der Amtsträger das Gebet. Diese müssen ihre Lebensgrundlage immer wieder suchen, und können sie in der Grundhaltung der Dankbarkeit finden.

3. Dankbarkeit als Lebensgrundlage des Betens

Darauf hat der verstorbene Schweizer Schriftsteller Max Frisch hingewiesen, der in seinem Tagebuch einen originellen Einfall notiert hat. Er meint, es gebe leider keine Instanz und keine Behörde, die – wie etwa die Steuerbehörde – von uns jährlich oder zweijährlich eine Liste der Dankbarkeiten verlangen würde. Trotzdem spielt Max Frisch in seiner Tagebuchnotiz mit diesem Gedanken, und er stellt für sich und sein persönliches Leben eine lange Liste zusammen, auf der er vermerkt, wofür er danken möchte, würde von ihm binnen einer Woche eine solche Liste der Dankbarkeiten verlangt. Er würde danken für seine Mutter, für die Begegnungen mit anderen Menschen, für seine Kinder, für seine Freude an guten Speisen, für den Nachbarn im Dorf, für seine Träume, für die Partnerin, die mit ihm das Leben teilt, und noch für viele andere Momente in seinem Leben. Die Liste der persönlichen Dankbarkeiten von Max Frisch braucht nicht weiter zu interessieren. Was aber beeindrucken könnte und sollte, ist sein origineller Einfall. Es wäre gut, sich von Max Frisch einmal dazu anregen zu lassen, in einer stillen Stunde der Besinnung eine solche Liste der persönlichen Dankbarkeiten zusammenzustellen.

Vielleicht dürfte diese Leitidee für viele Menschen heute zunächst ein recht ungewohnter Gedanke sein. Denn immer mehr Menschen fällt es heute schwer zu danken, und zwar nicht nur für dieses oder jenes zu danken, sondern grundsätzlich dankbar für das Leben zu sein. Der eigentliche Wurzelgrund für diese Unfähigkeit dürfte in unserer modernen Lebenseinstellung liegen. Wir stehen heute immer wieder in der Versuchung, alles Gute, das

21 J. Ratzinger, Dienst und Leben der Priester, in: M. Brun/W. Schneemelcher (Hg.), Eucharisteria. Festschrift für Damaskinos Papandreou. Metropolit der Schweiz (Athen 1996) 125–137, zit. 135.

einem entgegenkommt und das einem entgegengebracht wird, für selbstverständlich zu nehmen. Die Liebe der Eltern zu ihren Kindern und umgekehrt gilt so oft als selbstverständlich genauso wie das gemeinsam geteilte Leben in einer Ehe. Dort aber, wo man im Leben alles für selbstverständlich nimmt und hält, betrachtet man es schnell als einen Skandal, wenn an der absoluten Vollkommenheit hier und da noch etwas fehlt. Damit allerdings überfordern wir nicht nur unsere Umwelt, sondern auch uns selbst. Was dabei fehlt, ist schlicht die Dankbarkeit. Denn wo es an Dankbarkeit mangelt, machen sich Missmut und Verdrossenheit breit; und da wird der Mensch schließlich krank. Die Unfähigkeit zur Dankbarkeit dürfte der Wurzelgrund vieler seelischer Krankheiten der Menschen heute sein.

In der Unfähigkeit zur Dankbarkeit wurzelt auch die Unfähigkeit zum Beten. Wer nicht mehr zu danken und dankbar zu leben vermag, wird letztlich auch nicht mehr beten können. Das Gebet lebt nun einmal davon, dass in unserem Leben eigentlich nichts selbstverständlich ist, dass sich vielmehr auch und gerade die so genannten Selbstverständlichkeiten in unserem Leben nicht von selbst verstehen. Wo aber alles für selbstverständlich gehalten wird, da muss letztlich auch das Gebet verstummen. Denn die „Lebensgrundlage allen Betens“ ist die „Stimmung der Dankbarkeit“[22]. Und die Dankbarkeit erweist sich nur als die andere Seite der Tatsache, dass eigentlich nichts selbstverständlich in unserem Leben ist.

Von daher dürfte die Idee von Max Frisch, eine Liste der persönlichen Dankbarkeiten zu erstellen, nicht mehr als abwegig erscheinen. Diese Idee ist genauso wenig absonderlich wie das Gebet überhaupt. Absonderlich ist es vielmehr, nicht zu beten, weil sich der dermaßen stumm gewordene Mensch von der sprechenden Schöpfung und vom sprechenden Schöpfer absondert: „Nicht mehr zu beten, bedeutet nicht Wachen, sondern von Gottesferne betäubt sein.“[23] Das Gebet hingegen lädt dazu ein, Gott für alles Dank zu sagen und sogar noch bei allem Schweren und Niederdrückenden, das wir erleben müssen, Anlass zum Danken finden zu können. Das Gebet ist der immer wieder neue Versuch, „nach dem Bejahbaren zu suchen“ und „Ja zu sagen“[24].

Wer dessen inne wird und es in seiner ganzen Tragweite erfasst, der wird auf der einen Seite zur Dankbarkeit bewegt und auf der anderen Seite zum

22 W. Pannenberg, Gegenwart Gottes. Predigten (München 1973) 195.

23 J. Moltmann, Die Quelle des Lebens. Der Heilige Geist und die Theologie des Lebens (Gütersloh 1997) 129.

24 J. Werbick, Gebet als Gottsuche. Ein Versuch über die Schwierigkeit Ja zu sagen, in: Ders., Gebetsglaube und Gotteszweifel (Münster 2001) 63–83.

Bewusstsein seiner Bedürftigkeit gebracht. Denn das Bittgebet lebt aus der gleichen Wurzel wie das Dankgebet, nämlich von der grundsätzlichen Gestimmtheit menschlicher Bedürftigkeit und Angewiesenheit auf ein letztes Geheimnis im Leben. Während im Dankgebet die im Alltag wortlose Stimmung der Dankbarkeit als expliziter Dank an Gott zum Ausdruck gebracht wird, geht es im Bittgebet um die Klärung unserer Bedürftigkeit und unserer Bittsteller-Situation vor Gott.

4. Anbetung als Ernstfall des Gebetes

Dank- und Bittgebet haben nicht nur dieselbe Wurzel, sondern auch dasselbe Ziel, nämlich die schweigende Anbetung Gottes. Wenn Menschen im Dankgebet ihr ganzes Leben vor Gott zur Sprache bringen, indem sie es ihm verdanken, dann mündet es von selbst in die Anbetung Gottes. Erst in der Anbetung, die Gott wirklich Gott sein lässt und ihn absichtslos und ohne Hintergedanken an irgendeinen Nutzen als Schöpfer und Erlöser des Lebens preist, erreicht das Beten sein Ziel und seine Mündung, wie wir dies vor allem im Gloria in der Eucharistiefeier zum Ausdruck bringen: „Gratias agimus tibi propter magnam gloriam tuam“: Wir danken Gott nicht in erster Linie für das, was er an uns tut. Wir danken ihm vielmehr dafür, dass er ist und dass er schön ist.

Dass das christliche Beten seine Herzmitte in der Anbetung hat, zeigt auf eindrückliche Weise das Matthäusevangelium, das mit Anbetung beginnt und mit Anbetung endet. In der Weihnachtsgeschichte des Matthäus gehen die Sterndeuter aus dem Osten vor dem Kind in der Krippe in die Knie und huldigen ihm. Sie beten es an und bringen ihm die Gaben von Gold, Weihrauch und Myrrhe dar. Damit vollziehen sie nichts weniger als einen sehr verbindlichen Rechtsakt. Denn gemäß der damaligen orientalischen Ordnung bedeutet dieses Geschenk die „Anerkennung einer Person als Gott-König“[25]. Die Sterndeuter aus dem Osten bekennen damit, dass sie im neugeborenen König der Juden ihren Herrn erkennen und dass sie inskünftig ihm gehören wollen. Die ganze Weihnachtsgeschichte des Matthäus läuft auf die Anbetung des Kindes in der Krippe durch die Sterndeuter hinaus (Mt 2,11) – genauso wie das ganze Matthäusevangelium schließlich auf die Anbetung des auferstandenen Christus hinausläuft (Mt 28,17). Denn am Ende werden die

25 Kardinal J. Ratzinger, Weihnachtspredigten (München 1998) 53.

Jünger vor dem Auferstandenen genauso niederfallen, wie an seinem Beginn die Sterndeuter vor dem Kind in der Krippe.

Damit schließt sich der Kreis des Matthäusevangeliums, und er ist ein Kreis der Anbetung Jesu Christi. Darin leuchtet bereits das Geheimnis der Kirche auf. Denn was könnte die Kirche im Tiefsten anderes sein als die Gemeinschaft jener Menschen, die das Kommen Gottes in unsere Welt glauben und ihn anbeten, die in ihm das Licht ihres Lebens finden und die in der Taufe das Geschenk der göttlichen Erleuchtung empfangen haben? Anbetung ist deshalb der Ernstfall des Glaubens und das Lebenselixier des kirchlichen Lebens und überhaupt die Grundhaltung des Menschen vor Gott, von der ein grosser Glaubenszeuge unserer Kirche, Pater Alfred Delp, der am 2. Februar 1945 von den Nazis ermordet worden ist, gesagt hat: „Brot ist wichtig, die Freiheit ist wichtiger, am wichtigsten aber ist die ungebrochene Treue und die unverratene Anbetung."

„Anbetung" ist freilich in der heutigen Zeit – und teilweise sogar in der Kirche – ein arg unmodernes Wort geworden. Auf das erste Zusehen hin ist dies sogar verständlich. Denn Anbetung bedeutet, dass Menschen vor Gott in die Knie gehen, und zwar im buchstäblichen Sinn. In die Knie zu gehen, dies empfindet der heutige Mensch aber weithin als Entwürdigung oder gar als Demütigung, gleichsam als Sabotage seines eigenen Ich. Er hat vielmehr gelernt, den aufrechten Gang zu lieben, und er hat Angst, sein Rückgrat zu verlieren. Und dies durchaus mit Recht; denn in der Welt muss man „den Mann" und „die Frau stellen", in der Welt darf man in der Tat vor niemandem in die Knie gehen, und in der Welt ist nichts und niemand anzubeten.

Die Anbetung Gottes aber schenkt die umgekehrte heilsame Erfahrung: Nur wer ein starkes Rückgrat hat, kann sich so tief bücken, und zwar genauer deshalb, weil er dankbar erspürt, dass er seinen aufrechten Gang gerade Dem verdankt, vor Dem er in die Knie geht und Den er anbetet. Den aufrechten Gang in der Welt lernt der fromme Mensch nur im Kniefall vor Gott. Die Anbetung Gottes führt den Menschen zu seiner wahren Größe, wie der heilige Papst Johannes XXIII. zu sagen pflegte: „Der Mensch ist nie so gross, wie wenn er kniet."

Die Anbetung Gottes ist die Mündung des Dankgebetes, das seinerseits die Urform allen Betens überhaupt ist. In die Anbetung Gottes mündet aber auch das Bittgebet, in dem der Mensch in seiner fundamentalen Bedürftigkeit in Gott den wahren und auch im alltäglichen Leben letztlich immer schon intendierten Adressaten sucht und findet. Das Bittgebet mutet uns Menschen zu, uns nicht so eitel zu verhalten und uns zu gut zu dünken, um unser Leben als Christen und als Kirche so vor Gott hinzustellen, wie es ist. Wenn wir dabei ehrlich zu uns selbst sind, müssen wir gestehen, dass die Grundsituation unseres Lebens in der Angewiesenheit, Hilfsbedürftigkeit und deshalb Not-Wendigkeit, betteln zu dürfen, besteht. Das zweifellos Urtümlichste im Gebet ist folglich der Notschrei, der SOS-Ruf um Hilfe, und zwar im ursprünglichen Sinn: „Save our souls!" Beten heißt nichts anderes, als unsere eigene Armut zu erkennen und ganz in die Hände Gottes zu legen. „Der Mensch ist ein Bettler Gottes", hat der heilige Augustinus mit Recht gesagt.

Es gibt freilich auch seltsame Bettler, die sich gebärden, als wären sie reich, die trotzig und stolz sind, denen aber wegen ihrer Täuschung die ganze Bettelei nichts einbringt. Solche Bettler sind letztlich dumme und lächerliche Figuren. Genauso sind Christen und Christinnen, die vorgeben, dass sie Gottes Gaben nicht brauchen, und deshalb Gott nicht mehr zu bitten vermögen, eine Karikatur ihrer selbst, weil sie sich verhalten wie Bettler, die sich als Millionäre tarnen – freilich vergebens.

5. Das Gebet als Sprache des Glaubens

Das Bittgebet nährt sich vor allem an den hartnäckigen Erfahrungen des menschlichen Leidens. Denn die Frage, wo Gott ist und ob man überhaupt zu ihm beten kann, stellt sich heute weithin angesichts von Leiden und Grauen, von Unterdrückung und Ausbeutung und von Krankheit und Sterben. Die Erfahrungen unverschuldeten und ungerechten Leidens sind für die meisten Menschen wohl das existenziell stärkste Argument gegen den Gottesglauben und die tiefste Wurzel der heutigen Not mit dem Gebet. Auf der anderen Seite ist es gerade das Gebet, das dazu verhelfen kann, diesen bohrenden Fragen überhaupt standzuhalten. Denn die befreiende Kraft des Gebetes besteht darin, dass es prinzipiell keine Erfahrungen im Leben des Menschen gibt, die im Gebet nicht ins Wort vor Gott gebracht werden könnten. Im Gebet sind vielmehr alle Erfahrungen des Lebens und Glaubens zugelassen, und es können und sollen alle Erlebnisse ins Wort des Gebetes gebracht werden.

a) Betender Widerstand gegen die Sprachlosigkeit

Diese Entdeckung können wir vor allem im Gebetbuch des Alten Testamentes machen, das ein maßgeblicher Inhalt auch des kirchlichen Betens geworden ist. Die Kirche hat bereits früh die Psalmen als Christushymnen gesungen, weil sie der Überzeugung war, dass die Psalmen ihren Ursprung im Herzen des neuen David, nämlich Jesu Christi, haben: Christus selbst ist ihr Chorführer, „der uns das neue Lied lehrt, der der Kirche den Ton und die Weise schenkt, wie sie Gott angemessen loben und sich der himmlischen Liturgie vereinigen kann“[26]. Auch in dieser christologischen Deutung enthalten die Psalmen die ganze Spannweite jener Erfahrungen – wie Leiden und Trauer, Klage und Anklage, Furcht und Angst, aber auch Hoffnung und Vertrauen, Dankbarkeit und Freude –, die in ihnen zum Gebet vor Gott geworden sind und es immer wieder werden können. Deshalb sind die Psalmen zumeist sehr geerdet und können alle Lebenssituationen der Menschen umfassen. In ihnen haben alle Saiten und Dimensionen des menschlichen Lebens, alle Stimmungen und Gemütsverfassungen Eingang gefunden, angefangen von überquellender Freude bis zu verzweifelter Bitterkeit, gleichsam „von himmelhoch jauchzend bis zu Tode betrübt“. Im Blick auf die Psalmen bewahrheitet sich die sensible Erkenntnis von Johann B. Metz: „Keine Sprache kennt, im Grunde genommen, so wenig Sprachverbote wie die des Betens. Sie schließt nichts aus, keine Zweifel, keine Resignation, keinen Protest und keine Verwerfung, immer freilich unter der Voraussetzung, dass der Sprechende sich an Gott zu wenden sucht, um dessen Treue einzuklagen.“[27]

Die Psalmen machen deutlich, dass im Gebet buchstäblich alles vor Gott hin getragen werden kann: die Freude am Leben wie der Schmerz des Leidens. Im Gebet kann man Gott alles sagen, restlos alles: alles Leid, alle Klage, alle Anklage, allen Zweifel und alle Verzweiflung. Man kann Gott sogar sagen, dass man angesichts des Leidens und der Erfahrung des Bösen nicht mehr an ihn zu glauben vermag – wenn man dabei nur versucht, es ihm zu sagen und es vor ihm ins Wort zu bringen. Die Sprache des Gebetes verschließt und immunisiert sich nicht gegenüber den Lebenserfahrungen der Menschen. Die Sprache des Gebetes ist vielmehr unersetzbar und letztlich die einzige Sprache, die uns Menschen auch dann noch bleibt, wenn Lebenserfahrungen uns die Sprache genommen und uns sprachlos gemacht haben.

Auf diesen besonderen Dienst des Gebetes macht der evangelische Theologe Eberhard Jüngel treffend aufmerksam: „Der Glaube bietet dem Ich …

---

26 J. Kardinal Ratzinger, „Singt kunstvoll für Gott“. Biblische Vorgaben für die Kirchenmusik, in: Ders., Ein neues Lied für den Herrn. Christusglaube und Liturgie in der Gegenwart (Freiburg i. Br. 1995) 125–144, zit. 128.

27 J. B. Metz/K. Rahner, Ermutigung zum Gebet (Freiburg i. Br. 1977) 20.

Sprachhilfen an, die ihm über soziale Sprachbarrieren und psychische Sprachhemmungen hinweg zu sich selbst finden helfen: zum Beispiel Psalmen, in die das um eigene Worte verlegene Ich einstimmen kann, um in der Geborgenheit schon formulierter Sprache dann die Freiheit zum eigenen Wort zu erlangen."[28] Solche Sprachhilfen, die den Menschen über existenzielle Sprechlähmungen hinweg wieder zu sich selbst finden lassen, bietet das Gebet insbesondere bei jenen Erfahrungen an, die tief in das menschliche Leben eingreifen und an seiner Lebenskraft nagen und denen wir besonders in den Psalmen verdichtet begegnen.

Die elementarste Erfahrung ist zweifellos die *Angst*, die den Atem abzuwürgen droht und die wir deshalb im Alltag unseres Lebens gerne verdrängen. Dem gegenüber liegt das Befreiende des Gebetes darin, dass es die Angst nicht verscheucht, sondern zulässt. Der Trost des Gebetes bedeutet nicht, dass wir unsere Ängste *unterdrücken* sollten, sondern dass wir sie *ausdrücken* dürfen, und zwar vor Gott selbst. Zugelassene Angst aber kann im Gebet vor Gott verwandelt werden. Im Gebet können wir die befreiende Erfahrung machen, dass es nicht eigentlich die Angst ist, sondern die Verdrängung der Angst, die dem Menschen den Atem abschneidet. Nur die verdrängte Angst engt ein und macht unfrei. Durch die Angst hindurch aber macht das Gebet frei und löst die Angst – wie bei Jesus im Garten Getsemani: „Meine Seele ist zu Tode betrübt" (Mk 14,33). In diesem Gebet zugelassener Angst hat Jesus seine eigene Todesangst überwinden können.

Oder denken wir an die Erfahrung des *Schuldig-Werdens*, die wir ebenso wie die Angst weithin aus unserem persönlichen und gesellschaftlichen Leben verdrängen. Gegen die heute weit verbreitete Flucht in die Ent-Schuldigung vermag das Gebet dadurch Widerstand zu leisten, dass es der urmenschlichen Erfahrung von Schuld standhält und sie vor Gott zur Sprache bringt, um von ihm her Vergebung der Schuld zu erwarten und zu empfangen. Im Gebet betätigt und bestätigt der Mensch seine Freiheit als Ursprung seiner Schuld. Er verzichtet auf jedes Alibi und jede Schuldzuweisung an andere. Er praktiziert nicht die gesellschaftlich eingespielte „Kunst, es nicht gewesen zu sein" (Odo Marquard). Er wagt es vielmehr, sich auch dort noch bei seiner eigenen Freiheit als Urgrund seiner Schuld behaften zu lassen, wo sich die Menschen heute ansonsten daran gewöhnt haben, sich auf biologische oder gesellschaftliche Sachzwänge zu berufen, um sich auf diesem Weg aus ihrer Mitschuld

28 E. Jüngel, Anfechtung und Gewissheit des Glaubens oder wie die Kirche wieder zu ihrer Sache kommt (München 1976) 19.

fortzustehlen. Im Gebet jedoch sagt der Mensch: „Ego sum qui feci." – „Ich bin es, der dies getan hat." Im betenden Eingeständnis der Schuld ist deshalb die Konzentration auf das eigene Ich für einmal nicht nur erlaubt, sondern unerlässlich: um der Rettung der Freiheit des Menschen willen.

Von daher erschließt sich eine weitere Kraft des Gebetes. Mit ihm lässt sich mitten in den alltäglichen Reibereien und Streitigkeiten unter uns Menschen *Feindschaft* in Versöhnung verwandeln. Das Gebet verhilft dazu, den anderen Menschen, auch und gerade denjenigen, der einem im Alltag Mühe bereitet, in einem neuen Licht zu sehen, nämlich im größtmöglichen Horizont Gottes selbst. So erweist sich das Gebet als Intensivstation der Versöhnung. Es vermag sogar „Feinde" in „Brüder und Schwestern" zu verwandeln, wie dies Jesus selbst uns in der Bergpredigt zumutet. Es ist kein Zufall, dass Jesus seine Aufforderung zur Feindesliebe sofort mit der weiteren Zumutung verbindet: „*Betet* für die, die euch verfolgen" (Mt 5,44). Im und durch das Gebet hat sich Jesus am Kreuz zur Bitte um Versöhnung und Vergebung der Schuld seiner Ankläger und Henker durchgerungen: „Vater vergib ihnen, denn sie wissen nicht, was sie tun" (Lk 23,34). In konsequenter Nachfolge Jesu wird von Stephanus, dem ersten Märtyrer der Kirche, Gleiches berichtet: „So steinigten sie Stephanus; er aber betete und rief: Herr Jesus, nimm meinen Geist auf! Dann sank er in die Knie und schrie laut: Herr, rechne ihnen diese Sünde nicht an! Nach diesen Worten starb er" (Apg 7,59–60). Im Gebet ist eine starke Widerstandskraft gegen den Bazillus des eingeschliffenen Freund-Feind-Schemas enthalten. Wissen wir wirklich noch, welches Friedenspotential uns mit der kostbaren Perle des Gebetes anvertraut ist? Und wissen wir noch um die Frieden stiftende Kraft des Gebetes mitten im oft genug unversöhnten Alltag unseres Lebens? Wie schön könnte beispielsweise das Zusammenleben der Menschen – auch in der Kirche – sein, wenn wir zumindest so viel, wie wir übereinander reden und vielleicht sogar schimpfen, auch füreinander beten würden?

Das Gebet verhilft auch zu einer gläubigen Kultur der Konfliktbewältigung in der Kirche. Als entscheidendes Leitkriterium einer solchen Kultur hat der reformierte Theologe Robert Leuenberger formuliert: „Wofür – oder wogegen – man Gott nicht bitten kann, dafür – oder dagegen – soll man unter Christen aber auch nicht kämpfen. Wer es indessen doch tut, für den müsste man bitten, Gott möge ihm ein glaubensfroheres und liebenderes – ein evangelisches – Herz geben." Um den Ernst dieses Kriteriums noch zu unterstreichen, hat Leuenberger hinzugefügt: „In Wahrheit ist eine solche Argumentation die unter Christen einzig sachgemäße, weil sie auf die einzige

Instanz verweist, auf die in einer solchen Sache zu verweisen ist."[29] In der Tat lässt sich gleichsam als Gegenprobe formulieren: Was nicht als Fürbitte vor Gott formuliert werden kann, ohne selbstgerecht und blasphemisch zu werden, dafür oder dagegen darf man unter Christen und in der Kirche nicht kämpfen. Man kann sich leicht vorstellen, wie es um das kirchliche Leben bestellt sein könnte, wenn das Gebet als „Purgatorium" der kirchlichen Auseinandersetzungen mehr in Anspruch genommen würde.

Die befreiende Kraft und der göttliche Segen des Gebetes zeigen sich vor allem angesichts der Erfahrung des *Leidens* und im Gebet leidender Menschen. Im Leiden ist das Gebet oft noch die einzige Sprache, die den Menschen nicht vollends verstummen lässt, sondern ihm Worte schenkt, um sein Leiden vor Gott selbst hinzutragen. Menschen in irdischen Höllen haben dies dankbar erfahren dürfen. Nirgendwo haben beispielsweise gläubige Juden so sehr gegen das Leiden angebetet wie in den Höllen von Auschwitz und Treblinka. Das Gebet vermag auch dem Leiden noch eine Sprache zu geben und es dadurch zu lindern. Gerade angesichts des Leidens zeigt sich am deutlichsten, welche Sprache das Gebet schenkt und selbst ist: „Sie ist selbst Sprache dieses Leidens, Leidenssprache, Krisensprache, Sprache der Klage und der Anklage, Sprache des Aufschreis und des ‚Murrens der Kinder Israels'"[30].

Die Leidenssprache des Gebetes lädt zu einem solidarisch-fürbittenden Beten ein. Im Gebet können wir die menschliche Urerfahrung des Leidens zulassen und vor Gott ins Wort bringen und auch stellvertretend für andere Menschen beten, denen wir in unterschiedlichen Lebenssituationen begegnen. Warum nicht in froher Stimmung in einen Klagepsalm einstimmen und das Leiden eines bestimmten Menschen solidarisch vor Gott tragen? Oder warum nicht in der Situation der eigenen Niedergeschlagenheit einen Lobpsalm beten und sich so mit einem sich Freuenden freuen und dadurch selbst die eigene Stimmung verarbeiten? Die Liturgie der Psalmen ist in besonderer Weise geeignet, unser Beten, in dem wir so gerne um uns selbst kreisen, zu weiten und zu öffnen für ein solidarisch-fürbittendes Beten für andere Menschen, mit dem wir den Grundauftrag sowohl des gemeinsamen als auch des geweihten Priestertums wahrnehmen,

29 R. Leuenberger, Eine Glaubensfrage? in: M. Amherd (Hg.), Ein Bischof in Zürich? (Zürich 1987) 73–83, zit. 82.
30 J. B. Metz/K. Rahner, Ermutigung zum Gebet (Freiburg i. Br. 1977) 18–19.

b) Sprechender Glaube

In dieser Sinnrichtung könnte man lange fortfahren, Erfahrungen aufzuzählen und dabei zu zeigen, wie sie im Gebet verdichtet und verarbeitet werden können. Doch auch diese wenigen Beispiele genügen, um zu verdeutlichen, dass unser ganzes Leben im Gebet seinen Ausdruck finden kann. Die grundmenschliche Bedeutung des alltäglichen Gebetes wird vielleicht am deutlichsten einsichtig, wenn wir bedenken, dass es bereits zwischen Menschen gleichsam eine Sprache des Gebetes gibt. Wenn zwei Menschen sich lieben, werden sie es zwar nicht nötig haben, einander stets große Worte zu machen. Sie werden zunächst und vor allem ihre gegenseitige Liebe leben, ohne allzu viel darüber zu reden. Auf der anderen Seite aber werden liebende Menschen hin und wieder das Bedürfnis und den ehrlichen Wunsch verspüren, voreinander ihre gelebte Liebe ins Wort zu bringen und damit ausdrücklich zu machen, was sie im Alltag leben. Sie werden einander wieder einmal zusprechen wollen, wie sehr sie sich lieben. "Wie schön, dass es dich gibt und dass es dich so gibt, wie du bist": so redet die Sprache der Liebe zwischen Menschen. So bringt Liebe gelebtes Leben vor dem Anderen ins Wort. Wo zwei sich liebende Menschen ihre Liebe zur Sprache bringen, könnte man von einem Gebet reden, das sich zwischen Menschen vollzieht. Und in einem solchen zwischenmenschlichen Gebet wird das Leben der Menschen verdichtet.

Wenn es schon zwischen Menschen so etwas wie ein Gebet gibt, um wie viel mehr in der Beziehung der Menschen zu Gott. Und wenn bereits zwischen Menschen das Gebet etwas befreiend Menschliches ist, um wie viel mehr in der Beziehung des Menschen zu Gott. Denn vor ihm, dem wir unser ganzes Leben verdanken, dürfen und können wir erst recht unser ganzes Leben ins Wort bringen, um es zu klären, neu zu orientieren und aus seiner Hand neu zu empfangen. Das Gebet bringt unsere Welt vor Gott ins Wort, und es bringt Gott in unserer Welt zur Sprache. Damit unsere Welt nicht Gott-los und Gott nicht Welt-los wird, genau dafür steht in unserer Welt das Gebet ein. Deshalb bedeutet der Ein-Zug in die Abgeschiedenheit des Gebetes keinen Rück-Zug aus der Welt in eine – angeblich – heile Welt der Spiritualität; Christen und Christinnen nehmen vielmehr die ganze Welt mit in ihr Gebet hinein. Dadurch zeigen sie, was wahre christliche Mystik in der Sicht des christlichen Glaubens ist. Sie flieht nicht aus der Welt, sie flieht vielmehr zusammen mit der Welt zu Gott und bringt sie vor ihm in die Sprache des Gebetes. Zugleich weist das Gebet über sich hinaus und in die Welt zurück, wie dies der katholische Schweizer Theologe Hans Urs von Balthasar ausgedrückt hat: "Wer das Antlitz Gottes aus dem Gebet nicht kennt, wird es auch im leidenden Nächsten nicht finden." Denn es ist das Gebet, das die Augen für die Gegenwart Gottes auch im oft genug harten Alltag zu öffnen vermag.

Von daher wird einsehbar, dass das Gebet nicht einfach eine kultische Aktivität des Menschen neben anderen ist, sondern der Grundvollzug des christlichen Glaubens überhaupt. In diesem Sinn konnte der Reformator Martin Luther die treffsichere Frage stellen: „Was ist der Glaube denn anders als eitel Gebet?", um auf diese Frage die ebenso schöne Antwort zu geben: „Wie ein Schuster einen Schuh machet und ein Schneider einen Rock, also soll ein Christ beten. Eines Christen Handtwerk ist beten."[31] Christliches Beten ist elementares Leben aus dem Glauben und damit der Urvollzug des christlichen Glaubens überhaupt. Das Beten ist Ausdruck jenes Grundvertrauens, das der Mensch Gott entgegen bringt oder, wie Otto Hermann Pesch sagt, „sprechender Glaube"[32], nämlich Glaube, der spricht und der sich vor dem Angesicht Gottes aus-spricht. Denn der Glaube hat, wenn ausdrücklich vollzogen, die Grundform des „Ich glaube an Dich" und ist damit selbst die Urgestalt des Gebetes. Und umgekehrt muss man mit Kardinal Walter Kasper das Gebet als „Ernstfall des Glaubens" bezeichnen[33].

6. Reinigende Wirkung des Betens

Wenn das Gebet der Ernstfall des Glaubens ist, dann ist das Bittgebet gleichsam der „Ernstfall des Ernstfalls", in dem sich auch die gegenwärtige Not des Gebetes „besonders deutlich abzeichnet"[34]. Diese liegt darin, dass es oft ohne Antwort bleibt und dass wir uns zwar an Gott wenden, er aber stumm und ohne Reaktion zu bleiben scheint. Diese schmerzliche Erfahrung der Abwesenheit Gottes in unserm Beten darf man auf keinen Fall schönfärberisch wegreden. Denn sie provoziert die schwierige und dornenvolle Frage nach den Wirkungen des Betens, vor allem des Bittgebetes. Dennoch muss auch die weitere Frage erlaubt sein, ob die Antwortlosigkeit unserer Gebete nicht auch damit zusammenhängen könnte, dass wir die Antwort Gottes auf unser

31 M. Luther, Tischreden 6751 = WAT 6; 162,36.

32 O. H. Pesch, Das Gebet (Augsburg 1972) 10.

33 W. Kasper, Einführung in den Glauben (Mainz 1972) 79.

34 J. Bommer, Haben das Bittgebet und die Fürbitte noch einen Sinn? in: Concilium 8 (1972) 678.

Beten so oft dort suchen, wo sie nicht zu finden ist, und dass wir sie dort nicht finden, wo sie allein gesucht werden kann.

Besser als mit vielen Worten lässt sich dieses abgründige Geheimnis des Gebetes und seiner Erhörung mit einer rabbinischen Legende verdeutlichen: Ein Schüler, der zwar betet, aber im Gebet keine Antwort erhält, geht zu seinem weisen Rabbi und trägt ihm seine Not vor. Dieser jedoch antwortet ihm, ohne scheinbar auf seine Frage einzugehen, er solle den vor ihm liegenden geflochtenen Korb, mit dem üblicherweise die Kartoffeln vom Feld heimgetragen werden, ergreifen, zum Brunnen gehen und Wasser holen. Der Schüler tut, was ihm der Rabbi aufgetragen hat. Doch auf dem Rückweg vom Brunnen verliert er alles Wasser, das durch die kleinen Öffnungen hindurchgeflossen ist. Enttäuscht wendet sich der Schüler an den Rabbi und bemerkt, dass es sich mit dem Gebet genauso verhalte. Der Rabbi hingegen ermuntert den Schüler, es nochmals zu versuchen. Doch das Ergebnis ist dasselbe: Das Wasser hat den Korb wieder verlassen. Der Rabbi fordert den Schüler ein drittes Mal auf. Murrend versucht es der Schüler nochmals. Da es ihm aber wiederum nicht gelungen ist, mit dem Kartoffelkorb vom Brunnen Wasser zurückzutragen, ruft der Schüler voller Enttäuschung und Resignation aus: „Jetzt hast auch du den Beweis, dass das Gebet überhaupt nichts nützt. Wie das Wasser nicht im Korb geblieben ist, so rinnen auch meine Gebete gleichsam durch die Finger Gottes hindurch.“ Doch der Rabbi antwortet: „Du Dummkopf, hast Du noch immer nicht bemerkt, dass inzwischen der Korb sauber geworden ist.“

Verhält es sich mit unserem Gebet nicht oft auch so, dass es an uns etwas bewirkt, dass es uns reinigt und sauber macht? Und sind wir deshalb nicht gut beraten, sensibel zuzusehen, was das Beten bei uns selbst auslöst, statt dort nach seinen Wirkungen zu suchen, wo sie nicht zu finden sind? Doch nicht genug damit. Die biblische Botschaft verheißt auch, dass die unerschütterliche Hartnäckigkeit des glaubenden Gebetes nicht nur bei uns etwas bewirkt, sondern auch und gerade bei Jesus selbst. Die Begegnung Jesu mit der kanaanäischen Frau im Gebiet von Tyrus und Sidon (Mt 15,21–28) beispielsweise zeigt, dass Jesus sich am Ende aufgrund des eindringlichen und aufdringlichen Bittens der Frau umstimmen lässt. Die unerschütterliche Festigkeit des Glaubens der kanaanäischen Frau muss auf Jesus einen so großen Eindruck gemacht haben, dass sich seine anfängliche Widerborstigkeit in bereitwillige Zuwendung verwandelt, die er mit den Worten ausdrückt: „Frau, dein Glaube ist gross. Was du willst, soll geschehen.“ Jesus lässt sich beeindrucken vom Glauben der Frau – wie vom Glauben überhaupt. Es ist kein Zufall, dass

Jesus die Menschen, die ihm für seine Heilungen danken wollten, immer wieder auf ihr eigenes Vermögen angesprochen hat: „Dein Glaube hat dir geholfen.“ Denn Jesus ist überzeugt, dass wirklicher Glaube unendlich viel vermag, ja sogar Wunder zu wirken imstande ist, wenn man von der Kraft des Glaubens und seiner schönsten Artikulation im Gebet überzeugt ist.

7. Betende Einfaltung in den heiligen Willen Gottes

In den Augen Jesu ist freilich nur dem Beten, das sich mit dem Willen Gottes selbst in Einklang zu bringen versucht, die Gewissheit der Erhörung verheißen: „Bittet, dann wird euch gegeben; sucht, dann werdet ihr finden; klopft an, dann wird euch geöffnet“ (Mt 7,7). Der Erhörung gewiss kann für Jesus nur dasjenige Gebet sein, das sich in den Willen Gottes selbst versenkt und von Gott erbittet, was *sein* Wille ist. Von daher kann schlechthin alles Gegenstand des Bittgebetes sein, „wo immer nur im Namen Jesu, d. h. mit Berufung auf ihn und seinen Heilswillen gebetet wird“[35].

Dass das Gebet wirklich nach dem Willen Gottes fragt und nicht einfach die eigenen egoistischen Wünsche in den Vordergrund drängt, dies lehrt in ganz besonderer Weise das Herrengebet. Das Vater-Unser setzt gerade nicht bei unseren Wünschen und Bestrebungen an, sondern es beginnt mit den drei theozentrischen Bitten, dass die „Sache“ Gottes zur Geltung komme, nämlich dass sein Name geheiligt werde, dass sein Reich komme und dass sein Wille geschehe. Indem das Herrengebet den Menschen herausfordert, sich um die „Sache“ Gottes zu kümmern, mutet es ihm aber nicht zu, seine eigenen Wünsche und Bestrebungen zu vergessen. Vielmehr folgen im Herrengebet auf die drei Bitten um die „Sache“ Gottes sofort die drei anthropozentrischen Bitten um die „Sache“ des Menschen, nämlich um das notwendige Brot, um die unerlässliche Vergebung, um die Bewahrung vor der stets gegenwärtigen Versuchung und um die Erlösung von dem uns immer wieder bedrohenden Bösen.

Die „Sache“ Gottes und die „Sache“ des Menschen gehören im Herrengebet unlösbar zusammen. Insofern bringt das uns von Jesus anvertraute Gebet wohl am deutlichsten das christliche Verständnis des Verhältnisses zwischen Gott und Mensch, zwischen Schöpfer und Schöpfung und zwischen

35 G. Greshake, Grundlagen einer Theologie des Bittgebetes, in: Ders./G. Lohfink (Hg.), Bittgebet – Testfall des Glaubens (Mainz 1978) 32–53, zit. 45.

Himmel und Erde zum Ausdruck: „Aus der Perspektive Gottes, mit seinen Augen, betrachten wir unsere Bedürfnisse. Und mitten in unseren Nöten müssen wir uns um Gott kümmern. Die Leidenschaft nach dem Himmel drückt sich in der Leidenschaft für die Erde aus.“[36] Von daher ist das Herrengebet das Urgebet der Christen schlechthin; es ist, wie Tertullian sagte, Summe des Evangeliums, „breviarium totius evangelii“[37], dessen Meditation uns hilft, das Beten immer wieder neu zu lernen.

Das Vater-Unser zeigt, dass es allem christlichen Beten um die Einordnung unseres Lebens und unserer Wünsche und Bestrebungen in die Ziele Gottes mit seiner Welt, in seinen universalen Heilswillen, geht. Dass das Beten nach dem Willen Gottes fragt, dazu gehört auch, dass es die „Sache“ aller Menschen und der ganzen Welt mit einbezieht. Das christliche Gebet ist deshalb immer auch Für-Bitte. Wir beten im Herrengebet um *unser* tägliches Brot und um die Vergebung *unserer* Schuld – genauso wie Gott als *unser* Vater angesprochen wird. Von diesem „kleinen Wort ‚unser‘, dem ‚Wir‘ des Herrengebetes“, sagt Jan M. Lochman mit Recht, dass es „in seiner exklusiven Begründung ein ungemein inklusives Wort“ ist[38].

Wer in das Beten Jesu eintritt, tritt zugleich in die große Familie derer ein, die mit uns zusammen Jesus nachfolgen. Von daher wird der tiefe Sinn sichtbar, dass Jesus uns einlädt, im Gebet in seine Sohnesbeziehung zu seinem Vater einzutreten und „Vater unser“ zu sprechen, wie dies der Reformator Jean Calvin sehr schön ausgelegt hat: „Der Christenmensch muss seine Gebete nach der Regel richten, dass sie auf die Gemeinschaft bezogen sind und alle umfassen, die in Christus seine Brüder sind! Damit schließt er nicht nur ein, die er gegenwärtig als seine Brüder um sich sieht, sondern alle Menschen, die auf der Erde leben. Er weiß nicht, was Gott über ihn beschlossen hat, aber das weiß er: dass es ebenso fromm wie menschlich ist, für sie das Beste zu wünschen und zu erhoffen.“[39] In allem Beten geht es folglich um die Ausrichtung unseres Lebens auf den Willen Gottes, der auf alle Menschen zielt. Diese Sinnrichtung des Gebetes kommt in der Gebetshaltung deutlich zum Ausdruck: Die gefalteten Hände zeigen die Bereitschaft des Menschen an, sein Leben in den Willen Gottes einzufalten, um diesen Willen Gottes im alltäglichen Leben auszufalten.

---

36 L. Boff, Vater unser. Das Gebet umfassender Befreiung (Düsseldorf 1981) 19.

37 Tertullian, De oratione, in: Patrologia Latina 1,1255.

38 J. M. Lochman, Unser Vater. Auslegung des Vaterunsers (Gütersloh 1988) 29.

39 J. Calvin, Institutio III, 20,7. 38.

Christliches Beten will den Menschen befähigen, sein Leben am Willen Gottes zu orientieren, oder mit anderen Worten: Heilig zu werden. Denn heilig verdient derjenige Mensch genannt zu werden, der im Gebet den Willen Gottes sucht und gewillt ist, in ihn einzuwilligen. Dies aber setzt voraus, dass nicht wir uns heilig machen, sondern dass wir heilig gemacht werden. Wie wahre Liebe immer das Passiv des Geliebtwerdens voraussetzt, so ist auch die christliche Heiligkeit immer mit einem Passiv verbunden, nämlich mit dem Annehmen des Geliebtwerdens durch Gott und dem Durchhalten dieses gläubigen Annehmens selbst in Situationen des Leidens und des Kreuzes. Christliche Heiligkeit verwirklicht sich vor allem in der Zugehörigkeit zu Gott, dem wahrhaft Heiligen, der „der dreimal Heilige" ist (Jes 6,3). Heilig ist deshalb einzig und allein Gott; und wir Menschen vermögen nur dadurch heilig zu werden, dass wir uns ganz in Gott hineinverwurzeln. Darin besteht der tiefste Sinn christlichen Betens. Das Gebet ist „Erhebung des Menschen zu Gott"[40], und es zeigt so, dass die tiefste Wesensbestimmung des Christen noch nicht im „Sum" (ich bin), sondern erst im „Sursum" (empor) besteht.

8. Das Gebet als Hoffnung im Vollzug

Im Vater-unser wird zugleich sichtbar, dass das Gebet überhaupt die Sprache der Hoffnung ist oder, wie der heilige Thomas von Aquin sagt, dass das Gebet die Interpretation der Hoffnung ist.[41] Dass Gebet und Hoffnung unlösbar zusammengehören, kann man bereits daran ablesen, dass auf der einen Seite ein verzweifelter Mensch kaum mehr beten kann, weil er nicht mehr zu hoffen vermag, und dass auf der anderen Seite ein seiner selbst und seiner Macht sicherer Mensch ebenfalls nicht mehr beten kann, weil er sich nur auf sich selbst verlässt. Wer hingegen betet, bringt damit zum Ausdruck, dass er auf eine Güte und eine Macht hofft, die über sein eigenes Vermögen hinausgehen.

Die Dimension der Hoffnung zeigt sich in besonders deutlicher Weise im Bittgebet. Da sich die christliche Hoffnung auf Gott als Macht der Zukunft, die dem Vorhandenen gegenübertritt, gründet, formuliert das Bittgebet im Lichte der eschatologischen Hoffnung auf das Kommen Gottes selbst Hoffnungen und Bitten der Menschen für die Überwindung von konkreten Nöten der Gegenwart. In diesem Sinn wenden sich vor allem in den Bitten des

40 W. Kasper, Einführung in den Glauben (Mainz 1972) 82.
41 Thomas von Aquin, S. Th. II-II q. 17 a. 4.

zweiten Teils des Herrengebetes die täglichen Sorgen und Ängste des Menschen in Hoffnung, nämlich die Sorge um sein irdisches Auskommen, Friede und Versöhnung mit dem Nächsten und schließlich die Versuchung aller Versuchungen, nämlich die große Gefahr, den Glauben und die Hoffnung zu verlieren, in die Gottesferne zu fallen, Gott im Leben nicht mehr wahrnehmen zu können und dadurch in eine absolute Leere zu geraten.

Indem diese Grundanliegen der Menschen im Herrengebet in Bitten formuliert werden, erschließt sich der Weg von den Hoffnungen der Menschen zu jener großen Hoffnung, die Gott selbst ist. Dies ist auch der Weg vom zweiten Teil des Herrengebetes zum ersten Teil. Da nämlich alle menschlichen Ängste letztlich Angst vor dem Verlust der Liebe und dem daraus folgenden Gefängnis der Einsamkeit sind, erweisen sich umgekehrt alle menschlichen Hoffnungen als Hoffnung auf die unendlich große und grenzenlose Liebe Gottes. Deshalb münden alle menschlichen Hoffnungen in die eine große Hoffnung, dass Gottes Name geheiligt werde, dass sein Reich komme, dass sein Wille geschehe wie im Himmel so auf Erden. Das Vater-unser beten heißt deshalb die Hoffnung lernen. Das Herrengebet ist die Schule der Hoffnung und zugleich ihre konkrete Einübung oder, um nochmals Thomas von Aquin zu erwähnen, dessen Traktat über die Hoffnung sich als Auslegung des Herrengebetes darbietet: Indem der Herr uns sein Gebet anvertraute und lehrte, lehrte er uns die Hoffnung.

Diese Sinnrichtung des Gebetes hat die frühe Kirche dadurch zum Ausdruck gebracht, dass sie ihr gemeinsames Gebet nach Osten gerichtet vollzogen hat.[42] Solche Ostung, beziehungsweise Orient-ierung des gemeinsamen Gebetes nach dem Oriens reicht in die allerfrüheste Zeit der Kirche zurück und wird als apostolische Tradition gewertet. Dies gilt vor allem von der Feier der Eucharistie in der frühen Kirche: Nach dem Abschluss des Wortgottesdienstes, der am Sitz des Bischofs stattfand, pilgerten alle gemeinsam mit dem Bischof zum Altar, wobei der Zuruf ertönte: „Conversi ad Dominum“ – „Wendet euch dem Herrn zu!“, was genau bedeutet: blickt gemeinsam nach Osten und betrachtet den endgültigen Sonnenaufgang in der menschlichen Geschichte, der mit Jesus Christus angebrochen ist. Eucharistie ist deshalb zutiefst Aufblicken zu Christus, der in Person das Licht ist, das im

42 Vgl. K. Gamber, Zum Herrn hin! Fragen um das Gebet nach Osten (Düsseldorf 2003); U. M. Lang, Conversi ad Dominum. Zu Geschichte und Theologie der Gebetsrichtung (Einsiedeln 2003); J. Kardinal Ratzinger, Der Geist der Liturgie. Eine Einführung (Freiburg i. Br. 2000), bes. 65–73: Der Altar und die Gebetsrichtung in der Liturgie.

Osten aufgeht und uns entgegenkommt – „ex oriente lux" –, und damit Annahme der Aufforderung des Hebräerbriefes: „Lasst uns auf Jesus blicken, den Urheber und Vollender des Glaubens" (12,2).

Die Ausrichtung des Gebets nach Osten ist freilich nur der äußere und sichtbare Ausdruck der inneren Ausrichtung des Gebetes auf Jesus Christus und sein Paschageheimnis hin, wie sie vor allem in Maria aufleuchtet. Denn sie ist die wahre Vorbeterin des Glaubens in der ganz frühen Kirche: Es war nach der Himmelfahrt Jesu Christi, als sich die Apostel zusammen mit den Frauen, die Jesus nachgefolgt waren, und Maria, der Mutter Jesu, im Abendmahlssaal versammelten und dort einmütig im Gebet um das Kommen des Heiligen Geistes verharrten (Apg 1,12–14). Maria erweist sich hier als Mutter der betenden Kirche.

Dieses zweifellos schönste Bild für die Situation auch der Kirche heute dürfen wir uns immer wieder vergegenwärtigen. Es lädt uns ein, uns immer wieder Zeit zu nehmen für das Gebet oder – wohl besser – uns die Zeit dafür von Gott schenken zu lassen, wie es Maria getan hat mit ihrem großartigen Magnificat. In diesem Loblied erweist sich Maria als eine ungemein stolze Frau, die freilich nicht auf irgendetwas und schon gar nicht auf sich selbst stolz ist, sondern die stolz ist allein auf Gott. Solchen Stolz des Glaubens haben wir auch und gerade heute in der Kirche dringend nötig; und das Gebet kann uns helfen, ihn zurückzugewinnen, und zwar dadurch, dass es der „Heiligung der Zeit"[43] dient und dass es uns hilft, unser ganzes Leben zum Gebet werden zu lassen und damit der Aufforderung des ersten Thessalonicherbriefes zu entsprechen: „Betet ohne Unterlass!" (5,17).

43 M. Kunzler, Die Liturgie der Kirche (Paderborn 1995), bes. 475–542: Die Heiligung der Zeit 1: Liturgia Verbi – Stundengebet und Wortgottesdienst.

Die Liturgie der Kirche als Fest lebendigen Glaubens[1]

Zu Beginn des Vierten Jahrhunderts hat Kaiser Diokletian im Rahmen der Christenverfolgung den Christen unter Androhung der Todesstrafe verboten, die Heilige Schrift zu besitzen und am Sonntag zur Feier der Eucharistie zusammenzukommen. Als in Abitene, einem kleinen Dorf im heutigen Tunesien, eine Gruppe von 49 Christen im Haus des Octavius Felix versammelt waren, um die Eucharistie zu feiern, wurden sie festgenommen und nach Karthago vor den Prokonsul Anulius zum Verhör gebracht. Als er sie befragt hat, warum sie dem klaren und strengen Befehl des Kaisers zuwidergehandelt hätten, haben sie geantwortet: „Sine dominico non possumus". Nach grausamer Folter sind diese 49 Märtyrer von Abitene getötet worden.

1. Liturgisches Fest der Lebensfülle des Dreieinen Gottes

„Sine dominico non possumus": Ohne uns am Sonntag zur Feier der Eucharistie zu versammeln, können wir nicht leben. Mit dieser Antwort haben die Märtyrer von Abitene ihre persönliche Glaubensüberzeugung zum Ausdruck gebracht, dass die Versammlung zum Gottesdienst ganz wesentlich zur christlichen Existenz gehört – gleichsam wie das Brot zum alltäglichen Leben. Wer derart existenziell auf den Gottesdienst der Kirche angewiesen ist, dass er ohne ihn nicht leben kann, gibt damit zu erkennen, wie er sich selbst versteht, nämlich als einen Menschen, der nicht autark um sich selbst kreist, sondern sich als abhängig erfährt und deshalb darum weiß, dass er das Wesentliche seines Lebens nur empfangen und verdanken kann. Wer den Gottesdienst als die Mitte seines christlichen Lebens erkennt, versteht sich als ein verdanktes und deshalb dankbares Lebewesen. Wenn wir das Zeugnis

1 Vortrag am Kardinal-Kasper-Symposion über die Liturgie der Kirche an der Philosophisch-Theologischen Hochschule Vallendar am 5. April 2011, erschienen in: G. Augustin/K. Kardinal Koch (Hg.), Liturgie als Mitte des christlichen Lebens = Theologie im Dialog. Band 7 (Freiburg i. Br. 2012) 27–62.

der Märtyrer von Abitene mit der durchschnittlichen Einstellung der heutigen Christen zur Liturgie, an der sie – zumindest in unseren Breitengraden – völlig frei und ohne jede staatliche Drohung teilnehmen können, kontrastieren, legt es sich nahe, bei der Besinnung auf die Liturgie elementar anzusetzen, zunächst nach ihrem anthropologischen Mutterboden zu fragen und von ihm her ihr Wesen zu verstehen zu versuchen. Dann zeigt sich als erstes, dass das anthropologisch-religionswissenschaftliche Fundament aller Liturgie die Erfahrung des Verdanktseins und der Dankbarkeit ist.

a) Dankbarkeit als anthropologisches Fundament der Liturgie

Die Liturgie schenkt dem Menschen die heilsame Erfahrung, dass er sich sein Leben nicht selbst geben kann. Denn das Einzige, was der Mensch sich selbst geben kann, ist der Tod; dieser aber setzt voraus, dass einem das Leben gegeben ist. Die Liturgie macht bewusst, dass der Mensch sich und sein Leben nicht sich selbst verdankt, sondern dass er sein Leben immer neu als Gabe von Gott her empfängt, so dass er sich als ein dankbares und deshalb nicht nur liturgiefähiges, sondern auch liturgiebedürftiges Lebewesen erfährt. Die Liturgie wird damit zur höchsten Verdichtung dessen, was die letzte und tiefste Bestimmung des Menschen ausmacht, die Kardinal Walter Kasper mit den Worten ausgesprochen hat: „Christlich bestimmtes Menschsein ist Sein im Empfang, Sein im Danken. Der Mensch kann aus sich selbst die Wesenslinien seines Daseins nicht ausziehen. Er ist Hunger und Durst nach dem Unbedingten, Endgültigen und Absoluten.“[2]

Der elementare Zusammenhang von Dankbarkeit und Gotteslob wird vollends bewusst, wenn Christen sich zum Gottesdienst versammeln. Er bringt es an den Tag, dass der Christ und die Christin ihre erste und grundlegende Weise des Tuns im Danken finden. Christliches Leben und Tun überhaupt ist vom menschlichen Urakt der Dankbarkeit so sehr geprägt, dass der Christ auf ursprüngliche Weise im Danken tätig wird. Denn in der Logik des christlichen Glaubens erweist sich der Mensch in erster Linie nicht als „homo faber“ oder als „homo functionalis“, sondern als „homo festivus“; und die christliche Liturgie hat „ihrem Wesen nach den Charakter des Festes“[3]. Von

---

2 W. Kasper, Das theologische Wesen des Menschen, in: Ders. (Hg.), Unser Wissen vom Menschen. Möglichkeiten und Grenzen anthropologischer Erkenntnisse (Düsseldorf 1977) 95–116, zit. 114.

3 J. Cardinal Ratzinger, Zur Frage nach der Struktur der liturgischen Feier, in: Ders., Das Fest des Glaubens. Versuche zur Theologie des Gottesdienstes (Einsiedeln 1981) 46–67, zit. 56.

daher lädt uns die Liturgie ein, zwei Wörter miteinander zu kombinieren, nämlich Glaube und Fest. Denn der Glaube ist in erster Linie nicht dazu da, dass er kritisch hinterfragt oder gar in Zweifel gezogen wird; er ist vielmehr dazu da, dass er gefeiert wird. Der Glaube findet seine erste Artikulation in der Liturgie als Feier des Verdanktseins.

In dieser Perspektive werden die Erfahrungen des Leidens und der Ungerechtigkeit in der Welt keineswegs ausgeblendet; auf dem Hintergrund der positiven Bestimmung der Liturgie von der Dankbarkeit her schmerzen diese Erfahrungen im Gegenteil noch viel mehr. Die christliche Hoffnung, die im Gottesdienst verlebendigt und genährt wird, bedeutet deshalb gerade nicht einen Verrat am irdischen Leben, sondern beflügelt umgekehrt dazu, mit wachen Augen und in der Haltung eines christlichen Realismus das irdische Leben mit allen seinen Schranken und Unvollkommenheiten zu bejahen und anzunehmen.[4] Hier leuchtet denn auch der tiefste Grund auf, dass man das Feiern von Festen und Liturgien am authentischsten von leidenden und armen Menschen lernen kann. Denn sie wissen darum, dass christliche Liturgie immer auch eine Kontrasthaltung gegen die Leidenserfahrungen im persönlichen wie im gesellschaftlichen Leben ermöglicht. Arme und leidende Menschen sparen deshalb in ihren Festen und Liturgien ihre Alltagsmisere keineswegs aus und verdrängen sie auch nicht, sondern sie feiern – *trotzdem*. Es ist von daher auch kein Zufall, dass man schöne Ermutigungen zum Feiern von Festen und Liturgien in bestimmten Theologien der Befreiung finden kann. In diesem Sinn betont beispielsweise der Jesuitentheologe Francisco Taborda mit Recht, die sakramentale, symbolische und liturgische Welt trage in sich den Schmerz, nicht aufgehoben werden zu können: „Gerade weil wir die volle Befreiung noch nicht erreicht haben, *brauchen* wir Sakramente und Symbole, weil sie – den Fakten zum Trotz – die Hoffnung speisen, die Verwirklichung in Aussicht stellen und die endgültige Fülle vorwegnehmen."[5] Von daher legt es sich erst recht nahe, die Liturgie der Kirche vom Festcharakter her theologisch zu vertiefen, indem wir zunächst danach fragen, was ein Fest ist und was ein Fest zu einem Fest macht.

4 Vgl. W. Pannenberg, Die Aufgabe christlicher Eschatologie, in: Zeitschrift für Theologie und Kirche 92 (1995) 71–82.

5 F. Taborda, Sakramente: Praxis und Fest = Bibliothek Theologie der Befreiung (Düsseldorf 1988) 129–130.

b) Festlicher Grund der Dankbarkeit

Das anthropologisch tiefste Wesen des Festes hat zweifellos der deutsche Philosoph Josef Pieper präzis umschrieben, wenn er es als „Zustimmung zur Welt" interpretiert.[6] Damit ist vor allem ein zweifacher Sachverhalt zum Ausdruck gebracht. Das Fest bedeutet erstens immer eine Bejahung und Bestätigung des Daseins. Ein Fest ist immer dann, wenn ich Ja sagen und wenn ich der Welt, dem Sein überhaupt und darin mir selbst zustimmen kann, weil ich dem Grund meiner selbst und dem Grund allen Seins zustimme, nämlich Gott. Da das Fest das Dasein feiert und immer seine Bejahung zum Thema hat, ist eigentlich jedes Fest religiöser Natur, selbst wenn dieser Bezug zu Gott gar nicht bewusst ist, wenn er von vielen anderen alltäglichen Wirklichkeiten überdeckt oder sogar ausgeblendet wird. Der implizite religiöse Bezug eines jeden Festes wird aber im Glauben ausdrücklich gemacht. Im Glauben ist deshalb der Kern dessen gegeben, was die Welt zum Fest machen kann, nämlich das Motiv der Zustimmung. In diesem Motiv dürfte überhaupt das spezifische Erkennungszeichen des *christlichen* Glaubens liegen – im Unterschied beispielsweise zu der in Asien üblichen Methode der Versenkung, die gerade nicht Zustimmung zur Welt, sondern Befreiung von der Welt durch Selbstverzicht intendiert, freilich auch im Unterschied zu unserem modernen Umgang mit der Welt, der oft genug nicht Zustimmung, sondern Widerspruch gegen das Sein im Sinne einer deprimierten Aufgebrachtheit ist. Dem gegenüber ist der christliche Glaube ein positiver und das Dasein bejahender Vollzug. Er ist Zustimmung zur Welt, und zwar von ihrem tiefsten Grund, von Gott her. Der Glaube ist seinem wahren Wesen nach ein Fest. In ihm vollziehen wir Gottes eigene „Zustimmung zur Welt" nach und danken Gott, dass er die ganze Schöpfung will, dass er sie unaufhörlich im Dasein erhält und ihr seine Zustimmung schenkt.

Hinzu kommt ein zweites wesentliches Element. Damit ein Fest gefeiert werden kann, sind personale Beziehungen zwischen Menschen die unabdingbare Voraussetzung. Feste kann man prinzipiell nicht allein feiern. Menschen feiern vielmehr Feste, um sowohl ihr eigenes Dasein als auch das Dasein der Mitmenschen immer wieder neu zu bestätigen oder von anderen Menschen bestätigen zu lassen. Darin besteht der menschlich tiefe Sinn der Feier beispielsweise von Geburtstagen oder von Ehejubiläen. Dieser urmenschliche Sinn des Festes kann im Licht des Glaubens vertieft werden. Wenn das ei-

6 J. Pieper, Zustimmung zur Welt. Eine Theorie des Festes (München 1963).

gentliche Thema des Festes die wechselseitige Daseinszusage ist und wenn das Fest personale Beziehungen voraussetzt, dann ist es in allererster Linie der Dreieine Gott selbst, der seit aller Ewigkeit sein urewiges Fest feiert, nämlich die himmlische Liturgie. Sie ist, mit Michael Kunzler gesprochen, „die Lebensfülle des dreifaltigen Gottes selbst, in der die drei Personen miteinander in vollkommener Weise kommunizieren und zu einer vollendeten Einheit finden“[7]. Wo anders als bei den drei Personen der Dreifaltigkeit könnte die gegenseitige freudige Zusage des Daseins einer Person durch andere Personen intensiver und inniger geschehen? Und wo anders als in der Dreifaltigkeit könnte sich die vollkommene Bestätigung der Gutheit und Schönheit einer Person durch andere Personen vollziehen? Die himmlische Liturgie ist als Vollzug der überbordend lebendigen Liebesbeziehung zwischen den drei Personen der Dreifaltigkeit ein „Spiel vollendeter Liebe“, ja im tiefsten Sinn des Wortes ein „Liebesspiel“[8]. In diesem Liebesgeschehen feiert Gott sich selbst in der gegenseitigen Freude der drei Personen aneinander; und in dieser unendlichen gegenseitigen Daseinszusage der drei Personen zueinander hat auch die göttliche Daseinsbejahung der ganzen Schöpfung ihren Grund und ihren Lebensort.

An dieser himmlischen Liturgie Anteil zu bekommen und sie mitzufeiern, macht das ewige Leben der Erlösten aus. Die Vollendung unseres Lebens und der Welt wird ein ewiges Fest sein. An diesem Fest des Himmels dürfen wir aber bereits im jetzigen Leben Anteil erhalten, nämlich in der irdischen Liturgie der Kirche. Die auf unserer Erde gefeierte Liturgie ist Kommunikation zwischen Gott und seinen Geschöpfen und damit immer auch Teilhabe an der Lebensfülle des Dreieinen Gottes. Wenn sich die himmlische Liturgie in die irdische Liturgie herabsenkt und sich im Beten, Singen und Feiern der irdischen Kirche sichtbar macht, dann ist der Dreieine Gott selbst das wahre Subjekt und der eigentliche Zelebrant der kirchlichen Liturgie.

c) Kosmische Liturgie der Eucharistie

In dieser grundlegenden anthropologischen Bestimmung der Liturgie als Fest des Glaubens eröffnen sich weitere Perspektiven der kirchlichen Liturgie. Zunächst ist deutlich geworden, dass der Glaube nicht nur den Charakter eines

7 M. Kunzler, Leben in Christus. Eine Laienliturgik zur Einführung in die Mysterien des Gottesdienstes (Paderborn 1999) 55.
8 Ebd. 54.

Festes hat, sondern im Kern Eucharistie ist, nämlich Danksagung für das Dasein überhaupt. Stellvertretend für die ganze Menschheit lobt und dankt die Kirche Gott in der Feier der Eucharistie, in die hinein sie auch die ganze Schöpfung nimmt und vor Gott trägt. Alles, was wir von Gott empfangen, bringen wir ihm in der Eucharistie als Opfer des Lobes dar. Alles, was uns von Gott geschenkt ist, geben wir ihm wieder zurück, indem wir ihn lobpreisen. Alles soll, wie wir auch sagen könnten, Danksagung, Eucharistie, werden. Nichts sollen wir empfangen, ohne Gott zu preisen, ohne ihn zu eucharistieren.[9] In der liturgiegeschichtlichen Tatsache, dass das Dankgebet der eucharistia, die ihrerseits die beracha Jesu beim Letzten Abendmahl in sich aufgenommen hat, bereits in der frühen Kirche die „eigentlich prägende Form" der Eucharistie geworden ist[10] und deshalb, worauf Josef Andreas Jungmann hingewiesen hat, bis zur Reformation des 16. Jahrhunderts nie mehr eine Bezeichnung verwendet worden ist, die „Mahl" bedeutet[11], kommt das charakteristisch christliche Grundverständnis der Liturgie zu beredtem Ausdruck. Christen könnten und sollten von der Eucharistie her neu lernen, dass sie dazu berufen sind, als dankbare Menschen zu leben oder noch präziser: als eucharistische Menschen, die sich im Fest der Eucharistie so tief in den Dreieinen Gott hinein verwurzeln, dass sie ihr ganzes Leben Gott verdanken und dass ihr Leben in der dankbaren Rück-Gabe und Antwort auf die lebendige Gabe des Schöpfergottes besteht.

Von der Eucharistie her eröffnet sich zweitens die Erkenntnis, dass Liturgie immer eine kosmische Dimension hat und selbst ein kosmisches Geschehen ist. Entgegen der weitgehenden Reduktion der Liturgie im Allgemeinen wie der Eucharistie im Besonderen auf eine manchmal sehr verengte Gemeindeperspektive und einem daraus folgenden Purismus in der nachkonziliaren Liturgieentwicklung gilt es in neuer Weise wahrzunehmen, dass die Liturgie der Eucharistie den eschatologischen Lobgesang des gesamten Kosmos vorwegnimmt und dass die himmlische Liturgie bereits jetzt in die irdische Liturgie herein ragt und in ihr gegenwärtig ist, so dass sich Himmel und Erde berühren können. Christliche Liturgie ist sehr viel mehr als die Zusam-

---

9 Vgl. L. Lies, Eulogia – Überlegungen zur formalen Sinngestalt der Eucharistie, in: Zeitschrift für katholische Theologie 100 (1978) 69–97; Ders., Eucharistie in ökumenischer Verantwortung (Graz 1996).

10 J. Ratzinger – Benedikt XVI., Jesus von Nazareth. Zweiter Teil: Vom Einzug in Jerusalem bis zur Auferstehung (Freiburg i. Br. 2011) 161.

11 J. A. Jungmann, Messe im Gottesvolk. Ein nachkonziliarer Durchblick durch Missarum Sollemnia (Freiburg i. Br. 1970) 23.

menkunft einer mehr oder weniger großen Gemeinschaft von Menschen; sie wird vielmehr in die Weite des Kosmos hinein gefeiert, sie umgreift Geschichte und Schöpfung zugleich und macht die Mauer zwischen der irdischen und himmlischen Liturgie durchsichtig. Wenn die Eucharistie zudem nicht einfach im historischen Rückblick Wiederholung des Letzten Abendmahls Jesu, sondern im eschatologischen Vorausblick auch und vor allem Vergegenwärtigung der missa coelestis ist, leuchtet von selbst ein, dass sie auch missa mundi ist, nämlich Vorwegnahme der himmlischen Verherrlichung Gottes und der eschatologischen Vollendung der Welt. Von daher dürfte auch einsichtig werden, warum Papst Benedikt XVI. als zentrales Element einer neuen liturgischen Bewegung die Revitalisierung der kosmischen Dimension der Liturgie betrachtet: „Die christliche Liturgie ist ein kosmisches Ereignis – die Schöpfung betet mit, wir beten mit der Schöpfung, und dabei öffnet sich zugleich der Weg auf die neue Schöpfung hin, auf die alle Kreatur wartet."[12]

Die Größe der Liturgie besteht darin, dass Christus die Menschen in das Gebet der Schöpfung hinein nimmt und sie auf den neuen Himmel und die neue Erde hin orientiert. Dazu werden wir in jeder Eucharistiefeier vor der Präfation ausdrücklich eingeladen mit dem Zuruf „Sursum corda". Wir werden damit zunächst auf die urmenschliche Tendenz angesprochen, uns über uns selbst hinaus erheben zu lassen, um unseren Horizont zu weiten und Klarsicht zu gewinnen. Die Erfahrung zeigt freilich, dass sich diese Tendenz in sehr verschiedener Weise äußern kann. Menschen können beispielsweise Erhebung über sich selbst hinaus auch im Rausch aufgrund von Alkohol oder Drogen suchen und finden. Der Rausch, der solche auf das erste Zusehen hin wohltätige Erhebung des Menschen über sich selbst hinaus bewirkt, führt freilich geradewegs ins Vergessen. Insofern ist die im Rausch intendierte Selbstvergessenheit Ausdruck von Selbstverschließung, Weltflucht und Verzweiflung und gerade nicht Ausdruck einer Lebenserhöhung, die das Leben voll und ganz bejaht. Die Liturgie hebt dem gegenüber den Menschen auch über sich selbst hinaus, aber in einer Art und Weise, die das Leben bejaht und dem Leben dient. Denn sie mutet dem Menschen zu, nach oben zu leben und der Höhe fähig sein zu können, und zwar nicht irgendeiner Höhe, sondern der Höhe Gottes selbst. Die eigentliche Höhe des Men-

12 J. Ratzinger, Geleitwort zur koreanischen Ausgabe von „Der Geist der Liturgie", in: R. Voderholzer/Ch. Schaller/F. X. Heibl (Hg.), Mitteilungen Institut-Papst-Benedikt XVI. Band 2 (Regensburg 2009) 53–55, zit. 54.

schen besteht noch nicht im „sum" (ich bin), sondern erst im „sursum" (empor). Der heilige Augustinus hat in diesem „sursum" die Mitte des christlichen Glaubens und seine Schwerkraft gesehen, die nicht nach unten, sondern nach oben zieht und des Menschen Herz bei Gott sein lässt.

Darin liegt der tiefste Sinn der Liturgie, die deshalb nichts mit einer zu erbringenden Leistung vor Gott zu tun. Es geht in der Liturgie in erster Linie nicht um einen Gott geschuldeten Kult und schon gar nicht um einen Handel mit Gott, der vom Menschen bestimmte Leistungen fordern würde, um sie dann zu belohnen. Dieses Verständnis hat vor allem im Mittelalter auf dem Hintergrund der damaligen Sünden- und Gerichtsangst eine maßgebliche Rolle gespielt. Tiefer gesehen ist der Gottesdienst zunächst „Feier des Glaubens, in der Gott als Schöpfer und Erlöser absichtslos – also ohne Hintergedanken an einen bestimmten Nutzen – gelobt wird"[13]. Die Liturgie findet ihre wahre Zielbestimmung in der Anbetung Gottes und verweist damit auf den zentralen Stellenwert, den sie im Leben der Kirche einnimmt und einnehmen muss.

d) Feier der epikletischen Gegenwart des Auferstandenen

Der Primat der Liturgie im Leben der Kirche leuchtet freilich nur ein, wenn wir Liturgie strikt Theo-logisch und damit von jener Grundunterscheidung zwischen exemplum und sacramentum her verstehen, die bereits Augustinus als zentrales theologisches Kriterium zum Tragen gebracht hat und die in der heutigen pastoralen Situation ganz neue Aktualität gewinnt. Welchen Stellenwert man der Liturgie in der Ökonomie des Christlichen einräumt, hängt präzis davon ab, welcher der beiden Grundkategorien, die man zwar nicht trennen kann, aber unterscheiden muss, man den Vorrang gibt.[14]

Wird in Jesus allein ein exemplum für das eigene Handeln und ein Modell der christlichen Lebenspraxis gesehen, dann gilt Jesus vor allem als ethisch bewegendes Vorbild und als movens der eigenen Nachfolge. Man wird deshalb bestrebt sein, das Jesusbekenntnis sofort in die eigene diakonale Praxis zu übersetzen, ohne diese aus dem christologisch-soteriologischen „Nadelöhr" des christlichen Gottesdienstes allererst hervorgehen zu lassen. Bereits

13 K. Richter, Liturgiereform als Mitte einer Erneuerung der Kirche, in: Ders. (Hg.), Das Konzil war erst der Anfang. Die Bedeutung des II. Vatikanums für Theologie und Kirche (Mainz 1991) 53–74, zit. 61.

14 Vgl. J. Ratzinger – Benedikt XVI., Jesus von Nazareth. Zweiter Teil (Freiburg i. Br. 2011), bes. 78–82: Sacramentum und exemplum – Gabe und Auftrag.

der Reformator Martin Luther hat aber mit aller Schärfe betont, dass eine solche Sicht des Christlichen keinen Menschen zu einem Christen mache. Sie mache vielmehr „auss Christo eynen Moysen“. Jesus werde dann als neuer Moses und als ein neuer Gesetzgeber gesehen oder gar, wie Luther sich ausdrückte, als ein „Tyrann“[15]. Denselben Zwischenruf erhebt heute auch der evangelische Theologe Eberhard Jüngel: „Eine nur die Beispielhaftigkeit Jesu herausstellende Christologie reduziert … die Bedeutung Jesu Christi auf die Rolle eines Heiligen, der sein Leben zwar auch zu opfern vermag, aber mit dem eigenen Lebensopfer nur zu appellieren, das Leben der Menschheit jedoch nicht effektiv zu ändern vermag. Effektiv wird das Leben der Menschheit nur dadurch verändert, dass sich das Verhältnis der Menschheit zu Gott ändert.“[16]

Dass das Verhältnis der Menschheit zu Gott verändert werden kann und wirksam verändert worden ist, eben dies bekennt der christliche Glaube vom Christusereignis. Wird deshalb das erzchristliche Verständnis Jesu Christi als sacramentum salutis, als Sakrament des Heils für die Menschen und die ganze Schöpfung dahingehend ernstgenommen, dass Jesu Christi Leben und Leiden, Sterben und Auferstehen nicht nur als ethisch verpflichtendes Vorbild zu gelten haben, sondern primär als ein den Tod des Sünders wirksam überwinden könnendes und tatsächlich überwindendes Ereignis, dann muss von selbst dem christlichen Gottesdienst ein fundamentaler Stellenwert im christlichen Leben eingeräumt werden. Während eine bloß die exemplarische Bedeutung Jesu betonende Jesulogie auf die typisch moderne Frage „Was sollen wir *tun*?“ antworten wird: in die Nachfolge Jesu treten und Diakonie tun, bringt dem gegenüber erst die die sakramentale Heilswirklichkeit Jesu Christi erkennende, anerkennende und bekennende kirchliche Christologie den Mut zu der – das Selbstverständnis des neuzeitlichen Menschen freilich kontrastierenden – Antwort auf: Christen und Christinnen sollen zunächst überhaupt nichts tun; sie sollen vielmehr *feiern*. Denn das allererste „Tun“ der Christen und Christinnen ist das Nichtstun des Feierns. Sie haben vor Gott zunächst überhaupt nichts zu tun außer dem einen: Gott, dem Schöpfer, Erhalter, Erlöser und Vollender des Lebens der Menschen und der ganzen Schöpfung zu danken und ihn zu loben.

---

15 M. Luther, Kirchenpostille 1522, in: WA 10, I, 10,20.

16 E. Jüngel, Das Opfer Jesu Christi als sacramentum et exemplum. Was bedeutet das Opfer Jesu Christi für den Beitrag der Kirchen zur Lebensbewältigung und Lebensgestaltung? in: Ders., Wertlose Wahrheit. Zur Identität und Relevanz des christlichen Glaubens. Theologische Erörterungen III (München 1990) 261–282, zit. 267.

In diesem elementaren Sinn ist die Liturgie der erste und grundlegende Akt des christlichen Lebens überhaupt. Christliche Liturgie ist zutiefst die Feier der Gegenwart des Auferstandenen. Paulus hat das Herrenmahl als „kyriakon deipnon" (1 Kor 11,20) bezeichnet, nämlich als ein Mahl, das zum Herrn gehört und von ihm ausgeht. Dahinter steht die Überzeugung, dass die christliche Gemeinde ihren Herrn bei ihrer liturgischen Feier als gegenwärtig erfährt, und zwar als den Auferweckten und in der Gestalt seines Geistes Gegenwärtigen.[17] Mit diesem Glauben steht oder fällt die Liturgie und vor allem die Feier der Eucharistie. Deshalb ist in ihr stets die Epiklese im Mittelpunkt und hat die Liturgie überhaupt epikletischen Charakter. Dies gilt in besonderer Weise von der Eucharistie, die als ganze Epiklese ist, nämlich das demütige wie wirkmächtige Gebet um das Kommen des Heiligen Geistes. Eucharistie und Epiklese sind geradezu miteinander identisch und machen zusammen die Grundgestalt der eucharistischen Feier aus.[18] Ohne diesen Glauben an den in seinem Geist gegenwärtigen Auferstandenen wäre die Liturgie nichts anderes als Totenkult und damit ein weiterer Ausdruck unserer Trauer über die Allgegenwart und Allmacht des Todes in der heutigen Welt.

Dass dieser Glaube heute teilweise selbst in der Kirche nicht mehr geteilt wird, kann man am deutlichsten daran ablesen, dass im Bewusstsein von nicht wenigen Christen von der Eucharistie nur noch die Agape, die Mahlgemeinschaft der konkreten Gemeinde bleibt. Die sich darin anzeigende Krise der Liturgie hängt folglich zutiefst mit der Krise des Christusglaubens selbst in der gegenwärtigen Kirche zusammen. Der Heidelberger evangelische Liturgiker Frieder Schulz hat mit Recht darauf hingewiesen, dass die heutigen Tendenzen zur „Entchristologisierung" der liturgischen Gebetssprache auch die „Entsakramentalisierung" der Liturgie nach sich ziehen.[19] Und ebenso mit Recht hat Papst Benedikt XVI. immer wieder darauf hingewiesen, dass die heutige Kirchenkrise ihren tiefsten Grund in einer Krise der Liturgie hat und dass die notwendige Erneuerung der Kirche mit der Erneuerung der Liturgie beginnen muss, wie er dies seit Beginn seiner akademischen Tätigkeit bereits in den fünfziger Jahren auf den Punkt gebracht hat: „Die Existenz

17 Vgl. H.-J. Klauck, Präsenz im Herrenmahl. 1Kor 11,23–26 im Kontext hellenistischer Religionsgeschichte, in: Ders., Gemeinde, Amt, Sakrament. Neutestamentliche Perspektiven (Würzburg 1989) 313–330.

18 Vgl. J. Betz, Die Eucharistie in der Zeit der griechischen Väter. Band I/1 (Freiburg i. Br. 1955) 319.

19 F. Schulz, Entchristologisierung der gottesdienstlichen Gebete? Beobachtungen an neuen evangelischen Gottesdienstbüchern, in: Liturgisches Jahrbuch 50 (2000) 195–204.

der Kirche als Kirche steht auf dem Kult, der in der Liturgie seine konkrete Gestaltung erfährt."[20]

e) Katabatischer Dienst Gottes und anabatischer Gottesdienst

Das alarmierende Phänomen einer Entchristologisierung der Liturgie bringt es an den Tag, dass die Liturgiekonstitution des Zweiten Vatikanischen Konzils „Sacrosanctum concilium" bis heute nicht wirklich rezipiert worden ist. Es kann zwar kein Zweifel darüber bestehen, dass die nachkonziliare Liturgiereform viele gute Früchte gebracht hat, weshalb man sie mit Recht als die „sichtbarste Frucht des Konzils"[21] und als das „dauerhafteste Werk des Konzils"[22] gewürdigt hat. Dies gilt freilich mehr von den Anweisungen der Liturgiekonstitution zur Erneuerung der liturgischen Riten und der nach dem Konzil durchgeführten Reform als vom theologischen Ansatz der Liturgiekonstitution selbst. Dieser geht dezidiert davon aus, dass sich in der Liturgie die Begegnung mit dem Christusmysterium ereignet, insofern sich „in der Liturgie, besonders im heiligen Opfer der Eucharistie" das „Werk der Erlösung" vollzieht.

Diese grundlegende Definition macht deutlich, dass in der Liturgie nicht einfach ein Geschehen in der Vergangenheit erinnert wird, sondern gerade dadurch, dass es erinnert wird, auch gegenwärtig wird. Dieses theologische Verständnis von Erinnern ist freilich grundlegend verschieden von unserem heutigen Begriff. Wenn wir uns an etwas erinnern, ist und bleibt es für uns vergangen; gegenwärtig zu werden vermag es nur durch unsere subjektive Erinnerungsleistung. In der Liturgie hingegen wird durch das Erinnern im biblischen Sinn Vergangenheit Gegenwart, wird Vergangenes vergegenwärtigt. Von diesem Verständnis ist bereits die jüdische Liturgie geleitet, die der Judaist Clemens Thoma als „Preisung wegen der geschehenen Erlösung, als Vertrauen auf die sich jetzt realisierende Erlösung und als Hoffnung auf die kommende Erlösung" beschreibt, so dass sie als die zur avôda, zum Gottesdienst „geformte Offenbarung Gottes an das Volk Israel" zu verstehen

20 J. Ratzinger, Kirche und Liturgie (1958), in: R. Voderholzer/Ch. Schaller/F.-X. Heibl (Hg.), Mitteilungen des Institut-Papst-Benedikt XVI. Band 1 (Regensburg 2008) 11–27, zit. 19.

21 H. Hoping, „Die sichtbarste Frucht des Konzils". Anspruch und Wirklichkeit der erneuerten Liturgie, in: G. Wassiloswky (Hg.), Zweites Vaticanum – vergessene Anstöße, gegenwärtige Fortschreibungen (Freiburg i. Br. 2004) 90–115.

22 O. H. Pesch, Das Zweite Vatikanische Konzil. Vorgeschichte – Verlauf – Ergebnisse – Nachgeschichte (Würzburg 1993) 130.

ist[23]. So heißt es beispielsweise in der Pascha-Haggada: „Jeder, der jetzt mitfeiert, betrachte sich als einer, der jetzt aus Ägypten auszieht." Beim feierlichen Seder-Mahl ziehen die Juden selbst mit aus Ägypten aus. Bei den sefardischen Juden gibt es sogar den schönen Ritus, dass der Hausvater aufsteht, das ungesäuerte Brot nimmt, es in ein Tuch wickelt, es über seine Schultern schlägt und am Platz zu gehen beginnt. So macht der Hausvater anschaulich, dass sie jetzt aus Ägypten ausziehen wie ihre Väter und dass sie nicht nur in der Erinnerung befreit worden sind, sondern jetzt befreit werden.

In der gleichen Weise wird auch christliche Liturgie gefeiert. Dies wird besonders deutlich in der Messe vom Letzten Abendmahl am Hohen Donnerstag, bei der im eucharistischen Hochgebet bewusst eine kleine Notiz eingeschoben ist: „In der Nacht, da er verraten wurde – das ist heute –, nahm er das Brot und sagte Dank." Dieses „heute" zeichnet christliche Liturgie aus.[24] So singen wir beispielsweise an Weihnachten in der Magnifikat-Antiphon: „Hodie Christus natus est" – „Heute ist Christus geboren." Oder in der Magnifikat-Antiphon an Pfingsten heisst es: „Heute erschien der Heilige Geist im Zeichen des Feuers." All dies steht im Hintergrund, wenn der eucharistische Einsetzungsbericht mit dem kleinen Satz endet: „Tut dies zu meinem Gedächtnis." Jedes Mal, wenn Christen Eucharistie feiern, sind sie gleichsam im Jerusalemer Abendmahlssaal dabei, in dem Jesus vor seinem Leiden mit seinen Jüngern das Abschiedsmahl hielt, uns als Testament das Geschenk der Eucharistie hinterließ und uns so seine bleibende Gegenwart in den Zeichen von Brot und Wein schenkte. Sie sind aber auch beim Kreuz Jesu dabei, an dem er real vollzog, was er beim Letzten Abendmahl vorweg genommen hat. Zur Grundstruktur christlicher Liturgie gehört deshalb konstitutiv die Memoria des Erlösungswerkes im Sinne vergegenwärtigter Vergangenheit[25].

Das „Werk der Erlösung" findet in der Sicht der Liturgiekonstitution seinen Kulminationspunkt im Pascha-Mysterium. Das Pascha Jesu in der Untrennbarkeit von Kreuz und Auferstehung steht deshalb in der Mitte christlicher Liturgie und macht so sehr ihr eigentliches Wesen aus, dass sie damit steht oder fällt. In dieser paschalogischen Zentrierung ist christlicher Gottes-

23 C. Thoma, Erlösung in jüdischer Optik, in: E. Christen und W. Kirchschläger (Hg.), Erlöst durch Jesus Christus. Soteriologie im Kontext = Theologische Berichte XXIII (Freiburg/Schweiz 2000), 13–29, zit. 17.

24 Vgl. G. Greshake, „Und das ist heute". Meditationen zu den Kar- und Ostertagen (Freiburg i. Br. 2007).

25 Vgl. W. Kasper, Gottesdienst nach katholischem Verständnis, in: Ders., Gesammelte Schriften. Band 10: Die Liturgie der Kirche (Freiburg i. Br. 2010) 130–143, bes. 133–136.

dienst zunächst zu verstehen – im Sinne eines genetivus *subjectivus* – als *katabatischer* Dienst Gottes am Leben der Menschen und seinem Gelingen. Er ist zunächst „seine" Liturgie an uns und sein Werk für uns Menschen, die er liebt, für die er seinen eigenen Sohn dahingegeben hat und die er zum ewigen Leben in der Gemeinschaft des Himmels führen will. Gottesdienst ist zunächst der Dienst Gottes an uns oder, mit Bischof Egon Kapellari gesprochen, „Abglanz des schönen Glanzes Gottes, der – wie ein Psalm sagt – von Sion ausgeht: auch von der Kirche als dem neuen Sion"[26]. Christliche Liturgie kann deshalb nur dann zur Begegnung mit Gott führen, wenn die Initiative dazu von ihm ausgeht: Christus, und in und durch und mit ihm der Dreinige Gott, begegnet in der Liturgie seiner Gemeinde, er selbst spricht zu ihr in der Lesung der Heiligen Schrift, er selbst gibt sich ihr hin in der Eucharistie als Speise und Trank zum ewigen Leben, und er selbst schenkt Stärkung und Heil in den Sakramenten, wie dies in Artikel 7 der Liturgiekonstitution schön zum Ausdruck kommt.

Erst auf dieses Tun Gottes hin können wir Christen überhaupt dem antworten, der sich zuerst an uns wendet. Weil wir Menschen von uns aus weder zu Gott gelangen noch zu ihm beten noch ihm etwas aufopfern können, ist Gottesdienst wirklich zuerst der Dienst Gottes an uns. Erst von daher und erst in dieser abgeleiteten Weise ist der Gottesdienst – im Sinne eines genetivus *objectivus* – auch der *anabatische* Dankbarkeitsdienst der Kirche Gott gegenüber. Christliche Liturgie ist in ihrem wahren Wesen Eucharistie, Danksagung für das Sein überhaupt. Die Eucharistie ist folglich im katholischen Verständnis die „Kurzformel für die Idee der logike latreia" und die „angemessene Bezeichnung für die christliche Liturgie" überhaupt[27].

Von daher versteht es sich auch von selbst, dass christliche Liturgie ihren tiefsten Sinn in der Verherrlichung und Anbetung des dreifaltigen Gottes und deshalb in der Heiligung des Menschen findet. Diese grundlegende Dimension der Liturgie gilt es wiederzuentdecken, zumal in der nachkonziliaren Zeit der Aspekt der Anbetung weitgehend von demjenigen der Partizipation absorbiert worden ist[28]; der italienische Theologe Nicola Bux spricht sogar

26 E. Kapellari, Sacrosanctum concilium und die Praxis heutiger Liturgie, in: Sekretariat der Österreichischen Bischofskonferenz (Hg.), 150 Jahre Österreichische Bischofskonferenz 1849–1999 (Wien 1999) 120–128, zit. 125.

27 J. Kardinal Ratzinger, Der Geist der Liturgie. Eine Einführung (Freiburg i. Br. 2000) 42.

28 Vgl. M. Aillet, Un évènement liturgique ou le sens d'un Motu Proprio (Perpignan 2007), bes. 91–108: La participation à la liturgie comme exercice du Sensus fidei et du Sensus ecclesiae.

von einer „scissione tra partecipazione e devotione“[29]. Eng damit zusammen hängt, dass der Mahlcharakter der Eucharistie und die eucharistische Anbetung als Gegensätze betrachtet und mit dem oberflächlichen Argument begründet worden sind, das Brot sei zum Essen und nicht zum Anbeten da. Dass es sich dabei jedoch um eine schiefe Alternative handelt, hat bereits Augustinus mit seiner tiefen Aussage erkannt, dass niemand „von diesem Fleisch“ essen soll, „wenn er nicht zuvor angebetet hat“: „Nemo autem illam carnem manducat, nisi prius adoravit.“[30] In der Gegenwart darf man allerdings dankbar feststellen, dass die Praxis der eucharistischen Anbetung wieder im Kommen ist. Mit der Wiederentdeckung der Dimension der Anbetung ist freilich mehr gemeint als die Praxis der eucharistischen Anbetung außerhalb der Eucharistiefeier. Es geht vielmehr elementar um das erneuerte Erkennen, dass die Eucharistie selbst der höchste Anbetungsakt der Kirche ist, dass christliche Liturgie nur im Klima der Anbetung ihre Größe und Kraft wiedergewinnen kann und dass tiefes und wahres Empfangen in der Eucharistie nur im Anbeten reifen kann.

f) Liturgische Kommunikation zwischen Gott und Mensch

Das innerste Wesen christlicher Liturgie lässt sich von daher in heilsgeschichtlicher Sicht vertiefen als lebendige Kommunikation zwischen Gott und dem Menschen. Dieser heilsgeschichtliche Dialog vollzieht sich genauer zwischen der gnädigen Zuwendung Gottes zu uns Menschen und der gläubigen Antwort von uns Menschen an Gott.[31] Dabei versteht es sich von selbst, dass dieser Dialog zu seinem Gelingen drei Schritte braucht:

Im heilsgeschichtlichen Dialog geht erstens alle Initiative von Gott aus, der sich selbst als Schöpfer und Erlöser den Menschen in Liebe und Gnade zuwendet. Diese anrufende *Zuwendung Gottes* zu uns Menschen kommt in der Liturgie als der Feier der Vergegenwärtigung der Lebensfülle des Dreieinen Gottes in besonderer Weise zum Ausdruck einerseits in den Lesungen und im Evangelium. In ihnen ergeht das Wort Gottes als Anruf an die versammelte Gemeinde, und zwar im Sinne des befreienden Zuspruchs wie des verpflich-

29 N. Bux, La riforma di Benedetto XVI. La liturgia tra innovazione e tradizione (Casale Monferrato 2008) 98.

30 Augustinus, Enarrationes in Psalmos 98,9.

31 Vgl. K. Koch, Liturgie als Feier der Kommunikation Gottes mit uns Menschen. Theologische Reflexionen zu aktuellen Herausforderungen des Gottesdienstes, in: Anzeiger für die Seelsorge 109 (2000) 387–396 und 435–444.

tenden Anspruchs. Da das Wort Gottes aufgrund des fundamentalen Glaubensgeheimnisses der Menschwerdung Gottes immer ein sakramentales Wort ist, ereignet sich Gottes Zuwendung zu uns Menschen andererseits in einer besonders verdichteten Weise in den sakramentalen Grundvollzügen der Kirche, in denen das Heilsgeschehen im biblischen Sinn memoriert und damit vergegenwärtigt wird.

Im heilsgeschichtlichen Dialog sind die Menschen zweitens die von Gott Angerufenen und zur *Antwort des Glaubens* Gerufenen, die dadurch der gnädigen Zuwendung Gottes entsprechen, dass sie sich ihrerseits dankend, lobpreisend und anbetend Gott zuwenden. Diese unmittelbar an Gott gerichtete Antwort der versammelten Gemeinde artikuliert sich liturgisch in der Berakha, zuhöchst im Lobpreis des eucharistischen Hochgebetes. Die Feier der Liturgie setzt deshalb unabdingbar Glauben voraus. Ihr eignet Verbindlichkeit, weshalb die wahre „Größe der Liturgie" gerade auf „ihrer Unbeliebigkeit" beruht[32].

Zwischen der Zuwendung Gottes in seinem Wort und Sakrament und der antwortenden Hingabe der Menschen an Gott im Gebet brauchen wir Menschen drittens Zeit und Lebensraum, um die Selbstzuwendung Gottes innerlich wahrnehmen zu können und die Glaubensantwort an Gott vorzubereiten. Dieser notwendigen Zwischenphase der Wahrnehmung des mystischen *Innewerdens* der Heilserfahrung und der Vorbereitung der Glaubensantwort entspricht in der Liturgie einerseits die Stille[33] und andererseits das Singen.[34] Dieses ist der elementarste „Ausdruck der Gläubigen für das Innewerden" und die „Reaktion auf das, was ihnen durch Gottes Zuwendung widerfahren ist"[35]. In der Liturgie der Kirche geht deshalb dem Singen immer der Anruf Gottes voraus, und das Singen führt seinerseits zum Gebet hin.

Versteht und vollzieht man Liturgie als Feier des kommunikativen Heilsdialogs zwischen dem sich dem Menschen zuwendenden Gott und dem sich Gott zuwendenden Menschen, dann steht im Mittelpunkt allen christlichen Gottesdienstes die Gegenwart des lebendigen Gottes und damit das „Aufstrahlen seiner Herrlichkeit, Spürbarwerden des Himmels von Gott her, und

---

32 J. Kardinal Ratzinger, Vom Geist der Liturgie. Eine Einführung (Freiburg i. Br. 2000) 143.

33 Vgl. R. Kardinal Sarah und Nicolas Diat, Kraft der Stille. Gegen eine Diktatur des Lärms (Kisslegg 2017).

34 Vgl. K. Koch, Gott zum Lob – Menschen zur Freude. Für alle, die im Kirchenchor singen (Freiburg i. Br. 1993).

35 Ph. Harnoncourt, Gesang und Musik im Gottesdienst, in: H. Schützeichel (Hg.), Die Messe. Ein kirchenmusikalisches Handbuch (Düsseldorf 1991) 9–25, zit. 16.

zwar mit allen Sinnen, die dem Menschen zur Verfügung stehen“[36]. In diesen Dienst Gottes an uns Menschen werden wir freilich mit einbezogen. Entscheidend wichtig aber bleibt, dass die Liturgie der Kirche in erster Linie Opus Dei, das Werk Gottes für uns Menschen ist und erst von daher zum Opus hominis, zum Werk der Menschen werden kann. Nur mit diesem Primat bleiben wir der Liturgiereform des Zweiten Vatikanischen Konzils treu, die gewünscht hat, dass unsere Liturgie, auch und gerade in der heutigen Zeit, nicht nur „erfahrungsvoll“, sondern vor allem „gottvoll“ gefeiert wird.[37]

2. Liturgie als kirchliches Geschehen

Von daher muss eine Dimension, die in den bisherigen Darlegungen, wenn auch mehr implizit, präsent war, jetzt wenigstens in ihren Grundzügen explizit ins Bewusstsein gehoben werden, dass nämlich christliche Liturgie ein elementar kirchliches Geschehen ist. Dabei legt es sich nahe, nochmals auf das Glaubenszeugnis der Märtyrer von Abitene zurückzukommen. Denn sie haben die sonntägliche Versammlung zur Feier der Eucharistie und das Wesen der Kirche so sehr zusammen gesehen, dass sie miteinander identisch sind: Nicht nur ist christliche Liturgie immer Liturgie der Kirche, sondern auch die Kirche ist in ihrer Herzmitte selbst Liturgie.

a) Liturgie und Kirche

Es lohnt sich, zunächst einen Blick ins Alte Testament zu werfen, um die Feststellung treffen zu können, dass gerade das für das Volk Israel zentrale Heilsgeschehen der Befreiung aus der Sklaverei Ägyptens nicht, jedenfalls nicht in erster Linie, auf die politische Freiheit zielt, sondern auf die Freiheit, den dem Glauben gemäßen Gottesdienst feiern zu können. Mit Kardinal Walter Kasper kann man sagen, es gehe um „Kult- beziehungsweise Religionsfreiheit“[38]. Auf

36 M. Kunzler, Zum Lob Deiner Herrlichkeit. Zwanzig neue Lektionen für Männer und Frauen in liturgischen Laiendiensten (Paderborn 1996) 8.

37 Vgl. J. Kardinal Ratzinger, 40 Jahre Konstitution über die Heilige Liturgie. Rückblick und Vorblick, in: Liturgisches Jahrbuch 53 (2003) 209–221; K. Koch, Liturgie als Zeichendienst am Heiligen. Vierzig Jahre nach der Liturgiekonstitution des II. Vatikanischen Konzils, in: Communio. Internationale katholische Zeitschrift 33 (2004) 73–92.

38 W. Kasper, Aspekte einer Theologie der Liturgie, in: Ders., Gesammelte Schriften. Band 10: Die Liturgie der Kirche (Freiburg i. Br. 2010) 15–83, zit. 27.

die Frage nach dem eigentlichen Ziel der Befreiung Israels aus Ägypten kennt die Heilige Schrift zwei verschiedene Antworten, von denen die eine die am meisten bekannt gewordene ist und besagt: Das Ziel der Befreiung Israels ist das Erreichen des Gelobten Landes, in dem das Volk Gottes endlich auf eigenem Grund und Boden und somit innerhalb von gesicherten Grenzen in Freiheit und Unabhängigkeit leben kann. Der ursprüngliche Befehl Gottes an den Pharao aber hat geheißen: „Lass mein Volk ziehen, damit sie mich in der Wüste verehren können" (Ex 7,16). In allen Verhandlungen zwischen Mose und Aaron auf der einen und dem Pharao auf der anderen Seite wird Gottes Befehl noch viermal wiederholt und zugespitzt: „Wir wollen drei Tagesmärsche weit in die Wüste ziehen und dem Herrn, unserem Gott, Schlachtopfer darbringen, wie er uns gesagt hat" (Ex 8,23). Israel wird also aus Ägypten befreit, damit es Gott in rechter Weise anbeten kann. Selbst das verheißene Land wird gegeben, damit Israel einen Ort der rechten Verehrung des wahren Gottes hat: „Israel zieht aus, nicht um wie ein Volk wie alle anderen zu sein; es zieht aus, um Gott zu dienen. Das Ziel ist der Gottesberg, der noch unbekannte, das Gott dienen."[39]

Auf dem alttestamentlichen Hintergrund kann es nicht erstaunen, dass der Gottesdienst auch in der christlichen Kirche nicht einfach eine einzelne Aktivität neben anderen, sondern ihr zentraler Grundvollzug ist. Diese Überzeugung hat die werdende Kirche bereits mit ihrer Selbstbezeichnung artikuliert. Sie hat sich nicht zufällig im Anschluss an die alttestamentliche kahal und an die jüdische Synagoge als ekklesia verstanden.[40] In der profangriechischen Sprache bezeichnete dieses Wort die Volksversammlung der politischen Gemeinschaft, und in der Glaubenssprache bedeutete es die versammelte israelitische Volksgemeinde. Diese unterscheidet sich von der ersten vornehmlich dadurch, dass in der griechischen Polis die Männer zusammengekommen sind, um wichtige Beschlüsse zu fassen, während das Volk Israel zusammengekommen ist, nicht um selbst zu beschließen, sondern um zu hören, was Gott beschlossen hat, und dazu seine Zustimmung zu geben. In Israel ist deshalb die Sinaiversammlung, bei der Gott seine Gebote dem Volk mitgeteilt hat, zum Urbild und Maßstab aller weiteren Volksversammlungen geworden.

Wenn sich die werdende Kirche als ekklesia bezeichnet hat, hat sie dies in bewusster Aufnahme der alttestamentlichen Tradition getan und damit ihre Glaubensüberzeugung zum Ausdruck gebracht, dass Christus der neue und

39 J. Kardinal Ratzinger, Der Geist der Liturgie. Eine Einführung (Freiburg i. Br. 2000) 14.

40 Vgl. R. Pesch, Gott ist gegenwärtig. Die Versammlung des Volkes Gottes in Synagoge und Kirche (Augsburg 2006).

lebendige Sinai ist und dass alle, die sich um ihn versammeln, die endgültige Sammlung von Gottes Volk bilden. Diesem Verständnis von Kirche entspricht auch eine der ältesten Bezeichnungen für die Eucharistie, nämlich synaxis, was Versammlung und Zusammenkunft des Volkes Gottes bedeutet, wie bereits Paulus, wenn er vom Herrenmahl spricht, zumeist mit den Worten beginnt: „Wenn ihr als Gemeinde zusammenkommt" (1 Kor 11,18). Da das Feiern der Eucharistie wesentlich ein Zusammenkommen und die Kirche Versammlung ist, um den Willen Gottes zu vernehmen, und da die Liturgie der privilegierte Ort ist, um auf das Wort Gottes zu hören, zeigt sich eine gottesdienstliche Konzentration des Kirchenverständnisses in dem Sinne, dass die Kirche in ihrem tiefsten Kern eucharistische Versammlung und Kirche vor allem dort ist, wo Eucharistie gefeiert wird, wie dies Papst Benedikt XVI. bereits in seinem frühen Büchlein über „Christliche Brüderlichkeit" zusammengefasst hat: „Erst durch die Teilnahme an der eucharistischen Kultversammlung wird jemand im eigentlichen Sinn zum Glied der christlichen Brüdergemeinde. Wenn jemand sich nie am Brudermahl der Christen beteiligt, kann er auch nicht zur Bruderschaft als solcher gerechnet werden. Die Brudergemeinde der Christen besteht vielmehr aus denen und nur aus denen, die wenigstens mit einer gewissen Regelmäßigkeit sich als Teilhaber der Eucharistiefeier einfinden."[41]

Die Kirche ist demnach die Gemeinschaft derer, die sich von Christus zur gottesdienstlichen Versammlung und zum Lobe Gottes zusammenrufen lassen, und zwar so sehr, dass Kirche und Liturgie im Letzten identisch sind. Die Liturgie ist der umfassende Ort und die dynamische Mitte der Kirche. Dies gilt in ganz besonderer Weise von der Eucharistie, von der her Kirche immer wieder neu entsteht. Wie man in der Einsetzung der Eucharistie beim Letzten Abendmahl Jesu seinen eigentlich kirchengründenden Akt wahrnehmen muss, so wird die Kirche immer wieder neu von der Eucharistie her. Indem die Kirche den eucharistischen Leib Christi empfängt, wird sie selbst in den Leib Christi verwandelt, wie dieses doppelt-eine Geheimnis des Leibes Christi Augustinus auf die schöne Kurzformel gebracht hat: „Wenn ihr selbst also Leib Christi und seine Glieder seid, dann liegt auf dem eucharistischen Tisch euer eigenes Geheimnis … Ihr sollt sein, was ihr seht, und sollt empfangen, was ihr seid."[42] Leib Christi kann die Kirche nur werden und sein, wenn sie immer wieder Eucharistie feiert und den Leib Christi empfängt.

---

41 J. Ratzinger, Die christliche Brüderlichkeit (München 1960) 99f.
42 Augustinus, Sermo 272.

Die beinahe dramatische Verringerung der Teilnahme am Sonntagsgottesdienst in den vergangenen Jahrzehnten trifft deshalb die Kirche in ihrem Kern viel mehr, als viele bisher vermutet haben. Denn die Teilnahme am gemeindlichen Sonntagsgottesdienst ist ein „überraschend feinfühliger Gradmesser“ für die sonstige Teilnahme am kirchlichen Leben überhaupt.[43] Auch wenn dies heute nicht gerne gehört wird, ist und bleibt es eine Binsenwahrheit des kirchlichen Lebens, und zwar seit den Anfängen der Kirche, die in ihrem innersten Kern Gebets- und Gottesdienstgemeinschaft ist.

Die gottesdienstliche Konzentration des Kirchenverständnisses ist vom Zweiten Vatikanischen Konzil wieder ins Bewusstsein gerufen worden, wenn die Liturgiekonstitution „Sacrosanctum concilium“ die Liturgie als Quelle und Höhepunkt des kirchlichen Lebens bezeichnet, genauer als „Höhepunkt, dem das Tun der Kirche zustrebt“, und zugleich als „Quelle, aus der all ihre Kraft strömt“[44]. Diese gottesdienstliche Konzentration des Kirchenverständnisses muss auch heute bewahrt und bewährt werden, und zwar nicht zuletzt aus ökumenischen Gründen. Wenn beispielsweise die Confessio Augustana als grundlegendes Bekenntnis im Luthertum die Kirche definiert als Versammlung der Glaubenden, in der das Wort Gottes rein gepredigt wird und die Sakramente gemäß dem Evangelium gespendet werden, dann liegt auch hier eine liturgische Deklination des Kirchenverständnisses vor. Da dieses ökumenisch gemeinsame liturgische Kirchenverständnis heute selbst unter Christen seine Glaubensplausibilität weithin verloren hat, muss es von seinem inhaltlichen Grund her vertieft werden. Dieser liegt vor in der konziliaren Definition der Liturgie als „Werk Christi, des Priesters und seines Leibes, der die Kirche ist“[45].

b) Liturgie als Vollzug des Priesteramtes Christi und seines Leibes

Wenn wir dieser grundlegenden Definition etwas nachdenken, dann zeigt sich als erstes, dass es für das konziliare Liturgieverständnis von entscheidender Bedeutung ist, dass der auferweckte und erhöhte Christus das eigentliche Subjekt der Liturgie und der eigentliche Zelebrant ist. Liturgie ist entweder Werk Christi oder sie ist nicht. Dies bedeutet freilich auf der anderen Seite

---

43 K. Kardinal Lehmann, Frei vor Gott. Glauben in öffentlicher Verantwortung (Freiburg i. Br. 2003) 92.

44 Sacrosanctum concilium, Nr. 10.

45 Sacrosanctum concilium, Nr. 7.

nicht, dass Christus das exklusive Subjekt der Liturgie wäre. Der in der Liturgie real und personal gegenwärtige Christus bezieht vielmehr inklusiv die Kirche in sein gottesdienstliches Handeln ein. Die Kirche als ganze, als der sakramentale Leib Christi, ist deshalb Träger und Subjekt des Gottesdienstes. Da nämlich Christus sein Priesteramt im liturgischen Handeln der Kirche wirksam fortdauern lässt, ist die Kirche genauer als „das von Christus abhängige und ganz auf ihn hingeordnete sekundäre Subjekt der liturgischen Gedächtnisfeiern“ zu bezeichnen[46]. Der kirchlich-liturgische Vollzug des Priesteramtes Christi ist die Sendung des ganzen Gottesvolkes, und die Kirche in ihrer Gesamtheit ist Träger des priesterlichen Wirkens Jesu Christi, wie der Katechismus der Katholischen Kirche im Anschluss an die Liturgiekonstitution hervorhebt: „In einer Liturgiefeier ist die ganze Gemeinde ‚Liturge‘, ein jeder gemäß seiner Aufgabe. Das Priestertum der Getauften ist das Priestertum des ganzen Leibes Christi.“[47]

Gleich anschließend fügt der Katechismus hinzu: „Einzelne Gläubige empfangen das Sakrament der Weihe, um Christus als das Haupt des Leibes zu vergegenwärtigen.“ Damit der ganzen Kirche als dem sekundären Subjekt der Liturgie stets deutlich vor Augen bleibt, dass die Liturgie nicht einfach eine kirchliche Veranstaltung ist und dass folglich nicht sie, sondern der auferweckte und erhöhte Christus das primäre Subjekt der liturgischen Feier ist, ist die Kirche auf das geweihte Amt als das tertiäre Subjekt der Liturgie angewiesen. Der Amtsträger ist in der Liturgie nicht nur Repräsentant der Kirche, der er *vor*-steht, sondern er ist auch Repräsentant Christi, der der Gemeinde auch *gegenüber*-steht. Da in dieser Dimension der Priester in der Liturgie allein sagen und tun kann, was er gerade nicht aus Eigenem tun und sagen kann, sondern weil er „in persona Christi“, nämlich aus dem Sakrament heraus verbürgt, redet und handelt, gehört auch und gerade der Priester mit zu den Hauptzeichen des christlichen Gottesdienstes. Der Kern seines Dienstes besteht dabei gerade nicht in der Stellvertretung eines Abwesenden, sondern in der „ikonographischen Funktion, für seine Schwestern und Brüder den unsichtbar gegenwärtigen und hohepriesterlich wirkenden Herrn abzubilden, ihn – sakramental – den Sinnen zugänglich zu machen“[48].

---

46 O. Nussbaum, Die Liturgie als Gedächtnisfeier, in: J. Schreiner (Hg.), Freude am Gottesdienst. Aspekte ursprünglicher Liturgie (Stuttgart 1983) 201–214, zit. 211–212.

47 Katechismus der Katholischen Kirche, Nr. 1188.

48 M. Kunzler, Leben in Christus. Eine Laienliturgik zur Einführung in die Mysterien des Gottesdienstes (Paderborn 1999) 119.

Damit schließt sich der Kreis, insofern der Priester als das tertiäre Subjekt die ganze Kirche als das sekundäre Subjekt wiederum auf Christus als das primäre Subjekt der Liturgie zurückverweist. Die Rede vom primären, sekundären und tertiären Subjekt der Liturgie mag abstrakt und kompliziert klingen. Sie ist aber notwendig, soll das differenzierte und ganzheitliche Liturgieverständnis des Zweiten Vatikanischen Konzils treu bewahrt werden, das Papst Benedikt XVI. in einer früheren Publikation dahingehend zusammengefasst hat: „Weder der Priester für sich noch die Gemeinde für sich ist Träger der Liturgie, sondern der ganze Christus ist es, Haupt und Glieder; der Priester, die Gemeinde, die einzelnen sind es, insoweit sie mit Christus geeint sind und insofern sie ihn in der Gemeinschaft von Haupt und Gliedern darstellen. In jeder liturgischen Feier ist die ganze Kirche, sind Himmel und Erde, Gott und Mensch beteiligt, nicht nur theoretisch, sondern ganz real.“[49]

3. Notwendigkeit einer neuen liturgischen Bewegung

Die konziliare Sicht der Liturgie als Feier der ganzen Kirche ist auch in der Lage, den nach dem Zweiten Vatikanischen Konzil oft ausgesprochenen Gegensatz als haltlos zu beurteilen, vor dem Konzil sei der Priester Träger der Liturgie gewesen, während nach dem Konzil die Gemeinde in den Ehrenrang des Subjektes der liturgischen Feier erhoben worden sei. Diese dualistische Geschichtsbetrachtung von vor- und nachkonziliarer Liturgie unterschlägt vor allem den für die Liturgiekonstitution entscheidenden Primat der Christologie in der Liturgie, von dem her erst auch das Zueinander von Priester und Gemeinde sinnvoll zu verstehen ist. Da Liturgie ohne christologische Mitte nicht mehr christliche Liturgie ist[50], ist im Gang der bisherigen Überlegungen ein kurzer Blick auf die heutige pastorale Praxis der Liturgie unaufschiebbar.

---

49 J. Kardinal Ratzinger, „Im Angesicht der Engel will ich dir singen“. Regensburger Tradition und Liturgiereform, in: Ders., Ein neues Lied für den Herrn. Christusglaube und Liturgie in der Gegenwart (Freiburg i. Br. 1995) 165–186, zit. 173.

50 Vgl. H. Hoping, Gemeinschaft mit Christus. Christologie und Liturgie bei Joseph Ratzinger, in: Communio. Internationale katholische Zeitschrift 35 (2007) 558–572.

a) Reform der Liturgiereform

An erster Stelle zeigt sich die Notwendigkeit einer neuen liturgischen Bewegung oder, wie Papst Benedikt XVI. sie zu nennen pflegt, einer „Reform der Reform“[51]. Versteht man nämlich die geschichtliche Entwicklung der Liturgie als Prozess eines organischen Wachsens und Reifens, kann man die Liturgiereform nach dem Zweiten Vatikanischen Konzil nicht als Schlusspunkt verstehen, den man mit allen Kräften verteidigen muss, wie dies dem Konservativismus vieler Progressisten entspricht. Das Vorhaben einer Reform der Liturgiereform muss deshalb nicht nur gegenüber den „erbitterten Kritikern“ der nachkonziliaren Liturgiereform, die „das Heil nur in der vollkommenen Ablehnung der Reform“ sehen, verwirklicht werden, sondern auch gegenüber den „unerbittlichen Verteidigern“ der Liturgiereform, für die es bereits einen „unerträglichen Sündenfall“ bedeutet, „dass unter bestimmten Bedingungen die Feier der heiligen Eucharistie nach der letzten Ausgabe des Missale – 1962 – wieder zugelassen worden ist“[52].

Die Liturgie der Kirche muss sich auch heute organisch weiter entwickeln können, wie Josef Andreas Jungmann bereits in seinem Kommentar zum Artikel 23 der Liturgiekonstitution festgehalten hat: „Reform der Liturgie kann nicht Revolution sein. Sie muss den wirklichen Sinn und die Grundstruktur der überlieferten Riten zu erfassen versuchen, und sie muss diese, in behutsamer Verwertung schon vorhandener Ansätze, in der Richtung auf die pastoralen Bedürfnisse eines lebendigen Gottesdienstes weiterbilden.“[53] Dass diesbezüglich heute in der Tat Bedarf besteht, kann man bereits daran ablesen, dass ausgerechnet Theologen, die sich in der Liturgischen Bewegung vor dem Konzil engagiert haben oder an der Konzilsarbeit beteiligt gewesen sind, bald nach dem Konzil zu ernsthaften Kritikern von nachkonziliaren liturgischen Entwicklungen geworden sind:

---

51 Die diesbezüglich wichtigsten Texte sind gesammelt in: J. Ratzinger – Benedetto XVI, Davanti al Protagonista. Alle radici della liturgia (Siena 2009). Vgl. dazu C. Crescimanno, La Riforma della Riforma liturgica. Ipotesi per un „nuovo“ rito della messa sulle tracce del pensiero di Joseph Ratzinger (Verona 2009); Ch. Geffroy, Benoît XVI et „la paix liturgique“ (Paris 2008); N. J. Roy/J. E. Rutherford (Eds.), Benedict XVI and the Sacred Liturgy (Dublin 2010).

52 J. Ratzinger, Preface, in: A. Reid, Organic Development oft the Liturgy. The Principles of Liturgical Reform and Their Relation to the Twenthieth-Century Liturgical Movement Prior to the Second Vatican Council (San Francisco 2005) 9–13.

53 J. A. Jungmann, Einleitung und Kommentar zur Konstitution über die Heilige Liturgie, in: Lexikon für Theologie und Kirche. Band 12 (Freiburg i. Br. 1966) 33–34.

Bereits wenige Jahre nach dem Ende des Konzils hat sich der Liturgiewissenschaftler Joseph Pascher zur Warnung verpflichtet gesehen, den so genannten „Geist des Konzils" in der Liturgiekonstitution in Opposition zu den von den Konzilsvätern erarbeiteten und verabschiedeten Texten zu bringen.[54] Louis Bouyer, der Konsultor des Liturgierates gewesen ist und die Liturgiekonstitution als eines der bedeutendsten religiösen Ereignisse im vergangenen Jahrhundert gewürdigt hat, hat in der nachkonziliaren Entwicklung die gefährliche Tendenz wahrgenommen, das der christlichen Liturgie Ureigene dem Alltagsleben der Menschen so sehr anzupassen, dass das gläubige Sensorium für das in der Liturgie gegenwärtige Mysterium Gottes geschwunden sei.[55] Max Thurian, der als evangelischer Theologe Beobachter am Konzil und Berater des Liturgierates gewesen ist, hat bei der erneuerten Liturgie eine problematische Eindimensionalität festgestellt, die vor allem die kontemplative Dimension der Liturgie vermissen lasse.[56] Henri de Lubac, einer der großen Wegbereiter und Kommentatoren des Konzils, hat in seiner bereits Ende der sechziger Jahre vorgenommenen kritischen Analyse von entstellenden Interpretationen des Zweiten Vatikanischen Konzils auch im Blick auf die Liturgiekonstitution geurteilt, sie werde „häufig missverstanden und bisweilen in geradezu sakrilegischer Weise verzerrt"[57]. Und Joseph Kardinal Ratzinger, der als Berater des Kölner Kardinals Joseph Frings und als Peritus am Konzil teilgenommen hat, ist überzeugt, dass die Kirchenkrise, die wir heute erleben, „weitgehend auf dem Zerfall der Liturgie beruht, die mitunter sogar so konzipiert wird, ‚etsi Deus non daretur': dass es in ihr gar nicht mehr darauf ankommt, ob es Gott gibt und ob er uns anredet und erhört"[58]. Denn dort, wo das Programm einer „selbstgemachten Liturgie" gefördert wird, bestehe die große Gefahr, dass die Gemeinde nur noch sich selbst feiere. Kardinal Joseph Ratzinger forderte deshalb eine neue Liturgische Bewegung, die das „eigentliche Erbe des II. Vatikanischen Konzils" zum Leben erweckt[59].

---

54 J. Pascher, Der „Geist des Konzils" in der Liturgiekonstitution des Zweiten Vatikanums, in: H. Fleckenstein u. a. (Hg.), Ortskirche – Weltkirche. Festgabe für Julius Kardinal Döpfner (Würzburg 1973) 357–370.

55 L. Bouyer, Das Handwerk des Theologen. Gespräche mit Georges Daix (Einsiedeln 1980).

56 M. Thurian, La liturgie, contemplation du mystère, in: Notitiae 32 (1996) 690–697.

57 H. de Lubac, Krise zum Heil. Eine Stellungnahme zur nachkonziliaren Traditionsvergessenheit (Paris 1969, Zweite deutsche Ausgabe 2002) 46.

58 J. Kardinal Ratzinger, Aus meinem Leben. Erinnerungen (Stuttgart 1998) 174.

59 Ebd.

Eine neue liturgische Bewegung muss den Mut haben, sowohl die positiven Früchte der nachkonziliaren Liturgieentwicklung wahrzunehmen und zu schützen, als auch deren Schattenseiten zu bedenken und zu korrigieren. Auszugehen ist dabei von der ebenso legitimen wie kritischen Rückfrage, ob in der nachkonziliaren Liturgiereform wirklich in allem die Wünsche der Konzilsväter verwirklicht worden sind oder ob sie nicht doch in verschiedener Hinsicht hinter den Grundnormen der konziliaren Konstitution über die Heilige Liturgie zurück geblieben oder in eigenwilliger Weise über sie hinausgegangen ist. Wie dem Zweiten Vatikanischen Konzil eine Liturgische Bewegung voraus gegangen ist, deren reife Früchte in die Liturgiekonstitution eingebracht werden konnten, so brauchen wir auch heute eine neue liturgische Bewegung mit dem Ziel, das wahre Erbe des Konzils in der heutigen Situation der Kirche neu fruchtbar zu machen. Und wie beim Konzil die in der vorbereitenden Kommission umstrittene Frage, ob es überhaupt nötig sei, den liturgischen Verfügungen des Konzils nicht nur einige allgemeine Grundsätze vorausgehen zu lassen, sondern ihnen auch eine breite theologische Grundlegung zu geben, glücklicherweise in der zweiten Richtung entschieden worden ist, so brauchen wir auch heute vor allem eine solide Befestigung der theologischen Fundamente der christlichen Liturgie. Dazu gehören, wie bereits angetönt worden ist, nicht nur die Revitalisierung des christologischen Primats und der kosmischen Dimension der Liturgie, sondern auch und vor allem die Wiederentdeckung der zentralen Bedeutung des Paschamysteriums in der Feier christlicher Liturgie, über die Kardinal Joseph Ratzinger mit Recht geurteilt hat, dass die meisten Probleme in der konkreten Ausführung der nachkonziliaren Liturgiereform damit zusammenhängen, „dass der Ansatz des Konzils beim Pascha nicht genügend gegenwärtig gehalten wurde": „Man hat sich allzu sehr ans bloß Praktische gehalten und geriet damit in Gefahr, die Mitte aus dem Blick zu verlieren"[60].

b) Gottesdienst in einer neuen Katechumenatssituation

Die Konsolidierung der liturgietheologischen Grundlagen drängt sich zumal auf, wenn man die heutige pastorale Praxis sensibel zur Kenntnis nimmt. Diesbezüglich besteht das Kernproblem darin, dass auf der einen Seite das gehaltvolle Liturgieverständnis des Zweiten Vatikanischen Konzils praktizie-

---

60 J. Kardinal Ratzinger, 40 Jahre Konstitution über die Heilige Liturgie. Rückblick und Vorblick, in: Liturgisches Jahrbuch 53 (2003) 209–221, zit. 213.

rende Glaubende voraussetzt, dass auf der anderen Seite aber heute nicht mehr einfach von dieser Voraussetzung ausgegangen werden kann. Trotzdem verspüren auch heute viele Menschen durchaus gottesdienstliche Bedürfnisse, sie tragen dabei aber sehr unterschiedliche Erwartungen an den Gottesdienst der Kirche heran.[61] Um das damit aufgegebene pastorale Problem kurz zu skizzieren, kann man zumindest fünf verschiedene Erwartungshaltungen unterscheiden: Zu denken ist erstens an die nach wie vor stabile und große Zahl von motiviert praktizierenden Mitgliedern der Kirche, die sich für eine lebendige und glaubwürdig gefeierte Liturgie am Ort ihres kirchlichen Lebens einsetzen. Nicht zu übersehen ist zweitens die nicht zu unterschätzende Zahl von traditional eingestellten Mitgliedern der Kirche, die sich nach wie vor in der so genannten Tridentinischen Messe beheimatet fühlen oder zu ihr wegen einer überbordenden liturgischen Experimentierwilligkeit in Pfarreien und anderen kirchlichen Gemeinschaften Zuflucht nehmen. Daneben gibt es drittens eine große und stets größer werdende Zahl von Kirchenmitgliedern, die ihre Kirchenzugehörigkeit weitgehend passiv leben und vor allem oder nur an den Hochfesten und an den Knotenpunkten ihres Lebens unter Tatbeweis stellen und die deshalb vor allem passagerituelle Erwartungen an den Gottesdienst der Kirche herantragen. Viertens ist an jene Kirchenmitglieder zu denken, die zwar getauft sind, sich aber eigentlich in einem präkatechumenalen Zustand aufhalten und die man am ehrlichsten als getaufte Katechumenen bezeichnet. Nicht zu vergessen ist fünftens die bedrängend große Zahl von Randchristen und Fernstehenden, von Konfessionslosen und Ungetauften in der heutigen säkularisierten Gesellschaft, die dennoch relativ hohe Erwartungen an die gottesdienstlichen „Dienstleistungen" der Kirche haben.

Führt man sich dieses vielfältige Panorama vor Augen, ist es keineswegs leicht, wenn nicht gar unmöglich, den Menschen heute in ihren sehr verschiedenen Lebenssituationen und mit ihren unterschiedlichen Erwartungen mit *einer* Gestalt der kirchlichen Liturgie gerecht werden zu können. Es stellt sich vor allem die Frage, ob man diesen vielfältigen Erwartungen mit den sakramentlichen Vollformen der kirchlichen Liturgie entsprechen kann und darf, oder ob es in der heutigen pastoralen Situation nicht auch gleichsam voreucharistische Gottesdienste für Erwachsene geben müsste. Denn auf der

61 Dies wird beispielsweise in der so genannten Basler Kirchenstudie deutlich ausgewiesen. Vgl. M. Bruhn/A. Grötzinger (Hg.), Kirche und Marktorientierung. Impulse aus der Ökumenischen Basler Kirchenstudie (Freiburg/Schweiz 2000).

einen Seite sind heute viele Menschen mit den sakramentlichen Liturgien der Kirche überfordert; und auf der anderen Seite sind diese der Kirche nicht anheimgegeben, um eine ekklesiale Zugehörigkeit von Menschen vorzutäuschen, die kaum mehr einen Zugang zu den Sakramenten und zur Kirche haben. Es ist deshalb keineswegs hilfreich, sondern abwegig, die sakramentlichen Feiern der Kirche in ihrer Gestaltung derart an die unterschiedlichen Erwartungshaltungen anzupassen, dass sie nachvollzogen werden können. Damit würden die sakramentlichen Feiern um ihren inneren Gehalt und ihre ekklesiale Identität gebracht. Denn sakramentliche Feiern setzen den Glauben und eine klare Zugehörigkeit zur Kirche voraus, wie die Liturgiekonstitution ausdrücklich betont: „Den Glauben setzen sie nicht nur voraus, sondern durch Wort und Ding nähren sie ihn auch, stärken ihn und zeigen ihn an; deshalb heißen sie Sakramente des Glaubens."[62]

Es scheint mir deshalb ein dringendes Gebot der gegenwärtigen pastoralen Stunde zu sein, alternative Feierformen zu entwickeln und präkatechumenale, beziehungsweise katechumenale Feiern und sakramentale Liturgien zu unterscheiden[63], und zwar gemäß dem Grundsatz, dass nicht jede gottesdienstliche Feier bereits kirchliche Liturgie ist.[64] Die Kirche steht heute unübersehbar vor jener Herausforderung, die die Pastoralkommission der Deutschen Bischöfe bereits vor Jahren dahingehend namhaft gemacht hat, das Repertoire an festlichen und liturgischen Segensfeiern so auszuweiten und zu differenzieren, um nicht auf alle religiösen Erwartungen und Bedürfnisse sofort und allein mit einem Sakrament antworten zu müssen.[65] Wenn die Kirche auf der einen Seite versuchen will und soll, den vielfältigen Erwartungen der heutigen Menschen an gottesdienstliche „Dienstleistungen" mit

62 Sacrosanctum concilium, Nr. 59.

63 Vgl. Th. Kopp, Katechumenat und Sakrament – nicht aber Sakramentenspendung an Ungläubige, in: Anzeiger für die Seelsorge 97 (1988) 35–38; L. Pohle, Zwischen Verkündigung und Verrat, in: Geist und Leben 60 (1987) 334–354; W. Schäfer, Christsein lernen von Grund auf: Katechumenale Wege für Getaufte, in: Lebendige Katechese 10 (1988) 110–119; M. Probst/H. Plock/K. Richter (Hg.), Werkbuch: Katechumenat heute (Freiburg i. Br. 1976).

64 Vgl. H. Bauernfeind, Sakramentenpastoral heute – notwendige Quantensprünge im Denken, in: Anzeiger für die Seelsorge 109 (2000) 74–77; K. Schlemmer, Sakramentenzugang zwischen Ausverkauf und Rigorismus. Sakramentenpastoral in einer sich wandelnden Kirche, in: P. Fonk/H. Pree, Theologie und Seelsorge in einer zukunftsfähigen Kirche. 1. Deutsch-Ungarischer Theologentag (Passau 2000) 70–81; K. Schlemmer (Hg.), Auf der Suche nach dem Menschen von heute. Vorüberlegungen für alternative Seelsorge und Feierformen = Andechser Reihe Band 3 (St. Ottilien 1999).

65 Die Deutschen Bischöfe, Pastoralkommission 12, Sakramentenpastoral im Wandel (Bonn 1993).

der Entwicklung von präkatechumenalen und katechumenalen Feierformen zu entsprechen, dann muss sie auf der anderen Seite auch die mutige Entschiedenheit für die sorgfältige Pflege einer kirchlich-liturgischen Eigenkultur aufbringen, deren zentrales Thema die sakramentlichen Feiern der Kirche, allen voran die Eucharistie, sind und bleiben. Von daher legt sich die – freilich modifizierte – Aufnahme und Revitalisierung der altkirchlichen Arkandisziplin nahe, in der die noch Ungetauften zwar am Wortgottesdienst teilgenommen haben, aber vom zweiten Teil des Gottesdienstes ausgeschlossen geblieben sind, in dem das Apostolische Glaubensbekenntnis gesungen und die Eucharistie gefeiert worden ist. Die Kirche kann nur dann in grosser Offenheit und in ebenso weitherzigem Freimut auf die gottesdienstlichen Erwartungen der heutigen Menschen eingehen, ohne einen Ausverkauf der Liturgie zu betreiben, wenn sie zugleich den Mut zur Pflege des Arkanums des Glaubens aufbringt, das ihr mit den sakramentlichen Liturgien anvertraut ist und das die Liturgie der Kirche in erster Linie verstehen und erfahren lässt als Opus Dei, als Werk Gottes für uns Menschen, und erst von daher als Opus hominis, als Werk der Menschen.

c) Dreiklang des kirchlichen Lebens

Damit stellt sich die sehr ernste Frage, ob damit die Liturgie nicht überfordert ist, zumal wenn ihr im kirchlichen Leben der Primat zugesprochen wird. Auch diesbezüglich erweist sich die Liturgiekonstitution als wegweisend. Bereits im ersten Artikel stellt sie die gewünschte Erneuerung der Liturgie in das pastorale Gesamtprogramm des Konzils hinein und gibt als Ziel des Konzils an, „das christliche Leben unter den Gläubigen mehr und mehr zu vertiefen“[66]. Auf diesem Hintergrund bezeichnet sie die Liturgie als „jene heilige Handlung, deren Wirksamkeit kein anderes Tun der Kirche an Rang und Mass erreicht“[67]. Die Konstitution hebt aber ebenso entschieden hervor, dass sich das Tun der Kirche in der Liturgie nicht erschöpft und die Liturgie nicht einfach mit dem ganzen Tun der Kirche gleichgesetzt werden kann. Die Konstitution nennt deshalb bewusst auch die wichtigsten außerliturgischen Tätigkeiten der Kirche wie die Hinführung zum Glauben, die notwendige Betreuung der Glaubenden durch Predigt und Katechese und die vielfältige Arbeit der Seelsorge. Von daher legt es sich abschließend nahe, den konkre-

66 Sacrosanctum concilium, Nr. 1.
67 Sacrosanctum concilium, Nr. 7.

ten Ort der Liturgie in der Gesamtökonomie der Kirche zu bestimmen, die man in drei Grundbewegungen zusammenfassen kann[68]:

Die erste Grundbewegung der Kirche ist das *Empfangen,* genauer das Empfangen des Wortes Gottes. Denn die Botschaft, dass Gott uns Menschen liebt und unbeirrbar verlässlich ist, so dass wir uns auf ihn verlassen und ihm glauben können, kann kein Mensch erdichten oder auch nur sich selbst sagen. Er muss und darf sie sich vielmehr immer wieder neu sagen lassen. Glaubend empfangen Christen das Wort, das Gott uns zuspricht. Dieses Wort aber ist Gott selbst; und deshalb empfangen wir Gott selbst, unverdient aus reiner Gnade. Weil sich Gott uns zuwendet und sich uns schenkt, können wir ihn nur mit leeren Händen empfangen.

Die adäquate Antwort des Christen auf das Empfangen von Gott und seinem Wort kann nur das *Loben* sein; und dies ist die zweite Grundbewegung der Kirche. Denn Glaubende sind Menschen, die zuallererst Zeit haben zum Lobe Gottes und die vor Gott ihre heilige Liturgie feiern. Glaubende sind so voll des dankbaren Lobes, dass sie keine wichtige Gelegenheit vorübergehen lassen können, ohne Loblieder anzustimmen und Gott ihren Applaus darzubringen für sein befreiendes Handeln in der Geschichte der Menschen, in der Gemeinschaft der Kirche und in der ganzen Schöpfung. Gerade in der heutigen Welt, in der die Menschen nicht genug schaffen und raffen können, zeichnen sich Glaubende dadurch aus, dass sie sich den demonstrativen Luxus des Lobes Gottes leisten.

Was glaubende Menschen von Gott empfangen und wofür sie Gott loben, dies können sie unmöglich für sich behalten. Dies treibt sie vielmehr zum *Austeilen* an andere Menschen. Darin besteht die dritte Grundbewegung der Kirche. Glaubende Menschen sind dadurch charakterisiert, dass sie die Botschaft Gottes, die für sie Brot des Lebens ist, weitergeben, vor allem an jene Menschen, die in Nöten und Todesschatten sitzen, damit auch sie zum Leben kommen können.

Empfangen, Loben und Austeilen – oder in der theologischen Fachsprache: Martyria, Leiturgia und Diakonia – sind die drei Grundbewegungen der Kirche, die den stimmigen Dreiklang des kirchlichen Lebens ausmachen und bei dem keiner ausfallen darf, soll die Symphonie nicht gründlich gestört werden. Wie es in der Musik furchtbar zu scheppern beginnt, wenn bei einem Dreiklang einer ausfällt, so entsteht überall dort, wo von den drei

68 Vgl. J. Brandner/P. M. Zulehner, Lebe! Das Anliegen Gottes als Schwerpunkt der Pastoral seiner Kirche (Meitingen 1981).

Grundbewegungen der Kirche eine fehlt, ein kakophonisches und „schepperndes Christentum“. Die Zukunft der Kirche aber wird entscheidend davon abhängen, ob sie den harmonischen Dreiklang von Empfangen, Loben und Austeilen wirklich lebt.

Es ist weder Zufall noch Willkür, wenn bei diesen drei Grundbewegungen die Liturgie in der Mitte verortet ist. Denn christliche Liturgie gibt Antwort auf das, was die Kirche empfängt, und sie kann nicht für sich behalten, was sie feiert. Der Gottesdienst ist deshalb nicht allein ein liturgischer Akt; aus der Liturgie will vielmehr Liebe im Alltag werden. Nur so ist die Liturgie die Mitte der Kirche und das Herz des christlichen Lebens. Von diesem Herz der Kirche geht alles Leben und Wirken aus und strömt wieder zu ihm zurück. Wenn wir Christen dieser durch nichts zu ersetzenden Bedeutung der Liturgie der Kirche als Feier und als Leben in neuer Weise ansichtig werden, dann werden auch wir uns immer mehr die Antwort der Märtyrer von Abitene aneignen können: „Sine dominico non possumus“.

Eucharistie als Liturgie und Leben
Versuch einer mystagogisch-existenziellen Erschließung[1]

1. Lebendige Tradition in der Glaubensgemeinschaft der Kirche

Wort und Wirklichkeit der Tradition stehen im heutigen Zeitempfinden und Glaubensbewusstsein nicht hoch im Kurs. Mit ihr wird sehr schnell Rückblick, Rückwärtsgewandtheit oder gar Rückschritt assoziiert. Der heutige Mensch und Christ will aber auf der Höhe der Zeit sein, in die Zukunft blicken und auf Fortschritt setzen. Er lässt sich deshalb nicht von einem archäologischen Interesse, das er mit der Tradition verbindet, leiten, sondern seine Sehnsucht zielt auf Neuheit und Originalität. In Vergessenheit gerät damit leicht, dass sich Zukunft nur dem eröffnet, der um die eigene Tradition weiß – wie der vorsichtige Autofahrer zunächst in den Rückspiegel schaut, bevor er ein Auto überholt. In der menschlichen Erfahrung fordern und fördern sich Entdeckung der Zukunft und Wahrnehmung der Vergangenheit wechselseitig. Insofern ist Tradition nicht nur eine urmenschliche Wirklichkeit[2], sondern auch und vor allem eine elementare Voraussetzung für das Gelingen des Menschseins, wie A. Rüstow treffend formuliert: „Was den Tieren im Gegensatz zum Menschen in Wahrheit fehlt, das ist, genau genommen, nicht der Geist, sondern Tradition – Tradition als die Möglichkeit, Geisterzeugtes weiterzugeben und so von Generation zu Generation bewahrend zu vermehren und zu bereichern."[3]

Sieht man vom problematischen Geistbegriff in diesem Zitat ab, gilt diese Definition auch und gerade für den christlichen Glauben. Denn den christlichen Glauben kann keine Generation in der Kirche neu er-finden; jede Generation vermag vielmehr nur die im geschichtlichen Christusereignis vorgegebene Wahrheit immer wieder neu zu finden. Insofern ist Tradition im Bereich des Christlichen mit der heilsgeschichtlichen Dimension des Chris-

1 Vortrag am Fachkongress „Christ werden – Christ bleiben. Die Chance des Katechumenats" im Haus am Dom in Frankfurt a. M. am 22. Mai 2009, erschienen in: Rivista Teologica di Lugano 14 (2009) 399–433.

2 Vgl. J. Pieper, Überlieferung. Begriff und Anspruch (München 1970).

3 A. Rüstow, Kulturtradition und Kulturkritik, in: Studium Generale 4 (1951).

tusgeschehens notwendigerweise gegeben. Dabei können freilich in die christliche Tradition auch Traditionen einfließen, die die christliche Tradition nicht erhellen, sondern entstellen. Wie der geschichtliche Jesus Traditionen kritisiert hat, um die eigentliche Tradition zum Vorschein kommen zu lassen, so wohnt auch dem christlichen Glauben von allem Anfang an ein traditionskritisches Element inne, wie es beispielsweise Tertullian dahingehend ausgesprochen hat, Christus habe sich die Wahrheit und nicht die Gewohnheit genannt[4]. Zwischen Tradition und Traditionen zu unterscheiden und insofern sowohl falsche Traditionen wie ebenso falsche Traditionslosigkeit zu überwinden, ist freilich nur möglich, wenn man die Tradition mit den Augen Jesu liest, mit denen der Glaube den Durchbruch auf die Mitte der Tradition hin sieht, so dass die Kirche selbst als Tradition erscheint, nämlich als „konkrete Stätte der traditio Jesu"[5].

Von daher leuchtet auch die wahre Originalität der christlichen Tradition auf. Sie kann letztlich keine andere Originalität kennen und beanspruchen als jene, die sich an der Origo des christlichen Glaubens orientiert. Originell im tiefsten Sinn dieses Wortes ist nur der Ursprung, die Origo des christlichen Glaubens, und damit das Credo der Kirche und nicht die Theologie, die diesen Ursprung auslegt.[6] Unter Tradition ist deshalb nicht einfach eine gleichsam mechanische Weitergabe des ererbten Glaubensgutes im Sinne einer Archivierung des Gewesenen zu verstehen; sie ist vielmehr ein „dynamischer Prozess", in dem das überkommene Gut „zugleich neu ausgelegt und auf die jeweilige Situation der Kirche hin entfaltet" wird[7]. Die lebendige Tradition der Kirche verwirklicht sich dabei am deutlichsten im liturgisch-sakramentalen Leben der Kirche, wie dies bereits Prosper von Aquitanien in die Formel gegossen hat: „Legem credendi lex statuat supplicandi"[8], und wie es später in die bekannte Formel übersetzt worden ist: „Lex orandi – lex credendi", und zwar in dem Sinn, dass die Liturgie der Kirche selbst ein wesentlicher Ort ist, an dem die lebendige Tradition weitergegeben und neu aktualisiert wird.

4 Tertullian, Virg. 1,1.
5 J. Ratzinger, Tradition und Fortschritt, in: A. Paus (Hg.), Freiheit des Menschen (Graz 1974) 9–30, zit. 28.
6 Ähnlich betont E. Jüngel, Anfechtung oder Gewissheit des Glaubens oder wie die Kirche wieder zu ihrer Sache kommt (München 1976) 11, dass Kirche und Theologie „kein anderes Image kennen wollen" sollten als „jene Imago, die ihr in der Gestalt des gekreuzigten Christus vor Augen gemalt und der zu entsprechen ihre Bestimmung ist".
7 J. Ratzinger, Zur Konzilsdiskussion über das Verhältnis von Schrift und Überlieferung, in: F. Buschmann (Hg.), Das Zweite Vatikanum. Dritte Konzilsphase (Gießen 1964) 147–155, zit. 153.
8 Prosper von Aquitanien, Indiculus c. 8.

Damit ist die Mitte dessen erreicht, was Paulus selbst als seine Aufgabe in der Weitergabe des Evangeliums gesehen hat. Sie ist vor allem greifbar in zwei eingeflochtenen Textabschnitten im Ersten Korintherbrief, die bis in die dreissiger Jahre zurückreichen dürften, die Paulus in Jerusalem kennen gelernt hat, die grundlegende Elemente der christlichen Überlieferung enthalten und die sich auf die Auferstehung und die Eucharistie beziehen. Paulus bekennt damit, dass er den neuen christlichen Gemeinden das weitergeben will, was er selbst empfangen hat: „Christus ist für unsere Sünden gestorben, gemäß der Schrift, und ist begraben worden. Er ist am dritten Tag auferweckt worden, gemäß der Schrift, und erschien dem Kephas, dann den Zwölf" (1 Kor 15,3–5). Dieselbe Traditionsformel finden wir wiederum im Abschnitt über die rechte Feier der Eucharistie: „Denn ich habe vom Herrn empfangen, was ich euch dann überliefert habe: Jesus, der Herr nahm in der Nacht, in der er ausgeliefert wurde, Brot, sprach das Dankgebet, brach das Brot und sagte: Tut dies zu meinem Gedächtnis! Ebenso nahm er nach dem Mahl den Kelch und sprach: Dieser Kelch ist der Neue Bund in meinem Blut. Tut dies, sooft ihr daraus trinkt, zu meinem Gedächtnis!" (1 Kor 11,23–25).

Paulus dokumentiert damit unmissverständlich, dass er das Entscheidende des christlichen Glaubens nicht selbst erdacht oder erfunden, sondern dass er es empfangen hat, nämlich die Botschaft von der Auferstehung Jesu und die Feier der Eucharistie, und dass beide Glaubensgeheimnisse unlösbar zusammengehören[9], insofern die Auferstehung Jesu Christi der „Beginn eines Präsens" ist, „das nicht mehr endet", und die Eucharistie das „Präsens des Auferstandenen, der in den Zeichen der Hingabe immerfort sich selber gibt und so unser Leben ist"[10]. Zugleich macht Paulus damit deutlich, dass christlicher Glaube weder Mythologie noch eine schöngeistige Idee ist, sondern Begegnung mit einer Person, Begegnung mit dem auferstandenen Christus im Leben der Glaubensgemeinschaft der Kirche.

9 Vgl. K. Koch, Österliche Eucharistiegemeinschaft am Sonntag. Theologische Perspektiven zum erzchristlichen Zusammenhang von Ostern, Sonntag und Eucharistie, in: Communio. Internationale katholische Zeitschrift 30 (2001) 319–338.

10 J. Kardinal Ratzinger, Auferstehung als Grundlegung christlicher Liturgie – Von der Bedeutung des Sonntags für Beten und Leben des Christen, in: Ders., Ein neues Lied für den Herrn. Christusglaube und Liturgie in der Gegenwart (Freiburg i. Br. 1995) 83–104, zit. 89.

2. Mystagogie als Initiation in das Geheimnis des Glaubens

Von daher erschließt sich, was im christlichen Glauben Mystagogie bedeutet. Sie kann nicht einfach äußerliche Indoktrination von Glaubenslehren sein, wiewohl zum Christwerden auch die intellektuelle Kenntnis der Grundwahrheiten des Glaubens gehört. Auf der anderen Seite aber impliziert die neue Erkenntnis, die der christliche Glaube bietet, auch ein neues und erneuertes Leben mit jener Wirklichkeit, die im Glauben erkannt wird, und einen neuen Lebenszusammenhang, in dem das Christwerden erlernt werden kann. Christliche Mystagogie ist wesentlich Initiation in das Leben mit dem lebendigen Gott, der in seinem Sohn Jesus Christus sein wahres Gesicht gezeigt hat, und deshalb auch Initiation in die Glaubensgemeinschaft derjenigen, die an diesen Gott glauben.

Dies bedeutet, dass christliche Mystagogie die Form des Katechumenats annehmen muss. Dieser war in der alten Kirche jene Institution, in der die Taufbewerber die Ernsthaftigkeit der mit ihrer Taufe verbundenen Umkehr an den Tag zu legen hatten. Sie waren verpflichtet, an einem dreijährigen Taufunterricht teilzunehmen, der mit der eigentlichen Initiation in die Kirche anlässlich der Taufe und der anschließenden Chrisamsalbung und mit der ersten Teilnahme an der Eucharistie abgeschlossen wurde, die deshalb auch als Taufkommunion bezeichnet wurde.[11] Das Ziel dieses dreijährigen Katechumenats bestand darin, nicht nur sorgfältig in das jüdisch-christliche Glaubenswissen, sondern auch in die christliche Lebensform des Glaubens einzuführen. Die frühe Kirche hat dabei den Prozess der Zuwendung eines Menschen zum Glauben durchaus auch als einen intellektuellen Weg angesehen, auf dem der Taufbewerber mit der Wahrheit des Glaubens und mit seinen rationalen Argumenten konfrontiert wird. In diesen Prozess war aber auch die Einübung in eine neue Lebensgemeinschaft eingeschlossen, in der die neuen Erfahrungen des Glaubens und die Öffnung des Herzens für die Gegenwart des lebendigen Gottes in der Glaubensgemeinschaft der Kirche ermöglicht werden sollten.

Da der Weg der intellektuellen Erkenntnis zu Christus und dem in ihm offenbaren Gott immer auch ein existenzieller Lebensweg sein muss oder, biblisch gesprochen, da die Erkenntnis Christi nur auf dem Weg der Nachfolge möglich wird, brauchen wir gerade in der heutigen pastoralen Situation neue

11 Vgl. B. Kleinheyer, Sakramentliche Feiern I. Die Feiern der Eingliederung in die Kirche = Gottesdienst der Kirche. Handbuch der Liturgiewissenschaft. Teil 7,1 (Regensburg 1989).

Formen des Katechumenats, mit denen Menschen in den Glauben und in die Weggemeinschaft des Glaubens initiiert werden.[12] In der heutigen Zeit stellt deshalb „die Erneuerung des Katechumenats inzwischen auch für die historischen Kirchen eine Lebens- und Überlebensnotwendigkeit" dar, wie Kardinal Walter Kasper mit Recht eindringlich betont hat[13]. Da nämlich die Selbstverständlichkeit der traditionellen Form eines „vererbten" Christentums brüchig geworden ist und wir uns auch in den westlichen Gesellschaften den Herausforderungen einer missionarischen Situation nicht mehr verschließen können und dürfen[14], liegt in der Wiederentdeckung des Katechumenats eine pastorale Herausforderung und Chance vor uns, der wir uns stellen sollten.[15] Die mit ihr gegebene pastorale Priorität der Evangelisierung darf aber, wie bereits im altkirchlichen Katechumenat, nicht allein intellektuelle Mitteilung sein, sie muss vielmehr mystagogische Hinführung zum Glauben und seiner liturgischen Feier sein und damit zu einem Lebensprozess werden, in dem vor allem auf den Zusammenhang von Denken und Leben, von Intellekt und Herz geachtet werden muss.

Damit stehen wir vor der Hauptthematik dieses Artikels; der lange Anmarschweg war aber notwendig, um sowohl Chance als auch Grenze der eucharistischen Mystagogie umreißen zu können. Ihr kommt die Aufgabe zu, in den Sinn der liturgischen Riten und Zeichen einzuführen, sie im Licht der Heilsereignisse zu deuten und in ihrer Bedeutung für das christliche Leben aufzuschließen, weshalb die beste Mystagogie die gut zelebrierte Eucharistie, die würdige ars celebrandi ist[16]. Aus der großen mystagogischen Tradition der Kirche ist folglich vor allem hervorzuheben, dass eucharistische Mystagogie immer existenzielle Mystagogie sein muss, die auch ganz realistisch auf die Tiefendimensionen des Menschen bezogen ist und die ihn dahin führen

12 Vgl. K. Koch, Initiation in die Kirche. Eine pastorale Herausforderung der Kirche heute im Licht der Tradition, in: R. Scolarick (Hg.), Damit sie das Leben haben (Joh 10,10). Festschrift für Walter Kirchschläger zum 60. Geburtstag (Zürich 2007) 131–146.

13 W. Kardinal Kasper, Ekklesiologische und ökumenische Implikationen der Taufe, in: A. Raffelt (Hg.), Weg und Weite. Festschrift für Karl Lehmann (Freiburg i. Br. 2001) 581–599, zit. 585. Vgl. zum Ganzen W. Kasper/A. Biesinger/A. Kothgasser (Hg.), Weil Sakramente Zukunft haben. Neue Wege der Initiation in Gemeinden (Mainz 2008).

14 Vgl. Die Deutschen Bischöfe, „Zeit zur Aussaat". Missionarisch Kirche sein (Bonn 2000).

15 Vgl. Sekretariat der Deutschen Bischofskonferenz (Hg.), Erwachsenentaufe als pastorale Chance. Impulse zur Gestaltung des Katechumenats = Arbeitshilfen 160 (Bonn 2001). Vgl. auch M. Ball/E. Werner (Hg.), Wege zum Christwerden. Der Erwachsenenkatechumenat in Europa (Ostfildern 1994).

16 Benedikt XVI., Sacramentum caritatis, Nr. 64.

soll, dass er in der Eucharistie dem auferstandenen Christus als dem lebendigen Gott mit menschlichem Antlitz begegnen kann, der uns so nahe kommt, wie es näher gar nicht mehr geht, und der in das Innerste unseres Lebens kommt und in uns wirkt, so dass wir in das eucharistische Geschehen selbst hinein genommen und in unserem tiefsten Wesen verwandelt werden. Indem wir in der Eucharistie selbst verwandelt werden, erweist sie sich als „Sakrament des neuen Lebens", das uns in der kirchlichen Initiation geschenkt ist[17].

3. Geheimnis der eucharistischen Wandlungen

„Frag hundert Katholiken, was das Wichtigste ist in der Kirche. Sie werden antworten: die Messe. Frag hundert Katholiken, was das Wichtigste ist in der Messe. Sie werden antworten: die Wandlung. Sag hundert Katholiken, dass das Wichtigste in der Kirche die Wandlung ist. Sie werden empört sein: Nein: alles soll bleiben, wie es ist." Mit diesem pfiffigen Wort will Lothar Zenetti gewiss nicht nur eine verblüffende Entdeckung artikulieren, weshalb er ihm den Titel „inkonsequent" gegeben hat. Es will vielmehr in der Sinnrichtung der mystagogischen Katechesen der Väter ein „Aha-Erlebnis" hinsichtlich des tiefsten Geheimnisses der Eucharistie als Wandlung ermöglichen, das zudem einen elementaren Bezug zur menschlichen Erfahrung aufweist. Bereits in der menschlichen und menschheitlichen Erfahrung ist „Wandlung" seit jeher ein Urwort. Denn alles, was lebt, befindet sich in Wandlung. Im Laufe eines Jahres wandelt sich die Natur immer wieder. Auch der menschliche Organismus wandelt sich nicht nur in den verschiedenen Lebensabschnitten; er ist vielmehr jederzeit in Wandlung begriffen, bei der immer wieder Neues geschieht. Von daher kann es nicht erstaunen, dass das Wissen um Wandlung erst recht zu den Urgegebenheiten des eucharistischen Glaubens gehört. Das Wort „Wandlung" vermag am besten zu beschreiben, worum es in der Eucharistie existenziell geht und was deshalb im Mittelpunkt der eucharistischen Mystagogie stehen muss. Wandlung in der Feier der Eucharistie vollzieht sich dabei in einem fünffachen Sinn, dem wir nachdenken wollen.

---

17 Theologisch-Historische Kommission für das Heilige Jahr 2000 (Hg.), Eucharistie – Sakrament des Neuen Lebens (Regensburg 1999).

a) Wandlung der Gewalt in Liebe und des Todes in Leben

In der Homilie in der Eucharistiefeier zum Abschluss des Weltjugendtages in Köln 2005 hat Papst Benedikt XVI. den jungen Menschen nahe gelegt, die erste und grundlegende Wandlung in der Eucharistie in jener Wandlung wahrzunehmen, die Jesus im Abendmahlsaal vollzogen hat. Denn beim Letzten Abendmahl spricht Jesus nicht nur von seinem Leib, sondern er redet bewusst von seinem Leib, der für euch hingegeben wird, und von seinem Blut, das für euch vergossen wird. Indem Jesus diese Worte spricht und die Gaben austeilt, „nimmt er seinen Tod vorweg, nimmt er ihn von innen her an und verwandelt ihn in eine Tat der Liebe“[18].

Verstehen lässt sich diese Wandlung freilich nur, wenn man das Letzte Abendmahl Jesu als prophetische und vorwegnehmende Ankündigung dessen versteht, was sich in seinem Sterben am Kreuz vollziehen wird. Diesen Zusammenhang haben beispielsweise die syrischen Kirchenväter so intensiv erfahren, dass sie die drei Tage des Todes Jesu nicht von dem Zeitpunkt an gezählt haben, als er am Kreuz starb, sondern von dem Moment an, als er „seinen Leib brach für seine Jünger“[19]. Sie haben deshalb im Letzten Abendmahl Jesu und in seinem Kreuzestod dasselbe Ereignis wahrgenommen und es unter zwei verschiedenen Blickwinkeln betrachtet: „Beim Abendmahl“, schreibt Ephräm der Syrer, „opferte Jesus sich selbst; am Kreuz wurde er von anderen geopfert“, womit er zeigen wollte, dass ihm niemand das Leben nehmen kann, ohne dass er es aus freiem Willen hingibt[20].

Das Letzte Abendmahl Jesu und sein Kreuzestod gehören unlösbar zusammen. Denn ohne den Tod Jesu am Kreuz wären die Abendmahlsworte Jesu letztlich eine Währung ohne existenzielle Deckung; und ohne die Abendmahlsworte Jesu wäre sein Kreuzestod eine bloße Hinrichtung ohne jeden erkennbaren Sinn. Von außen betrachtet ist der Kreuzestod Jesu ein profanes Ereignis von brutaler Gewalt, nämlich die Hinrichtung eines Menschen in der grausamsten der von Menschen ersonnenen Arten. Beim Letzten Abendmahl aber hat Jesus diese erbärmliche Gewalttat der Menschen gegen ihn in einen Akt der Hingabe für die Menschen, in einen Akt der gewaltlosen Liebe umgewandelt, und zwar von innen her. Von daher wird einsehbar, dass

18 Benedikt XVI., Predigt während der Heiligen Messe auf dem Marienfeld bei Köln am 21. August 2005.

19 Ephräm der Syrer, Kommentar zum Diatessaron 9,4.

20 Ephräm der Syrer, Kreuzigungshymnen 3,1.

die Heilige Schrift, und zwar vor allem Paulus, den Kreuzestod Jesu auch mit kultischen Aussagen deutet und ihn als den wahren Versöhnungsort, als „ständigen Versöhnungstag Gottes“ versteht, an dem die Gewalt der Menschen von innen her in einen Akt der Liebe umgewandelt ist[21].

Die Wandlung der Gewalt in Liebe erweist sich an Ostern als Wandlung des Todes in Leben, als Wandlung vom getöteten Leib Christi zum auferstandenen Leib Christi. Denn als der Auferstandene ist Christus vollends reine Hingabe. Weil Jesus den Tod in Liebe und Leben umgewandelt hat, ist er von innen her bereits überwunden und Auferstehung schon in ihm anwesend. Papst Benedikt XVI. hat diesen Wandlungsvorgang als „Kernspaltung im Innersten des Seins“ bezeichnet, als „Sieg der Liebe über den Hass“ und als „Sieg der Liebe über den Tod“[22], von dem eine Kette von Wandlungen ausgeht, die die Welt umzuformen vermag. Da am Kreuz der grausame Akt des Tötens und des Todes in Liebe für die Menschen umgewandelt ist, ist die Wandlung des Todes in Liebe die erste und grundlegende Wandlung, die im Mittelpunkt der Feier der Eucharistie steht. Und die Umwandlung von Tod zu Leben ist die innere Voraussetzung dafür, dass wir in der Feier der Eucharistie Christus als gegenwärtig erfahren können, und zwar in seiner Hingabe für uns Menschen.

b) Wandlung von Brot und Wein in Leib und Blut Christi

Erst in diesem größeren Zusammenhang bekommt die zweite Wandlung in der Eucharistie ihren tiefen Gehalt, nämlich die Wandlung der Gaben von Brot und Wein, so dass in diesen verwandelten Gaben der Schöpfung Gottes der sich hingebende Christus, seine Hingabe und damit Er selbst, sein Leib und Blut gegenwärtig sind. Auch diese Gaben, die die erneuerte Liturgie als „Frucht der Erde und der menschlichen Arbeit“ deutet, weisen auf das Heilsgeschehen auf Kalvaria hin.

Hinsichtlich des Brotes stellt der johanneische Christus selbst diesen Zusammenhang her. Als einige Griechen die Bitte äußerten, Jesus begegnen zu können, antwortete er: „Die Stunde ist gekommen, dass der Menschensohn verherrlicht wird. Amen, amen, ich sage euch: Wenn das Weizenkorn nicht in die Erde fällt und stirbt, bleibt es allein; wenn es aber stirbt, bringt es reiche Frucht“ (Joh 12,23–24). Mit diesem Gleichnis deutet Jesus sein ganzes Leben,

21 J. Kardinal Ratzinger, Die Vielfalt der Religionen und der Eine Bund (Hagen 1998) 43.
22 Benedikt XVI., Predigt während der Heiligen Messe auf dem Marienfeld bei Köln am 21. August 2005.

Sterben und Auferstehen: Wie das Weizenkorn nur durch das Sterben hindurch Frucht wird, so führt auch Jesu Weg nur durch den Tod hindurch zur Auferstehung und zum Leben. Im Brot, das aus den gemahlenen Körnern zubereitet wird, verbirgt sich das Geheimnis der Passion. Denn der gemahlene Weizen setzt das Sterben und Auferstehen des Weizenkorns voraus. Von daher deutet Jesus mit dem Gleichnis des Weizenkorns sein irdisches Leben, Sterben und Auferstehen auf die Eucharistie hin, in der sein ganzes Leben verdichtet ist. Am Kreuz ist Jesus zum gestorbenen Weizenkorn geworden, von dem her die große Brotvermehrung beginnt, die bis zum Ende der Welt anhalten wird: Aus Erdenbrot wird Himmelsbrot. Unser Brot wird Leib Christi, damit sein Leib unser Brot wird. So leuchtet über dem Kreuz Jesu bereits das Geheimnis der Eucharistie auf: Das gestorbene Weizenkorn ist das Brot des Lebens, es ist das wahre Manna, unsere Nahrung zum ewigen und damit wahren Leben. Denn in der Eucharistie wird Christus selbst uns zur Speise – als Liebe.

Während das Brot die einfachste Nahrung ist, die nur aus Mehl und Wasser besteht, ist der Wein das Zeichen der Erlesenheit der Schöpfung und der festlichen Freude, die die Grenzen des Alltäglichen zu überschreiten vermag. Doch auch der Wein enthält in sich die Botschaft der Passion: Wie der Weinstock wiederholt beschnitten und gereinigt werden muss, wie die Trauben bei Sonne und Regen reifen müssen und wie der Traubensaft intensiv gekeltert werden muss, wie also nur durch die Passion der Reinigung und Kelterung hindurch kostbarer und köstlicher Wein entsteht, so erhalten wir in der Eucharistie Anteil am göttlichen Leben, das durch die Kelterung am Kreuz reif geworden ist. Jesus, der in Kana Wasser in Wein verwandelt hat, hat am Kreuz sein Blut in den Wein der wahren Liebe verwandelt und verwandelt in der Eucharistie den Wein wiederum in sein Blut. Denn Blut ist nicht nur ein Zeichen des Lebens, sondern für unser Leben lebensnotwendig. Ohne Blut kann kein Mensch leben. Mit Blut kann der Mensch aber auch das Leben eines anderen Menschen retten. In der Eucharistie geht es um jenes Blut, das aus der geöffneten Seite des am Kreuz hängenden Herrn entsprungen ist und alle Menschen rettet. Am Kreuz ist der köstliche Quell der reinen Hingabe, der sich selbst verschwendenden Liebe entsprungen, der durch die Kirche fließt und sie belebt. Jesu Blut ist Hingabe, ist Liebe und deshalb auch der wahre Wein der schöpfungsgemäßen Festfreude.

Mit der Wandlung der Schöpfungsgaben von Brot und Wein ist also jene Wandlung gemeint, die wir traditionellerweise mit diesem Wort bezeichnen, nämlich die Wesensverwandlung von Brot und Wein in den Leib und das Blut Christi, die die Kirche als Geheimnis der somatischen Realpräsenz beschrieben und mit dem Begriff der „Transsubstantiation“ zum Ausdruck gebracht hat, der auch Eingang in die Lehrentscheidungen des Konzils von Trient gefunden hat.[23] „Transsubstantiation“ ist freilich ein für den heutigen Christen schwieriges Wort, und zwar nicht nur wegen der Fremdheit der Sprache, sondern vor allem auch wegen des damit Gemeinten. Dies gilt zumal in einer Zeit wie der heutigen, in der die Menschen oft nur noch in Funktionen denken und leben können – bis dahin, dass der Mensch selbst nur noch nach seinen Funktionen und nach seinem Funktionswert eingestuft wird. Gerade in dieser geistesgeschichtlichen Atmosphäre muss die Kirche mit dem Sakrament der Eucharistie bekennen, dass sie aus dem rein Funktionalen hinausführt und den tiefsten Grund der Wirklichkeit berührt. Das, was in der Eucharistie geschieht, ist nicht Um-Funktionierung, sondern wirkliche Um-Wandlung von Brot und Wein in Leib und Blut Christi. Mit dem Wort „Transsubstantiation“ hat die Kirche deshalb gerade die oberflächliche Einstellung in Frage gestellt, die sich vor allem an das Greifbare, Messbare und Funktionale hält.

Das eigentliche Problem dieses Begriffs liegt darin, dass er beim heutigen Menschen leicht den Eindruck erweckt, Christus sei in den eucharistischen Gaben gegenwärtig wie eine *naturale* Sache, was eine grobe Verkennung des eucharistischen Glaubens der Katholischen Kirche wäre. Denn der auferstandene Christus ist in der Eucharistie nicht auf eine naturale, sondern auf eine *personale* Weise und damit auch in der Beziehung zu Personen gegenwärtig. In der Eucharistie feiern wir die personale Gegenwart Jesu Christi. Christus ist in der Eucharistie anwesend seinem wesentlichen Selbstsein nach, und zwar dadurch, dass er selbst Brot und Wein zu wirksamen Zeichen seines Gegenwärtigseins umwandelt. Gegenwärtig ist dabei seine am Kreuz gekelterte Liebe, in der er sich selbst, sein von Tod und Auferstehung geprägtes Du und damit die Substanz seiner selbst als heilschaffende Wirklichkeit uns gewährt. Für diese personale Gegenwart Jesu Christi sind die Elemente von Brot und Wein die realisierenden sakramentalen Zeichen. Jesus Christus schenkt seiner Kirche seine Gegenwart in diesen Zeichen von Brot und Wein, die genau das sind, was sie bezeichnen, nämlich Leib und Blut Jesu Christi: „Im Fragment der eucharistischen Zeichen ist die Gesamtheit dessen, der die gekreuzigte und auferstandene Liebe in Person ist, da, um sich zu verschenken.“[24]

23 DH 1642.

24 B. Forte, Dem Licht des Lebens folgen. Die Exerzitien des Papstes (Freiburg i. Br. 2005) 214.

c) Antizipation der Wandlung der ganzen Schöpfung in der Parusie

In die Wandlung der Schöpfungsgaben von Brot und Wein wird die ganze Schöpfung mit einbezogen; und die Wandlung des Kosmos beginnt in der eucharistischen Wandlung von Brot und Wein.[25] Diese dritte Wandlung kommt sehr schön zum Ausdruck im liturgischen Akt der Gabenbereitung, vor allem in den Begleitgebeten, die als berakhot, als Lobpreisgebete nach dem jüdischen Vorbild der Tischgebete gestaltet sind. Indem der Priester die Schale mit dem Brot über den Altar hält, spricht er diese berakha: „Gepriesen bist du Herr, unser Gott, Schöpfer der Welt, du schenkst uns das Brot, die Frucht der Erde und der menschlichen Arbeit. Wir bringen dieses Brot vor dein Angesicht, damit es uns das Brot des Lebens werde. Gepriesen bist du in Ewigkeit, Herr unser Gott." Ähnlich gestaltet ist die berakha über den Wein: „Gepriesen bist du, Herr, unser Gott, Schöpfer der Welt. Du schenkst uns den Wein, die Frucht des Weinstocks und der menschlichen Arbeit. Wir bringen diesen Kelch vor dein Angesicht, damit er uns der Kelch des Heiles werde. Gepriesen bist du in Ewigkeit, Herr, unser Gott."

In der Darbringung von Brot und Wein, den Früchten der Erde und der menschlichen Arbeit, erahnen wir nicht nur die endgültige Verherrlichung Gottes durch die gesamte Schöpfung, sondern in der Verwandlung der eucharistischen Gaben feiern wir auch die Verwandlung des ganzen Kosmos am Ende der Zeiten vorweg: Indem in der Feier der Eucharistie die himmlische Welt in unsere Welt hereinragt und gegenwärtig wird und indem die Eucharistie den „eschatologischen Lobgesang aller Wirklichkeit vorwegnimmt"[26], erhält sie jene kosmische Weite zurück, die das Spezifikum christlicher Liturgie ausmacht und die Papst Benedikt XVI. in der Kurzformel ausgesprochen hat: „Die geschichtliche Liturgie des Christentums ist und bleibt – ungetrennt und unvermischt – kosmisch, und nur so steht sie in ihrer ganzen Größe."[27]

Die universal-kosmische Dimension der Eucharistie hat in der neueren Zeit vor allem Pierre Teilhard de Chardin in seiner „Messe über die Welt" artikuliert.[28] Er nimmt in der eucharistischen Wandlung von Brot und Wein in den Leib und das Blut Christi die antizipierende Feier der universalen

25 Vgl. Th. Kuster, Wandlung. Ein Traktat über Eucharistie und Ökonomie (Mainz 2006).

26 W. Kardinal Kasper, Sakrament der Einheit. Eucharistie und Kirche (Freiburg i. Br. 2004) 124.

27 J. Kardinal Ratzinger, Der Geist der Liturgie. Eine Einführung (Freiburg i. Br. 2000) 29.

28 P. Teilhard de Chardin, Lobgesang des Alls (Olten 1961) 13–42.

„Transsubstantiation" des ganzen Kosmos in den Leib Jesu Christi wahr. Die verwandelte Hostie ist für ihn gleichsam die Antizipation der Verwandlung der Materie und ihrer Vergöttlichung in der christologischen Fülle. Teilhard de Chardins theologisch-spirituelle Vision der kosmischen Eucharistisation entspringt jedenfalls so sehr der realen Erfahrung der kirchlichen Eucharistie, dass seine kosmologische Christologie als Vision der kosmischen Eucharistie zu verstehen ist und die kirchliche Eucharistie die Richtung der kosmischen Bewegung überhaupt angibt.[29]

Von daher öffnet sich der Blick auf die eschatologische Dimension der Eucharistie, die wir in der Wandlungsakklamation bekennen: „Deinen Tod, o Herr, verkünden wir, und Deine Auferstehung preisen wir, bis du kommst in Herrlichkeit." In der Eucharistie wird auch die Parusie Christi vorweg gefeiert und zugleich die Hoffnung der Kirche auf die Wiederkunft des Herrn am Ende der Zeiten und auf die endgültige Verwandlung der Schöpfung geweckt und gestärkt. Da in der Eucharistiefeier das himmlische Hochzeitsmahl der Endzeit vorweggenommen wird, ist der eucharistische Mahlherr auch gegenwärtig als Parusie-Christus, der am Ende der Zeiten wiederkommen wird. Die Eucharistie ist die Feier der Vorwegnahme der Vollendung des Menschen und der ganzen Schöpfung mitten in den Zweideutigkeiten und Zerrissenheiten der heutigen Welt und Kirche. Sie ist das wahre „Viaticum" für das in der Geschichte wandernde Volk Gottes, das unterwegs ist zu seiner wahren Vollendung im verheißenen Reiche Gottes, in die auch die ganze Schöpfung einbezogen sein wird.

d) Wandlung der Kirche in den Leib Christi

Bei der Vollendung der ganzen Schöpfung geht es um eine gemeinschaftliche Teilhabe, die vor allem im dritten eucharistischen Hochgebet zum Ausdruck kommt[30], das bereits vor dem Einsetzungsbericht die endgültige Sammlung der Kirche bekennt: „Bis ans Ende der Zeiten versammelst du dir ein Volk, damit deinem Namen das reine Opfer dargebracht wird vom Aufgang der Sonne bis zum Untergang." Da bewusst die Gegenwartsform verwendet wird, wird der Glaube zum Ausdruck gebracht, dass die endgültige Sammlung der Kirche, die einmal zu ihrer Vollendung gelangen wird, bereits jetzt in der

29 Vgl. E. Benz, Schöpfungsglaube und Endzeiterwartung (München 1965), bes. 243 ff.
30 Vgl. M. Kehl, Eschatologie (Würzburg 1986), bes. 45–49: Liturgische Feier der Hoffnung: Das dritte Hochgebet.

Feier der Eucharistie geschieht. Damit tritt die vierte Wandlung der Kirche in den Leib Christi und zugleich die innere Verbindung von Eucharistie und Kirche ans Tageslicht, auf die bereits der Name hinweist, den die Eucharistie in der frühen Kirche sehr bald erhalten hat.[31] Da eine der ältesten Bezeichnungen für die Eucharistie „synaxis" heißt, was Versammlung bedeutet, ist Eucharistie Feiern wesentlich ein Zusammenkommen. Auch das griechische Wort für Kirche „ekklesia", das in alle romanischen Sprachen Eingang gefunden hat, weist auf die Eucharistie hin und bezeichnet die zum christlichen Kult und damit zur Eucharistie zusammengerufene Versammlung. Kirche ist also in ihrem wesentlichen Kern eucharistische Versammlung: „Kirche lebt in Eucharistiegemeinschaft. Ihr Gottesdienst ist ihre Verfassung, denn sie selbst ist ihrem Wesen nach Gottesdienst und darum Menschendienst, Dienst der Weltverwandlung."[32] Kirche ist überall dort, wo sich Christen zur Feier der Eucharistie um den Tisch des Herrn versammeln.[33]

Kirche und Eucharistie sind von daher nicht nur identisch; die Kirche entsteht vielmehr aus der Eucharistie, wie vor allem Paulus eindringlich betont. Für ihn verbindet die Teilhabe an dem einen Kelch und dem einen Brot die Eucharistie Feiernden auch untereinander zum einen Leib des Herrn, der die Kirche ist: „Ist der Kelch des Segens, über den wir den Segen sprechen, nicht Teilhabe am Blut Christi? Ist das Brot, das wir brechen, nicht Teilhabe am Leib Christi? *Ein* Brot ist es. Darum sind wir viele *ein* Leib; denn wir alle haben Teil an dem einen Brot" (1 Kor 10,16–17). Paulus verwendet das Wort „Leib Christi" in einem doppelten Sinn, nämlich sowohl für die eucharistische Gabe, die wir empfangen, als auch für die kirchliche Gemeinschaft, die wir bilden. Um den unlösbaren Zusammenhang zwischen Eucharistie und Kirche besser verdeutlichen zu können, stellt Paulus – im Unterschied zu allen anderen neutestamentlichen Abendmahlstraditionen – das Kelchwort dem Brotwort voran. Auf diesem eigenwilligen Weg kann er verständlich machen, dass der Aufbau der Kirche durch die Eucharistie geschieht und dass die Einheit der vielen Glaubenden in der einen Kirche von dem einen eucharistischen Brot und damit von dem einen Christus her kommt.

---

31 Vgl. H. B. Meyer, Eucharistie. Geschichte, Theologie, Pastoral = Gottesdienst der Kirche. Handbuch der Liturgiewissenschaft. Teil 4 (Regensburg 1989), bes. 34–43: Namen der Eucharistiefeier.

32 J. Ratzinger – Benedikt XVI., Gottes Projekt. Nachdenken über Schöpfung und Kirche (Regensburg 2009) 103.

33 J. Lécuyer, Die liturgische Versammlung. Biblische und patristische Grundlagen, in: Concilium (D) 2 (1966) 79–87.

Die Eucharistie, in der Christus uns seinen Leib schenkt und uns in seinen Leib verwandelt, ist der immerwährende Entstehungsort der Kirche. Denn die Teilhabe an dem Leib Christi in der Eucharistie bewirkt auch die Teilhabe an dem einen Leib Christi, der die Kirche ist. Die Eucharistie ist so das Sakrament der Einheit der Kirche, wie die um das Jahr 100 verfasste „Lehre der Apostel" dies mit dem schönen Bild zum Ausdruck gebracht hat: „Wie das Brot auf den Bergen zerstreut war und zusammengebracht ein Brot geworden ist, so soll deine Kirche zusammengebracht werden von den Enden der Erde in dein Reich."[34] Wie das Entstehen des Brotes aus den gemahlenen Weizenkörnern auch ein Prozess der Vereinigung ist, so ist die eucharistische Gemeinschaft nicht nur personale Anteilhabe der Glaubenden am auferstandenen Christus, sondern auch ekklesiale Gemeinschaft der Glaubenden untereinander in Christus: Der „Leib Christi" als eucharistische Nahrung und der „Leib Christi" als kirchliche Gemeinschaft unter den Glaubenden bilden ein einziges Sakrament.

e) Wandlung des christlichen Lebens

Die Schau der Eucharistie als Sakrament der Einheit lässt sich nur in kirchliche Realität übersetzen, wenn der einzelne Christ bereit wird, sich selbst in der Eucharistie verwandeln zu lassen und sich als verwandeltes Glied in den Leib einzufügen, den sich Christus gebaut hat. Damit tritt die fünfte Wandlung zu Tage, um die es in der Feier der Eucharistie geht, nämlich die Wandlung der Menschen, die an der Eucharistie teilnehmen. Die bisher genannten Wandlungen bilden noch nicht den Schlusspunkt, sondern verweisen auf einen weiteren Weg der Wandlung: „Das Ziel der Eucharistie ist die Verwandlung der Empfänger in der wahren Communio mit seiner Verwandlung. Und so ist das Ziel Vereinigung, Friede, dass wir aus getrennten, neben- oder gegeneinander stehenden Individuen selbst mit Christus und in ihm ein Organismus der Hingabe werden, auf die Auferstehung und die neue Welt zu leben."[35]

Die Umwandlung der Existenz der Menschen, die Eucharistie feiern, hat der heilige Augustinus in einer sehr tiefen Weise zum Ausdruck gebracht in einer Vision, die er noch vor seiner Bekehrung hatte. In dieser Vision sagt eine Stimme zu ihm: „Ich bin das Brot der Starken, iss mich! Doch nicht du

34 Didaskalia 9. 4.

35 J. Cardinal Ratzinger, Eucharistie – Communio – Solidarität: Christus gegenwärtig und wirksam im Sakrament, in: Ders., Unterwegs zu Jesus Christus (Augsburg 2003) 129.

wirst mich in dich verwandeln, sondern ich werde dich in mich verwandeln."[36] In dieser Vision geht Augustinus der grundlegende Unterschied zwischen der alltäglichen und der eucharistischen Speise auf: Beim gewöhnlichen Essen ist der Mensch der Starke, indem er die Speisen in sich aufnimmt und sie in seinem Körper assimiliert werden, so dass sie Teil der eigenen somatischen Substanz werden. Bei der eucharistischen Speise hingegen ist Christus der Starke, und zwar dadurch, dass wir in ihn hinein assimiliert werden und wir mit ihm eins werden. Die Eucharistie ermöglicht und schenkt die innerste Sym-Pathie der Christen mit Christus, den Gleichklang unseres Herzens mit dem Herzen Jesu, das für uns Menschen geschlagen hat, bis es aus Liebe für uns Menschen verblutet ist.

Die Eucharistie hat Jesus nichts weniger als das Leben gekostet. Die Teilnahme an der Eucharistie ist deshalb immer auch Teilhabe am Todesgehorsam Jesu, der sein Leben hingegeben hat zur Vergebung der Sünden. Diese Teilhabe setzt jenes gegenseitige Durchdrungensein von Christus und dem Christen voraus, das man als „mystisch" charakterisieren kann und aus dem Paulus gelebt hat, wenn er seine neue Existenz nach der Bekehrung mit den Worten beschrieben hat: „Ich bin mit Christus gekreuzigt worden; nicht mehr ich lebe, sondern Christus lebt in mir. Soweit ich jetzt aber noch in dieser Welt lebe, lebe ich im Glauben an den Sohn Gottes, der mich geliebt und sich für mich dahingegeben hat" (Gal 2,19b–20). Darin besteht die neue Ausrichtung seines Lebens: Wer von Christus geliebt wird, lebt nicht mehr für sich selbst, sondern lässt die Mauern seiner eigenen Subjektivität öffnen und in eine neue Existenzengemeinschaft hinein versammeln, indem er mit Christus lebt, sich selbst hingibt und an der eucharistischen Verströmung der Liebe Jesu Christi teilnimmt.

Da sich die gegenseitige Durchdringung von Christus und dem Christen in der Kommunion ereignet, leuchtet auch der tiefe Sinn ein, dass der gängige Ausdruck für den Empfang der Eucharistie „Kommunion" heißt. Denn Eucharistie feiern heißt, dass Christus mit uns in Kommunion tritt und uns auch untereinander zur Kommunion bringt. Von der eucharistischen Kommunion her gilt es deshalb, immer wieder neu zu lernen, was es heißt, als Christen zu leben, nämlich als eucharistische Menschen zu leben, die sich in der Eucharistie so tief in den auferstandenen Christus hineinverwurzeln, dass sie im Alltag sich selbst den Menschen als lebendige Hostien zur Verfügung stellen und dass ihr alltägliches Leben, wie der heilige Franz von Assisi einmal

36 Augustinus, Confessiones VII, 10,16.

sehr schön gesagt hat, zu einem einzigen eucharistischen Hochgebet werden kann.

4. Mystagogie in das Mysterium Paschae

Damit schließt sich der Kreis. Die Eucharistie ist ein grosser Kreislauf von Wandlungen: Wandlung von Gewalt in Liebe und von Tod in Leben, Wandlung von Brot und Wein in Leib und Blut Christi, Vorwegnahme der Wandlung der ganzen Schöpfung, Wandlung der Kirche in den Leib Christi und Wandlung des christlichen Lebens. Die existenziell am meisten herausfordernde dieser Wandlungen ist zweifellos die Umgestaltung des christlichen Lebens in der Eucharistie. Sie bringt für uns Christen, die wir an der Eucharistie teilnehmen, die Verpflichtung mit sich, „das Leben zu ‚verwandeln', damit es in gewisser Weise ganz ‚eucharistisch' werde"[37]. In diese existenzielle Wandlung führt eucharistische Mystagogie hinein, wenn sie an ihr Ziel kommen soll. Sie gilt es im folgenden zu vertiefen, indem wir einer Wegweisung folgen, die Papst Benedikt XVI. in seinem Nachsynodalen Apostolischen Schreiben „Sacramentum caritatis" gegeben hat: Das Beharren darauf, dass die Eucharistie, insofern sie das Opfer Christi ist, auch das Opfer der Kirche und der einzelnen Gläubigen ist, besagt „die ganze existenzielle Dichte, die in der Verwandlung unserer von Christus ergriffenen (vgl. Phil 3,12) menschlichen Natur enthalten ist"[38].

a) Verhängnisvoller Streit um die Eucharistie: Mahl oder Opfer?

Damit berühren wir freilich ein dornenvolles Problem. Denn im Unterschied zur Überzeugung von Papst Benedikt ist heute der Eindruck weit verbreitet, die Rede von der Eucharistie als Opfer würde ihren existenziellen Lebensbezug, der mystagogisch erschlossen werden soll, gerade nicht erhellen, son-

---

37 Johannes Paul II., Ecclesia de Eucharistia, Nr. 20.

38 Benedikt XVI., Sacramentum caritatis, Nr. 70. Dass die Eucharistietheologie von Papst Benedikt XVI. auf das Verständnis und den existenziellen Vollzug der Eucharistie als Opfer im Sinne der sakramentalen Vergegenwärtigung des Kreuzesopfers Jesu Christi und im Sinne des Wort- und Lobopfers der die Eucharistie Feiernden fokussiert ist, zeigt J. Gregur, Fleischwerdung des Wortes – Wortwerdung des Fleisches. Liturgie als logike latreia bei Joseph Ratzinger, in: R. Voderholzer (Hg.), Der Logos-gemäße Gottesdienst. Theologie der Liturgie bei Joseph Ratzinger = Ratzinger-Studien. Band 1 (Regensburg 2009) 46–75.

dern verdunkeln. Die große Reserviertheit gegenüber dem Opfergedanken hat gewiss viele Gründe. Der erste ist rein sprachlicher Natur und bezieht sich auf die Vieldeutigkeit des Wortes „Opfer“. Dies trifft vor allem für die deutsche Sprache zu, die für ganz verschiedene Wirklichkeiten nur das eine Wort „Opfer“ kennt. Demgegenüber ist beispielsweise die französische Sprache viel differenzierter, indem sie unterscheidet zwischen „quête“, dem Opfer im Sinne der Geldkollekte, „victime“ dem Opfer des Verkehrs, des Terrors oder der sexualisierten Gewalt, und „sacrifice“, das sich herleitet vom lateinischen „sacrificium“ und „heilig gemacht“ heißt und das Opfer im Sinne der eigenen und freien Hingabe des Lebens bezeichnet. Dass im Zusammenhang der Eucharistie nur von „sacrificium“ die Rede sein kann, dürfte sich von selbst verstehen, worauf aber zurückzukommen sein wird.

Tiefer liegend sind die theologischen Gründe, die zur Reserviertheit gegenüber dem Opfergedanken geführt haben, und zwar zunächst gegenüber der Interpretation des Kreuzestodes Jesu als stellvertretenden Sühneopfers für die Sünden der Menschen.[39] Bereits in den fünfziger Jahren hat Georg Schneider ein „paulinisches“ Christentum propagiert, bei dem die ganze Kreuzestheologie Pauli in eine reine Menschwerdungstheologie in dem Sinne umgedeutet wird, dass der Sühnegedanke ersetzt wird durch das humane Menschsein Jesu, dessen gläubige Grundhaltung bis in sein Sterben hinein gereicht habe. Das traditionelle Christentum beruhe deshalb auf dem fatalen Selbstmissverständnis, dass, während die alttestamentliche Geschichte von der Opferung Isaaks durch Abraham den humanen Übergang vom Menschen- zum Tieropfer schildere, die kirchliche Erlösungslehre in einer grausamen Verkehrung der Entwicklung erneut das Menschenopfer als Mittel der Sühne proklamiert habe.[40] In neuerer Zeit hat vor allem der Psychologe Franz Buggle in der neutestamentlichen Kreuzestheologie ein „archaisch-inhumanes Gottesbild“ kritisiert, das im Kern impliziere, dass es von Gott her keine Versöhnung geben könne, ohne dass Blut vergossen werde.[41] Die zwei-

39 Vgl. K. Koch, Durch-kreuz-ter Glaube. Das Kreuz Jesu Christi als Kerngeheimnis christlicher Theologie, in: L. Mödl (Hg.), Ein sperriges Zeichen. Praktisch-theologische Überlegungen zur Theologie des Kreuzes (München 1997) 12–51.

40 G. Schneider, Kernprobleme des Christentums. Studie zu Paulus, Evangelium und Paulinismus (Stuttgart 1959).

41 F. Buggle, Denn sie wissen nicht, was sie glauben. Oder warum man redlicherweise nicht mehr Christ sein kann. Eine Streitschrift (Reinbek bei Hamburg 1992). Zur kritischen Auseinandersetzung vgl. R. Schwager, Erlösung durch das Blut – Inhumanität eines gewalttätigen Gottes. Zu einem Buch von Franz Buggle, in: Stimmen der Zeit 211 (1993) 168–176.

fellos radikalste Infragestellung widerfährt der christlichen Kreuzestheologie in verschiedenen Strömungen der Feministischen Theologie, die das Kreuz Jesu als „patriarchale Perversion dessen, was Liebe ist", entlarven wollen.[42] Auch wenn im durchschnittlichen Glaubensbewusstsein heutiger Katholiken kaum solche Extrempositionen zu finden sind, bekunden doch nicht wenige ein regelrechtes Kreuz mit dem Kreuz Jesu, weil ihnen die Annahme schwer fällt, Christus habe am Kreuz sein Leben zur Vergebung unserer Sünden hingegeben.

Diese Glaubenssituation wirkt sich natürlich erst recht aus auf das theologische Reden von Opfer im Zusammenhang der Eucharistie. Während die Liturgie der Kirche von der Eucharistie unumwunden von einem Opfer redet, ja sogar vom „reinen Opfer", das dem Namen Gottes dargebracht wird, und während in früheren Zeiten selbstverständlich vom „Messopfer" die Rede gewesen ist, ist heute dieser Ausdruck nicht nur weniger vertraut, sondern teilweise ganz verdrängt oder einfach vergessen worden. Keine Dimension des eucharistischen Geheimnisses ist nach dem Zweiten Vatikanischen Konzil derart umstritten wie die Bezeichnung der Eucharistie als Opfer, und zwar sowohl als Opfer Jesu Christi als auch als Opfer der Kirche. Die diesbezügliche Diskussion der vergangenen Jahre resümiert der Theologe Stefan Orth mit den Worten: „Faktisch stimmen auch heute viele Katholiken dem Verdikt und der Folgerung Martin Luthers zu, vom Messopfer zu reden sei das ‚größte und schrecklichste Gräuel' und eine ‚vermaledeite Abgötterei'. Darum wollen wir alles unterlassen, was nach Opfer klingt, samt dem ganzen Kanon und allein das behalten, was rein und heilig ist."[43]

Von daher erklärt sich auch jener Streit um die Eucharistie, der seit dem Zweiten Vatikanischen Konzil entbrannt ist und in dem sich zwei extreme Positionen gegenüberstehen[44]: Die eine Seite behauptet, Jesus habe mit seinen Jüngern ein schlichtes Mahl der Geschwisterlichkeit gefeiert und im Blick auf dieses gesagt: „Tut dies zu meinem Gedächtnis", die Kirche jedoch habe diese schlichte Mahlgeste in eine kultische, sakrale und sakramentale Opferhandlung umstilisiert, mit der Liturgiereform habe aber die Messfeier wiederum die Gestalt eines einfachen Mahles der Mitmenschlichkeit angenommen. Dem gegenüber wirft die andere Seite der Liturgiereform nach

---

42 Vgl. D. Strahm/R. Strobel (Hg.), Vom Verlangen nach Heilwerden. Christologie in feministisch-theologischer Sicht (Freiburg/Schweiz 1993).

43 St. Orth, Renaissance des Archaischen? Das neuerliche theologische Interesse am Opfer, in: Herder Korrespondenz 55 (2001) 195–200, zit. 198.

44 Vgl. J. Kardinal Ratzinger, Eucharistie – Mitte der Kirche (München 1978), bes. 34 ff.

dem Konzil ein Abrücken von der wahren katholischen Tradition in dem Sinne vor, dass in der Mitte der Messfeier nicht mehr die Opferdarbringung stehe, dass an ihre Stelle vielmehr Lobpreisungen getreten seien.

Dieser Streit um die Eucharistie zwischen den radikalen Reformern und den ebenso radikalen Verneinern der Liturgiereform bringt auf beiden Seiten ein grundlegendes Missverständnis an den Tag, das in der heillosen Alternative besteht, ob die Eucharistie ein Opfer oder ein Mahl sei. Denn sowohl die traditionalistische Richtung, die bei der nachkonziliaren Liturgiereform den Opfergedanken preisgegeben sieht, als auch die progressistische Richtung, die den Opfergedanken zugunsten des Mahlcharakters der Eucharistie weithin aufgegeben hat, verfehlen die eigentliche Mitte der Liturgiekonstitution, die die Liturgie der Kirche als Feier des Pascha-Mysteriums beschreibt und in besonderer Weise das Opfer der Eucharistie als „Vollzug des Werks unserer Erlösung" bezeichnet.[45] Wenn die Feier des Mysterium Paschae die Mitte christlicher Liturgie ausmacht, bringt gerade der Opfergedanke im Sinne der sakramentalen Vergegenwärtigung der Lebenshingabe Jesu am Kreuz die existenzielle Ernsthaftigkeit der Eucharistie zum Ausdruck. Um dies einsehbar zu machen, muss freilich behutsam vorgegangen und bei der biblischen Kreuzesbotschaft angesetzt werden, die uns Christus als Paschalamm vorstellt, das für uns geopfert worden ist (1 Kor 5,7).

b) Das Kreuzesopfer Christi als Evangelium der Liebe

„Gott hat die Welt so geliebt, dass er seinen einzigen Sohn hingab, damit jeder, der an ihn glaubt, nicht verloren geht, sondern das ewige Leben hat" (Joh 3,16). Diese tiefen Worte im Johannesevangelium enthalten im Kern die neutestamentliche Botschaft vom Kreuz, die eindeutig eine Botschaft von Rettung und Liebe ist; ja das Kreuz ist die „Erscheinung der größten Liebe Gottes"[46]. Hinter dem Kreuz verbirgt sich kein grausamer Herrscher-Gott, dessen unnachsichtige Gerechtigkeit ein Menschenopfer, und zwar das Opfer seines eigenen Sohnes, verlangen und der Vergebung keineswegs unbedingt, sondern nur aufgrund des am Kreuz von seinem eigenen Sohn vergossenen Blutes gewähren würde. „So verbreitet dieses Bild ist, so falsch ist es":

45 Sacrosanctum concilium, Nr. 2. Vgl. W. Haunerland, Mysterium paschale. Schlüsselbegriff liturgietheologischer Erneuerung, in: G. Augustin/K. Kardinal Koch (Hg.), Liturgie als Mitte des christlichen Lebens (Freiburg i. Br. 2012) 189–209.

46 M. Kardinal Vlk im Gespräch mit Rudolf Cucera, Wird Europa heidnisch? (Augsburg 1999) 87.

Mit diesen lapidaren Worten hat Joseph Ratzinger in einem sehr frühen Werk mit Recht geurteilt.[47] Denn im Neuen Testament erscheint das Kreuz Jesu gerade nicht als ein Geschehen im verhängnisvollen und unbarmherzigen Regelkreis des verletzten Rechtes und des beleidigten Rechtssetzers, sondern als der äußerste Ausdruck der Radikalität der Liebe Gottes zu uns Menschen.

In der Sicht des Neuen Testaments ist der Kreuzestod Jesu keine ausgleichende Gabe für einen blutrünstigen und rachsüchtigen Gott. Der Gott Jesu will kein Blut zu seiner Besänftigung. Der Kreuzestod Jesu bringt es vielmehr an den Tag, dass der Heilswille Gottes darin besteht, dass der Gute Hirte selbst dann nicht von seiner liebenswürdigen Suche nach dem Verlorenen ablässt, wenn die bösen Mächte in den Menschen voll entbrennen und den Guten Hirten selbst tödlich treffen. Das Kreuz Jesu offenbart das konsequente Handeln eines grenzenlos liebenden Gottes, der den Menschen bis in die tiefsten Abgründe und verborgenen Katakomben eines durch-kreuz-ten Lebens hinein nahe sein will. Am Kreuz erweist sich folglich gerade nicht Gott als grausam. Vielmehr bildet die Grausamkeit der Menschen den vitalen Anlass, von der äußersten Zuwendung Gottes zu uns Menschen zu sprechen, indem er auf die menschliche Steigerung des Bösen gerade nicht mit Vergeltungsmechanismen reagiert, sondern mit der Steigerung seiner unendlichen Liebe, die die Bereitschaft einschließt, Leiden auf sich zu nehmen. Denn in der Liebe des sich sterbend hingebenden Jesus geschieht die äußerste Selbstinvestition der Feindesliebe Gottes in die von ihm entfremdete Menschheit hinein. Das Kreuz Jesu ist so „Ausdruck und Summe unserer Grausamkeit und Ausdruck und Summe der Feindesliebe Gottes“[48].

Damit fällt erst recht Licht auf die eigentliche Problematik des herkömmlichen Opferbegriffs, nämlich auf das Verständnis des Opfers als einer wieder gut zu machenden Tat in Bezug auf das Böse und die Sünde und als Sühne und damit als eines Aktes, der wesensgemäß Leiden und letztlich den Tod einfordert. Dem gegenüber hat der russisch-orthodoxe Theologe Alexander Schmemann sehr schön gezeigt, dass das Opfer seinem Wesen nach „nicht mit der Sünde und dem Bösen, sondern mit Liebe verbunden“ und somit „Selbstoffenbarung und Selbstvollzug der Liebe“ ist: „Liebe gibt es nicht ohne Opfer, denn Liebe als Hingabe seiner selbst an den Anderen, als Hingabe des eigenen Lebens für den Anderen, als vollkommener Gehorsam ge-

---

47 J. Ratzinger, Einführung in das Christentum. Vorlesungen über das Apostolische Glaubensbekenntnis. (Neuausgabe München 2000) 265.

48 K. Berger, Gottes einziger Ölbaum. Betrachtungen zum Römerbrief (Stuttgart 1990) 60.

genüber einem Andern, ist Opfer."[49] In diesem Sinn ist nicht nur das Kreuz, sondern der ganze Heilsdienst Jesu Christi „Opfer" beziehungsweise Eucharistie, oder besser gesagt: Da im Kreuz die ganze Liebe Jesu Christi sichtbar geworden ist, ist der ganze Heilsdienst Jesu Christi in der Darbringung des ewigen Opfers der Liebe „Kreuz".

Von daher leuchtet der tiefste Unterschied des Kreuzesopfers Jesu zum allgemeinen religionsgeschichtlichen Opferverständnis auf. Während bei diesem die Trennung von Opferpriester und Opfergabe wegleitend ist, sind im Kreuzestod Jesu Opferpriester und Opfergabe völlig identisch. Beim Kreuzesopfer Jesu handelt es sich nicht um eine Sach-Gabe, sondern um eine Selbst-Gabe. Die Kirchenväter haben von daher im Opfertod Jesu am Kreuz die endgültige Erfüllung der Opferung Isaaks durch Abraham erblickt. Wiewohl Abraham bereit ist, den eigenen Sohn Isaak hinzugeben und damit Gott „die größte Liebe" zu opfern[50], verschont Gott Isaak und begnügt sich mit dem Widder, der sich im Gestrüpp verfangen hat und den Abraham Gott darbringt. Während also der alttestamentliche Isaak nicht sterben muss, gibt der neue Isaak, nämlich Jesus, sein Leben selbst dahin, wie Origenes sensibel bemerkt hat: „In wunderbarer Weise wetteifert Gott in der Freigebigkeit mit den Menschen: Abraham hat Gott einen sterblichen Sohn geopfert, ohne dass dieser sterben musste; Gott hat den unsterblichen Sohn dem Tod überliefert für die Menschen."[51] Und Maximus der Bekenner ist deshalb überzeugt gewesen, dass Christus „sozusagen göttlich gestorben ist, weil er freiwillig gestorben ist"[52]. Das wahre und neue Opfer besteht deshalb nicht mehr in der Übergabe von Tieren und Sachen an Gott, sondern in der Selbstgabe des Sohnes an seinen Vater für die Menschen.

Auf diese Neuheit des Opfers Jesu macht in besonderer Weise der Evangelist Johannes aufmerksam. Während die synoptischen Evangelien davon ausgehen, dass das Letzte Abendmahl Jesu ein Paschamahl gewesen ist[53], in dessen überlieferten Rahmen hinein Jesus das neue Pascha eingesenkt hat, das er mit der Gabe seines Leibes und Blutes geschenkt hat, betont Johannes, dass Jesus mit seinen Jüngern sein letztes Mahl vor dem Paschafest gehalten

49 A. Schmemann, Eucharistie. Sakrament des Gottesreiches (Einsiedeln 2005) 273.

50 B. Forte, Dem Licht des Lebens folgen. Die Exerzitien des Papstes (Freiburg i. Br. 2005) 99.

51 Origenes, Homilia in Genesim, 8.

52 Maximus Confessor, Ambigua 91,1056.

53 R. Feneberg. Christliche Passafeier und Abendmahl. Eine biblisch-hermeneutische Untersuchung der neutestamentlichen Einsetzungsberichte (München 1971). Der neuere Forschungsstand ist gut zusammengefasst im Artikel „Abendmahl" in: TRE 1.

hat. Dem gemäß hat Jesus sein letztes Mahl ohne Tempel und ohne Lamm gehalten. Tiefer gesehen hat er es dennoch, freilich in einem anderen Sinn, mit Tempel und Lamm gefeiert. Denn für Johannes ist es entscheidend wichtig, dass Jesus am Kreuz sein Blut präzis in dem Augenblick vergossen hat, in dem im Jerusalemer Tempel die Paschalämmer geschlachtet worden sind. Johannes macht damit darauf aufmerksam, dass Jesu Tod und die Lammopfer im Tempel zusammenfallen, weil nun Jesus der wahre und lebendige Tempel ist, in dem Gott wohnt und seine Gegenwart schenkt, und dass Jesus selbst das wahre und letztlich auch in der Praxis der Lammopfer im Tempel erwartete Lamm ist, auf das bereits Johannes der Täufer mit den Worten hingewiesen hat: „Seht, das Lamm Gottes, das die Sünde der Welt hinweg nimmt" (Joh 1,29). Indem in Jesus der Hirte selbst Lamm geworden ist, um auf die Seite der bedrängten und gequälten Lämmer zu treten, ist das endgültige Ende des Tempeldienstes und der Tieropfer mit seinen oft schrecklichen Missverständnissen gekommen. An deren Stelle ist aber keineswegs ein gewöhnliches Mahl getreten, sondern der neue christliche Kult, den Christus am Kreuz seinem Vater dargebracht hat und der im Sich-Selbst-Geben für die Menschen besteht. Denn in diesem neuen Kult gibt es keinen Ersatz durch Tieropfer mehr, sondern nur Einsatz des eigenen Lebens.

c) Sakramentale Gegenwart des Kreuzesopfers in der Eucharistie

Im Mittelpunkt des neuen Pascha Jesu steht sein Kreuz mit seiner Selbstgabe, die in der Eucharistie gegenwärtig wird. Weil das Kreuzesgeschehen selbst Gottesdienst ist, nämlich der neue Kult des versöhnenden Selbstopfers Jesu Christi, kann es nun auch Gottesdienst werden in der Feier der Eucharistie als der sakramentalen Vergegenwärtigung des einen und einmaligen Kreuzesopfers Jesu Christi und der Zuwendung seiner Heilsfrucht an die Gemeinschaft der zur gottesdienstlichen Feier Versammelten. Hier liegt der tiefste Grund, dass die Kirche auch im Blick auf die Eucharistie immer von einem Opfer gesprochen hat.[54]

Diese Sicht wurde freilich nicht selten dadurch verdunkelt, dass in gefährlichen theologischen Strömungen vor allem nach dem Konzil von Trient zwischen der Eucharistie als Sakrament und der Eucharistie als Opfer unterschie-

54 Vgl. K. Rahner/A. Häussling, Die vielen Messen und das eine Opfer (Freiburg i. Br. 1966); Th. Schneider, Deinen Tod verkünden wir. Gesammelte Studien zum erneuerten Eucharistieverständnis (Düsseldorf 1980), bes. 209–259: Gedächtnis seines Todes.

den und betont wurde, die Eucharistie sei Sakrament und Opfer: sacramentum *et* sacrificium. Dieses problematische „et“ musste unweigerlich den Eindruck erwecken, die sakramentale Vergegenwärtigung des einen Kreuzesopfers Jesu Christi in der eucharistischen Opferhandlung sei vom liturgischen Vollzug der Darbringung der Opfergabe getrennt. Von daher drängte sich schließlich die fatale Konsequenz auf, das Messopfer sei zu verstehen und zu vollziehen als wirkliche, freilich unblutige Wiederholung oder gar Ergänzung des einen und einmaligen Kreuzesopfers Jesu Christi, wobei nicht mehr Christus, sondern die Kirche das Subjekt der Opferdarbringung sei: „Weil man die Eucharistie nicht mehr als sakramentales Realsymbol der *passio Christi* verstehen konnte, musste nunmehr der Opfercharakter der Eucharistie und dessen Verhältnis zum Kreuzesopfer zum schier unlösbaren Problem werden.“[55]

Von daher sind der energische Protest der Reformatoren und besonders auch das Urteil des Heidelberger Katechismus zu verstehen, die Messe der Katholischen Kirche sei eine „vermaledeite Abgötterei“[56]. Dabei handelte es sich freilich um eine grobe Verzeichnung des katholischen Eucharistieglaubens, dem gemäß das einmalige Kreuzesopfer Jesu Christi in der Eucharistie nicht wiederholt wird und die Messe kein neues Opfer ist. Die Eucharistie ist vielmehr Gedächtnis im Sinne der sakramentalen Vergegenwärtigung des Kreuzesopfers Jesu Christi, wie dies besonders im dritten eucharistischen Hochgebet zum Ausdruck kommt: „Darum, gütiger Vater, feiern wir das Gedächtnis deines Sohnes. Wir verkünden sein heilbringendes Leiden, seine glorreiche Auferstehung und Himmelfahrt und erwarten seine Wiederkunft. *So* bringen wir dir mit Lob und Dank dieses heilige und lebendige Opfer dar.“ Noch präziser verhält es sich im ersten Hochgebet, wenn es dort heißt: „memores igitur offerimus“: „eingedenk opfern wir“.

Weil wir in der Eucharistiefeier des Kreuzesopfers Jesu Christi gedenken, wird dieses Opfer selbst gegenwärtig. Denn Gedenken im biblischen Sinn ist nicht bloß ein Sich-Erinnern an Ereignisse der Vergangenheit. In der liturgischen Feier werden vielmehr die Ereignisse in der Vergangenheit selbst gegenwärtig und wieder lebendig.[57] In der Eucharistie erinnern wir uns nicht

55 W. Kasper, Einheit und Vielfalt der Aspekte der Eucharistie. Zur neuerlichen Diskussion um Grundgestalt und Grundsinn der Eucharistie, in: Ders., Theologie und Kirche (Mainz 1987) 300–320, zit. 306.

56 Der Heidelberger Katechismus, Frage 80: „Und ist also die Messe nichts anderes als eine Verleugnung des einzigen Opfers und Leidens Christi und eine vermaledeite Abgötterei?“

57 Vgl. Ch. Kardinal Schönborn, Wovon wir leben können. Das Geheimnis der Eucharistie (Freiburg i. Br. 2005), bes. 56–68: „Tut dies zu meinem Gedächtnis“.

nur daran, was Jesus beim Letzten Abendmahl getan und am Kreuz vollzogen hat; indem wir dessen gedenken und es feiern, wird es vielmehr selbst gegenwärtig. In diesem Verständnis des biblischen Gedenkens sind das Kreuzesopfer Jesu Christi und das Opfer der Eucharistie folglich ein einziges Opfer. Denn es ist derselbe Christus, der sich damals am Kreuz geopfert hat und der sich heute in der Eucharistie durch den Dienst des Priesters dem Vater hingibt. Von daher darf sich die Kirche als jene Gemeinschaft verstehen, die in ihrem Gottesdienst Christus dem himmlischen Vater darbringt und ihn damit als jene Gabe Gott zurückschenkt, die er uns zuvor gegeben hat, wie wir wiederum im dritten eucharistischen Hochgebet sprechen: „Schau gütig auf die Gabe deiner Kirche. Denn sie stellt dir das Lamm vor Augen, das geopfert wurde und uns nach deinem Willen mit dir versöhnt hat."

Da die Eucharistie die sakramentale Vergegenwärtigung des einen und einmaligen Kreuzesopfers Jesu Christi ist, verbietet es sich, den Mahlcharakter und den Opfergedanken der Eucharistie gegeneinander auszuspielen und das eine auf Kosten des anderen zu profilieren, wie dies heute leider weithin üblich geworden ist. Denn die beiden Aspekte bewegen sich nicht auf derselben Ebene: Eine Art von Mahl bildet wohl die konkrete liturgische *Form* der Feier des eucharistischen Geheimnisses; der zentrale *Gehalt* der Eucharistie aber ist die sakramentale Vergegenwärtigung des Kreuzesopfers Christi. Von daher sollte man die Eucharistie überhaupt nicht als Mahl bezeichnen, da das Entscheidende bereits im Tun Jesu bei seinem Letzten Abendmahl zwar im Rahmen eines Mahles geschehen ist, aber die übliche Mahlgestalt bereits durchbrochen hat, und weil die gedenkende Wiederholung der besonderen Worte und Gesten Jesu schon recht bald vom normalen Sättigungsmahl abgelöst worden ist.[58] Statt vom Mahlcharakter sollte man adäquater vom Gemeinschaftscharakter und von der kirchlichen Dimension der Eucharistie sprechen, die durch das Gedächtnis des Opfers Jesu Christi ermöglicht wird.

d) Die Eucharistie als Opfer der Kirche

Die Eucharistie ist als sakramentale Vergegenwärtigung des Kreuzesopfers Jesu Christi auch wirklich ein Opfer der Kirche selbst. Dieses besteht in der dankbaren Verehrung und Verherrlichung Gottes im Gedenken seiner großen Taten. Mit diesem Opfer bekennt die Kirche ihre Bereitschaft, als Leib Christi

58 Vgl. H. Schürmann, Die Gestalt der urchristlichen Eucharistiefeier, in: Ders., Ursprung und Gestalt. Erörterungen und Besinnungen zum Neuen Testament (Düsseldorf 1970) 77–99.

in sein Opfer selbst einbezogen zu werden und als Braut Christi sein Opfer in gehorsamer Unterordnung nachzuvollziehen – wie Maria Ja zum Kreuzestod Jesu sagen musste und gesagt hat. Denn die Kirche bringt nicht nur das Opfer Christi dar, sondern sie selbst soll zur Opfergabe werden, wie wir im eucharistischen Hochgebet, besonders deutlich im vierten beten: „Sieh her auf die Opfergabe, die du selber deiner Kirche bereitet hast, und gib, dass alle, die Anteil erhalten an dem einen Brot und dem einen Kelch, ein Leib werden im Heiligen Geist, eine lebendige Opfergabe in Christus, zum Lob deiner Herrlichkeit."

Die Kirche bringt Gott freilich keine andere Gabe dar als diejenige, die er ihr selbst bereitet hat. Angesichts dieser kostbaren Gabe wird uns aber bewusst, dass wir selbst bei der Darbringung dieser Gabe nicht außen vor bleiben können, sondern dass wir eingeladen und herausgefordert sind, uns in diese Darbringung persönlich hinein nehmen zu lassen und selbst eine „lebendige Opfergabe in Christus" zu werden: „zum Lob deiner Herrlichkeit". Im eucharistischen Hochgebet bitten wir deshalb Gott, dass das Opfer Jesu Christi, das wir in der Eucharistie sakramental feiern, uns nicht einfach äußerlich und uns gleichsam nur gegenüber anwesend sei und uns nicht bloß als objektives und materielles Opfer erscheine, das wir anschauen könnten wie die dinglichen Opfer in früheren Zeiten und anderen Religionen. Dann freilich hätten wir den entscheidenden Überstieg ins Christliche noch nicht gewagt. Aber wir bitten Gott, dass die Hingabe Christi an Gott und die Menschen, die wir in der Eucharistie feiern, uns innerlich werde und dass wir selbst hineingenommen werden in die Bewegung der Hingabe Jesu selbst. Oder mit anderen Worten: Wir bitten Gott, dass wir selbst wie Christus und mit Christus eucharistisch und so für Gott wohlgefällig und für die Menschen genießbar werden. Denn aus der sakramentalen Feier der Vergegenwärtigung der Lebenshingabe Jesu am Kreuz folgt von selbst auch die Selbsthingabe der christlichen Gemeinde, die Eucharistie feiert. Die Eucharistie hat die „Darbringung des ganzen Christus aus Haupt und Gliedern" zum Ziel, „also das Darbringen unserer selbst mit ihm, das Anteilgewinnen an der Hingabe Jesu Christi, die Selbsthingabe der Gemeinde, der Kirche als lebendige Hostie im Alltag der Welt"[59].

Von daher öffnet sich das Tor zum genuin biblischen Opferverständnis. Dieses versteht unter „Opfer" zunächst den Abstieg Gottes und seine Hin-

59 Th. Schneider, Zeichen der Nähe Gottes. Grundriss der Sakramententheologie (Mainz 1979) 168.

gabe an uns Menschen. Sein entscheidender Kern besteht darin, dass Gott selbst das uns schenkt, was wir ihm schenken, und dass folglich beim Opfer die Initiative ganz von Gott ausgeht und von ihm her kommt. In diesem Sinn ist Christus nicht zuerst eine Gabe, die wir in der Eucharistie Gott darbringen könnten oder sollten. Es ist vielmehr bereits das Werk der Liebe Gottes, dass er uns seinen Sohn geschenkt hat. Ihn schenken wir in der Eucharistie Gott, dem himmlischen Vater, wieder zurück. Seit ältesten Zeiten wird dieses Opferverständnis auch im Römischen Kanon ausgedrückt, wenn es dort heißt: „So bringen wir aus den Gaben, die du uns geschenkt hast, dir, dem erhabenen Gott, die reine, heilige und makellose Opfergabe dar, das Brot des Lebens und den Kelch des ewigen Heiles."

Auf die Bewegung der Hingabe Gottes an uns Menschen folgt die umgekehrte Bewegung des Aufstiegs von uns Menschen zu Gott und unserer Hingabe an ihn. Dem ersten Satz des biblischen Opferverständnisses, dass Gott schenkt, damit wir schenken können, schließt sich deshalb unmittelbar der zweite Satz an, dass auch wir Menschen wirklich schenken, genauer zurückschenken, was Gott uns geschenkt hat, oder zurücksegnen, womit Gott uns gesegnet hat. Diese Dimension des biblischen Opferverständnisses ist bereits greifbar in der Frömmigkeit der Psalmen und der Propheten, etwa in der Einsicht, dass ein zerknirschter Geist das wahre Opfer vor Gott ist, dass unsere Gebete aufsteigen mögen wie Weihrauch zu Gott hin und dass mehr als Tausende von Widdern das Gebet vor Gott wiegen möge. Solche Aussagen dokumentieren, dass Israel in einem langen Ringen zur Überzeugung gekommen ist, dass jenes Opfer, das Gott wirklich gemäß ist und ihm gefällt, der gottgemäß lebende Mensch selbst ist und dass somit das wahre Opfer das Gebet, die dankende Lobpreisung Gottes ist, in der wir uns als seine Geschöpfe ihm zurückgeben. Vor allem in den Psalmen ist deutlich, „dass das Opfer des Lobes und des Dankes – als Zeichen der inneren Einstellung des Opfernden zu seinem Gott – der wichtigste zentrale Aspekt ist"[60].

Von dieser alttestamentlichen Frömmigkeit her, in der die Lob- und Dankgebete, die berakhot, einen großen Stellenwert haben, hat die frühe Kirche stets deutlicher erkannt, dass auch Jesus das Letzte Abendmahl in dieser Tradition des jüdischen Lob- und Dankgebetes gefeiert hat und dass das We-

60 M. Stuflesser, „… dass mein und euer Opfer Gott, dem allmächtigen Vater, gefalle!" Liturgietheologische Überlegungen zur Frage der Eucharistie als Opfer, in: G. Augustin, A. Knoll, M. Kunzler und K. Richter (Hg.), Priester und Liturgie. Manfred Probst zum 65. Geburtstag (Paderborn 2005) 251–264, zit. 254.

sentliche dieses Geschehens nicht im Essen des Lammes und der anderen traditionellen Gerichte bestand, sondern in seiner neuen berakha, im großen Gebet der Lobpreisung, in dessen Mitte die Stiftungsworte Jesu stehen: „Dies ist mein Leib" – „Dies ist mein Blut"[61]. Die frühe Kirche hat deshalb den wesentlichen Kern des Letzten Abendmahls Jesu in der eucharistia gesehen, aus der später der Kanon der Römischen Messe entstanden ist, der ganz aus dem Beten Israels und dem Beten Jesu herausgewachsen ist und dazu einlädt, in der Lobpreisung Gott zurückzugeben, was wir von ihm empfangen haben, also gleichsam alles zu eucharistieren.[62]

Diese Entwicklung wird übrigens bestätigt durch die Sprachgeschichte in der frühen Kirche, in der die Bezeichnungen „Abendmahl" und „Herrenmahl" bald ganz verschwunden und seit dem zweiten Jahrhundert nicht mehr gebraucht worden sind und an deren Stelle das Wort „eucharistia" getreten ist, wie es bereits eindeutig bei Ignatius von Antiochien vorliegt.[63] Der sachliche Grund dafür liegt darin, dass auch der christliche Gottesdienst „durch die Danksagung in der Form des Opfers, das heißt der unbedingten Hingabe bestimmt" ist[64]. Angesichts dieser Vergeistigung und Personalisierung des christlichen Opferverständnisses kann man es unmöglich als Irrweg beurteilen, dass sich der Gedanke des Dankes sehr früh mit dem des Opfers verbunden hat und deshalb aus dem Wort „eucharistia" der Gedanke der „oblatio" herausgehoben worden ist. Der Schritt von „gratias agamus" zum „offere" in der Eucharistie erweist sich letztlich nur als eine Entfaltung dessen, was von Anfang an gegeben war. Es ist nur folgerichtig, dass der Gedanke von einem worthaften Opfer auch Eingang in den Römischen Kanon gefunden hat, wenn dort von einer „oblatio rationabilis" die Rede ist. Das

---

61 Vgl. J. Cardinal Ratzinger, Gestalt und Gehalt der eucharistischen Feier, in: Ders., Das Fest des Glaubens. Versuche zur Theologie des Gottesdienstes (Einsiedeln 1981) 31–54.

62 Zum Zusammenhang zwischen der berakha-eucharistia des Letzten Abendmahls Jesu und den eucharistischen Hochgebeten der Kirche vgl. L. Bouyer, Eucharistie. Théologie et spiritualité de la prière eucharistique (Tournai 1966).

63 Ignatius von Antiochien, Ad Smyrn 8,1. Josef A. Jungmann, „Abendmahl" als Name der Eucharistie, in: Zeitschrift für katholische Theologie 93 (1971) 91–94, hat eingehend gezeigt, dass es nach der Bezeichnung „Herrenmahl" in 1 Kor 11,20 bis ins sechzehnte Jahrhundert die Benennung der Eucharistie als Mahl nicht mehr gegeben hat und dass es sprachlich der ganzen Tradition gegenüber eine Neuheit gewesen ist, als in der Reformationszeit Martin Luther die Eucharistie wiederum als „Abendmahl" bezeichnet hat: „Es bestätigt sich also, dass die Bezeichnung im sechzehnten Jahrhundert ein völliges Novum war" (Seite 93).

64 H. Hoping, Gottesrede im Raum der Liturgie. Theologische Hermeneutik und christlicher Gottesdienst, in: Ders./B. Jeggle-Merz (Hg.), Liturgische Theologie. Aufgaben systematischer Liturgiewissenschaft (Paderborn 2004) 9–31, zit. 21.

eucharistische Hochgebet ist als Fortsetzung der Paschahaggada ein „rationabilie obsequium“, nämlich Opfer in der Weise des Wortes, und bildet deshalb den eigentlichen Kern der kirchlichen Eucharistie.

e) Darbringung der Kirche als Opfer

Das eucharistische Gebet ist in dem Sinn ein Opfer der Kirche, dass es ihr Eintreten in das Gebet Jesu Christi selbst ist und damit ihr Eingehen in den Sohn und in seine Selbstübergabe an den Vater, die im Kreuz zugleich Übergabe der Menschheit an ihn geworden ist. Denn Christus selbst ist das wahre Opfer, das uns zu Opfer macht, indem es uns gottförmig werden lässt und uns mit Gott eint. Gemeinschaft mit Gott und den Menschen ist deshalb das eigentliche Ziel des Opfers der Eucharistie, wie der heilige Augustinus in seinem großen Werk „Über den Gottesstaat“ sensibel bemerkt: „Ein wahres Opfer ist jedes Werk, welches dazu beiträgt, dass wir in heiliger Gemeinschaft Gott anhangen.“[65]

Die Gemeinschaft mit Gott wird am intensivsten und intimsten in der Eucharistie gestiftet. In ihr ereignet sich die Verwandlung des sündigen und selbstsüchtigen Menschen in einen gottgemäßen Menschen. Zur gottgemäßen Gestalt verwandelt wird der Mensch, wenn er selbst Liebe wird. Und Liebe ist nur dann wahr, wenn sie uns Menschen zu Gott hinführt und damit auf unser wahres Ziel hinordnet, weil sich nur im Einswerden und in der Gemeinschaft mit Gott auch die Einheit unter den Menschen ereignen kann. Von daher findet Augustinus noch zu einer weiteren Umschreibung dessen, was Opfer ist: „Die ganze erlöste menschliche Gemeinschaft, das heißt die Versammlung und die Gemeinschaft der Heiligen, wird Gott als Opfer durch den Hohenpriester dargebracht, der sich selbst darbrachte.“[66]

Hier liegt der Grund, dass wir die Eucharistie nur feiern können in Gemeinschaft mit der ganzen Kirche aller Zeiten und aller Orten, in der Gemeinschaft mit den Heiligen und mit den Toten, wie wir dies im eucharistischen Hochgebet mit der dreifachen Bekundung einer universalen Gemeinschaft bekennen, die genauer zu verstehen ist als „sprachliche Vergegenwärtigung der raum- und zeitübergreifenden Opfer- und Kommuniongemeinschaft“[67]: Im „Memento ecclesiae“ geht es um die Gemeinschaft mit der ganzen Kirche von

65 Augustinus, De civitate Dei, X 6. Vgl. B. Studer, Das Opfer Christi nach Augustins „De civitate Dei“ X, 5–6, in: G. J. Békés/G. Farnedi (Eds.), Lex orandi, lex credendi. Miscellanea in onore di P. Cipriano Vagaggini (Roma 1980) 93–107.

66 Ebd.

67 R. Messner, Einführung in die Liturgiewissenschaft (Paderborn 2001) 200.

damals und heute, von hier und dort und ihre sichtbare und nennbare Einheit mit dem Ortsbischof und dem Papst. Die Nennung der Namen von Bischof und Papst im eucharistischen Hochgebet steht dafür, dass wahrhaft die eine Eucharistie gefeiert wird, die nur in der einen Kirche möglich ist. Im „Memento sanctorum" vergewissern wir uns der festen Zuversicht auf die Vollendung der Teilhabe an der Auferstehung Jesu Christi, die aber nur in der Gemeinschaft mit allen Vollendeten zum Ziel kommen kann. In diese Gemeinschaft der Heiligen werden schließlich im „Memento mortuorum" auch alle Verstorbenen miteinbezogen, indem um das Erbarmen Gottes für sie und für ihre Aufnahme in die Herrlichkeit des Vaters gebetet wird.

Nur in dieser dreifachen universalen Gemeinschaft verdient die eucharistische Versammlung die Ehrenbezeichnung „Opfer". Augustinus kann es deshalb noch kürzer fassen: „Das ist das Opfer der Christen – die vielen ein Leib in Christus."[68] Wer in der Eucharistie den Leib Christi empfängt, ist berufen und verpflichtet, Kirche als Leib Christi zu leben. Wenn das wahre Wesen des eucharistischen Opfers darin besteht, dass es Gemeinschaft mit Gott und den Menschen stiftet, dann ist es letztlich nicht Gott, der dieses Opfer braucht, sondern wir Menschen sind es, die es brauchen, um wieder neu in die Gemeinschaft mit ihm zu kommen. Insofern ist Gott zwar „der Empfänger des Opfers, doch der Nutznießer ist nicht Gott, es ist der Mensch, es sind wir, und darin unterscheidet sich das christliche von jedem anderen Opfer"[69].

f) Die Eucharistie als Opfer der Heiligung

Wer das Neue des christlichen Opfers bedenkt, kann unmöglich der Meinung sein, der Opfercharakter der Eucharistie gehöre zu den überwundenen Relikten des christlichen Glaubens. Er wird vielmehr überzeugt sein, dass wir nur dann das Große und Schöne, das Gott in der Eucharistie uns eröffnet und schenkt, finden können, wenn wir für das Opfer Christi, für das Opfer der Eucharistie und für das Opfer der Kirche dankbar sind und die Kirche selbst Gott als Opfer darbringen. Denn dies ist das Opfer der Christen: „Die vielen ein Leib in Christus". Der existenzielle Ernst und der Lebensbezug der Eucharistie, dem die mystagogischen Bemühungen gewidmet sein müssen, hängen deshalb unlösbar mit dem Opfergedanken zusammen, sofern er im Licht des christlichen Glaubens gereinigt und beim Wort genommen wird. Denn „sa-

---

68 Augustinus, De civitate Dei, X 6.

69 R. Cantalamessa, Die Eucharistie: Unsere Heiligung (Köln 1998) 21.

crificium" bedeutet „heilig gemacht". In der Eucharistie geht somit die Gebetsbitte Jesu für die Jünger aller Zeiten in Erfüllung, die er am Vorabend vor seinem Leiden an seinen Vater gerichtet hat: „Heilige sie in der Wahrheit; dein Wort ist Wahrheit. Wie du mich in die Welt gesandt hast, so habe ich auch sie in die Welt gesandt. Und ich heilige mich für sie, damit auch sie in der Wahrheit geheiligt sind" (Joh 17,17–19).

Um diese Gebetsbitte Jesu verstehen zu können, müssen wir davon ausgehen, dass ursprünglich und letztlich nur Gott allein heilig ist und dass jede andere Gestalt von Heiligkeit nur Anteilhabe an der Heiligkeit Gottes sein kann. Jemanden heilig machen bedeutet von daher, ihn aus dem Bereich des Eigenen herauslösen und in die heilige Atmosphäre Gottes hinein tragen, so dass er nicht mehr sich selbst gehört, sondern ganz Gott zu eigen ist. Heiligung ist Weggabe eines Menschen aus der Welt und seine Übergabe an den lebendigen Gott, ist „Übereignung aus der Welt heraus und Zueignung zu Gott"[70]. Damit ist eine doppelte Bewegung impliziert: Wer heilig gemacht wird, wird für Gott ausgesondert. Aber diese Aussonderung ist keine Absonderung. Wie Jesus in seinem Abschiedsgebet um die Heiligung seiner Jünger betet und sie zugleich sendet zur Fortführung seiner eigenen Sendung, so bedeutet Aussonderung für Gott zugleich Sendung zum stellvertretenden Dienst an den Menschen. Denn wer sich weggeben lässt an Gott, wird gerade zu denen gesandt, für die Gott da ist.

Sich heiligen kann man deshalb übersetzen mit sich opfern. Wer in der Eucharistie geheiligt wird, indem er sich selbst in das Opfer Jesu Christi hinein nehmen lässt, geht die ernste Verpflichtung ein, die eucharistische Heiligung in den Alltag hinein zu tragen. Denn Eucharistie kann nie allein ein liturgischer Akt sein, sondern aus der Liturgie will Liebe im Alltag und Heiligung im alltäglichen Leben werden. Dass die Liturgie der Eucharistie sich im Alltag fortsetzen will und dass es deshalb keine letzte Grenze zwischen Liturgie und Leben geben darf, ist ein Grundanliegen der Liturgietheologie von Papst Benedikt XVI., das er bereits in einem sehr frühen Artikel dahingehend ausgesprochen hat: „Christlicher Glaube bezieht alles auf Gottesverehrung, aber nicht anders als auf dem Weg der Menschenliebe."[71]

Wenn die Liebe letztlich der einzig gottgemäße Kult ist, beginnt man auch zu verstehen, dass bereits die biblische Tradition kultisch-eucharistische

70 Benedikt XVI., Homilie in der Chrisammesse in der Petersbasilika am 9. April 2009.

71 J. Ratzinger, Kirche und Liturgie (1958), in: R. Voderholzer (Hg.), Mitteilungen des Institut-Papst-Benedikt XVI. Band 1 (Regensburg 2008) 13–27, zit. 25.

Sprache auf die christliche Existenz im Alltag anwendet und umgekehrt die Sendung der Kirche in der Welt als Frucht der Eucharistie betrachtet. Dass das wahre Opfer in der unbedingten Hingabe an Gott, im Vertrauen auf Gott und im Wort des Gebetes besteht, hat das Neue Testament aufgenommen mit dem Gedanken des Opfers des Wortes, der λογικὴ λατρεία. So ermahnt Paulus die Christen in Korinth, sich „selbst als lebendiges und heiliges Opfer darzubringen, das Gott gefällt: das ist für euch der wahre und angemessene Gottesdienst" (Röm 12,1). Dieselbe Überzeugung findet sich im Hebräerbrief: „Durch ihn (sc. Christus) also lasst uns Gott allezeit das Opfer des Lobes darbringen, nämlich die Frucht der Lippen, die seinen Namen preisen. Vergesst nicht, Gutes zu tun und mit anderen zu teilen; denn an solchen Opfern hat Gott gefallen" (Hebr 13,15). Danksagung als Opfer ist folglich der rechte Gottesdienst, der das ganze Leben des Christen umfasst, noch bevor er sich im liturgischen Gottesdienst im engeren Sinn verwirklicht. Die christliche Existenz hat insgesamt kultischen Sinn, weil sie „eine dem Weltlichen entnommene und Gott geweihte Opfergabe" ist[72], wodurch freilich das von menschlicher Selbstsucht bestimmte Denken erneuert und auf den Mitmenschen hin aufgeschlossen wird.

5. Eucharistiewerdung in der christlichen Existenz

Nur so ist die Eucharistie die Mitte der Kirche und das Herz des christlichen Lebens.[73] Von diesem Herz der Kirche geht alles Leben und Wirken aus und strömt wieder zu ihm zurück. Da wir in der Feier der Eucharistie am intensivsten das „Für uns" Jesu Christi, das die Mitte seines irdischen Wirkens und seines auferstandenen Lebens ausmacht, erfahren dürfen, sind wir herausgefordert, auch unser Leben „für andere" einzusetzen. Die sichtbare Darstellung dieses „Für Andere" in der Welt nennen wir Mission. Dazu sind wir gerufen in der eucharistischen Versammlung, die ihre Fortsetzung und Bewährung in der eucharistischen Sendung im Alltag finden muss. Die Begegnung mit Jesus Christus in der Eucharistie erweckt in der Kirche und in jedem Christen „den Drang zum Zeugnisgeben und zur Evangelisierung"[74].

72 H. Schlier, Der Römerbrief (Freiburg i. Br. 1977) 358.
73 Vgl. K. Koch, Eucharistie. Herz des christlichen Glaubens (Freiburg/Schweiz 2005).
74 Johannes Paul II., Mane Nobiscum Domine, Nr. 24.

Papst Johannes Paul II. hat deshalb die Eucharistie als „große Schule der Liebe“ bezeichnet[75].

a) Eucharistie des Martyriums

Die Intensivform der eucharistischen Liebe ist zweifellos das Martyrium, in dem die Nachfolge Jesu Christi Anteilhabe an seinem Blut im wörtlichen Sinne bedeutet. Diese realistische Verheißung Jesu hat sich in der Kirchengeschichte tausendfach bewahrheitet und bestätigt sich auch in der heutigen Welt, in der der christliche Glaube die am meisten verfolgte Religion ist. Ein besonders eindrückliches Beispiel, an dem die existenzielle Eucharistiewerdung im Leben eines Menschen abgelesen werden kann, ist das Martyrium des heiligen Polykarp von Smyrna. Er gehört in die Zeit der Apostelschüler und wirkte in Kleinasien, wo die ersten christlichen Gemeinden noch in der Zeit der Apostel gegründet worden sind. In diesem Gebiet wurden die Christen bereits früh verfolgt, wie die Worte zeigen, die Johannes an die Gemeinde von Smyrna schreibt: „Fürchte dich nicht vor dem, was du noch erleiden musst! Der Teufel wird einige von euch ins Gefängnis werfen, um euch auf die Probe zu stellen, und ihr werdet in Bedrängnis sein, zehn Tage lang. Sei treu bis in den Tod; dann werde ich dir den Kranz des Lebens geben“ (Apk 2,10).

Allen voran in der Gemeinde von Smyrna hat ihr Bischof Polykarp Anteil an Jesu Kelch des Leidens und des Todes erhalten. Über seinen Märtyrertod berichten die ältesten christlichen Märtyrerakten. Das Auffälligste und zweifellos Tiefsinnigste dabei ist, dass der Bericht über sein Martyrium als Liturgie geschildert und wie ein eucharistisches Hochgebet gestaltet ist.[76] Zunächst wird berichtet, wie Bischof Polykarp gefesselt wird und wie ihm die Hände auf den Rücken gebunden werden. Damit erscheint er, wie es in den Märtyrerakten heißt, „wie ein edler Widder, der aus der großen Herde zu Gott geführt wird, eine Gott wohlgefällige, für ihn bereitete Opfergabe“. Nach dieser Vorbereitung des Martyriums, die wie eine Gabenbereitung beschrieben wird, spricht Polykarp, auf den Holzstoß gelegt und dort angebunden, eine Art eucharistisches Hochgebet. Er dankt für die Erkenntnis Gottes, die ihm durch seinen geliebten Sohn Jesus Christus zuteil geworden ist. Er preist Gott, weil er gewürdigt worden ist, Anteil am Kelch Jesu Christi auf

---

75 Ebda, Nr. 27.

76 Vgl. G. Buschmann, Das Martyrium des Polykarp = Kommentar zu den Apostolischen Vätern. Band 6 (Göttingen 1998).

die Auferstehung hin zu erlangen. Schließlich bittet er mit Worten aus dem alttestamentlichen Buch Daniel, die offensichtlich schon früh in die christliche Liturgie aufgenommen worden sind: „heute vor dir als wohlgefälliges und fettes Opfer angenommen zu sein". Dieses Hochgebet endet – wie dies auch in den eucharistischen Hochgebeten geschieht – mit einer großen Doxologie. Nachdem Polykarp das „Amen" gesprochen hat, entzünden die Knechte den Holzstoß. Anschließend wird eigens erwähnt, dass sein verbrannter Leib nicht wie verbranntes Fleisch erscheint, sondern wie gebackenes Brot, und dass die Anwesenden einen süßen Duft spüren „wie von Weihrauch oder von kostbaren Aromen". Wenn man bedenkt, dass beide Bilder – Brotwerdung und Wohlgeruch – zusammengehören und der alt- und neutestamentlichen Opfertheologie entstammen, wird nochmals der liturgisch-eucharistische Charakter des Geschehens verdeutlicht.

Die Darstellung des Martyriums als eucharistische Liturgie zeigt, dass Bischof Polykarp durch sein Martyrium Christus gleich geworden und sein Leben Hin-Gabe und eucharistische Gabe geworden ist: Wie von Christus gerade nicht das Gift der Zersetzung des Lebendigen durch die Macht des Todes kommt, sondern von ihm die Kraft des Lebens ausgeht und er uns Leben wie gutes Brot gibt, so besiegt auch die persönliche Hineingabe des Glaubenszeugen Polykarp in den Leib Christi durch das Martyrium die Macht des Todes. Indem auch der Märtyrer durch sein Sterben Leben schenkt, ist er selbst in das eucharistische Geheimnis eingegangen. Hier liegt der tiefste Grund, dass die Märtyrerakten das Martyrium des heiligen Polykarp als „Eucharistiewerdung des Märtyrers" beschreiben, „der in die volle Gemeinschaft mit dem Pascha Jesu Christi eintritt und so mit ihm Eucharistie wird"[77].

Solche existenzielle Eucharistiewerdung von glaubwürdigen Christen ist in der Geschichte der Kirche vielfach bezeugt. Das zweifellos populärste Beispiel ist die Geschichte vom heiligen Laurentius auf dem Rost, in der man bereits früh das Urbild der christlichen Existenz erblickt hat, und zwar dahingehend, dass die Bedrängnisse des Lebens zu jenem reinigenden Feuer werden können, das uns selbst allmählich so umformt, dass unser ganzes Leben Gabe für Gott und für die Menschen werden kann. In unserer Zeit sticht das Martyrium des heiligen Maximilian Kolbe in die Augen, der unter Lobgesängen stirbt, der für einen anderen Menschen das Leben gibt und bei dem sich die radikale Hingabe gerade dadurch vollendet, dass sein ganzes Leben

77 J. Cardinal Ratzinger, Eucharistie und Mission, in: Ders., Weggemeinschaft des Glaubens. Kirche als Communio (Augsburg 2002) 79–106, zit. 98.

aufgelöst wird. Diese Beispiele zeigen, dass christliches Martyrium nicht nur Leben aus dem Mysterium der Eucharistie bedeutet, sondern auch und vor allem existenzielles Hineingenommenwerden in dieses Mysterium selbst.

b) Teilhabe am Paschageheimnis in der Nachfolge Jesu

Aus dem Tod in Hingabe entsteht neues Leben. Das ist die Botschaft der Märtyrer, die ganz in das eucharistische Geheimnis hinein genommen worden sind.[78] In unseren Breitengraden bleibt uns zwar ein Martyrium erspart, wenigstens ein physisches, nicht immer ein verbales oder mediales. Aber der Lebenszusammenhang von christlicher Existenz und persönlichem Hineingenommenwerden in das Geheimnis der Eucharistie gilt auch für uns. Auch in unserem Leben muss sich Eucharistiewerdung vollziehen. Denn wer in die Nachfolge Jesu Christi treten will, erhält von selbst Anteil an seinem Paschageheimnis der verblutenden Liebe am Kreuz.

Dies zeigt mit besonderer Deutlichkeit Jesu Antwort auf das Ansinnen der Mutter der Zebedäussöhne, Jesus solle ihnen das Sitzen zur Rechten und Linken Jesu in seiner Herrlichkeit garantieren. Jesus aber erklärt ihnen unmissverständlich, dass dieses Sitzen in der Herrlichkeit des Himmels an die Erfüllung des Willens Gottes gebunden ist, und nennt als elementarste Zulassungsbedingungen für seine Nachfolge Kelch und Taufe: „Könnt ihr den Kelch trinken, den ich trinke, oder die Taufe auf euch nehmen, mit der ich getauft werde?" (Mk 10,38). Die entscheidenden Stichworte in der Antwort Jesu – Kelch, Taufe und damit Liebe – bringen es an den Tag, dass Nachfolge Jesu nicht auf das Moralische eingeengt werden kann, sondern eine elementar christologische Kategorie ist und erst von daher zu einem moralischen Auftrag wird. Kreuzesnachfolge ist kein Moralismus, der das Leben mit einer negativen Brille betrachtet, aber auch kein Masochismus für Menschen, die sich selbst ohnehin nicht ertragen können, sondern wirklich Frohe Botschaft, die Leben durch den Tod hindurch verheißt. Nachfolge Jesu ist deshalb stets an das Paschageheimnis gebunden und gewiss kein Sonntagsspaziergang. Denn sie schließt die Bereitschaft ein, „ein Simon von Cyrene zu sein auf dem Kreuzweg Jesu in allen Jahrhunderten der Geschichte"[79].

---

78 Vgl. P.-W. Scheele, Zum Zeugnis berufen. Theologie des Martyriums (Würzburg 2008).
79 J. Kardinal Ratzinger, Auf Christus schauen. Einübung in Glaube, Hoffnung, Liebe (Freiburg i. Br. 1989) 106.

Das gemeinsame Tragen des Kreuzes hält im Glaubensbewusstsein wach, dass nicht ein kreuzloses, sondern ein kreuzvolles Christentum der Normalfall ist, wie die Kirche seit ihrem Beginn immer wieder neu erfahren musste. Ein beredtes Zeugnis davon legt bereits der Erste Brief des Johannes ab, der seinen Adressaten in Erinnerung ruft: „Dieser ist es, der durch Wasser und Blut gekommen ist: Jesus Christus. Er ist nicht nur im Wasser gekommen, sondern im Wasser und im Blut. Und der Geist ist es, der Zeugnis ablegt; denn der Geist ist die Wahrheit. Drei sind es, die Zeugnis ablegen: der Geist, das Wasser und das Blut; und diese drei sind eins" (1 Joh 5,6–8).

Beim ersten Hinhören klingt dieses Wort sehr rätselhaft. Verstehen lässt es sich nur auf dem Hintergrund des Passionsberichtes beim Evangelisten Johannes, in dem es heißt, aus der Seitenwunde Jesu am Kreuz seien Blut und Wasser geflossen (Joh 19,34). Blut und Wasser sind für Johannes Bilder für die beiden Grundsakramente der Kirche, nämlich Taufe und Eucharistie. Johannes bringt damit zum Ausdruck, dass die Sakramente von Taufe und Eucharistie und damit die Kirche selbst vom Kreuz Jesu her kommen. Auf diesem Hintergrund wird verständlich, dass sich Johannes in einer sehr polemischen Weise gegen ein Christentum zur Wehr setzt, das nur noch die Taufe Jesu als Heilsereignis anerkennen will, seinen Tod am Kreuz und seine Vergegenwärtigung in der Eucharistie jedoch aus dem Glaubensbewusstsein ausblendet. Johannes hat es folglich mit einem Christentum zu tun, das nur das Wasser der Taufe, nicht aber das Blut der Eucharistie und damit des Kreuzes Jesu will. Vom Christentum bleibt nur noch das Wasser übrig; und so wird es ein wässriges oder gar verwaschenes Christentum.

Wer könnte und wollte ehrlichen Herzens bestreiten, dass auch das Christentum heute immer wieder von dieser Versuchung bedroht ist, dass gleichsam das Wunder von Kana auf den Kopf gestellt wird? Während Jesus bei der Hochzeit zu Kana Wasser in Wein verwandelt hat, gibt es auch heute in der Kirche Tendenzen, den in der Passion Jesu gekelterten Wein wieder in Wasser zu verwandeln. Dem gegenüber beharrt Johannes mit einer eindringlichen Eindeutigkeit darauf, dass Wasser und Blut, Taufe und Eucharistie, Nachfolge und Kreuz unlösbar zusammengehören. Denn Kirche ist immer Kirche aus Wasser und Blut.

c) Eucharistische Anbetung als Antizipation der himmlischen Liturgie

Damit öffnet sich der Blick auf eine weitere Dimension des eucharistischen Geheimnisses, zu dem die mystagogischen Bemühungen hinführen sollen, nämlich die Praxis der eucharistischen Anbetung.[80] Recht verstanden ist sie nichts anderes als die Ausfaltung der Eucharistiefeier, die in sich selbst der größte Anbetungsakt der Kirche ist, und zugleich vertiefende Hinführung zu ihr und ihre meditative Weiterführung. Diese Praxis und die hinter ihr liegende Glaubensüberzeugung von der bleibenden Dauer der eucharistischen Gegenwart Jesu Christi auch über den Abschluss der liturgischen Feier hinaus ergeben sich dabei aus der Eucharistiefeier von selbst. Weil Christus seine Gegenwart an die Zeichen von Brot und Wein bindet, währt seine Gegenwart so lange, wie diese Zeichen da sind. Christus schenkt sich in der Eucharistie seiner Kirche dadurch, dass seine Gegenwart in den Zeichen von Brot und Wein eine konkret sinnliche Gestalt findet. Von daher ist prinzipiell nicht einzusehen, warum seine Gegenwart nicht genau so lange bleiben sollte, wie die eucharistischen Zeichen in der Kirche gegenwärtig sind. Die sakramentale Vergegenwärtigung Jesu Christi ereignet sich zudem nicht allein um einer liturgischen Feier willen, sondern primär für die Kirche. Sie wird deshalb, so lange sie lebt und glaubt, weiterhin begleitet in der Konkretheit und Leibhaftigkeit, die seine Begleitung in den eucharistischen Gaben angenommen hat. In ihnen lebt die Eucharistie gleichsam kristallisiert weiter, auch wenn die Liturgie als Vorgang abgeschlossen ist.

Von daher kann es keine Konkurrenz zwischen der Kommunion in der Eucharistie und eucharistischer Anbetung geben. Beide fordern und fördern sich vielmehr wechselseitig. Denn die Kommunion selbst will über sich hinausreichen: einerseits in die alltägliche Kommunikation der Christen untereinander und andererseits in die persönliche Kommunikation des einzelnen Christen mit Christus, die ihren Höhepunkt in der eucharistischen Anbetung findet. Nur in diesem Klima der Anbetung kann die Feier der Eucharistie ihre Größe und Kraft erhalten, weil in dieser Praxis intensiviert und gleichsam verlängert wird, was in der Eucharistie selbst geschieht, wie Papst Benedikt XVI. mit Recht betont: „Nur im Anbeten kann tiefes und wahres Empfangen reifen. Und gerade in diesem persönlichsten Akt der Begegnung mit dem Herrn reift dann auch die soziale Sendung, die in der Eucharistie ent-

80 Vgl. R. Cantalamessa, Gottheit tief verborgen. Das Geheimnis der Eucharistie im Licht grosser Hymnen (Freiburg i. Br. 2005).

halten ist und nicht nur die Grenze zwischen dem Herrn und uns, sondern vor allem auch die Grenzen aufreißen will, die uns voneinander trennen."[81]

Was die Praxis der eucharistischen Anbetung im Leben eines Menschen bewirken kann, davon legt André Frossard, ein in Frankreich bekannter Journalist, beredtes Zeugnis ab.[82] Aus einer atheistischen Familie stammend und so auch aufgewachsen, besuchte er als Student die berühmte École normale supérieure in Paris. Eines Tages suchte er einen Freund auf und hörte, dass er gegenüber der Schule in die Kapelle eines Klosters gegangen war. Er suchte diesen Freund und ging in die Kapelle hinein, wo die Schwestern Ewige Anbetung pflegten. Im Rückblick auf dieses Ereignis bekennt Frossard: „Ich bin hineingegangen und nach 10 Minuten als Christ zurückgekommen." Was war geschehen? Rückblickend deutete er das Geheimnis seiner Bekehrung dahingehend, dass er verstanden habe, dass derjenige, der da so plötzlich in sein Leben hinein getreten ist, in der Eucharistie gegenwärtig war und ihn gerufen hat.

Die eucharistische Anbetung hat eine der berühmten Bekehrungsgeschichten des 20. Jahrhunderts ermöglicht. Dabei besticht in dieser Geschichte die unsensationelle Schlichtheit der Bekehrung aufgrund der Erfahrung der Gegenwart Jesu Christi in der Eucharistie, wie sie in der eucharistischen Anbetung freigesetzt wird. Wenn wir unseren Blick auf die himmlische Liturgie des Lammes richten, wie sie im fünften Kapitel der Johannesapokalypse beschrieben ist, dann hat die eucharistische Anbetung geradezu prophetischen Charakter, weil sie bereits vorwegnimmt, was für die Ewigkeit im himmlischen Jerusalem verheißen ist. Denn nichts von dem, das wir in der kirchlichen Liturgie feiern, hat in einem so hohen Mass prophetischen und eschatologischen Charakter wie die eucharistische Anbetung. Daraus darf man mit Raniero Cantalamessa schließen: „Konsekration und Kommunion werden aufhören – die Kontemplation des für uns geopferten Lammes aber wird nie enden. Genau dies nämlich ist es, was die Heiligen im Himmel tun (vgl. Offb 5,1ff). Wenn wir vor dem Tabernakel knien, dann stimmen wir bereits ein in den Chor der Kirche in jener Welt: sie vor, wir gleichsam hinter dem Altar; sie in der Schau, wir im Glauben."[83]

---

81 Benedikt XVI., Ansprache an die Römische Kurie am 22. Dezember 2005.

82 Vgl. Ch. Kardinal Schönborn, Wovon wir leben können. Das Geheimnis der Eucharistie (Freiburg i. Br. 2005) 115–116.

83 R. Cantalamessa, Die Eucharistie – unsere Heiligung (Köln 1998) 111.

Damit weitet sich die Eucharistie nochmals ins Kosmische hinein, das für christliche Liturgie grundlegend ist. Denn nur wenn Liturgie kosmische Weite hat, ist sie „orthodox", und zwar in dem ursprünglichen Sinn, dass das darin enthaltene Wort „doxa" nicht „Meinung", sondern „Herrlichkeit" bedeutet. Dem gemäß ist unter „Orthodoxie" die rechte Weise, Gott zu verherrlichen, zu verstehen. Mit dem „Lernen der rechten Weise der Anbetung" steht und fällt christliche Liturgie.[84] Die eucharistische Anbetung erweist sich deshalb als eine besondere Form der Mystagogie, die uns hilft, auch heute in der Weise des Paulus das zu vollziehen und auch an die kommende Generation zu überliefern, was wir selbst empfangen haben.

84 Benedikt XVI., Zum Eröffnungsband meiner Schriften, in: J. Ratzinger, Theologie der Liturgie = Gesammelte Schriften. Band 11 (Freiburg i. Br. 2008) 5–8, zit. 6.

Ekklesiologische Dimension des Glaubens

Die Sendung des Taufpriestertums
Taufverpflichtung zu einem christlichen Leben in der Welt[1]

1. Froher Zuspruch und Hoher Anspruch der Taufe

Von der frühen Liturgie in Jerusalem ist uns überliefert, dass bei der Aufnahme von Erwachsenen in die Glaubensgemeinschaft der Kirche der Täufling sich hinten in der Kirche nach Westen als den Ort der Finsternis drehte und sich viermal vom Teufel und allem Bösen und seinem Pomp lossagte. Anschließend drehte er sich nach Osten als den Ort der aufgehenden Sonne und des Lichtes und bekannte dreimal den christlichen Glauben an Gott, den Vater, an seinen Sohn, Jesus Christus, und an den Heiligen Geist. In dieser frühen Taufliturgie kommt sichtbar zum Ausdruck, dass die Taufe in einem elementaren Sinn mit der Bereitschaft zur Umkehr verbunden ist; und in der Umdrehung von Westen nach Osten wurde liturgisch inszeniert, was Umkehr in der Taufe bedeutet, nämlich Abwendung vom Bösen und Hinwendung zum Guten und damit Umkehrung des eigenen Lebens. Mit dieser liturgischen Umdrehung von Westen nach Osten war eine Neu-Orientierung des eigenen Lebens verbunden, und zwar im ursprünglichen Sinn des Ausrichtens des Lebens nach dem oriens, der aufgehenden Sonne, die in der Menschwerdung Jesu Christi bereits aufgegangen ist. Leben im Geist der christlichen Taufe hieß damals einfach, aber radikal: „Conversi ad dominum" – „Richtet euer Leben auf Christus aus!"

Angesichts des tiefen Ernstes, der mit der Taufe verbunden war, wird es nicht erstaunen, dass in der frühen Kirche die Taufe einschneidende Konsequenzen im Leben der Getauften nach sich gezogen hat. Viele heidnische Berufe kamen für Christen und Christinnen nicht mehr in Frage, vor allem jene Berufe, die mit dem heidnischen Kult in Berührung standen wie Schauspieler und Gladiatoren, Astrologen und Traumdeuter, Zuhälter und Dirnen.

---

1 Vortrag beim 43. Treffen des Internationalen Priesterkreises zum Thema „Taufberufung und Weltverantwortung. 50 Jahre Zweites Vatikanisches Konzil" in Köln am 14. August 2012, erschienen in: P. Hofmann/K. M. Becker/J. Eberle (Hg.), Taufberufung und Weltverantwortung. 50 Jahre Zweites Vatikanisches Konzil (Paderborn 2013) 19–35.

Taufbewerber wurden in der frühen Kirche nur zugelassen, wenn sie bereit waren, solche Berufe aufzugeben. Dahinter steht die Überzeugung, dass die Taufe auch zu Verweigerungen gegenüber Verhaltensweisen des alten, in der Taufe aber gestorbenen Menschen führt und dass der Getaufte nicht mehr ein Mensch sein kann, der gleichsam „mit allen Wassern gewaschen" ist, der sich vielmehr auch weiterhin nur waschen lässt mit dem Taufwasser der Liebe und der Barmherzigkeit, des Friedens und der Gerechtigkeit. Darin besteht die elementarste Konsequenz der Taufe, wie sie der Kirchenvater Cyrill von Alexandrien in seiner Auslegung des Taufkapitels im Römerbrief hervorgehoben hat: „Wie der Sünde sterben das gleiche ist wie mit Christus begraben werden, so ist klar, dass das Auferstehen nicht anders zu verstehen ist, als in Gerechtigkeit leben."[2]

Damit ist im Grunde bereits das Entscheidende gesagt, was über das Leben des Getauften und über den Weltauftrag des Taufpriestertums gesagt werden muss; und es ist deutlich geworden, dass es sich bei der Taufe nicht um einen unverbindlichen oder gar altmodischen Ritus, einen Menschen in eine Religionsgemeinschaft aufzunehmen, handelt, dass mit der Taufe vielmehr ein sehr hoher Anspruch verbunden ist, zumal die Taufe nicht einfach ein einmaliges Ereignis in der Vergangenheit ist, sondern über die Gegenwart auf das ganze Leben des Getauften und damit in das Unbekannte einer noch fernen und fremden Zukunft hinaus greift. Doch gerade in diesem Vorgreifen auf das ganze Leben und alles Dunkel der Zukunft und damit auch über den Tod hinaus ist die Taufe in erster Linie ein froher Zuspruch, dessen befreiende Botschaft Papst Benedikt XVI. mit dem schönen Bild zum Ausdruck gebracht hat: „So ist die Taufe der Regenbogen Gottes über unserem Leben, die Verheißung seines großen Ja, die Tür der Hoffnung und zugleich die Weisung, die uns zeigt, wie man das macht, ein Mensch zu sein."[3]

Dass in der Taufe in erster Linie ein froher Zuspruch enthalten ist, aus dem allererst ein hoher Anspruch folgt, wird auch sichtbar im Wasser als dem sakramentalen Zeichen der Taufe, wie ein auch nur kurzer Seitenblick in die Religionsgeschichte der Menschheit zu zeigen vermag. Denn in allen großen Religionen ist das Wasser Symbol für Leben, Fruchtbarkeit und Mutterschaft. Im Licht dieser grundlegenden Bedeutung erscheint das Wasser der Taufe dann für die frühen christlichen Denker als Zeichen für den Mutterschoß der Kirche. Wenn beispielsweise Tertullian im dritten Jahrhundert

2 Cyrill von Alexandrien, Explanatio in epistolam ad Romanos, in: PG 74,793a.
3 J. Kardinal Ratzinger, Weihnachtspredigten (München 1998) 75.

das erstaunliche Wort geprägt hat, Christus sei „nie ohne Wasser", dann wollte er damit zum Ausdruck bringen, dass Christus nie ohne Kirche und die Kirche die Mutter des Glaubens und des christlichen Lebens ist. Wenn wir in der Taufe, mit Paulus gesprochen, als Töchter und Söhne Gottes adoptiert werden, dann werden wir zugleich in die neue Familie Gottes aufgenommen, die in der Kirche Gestalt angenommen hat.

2. Taufberufung zur Heiligkeit

Die Taufe ist das Eintrittstor in die Kirche und das Fundament des kirchlichen Lebens und der christlichen Sendung in der Welt. Um näher zu ergründen, worin die Mission des Taufpriestertums im Licht des Zweiten Vatikanischen Konzils besteht, müssen wir zuerst danach fragen, was denn Kirche ist. Auf diese grundlegende Frage gibt die Dogmatische Konstitution des Zweiten Vatikanischen Konzils über die Kirche „Lumen gentium" eine ebenso schöne wie hilfreiche Antwort. Dies gilt vor allem vom fünften Kapitel, das den Angelpunkt der ganzen Konstitution bildet und der allgemeinen Berufung zur Heiligkeit gewidmet ist.

a) Heiligkeit als innerster Kern des Kircheseins

Das Zweite Vatikanische Konzil legt in seiner ekklesiologischen Sicht einen besonderen Akzent darauf, dass alle Getauften zur Heiligkeit berufen sind und hinsichtlich dieses Zieles alle Glieder der Kirche auf derselben Ebene stehen: „Jedem ist also klar, dass alle Christgläubigen jeglichen Standes oder Ranges zur Fülle des christlichen Lebens und zur vollkommenen Liebe berufen sind. Durch diese Heiligkeit wird auch in der irdischen Gesellschaft eine menschlichere Weise zu leben gefördert."[4] Mit dieser grundlegenden Aussage bringt das Konzil zum Ausdruck, dass nicht nur das von ihm wiederentdeckte gemeinsame Priestertum aller Getauften seine primäre Artikulation in der gemeinsamen Berufung zur Heiligkeit findet, sondern auch dass der christliche Auftrag der Mitgestaltung des gesellschaftlichen Lebens und Zusammenlebens sein tiefstes Fundament in der Taufe hat und sich das ethische Verhalten des Christen aus der Taufe ergibt.

4 Lumen gentium, Nr. 40.

Im Rückblick auf die vergangenen Jahrzehnte seit dem Zweiten Vatikanischen Konzil wird man freilich nicht behaupten können, dass das grundlegende fünfte Kapitel über die „allgemeine Berufung zur Heiligkeit in der Kirche", das die Herzmitte der Kirchenkonstitution bildet, in unseren Breitengraden in besonderer Weise rezipiert worden wäre; es ist vielmehr weithin verschlafen worden. Bekannt geworden ist bei uns vielmehr vor allem das zweite Kapitel der Kirchenkonstitution, in dem die Kirche als Volk Gottes beschrieben wird. Dies ist zunächst durchaus aus verständlichen und theologisch soliden Gründen geschehen, weil es als wichtige ekklesiologische Weichenstellung zu würdigen ist, dass das Konzil mit dem Bildwort der Kirche als Volk Gottes eine übergreifende Sicht, die Laien und Hierarchie umfasst, vertritt und damit die Mitverantwortung aller Getauften in der Kirche und bei ihrer Sendung betont. Als problematische Entwicklung ist es aber zu beurteilen, dass aus der ganzen Ekklesiologie des Konzils in einer teilweise sehr einseitigen Weise allein die Realität der Kirche als Volk Gottes rezipiert worden ist. Dies bedeutet, dass aus einem wohl konstruierten Haus mit acht Wohnungen eine herausgebrochen worden ist und nun isoliert in der Landschaft steht. Wird nämlich das zweite Kapitel aus dem Gesamtzusammenhang der Kirchenkonstitution herausgelöst, liegt eine offene Wunde in der Konzilsrezeption vor, in die Hermann J. Pottmeyer mit Recht den Finger legt: „Das konziliare Leitprinzip und seine Prioritätensetzung nicht zu beachten, das scheint mir die Schwäche der bisherigen Verwirklichung der Konzilsbeschlüsse zu sein, mitverantwortlich für die einseitige Sicht der Kirchenreform als Strukturreform."[5]

Wie aber bereits Israel allein dadurch „Volk Gottes" gewesen ist, dass es zu seinem Herrn hingewendet war, so kann auch die Kirche nur dann als Volk Gottes in Erscheinung treten, wenn sie darum weiß, dass sie nicht aus sich selbst Volk Gottes ist, sondern nur von Christus her, und wenn sie deshalb mit Christus in Beziehung steht und an seiner Heiligkeit Anteil gewinnt. Die Berufung aller Getauften zur Heiligkeit gehört deshalb zu jenen Lektionen des Zweiten Vatikanischen Konzils, die wir weitgehend noch immer zu erlernen haben. Papst Johannes Paul II. hat auf dem Konzil aufbauend mit Recht in seinem Apostolischen Schreiben „Novo millennio ineunte", in dem er pastorale Leitlinien für die Kirche am Beginn des neuen Jahrtausends skiz-

5 H. J. Pottmeyer, Die konziliare Vision einer neuen Kirchengestalt, in: Ch. Hennecke (Hg.), Kleine christliche Gemeinschaften verstehen. Ein Weg, Kirche mit den Menschen zu sein (Würzburg 2009) 31–46, zit. 37.

ziert hat, als erste pastorale Priorität die gemeinsame Berufung zur Heiligkeit genannt: „Ohne Umschweife sage ich vor allen Dingen: Die Perspektive, in die der pastorale Weg eingebettet ist, heißt Heiligkeit.“[6]

b) Heiligung des alltäglichen Lebens

Mit der Hervorhebung der allgemeinen Berufung zur Heiligkeit hat das Zweite Vatikanische Konzil vor allem in Erinnerung gerufen, dass die christliche Berufung zur Heiligkeit in keiner Weise elitär, sondern ganz und gar egalitär ist. Denn vor Gottes Angesicht ist gerade nicht das Außergewöhnliche heilig, sondern das Gewöhnliche und gleichsam für jeden Getauften Normale. Christliche Heiligkeit besteht, zumindest im Normalfall, nicht in irgendwelchen unnachahmbaren Heroismen, sondern im gewöhnlichen Leben von Gott her, mit Gott und auf Gott hin, um dieses Leben im Geist des Glaubens zu durchformen. Papst Benedikt XVI. hat sehr schön betont, dass die Heiligkeit „kein Luxus, kein Privileg weniger, kein für den normalen Menschen unmögliches Ziel“ ist, sondern „die gemeinsame Bestimmung aller Menschen, die dazu berufen sind, Kinder Gottes zu sein, die universale Berufung aller Getauften“[7]. Diese Sicht ist durch und durch biblisches Urgestein. Denn auf die wohl elementarste Frage des christlichen Glaubens, worin denn der Wille Gottes bestehe, gibt Paulus im Ersten Brief an die Thessalonicher die ebenso elementare Antwort: „Das ist es, was Gott will: eure Heiligung“ (4,3). Paulus bringt damit zum Ausdruck, dass der Wille Gottes im Letzten ganz einfach und in seinem Kern für alle Menschen gleich ist, nämlich Heiligkeit.

Die Heiligkeit will sich dabei im alltäglichen Leben verwirklichen; sie muss sich „im guten Sinn materialisieren“, wie Papst Johannes Paul I. über den heiligen Josemaria Escriva de Balaguer geschrieben hat: „Für ihn ist es die Arbeit selber, die sich in Gebet und Heiligung umwandeln muss.“[8] In der Tat ist es das Herzensanliegen des heiligen Josemaria Escriva de Balaguer gewesen, dass die Christen ihre Berufung zur Heiligkeit leben können, ohne aus der Welt heraus zu gehen, sondern im Heiligen des alltäglichen Lebens und vor allem der Arbeit selbst. Denn Gott beruft den Menschen, „ihm gerade *in* den materiellen, weltlichen Aufgaben des menschlichen Lebens und

---

6 Johannes Paul II., Novo millennio ineunte, Nr. 30.

7 Benedikt XVI., Katechese bei der Generalaudienz am 20. August 2008.

8 A. Luciani, Cercando nel lavoro quotidiano, in: Il Gazzetino de Venezia vom 25. September 1978.

aus ihnen heraus zu dienen“: „Im Labor, im Operationssaal eines Krankenhauses, in der Kaserne, auf dem Lehrstuhl einer Universität, in der Fabrik, in der Werkstatt, auf dem Acker, im Haushalt. In diesem ganzen, unendlichen Feld der menschlichen Arbeit wartet Gott Tag für Tag auf uns. Seid davon überzeugt: Jede noch so alltägliche Situation birgt etwas Heiliges, etwas Göttliches in sich, und euch ist aufgegeben, das zu entdecken.“[9]

Mit diesem Lebensprogramm der Heiligung der Arbeit wollte der heilige Josemaria jene Spaltung in der christlichen Existenz überwinden, die sich darin anzeigt, dass Christen auf der einen Seite ihr spirituelles Leben pflegen und auf der anderen Seite, und zwar säuberlich davon getrennt, ihr familiäres, berufliches und soziales Leben vollziehen, und die der heilige Josemaria als „Doppelleben“ qualifiziert hat. Indem er beide Dimensionen des christlichen Lebens wieder zusammenfügen wollte, stand ihm bei der Heiligung der Arbeit und der Selbstheiligung durch die Arbeit das biblische Stichwort „Nazareth“ vor Augen, in dessen Licht die Handwerkerexistenz Jesu als Massbild der Heiligkeit auch für den Christen heute in Erscheinung tritt.

3. Leben der Taufe in Mysterium, Communio und Missio

Auf diesen Weg der Heiligung in der weltlichen Verantwortung müssen wir zurückkommen. An dieser Stelle aber ist zunächst der Hinweis angebracht, dass Josemaria Escriva diesen Weg durch die Verlebendigung des allen Glaubenden gemeinsamen Taufpriestertums entdeckt hat, und zwar in einer Zeit, in der dies keineswegs selbstverständlich gewesen ist, und dass er diesbezüglich ein wichtiger Wegbereiter des Zweiten Vatikanischen Konzils gewesen ist.[10] Wenn in dieser Sicht die christliche Weltverantwortung ihre spirituelle Verwurzelung in der Taufe hat und die Berufung zur Heiligkeit die Pflicht einschließt, im Alltag heilig zu leben, dann muss in einem weiteren Schritt entfaltet werden, was diese Taufberufung in der Sicht des Zweiten Vatikanischen Konzils konkret impliziert.

---

9 Gespräche mit Msgr. Escriva de Balaguer (Köln 1992) 114.

10 Vgl. K. Koch, Kontemplativ mitten in der Welt. Die Wiederentdeckung des Taufpriestertums beim seligen Josemaria Escriva, in: C. Ortiz (Hg.), Josemaria Escriva. Profile einer Gründergestalt (Köln 2002) 311–327.

a) *Mysterium: Anteilhabe an der Heiligkeit des Herrn*

In der Wahrnehmung der frühen Kirche ist die Taufe von so grundlegender Bedeutung gewesen, dass man aus ihr das Wesen der christlichen Existenz überhaupt abgeleitet hat. Die glaubensethische Relevanz der Taufe liegt dabei darin, dass man in ihr den Beginn eines zweiten und neuen Lebens sieht, das den Tod des voraufgehenden Lebens voraussetzt. Für den heiligen Basilius von Caesarea beispielsweise ist die Taufe „sowohl ein Bild des Todes als auch ein Bild des Lebens“: „Dabei ist das Wasser Bild des Todes, das Unterpfand des Lebens aber gewährt der Geist.“[11] Damit bringt er zum Ausdruck, dass die Taufe die radikale Wende vom alten zu einem neuen Leben markiert und dass Taufe und Christwerden als umfassende Umkehr und als Neuorientierung des ganzen Lebens zu denken sind. Denn getauft werden bedeutet, als alter Mensch zu sterben, um durch das Bad der Taufe als neuer Mensch auferweckt zu werden. Dem Christen ist deshalb zugemutet, die eigentliche Scheidelinie des Lebens nicht in seinem biologischen Tod, den er noch vor sich hat, sondern in der Taufe als dem viel ernsthafteren Tod zu sehen. Die Taufe erweist sich so als sakramentaler Transitus aus der alten Gesellschaft des alten Menschen in die neue Gesellschaft des Menschensohnes mit ihrer programmatischen neuen Praxis des Himmels.

Angesichts des Ernstes der Taufe, der auf Tod oder Leben geht, kann es nicht erstaunen, dass es Paulus nicht genügt, dass wir getauft sind, dass es für ihn viel elementarer ist, dass wir „in Christus“ sind und in einer gegenseitigen, gleichsam mystischen Einwohnung Christi im Christen und des Christen in Christus leben. Denn die Berufung des Getauften besteht in erster Linie in seiner Anteilhabe an der Heiligkeit jenes Herrn, auf dessen Name ein Mensch getauft wird. Um diese neue Zugehörigkeit zu Christus in der Taufe zum Ausdruck zu bringen, verwendet vor allem Paulus ein ebenso realistisches wie drastisches Bild. Im Römerbrief greift er auf die zu seiner Zeit übliche Praxis des Sklavenhandels zurück, bei der dem Sklaven, der einem neuen Besitzer übereignet werden soll, auf seiner Schulter das Siegel seines neuen Herrn mit Eisen eingebrannt wurde, um dessen Zuordnung zum neuen Herrn öffentlich zu machen. Auf dem Hintergrund dieser alltäglichen Erfahrung geht Paulus davon aus, dass der Mensch überhaupt einem Sklaven gleicht und gleichsam immer „besetztes Gebiet“ ist. Sein erster Herr ist dabei die Sünde, die ihn gefangen hält. Durch die Taufe wird der Mensch aber aus

11 Basilius von Caesarea, De Spiritu Sancto, 35.

der Sklaverei der Sünde losgekauft und einem neuen Herrn übereignet: „Jetzt, da ihr aus der Macht der Sünde befreit und zu Sklaven Gottes geworden seid, habt ihr einen Gewinn, der zu eurer Heiligung führt und das ewige Leben bringt. Denn der Lohn der Sünde ist der Tod, die Gabe Gottes aber ist das ewige Leben in Christus Jesus, unserem Herrn“ (Röm 6,22–23). Für diesen Übertritt des Menschen aus der Sklavenherrschaft der Sünde in die neue und befreiende „Sklaverei“ Gottes ist die Taufe das öffentliche Siegel, das dokumentiert, dass der Getaufte Christus zugehörig ist. Indem die Taufe als „Herrschaftswechsel“ verstanden wird, ist der Getaufte in die Pflicht genommen, nicht mehr den Göttern der Welt zu dienen, sondern dem wahren Gott und seinem Heilsplan mit der Welt. Die Taufe impliziert somit einen radikalen Existenzwechsel von der „fleischlichen“, der Sünde und dem Tod ausgelieferten, Existenz zur „geistlichen“, von Gottes Geist geleiteten Existenz im Sinne der Befreiung zum wahren Sein, die Gestalt gewinnen muss in einer radikalen Änderung der Lebensweise.

Die Taufe bildet gleichsam die Ouvertüre für das ganze Leben des Getauften. Was ein solches Wissen im Leben eines Menschen bedeuten kann, davon legt der evangelische Theologe Wolfhart Pannenberg ein beredtes Zeugnis ab. Er wurde zwar als Kind getauft, blieb aber ohne christliche Erziehung, weil seine Eltern sich so sehr von der Kirche entfremdet hatten, dass sie ausgetreten sind. „Als ich dann aber als Heranwachsender zum christlichen Glauben zurückfand“, so bekennt Pannenberg, „wurde es für mich zunehmend wichtig, dass Gott in meinem Leben von Anfang an da gewesen ist und es durch den Akt der Taufe für seinen Dienst in Anspruch genommen hat“[12].

b) Communio: Gliedschaft in der Heilsgemeinschaft der Kirche

Mit der Zusage des Herrn an den Getauften und dessen Übereignung an Christus ist eine zweite wichtige Dimension verbunden: Die Taufe markiert nicht nur den Übertritt eines Menschen zum christlichen Glauben und zum Leben einer persönlichen Freundschaftsbeziehung mit Christus, sondern auch den Eintritt in die Glaubensgemeinschaft der Kirche. Die existenzielle Übereignung des Getauften an Christus und seine Einfügung in die Kirche als Leib Christi gehören unlösbar zusammen. Das Sein in Christus als Ge-

12 W. Pannenberg, Die Bedeutung von Taufe und Abendmahl für die christliche Spiritualität, in: Ders., Beiträge zur Systematischen Theologie. Band 3: Kirche und Ökumene (Göttingen 2000) 74–85, zit. 80.

schenk der Taufe ist eine ekklesiale Wirklichkeit: „In Christus sein“ ist gleichbedeutend mit „im Leib Christi sein“. Da in der Taufe auf den Namen Jesu Christi der Getaufte in seine Sohnesexistenz aufgenommen wird und eingeht, impliziert das Eintreten des Getauften in die Sohnschaft Jesu zugleich das „Eintreten in die große Familie derer, die mit uns Sohn sind“, und bedeutet das in der Taufe geschehene Neugeborenwerden aus Gott zugleich „hineingeboren werden in den ganzen Christus, Haupt und Glieder“[13]. In der Taufe werden wir zu Söhnen und Töchtern im Sohn, und darin besteht der innerste Kern jener Communio, die die Kirche als Leib Christi bildet.

Im Neuen Testament ist es wiederum Paulus, der den kirchlichen Aspekt der Taufe konsequent profiliert. Taufe und Kirche stehen für Paulus in einem derart unlösbaren Zusammenhang, dass seine Vision von der Kirche als Leib Christi ihren festen Grund in der Taufe findet. Es ist die Taufe, die den Getauften in die Kirche als Leib Christi einfügt: „Durch den einen Gott wurden wir in der Taufe alle in einen einzigen Leib aufgenommen, Juden und Griechen, Sklaven und Freie; und alle wurden wir mit dem einen Geist getränkt“ (1 Kor 12,13). Für Paulus ist es dabei der gleiche Geist, der alle Getauften erfüllt und sie dem einen Leib Christi einfügt; und der Geist, der alle in der Taufe zusammenschließt, ist für Paulus das Einheitsprinzip der Kirche, wie er im Epheserbrief mit der einprägsamen Formel verdeutlicht: „Ein Leib und ein Geist, wie euch durch eure Berufung auch eine gemeinsame Hoffnung gegeben ist, ein Herr, ein Glaube, eine Taufe, ein Gott und Vater aller, der über allem und durch alle und in allen ist“ (Eph 4,4–6).

Wenn Christuszugehörigkeit und Gliedschaft in der Kirche unlösbar zusammengehören, dann besteht die Grundberufung des Christen darin, Glied des Leibes Christi zu werden und zu sein, und dann ist der Christ aufgrund der Taufe berufen und verpflichtet, als Mensch zu leben, der in der Gemeinschaft der Kirche seine neue Heimat hat und seine neue Lebensweise verwirklicht. Denn zusammen mit dem neuen Sein, das dem Getauften geschenkt wird, erhält er auch den Auftrag zu einem ethisch adäquaten Lebenswandel, in dem es darum geht, dass das neue Sein des Getauften im Leben in der Welt Gestalt gewinnt und sich so als neues Sein bewährt. Diese Taufverpflichtung zu einem wahrhaft christlichen Leben ergibt sich bereits aus dem elementaren Sachverhalt, dass die meisten neutestamentlichen Aus-

13 J. Kardinal Ratzinger, Taufe, Glaube und Zugehörigkeit zur Kirche – die Einheit von Struktur und Gehalt, in: Ders., Theologische Prinzipienlehre. Bausteine zur Fundamentaltheologie (München 1982) 28–45, zit. 33.

sagen über die Taufe kirchliche Taufparänesen sind. Vor allem Paulus fordert in seiner Lehre über die Taufe im sechsten Kapitel des Römerbriefes einen sittlich einwandfreien Lebenswandel gemäß der Neuheit des von Gott geschenkten Lebens. Was Paulus im paränetischen Teil seines Briefes ab dem zwölften Kapitel schreibt, ist deshalb als konkrete Entfaltung seiner aus der Taufe entwickelten Ethik zu verstehen.

Von daher erklären sich auch die radikalen Zumutungen bis hin zu den anspruchsvollen Erwartungen, die ein sündeloses Leben der Christen nach der Taufe nicht nur wünschen, sondern geradezu voraussetzen: „So sollt auch ihr euch als Menschen begreifen, die für die Sünde tot sind, aber für Gott leben in Christus Jesus. Daher soll die Sünde euren sterblichen Leib nicht mehr beherrschen, und seinen Begierden sollt ihr nicht gehorchen" (Röm 6,11–12). Diese in sich bereits als unrealistisch erscheinende Zumutung findet eine nochmalige Zuspitzung in der zweifellos ältesten Taufpredigt, die Paulus aufgreift und mit ihr vor Augen führt, dass in der Taufe auf den Namen des Herrn alle historischen und menschheitlichen Ungerechtigkeiten unterlaufen und außer Kraft gesetzt sind: „Ihr seid alle durch den Glauben Söhne Gottes in Jesus Christus. Denn ihr alle, die ihr auf Christus getauft seid, habt Christus (als Gewand) angelegt. Es gibt nicht mehr Juden und Griechen, nicht Sklaven und Freie, nicht Mann und Frau; denn ihr alle seid einer in Christus Jesus" (Gal 3,26–28). Diese alte Taufformel, die über den Neugetauften ausgesprochen wird, enthält eine feierliche Erklärung, die die ekklesial-ethische Dynamik der Taufe ans Tageslicht hebt. Denn in dieser Tauformel ist die Dreierliste der in der Menschheitsgeschichte bis auf den heutigen Tag wirksamen Ungerechtigkeiten enthalten, nämlich des Rassismus als Diskriminierung bestimmter menschlicher Rassen zugunsten der eigenen Rasse, des Imperialismus als Diskriminierung bestimmter gesellschaftlicher Stände zugunsten anderer gesellschaftlicher Stellungen und des Sexismus als Diskriminierung der Frau zugunsten des Mannes. Für Paulus sind aber diese drei Ursünden der Menschheit und damit der trennende Charakter von Rasse, Klasse und Geschlecht in der Taufe prinzipiell überwunden: „Gal 3,28 destruiert diese herrschenden Auffassungen, indem Paulus von der Einheit in Christus redet"[14].

Gemäß dieser tauftheologisch fundierten Ekklesiologie des neuen Seins in Christus und in seinem Leib markiert die Taufe den unwiderruflichen Beginn

14 Th. Söding, Einheit der Heiligen Schrift? Zur Theologie des biblischen Kanons (Freiburg i. Br. 2005) 205.

der eschatologischen Wiederherstellung der von Gott gewollten Ordnung einer wirklich solidarischen Gesellschaft, die in Frieden und Gerechtigkeit lebt. Diese neue Gesellschaft kann und soll in der Sicht des Paulus mitten in der weltlichen Gesellschaft aufgrund der Taufe in der christlichen Kirche beginnen. Denn von Gott her ist die Kirche dazu berufen, als jene neue Gesellschaft in der Welt zu leben und in sie hinein zu strahlen, in der allen eine gemeinsame Würde zukommt, wie es im grundlegenden Kanon 208 des Codex Iuris Canonici als Konsequenz aus der Taufberufung heißt: „Unter allen Gläubigen besteht, und zwar aufgrund ihrer Wiedergeburt in Christus, eine wahre Gleichheit in ihrer Würde und Tätigkeit, kraft der alle je nach ihrer eigenen Stellung und Aufgabe am Aufbau des Leibes Christi mitwirken."

c) Missio: Weltsendung des Taufpriestertums

In dieser grundlegenden kirchenrechtlichen Bestimmung kommt das gemeinsame Priestertum aller Getauften zum Ausdruck, das vom Zweiten Vatikanischen Konzil wiederentdeckt und revitalisiert worden ist, indem es die Laien als die „Christgläubigen" definiert, „die, durch die Taufe Christus einverleibt, zum Volk Gottes gemacht und des priesterlichen, prophetischen und königlichen Amtes Christi auf ihre Weise teilhaftig, zu ihrem Teil die Sendung des ganzen christlichen Volkes in der Kirche und in der Welt ausüben"[15]. Da die Laien, und zwar aufgrund der Taufe, an den drei fundamentalen Ämtern Jesu Christi teilhaben, muss in einem nächsten Schritt geklärt werden, worin dieses Taufpriestertum genauer besteht und welches seine Sendung ist. In der Logik des Konzils kann dieses nicht als Konkurrenz oder Ersatz des ministeriellen Priestertums, sondern muss gerade als Ausweitung des Priestertums Christi in den Bereich der Welt verstanden werden, in dem alle Getauften berufen sind, priesterlichen Dienst zu tun, der wesensgemäß stellvertretender Dienst durch und mit Christus für den Bruder und die Schwester und für die ganze Welt ist. Denn im Gedanken der Stellvertretung ist es zutiefst begründet, dass die Kirche nie gegen die Welt stehen, sondern immer nur für sie einstehen kann.

Das Taufpriestertum zeichnet sich vornehmlich durch seinen „Weltcharakter" aus, weil es seine wahrhaft christliche Sendung mitten in der Welt ausübt, genauer in den normalen Verhältnissen des Familien-, Arbeits- und Gesellschaftslebens. In diesem elementaren Sinn sind die Laien wirklich

15 Lumen gentium, Nr. 31.

Welt-Christen, wie die Dogmatische Konstitution des Zweiten Vatikanischen Konzils über die Kirche „Lumen gentium“ hervorhebt: „Dort sind sie von Gott gerufen, ihre eigentümliche Aufgabe, vom Geist des Evangeliums geleitet, auszuüben und so wie ein Sauerteig zur Heiligung der Welt gewissermaßen von innen beizutragen und vor allem durch das Zeugnis ihres Lebens, im Glanz von Glaube, Hoffnung und Liebe, Christus den anderen kundzutun.“[16] Zur primären Glaubensverantwortung und Sendung der Laien gehört der Dienst an der Welt, nämlich die Durchdringung und Durchsäuerung aller weltlichen, kulturellen, gesellschaftlichen, wirtschaftlichen und politischen Bereiche mit dem Salz des christlichen Evangeliums, genauer das Praktizieren einer „lebensmäßigen Synthese zwischen dem Evangelium und den täglichen Pflichten ihres Lebens“[17].

Wenn sich die primäre Sendung der Getauften auf die weltlichen Bereiche von Ehe und Familie, von Beruf und Arbeit, Wirtschaft und Politik, Kultur und Wissenschaft bezieht und wenn folglich das hervorstechende Kennzeichen des Taufpriestertums in seinem Weltbezug gesehen wird, dann darf diese Identitätsbestimmung allerdings nicht dahingehend missverstanden werden, als handle es sich beim primären Dienst der Getauften in und an der Welt um einen bloß weltlichen Dienst und als würde damit die traditionelle Grundunterscheidung zwischen dem Heilsdienst des Klerus und dem Weltdienst der Laien perpetuiert. Der weltliche Dienst der Laien ist vielmehr gerade als Welt-Dienst zugleich Heils-Dienst und Heiligungs-Dienst.[18] Denn der Welt-Charakter der Laien trägt mit seiner Begründung in der Taufe in sich selbst so sehr Heils-Charakter, dass man mit dem katholischen Dogmatiker Alexandre Ganoczy geradezu von der „Heilsnotwendigkeit des Laienapostolats“ sprechen muss: „Nur durch den laikalen Beitrag kommt jenes menschliche Ganzsein zustande, das das Heil bedeutet und eschatologisch im Werden ist. Gott will seine Gnade, die als seine ungeschuldete Selbstmitteilung auf die Selbstwerdung jedes und aller Menschen abzielt, weitgehend durch seine schwerpunktmäßig ‚weltbezogenen‘ Laien-Apostel vermitteln.“[19]

---

16 Lumen gentium, Nr. 31.

17 Johannes Paul II., Christifideles laici, Nr. 34.

18 Vgl. K. Koch, Weltdienst der Laien und Heilsdienst des Klerus? Glauben und Leben nicht auseinanderdividieren, in: Ders., Konfrontation oder Dialog? Brennpunkte heutiger Glaubensverkündigung (Freiburg/Schweiz – Graz 1996) 223–238.

19 A. Ganoczy, Das Apostolat der Laien nach dem II. Vatikanum, in: E. Klinger/R. Zerfass (Hg.), Die Kirche der Laien. Eine Weichenstellung des Konzils (Würzburg 1987) 86–106, zit. 94.

Der Welt-Dienst der Laien ist zudem nicht nur Heils-Dienst im Allgemeinen, sondern auch kirchlicher Dienst im Speziellen. Wenn die Kirche ihrem ureigenen Wesen nach Sakrament des Heils und deshalb in der Welt und für die Welt ist, dann hat auch der Welt-Dienst der Laien Anteil am sakramentalen Grundwesen der Kirche und kommt ihm eine elementare kirchliche Dimension zu. Die Weltverantwortung der Laien ist Teil der grundlegenden Sendung der Kirche und besteht vor allem darin, das Evangelium in der Welt präsent zu machen und die Welt mit ihm zu durchdringen.

4. Kirche für die Welt, aber nicht von der Welt

Die starke Betonung der Sendung der Getauften in der Welt von heute wäre freilich missverstanden, würde sie als Programm der Verweltlichung des Glaubens und der Kirche aufgefasst und realisiert. Dass diese Gefahr in der Tat besteht, konnte man vor allem an den vielfältigen Reaktionen auf und den lange dauernden Diskussionen über die Rede ablesen, die Papst Benedikt XVI. im Freiburger Konzerthaus anlässlich seines Besuchs in Deutschland im Herbst 2011 gehalten und in der er von einer notwendigen „Entweltlichung" der Kirche gesprochen hat.[20] Dieses Wort ist zwar gewiss ungewöhnlich, so dass das Korrekturprogramm eines normalen Computers es als Fehler markiert. Verstehen kann man dieses Wort nur, wenn man es auf dem Hintergrund jener zwei grundlegenden Bewegungsrichtungen liest, die für den christlichen Glauben charakteristisch sind und von denen Papst Benedikt XVI. in Freiburg gesprochen hat: Der christliche Glaube kennt sowohl die Bewegung Gottes auf die Welt hin, die ihren unüberbietbaren Höhepunkt in der Inkarnation des Gottessohnes gefunden hat, als auch die Bewegung der Distanzierung von der Welt, da der christliche Glaube sich nicht den Maßstäben und Plausibilitäten der Welt anpassen darf, sondern der Sinnrichtung des Gebetes Jesu für seine Jünger vor Beginn seiner Passion folgen soll: „Sie sind nicht von der Welt, wie auch ich nicht von der Welt bin" (Joh 17,16).

Für Papst Benedikt XVI. versteht es sich von selbst, dass die erste Bewegungsrichtung für den christlichen Glauben zentral ist, wie er mit deutlichen Worten hervorgehoben hat: „Die Kirche taucht ein in die Hinwendung des Er-

---

20 Vgl. J. Erbacher (Hg.), Entweltlichung der Kirche? Die Freiburger Rede des Papstes (Freiburg i. Br. 2012); P. J. Cordes/M. Lütz, Benedikts Vermächtnis und Franziskus'Auftrag. Entweltlichung. Eine Streitschrift (Freiburg i. Br. 2013).

lösers zu den Menschen. Sie ist, wo sie wahrhaft sie selber ist, immer in Bewegung, muss sich fortwährend in den Dienst der Sendung stellen, die sie vom Herrn empfangen hat. Und deshalb muss sie sich immer neu den Sorgen der Welt öffnen, zu der sie ja selber gehört."[21] Der starke Akzent, den Papst Benedikt auf die inkarnatorische Bewegungsrichtung von Glaube und Kirche legt, ergibt sich dabei in seiner theologischen Sicht vor allem aus der Eucharistie als der mystischen Herzmitte des Christentums, womit zum Ausdruck kommt, dass es keine letzte Grenze zwischen Liturgie und Leben geben kann. Diese Annahme ist ihrerseits begründet in der liturgietheologischen Grundüberzeugung Benedikts XVI., dass die neue Liturgie, die Jesus in die Welt gebracht hat, zunächst nicht in einer liturgischen Feier stattgefunden hat, dass Jesus die wahre Liturgie vielmehr am Kreuz in der Hingabe seines eigenen Lebens vollzogen hat. Wie Jesus den alttestamentlichen Kult von Tieropfern überwunden und am Kreuz seinen neuen Kult der Hingabe seines eigenen Lebens begründet hat, so will sich auch in der christlichen Glaubenspraxis die Liturgie zunächst im Leben selbst vollziehen, indem sich die Christen als lebendige Hostien den Menschen im Alltag der Welt zur Verfügung stellen, wie Papst Benedikt in seinem Buch über Jesus von Nazareth hervorhebt: „‚Caritas', die Sorge um den anderen, ist nicht ein zweiter Sektor des Christentums neben dem Kult, sondern in diesem selbst verankert und ihm zugehörig. Horizontale und Vertikale sind in der Eucharistie, im ‚Brotbrechen' untrennbar verbunden."[22] In dieser Sinnrichtung hat Papst Benedikt bereits in seiner Enzyklika über die christliche Liebe den grundlegenden Stellenwert von Diakonie und sozialer Verantwortung der Kirche so sehr betont, dass man urteilen muss, dass Caritas und Diakonie noch nie eine derart umfassende kirchenlehramtliche Würdigung wie in der Enzyklika „Deus caritas est" erhalten haben.[23]

Von einer Verabschiedung der Kirche von ihrer Weltverantwortung oder gar von Weltflucht kann somit bei Papst Benedikt XVI. keine Rede sein. Wer freilich so entschieden den Weltbezug von Glaube und Kirche unterstreicht,

---

21 Benedikt XVI., Begegnung mit engagierten Katholiken aus Kirche und Gesellschaft im Konzerthaus in Freiburg am 25. September 2011.

22 J. Ratzinger – Benedikt XVI., Jesus von Nazareth. Zweiter Teil: Vom Einzug in Jerusalem bis zur Auferstehung (Freiburg i. Br. 2011) 150.

23 Vgl. P. J. Kardinal Cordes, Helfer fallen nicht vom Himmel. Caritas und Spiritualität (Freiburg i. Br. 2008); P. Klasvogt/H. Pompey (Hg.), Liebe bewegt … und verändert die Welt. Programmansage für eine Kirche, die liebt. Eine Antwort auf die Enzyklika Papst Benedikts XVI. „Deus caritas est" (Paderborn 2008); H. Pompey, Zur Neuprofilierung der caritativen Diakonie der Kirche. Die Enzyklika „Deus caritas est". Kommentar und Auswertung (Würzburg 2007).

ist dann auf der anderen Seite nicht nur berechtigt, sondern auch verpflichtet, vor einer selbstgenügsamen Anpassung der Kirche an die Plausibilitäten der Welt und vor einer gefährlichen Verstrickung in die Welt zu warnen und die biblische Einsicht in Erinnerung zu rufen, dass die Kirche zwar in der Welt und für die Welt, aber nicht von der Welt ist. Doch selbst diese Warnung erfolgt um einer besseren Wahrnehmung der Weltsendung der Kirche willen, wie Papst Benedikt XVI. in Freiburg ausdrücklich dargelegt hat. Damit die Kirche ihre Sendung verwirklichen kann, muss sie auch „immer wieder Distanz zu ihrer Umgebung nehmen“ und „sich gewissermaßen ‚entweltlichen‘“. So kann das „missionarische Zeugnis der entweltlichten Kirche“ klarer zu Tage treten: „Die von materiellen und politischen Lasten und Privilegien befreite Kirche kann sich besser und auf wahrhaft christliche Weise der ganzen Welt zuwenden, wirklich weltoffen sein.“ Es ist von daher leicht einsehbar, dass Papst Benedikt mit seiner Zumutung einer neuen Entweltlichung auf wesentliche Perspektiven zurückgreift, die auf dem Zweiten Vatikanischen Konzil entwickelt worden sind, wie beispielsweise die Forderung nach einer Kirche für die Armen und die Zumutung an die Kirche, aus freien Stücken auf weltliche Privilegien zu verzichten, um die Kirche in der heutigen Welt mobiler und damit auch glaubwürdiger zu machen.[24]

In der Welt sein und für die Welt da sein, aber nicht von der Welt sein: In dieser Spannung zwischen Weltzuwendung und Entweltlichung liegt durch und durch biblisches Urgestein vor. Denn Christen leben in der Welt und sind berufen, in ihr zu wirken und ihr zu dienen. Sie dürfen sich aber nie der Welt anpassen. Zwischen beiden Dimensionen muss die Kirche immer wieder das Gleichgewicht bewahren oder neu suchen und steht deshalb vor einer doppelten Versuchung: Indem sie auf der einen Seite den dialogischen und zeitgemäßen Kontakt mit der Welt sucht und pflegt, droht die Gefahr, dass die vom Konzil intendierte Öffnung der Kirche auf die Welt hin in eine vorschnelle Anpassung der Glaubensgrundlagen an den modernen Zeitgeist umkippen kann. Nicht wenige Strömungen in der Nachkonzilszeit haben sich jedenfalls in einer teilweise naiven Weise der Welt zugewandt, so dass sie die sie umklammernden Fangarme des modernen Zeitgeistes nicht oder zuwenig in Rechnung gestellt haben. Auf der anderen Seite sind solche Tendenzen eines weitgehenden Konformismus mit der Welt und einer sich daraus ergebenden Selbstsäkularisierung der Kirche der beste Nährboden für

24 Vgl. W. Kardinal Kasper, Kirche – in der Welt, nicht von der Welt, in: J. Erbacher (Hg.), Entweltlichung der Kirche? Die Freiburger Rede des Papstes (Freiburg i. Br. 2012) 34–37.

einen neu erstarkenden Fundamentalismus, der sich als Gegenwehr zu einem säkularistischen Relativismus versteht, aber seinerseits in der Versuchung steht, den christlichen Glauben und die Kirche vor den Herausforderungen der säkular gewordenen Welt abzuschotten.

5. Wasserzeichen des christlichen Lebens

Weder ein konformistischer Säkularismus noch ein isolationistischer Fundamentalismus können der Weltsendung der Kirche gerecht werden, wie sie das Zweite Vatikanische Konzil in den Blick genommen hat, indem es die Kirche als Sakrament für das Heil der Welt beschrieben hat. Denn in der Kategorie des Sakramentalen liegt es begründet, dass das Verhältnis zwischen Kirche und Welt sowohl unvermischt als auch ungetrennt verstanden und verwirklicht werden muss. Zur glaubwürdigen Sendung der Kirche in der Welt gehören deshalb gleichermaßen die Entschiedenheit, den Glauben zeitgemäß zu verkünden, wie der Mut, das ursprungstreue Selbstverständnis des christlichen Glaubens mit demütigem Selbstbewusstsein zu vertreten und in der heutigen Welt Farbe zu bekennen.

Beides kann nur gelingen, wenn wir uns auf unsere Taufberufung besinnen und ihre drei elementaren Dimensionen verwirklichen: Die Taufe schenkt erstens Anteil an der Heiligkeit Jesu Christi und verwurzelt uns im Geheimnis Gottes, so dass unser Leben einen mystischen Wurzelgrund erhält. Indem wir aufgrund der Taufe im Sohn Gottes Söhne und Töchter Gottes geworden sind, sind wir zweitens berufen, in der kirchlichen Communio zu leben und unsere Verantwortung für den Aufbau der Kirche wahrzunehmen. Und indem wir das Großartige, das wir in der Taufe empfangen haben, nicht selbstgenügsam für uns behalten, sondern an andere Menschen weitergeben, vollziehen wir drittens die Mission in der Welt, mit der wir in der Taufe beauftragt sind, um uns um das Leben der Menschen und der ganzen Schöpfung zu sorgen.

Die drei Dimensionen – Mysterium, Communio und Missio – machen den Dreiklang des christlichen und kirchlichen Lebens aus, der aber nur stimmig ist mit dem Notenschlüssel der Taufe als dem unverwechselbaren Erkennungszeichen des Christen und der kirchlichen Gemeinschaft. Die Taufe ist gleichsam das „Wasserzeichen" eines gottvollen und menschenfreundlichen Lebens und ist unserem Christsein bleibend eingeprägt, um aus diesem Geschenk zu leben und die Verpflichtungen, die sich aus ihm für Kirche und Welt ergeben, wahrzunehmen.

Die Heilige Familie: Urbild und Kraftquelle der christlichen Familie als Hauskirche[1]

Zwischen dem Fest der Geburt Jesu Christi an Weihnachten und dem Fest der Gottesmutter Maria am Neujahrstag wird in der Katholischen Kirche das Fest der Heiligen Familie gefeiert. Dieses Fest ist vor allem im 17. Jahrhundert aufgekommen, hat sich im 19. Jahrhundert verstärkt ausgebreitet, ist im Jahr 1921 in den liturgischen Kalender aufgenommen und bei der Liturgiereform nach dem Zweiten Vatikanischen Konzil auf den Sonntag zwischen Weihnachten und Neujahr angesetzt worden. Bereits diese liturgische Verortung im Leben der Kirche bringt eine zentrale Dimension des Weihnachtsgeheimnisses zum Ausdruck, dass Jesus Christus, der eingeborene Sohn Gottes, nicht einfach in einem abstrakten Sinn Mensch geworden ist, sondern ganz konkret als Kind in einer menschlichen Familie. Diese Dimension wird in der Weihnachtsgeschichte des Lukas dadurch hervorgehoben, dass die ersten Zeugen der Geburt Jesu, nämlich die Hirten, in der Grotte von Bethlehem nicht nur das Jesuskind vorgefunden haben, sondern das soeben geborene Kind zusammen mit Mutter und Vater: „So eilten sie hin und fanden Maria und Josef und das Kind, das in der Krippe lag" (Lk 2,16). Paulus hat dieselbe Dimension in einer nicht zu überbietenden Kürze ausgedrückt: „Als aber die Zeit erfüllt war, sandte Gott seinen Sohn, geboren von einer Frau und dem Gesetz unterstellt" (Gal 4,4). Der Gottessohn wollte so konkret Mensch werden, dass er in einer menschlichen Familie geboren worden und aufgewachsen ist. Indem in ihm Gott selbst in eine menschliche Familie hinein geboren worden ist, wollte er sich selbst den Menschen offenbaren, so dass die Zugehörigkeit Jesu Christi zu einer menschlichen Familie zur Konkretheit der Menschwerdung Gottes bleibend gehört. Dadurch, dass der Gottessohn in eine menschliche Familie hinein geboren worden ist, ist die Heilige Familie zum Urbild der menschlichen Familie und diese zur Ikone Gottes selbst, vor allem des Geheimnisses des Dreieinen Gottes gewor-

1 Erschienen in: G. Augustin/R. Kirchdörfer (Hg.), Familie. Auslaufmodell oder Garant unserer Zukunft? Brun-Hagen Hennerkes zum 75. Geburtstag (Freiburg i. Br. 2014) 215–236.

den.[2] Von daher legt es sich nahe, nach der Bedeutung der Heiligen Familie für das Leben der christlichen Familie heute und ihre Botschaft für die Familie überhaupt zu fragen.

1. Die Frage nach der Familie als Frage nach dem Menschen

Als Papst Benedikt XV. im Jahre 1921 das Fest der Heiligen Familie in den liturgischen Kalender der Kirche aufgenommen hat, wollte er in der damaligen Krise der Familie den katholischen Familien in der Gestalt der Heiligen Familie ein, wie es im Tagesgebet in der Heiligen Messe dieses Festes heißt, „leuchtendes Vorbild“ vor Augen führen. Diese Sinnbestimmung des Festes hat in der heutigen Situation, in der die Krise der Familie noch radikaler und zugleich manifester geworden ist, nichts an Aktualität eingebüßt. Bereits das Zweite Vatikanische Konzil hat in seiner Pastoralkonstitution über die Kirche in der Welt von heute „Gaudium et spes“, in der die damals aktuellen und bedrängenden Probleme des Menschen und der menschlichen Gemeinschaft behandelt worden sind, seine Aufmerksamkeit an erster Stelle der „Förderung der Würde der Ehe und der Familie“ gewidmet.[3] In dieser Tatsache darf man „eine prophetische Eingebung angesichts der großen Schwierigkeiten“ wahrnehmen, „die in letzter Zeit die Institution Familie bedrängt haben“[4]. Diese prioritäre Herausforderung, die zum bleibenden Vermächtnis des Zweiten Vatikanischen Konzils gehört, hat in der Zwischenzeit eine weitere dramatische Zuspitzung erfahren, insofern die Institution der Familie heute vielfältigen Infragestellungen ausgesetzt ist, die von ihrer Geringschätzung im öffentlichen Diskurs der Gesellschaft über die Missachtung ihrer Identität und ihrer Rechte bis hin zur bewussten und rechtlich legitimierten Identifizierung anderer Formen des menschlichen Zusammenlebens mit der Familie im menschheitlichen und christlichen Sinn reichen.

Da im christlichen Verständnis die Institution der Familie auf der Institution der Ehe zwischen einem Mann und einer Frau gründet, die für das ganze Leben geschlossen wird und sich durch Treue und Unauflöslichkeit auszeich-

2 Vgl. M. Ouellet, Die Familie – Kirche im Kleinen. Eine trinitarische Anthroplogie (Einsiedeln 2013).

3 Gaudium et spes, Nr. 47–52.

4 A. M. Kardinal Rouco Varela, Die Familie: Leben und Hoffnung für die Menschheit, in: R. Buttiglione/M. Spangenberger (Hg.), Gott ist treu. Festschrift für Paul Josef Cordes (Augsburg 2010) 30–45, zit. 30.

net, muss der heutigen Krise von Ehe und Familie auf den Grund gegangen werden. Das tiefste Problem wird man zweifellos in der zunehmenden und weitgehenden Unfähigkeit der Menschen, verbindliche und endgültige Entscheidungen zu fällen, erblicken müssen, die mit der modernen Mentalitätslage unmittelbar zusammenhängt. Bereits die Geschichtswissenschaften zeigen den immerwährenden Wandel alles Menschlichen auf und stoßen die Idee des Bleibenden um. Die Humanwissenschaften, vor allem Psychologie und Soziologie, legen es dem Menschen nahe, vom Endgültigen abzusehen und das menschliche Leben als einen fließenden Strom von sich einander ablösenden Entscheidungen zu sehen. Vollends die Evolutionslehre löst die Stabilität der Welt in sich wiederholende Entwicklungen auf und betrachtet den Menschen bloß noch als eine Etappe in der Geschichte des Werdens. In dieser modernen Mentalitätslage, die Papst Franziskus als „Kultur des Vorläufigen“ treffend beim Namen nennt, werden verbindliche Entscheidungen und Treue kaum mehr zu den primären Werten gezählt, da die Menschen immer mehr sowohl beziehungsflüchtig als auch beziehungssüchtig geworden sind. Diese Einstellung ist bereits daran zu erkennen, dass es weithin unüblich geworden ist, von seinem Lebenspartner zu sprechen, dass man vielmehr vom LAP, vom Lebensabschnittspartner spricht. Damit stellt sich die für die Gesundheit des Menschen und das Wohl der menschlichen Gemeinschaft entscheidende und bewusst zugespitzte Frage, welcher Mensch der menschlichen Bestimmung entspricht: Ist es der Playboy, der von einer flüchtigen Begegnung in eine andere flüchtet und dabei gar keine Zeit hat, einem konkreten und einmaligen Du wirklich zu begegnen? Oder ist es nicht vielmehr derjenige Mensch, der das einmal gesprochene Ja zu einem konkreten Menschen durchträgt, gemeinsam mit ihm vorwärts geht und in diesem Ja keiner Erstarrung verfällt, sondern in ihm immer tiefer lernt, sich an das Du freizugeben und dabei selbst frei zu werden?

In diesem Zusammenhang stellt sich auch die Frage nach der heutigen Einstellung zum Kind, weil die Ehe erst durch das Kind zur Familie wird. Da sich im christlichen Verständnis die eheliche Liebe zwischen Frau und Mann nicht auf sich selbst zurückziehen und um sich selbst drehen kann, sondern sie durch die Kinder und auf sie hin überschreitet, gehören die Liebe zwischen Mann und Frau und die Weitergabe des menschlichen Lebens unlösbar zusammen. Mit den Kindern ist den Eltern Verantwortung für die Zukunft anvertraut, so dass die Zukunft der Menschheit in grundlegender Weise über die Familie läuft: „Ohne Familie keine Zukunft, sondern eine Vergreisung der Gesellschaft – eine Gefahr, vor der die westlichen Gesellschaften aktuell stehen."[5] Dieser Prozess findet heute deshalb statt, weil die Menschen vor allem in Europa kaum mehr Kinder wollen. Den tiefsten Grund dafür, dass für viele Menschen heute das Wagnis des Kindes kaum mehr als vertretbar erscheint, wird man darin erblicken müssen, dass für sie die Zukunft so unsicher geworden ist, dass sich ihnen die besorgte Frage stellt, wie man denn neues Leben in die als unbekannt empfundene Zukunft hinein setzen kann. Denn Menschen können menschliches Leben in Verantwortung nur weitergeben, wenn sie nicht nur biologisches Leben, sondern auch und in erster Linie Leben in einem ganzheitlichen Sinn weitergeben können, genauer einen Sinn, der auch in den Krisen des Lebens trägt, und eine Hoffnung, die sich als stärker erweist als alles Unbekannte in der Zukunft. Menschen werden deshalb Leben nur weitergeben und einer noch unbekannten Zukunft anvertrauen, wenn sie sich in neuer Weise in das Geheimnis des Lebens vertiefen und dabei erkennen, dass das einzig verlässliche Kapital für die Zukunft der Mensch selbst ist.

Von daher wird einsehbar, dass die Frage nach der Familie in der Tat die Frage nach dem Menschen selbst ist und dass die heutige Infragestellung der Institution der Familie auch ein Angriff auf das christliche Menschenbild darstellt, wie bereits in den achtziger Jahren der damalige Kardinal Joseph Ratzinger mit Recht diagnostiziert hat: „Der Kampf um den Menschen wird heute weitgehend als Kampf für oder gegen die Familie ausgetragen."[6] Nicht zuletzt in der Einstellung zur Familie kommt es an den Tag, wie der Mensch sich selbst versteht. Denn die Entscheidung für die Familie enthält die eindeutige Botschaft, dass die eheliche Treue zwischen zwei Menschen und die damit verbundene Hingabe in Liebe und Weitergabe des Lebens keine Bedrohung oder Verminderung der menschlichen Freiheit, sondern ihre authentische Verwirklichung darstellen. Wenn die höchste Möglichkeit der menschlichen Freiheit in der Fähigkeit zu endgültigen Entscheidungen besteht, dann vermag nur derjenige Mensch wirklich frei zu werden, der auch treu sein kann, und dann kann nur derjenige Mensch wirklich treu sein, der selbst frei ist. Die Treue ist der Preis, den die Freiheit kostet; und die Freiheit ist der Preis, den die Treue gewinnt. Diesen Lebensstil einer freien Treue und einer treuen Freiheit darf der Christ in

5 W. Kardinal Kasper, Das Evangelium von der Familie. Die Rede vor dem Konsistorium (Freiburg i. Br. 2014) 26.

6 J. Kardinal Ratzinger, Lasst das Netz nicht zerreißen. Ein Wort an die Familien. Silvesterpredigt 1980.

der Heiligen Familie als urbildlich realisiert betrachten; und für diesen Lebensstil ist sie ein „leuchtendes Vorbild".

2. Schöpfungswirklichkeit und Erlösungsgeheimnis

Mit dem Hinweis auf die Heilige Familie soll freilich in keiner Weise behauptet werden, Ehe und Familie seien exklusiv christliche Wirklichkeiten und folglich nur im Glauben realisierbar. Sie sind vielmehr Urinstitutionen der Menschheit und gehören zunächst und elementar der Schöpfungsordnung an. Dies zeigt in unmissverständlicher Klarheit bereits Jesus selbst, wenn er im Disput mit Pharisäern über die Möglichkeit der Ehescheidung und die von Mose vorgesehene Erlaubnis zum Ausstellen einer Scheidungsurkunde hinter das geschichtlich gewordene Recht Israels zurückgeht und auf die Schöpfung selbst verweist: „Am Anfang war das nicht so. Ich sage euch: Wer seine Frau entlässt, obwohl kein Fall von Unzucht vorliegt, und eine andere heiratet, der begeht Ehebruch" (Mt 19,9). Mit seinem Rekurs auf den „Anfang" bringt Jesus unmissverständlich zum Ausdruck, dass Ehe und Familie bereits in der von Gott gewollten Schöpfung grundgelegt sind.

Das eheliche Verhältnis zwischen Frau und Mann ist gemäß dem priesterschriftlichen Schöpfungsbericht so grundlegend, dass es sogar in eine theologische Wesensbestimmung des Menschen aufgenommen ist: „Gott schuf den Menschen als sein Abbild; als Abbild Gottes schuf er ihn. Als Mann und Frau schuf er sie" (Gen 1,16). In diesem elementaren Sinn gibt es *„den"* Menschen gar nicht; der Mensch existiert vielmehr nur als Mann und Frau, und die geschlechtliche Differenzierung im Menschsein gehört zur schöpfungsgemäßen Bestimmung des Menschen. Nur im Zueinander und Miteinander von beiden findet der Mensch seine Sinnbestimmung und ist er Ebenbild Gottes. Dass der Mensch nicht als Single geschaffen ist, vertieft der jahwistische Schöpfungsbericht mit dem erbarmungsvollen Wort Jahwes zu Adam: „Es ist nicht gut, dass der Mensch allein bleibt. Ich will ihm eine Hilfe machen, die ihm entspricht" (Gen 2,18).

In der Schöpfungswirklichkeit von Ehe und Familie ist es begründet, dass in der Heiligen Schrift das Verhältnis zwischen Frau und Mann seinerseits zum Gleichnis für den Bund Gottes mit den Menschen und zum Abbild seiner Liebe und Treue werden konnte. Die eheliche Verbindung zwischen Mann und Frau ist die sichtbare Darstellung jener Hochzeit, die Gott mit seiner Menschheit und mit seiner ganzen Schöpfung feiert. Sie ist gleichsam die schöpfungsgemäße „Grammatik“, mit deren Hilfe die Liebe und Treue Gottes in einer dem Menschen existenziell verständlichen Weise zur Sprache gebracht werden können. Bereits im Alten Testament gilt deshalb die eheliche Treue als Abbild der Bundestreue Gottes; und umgekehrt wird der Ehebruch als Zeichen und Auswirkung der Untreue des Menschen gegenüber Gott gesehen.

Was bereits im schöpfungsgemäßen Sinn von Ehe und Familie angelegt ist, findet freilich seine letzte Eindeutigkeit durch den Einbezug der Schöpfungsordnung in die Erlösungsordnung durch das Christusgeschehen, in dem die Ehe in das neue Sein „in Christus“ aufgenommen ist, das in der Taufe grundgelegt ist, und deshalb „im Herrn“ verwirklicht ist (1 Kor 7,39).[7] Vor allem im Brief an die Epheser wird die alttestamentliche Schöpfungsordnung der Ehe auf das Geheimnis der Beziehung Jesu Christi zu seiner Kirche bezogen. Indem zunächst das alttestamentliche Wort: „Darum wird der Mann Vater und Mutter verlassen und sich an seine Frau binden, und die zwei werden ein Fleisch sein“ aufgegriffen wird, wird es sodann als christologische Prophetie verstanden und im Licht des christlichen Glaubens neu gelesen: „Dies ist ein tiefes Geheimnis; ich beziehe es auf Christus und die Kirche“ (Eph 5,31–32). In diesem Geheimnis erblickt der Epheserbrief den verborgenen Sinn des zitierten Wortes aus dem alttestamentlichen Buch Genesis und nimmt die Ehe selbst als ein „Geheimnis“ wahr. Da das griechische Wort für Geheimnis „mysterion“ ist und dieses in der biblischen Tradition den ewigen Heilswillen Gottes bezeichnet, der in der Geschichte in Jesus Christus in endgültiger Weise verwirklicht worden ist, wird damit zum Ausdruck gebracht, dass die gegenseitige Hingabe von Frau und Mann nicht nur das Gleichnis für die Lebenshingabe Jesu Christi an seine Kirche ist, sondern auch und vor allem das vergegenwärtigende sakramentale Zeichen der Liebe und Treue Gottes, die uns in Jesus Christus auf unüberbietbare Weise geschenkt sind.

Was seit „Anfang“ der Welt eine Realität von Gottes guter Schöpfung ist, nämlich der eheliche Bund von Frau und Mann, wird im Neuen Testament zum Sakrament für den Bund Gottes mit den Menschen, der in Jesus Christus zur Erfüllung gekommen ist, und insofern zum vergegenwärtigenden Zeichen des Geheimnisses Christi und der Kirche. In der neutestamentlichen Sicht von Ehe und Familie liegt somit eine neue Botschaft vor, „die den Auftrag des Ursprungs zur gegenwärtigen Möglichkeit im Glauben macht und ihn in den Zusammenhang des Glaubens einfügt, so dass Ehe zu einer Glau-

7 Vgl. W. Kasper, Zur Theologie der christlichen Ehe (Mainz 1977).

bensordnung werden kann, beziehungsweise als im Glauben gelebte und von diesem ihre Ordnung und ihren Sinn erlangt“[8].

3. Natürliche Familie und Großfamilie Gottes

Damit ist deutlich geworden, dass Ehe / Familie und Kirche unmittelbar miteinander zu tun haben. Denn von der christologischen Vision von Ehe und Familie im Brief an die Epheser ist es nur ein kleiner Schritt, auf der einen Seite das Leben der Kirche als dem Familienleben nachgebildet und die Kirche selbst als Familie zu verstehen[9] und auf der anderen Seite die Familie als Grundzelle von Kirche und als „Hauskirche“ wahrzunehmen[10]. Wie der einzelne Christ durch die Geburt einer natürlichen Familie und durch die Taufe der großen Familie Gottes angehört und wie folglich Geburt und Wiedergeburt in der Taufe eine Einheit bilden, so gehören im christlichen Glauben auch die natürliche Familie und die Großfamilie Gottes zusammen. Auf der einen Seite ist die christliche Einzelfamilie, die von Gott als Liebesgemeinschaft berufen ist, die kleinste Grundzelle der Kirche, die in der Sprache der Tradition als „Hauskirche“ bezeichnet wird. Auf der anderen Seite kann aber die einzelne christliche Familie letztlich nur bestehen, wenn sie in die Großfamilie der Kirche eingeborgen ist, die ihr ein schützendes Obdach bietet.

a) Bethlehem und Nazaret als Leitbilder

Dass die christliche Familie als Hauskirche und die Kirche als neue Familie Gottes engstens zusammengehören, ist bereits bei der Heiligen Familie sichtbar. Die altchristliche Ikonographie hat in der Weihnachtskrippe die Heilige Familie als Urbild der christlichen Familie und als Urgestalt von Kirche wahrgenommen. Sie ist vor allem dargestellt in der Gestalt Maria, die das Spiegelbild der Kirche ist und ihr reines Mass repräsentiert, an dem sich die Kirche und die christliche Familie immer wieder ausrichten müssen, weil Maria selbst ganz Mass an Jesus Christus genommen hat. Ihr gegenüber steht der Heilige

8 J. Ratzinger, Zur Theologie der Ehe, in: G. Krems/R. Mumm (Hg.), Theologie der Ehe (Regensburg – Göttingen 1969) 83–115, zit. 84.

9 Vgl. G. Appiah-Kubi, L'Église, famille de Dieu. Un chemin pour les Églises d'Afrique (Paris 2008).

10 Vgl. R. Fabris/E. Castelluci (edd.), Chiesa Domestica. La Chiesa-Famiglia nella dinamica della missione cristiana. Un profilo unitario a più voci (Milano 2009).

Josef, der in der Tradition als Hohepriester und damit als Urbild des christlichen Bischofs ausgewiesen ist. Der blühende Stab, den der Heilige Josef auf vielen Darstellungen trägt, ist in dieser Sinnrichtung gedeutet worden: Wie Josef ist auch der Bischof als Sachwalter des Geheimnisses Gottes, als Hausvater und Hüter des Heiligtums, das in der Krippe liegt, bestellt. Wie Maria mit dem Kind unter dem Schutz von Josef steht, so ist auch dem Bischof die Kirche als Braut anvertraut und angetraut. Sie steht deshalb gerade nicht zu seiner Verfügung oder sogar in seiner Macht, sondern in seiner schützenden Obhut.

Die Weihnachtskrippe ist nicht einfach eine volkstümliche Veranschaulichung des Glaubens, sondern sie führt in die innerste Mitte des Weihnachtsgeheimnisses hinein, in dem die Heilige Familie auch das Geheimnis der Kirche repräsentiert. Dies gilt vor allem vom Leben der Heiligen Familie in Nazaret, in dem uns das Vorbild des christlichen Familienlebens gegeben ist. Denn in Nazaret und damit im Galiläa der Heiden ist Jesus als gläubiger Jude gross geworden, indem er ohne Schule die Heilige Schrift in dem Haus kennen gelernt hat, in dem das Wort Gottes seine Heimstatt gefunden hat. Da wir Christen heute im modernen „Galiläa der Heiden“ leben, sind wir gut beraten, die Familie als Kirche neu zu entdecken und einzusehen, dass es auch und gerade heute auf das Leben des Glaubens in den Familien entscheidend ankommt. Es muss bleibend zu denken geben, dass das Neue Testament nicht im Tempel und auch nicht am Heiligen Berg, sondern in der Hütte der Jungfrau in Nazaret begonnen hat. Wie sich das Leben Jesu zunächst in der Hütte Mariens und im Haus des Arbeiters Josef abgespielt hat, so muss auch die Kirche im heutigen „Galiläa der Heiden“ ihren Ausgangspunkt immer wieder neu in Nazaret nehmen. Denn die Kirche „kann nicht wachsen und gedeihen, wenn sie nicht ihre verborgenen Wurzeln in der Atmosphäre von Nazaret geborgen wissen darf“[11]. In der Heiligen Familie in Nazaret kann und muss die Kirche auch heute ihr Leitbild finden und ihre priesterliche Verantwortung für das Leben des Glaubens übernehmen.

b) Die Heilige Familie als Gemeinschaft im Willen Gottes

Die bisherigen Überlegungen könnten leicht den Eindruck hervorrufen, dass es sich in Nazaret um die friedliche Idylle eines unproblematischen Familienlebens handeln würde. Dieser Eindruck wird aber bereits durch die Tatsache

---

11 J. Ratzinger, Der Gott Jesu Christi. Betrachtungen über den Dreieinen Gott (München 1976) 63.

korrigiert, dass die für den liturgischen Kalender Verantwortlichen für das Fest der Heiligen Familie als Evangelium die Perikope vom Zwölfjährigen Jesus im Tempel (Lk 2,41–52) ausgewählt haben, in der eine schwerwiegende Auseinandersetzung zwischen Jesus und seinen Eltern aufscheint. Auf der einen Seite ist die tiefe Besorgnis vor allem Marias um ihr Kind in dem einen Wort „warum" zusammengefasst, das alles aussagt: „Kind, wie konntest du uns das antun? Dein Vater und ich haben dich voll Angst gesucht." Auf der anderen Seite zeigt Jesus kein Anzeichen von Verständnis und Mitgefühl; er antwortet vielmehr unvermittelt mit einer Gegenfrage, mit der er das Nicht-Verstehen seinerseits den Eltern zuweist: „Warum habt ihr mich gesucht? Wusstet ihr nicht, dass ich in dem sein muss, was meinem Vater gehört?" Was wie ein schwerwiegender Konflikt zwischen dem Willen der Eltern und dem Willen Jesu auf uns wirkt, ist tiefer gesehen freilich ein gemeinsames Ringen um die Erkenntnis, worin denn der Wille Gottes für Jesus und seine Eltern besteht. Erst damit tritt das wahre Wesen und gleichsam die dramatische Grundsituation der Heiligen Familie vor Augen, die im Kern eine Gemeinschaft ist, die nach dem Willen Gottes sucht, deshalb auf das Wort Gottes hört und mit ihm lebt.

Dies gilt in erster Linie von Maria, der Mutter Jesu, die in der Heiligen Schrift als Urbild des Lebens mit dem Wort Gottes dargestellt wird. In Maria begegnen wir jener glaubensstarken Frau, die das Wort Gottes ganz in sich aufgenommen hat, um es der Welt zu schenken, und die auch nach der Geburt des Wortes Gottes jedes Wort, das von Gott kommt, in ihrem Herzen erwogen hat. Vor allem der Evangelist Lukas zeichnet Maria als einen Menschen, der für das Wort Gottes ganz Ohr gewesen ist. Bereits bei der Verkündigung der Geburt Jesu heißt es, dass Maria über den Gruß des Engels erschrak und „überlegte, was dieser Gruß zu bedeuten habe" (Lk 1,29). In der griechischen Sprache verweist das Wort, das der Evangelist hier für das deutsche Wort „überlegen" verwendet, auf das Wort „Dialog". Damit kommt zum Ausdruck, dass Maria mit dem Wort Gottes, das ihr entgegen kommt, in persönliche und intime Zwiesprache eintritt, mit ihm einen stillen Dialog führt und den tieferen Sinn dieses Wortes zu ergründen versucht. In analoger Weise verhält sich Maria in der Weihnachtsgeschichte nach der Anbetung des Kindes in der Krippe durch die Hirten: „Maria bewahrte alles, was geschehen war, in ihrem Herzen und dachte darüber nach" (Lk 2,19). Maria übersetzt das Weihnachtsgeschehen in Bethlehem in das Wort und vertieft sich in dieses Wort, damit es in ihrem Herzen Same werden kann. Ein weiteres Mal ruft Lukas dieses Bildwort in Erinnerung bei der Szene des Zwölfjährigen Jesus im Tempel: „Seine Mutter bewahrte alles, was geschehen war, in ihrem Herzen“ (Lk 2,50). Ihre ganze Brisanz erhält diese Feststellung freilich erst vom darauf folgenden Satz her: „Sie verstanden nicht, was er damit sagen wollte.“ Lukas will damit verdeutlichen, dass das Wort Gottes selbst für den glaubenden und deshalb für Gott und seinen Willen geöffneten Menschen nicht immer sofort verständlich ist. Es braucht Geduld und Demut, mit der Maria das zunächst Unverstandene in ihr Herz hinein nimmt und es in ihrem Innersten wirken lässt, um es verarbeiten zu können. Mit diesen drei Szenen führt uns der Evangelist vor Augen, dass Maria für das Wort Gottes ganz Ohr und für es so empfänglich gewesen ist, dass es in ihr selbst Fleisch werden konnte, wie der heilige Augustinus sensibel bemerkt hat: „Ehedem sie dem Leibe nach Mutter wurde, war sie es dem Geist nach schon geworden.“

In dieser Grundhaltung des Suchens nach dem Willen Gottes in seinem Wort ist Maria das Urbild und die Urgestalt der Kirche oder noch adäquater: „Kirche im Ursprung“[12]. Als Urbild von Kirche zeigt Maria in exemplarischer Weise, welchen Umgang die Kirche mit dem Wort Gottes pflegen soll und dass die Kirche in erster Linie marianische Kirche und erst von daher und in ihrem Dienst petrinische Kirche ist, wie dies der katholische Theologe Hans Urs von Balthasar sehr prägnant zum Ausdruck gebracht hat: „In Maria ist die Kirche schon leibhaft, bevor sie in Petrus organisiert ist.“[13] Die Leibhaftigkeit der Kirche in Maria besteht dabei in der konsequenten Ausrichtung ihres Lebens nach dem Willen Gottes.

Von derselben Grundhaltung wie Maria ist auch der Heilige Josef geprägt. Auch er war herausgefordert, in einer keineswegs leichten Lebenssituation nach dem Willen Gottes zu suchen. Denn Verlobter einer schwangeren Frau zu sein, galt in der damaligen Gesellschaft als ein öffentliches Ärgernis. Zur Regelung dieses merkwürdigen Verhältnisses zu Maria wären ihm gemäß dem damaligen Gesetz zwei Wege offen gestanden. Er hätte entweder beim Gerichtshof die Bestrafung Marias nach dem Gesetz, nämlich die Steinigung, beantragen oder er hätte Maria durch einen Scheidebrief für immer entlassen können. Beide Wege aber hätten des Verderben Marias und damit die Gefährdung des Heilsplanes Gottes zur Folge gehabt. In dieser dilemmatischen Situation dachte Josef zunächst daran, sich in aller Stille von Maria zu tren-

---

12 J. Cardinal Ratzinger/H. U. von Balthasar, Maria – Kirche im Ursprung (Einsiedeln 1997).

13 H. U. von Balthasar, Die marianische Prägung der Kirche, in: J. Cardinal Ratzinger/H. U. von Balthasar, Maria – Kirche im Ursprung (Einsiedeln 1997) 112–130, zit. 126.

nen, weil er sie nicht bloßstellen wollte, weshalb der Evangelist Matthäus Josef ausdrücklich als „gerecht“ bezeichnet. Doch Josef war zugleich offen für einen viel größeren Weg, den er sich allerdings in einem Traum von einem Engel weisen ließ, der ihm sagte: „Josef, Sohn Davids, fürchte dich nicht, Maria als deine Frau zu dir zu nehmen; denn das Kind, das sie erwartet, ist vom Heiligen Geist“ (Mt 1,20). Weil Josef in dieser Stimme des Engels den Willen Gottes wahrgenommen und in Gehorsam ihm entsprochen hat, ist er zum eigentlichen „Zeugen der Weihnacht“ geworden. Denn in ihm „kommt die Weihnachtsbotschaft zum Ziel, nämlich zur sachgemäßen Antwort, zum glaubenden Bejahen der Agape Gottes und zum gehorsamen Leben aus dieser Agape“[14]. Weihnachten ist möglich geworden, weil Josef auf die Stimme des Engels gehört und gegenüber der Weisung Gottes, die er in ihr vernommen hat, gehorsam gewesen ist, und zwar in einer stillen und unscheinbaren Weise, weshalb Alfred Delp ihn mit Recht als „Mann der schweigenden Hilfe“ charakterisiert hat.

c) Familie Jesu unter dem Kreuz

Wenn wir in diesem Licht die Gestalten Maria und Josef auf uns wirken lassen, dann steht die Heilige Familie als „leuchtendes Vorbild“ deshalb vor uns, weil sie sich ganz nach dem Willen Gottes ausgerichtet hat. Diese Orientierung musste die Heilige Familie freilich immer wieder neu bewähren, und zwar vor allem angesichts des Verhaltens ihres Sohnes, der das Leben nach dem Willen Gottes so sehr zum entscheidenden Kriterium erhoben hat, dass er sogar die biologische Abstammung und die leibliche Verwandtschaft und damit die eigene Familie relativieren konnte. So hat Jesus beispielsweise auf den Wunsch seiner Familie, ihn zu sehen, mit der programmatischen Feststellung geantwortet: „Meine Mutter und meine Brüder sind die, die das Wort Gottes hören und danach handeln“ (Lk 8,21).

Im ersten Hinhören macht dieses Wort Jesu einen recht schroffen Eindruck, genau so wie die Antwort Jesu bei der Hochzeit zu Kana an Maria, die wahrgenommen hat, dass den Gastgebern der Wein ausgegangen ist, deren Verlegenheit verspürt und sich vertrauensvoll an Jesus gewandt hat. Von ihm aber hat sie die keineswegs freundliche Antwort erhalten: „Was willst du von mir, Frau? Meine Stunde ist noch nicht gekommen“ (Joh 2,4). Dabei

---

14 J. M. Lochman, Das Wunder der Weihnacht, in: Ders., Das radikale Erbe. Versuche theologischer Orientierung in Ost und West (Zürich 1972) 263–273, zit. 273.

wird vor allem die Tatsache irritieren, dass Jesus seine eigene Mutter einfach mit „Frau" anspricht. Die tiefere Bedeutung dieser Anrede erschließt sich freilich erst von der Feststellung her, dass im Johannesevangelium Jesus Maria noch einmal als „Frau" anspricht, und zwar unter dem Kreuz, indem er auf Johannes hinweist und zu Maria sagt: „Frau, siehe dein Sohn" (Joh 19,26). Der Evangelist Johannes bringt damit zum Ausdruck, dass erst am Kreuz die „Stunde", von der Jesus bei der Hochzeit zu Kana gesagt hat, dass sie noch nicht gekommen sei, da ist, nämlich als Stunde der endgültigen Hochzeit zwischen Gott und Mensch. Am Kreuz wird die menschliche Hochzeit zu Kana zum Bild jenes Augenblicks, in dem sich die Hochzeit zwischen Gott und Mensch ereignet, genauer zum „Bild des göttlichen Hochzeitsfestes, zu dem der Vater durch den Sohn einlädt und in dem er die Fülle des Guten schenkt, die in der Fülle des Weines symbolisiert ist"[15].

Erst von dieser tiefen Hochzeitssymbolik her erschließt sich die Bedeutung von Jesu Anrede seiner Mutter als „Frau". Mit ihr wird im Johannesevangelium nicht nur die unverwechselbare Stellung Mariens in der Heilsgeschichte zum Ausdruck gebracht; es wird vielmehr auch darauf hingewiesen, dass Jesus seiner menschlichen Verwandtschaft die geistliche Verbindung voranstellt. Nur von daher erklärt sich auch, was Jesus unter dem Kreuz zwischen Maria und Johannes vollzogen hat (Joh 19,25–27). Als Jesus am Kreuz seine Mutter und bei ihr den Lieblingsjünger sah, sagte er zu seiner Mutter: „Frau, siehe dein Sohn", und zum Jünger; „Siehe, deine Mutter". Dies bedeutet auf der einen Seite, dass Jesus in der Stunde des Kreuzes seine Sendung vollendet hat, indem er bei seiner Rückkehr zum himmlischen Vater in der Übergabe seiner Mutter an den Sohn – „Siehe deine Mutter" – die „Erstlingsfrucht der neuen Familie" hinterlassen hat, die zur „Keimzelle der Kirche und der neuen Menschheit" werden sollte[16]. Wie bei Verliebten die Mutter der einen auch zur Mutter des anderen wird, so hat Jesus seinem Jünger und damit allen Jüngern und Jüngerinnen, die dadurch zu Söhnen und Töchtern seiner Mutter werden, das Kostbarste anvertraut, was er geben konnte, nämlich seine eigene Mutter. In der Stunde des Kreuzes hat auf der anderen Seite auch die Mutterschaft Mariens, die mit dem „Fiat" in Nazaret begonnen hatte, ihre Vollendung gefunden, indem sie in der Übergabe des Jüngers an sie durch Jesus – „Siehe dein Sohn" – auf alle Menschen ausgeweitet worden

15 Benedikt XVI., Predigt in der Heiligen Messe in Altötting am 11. September 2006.
16 Benedikt XVI., Predigt in der Heiligen Messe beim Marienheiligtum „Meryem Ana Evi" in Ephesus am 29. November 2006.

und Maria zur Mutter der Kirche geworden ist. Wenn es abschließend im Johannesevangelium heißt, „von jener Stunde an" habe der Jünger Johannes Maria zu sich genommen, dann darf man darin die tiefste Wurzel der Kirche als der neuen Familie Jesu erblicken. Denn Kirche ist im Kern dort entstanden, wo Jesus Johannes der Maria anvertraut und Maria dem Johannes anheim gegeben hat. In der neuen Verbindung zwischen der Mutter Maria und dem Jünger Johannes, die Jesus vom Kreuz herab gewirkt und damit zugleich die göttliche Mutterschaft Mariens und ihre Mutterschaft in Bezug auf die Kirche unlösbar miteinander verbunden hat, liegt der ursprüngliche Kern der neuen Familie Jesu Christi, die freilich bereits in der irdischen Sendung Jesu intendiert gewesen ist.

d) Jesu Sammlung der neuen Familie

Dass die irdische Sendung Jesu in der Sammlung des endzeitlichen Gottesvolkes und damit der neuen Familie Gottes bestanden hat, kommt vor allem in seiner Setzung des Kreises der Zwölf zum Ausdruck. Sofort mit dem Beginn seiner öffentlichen Wirksamkeit hat Jesus Jünger um sich gesammelt und aus ihnen seine zwölf Zeugen ausgewählt, deren Berufung der Evangelist Markus mit dem starken Wort ausdrückt, Jesus habe die Zwölf „gemacht" (Mk 3,14). Mit der Setzung der Zwölf hat Jesus seine Sendung in Israel angezeigt, das sich als das Zwölfstämmevolk verstanden und im Vorausblick auf die messianische Heilszeit vor allem die Wiederherstellung der zwölf Stämme Israels erhofft hat, die ehemals von den zwölf Söhnen Jakobs ausgegangen waren. Indem Jesus die Zwölf gemacht hat, hat er zu erkennen gegeben, dass er sich selbst als der neue Jakob verstanden hat, der mit den Zwölf den Boden des neuen Israel gelegt hat. Jesus hat sich somit als Stammvater des neuen Gottesvolkes vorgestellt, als deren Urgrund und Ursprung er die Zwölf eingesetzt hat. Damit hat Jesus so sehr den Beginn einer neuen Familie im Neuen Bund signalisiert, dass man mit dem katholischen Neutestamentler Gerhard Lohfink urteilen muss: „Die Person Jesu und die Figur der Zwölf sind das Neue am Neuen Testament."[17] Wie wichtig die Zwölf in der Intention Jesu gewesen sind, kann man auch daran ablesen, dass sie nach dem Verrat des Judas in der Urkirche sofort mit der Nachwahl des Matthias ergänzt worden sind (Apg 1,15–26).

Die Sinnbestimmung der Zwölf wird noch deutlicher, wenn man danach fragt, was Jesus mit ihrer Setzung intendiert und gewollt hat. Der Evangelist

17 G. Lohfink, Gottes Volksbegehren. Biblische Herausforderungen (München 1998) 259.

Markus umschreibt sie dahingehend, dass Jesus die Zwölf gemacht hat, „die er bei sich haben und die er dann aussenden wollte, damit sie predigten und mit seiner Vollmacht Dämonen austrieben" (Mk 3,14). Diese Beschreibung bedeutet, dass die neue Familie Jesu durch das Mit-Sein der Jünger entsteht, das die Jünger von ihm empfangen haben und das anderen Menschen zu vermitteln er sie gesendet hat. In diesem Berufungsgeschehen kann man bereits eine präzise Beschreibung dessen erblicken, was Kirche als neue Familie Gottes sein kann und sein muss: „Kirche ist, dass sie einerseits ‚mit ihm sei' und indem sie bei ihm und mit ihm ist, dann auch teilhabe an seiner Sendung und ihm verfügbar sei zum Gesandtwerden."[18]

Damit ist deutlich, dass sich die neue Familie Jesu nicht mehr durch biologische Abstammung bildet, sondern in der persönlichen Berufung durch Jesus. In der frühen Kirche geschieht dies in der Taufe, in der ein Mensch Jesus Christus als seinem neuen Herrn existenziell übereignet wird. Indem der Täufling in die Sohnesexistenz Jesu eintritt, tritt er zugleich in die große Familie derjenigen ein, die mit ihm zusammen Sohn sind. Weil das Sein in Christus als Geschenk der Taufe mit dem Sein im Leibe Christi identisch ist, ist die Adoption des Menschen als Kind Gottes, die in der Taufe geschieht, zugleich Aufnahme in die große Familie Gottes und damit Eingliederung als Brüder und Schwestern in seinen Leib, wie Paulus diesen unlösbaren Zusammenhang zwischen Taufe und Kirche eindringlich hervorhebt: „Durch den einen Geist wurden wir in der Taufe alle in einen einzigen Leib aufgenommen, Juden und Griechen, Sklaven und Freie; und alle wurden wir mit dem einen Geist getränkt" (1 Kor 12,13).

Dass in der neuen Familie Jesu nicht mehr die biologische Abstammung ausschlaggebend ist, zeigt sich vor allem beim Letzten Abendmahl Jesu, das als Bundesschluss und deshalb als konkrete Gründung seiner neuen Familie zu verstehen ist, die diese neue Familie freilich nur in der Bundesbeziehung mit Gott wird. Im eucharistischen Geschehen zählt nicht mehr die menschliche Blutsverwandtschaft; die neue Familie wird vielmehr durch die Blutsgemeinschaft begründet, die die Jünger mit Jesus haben. Diese eucharistische Perspektive wird durch die weitere Erkenntnis vertieft, dass Jesus sein Pascha mit seinen Jüngern gefeiert hat. Wie bereits das Pascha Israels ein Fest der Familie gewesen und deshalb nicht im Tempel, sondern im Haus der Familie gefeiert worden ist, so hat auch Jesus das Pascha mit den Jüngern begangen,

---

18 J. Ratzinger, Das Geschick Jesu und die Kirche, in: Ders., Glaube – Erneuerung – Hoffnung. Theologisches Nachdenken über die heutige Situation der Kirche (Leipzig 1981) 18–27, zit. 21.

die seine neue Familie geworden sind. In Treue zur Intention Jesu und seinem Pascha ist in der frühen Kirche die Eucharistie zum zentralen christlichen Familienfest geworden.

e) Kirche als Familie und Familie als Hauskirche

Mit diesen wenigen Hinweisen dürfte deutlich geworden sein, dass Kirche und Familie so eng zusammen gehören, dass sich die Kirche selbst als Familie versteht und die Familie die Grundzelle von Kirche und in diesem Sinn Hauskirche ist. An diese Zusammengehörigkeit erinnert ein Brauch, der eine lange Tradition hinter sich hat. Wir sind es gewohnt, dass jedes Kirchengebäude den Namen eines Heiligen trägt und auf dessen Namen geweiht ist. Hinter diesem Brauch, die Kirchengebäude mit einem Namen zu versehen und gleichsam wie Menschen zu behandeln, verbirgt sich freilich ein tieferer Sinn. In den ältesten Zeiten der Christenheit wurden nicht Kirchen mit Namen bezeichnet, sondern die Familienhäuser, in denen die Christen zusammengekommen sind, um die Heiligen Schriften zu lesen und die Eucharistie zu feiern. In der frühen Zeit verfügten die Christen über keine eigenen Kulträume, sondern sie versammelten sich in den Häusern, die den Namen ihrer Besitzer trugen. So berichtet Paulus beispielsweise von einem Gaius in Korinth, „der mich und die ganze Gemeinde gastlich aufgenommen hat" (Röm 16,23), oder von einer Nympha in Laodizea und „der Gemeinde in ihrem Haus" (Kol 4,15). Als in späteren Zeiten aus diesen Häusern Kirchenbauten geworden waren, hat man an den Namen derer festgehalten, die ihre Häuser für die Versammlung der Christen zur Verfügung gestellt hatten, und sie sind nun zu Patronen und Patroninnen der jeweiligen Gemeinden und ihrer Kirchengebäude geworden.

Dieser alte Brauch erinnert noch heute daran, dass in der christlichen Glaubensgemeinschaft nicht die Kirche aus Steinen entscheidend ist, sondern die Kirche, die aus Menschen besteht, die sich als Steine einfügen lassen in den lebendigen Bau der Kirche. Diese Steine müssen dabei so zusammen passen, dass sie einen guten Bau ergeben. Dies ist nur dann möglich, wenn sie, wie der heilige Augustinus betont hat, von der Liebe geformt und untereinander durch die Liebe geeint sind.[19] Die gegenseitige Liebe bildet gleichsam das Material, aus dem der Bau Gottes errichtet wird. In diesem Sinn erinnert der genannte Brauch zugleich daran, dass sich die frühen Christen in

19 Augustinus, Sermo 336.

Häusern von Familien versammelt haben, dass Kirche im ursprünglichen Sinn Hauskirche gewesen ist und dass die Familie die Urzelle von Kirche bildet. Dem großen Engagement von christlichen Ehepaaren und Familien ist es vor allem zu verdanken, dass sich in den ersten Jahrhunderten der christliche Glaube sehr rasch ausbreiten konnte, wie Papst Benedikt XVI. sehr schön festgestellt hat: Das Christentum „konnte nicht nur dank der Apostel wachsen, die es verkündeten. Um im Boden des Volkes Wurzeln zu schlagen, um sich lebendig zu entfalten, war der Einsatz dieser Familien, dieser Eheleute, dieser christlichen Gemeinden, der gläubigen Laien notwendig, die den ‚Nährboden' für das Wachsen des Glaubens geliefert haben. Und immer wächst die Kirche nur auf diese Weise."[20]

4. Die christliche Familie als Schule des Lebens und des Glaubens

In diesem Sinn soll abschließend danach gefragt werden, welche Sendung der christlichen Familie als kleinster Form von Kirche und insofern als Hauskirche zukommt, wenn sie im Licht des Glaubensgeheimnisses der Heiligen Familie betrachtet wird, mit dem sowohl der natürlichen Familie als auch der neuen Familie Gottes ein „leuchtendes Vorbild" vor Augen gestellt ist. Diese Sendung lässt sich am deutlichsten umschreiben, indem man die christliche Familie als elementare Schule des Lebens und des Glaubens in dem Sinne charakterisiert, wie er vom kirchlichen Lehramt umschrieben worden ist[21]: „Alle Glieder der Familie üben gemäß der je eigenen Rolle das durch die Taufe erworbene Priestertum aus und tragen dazu bei, dass aus der Familie eine Gnaden- und Gebetsgemeinschaft wird, eine Schule der menschlichen und christlichen Tugenden und ein Ort der ersten Verkündigung des Glaubens an die Kinder."[22]

Wie die Heilige Familie in allem nach dem Willen Gottes gesucht und alles im Licht des Glaubens betrachtet hat, so ist auch die christliche Familie in erster Linie berufen, eine Schule des Glaubens und damit Hauskirche im eigentlichen Sinn zu sein. Wie bereits im alltäglichen Leben die Kinder die Muttersprache als die erste und wichtigste Sprache erlernen, so lernen sie

20 Benedikt XVI., Katechese bei der Generalaudienz am 7. Februar 2007.

21 Vgl. Pontificio Consiglio per la Famiglia (ed.), Enchiridion della famiglia e della vita. Documenti magisteriali e pastorali su famiglia e vita 2004–2011 (Città del Vaticano 2012).

22 Katechismus der Katholischen Kirche. Kompendium, Nr. 350.

auch die Sprache des Glaubens zuerst im Elternhaus. Um als Schule des Glaubens wirken zu können, ist die christliche Familie gut beraten, bei der jüdischen Religion gleichsam in die Schule zu gehen. Denn sie ist eine Religion, die zuerst und elementar in der Familie gelebt wird und die diesem Umstand ihre starke Widerstandskraft auch und gerade in den großen Widerwärtigkeiten in ihrer Geschichte verdankt. Auch im Christentum erweist sich die religiöse Sozialisierung in der Familie als vordringlich, zumal in den heutigen europäischen Gesellschaften, die ihre kulturelle „Muttersprache", nämlich die vom Christentum geprägte Kultur, immer mehr vergessen und verlernen. Die christliche Familie wird von daher zum privilegierten Ort, an dem der Glaube gelebt und an die kommende Generation weitergegeben werden kann und soll. Denn was an diesem primären Ort versäumt wird, kann von anderen Institutionen wie Schule und Religionsunterricht, die letztlich nur einen sekundären Charakter haben, nicht eingeholt werden. Die Aufgabe der Glaubensweitergabe wird dabei vor allem darin bestehen, dass die Kinder die Ursprache des christlichen Glaubens erlernen, nämlich die Sprache des Betens, was am besten gelingen wird, wenn sie ihre Eltern selbst als betende Menschen und damit als Zeugen der unermesslichen Liebe erfahren, die Gott zu jedem Menschen hegt.

Wie sich in der Mitte der Heiligen Familie das Kind befindet, das von Maria und Josef als Heiligtum geschützt und gepflegt wird, so ist auch die christliche Familie berufen, eine Schule des Lebens und ein Heiligtum des Lebens zu sein, und zwar in einem zweifachen Sinn. Eine christliche Familie zeichnet sich erstens durch eine ebenso prinzipielle wie konkrete Offenheit für das Kind aus. Weil Christen davon überzeugt sind, dass sich auch und gerade in der Weitergabe des menschlichen Lebens Gottes Liebe zum Menschen widerspiegelt, ist die christliche Familie der elementare Ort, an dem der Mensch lernt, Liebe zu empfangen und zu schenken. Christliche Eltern betrachten deshalb ihre Kinder als das wertvollste Gut der Familie und setzen damit ein prophetisches Kontrastzeichen gegen den in den europäischen Gesellschaften rapide voranschreitenden Geburtenrückgang, den man als „demographischen Winter" bezeichnen und als dramatisches Zeichen eines mangelnden Vertrauens in das Leben und fehlender Hoffnung für die Zukunft beurteilen muss. Als „Heiligtum des Lebens" ist die christliche Familie zweitens auch deshalb erfahrbar, weil in ihr die Überzeugung vom heiligen und deshalb unantastbaren Charakter des menschlichen Lebens von der Empfängnis bis zum natürlichen Tod lebendig ist und in die Gesellschaft hinein ausstrahlt.

Wenn die christliche Familie im Dienst der Weitergabe des Glaubens und der Weitergabe des menschlichen Leben steht, dann erweist sie sich auch als Schule der Humanität, in der der junge Mensch heranwachsen kann, um wahrhaft Mensch zu werden, und dann steht sie auch im Dienst der Humanisierung der menschlichen Gesellschaft, als deren Grundzelle die Familie zu betrachten ist. Indem sich die Kirche für die Würde der Familie als jener elementarsten Gestalt menschlicher Gesellschaft einsetzt, die aus der Liebe zwischen einer Frau und einem Mann hervorgeht und offen ist für die Weitergabe des Lebens, leistet sie auch ihren indispensablen Beitrag für eine gute Zukunft der Menschheit. Denn Ehe und Familie sind keine überholten Vorstellungen und antiquierten Institutionen; vielmehr geht auch heute die Zukunft der Menschheit über die Familie.

Diese befreiende Vision in den heutigen Gesellschaften zu bezeugen, macht die vordringliche Sendung der Kirche als Familie und der Familie als Hauskirche aus. Dieses Zeugnis wird umso glaubwürdiger sein, als die christlichen Kirchen es in ökumenischer Gemeinschaft vollziehen, wie dies in exemplarischer Weise mit den Orthodoxen Kirchen bereits möglich geworden ist[23]. Die christliche Familie kann umso glaubwürdiger in die heutige Gesellschaft hinein strahlen, wenn das Evangelium von der Familie in ökumenischer Zusammenarbeit bezeugt wird. Dafür ist die Orientierung an der Heiligen Familie als „leuchtendes Vorbild“ Einladung und Hilfe.

23 Vgl. Consilium Conferentiarum Episcoporum Europae (ed.), La Famiglia: un bene per l'umanità. Atti del Forum Europeo Cattolico-Ortodosso Trento, Italia, 11–14 dicembre 2008 (Bologna 2009); Pontificio Consiglio per la Famiglia, Pontificio Consiglio per l'Unità dei Cristiani, Dipartimento per le Relazioni del Patriarcato di Mosca (edd.), Ortodossi e Cattolici insieme per la Famiglia (Città del Vaticano 2013).

Das Evangelium in verbindlicher Gemeinschaft leben
Die ekklesiologische Bedeutung des Ordenslebens in der Sendung der Kirche[1]

1. Ekklesiologische Verortung der Vita consecrata

Das Ordensleben ist in der Katholischen Kirche in der Zeit nach dem Zweiten Vatikanischen Konzil vermehrt Thema der theologischen Reflexion und der ekklesiologischen Vergewisserung geworden. Dies gilt bereits vom Konzil selbst, das nicht nur das Dekret „Perfectae caritatis" über die zeitgemäße Erneuerung des Ordenslebens verabschiedet, sondern auch in seiner Dogmatischen Konstitution über die Kirche „Lumen gentium" den Ordensleuten ein eigenes Kapitel gewidmet und damit die Vita consecrata in der gesamten Ökologie des kirchlichen Lebens verortet hat.[2] Damit die Erneuerung des Ordenslebens nach den Weisungen des Zweiten Vatikanischen Konzils erfolgt, hat Papst Paul VI. bereits im Jahre 1971 seine Apostolische Exhortation „Evangelica testificatio" an alle Ordensfamilien auf dem katholischen Erdkreis adressiert. Papst Johannes Paul II. hat eine Ordentliche Generalversammlung der Bischofssynode einberufen, um das „Geweihte Leben und seine Sendung in Kirche und Welt" zu beraten, und er hat dazu im Jahre 1996 sein Nachsynodales Apostolisches Schreiben „Vita Consecrata" veröffentlicht. Zugleich hat er den Welttag des Geweihten Lebens eingeführt, der zum ersten Mal im Jahre 1997 gefeiert wurde und jeweils am Fest der Darstellung des Herrn im Tempel durchgeführt wird. Den Welttag des Geweihten Lebens hat Papst Benedikt XVI. immer wieder zum Anlass genommen, um in Botschaften und Homilien auf die grundlegende Bedeutung des Ordenslebens im Leben der Kirche hinzuweisen[3]. Diese hat er vor allem

1 Vortrag an der Generalversammlung der Vereinigung der Höheren Ordensobern der Schweiz in Engelberg am 23. Juni 2008, erschienen in: G. Augustin/M. Graulich (Hg.), Gelingendes Leben. Wege von Ordenschristen heute (Stuttgart 2015) 15–51.

2 Lumen gentium, 6. Kapitel: Die Ordensleute.

3 Vgl. Rapiti dall'Amore. Discorsi e Omelie di Benedetto XVI sulla Vita Consecrata. A cura di S. Fari C. M. (Torino 2014); Benedetto XVI, Nulla anteporre a Cristo (Teolo 2014). Vgl. D. Petti, Dialogo sulla Vita Consecrata con Papa Benedetto XVI (Vaticano 2010); G. Sanchez Griese; Ascolta O Figlia. Insegnamenti di Benedetto XVI sulla vita consecrata (Siena 2010).

darin wahrgenommen, dass die Ordensgemeinschaften berufen sind, „das Evangelium auf radikale Weise zu leben und es in einen Stil besonders großherziger Nachfolge umzusetzen“[4]. Und Papst Franziskus, der dem Jesuitenorden angehört und sich selbst als einer versteht, der „Gott geweiht ist“, hat ein Jahr des Geweihten Lebens ausgerufen, das vom Ersten Adventssonntag 2014 bis zum Fest der Darstellung des Herrn 2016 gedauert hat, und er hat dazu ein programmatisches Apostolisches Schreiben verfasst.[5] Diese und andere wichtige Initiativen der Päpste nach dem Konzil zeigen deutlich, dass dem Ordensleben ein spezifischer Ort innerhalb des ganzen Organismus der Kirche zukommt.

Um diesen Ort ausfindig machen und konkret beleuchten zu können, legt es sich nahe, von dem in der Tradition gewachsenen Prinzip der drei Stände in der Kirche auszugehen, nämlich von der Trias Laienstand, Rätestand und Priesterstand.[6] Diese Dreigliederung ist in der Kirche grundlegend, sofern man ihre bleibende Bedeutung von der geschichtlich bedingten Ständeordnung im mittelalterlichen Weltbild abhebt[7]. Die Rede von den drei Ständen will darauf aufmerksam machen, dass alle Christen von Gott berufen sind, ihren Stand-Ort in der Kirche zu finden und zu haben, wobei sie in verschiedenen, aber sich ergänzenden Ständen existieren[8]. Sinnvollerweise hat deshalb bereits Basilius nicht das Wort „Stand“, sondern das adäquatere Wort „Leben“ verwendet.

2. Das Ordensleben als Sichtbarkeit der universalen Kirche

Das Proprium des Ordenslebens in der Kirche lässt sich nur ausfindig machen, wenn man bedenkt, dass sich hinter der Rede von den drei Ständen in der Kirche eine weitere grundlegende Unterscheidung verbirgt, nämlich zwischen ortskirchlichen und universalkirchlichen Sendungen. In der Geschichte hat sich sehr bald das ortskirchliche Prinzip als elementare Strukturierung der Kirche herausgebildet, wobei unter Ortskirche die Diözese

4 Benedikt XVI., Ansprache am Fest der Darstellung des Herrn und XII. Tag des Geweihten Lebens am 2. Februar 2008.

5 Franziskus, Apostolisches Schreiben vom 21. November 2014 zum Jahr des Geweihten Lebens.

6 Vgl. H. U. von Balthasar, Christlicher Stand (Einsiedeln 1977).

7 Vgl. W. Schwer, Stand und Ständeordnung im Weltbild des Mittelalters (Paderborn 1934).

8 Vgl. B. Albrecht, Stand und Stände. Eine theologische Untersuchung (Paderborn 1962).

verstanden wird, die sich ihrerseits in Pfarreien gliedert. Dieses lokale Prinzip ist für die Kirche grundlegend und hat vor allem darin bleibende Bedeutung, dass es zum Ausdruck bringt, dass Kirche nicht eine Gruppe von Freunden ist, die sich selbst wählen, sondern eine Gemeinschaft von Geschwistern, die einander gegeben werden.

a) Kirche realisiert sich, erschöpft sich aber nicht in der Pfarrei

Das ortskirchliche Prinzip ist auch in der Gegenwart mit Händen zu greifen. Die Pfarrei ist für den einzelnen Katholiken der unmittelbare Lebensort, der ihn den Glauben in seiner kirchlichen Gestalt erfahren und leben lässt. Im Normalfall findet der katholische Christ in der Pfarrei und damit im Umfeld seines Lebensalltags, seines Freundes- und Bekanntenkreises und in der Begegnung in der sonntäglichen Gottesdienstgemeinschaft emotional seine kirchliche Beheimatung. Von daher lebt Kirche durchaus zunächst in der Pfarrei, der die beiden Stände der Laien und der Priester zugeordnet sind.

Es muss aber sofort hinzugefügt werden, dass sich Kirche nie in der Pfarrei erschöpfen kann und darf. Kirche ist immer mehr als Pfarrei, und sie ist es in der Geschichte auch immer gewesen. Neben dem ortskirchlichen Prinzip hat es immer auch apostolische Bewegungen gegeben, die den Raum der Ortsgemeinden und der Ortskirchen überschritten haben. Das erste geschichtliche Beispiel dafür ist im dritten Jahrhundert das frühe Mönchtum, das man durchaus als Bewegung charakterisieren darf und das ein neues Element in das Leben der Kirche eingeführt hat.[9] Sein Spezifikum bestand darin, dass es aus der bereits damals fest gefügten ortskirchlichen Struktur ausgebrochen ist, ein immer mehr an die Bedürfnisse des weltlichen Lebens angepasstes Christentum hinter sich gelassen hat und in die Wüste ausgezogen ist, um die kompromisslose Nachfolge Jesu Christi zu leben.

Bereits am Beginn des christlichen Mönchtums bei Antonius lassen sich die gleichen bestimmenden Impulse wie später bei Franz von Assisi finden, nämlich das Evangelium „sine glossa" und damit in seiner wörtlichen Ganzheit ernst zu nehmen, in radikaler Armut Christus nachzufolgen und das ganze Leben von ihm her zu gestalten. Gerade bei Franz von Assisi ist dieser neue Weg exemplarisch greifbar, weil er nicht einen neuen Orden gründen, sondern eine Antithese zum gewachsenen Mönchtum leben und deshalb ei-

9 Vgl. A. Merkt (Hg.), Das frühe christliche Mönchtum. Quellen und Dokumente von den Anfängen bis Benedikt (Darmstadt 2008).

nen „novus populus sammeln“ wollte, „der die Bergpredigt sine glossa befolgen und in ihr seine einzige und unmittelbare ‚Regel‘ finden sollte“[10]. Auch bei Basilius, der dem orientalischen Mönchtum seine zukünftige Gestalt vorgegeben hat, ist festzustellen, dass er keineswegs eine Sondergemeinschaft neben der Kirche errichten wollte, sondern das ganze Christentum und damit die dem Evangelium gehorsame Kirche suchte. Auf diesem Wege ist innerhalb des Mönchtums ein neues Lebenszentrum geschaffen worden, das zwar die ortskirchliche Struktur nicht aufgehoben, aber sich auch nicht mit ihr identifiziert hat, sondern als neue belebende Kraft in ihr zur Wirkung kommen wollte und geschichtlich auch gekommen ist.

Was bereits bei Basilius, der Mönch gewesen ist, aber dann das Bischofsamt annehmen musste, festzustellen ist, ist im Laufe der Geschichte für das Mönchtum insgesamt wirksam geworden. Es hat sich immer mehr in die bischöfliche Ordnung der Kirche reibungslos integriert, insofern sich die einzelnen Klöster prinzipiell auf ihr Territorium beschränkt haben, nicht in der pastoralen Arbeit der ortskirchlichen Seelsorge tätig gewesen sind und diese deshalb auch nicht in Frage gestellt haben. Eine völlig neue Situation ist aber im 13. Jahrhundert entstanden, als mit den Mendikantenorden seelsorgerliche Bewegungen aufgetreten sind, die von einem klar umrissenen Zentrum her in einer äußerst dynamischen Weise über den ganzen Kontinent hin gewirkt haben und mit ihrer pastoralen Praxis des Gottesdienstes, der Beichte und der Predigt in eine direkte Konkurrenz zur ortskirchlichen Seelsorge getreten sind.

b) Der Bettelordenstreit als historisches Paradigma

Diese neue Situation lässt sich am klarsten anhand des so genannten Bettelordenstreits im 13. Jahrhundert verdeutlichen, in dem die beiden neuen Bettelorden – die Franziskaner und die Dominikaner – gemeinsam gegen den Weltklerus gestanden haben und der an der Pariser Universität zu einem eigentlichen Kampf des Weltklerus gegen die Präsenz der Bettelorden geführt hat.[11] Der Streit um die Besetzung von Lehrkanzeln an der Pariser Universität

10 J. Ratzinger, Bemerkungen zur Frage der Charismen in der Kirche, in: G. Bornkamm/K. Rahner (Hg.), Die Zeit Jesu. Festschrift für Heinrich Schlier (Freiburg i. Br. 1970) 257–272, zit. 267.

11 Vgl. M. Bierbaum, Bettelorden und Weltgeistlichkeit an der Universität Paris (Münster 1920); F. X. Seppelt, Der Kampf der Bettelorden an der Universität Paris in der Mitte des 13. Jahrhunderts, in: KGA III (1905) 197–241 und VI (1908) 73–140.

war seinerseits aber auch der sichtbarste Ausdruck eines Konflikts zwischen ortskirchlicher Struktur und apostolischen Bewegungen, die sich nicht ortskirchlich integrieren ließen. Die pastorale Tätigkeit der Bettelorden bedeutete jedenfalls einen bisher unbekannten Einbruch in die ortskirchlich gebundene Pfarrseelsorge, der nicht nur als Eingriff in die hierarchischen Eigenrechte des Pfarrers und des Bischofs verstanden, sondern auch als finanzielle Schädigung des Pfarrers wahrgenommen wurde, dem Gebühren entzogen wurden, die eigentlich ihm zustanden.

Angesichts dieser neuen Erscheinung wollte der Weltklerus nur das bisherige, ursprünglich als Reformbewegung von Cluny ausgegangene, aber später erstarrte Mönchtum anerkennen. Da dieser Mönchstypus in der Gestalt von von den Ortskirchen abgetrennten, streng in sich lebenden und sich der Kontemplation widmenden Klöstern existierte, implizierte er keine Störung der ortskirchlichen Struktur – im Unterschied zu den neuen Seelsorgern aus den Mendikantenorden, die über keinen bischöflichen Auftrag verfügten, sondern Boten eines Generalministers waren, der sich allein dem Papst gegenüber verantwortlich wusste. Hinzu kam, dass sich in diesem Streit die Päpste die Anliegen der Mendikantenorden zu eigen gemacht haben. Dies hat dazu geführt, dass der Weltklerus und die Professoren in Paris die Fundamente des Mendikantentums überhaupt angegriffen haben. Sie haben nicht nur die Erlaubtheit der Bettelarmut und die Predigt- und Beichtberechtigung der Mendikanten, sondern vor allem deren Anspruch auf Nachahmung des Lebens und der Armut Christi geleugnet.

Ohne Zweifel wird man in diesem verwickelten Streit nicht ausschließlich den Bettelorden Recht geben können. Denn diese haben maßgeblich dazu beigetragen, dass jener Zentralismus, der sich zunächst innerhalb der Bettelorden als Neuigkeit vollzogen hat, nun auch auf die Gesamtkirche übertragen wurde, so dass sie immer mehr im Sinne eines modernen Zentralstaates verstanden wurde. Insofern haben die Bettelorden aufgrund ihrer ausschließlichen Rückbindung an den Heiligen Stuhl jene Papstzentriertheit gefördert, die sich in den Pontifikaten von Bonifaz VIII. und seiner Nachfolger ausgewirkt und in der eindeutigen Parteinahme des Franziskanertheologen Bonaventura für die Bettelorden und für den Heiligen Stuhl mit diesen geradezu emotionsgeladenen Worten deutlichen Ausdruck gefunden hat: „Dem gemeinen Recht nach sind zwar alle Christgläubigen Kinder des Papstes, die Angehörigen des Armutsordens sind jedoch darüber hinaus auf Grund eines besonderen Rechtstitels seinem Gehorsam und seiner fürsorgenden Gewalt unterstellt. Wenn nämlich die anderen sozusagen mündige Söhne sind, die aufgrund des ihnen verliehenen Rechts über ihre Kirchengüter in normalem Umfang verfügen können, so sind die Bettelmönche gleichsam in der Familie lebende Kleinkinder und als solche ganz und gar seiner Gewalt anvertraut."[12]

Aus demselben Grund hat auch der Dominikanertheologe Thomas von Aquin die Überlegenheit des apostolischen Lebens über das bloß kontemplative Leben unter Bezugnahme auf das Vorbild Jesu Christi herausgestellt: „Das tätige Leben, das den andern die durch Predigt und Kontemplation erlangten Wahrheiten nahe legt, ist vollkommener als das ausschließlich kontemplative Leben."[13] Schließlich kann es nicht erstaunen, dass es auch die Mendikantentheologen gewesen sind, die die weitgehende Beheimatung der Bettelorden beim Heiligen Stuhl mit der Idee der päpstlichen Lehrgewalt zu vertiefen versucht und sich so als die maßgeblichen Förderer einer notwendigen Konkretisierung der Unfehlbarkeit der Kirche in der Person des Papstes erwiesen haben.

Die Bettelorden haben insofern maßgeblich zur Entwicklung des päpstlichen Universalprimates beigetragen.[14] Auf der anderen Seite drängt sich aber im Blick auf den Bettelordenstreit im 13. Jahrhundert auch das Urteil auf, dass der damalige Weltklerus die ortskirchliche Struktur derart verabsolutiert und damit die Kirche in eine Verengung und Verarmung hinein getrieben hat, dass er die neue Evangelisierungsbewegung der Bettelorden nicht dulden wollte, zumal diese ihren entscheidenden Rückhalt beim Träger eines universalkirchlichen Amtes, nämlich beim Papst als dem Garanten der Einheit der Kirche und ihrer missionarischen Sendung, gefunden haben. Die Bettelorden haben in der Tat in einem ortskirchlich erstarrten System nicht nur eine neue Dynamik der Verkündigung des Evangeliums ermöglicht, sondern auch in einer neuen Weise die universale Kirche als solche in den einzelnen Ortskirchen sichtbar und erfahrbar gemacht. Da die Universalkirche selbst vor allem dank der Bettelorden wieder missionarisch wirksam werden konnte, ist die dynamische apostolische Tätigkeit der Bettelorden als einer universalkirchlichen Bewegung als notwendig zweite Kraft neben der bodenständigen ortskirchlichen Seelsorge zu Tage getreten und hat sich als fruchtbar erwiesen.

---

12 Bonaventura, Apologia pauperum c, 11,7 = Opera VIII 312b.

13 Th. v. Aquin, S. Th. III q. 40 a. 1 ad 2.

14 Vgl. J. Ratzinger, Zum Einfluss des Bettelordenstreites auf die Entwicklung der Primatslehre, in: Ders., Das neue Volk Gottes (Düsseldorf 1969) 49–71.

c) Ortskirche und Apostolische Bewegungen

Aus diesem gerafften historischen Rückblick lassen sich für unsere Fragestellung vor allem drei Konsequenzen ziehen. Die universalkirchlichen Bewegungen der Bettelorden und ihre Wirksamkeit in den einzelnen Ortskirchen haben erstens die ortsgebundene Pastoral nicht nur ergänzt, sondern auch befruchtet und bereichert. Dies war aber nur möglich, weil sich die Mendikantenorden an das Papstamt als ein konkretes und theologisch begründetes Organ der universalen Kirche gebunden haben.

Der Bettelordenstreit zeigt zweitens, dass apostolische Bewegungen, die den Raum der Ortskirchen und ihre Struktur überschreiten, und Bindung an das Papsttum notwendigerweise zusammengehören. Dasselbe Phänomen manifestiert sich heute wiederum bei den neuen geistlichen Gemeinschaften und kirchlichen Bewegungen, die – wie damals die Bettelorden – nicht auf das bischöfliche Prinzip zurückgeführt werden können, freilich auch nicht vom Papsttum geschaffen worden sind, aber ihren wesentlichen Rückhalt im Papsttum finden.[15] Von daher erinnern zahlreiche Reibungsflächen, die heute zwischen den neuen kirchlichen Bewegungen und den Pfarreien und Diözesen bestehen, nicht selten an den Bettelordenstreit im 13. Jahrhundert.

Hier leuchtet der tiefste Grund auf, dass apostolische Bewegungen, die in der weltweiten Kirche wirken, von den Bischöfen nicht ortskirchlich vereinnahmt werden dürfen. Ansonsten werden sie um ihr geschichtlich bewährtes und auch heute notwendiges Charisma gebracht, sichtbar zu machen, dass zum gesunden Gleichgewicht in der Kirche die Balance zwischen ortskirchlichen Strukturen und universalkirchlich orientierten apostolischen Bewegungen unabdingbar gehört. Denn die Katholische Kirche ist ortskirchlich und universalkirchlich zugleich verfasst, und sie verwirklicht sich, wie das Zweite Vatikanische Konzil in Erinnerung gerufen hat, als communio ecclesiae et ecclesiarum.[16] Von den apostolischen Bewegungen ist deshalb auch heute zu erwarten, dass sie in den Ortskirchen Universalkirche sichtbar machen und sich nicht völlig mit den Ortskirchen identifizieren. Denn ortskirchlich

---

15 J. Cardinal Ratzinger, Kirchliche Bewegungen und ihr theologischer Ort, in: Ders., Weggemeinschaft des Glaubens. Kirche als Communio (Augsburg 2002) 151–179. Vgl. auch J. Ratzinger – Benedetto XVI, Nuove Irruzioni dello Spirito. I movimenti nella Chiesa (Milano 2006).

16 Vgl. K. Koch, Primat und Episkopat in der Sicht einer trinitätstheologischen Ekklesiologie, in: L. Gerosa/S. Demel/P. Krämer/L. Müller (Hg.), Patriarchale und synodale Strukturen in den katholischen Ostkirchen = Kirchenrechtliche Bibliothek. Band 3 (Münster 2001) 9–30.

absorbierte Ordensgemeinschaften drohen ihrer notwendigen Salzwirkung verlustig zu gehen.

Auch diesbezüglich sind Franz von Assisi wie auch Ignatius von Loyola wegweisend, deren Leben und Wirken durchgehend von einem doppelten Gehorsam geprägt waren, insofern sich bei ihnen der radikale Gehorsam gegen den eigenen Auftrag, in dem sich das eigentliche Charisma dieser Heiligen anzeigt, unlösbar verbunden hat mit dem vorbehaltlosen Gehorsam gegen die konkrete Kirche, „um in ihr den Auftrag des göttlichen Gehorsams durchzustehen und durchzuleiden, der nirgends anders als in ihr, in der Geduld des Durchhaltens des eigenen Auftrags im Stehen an ihr und zu ihr erfüllt werden kann“[17]. Denn das eigentliche Kriterium des wahren Charismatikers ist seine Selbstlosigkeit, und das tiefste „Scheidungszeichen zwischen Geist und Ungeist“ ist das Kreuz[18].

Die dritte Konsequenz, die sich aus dem geschichtlichen Bettelordenstreit aufdrängt, bezieht sich nicht auf die kirchenstrukturelle, sondern auf die inhaltliche Ebene, wiewohl sich beide Ebenen nicht trennen lassen. Dass sich die Mendikantenorden in erster Linie als apostolische Evangeliumsbewegungen verstanden haben, wird besonders deutlich bei Franz von Assisi, der keineswegs einen neuen Orden gründen, sondern die Kirche insgesamt zum ganzen Evangelium rufen und sie im Geist des Evangeliums erneuern wollte. Er und seine Brüder verstanden sich als Evangelisten, die den Menschen den einfachen Kern des Evangeliums Christi verkünden wollten. Aus dieser Aufgabe ergab es sich freilich von selbst, dass sie die ortskirchlichen Grenzen überschreiten mussten, um das Evangelium zu allen Völkern tragen zu können.

3. Das Evangelium „sine glossa“ verkünden

Im Nachleben dieser Tradition sind die Ordensgemeinschaften in besonderer Weise berufen, als Zeugen und Experten des Evangeliums „sine glossa“ zu leben und zu wirken. Wie sich die Mendikantentheologen sowohl auf die Urkirche als auch auf die Wüstenvater bezogen haben, um ihren Ursprung und

17 J. Ratzinger, Bemerkungen zur Frage nach den Charismen in der Kirche, in: G. Bornkamm/K. Rahner (Hg.), Die Zeit Jesu. Festschrift für Heinrich Schlier (Freiburg i. Br. 1970) 257–272, zit. 270.
18 Ebd. 272.

ihre Sendung in der Kirche zu verdeutlichen[19], so sind auch die Ordensgemeinschaften heute gut beraten, wenn sie im Dienst an der ganzen Kirche die ursprüngliche Zielrichtung des Evangeliums leben und fruchtbar machen: Das Evangelium Jesu Christi ist ein lebendiges und wirksames Wort, das zugleich bewirkt, was es aussagt. Im Laufe der Christentumsgeschichte ist das Wort des Evangeliums aber immer wieder gleichsam zum Buch geworden und hat seine lebendige und Leben weckende Kraft weithin eingebüßt. Zu neuem Leben erweckt worden ist das Buch des Evangeliums auf der einen Seite in der Katholischen Kirche vor allem in den Ordensbewegungen und auf der anderen Seite in der reformatorischen Tradition in den protestantischen Erweckungsbewegungen, in denen das Buch wiederum in Leben übersetzt worden ist[20].

Dass solche Übersetzungen auch heute dringend notwendig sind, zeigt das Schicksal der Offenbarungskonstitution des Zweiten Vatikanischen Konzils, die Kardinal Carlo Maria Martini mit Recht als das „schönste Dokument des Konzils“ gewürdigt hat[21], die aber in unseren Breitengraden nur äußerst spärlich rezipiert worden ist. Ein ähnliches Schicksal hat das Apostolische Schreiben „Evangelii nuntiandi“ von Papst Paul VI. erlitten. Während es in Lateinamerika zum Notenschlüssel der Bischofskonferenz in Puebla 1979 geworden ist[22] und bis in das Schlussdokument der lateinamerikanischen Bischofskonferenz in Aparecida 2007 nachgewirkt hat[23], ist dieses Dokument in unseren Breitengraden weitgehend verschlafen worden.

Die Kirche aus dem Schlaf zu wecken und das Evangelium in seinem ursprünglichen Sinn wieder zu verlebendigen, dürfte eine besondere Herausforderung an die Ordensgemeinschaften heute darstellen. Ihre Sendung besteht vor allem darin, sich für die Radikalität des Evangeliums gegen seine bürgerlichen Verharmlosungen in der Kirche heute stark zu machen. Darauf weist die Geschichte des Ordenslebens selbst hin[24]. Ein auch nur kurzer Blick in

19 Vgl. A. Jotischky, Some mendicant views of the Origins of the Monastic Profession, in: Christianesimo nella storia 19 (1998) 31–49.

20 Vgl. W. Kardinal Kasper, Warum mir als Bischof die Katechese am Herzen lag, in: Ders./A. Biesinger/A. Kothgasser (Hg.), Weil Sakramente Zukunft haben. Neue Wege der Initiation in Gemeinden (Ostfildern 2008) 12–24.

21 Kardinal C. M. Martini, Die Bischofssynode über das Wort Gottes, in: Stimmen der Zeit 133 (2008) 291–296, zit. 291.

22 Die Evangelisierung Lateinamerikas in Gegenwart und Zukunft (Puebla 1979).

23 Aparecida 2007. Schlussdokument der 5. Generalversammlung des Episkopats von Lateinamerika und der Karibik.

24 Vgl. L. Boff, Zeugen Gottes in der Welt. Ordensleben heute (Zürich 1985).

seine Geschichte und vor allem auf seine Wurzeln eröffnet die überraschende Entdeckung, dass die in einer langen Tradition gewachsenen und bis heute im Vordergrund stehenden Ordensgelübde der Armut, des Gehorsams und der Jungfräulichkeit erst relativ spät aufgetreten sind. Sie sind genauer das Ergebnis einer Reflexion, die zwischen dem 9. und 13. Jahrhundert in den asketischen Werken über die Regeln der ersten Ordensgründer erbracht worden ist. Bis zu dieser Zeit legte man nicht ausdrücklich Gelübde ab, und zwar, wie Pachomius erklärte, „aus Furcht, dass, was man freiwillig und frei praktizieren muss, nicht aus Hingabe, sondern wegen der Verpflichtung zu tun ist". Das entscheidende monastische Gelübde, das man ablegte, war vielmehr ein einziges, das freilich vielfältige Wirkungen zeitigte, nämlich das Bekenntnis zu einer Lebensweise, die die Lebenshingabe an Gott transparent machen wollte. Diese Handlung wurde damals als „consecratio", als „Weihe" bezeichnet. Nach dem schönen Wort des heiligen Augustinus ist der Ordensmensch ein „homo dei nomine consecratus et deo votus", ein Mensch, der im Namen Gottes geweiht und Gott ganz verschrieben ist.

Führt man sich dieses Grundgelübde vor Augen, dann sind Ordenschristen in erster Linie nicht dazu berufen, etwas Spezifisches zu *tun*, sondern es zu *sein*. Sie sind berufen, in der Kirche und in der Welt als prophetische Zeichen der Gegenwart Gottes zu leben.[25] In dieser Sinnrichtung hat der heilige Benedikt im vierten Kapitel seiner Regel den Kern des Ordenslebens mit den Worten umschrieben: „Es als ganz sicher wissen, dass Gott uns überall im Auge behält", und sich dessen bewusst sein, „dass Gott vom Himmel aus immer, zu jeder Stunde nach ihm umsieht". Das spezifische Charisma von Ordenschristen liegt darin, exemplarisch vorzuleben, dass die Kirche es mit Gott zu tun hat und Gott in ihr lebendig ist, dass Gott in der Kirche vorkommen kann und die Kirche selbst eine „Epiphanie" Gottes ist, zumal in der heutigen Gesellschaft, in der man die tiefste Krise, in der wir stehen, als „Gotteskrise" namhaft machen muss[26].

In dieser Situation ist eine Rückbesinnung auf das ursprüngliche Grundgelübde der Lebenshingabe an Gott besonders angezeigt. Erst von daher kann einsichtig gemacht werden, dass die drei Gelübde der Armut, des Gehorsams und der Jungfräulichkeit dem Ordensleben eigentlich nichts Neues hinzufügen, sondern das entscheidende Grundgelübde der Lebenshingabe an Gott

---

25 Vgl. K. Koch, Gottes Schönheit leben. Zur unverwelkten Aktualität der Orden (Freiburg/Schweiz 2000).

26 J. B. Metz u. a., Diagnosen zur Zeit (Düsseldorf 1994) bes. 76–92.

dadurch konkretisieren und ausfalten, dass das Leben des Evangeliums mit dem konkreten und persönlichen Zeugnis des Glaubens orchestriert wird. Indem Ordenschristen dem armen, gehorsamen und jungfräulichen Jesus nachfolgen, sind sie berufen, wie Papst Johannes Paul II. hervorgehoben hat, „lebendige Erinnerung an die Lebens- und Handlungsweise Jesu als fleischgewordenes Wort gegenüber dem Vater und gegenüber den Brüdern und Schwestern“ zu sein.[27] Oder mit anderen Worten: Ordenchristen sind berufen, als Kirche der evangelischen Räte zu leben, um auf diesem Weg sie vom Evangelium her zu erneuern.

4. Kirche der evangelischen Räte leben

Gegen diese Wegweisung dürfte sich freilich sofort der Einwand erheben, ob damit nicht ein zu hoher Anspruch an das Ordensleben und die Kirche überhaupt angemeldet wird und ob sie sich damit nicht einreiht in die durchaus wechselvolle Geschichte jener spiritualistischen Vorstellungen von Kirche, denen gemäß im Brustton der Überzeugung betont worden ist, dass nur die Vollkommenen und die Heiligen die Kirche bilden würden. Gegen einen solchen Spiritualismus im Kirchenverständnis hat sich aber die abendländische Theologie seit Augustinus mit Recht zur Wehr gesetzt und sich dafür stark gemacht, dass im Netz der Kirche gute und schlechte Fische Platz haben und auf dem Acker der Kirche durchaus auch Unkraut wachsen kann: „Die Kirche des Herrn, der gekommen ist, um die Sünder zu suchen und der absichtlich am Tisch mit Sündern zusammen gegessen hat, kann nicht eine Kirche außerhalb der Realität der Sünde sein, sondern es ist die Kirche, in der es Unkraut und Weizen gibt und Fische aller Art.“[28]

Von daher stellt sich erst recht die Frage, ob nicht doch einem erneuten ekklesiologischen Spiritualismus das Wort geredet wird, wenn die evangelischen Räte als Verpflichtungen der ganzen Kirche postuliert werden – zumal im durchschnittlichen Bewusstsein der heutigen Christen die evangelischen Räte weithin für die so genannten Berufschristen, besonders für die Ordensgemeinschaften, reserviert sind, während die Alltagschristen anderen und bescheideneren Maßstäben folgen dürften. Dass eine solche Anspruchsauftei-

27 Johannes Paul II., Vita consecrata, Nr. 22.

28 J. Kardinal Ratzinger, Bekennen der Sünde – Öffnen des Weges zur Bekehrung, in: L'Osservatore Romano vom 17. März 2000, Seite 11.

lung in der Nachfolge Jesu Christi aber bereits dem Geist des Neuen Testaments nicht entspricht, ist offensichtlich und dürfte vor allem dann einleuchten, wenn man die evangelischen Räte auf dem Hintergrund der Geschichte von den Versuchungen Jesu bedenkt. Denn die drei Versuchungen Jesu in der Wüste sind gleichsam die negativen Kontrastfolien, die die evangelischen Räte erst recht zum Leuchten bringen. Wie die Versuchungen Jesu aber die Grundversuchungen aller Menschen spiegeln, so gehen auch die evangelischen Räte alle Getauften an.

a) Menschliche Versuchungen nach Macht, Besitz und Ansehen

Auszugehen ist von der Feststellung, dass am Beginn der öffentlichen Wirksamkeit Jesu seine Taufe durch Johannes im Jordan steht, mit der er in die graue Menge der Sünder eintritt und sich mit ihnen solidarisiert. Die Solidarität Jesu mit den Sündern spitzt sich im anschließenden Bericht über seine Versuchungen (Mt 4,1–11) zu, in denen er seine Taufe dadurch bewährt, dass er noch radikaler in das Drama der menschlichen Existenz überhaupt eintaucht. Denn das Versuchtwerden Jesu ist „wesentlicher Teil seines Menschseins, seines Hinabsteigens in die Gemeinschaft mit uns, in die Tiefe unserer Not“[29]. Im Bericht des Evangelisten Matthäus fällt dabei besonders in die Augen, dass es der Heilige Geist ist, der Jesus in die Wüste der Versuchungen führt: „Dort sollte er vom Teufel in Versuchung geführt werden“ (Mt 4,1). Diese Notiz bringt es an den Tag, dass die Versuchungen Jesu auch für die christliche Existenz und für das Leben der Kirche Grundlegendes zu besagen haben. Dies vermag freilich erst aufzuleuchten, wenn wir bedenken, dass sich hinter den Versuchungen Jesu elementare Urwünsche des Menschen verbergen, die ernst genommen werden wollen.[30]

Ein erster grundlegender Antrieb im Menschen ist der Urwunsch nach Wachstum und Freiheit und deshalb nach *Macht*. Dies ist der Wunsch, etwas machen zu können und Einfluss auf andere Menschen zu gewinnen, also der Wunsch nach Selbstverwirklichung. Dieser menschliche Urwunsch kann aber zur Versuchung werden, wenn der Mensch seine Freiheit dahingehend missversteht und verwirklicht, dass er tun kann, was ihm gerade gefällt, wenn er

29 J. Cardinal Ratzinger, Auf Christus schauen. Die Gestalt Christi im Spiegel der Versuchungsgeschichte, in: Ders., Unterwegs zu Jesus Christus (Augsburg 2003) 79–102, zit. 86.

30 Vgl. P. M. Zulehner, Leibhaftig glauben. Lebenskultur nach dem Evangelium (Freiburg i. Br. 1983); Ders., Wissen, wofür ich lebe (Limburg 1989).

also seine Freiheit nur für sich selbst, seine Wünsche und seine Lust einsetzt. So ausgeübte Macht und Freiheit geht aber immer zu Lasten der anderen, die in ihrer Freiheit beschnitten und gleichsam zum „Material“ der Freiheit anderer heruntergestuft und missbraucht werden.

In diese Versuchung zum Machtmissbrauch ist auch Jesus geführt worden: Der Teufel führt ihn auf einen Berg, zeigt ihm alle Reiche der Erde und verspricht ihm, alle zu geben, wenn er sich vor ihm niederwirft und ihn anbetet. Er versucht Jesus, sich alle Macht der Welt anzueignen, um gewaltsam sein eigenes Reich durchsetzen zu können, statt in *gehorsamer Erwartung* Gottes Reich anbrechen zu lassen. Jesus aber verweigert sich dem verführerischen Griff nach der Macht über die Reiche dieser Welt. Er baut vielmehr auf die – scheinbare – Ohn-Macht Gottes in der Welt, die sich in seinen Augen freilich als die größte Macht der Welt erweisen wird, nämlich als Macht der Liebe. Er macht sich stark für den Primat Gottes und seiner Anbetung: „Vor dem Herrn, deinem Gott, sollst du dich niederwerfen.“ Jesus weiß, dass dort, wo Gott gross gemacht wird, der Mensch gerade nicht klein gemacht wird, sondern an der Größe Gottes Anteil gewinnt.

Ein zweiter Antrieb im Menschen ist der Urwunsch nach Verwurzelung, Beheimatung und deshalb *Besitz*. Der Mensch sehnt sich danach, seinen Platz in der Welt zu haben, einer Gemeinschaft zugehörig zu sein und Besitz sein eigen zu nennen. Auch dieser Urwunsch kann in die Versuchung umschlagen, indem er maßlos wird und alles in Besitz nehmen will. Der Mensch wird dann zu einem Menschen allein des Habens, so dass ihm die Welt nur noch als Ware begegnet, die er besitzen und gebrauchen kann. Dies ist die typische Haltung des Konsumismus, die heute weit verbreitet ist und zu der auch Jesus versucht worden ist:

Der Teufel versucht den fastenden und deshalb hungrigen Jesus zu überreden, er solle doch befehlen, dass aus den Steinen in der Wüste Brot wird. Er will ihn dazu verleiten, sich in Selbstmächtigkeit am Leben zu erhalten, statt in *Armut* Gott selbst und dessen Willen seine Speise sein zu lassen. Doch Jesus beweist seine Freiheit im Umgang mit den weltlichen Dingen. Er hungert zwar, aber nicht nach selbst fabriziertem Brot, sondern nach dem Wort, das aus Gottes Mund kommt. Er weiß, dass der Mensch nicht nur von Brot lebt, sondern in erster Linie vom Lebensbrot, das nur Gott geben kann und das er uns schenkt in der Feier der Eucharistie. Sie ist das immerwährende Brotwunder Jesu, das bis zum Ende der Zeit unausschöpfbar dauern wird.

Der dritte große Antrieb im Menschen ist der Urwunsch nach Zuwendung und Anerkennung und deshalb nach *Ansehen*. Im Menschen lebt die

Sehnsucht, einmalig und – im besten Sinn des Wortes – originell sein zu dürfen. Auch dieser menschliche Urwunsch kann maßlos werden, und zwar vor allem dann, wenn Menschen das Gelingen und den Sinn ihres Lebens von der Erfüllung dieses Wunsches nach Ansehen und Prestige total abhängig machen. Dann entsteht die Versuchung, den Menschen zu einem anonymen und geheimnislosen Bündel von steuerbaren Bedürfnissen zu erniedrigen, wie dies auch Jesus erfahren musste:

Der Teufel stellt Jesus oben auf den Tempel in Jerusalem und befiehlt ihm, sich hinabzustürzen. Dies ist die Versuchung, sich in einer prächtig-mächtigen Show einem breiten Publikum zu präsentieren, um bei den Menschen anzukommen. Jesus aber beweist sein *jungfräuliches Warten-Können* auf das An-Sehen, das ihm nur Gott geben kann. Er verzichtet auf die mächtige Show, weil ihm der Applaus der Menschen nichts, das Ansehen Gottes hingegen alles bedeutet. Jesus hat sich nicht von der Tempelzinne gestürzt. Er hat Gott nicht versucht und ist nicht in die Tiefe gesprungen. Stattdessen hat er am Kreuz den „Sprung" in die Tiefe des Todes gewagt, und zwar als Akt der Liebe von Gott her für uns Menschen.

Die biblische Versuchungsgeschichte zeigt somit, dass Jesus die Urversuchungen des Menschen am eigenen Leib erfahren, aber in ihrer Überwindung auch die menschlichen Urwünsche neu zum Leuchten gebracht hat, und zwar in einer unerhörten Freiheit: in der Freiheit zum Machtverzicht, in der Freiheit im Umgang mit den Dingen unserer Welt und in der Freiheit zum Erwarten-Können. Dies sind die drei entscheidenden christlichen Grundhaltungen, die auch den gläubigen Umgang mit den menschlichen Urwünschen ausmachen und in der heutigen Welt höchst aktuell sind, die weithin eine Welt des Herrschenwollens, des Habenwollens und des Genießenwollens geworden ist.

b) Evangelische Räte als gläubiger Umgang mit den Versuchungen

In der heutigen Welt erscheinen die evangelischen Räte wie Kontrastfolien zu den urmenschlichen Versuchungen. Man kann sie deshalb auch als die drei evangelischen „Losigkeiten" bezeichnen, nämlich die Macht-Losigkeit des Gehorsams, die Besitz-Losigkeit der Armut und die Ehe-Losigkeit der Jungfräulichkeit. Es handelt sich dabei nicht einfach um Normen und Gesetze, sondern wirklich um Räte. Sie sind die Ratschläge des besten Freundes der Getauften. Als Freunde und Freundinnen Jesu wird man seine Ratschläge nicht ausschlagen, sondern auf sie eingehen, zumal Jesus sie selbst gelebt hat. Denn hinter den evangelischen Räten stehen Lebensweisen Jesu, gleichsam sein Selbstporträt oder geradezu seine Autobiographie, die zweifellos am schönsten im Hymnus des Philipperbriefes verdichtet sind, der uns zugleich zumutet, so gesinnt zu sein, „wie es dem Leben in Christus entspricht" (Phil 2,5).

An erster Stelle wird uns die Grundhaltung Jesu vor Augen geführt, die in seiner Karriere nach unten besteht. Jesus nimmt Knechtsgestalt an, er erniedrigt sich selbst und wird gehorsam bis zum Tod am Kreuz. In dieser Grundhaltung wird sichtbar, dass der göttliche Vater für Jesus die alles bestimmende Wirklichkeit ist, an dessen Willen er sein ganzes Leben ausrichtet. Mit seinem Vater steht Jesus in intensiver Gebetsbeziehung, wie die langen Gebetsnächte zeigen, von denen die Evangelien stets bei wichtigen Ereignissen im Leben Jesu berichten. Es war deshalb auch nicht ein blindes Schicksal, das Jesus in den Tod am Kreuz getrieben hat, sondern es war die Sendung des Vaters, die Jesus, den gehorsamen Knecht Gottes, ans Kreuz gebracht hat. Jesus war der ganz auf Gott Hörende, weil er wusste, dass er ganz dem Vater gehört. Er hörte auf den, dem er gehört. Und weil er auf den Ruf des Vaters horchte, gehorcht er ihm auch in allem, was er tut.

Uns in diese Grundhaltung Jesu einzuüben ist *Gehorsam*. Für diese Einübung ist die Eucharistie der hervorragende Ort. Denn diese Feier vergegenwärtigt die gehorsame Hingabe Jesu Christi an den Vater für uns Menschen. In den Gaben von Brot und Wein, in denen uns Christus seinen Leib und sein Blut als Speise und Trank schenkt, ist wie in einem Kristall zusammengefasst, was Gehorsam ist, nämlich Hingabe, in der wir uns als Menschen finden, indem wir uns verschenken. Indem wir in der Eucharistie die Lebenshingabe Jesu bis zum Kreuz feiern, werden auch wir bereit, uns im Alltag als lebendige Hostien für die Menschen hinzugeben. Das ist der schöne Kern des Gehorsams, der im tiefsten Gehörsamkeit für Gott und deshalb der Grundvollzug des Glaubens ist. Gehorsam ist eigentlich „nichts anderes als ein auf den Punkt gebrachter Glaube, der eben vom Hören des Wortes Christi kommt"[31].

Gehorsam ist nicht möglich ohne *Armut*, wie wiederum im Leben Jesu sichtbar wird. In der Sendung des Vaters ist Jesus zum umherziehenden Wanderprediger geworden, der von sich sagt: „Die Füchse haben Höhlen und die Vögel des Himmels Nester. Der Menschensohn aber hat nichts, wohin er sein Haupt legen kann" (Mt 6,20). Jesu Armut kommt bereits in seiner Taufe am Jordan an den Tag, wenn er sich der Sündertaufe unterzieht und

31 S. Leitner, Priesterseminar: Schule des Evangeliums, in: A. R. Batlogg/K. Egger (Hg.), Dank an Reinhold Stecher. Perspektiven eines Lebens (Innsbruck – Wien 2002) 62–84, zit. 79.

sich in die Schar der Sünder einreiht. Er entscheidet sich damit in seiner messianischen Sendung für die Armut und damit für die Offenheit für Gott. Ihren tiefsten Ausdruck findet Jesu Armut wiederum am Kreuz, an dem er alles gegeben hat.

Diese Grundhaltung Jesu legt uns Paulus als Vorbild vor, wenn er von Jesus sagt, dass er, „reich wie er war, aus Liebe zu uns arm geworden" ist (2 Kor 8,9). Zuvor aber hat Jesus selbst die Jünger in die Haltung der Armut eingeführt, und zwar dadurch, dass er ihnen die irdische Angst und Sorge um die Dinge nehmen und sie Vertrauen lehren wollte: „Macht euch keine Sorgen und fragt nicht: Was sollen wir essen? Was sollen wir trinken? Was sollen wir anziehen? Denn um all das geht es den Heiden. Euer himmlischer Vater weiß, dass ihr das alles braucht. Euch aber muss es zuerst um sein Reich und um seine Gerechtigkeit gehen; dann wird euch alles andere dazugegeben" (Mt 6,31–33). Nur wer ganz auf Gott vertraut, kann wirklich arm sein und arm werden. Und nur wenn der Mensch arm ist, kann nichts mehr zwischen ihm und Gott stehen. Solche Armut ist zudem die beste Einübung des Ernstfalles unseres Lebens, wenn uns nämlich im Sterben alles genommen wird – außer Gott selbst und unser Vertrauen auf ihn und seine Verheißungen.

Gehorsam und Armut finden ihre deutlichste Konkretion im Gelübde der *Ehelosigkeit*, die auch die Lebensweise Jesu gewesen ist. Ehelosigkeit hieß aber bei Jesus gerade nicht Beziehungslosigkeit. Die Ehelosigkeit war vielmehr der äußere Ausdruck seiner inneren Beziehung zu seinem Vater, den er intimzärtlich „abba" genannt hat. Diese tiefe Beziehung zu seinem Vater war der Wurzelgrund seiner Beziehungen zu den Menschen. Denn Jesus wollte die Beziehung zu seinem Vater mit seinen Jüngern teilen. Deshalb trat sie bei ihm nicht in Konkurrenz zu seinen Beziehungen zu den Menschen. Es war vielmehr die Beziehung zu seinem Vater, die ihn auf die Beziehungen zu den Menschen hin öffnete.

Auch heute ist eheloses Leben nur aus der Dynamik der Gottes- und Christusbeziehung und deshalb nur in Gemeinschaft und Freundschaft möglich. Hier liegt der Grund, dass die Kirche die großen Freundschaften zwischen Heiligen wie zwischen Benedikt und Scholastika, Franz von Assisi und Klara, Theresa von Avila und Johannes vom Kreuz, Vinzenz von Paul und Louise von Marillac, Franz von Sales und Johanna Franziska von Chantal stets erinnert hat. Denn beim evangelischen Rat der Ehelosigkeit geht es letztlich darum, die Liebe Gottes zu leben und zu bezeugen und auf diesem Weg die Menschen lieben zu lernen, ohne sie besitzen zu wollen, sie zu befreien und sie nicht festzuhalten.

c) Die eine Grundversuchung und der eine Grundrat

Diese Lebenshaltungen Jesu, die in den evangelischen Räten verdichtet sind, werden in der christlichen Tradition in einer prophetischen Ausprägung vor allem von den Ordenschristen mit ihren Gelübden gelebt. Diese Gelübde fügen freilich, wie bereits gesagt, dem Ordensleben eigentlich nichts Neues hinzu; sie falten vielmehr das Grundgelübde eines konsequenten Lebens in der Gegenwart Gottes konkret aus. Ein Leben in und aus der Gegenwart Gottes ist aber nicht nur der innerste Kern des Ordenslebens, sondern dazu sind alle Getauften berufen.

Von daher leuchtet auch der tiefste Sinn der Versuchungsgeschichte ein. Denn der Teufel leitet seine Verführungen jeweils mit dem Wort an Jesus ein: „Wenn du Gottes Sohn bist." Unwillkürlich werden wir dabei an dasselbe Wort der Spötter unter dem Kreuz Jesu erinnert: „Wenn du Gottes Sohn bist, hilf dir selbst, und steig herab vom Kreuz" (Mt 27,40). Dies ist eindeutig ein Wort der Verhöhnung Jesu. Zugleich enthält dieses Wort die Herausforderung an Jesus, er solle, wenn er glaubwürdig sein wolle, den Beweis für seinen Anspruch antreten. Diese Beweisforderung ist die eigentliche Versuchung, die hinter den drei Versuchungen steht: Jesus soll einem menschlichen Experiment unterworfen werden und sich selbst gegen dessen Falsifizierung wehren; und Jesus soll erprobt werden gleichsam wie man Waren ausprobiert.

Damit tritt die Grundversuchung vor Augen, sich selbst, die eigenen Bedürfnisse und die Wünsche des Augenblicks für wichtiger zu nehmen als den lebendigen Gott, oder mit den präzisen Worten von Papst Benedikt XVI.: „Der Kern aller Versuchung … ist das Beiseiteschieben Gottes, der neben allem vordringlicher Erscheinenden unseres Lebens als zweitrangig, wenn nicht überflüssig und störend empfunden wird. Die Welt aus Eigenem, ohne Gott, in Ordnung zu bringen, auf das Eigene zu bauen, nur die politischen und materiellen Realitäten als Wirklichkeit anzuerkennen und Gott als Illusion beiseitezulassen, das ist die Versuchung, die uns in vielerlei Gestalten bedroht."[32] Jesus aber hat dieser urmenschlichen Grundversuchung widerstanden und sich für den Primat Gottes in seiner ganzen Sendung stark gemacht, weil die Gottesfrage jene Grundfrage ist, die uns im menschlichen Leben vor den entscheidenden Scheideweg stellt.

32 J. Ratzinger – Benedikt XVI., Jesus von Nazareth. Erster Teil: Von der Taufe im Jordan bis zur Verklärung (Freiburg i. Br. 2007) 57.

Den von Jesus mit letzter Konsequenz favorisierten Primat Gottes auch im Leben der Kirche heute zur Sprache und zur Geltung zu bringen, ist die besondere Sendung des Ordenslebens, das sich in den drei evangelischen Räten konkretisiert und verwirklicht. Das Ordensleben faltet freilich seinerseits nur in einer prophetischen Lebenskultur aus, was eigentlich in der Taufe eines jeden Christen bereits grundgelegt ist. Das Ordensleben ist letztlich nichts anderes als der ernsthafte Vollzug dessen, was bereits mit der christlichen Taufe impliziert ist.

d) Das Herrengebet als Einübung der evangelischen Räte

Wie sehr Jesus die evangelischen Räte am Herzen liegen und er sie jedem Getauften zumutet, der in seine Nachfolge treten will, kann man bereits daran ablesen, dass Jesus die drei Urversuchungen, die er selbst erfahren hat und denen wir Menschen ständig ausgesetzt sind, auch zu den Grundanliegen seines eigenen Gebetes gemacht hat, wie sie in den ersten drei Bitten des Vater-unser zum Ausdruck kommen: Jesus heißt erstens, darum zu beten, dass Gottes Name geheiligt und unsere Versuchung nach Ansehen und Prestige unterlaufen werde. Jesus lädt zweitens ein, darum zu beten, dass Gottes Reich komme und unsere Versuchung nach Macht und Herrschaft beendet werde. Und Jesus ermutigt drittens, darum zu beten, dass Gottes Wille geschehe und unsere Versuchung nach Besitz und egoistischer Eigensüchtigkeit unterbrochen werde.

Das Herrengebet bringt es an den Tag, dass jeder Getaufte eingeladen ist, um göttliche Hilfe bei der Verwirklichung der evangelischen Räte in seinem eigenen Leben zu beten. Denn das Herrengebet stammt nicht nur aus dem intimen Beten Jesu als des Sohnes mit dem Vater, und es fasst nicht nur Jesu „ganzes Wollen und Erwarten“ zusammen, sondern es ist auch das Gebet für die neue Familie, die dort ausfindig gemacht werden kann, wo der Wille des himmlischen Vaters getan wird[33]. Das Herrengebet zeigt, dass es im christlichen Gebet elementar um die Einordnung unseres Lebens und unserer Wünsche und Bestrebungen in die Ziele Gottes mit seiner Welt, in seinen universalen Heilswillen, geht.

Das Herrengebet ist das Urgebet der Christen; es ist das exemplarische Gebet einer Kirche der evangelischen Räte. Christ sein heißt, ein Leben lang das Vater-unser lernen. Und das Vater-unser lernen heißt, mit unseren menschlichen Urwünschen in einer gläubigen Grundhaltung so umgehen,

---

33 G. Lohfink, Das Vaterunser neu ausgelegt (Bad Tölz 2007) 20.

dass die Versuchungen zu Chancen der Umkehr werden können, wie es sich im Leben Jesu beispielhaft gezeigt hat. Von daher wird es nicht mehr erstaunen, dass es der Heilige Geist gewesen ist, der Jesus in die Wüste der Versuchungen geführt und ihn darin begleitet hat. Als Kirche der evangelischen Räte leben heißt folglich, den Heiligen Geist bitten, dass er auch uns immer wieder zur Umkehr bewegt und uns den Vorrang Gottes in unserem eigenen Leben lehrt, für den Jesus mit seinem Leben und Sterben eingestanden ist.

Gott ins Zentrum stellen, für den Primat Gottes in der eigenen Glaubensexistenz und im Leben der Kirche einstehen und sich in allem am Willen Gottes ausrichten, ist der innerste Kern einer Kirche der evangelischen Räte. Doch worin besteht der Wille Gottes? Auf diese wohl elementarste Frage des christlichen Glaubens gibt Paulus im ersten Brief an die Thessalonicher die ebenso elementare Antwort: „Das ist es, was Gott will: eure Heiligung“ (4,3). Heiligkeit ist das gemeinsame Ziel aller Getauften. Alles Andere in der Kirche – Amt und Recht, Struktur und Institution – ist letztlich nur dienende Stütze, damit Heiligkeit gelebt und in den evangelischen Räten konkretisiert werden kann. Diese Berufung ist grundgelegt in der Taufe, die bewusst am Beginn des christlichen Lebens steht, wie die Taufe Jesu durch Johannes den Beginn seiner öffentlichen Wirksamkeit darstellt. Eine Kirche der evangelischen Räte ist deshalb identisch mit einer Kirche, die konsequent die Taufe lebt und gemäß den evangelischen Zumutungen ihr Leben gestaltet[34].

5. Vorreiterrolle der Ordensgemeinschaften in der Pastoral

Um dieses Ziel zu erreichen, bedurfte es in der frühen Zeit der Kirche eines behutsamen Hinführens der Menschen zum christlichen Glauben in der kirchlichen Gemeinschaft, das damals als Katechumenat bezeichnet wurde, das man auch als kirchliches Noviziat bezeichnen könnte. Mit dieser Benennung wird daran erinnert, dass sich jene Initiation in die Kirche, die ursprünglich für jeden Getauften erforderlich gewesen ist, später nur noch in den Ordensgemeinschaften mit dem so genannten Noviziat gehalten hat. Dieses aber hat sich aus dem urkirchlichen Katechumenat heraus entwickelt und gewinnt in der heutigen pastoralen Situation zweifellos neue Aktualität.

34 Vgl. K. Koch, Die Kirche Gottes. Gemeinschaft im Geheimnis des Glaubens (Augsburg 2007), bes. 94–110: Die Taufe als Fundament der kirchlichen Existenz.

Um diese Vorreiterrolle der Ordensgemeinschaften bei der Erneuerung des kirchlichen Lebens verdeutlichen zu können, lohnt sich ein kurzer Rückblick in die Geschichte.

a) Kirchliche Initiation im Wandel der Geschichte

Die ursprüngliche Gestalt der kirchlichen Initiation war, wie gesagt, der Katechumenat. Er war in der frühen Kirche jene Institution, in der die Taufbewerber die Ernsthaftigkeit der mit ihrer Taufe verbundenen Umkehr an den Tag zu legen hatten. Denn die Taufe wurde nicht als Sakrament verstanden, das rein äußerlich vollzogen werden könnte, sondern musste Gestalt gewinnen in einer radikalen Änderung der Lebensweise, die vor allem einschloss, in Übereinstimmung mit Christus zu leben. Die Taufbewerber mussten deshalb an einem dreijährigen Taufunterricht teilnehmen, dessen Ziel es war, sorgfältig in das jüdisch-christliche Glaubenswissen und in die Lebensform des Glaubens in der Gemeinschaft der Kirche eingeführt zu werden.

Dahinter steht die Überzeugung der frühen Kirche, dass sich das Christwerden auf einem langen Weg der Bekehrung vollzieht, den der Mensch Schritt für Schritt zu gehen hat und der mit der Eucharistie besiegelt wird. Die frühe Kirche ging davon aus, dass sich das christliche Leben bei den Taufbewerbern nicht von selbst einstellt, sondern erlernt und eingeübt werden muss. Ebenso selbstverständlich ging sie davon aus, dass das Böse mächtig ist und um das Kommen der Gottesherrschaft gekämpft werden muss. Von welcher existenziellen Tragweite der Katechumenat empfunden wurde, zeigt beispielsweise Augustins Vergleich der christlichen Initiation in die Kirche mit der Herstellung des Brotes: Wie das Korn, das über den Bergen zerstreut war, gesammelt, gedroschen und gemahlen, mit Wasser zum Teig vermischt und im Feuer gebacken wird, so müssen die Katechumenen durch die Mühen der Taufvorbereitung hindurch gehen, im Wasser getauft und im Feuer des Heiligen Geistes zum einen Brot, nämlich zum Leib Christi, werden.[35]

Mit der Konstantinischen Wende und vollends mit der Erklärung des Christentums zur offiziellen Staatsreligion jedoch war der Verfall der pastoralen Institution des Katechumenats um das fünfte Jahrhundert nicht mehr aufzuhalten. Diese grundlegende Wende hatte zur Konsequenz, dass „an die Stelle eines umfassenden Katechumenats für *Ungetaufte*“ nun „die Unterwei-

35 Augustinus, Sermo 227,1.

sung der Kinder *nach der Taufe*“ trat[36]. Während in der frühen Kirche die Initiation der Feier des Sakramentes vorausgegangen war, stand nun nach der Konstantinischen Wende das Sakrament am Anfang und folgte die Initiation auf die Feier des Sakraments, die in der pastoralen Trias von Familie, Schule und kirchlichem Religionsunterricht zu vollziehen war.

Heute stehen wir nochmals vor einer grundlegend anderen und neuen Situation, die Papst Benedikt XVI. bereits als Präfekt der Glaubenskongregation dahingehend diagnostiziert hat, dass sich ein Großteil der Christen heute „faktisch im Katechumenats-Status“ befindet und wir dies „in der Pastoral endlich ernst nehmen müssen“[37]. In der Tat werden in der heutigen Situation selbst die geschichtlich gewachsenen traditionellen Wege der Glaubensweitergabe und der Hinführung zum Glauben und kirchlichen Leben und die damit verbundenen Lernorte – Familie, Pfarrei und Schule – zunehmend schwächer oder fallen ganz aus. Nicht nur findet in vielen Familien die Primärsozialisation im kirchlichen Leben nicht mehr statt, sondern auch in der Schule wird die Weitergabe des Glaubens zunehmend prekärer; und selbst der Religionsunterricht, der immer nur subsidiär zu wirken vermag, kann kaum mehr auf bereits vorhandenen Glaubensgrundlagen aufbauen.

b) Wiederentdeckung des Kirchennoviziates

Trotz dieser gravierenden Entwicklungen steht im dominierenden Mittelpunkt der pastoralen Arbeit noch immer die Sakramentalisierung des menschlichen Lebens und gerade nicht die Evangelisierung, die in einer missionarischen Situation zweifellos in den Vordergrund gerückt werden müsste. Denn die Pastoral muss in der heute weithin diffus gewordenen Situation von der „pastoralen Prävalenz des Wortes vor dem Sakrament“ ausgehen.[38] Nimmt man diese pastorale Situation ernst, kann und darf die Kirche nicht mehr einfach voraussetzen, dass die Menschen schon wissen, was Christsein ist und wie sich kirchliches Leben gestaltet. Sie muss vielmehr davon ausgehen, dass es gilt, den Glauben und das Leben in der Kirche in jeder Generation von Grund auf neu zu lernen.

---

36 Vgl. H. Mühlen, Kirche wächst von innen. Weg zu einer glaubensgeschichtlich neuen Gestalt der Kirche. Neubestimmung des Verhältnisses von Kirche und Gesellschaft (Paderborn 1996) 97.
37 J. Kardinal Ratzinger, 40 Jahre Konstitution über die Heilige Liturgie. Rückblick und Vorblick, in: Liturgisches Jahrbuch 53 (2003) 209–221, zit. 218.
38 W. Kasper, Wort und Sakrament, in: Ders., Glaube und Geschichte (Mainz 1970) 285–310, zit. 310.

Dieser Situation kann die Kirche nur entsprechen, wenn die herkömmliche Pastoral der Initiation ihre ursprünglich katechumenale und dies heißt erstverkündigende und evangelisierende Dimension zurückgewinnt. Damit ist ein „pastoraler Paradigmenwechsel" angesagt, und zwar vor allem dahingehend, dass nicht mehr, wie in den vergangenen Jahrhunderten einer volkskirchlichen Situation, eine flächendeckende Sakramentenversorgung die dominierende Leitlinie der Pastoral sein kann, dass an deren Stelle und zugleich als Voraussetzung für die Sakramentenpastoral vielmehr die „pastorale Priorität der Evangelisierung" und damit der Weitergabe des Glaubens treten muss.[39] Einem solchen Paradigmenwechsel hat vor allem Papst Johannes Paul II. mit seinem ganzen Pontifikat zugearbeitet, und er hat ihn in seinem Apostolischen Schreiben „Novo millennio ineunte", das man als sein pastorales Testament einschätzen darf, mit der entscheidenden Perspektive zum Ausdruck gebracht: „Neu von Christus her anfangen."[40]

Bei der Wahrnehmung dieser Aufgabe ist nicht nur von der Überzeugung auszugehen, die bereits die Kirchenväter vertreten haben, dass nämlich die zweite Bekehrung und damit die neue Evangelisierung schwerer ist als die Erstevangelisierung; es gilt sich vielmehr auch an der Weisheit der frühen Kirche zu orientieren, dass Evangelisierung nicht einfach eine neue Form des Redens, sondern in erster Linie eine neue Form des Lebens ist: „Wenn wir die Bekehrung verkünden, müssen wir auch eine Lebensgemeinschaft anbieten, einen gemeinsamen Raum des neuen Lebensstils. Evangelisieren kann man nicht allein mit Worten: Das Evangelium schafft Leben, schafft Weggemeinschaft. Eine rein individuelle Bekehrung hat keinen Bestand."[41]

Führt man sich diesen pastoralen Paradigmenwechsel, vor dem wir unabweisbar stehen, vor Augen, versteht es sich, dass die Kirche von der Noviziatstradition in den Ordensgemeinschaften viel lernen kann, und zwar vor allem dann, wenn man den Inhalt dieses Noviziates näher betrachtet. Eine tiefe Sinngebung liegt im 58. Kapitel der Regel des heiligen Benedikt vor, in dem er vom „Verfahren bei der Aufnahme von Brüdern" handelt und als entscheidendes Kriterium für die Prüfung einer Berufung angibt: „Man achte sorgfäl-

---

39 W. Kardinal Kasper, Kirche – wohin gehst du? in: Ders./A. Biesinger/A. Kothgasser (Hg.), Weil Sakramente Zukunft haben. Neue Wege der Initiation in Gemeinden (Ostfildern 2008) 158–175, zit. 167.

40 Johannes Paul II., Novo millennio ineunte, Drittes Kapitel.

41 Cardinale J. Ratzinger, La nuova Evangelizzazione, in: A. Russo/G. Coffele (ed.), Divinarum Rerum Notitia. La teologia tra filosofia e storia. Studi in onore del Cardinale Walter Kasper (Roma 2001) 505–516. cit. 511.

tig darauf, ob der Novize wirklich Gott sucht.“ Die menschliche Suche nach Gott erweist sich deshalb als das entscheidende Kriterium der monastischen Berufung im Geist Benedikts, weil die Gottsuche das wahre Programm des monastischen – und überhaupt christlichen – Lebens ausmacht. Denn geistliches Leben ist für Benedikt wesentlich Leben in und aus der Gegenwart Gottes.

Von daher gilt es, in der heutigen Zeit die elementarste Lektion des christlichen Glaubens neu zu erlernen, dass das Christ-Sein mit einer persönlichen Gottesbeziehung steht oder fällt und dass alles Andere daraus folgt. In dieser Richtung darf man von den Ordensgemeinschaften, die Papst Paul VI. als „Spezialisten für Gott“ bezeichnet hat, eine wichtige Herzschrittmacherfunktion bei einer wahren Erneuerung der Kirche erwarten. Denn wahre Reform impliziert gerade nicht ein Weniger, sondern ein Mehr an Christsein, weil es sich dabei um einen Vorgang handelt, der den Glauben voraussetzt und im Inneren des Glaubens geschieht. Im Blick auf dieses „Mehr“ kann man mit Johann B. Metz in den Ordensgemeinschaften das „Kurzporträt einer radikal christlichen Existenz heute“ erblicken[42]. Aus demselben Grund hat bereits Hans Urs von Balthasar im Räteleben nicht ein elitäres Spezialistentum, sondern den Geist des ganzen Christseins wahrgenommen, das in sich selbst zu einer „eschatologischen Existenz“ aufgerufen ist. Was am Räteleben speziell ist, dient deshalb „der Verfügbarmachung für das Ganze. Es wird zum Salz gemacht, um das Ganze durchsalzen zu können … Es ist, auf die kürzeste Formel gebracht, das Besondere des Allgemeinen“[43].

Diese Perspektive lässt sich auch in historischer Sicht verifizieren, insofern die wahren Reformer des kirchlichen Lebens die von Gottes Licht erleuchteten Ordensgründer gewesen sind und sich die Ordensgemeinschaften immer wieder als Erneuerungsbewegungen vor allem dort erwiesen haben, wo sie die stehenden Gewässer des volkskirchlichen Lebens aufgerührt und mit frischem Wasser versorgt haben. Von ihnen darf man mit Recht erwarten, dass sie auch heute bei der notwendigen Erneuerung der Kirche an vorderster Front stehen, indem sie die Kirche wiederum zum ganzen Evangelium rufen und sie aus dem Evangelium „sine glossa“ erneuern. Wenn die Ordensgemeinschaften diese Sendung glaubwürdig wahrnehmen, erweist sich ihre ekklesiologische Verortung als theologisch evident und pastoral unabdingbar.

42 J. B. Metz/T. R. Peters, Gottespassion. Zur Ordensexistenz heute (Freiburg i. Br. 1991) 8.
43 H. U. von Balthasar, Zur Theologie der Säkularinstitute, in: Ders., Sponsa Verbi. Skizzen zur Theologie II (Einsiedeln 1961) 435–469, zit. 447.

Zur Heiligkeit sind alle Getauften berufen[1]

Am 12. Oktober 2008 hat in Rom Papst Benedikt XVI. die aus unserem Bistum Basel stammende Mutter Bernarda Bütler in einem feierlichen Gottesdienst heilig gesprochen und sie als „eine vor allem in Kolumbien unvergessene und viel geliebte Persönlichkeit" gewürdigt, die bereits in frühen Jahren die „Erfahrung einer tiefen Liebe zum Herrn" gemacht und von daher in ihrem tiefsten Inneren verstanden hat, „dass das Festmahl, das der Herr allen Völkern bereitet hat", in ganze besonderer Weise durch die Eucharistie genährt wird: „In ihr empfängt uns Christus selbst als Freunde und schenkt sich uns am Tisch des Brotes und am Tisch des Wortes Gottes. Er stellt damit eine innige Bindung zu jedem von uns her. Das ist die Quelle und das Fundament für die Spiritualität dieser neuen Heiligen und ihrer Begeisterung für die Mission, für die sie ihr Geburtsland, die Schweiz, verließ, um sich neuen Aufgaben der Evangelisierung in Ecuador und Kolumbien zu öffnen."[2]

1. Geschenk der Heiligkeit

Eucharistie und Mission sind in der Tat die beiden Herzkammern der Heiligen Bernarda, die am 28. Mai 1848 in Auw im Kanton Aargau geboren worden ist. Mit 19 Jahren trat sie zunächst in das Kapuzinerinnenkloster Maria Hilf in Altstätten ein, in dem sie nach dreizehn Jahren zur Frau Mutter gewählt worden ist. Im Alter von vierzig Jahren verließ sie zusammen mit sechs Mitschwestern dieses Kloster, um in Ecuador ihren Sendungsauftrag wahrzunehmen, den sie mit den Gebetsworten umschrieben hat: „Lass mich eine Botin Deiner Liebe und Barmherzigkeit sein und allen Menschen verkünden, wie gut du bist."

Während sieben Jahren konnte sie in Ecuador segensreich wirken, wo sie auch die neue Kongregation der Franziskaner Missionsschwestern von Maria

1 Vortrag anlässlich der Heiligsprechung von Mutter Bernarda Bütler in Solothurn am 18. Oktober 2008.

2 Benedikt XVI., Predigt bei der Feier der Heiligsprechung am 12. Oktober 2008.

Hilf gründete. Als in diesem Land die Revolution tobte, flohen die Schwestern nach Kolumbien, wo sie vom Bischof von Cartagena mit offenen Armen empfangen wurden. Dort konnten sie ihr Apostolat in Schulen und in der Krankenpflege, im Dienst in Pfarreigemeinden und in eigenen Gemeinschaften in Kolumbien und Brasilien erfüllen, wo sie sich verbreiten konnten.

Mutter Bernarda hat stets in einer tiefen Verbundenheit mit der Eucharistie gelebt, und sie hat ihr Herz, wie sie in ihren Tagebüchern notiert hat, als „Tabernakel" für den eucharistischen Leib gewürdigt.[3] Die tägliche Kommunion war ihr besonders in schweren Zeiten bis ins Sterben hinein der einzig tragfähige Trost. Wie nahe verbunden sie mit der Eucharistie lebte, trat nirgendwo so deutlich vor Augen wie bei ihrer Überfahrt von Le Havre nach Colon in Panama über den Atlantischen Ozean. Während diesen 25 Tagen genoss sie die Reise, sie bewunderte die Schöpfung und sie beschrieb die Schönheit der Natur. Dennoch war sie von einer inneren Leere erfüllt, weil sie über mehr als drei Wochen auf die Heilige Eucharistie, auf die innigste Begegnung mit ihrem Freund, verzichten musste.

Ein schöneres Zeugnis von der unendlichen Bedeutung der Eucharistie im christlichen Leben kann es wohl kaum geben. Aus diesem Geheimnis hat Schwester Bernarda gelebt. Die Eucharistie ist denn auch die tiefste Kraft für ihren unermüdlichen Einsatz für die Armen gewesen. Denn beides, Christusbegegnung in der Eucharistie und Liebe zum Nächsten, gehören unlösbar zusammen. Die liebende Sorge um den armen und kranken Menschen ist ihr zum Gottesdienst geworden, wie sie es selbst immer wieder betonte: „Im Kranken sollen wir nicht nur den Menschen sehen; sondern in ihm Gott selbst dienen … Lernt diese hohe und heilige Aufgabe gut, in den kranken Gliedern Jesu immer den Heiland selbst zu pflegen. So werdet ihr es dahin bringen, den schönen Namen ‚Engel der Liebe' zu verdienen." Denn wer in der Eucharistie die intime Liebe Jesu Christi erfahren darf, dessen Demut am Kreuz sichtbar geworden ist und der sich selbst uns auch heute in seiner ganzen Armut in den unscheinbaren Gestalten von Brot und Wein schenkt, kann dieses wunderbare Geschenk nicht für sich behalten, den drängt es vielmehr, diese Liebe anderen Menschen weiterzugeben.

Schwester Bernarda konnte sich deshalb so völlig für die Armen verausgaben, weil sie sich in ihrer persönlichen Freundschaft mit Christus in seine Gesinnung hinein begeben hat, die im Kern Demut und Armut ist. In dieser Angleichung an die Lebensweise Jesu besteht ihre Heiligkeit, die bereits an

3 A. Juen, Bernardas Weg, Tagebuchaufzeichnungen, die ihr Leben deuten (Mödling 2008) 49.

ihrem Todestag am 19. Mai 1924 der Stadtpfarrer in der Kathedrale von Cartagena mit den Worten feststellte: „Heute ist in der Stadt eine Heilige gestorben: die wohlehrwürdige Mutter Bernarda." Ihre Heiligsprechung durch Papst Benedikt XVI. bedeutet auch für unser Bistum Basel, aus dem sie stammt, ein grosses Geschenk, das uns verpflichtet. Sie lädt uns ein, intensiver darüber nachzudenken, was ein heiliger Mensch im Licht des christlichen Glaubens ist.

Bei diesem Nachdenken kann uns eine andere heilige Frau helfen, die übrigens eine ähnliche Verbindung zwischen Vertiefung in die Eucharistie und Begeisterung für die Mission gelebt hat, nämlich die Heilige Theresia von Lisieux. Sie hat zwar nie Missionsland betreten und nie eine unmittelbar missionarische Tätigkeit ausgeübt; sie hat aber ihr Herz ganz dem eucharistischen Gotteslob im Karmel gewidmet und ist gerade so Patronin der Weltmission geworden. Denn sie sah ihre Sendung darin, als Liebende mit Christus in der Mitte der Kirche zu leben.

2. Theresia von Lisieux als exemplarische Exegetin der Heiligkeit

Als eine irische Priorin die Aufzeichnungen der heiligen Theresia von Lisieux mit dem Titel „Geschichte einer Seele" gelesen hatte, soll sie ausgerufen haben: Wenn dies schon Heiligkeit sei, könne sie auf der Stelle ihr ganzes Kloster heilig sprechen. Ob diese Empfindung nicht doch etwas übertrieben ist, sei dahingestellt. Die irische Priorin aber scheint das Heiligkeitsideal der heiligen Theresia besonders gut verstanden zu haben. Denn die kleine Theresia hielt nicht viel von jenem heroischen Heiligkeitsideal, das aus den Heiligen gleichsam christliche Supermenschen und religiöse Hochleistungssportler gemacht hat. Für sie spielt sich Heiligkeit nicht im Sensationellen und Heroischen ab, sondern gleichsam unter dem Schleier des ganz Unauffälligen und Unscheinbaren des alltäglichen Lebens. Heiligkeit besteht für sie nicht einfach in religiösen Übungen und frommen Leistungen, sondern in einer grundsätzlichen Lebenshaltung des liebenden Vertrauens zu Jesus, wie sie selbst einmal schreibt: „Ich weiß, dass gewisse Seelenführer uns raten, die Tugendakte zu zählen, um in der Vollkommenheit voranzuschreiten. Doch Jesus, mein Seelenführer, lehrt mich nicht, meine Akte zu zählen. Er lehrt mich, alles aus Liebe zu tun."

Die schlichte und unsensationelle Alltäglichkeit der Liebe zu Christus galt ihr als Berufung zur Heiligkeit. Sie lebte im gläubigen Wissen, von Christus geliebt zu sein, und zwar nicht erst aufgrund ihrer guten Taten, sondern bereits aufgrund ihres geschöpflichen Daseins. Die Liebe Christi entdeckte sie vor allem in den kleinen unverhofften Freuden des Alltags, die sie zärtlich-intim die „délicatesses zu Bon Dieu" genannt hat. Die Liebe Christi fand sie aber auch in der mit ihrem Leiden gleichzeitig wachsenden Kraft im Bestehen des Leidens. Und Theresia hat gelitten, und zwar nicht nur an der schweren Krankheit der Tuberkulose, sondern auch und vor allem an Gott selbst, an der Gottverlassenheit in den dunklen Nächten ihres Lebens.

Auch und gerade diese Erfahrung gehört mit zu ihrer Heiligkeit, die sie im Leben mit Christus im ganz gewöhnlichen Alltag auf ihrem Kleinen Weg des Kindseins zu verwirklichen suchte, den sie in ihren Aufzeichnungen vom Klosterleben im Karmel so anschaulich beschrieben hat. Hier liegt der tiefste Grund, dass sie den Blick immer wieder von ihren guten Taten und frommen Werken weg gelenkt und an deren Stelle umso froher Gottes Gnade gepriesen und verkündet hat. Denn Theresia wusste, dass letztlich alles Gnade ist und dass folglich nichts so sehr dem christlichen Leben abträglich ist wie das Spekulieren auf himmlischen Lohn für die getanen guten Werke: „Wir müssen alles tun, was an uns liegt – aus Liebe zu Gott, aber es ist in Wahrheit unerlässlich, sein ganzes Vertrauen in Den zu setzen, Der allein unsere Werke heiligt und Der uns heiligen kann ohne Werke." Mit diesen Worten lehrte Theresia das erzchristliche „Allein durch Gnade", das sie aber nicht nur verkündete, sondern noch mehr lebte und mit ihrem Dasein bezeugte.

Auf diesem Weg hat sie Heiligkeit dorthin zurückgebracht, wo sie hingehört, nämlich in die schlichte Alltäglichkeit des Lebens. Im besten Sinne des Wortes erweist sie sich als eine ganz und gar moderne Heilige, nämlich gerade dadurch, dass sie in allem aus der Gnade Gottes zu leben und sich an seinem Willen zu orientieren versuchte.[4] Sie tritt als jene heilige Frau vor unsere Augen, deren Leben zeigt, dass die Heiligen die hilfreichen Antworten Gottes auf die Fragen von uns Menschen sind, weil sie die Wahrheit Gottes glaubwürdig bezeugen, die nicht eine Theorie, sondern eine Person ist und deshalb ihre Überzeugungskraft in sich selbst hat. Für Papst Benedikt XVI. kann sich deshalb die „einzig wirkliche Apologie des Christentums" eigentlich auf zwei Argumente beschränken, nämlich auf die Heiligen, die die Kirche hervorgebracht hat, und auf die Kunst, die in ihrem Schoss gewachsen ist: „Der Herr ist durch die Großartigkeit der Heiligkeit und der Kunst, die

4 Vgl. H. U. von Balthasar, Schwestern im Geist. Therese von Lisieux und Elisabeth von Dijon (Einsiedeln 1970).

in der gläubigen Gemeinde entstanden sind, eher beglaubigt als durch die gescheiten Ausflüchte, die die Apologetik zur Rechtfertigung der dunklen Seiten erarbeitet hat, an denen die menschliche Geschichte der Kirche so reich ist.“[5]

3. Nicht Kopien, sondern Originale der Heiligkeit

Die Heiligen verkörpern die Wahrheit und Schönheit des christlichen Glaubens, und zwar dadurch, dass jeder Christ berufen ist, seinen persönlichen Weg zur Heiligkeit zu gehen. Diese Glaubensüberzeugung brachte bereits vor über vierhundert Jahren der bedeutende Bischof von Genf, der heilige Franz von Sales, mit der Überlegung zum Ausdruck, ein Bischof solle und könne nicht wie ein Kartäuser und Eheleute und Handwerker nicht wie beschauliche Ordensleute leben. Der heilige Franz von Sales ist überzeugt gewesen, dass sich die christliche Berufung zur Heiligkeit in unzählbaren Gestalten verwirklichen will und in jedem Beruf und in jedem Stand gelebt werden kann, weshalb er – natürlich auf dem Hintergrund seiner eigenen Umwelt von damals – entschieden betont hat: „Es ist ein Irrtum, um nicht zu sagen eine Ketzerei, eine Trennungslinie zu ziehen zwischen Frömmigkeit und Sportplatz, Frömmigkeit und Kaufladen, Frömmigkeit und Gesellschaft, Frömmigkeit und Haushaltung.“[6]

Die christliche Berufung zur Heiligkeit besteht nicht darin, Heilige kopieren zu wollen; sie will vielmehr in jedem einzigartigen und unverwechselbaren Leben verwirklicht werden. Denn Gott will auch im christlichen Streben nach Heiligkeit keine Kopien, sondern Originale. Kaum ein Zweiter hat dies so deutlich verspürt wie Angelo Roncalli, der spätere Papst Johannes XXIII., der im Jahre 1903 in sein Tagebuch die Worte geschrieben und mit ihnen den geistlichen Durchbruch in seinem Leben verdeutlicht hat: Mir ist eines „klar geworden: wie falsch die Auffassung ist, die ich mir von der Heiligkeit, der ich nachstrebe, gebildet hatte. Bei meinen einzelnen Handlungen, meinen kleinen, sofort erkannten Verfehlungen stellte ich mir das Bild irgendeines Heiligen vor, den ich mir in allem, auch in kleinsten Dingen nachzuahmen vornahm, genau wie ein Maler ein Bild von Raffael ko-

5 J. Kardinal Ratzinger, Zur Lage des Glaubens. Ein Gespräch mit Vittorio Messori (München 1985) 134.

6 Franz von Sales, Philothea I, 3.

piert … So kam ich dahin, dass ich nie das erreichte, was ich mir eingebildet hatte tun zu können, und das beunruhigte mich. Es ist ein falsches System. Von der Tugend der Heiligen muss ich das Wesentliche und nicht das Zufällige übernehmen … Ich muss nicht die kümmerliche und dürre Reproduktion eines wenn auch noch so vollendeten Typs sein. Gott will, dass wir dem Beispiel der Heiligen solcherart folgen, dass wir das Lebensmark ihrer Tugend uns zu eigen machen, es in unserem Blut umwandeln und unseren besonderen Anlagen und Umständen anpassen."[7]

Vom Lebensmark der Heiligen lernen, und zwar jeder auf seine Weise: Darum geht es im Streben nach christlicher Heiligkeit. Denn der lebendige Gott hat einen bunten Garten geschaffen, in dem die wunderbare Phantasie des Heiligen Geistes eine Vielzahl von heiligen Menschen erweckt hat: heilige Frauen und Männer jeden Alters und jeder sozialen Herkunft und jeder Sprache und heilige Frauen und Männer aus allen Völkern, Nationen und Kulturen. Christliche Heiligkeit besteht nicht in einer dürren Reproduktion von großen Heiligen, sondern darin, heiligen Menschen den sugo vitale, das Lebensmark des Evangeliums und damit die eigentliche Essenz des Heiligen abzulauschen und auf diesem Weg dem persönlichen Anruf Gottes zu antworten.

Dass im Garten Gottes vielfältige Pflanzen gedeihen, zeigt ein auch nur kurzer Blick in die Heilige Schrift. Sie bringt es an den Tag, dass selbst die heiligen Apostel keineswegs „vom Himmel gefallen", sondern Menschen wie wir mit ihren je eigenen Stärken und Schwächen gewesen sind. Wir müssen selbst unter den heiligen Aposteln Auseinandersetzungen und Streitigkeiten, Zwietracht und Uneinheit zur Kenntnis nehmen. Die Apostel waren gewiss keine vollkommenen Männer, die von Jesus aufgrund besonderer religiöser oder moralischer Eigenschaften auserwählt worden wären. Nicht weil sie bereits heilig waren, sondern damit sie heilig werden, hat Jesus sie berufen. Christliche Heiligkeit besteht nicht darin, nie einen Fehler gemacht oder keine Sünde begangen zu haben. Christliche Heiligkeit wächst vielmehr in der Fähigkeit zur Bekehrung und in der Bereitschaft, neu anzufangen.

7 Johannes XXIII., Geistliches Tagebuch (Freiburg i. Br. 1964) 133.

4. Heilige Sünder

Denken wir zuerst an den Apostel Paulus, der ein streng gläubiger Jude gewesen ist, treu zu den Vorschriften des Gesetzes gestanden hat und diese Treue sogar so fanatisch vertreten konnte, dass er zu einem gewalttätigen Christenverfolger geworden ist.[8] Als er die Gemeinschaft derjenigen kennen gelernt hat, die sich als Jünger Jesu bekannten, und von ihrem Glauben erfahren hat, bei dem nicht so sehr das Gesetz Gottes, sondern die Person des gekreuzigten und auferstandenen Christus im Mittelpunkt steht, beurteilte Saulus als eifriger und eifernder Jude diese neue Botschaft als für den jüdischen Gottesglauben nicht annehmbar, sondern als skandalös. Er sah sich deshalb in seinem jüdischen Gewissen legitimiert und verpflichtet, die Anhänger Jesu Christi auch außerhalb von Jerusalem zu verfolgen.

In der Apostelgeschichte vermerkt Lukas beim Bericht über die Steinigung des Stephanus, dass die Männer, die die Steinigung vornahmen, „ihre Kleider zu Füssen eines jungen Mannes" niederlegten, „der Saulus hieß" (Apg 7,58). Paulus ist also nicht nur Zeuge, sondern auch Befürworter der Steinigung des Stephanus gewesen. Er hat gewiss zu denjenigen Männern gehört, von denen es in der Apostelgeschichte heißt, dass sie angesichts der Predigt des Stephanus „aufs Äußerste über ihn empört" waren und „mit den Zähnen knirschten" (Apg 7,54). Damit ist freilich Paulus auch Zeuge der Predigt des Stephanus gewesen, der im Lichte der Verkündigung des Todes und der Auferstehung Jesu Christi das Alte Testament neu gedeutet hat. Paulus, der einer der erbittertsten Gegner der heilsgeschichtlichen Schau des Stephanus gewesen ist, hat freilich später dessen christologische Deutung der Heilsgeschichte aufgegriffen und vertieft, indem er im Kreuz Jesu Christi die Erfüllung des Gesetzes und im Glauben an Christus die wahre Verwirklichung des ganzen Gesetzes gesehen hat.

Dies ist freilich erst möglich geworden aufgrund seiner Bekehrungserfahrung auf dem Weg nach Damaskus, von der Lukas in der Apostelgeschichte mit vielen Einzelheiten berichtet: wie Saulus vom Licht des auferstandenen Christus berührt worden ist und wie dieses Ereignis dessen Leben von Grund auf verändert hat. Paulus selbst spricht im Blick auf dieses Ereignis von einer Vision (1 Kor 9,1) und von einer Erleuchtung (2 Kor 4,6) und sogar von einer Offenbarung und persönlichen Berufung in der Begegnung mit dem auf-

8 Vgl. Benedikt XVI., Von Gott geliebt. Der Papst spricht über Paulus (Augsburg 2009); C. M. Martini, Das Evangelium von Paulus (Leipzig 2008).

erstandenen Christus. Denn für Paulus ist es wichtig, dass seine Bekehrung nicht das Ergebnis seines eigenen Reflexionsprozesses gewesen ist, sondern die Frucht eines göttlichen Eingreifens. Um dies auszudrücken, bezeichnete er sich selbst als „berufenen Apostel" (Röm 1,1) und als „Apostel durch Gottes Willen" (2 Kor 1,1). Seit dieser Bekehrungserfahrung vor Damaskus hat sich Paulus ganz auf die Seite des gekreuzigten und auferstandenen Christus und sein ganzes Leben in den Dienst Jesu Christi und der Verkündigung seines Evangeliums gestellt; und dadurch ist er zu einer der markantesten Gestalten der Urkirche geworden.

Beim so genannten Damaskuserlebnis lohnt es sich, auf ein Detail zu achten, das man gerne überliest. Im Bericht des Lukas in der Apostelgeschichte fällt nämlich auf, dass sich Christus selbst mit der Kirche identifiziert, wenn er zu Paulus spricht: „Saul, Saul, warum verfolgst du mich?" (Apg 9,4) Christus gibt damit Paulus zu verstehen, dass die Kirche zu verfolgen im Grund bedeutet, ihn selbst zu verfolgen. Indem Paulus die Kirche verfolgte, verfolgte er zugleich Christus. Dies bedeutet natürlich umgekehrt, dass sich Paulus auf dem Weg nach Damaskus nicht nur zu Christus, sondern zugleich auch zur Kirche bekehrt hat und dass man Christus und Kirche nicht voneinander trennen darf. Zwischen Christus und Kirche kann es keinen Widerspruch geben, und zwar trotz der vielen Sünden der Menschen, die die Kirche bilden, die Paulus als Leib Christi sieht, dem alle Getauften zugehören und bei dem alle mitwirken an seiner Auferbauung.

In diesem Seitenwechsel, der sich im Leben des Paulus im Damaskuserlebnis eingestellt hat, leuchtet eine Botschaft auf, die bis heute nichts an Aktualität eingebüßt hat, auch und gerade nicht in unserem Streben nach Heiligkeit: Wie bereits der irdische Jesus in den Kreis seiner engsten Vertrauten einen Menschen wie Matthäus aufgenommen hat, der nach der im zeitgenössischen Judentum gängigen Vorstellung als öffentlicher Sünder betrachtet wurde, so schließt auch der Auferstandene niemanden von seiner Freundschaft aus. Wenn der auferstandene Christus sogar den Christenverfolger Saulus zu seinem Apostel berufen hat, dann ist evident, dass es bei Christus einfach keine hoffnungslosen Fälle gibt. Mag ein Mensch noch so tief gefallen sein – er kann eigentlich nie tiefer fallen als in die ausgebreiteten Hände und auffangenden Arme Jesu Christi hinein. Dass eine solche Begegnung mit Christus dann auch das Leben von Grund auf verändert, ist freilich ebenso evident. Die christliche Heiligkeit wächst vor allem in der Bereitschaft zur Umkehr und Versöhnung. Die Kirche hat deshalb den so genannten donatistischen Irrtum, nämlich ein spiritualistisches Kirchenverständnis, dem gemäß nur die Vollkommenen und die Heiligen die Kirche bilden würden, stets abgelehnt und sich dafür stark gemacht, dass im Netz der Kirche gute und schlechte Fische Platz haben und dass auf dem Acker der Kirche Weizen und Spreu wachsen können.

Denken wir auch an das Leben des heiligen Augustinus, dessen theologisches Werk Papst Benedikt XVI. besonders am Herzen liegt und über den er einmal gesagt hat, es sei uns „kaum ein Heiliger so nahe und so verständlich geblieben wie der Heilige Augustinus“[9]. Er hat zwar – dem damaligen Brauch entsprechend – zunächst nicht die Taufe empfangen, sondern nur das Salz der Katechumenen, mit dem er nur in einer vorläufigen Weise in die Gemeinschaft der Kirche aufgenommen worden ist. Auf diesem Weg hat er durchaus Christus kennen gelernt; als er jedoch Student geworden war, ist er immer mehr zur Überzeugung gekommen, dass angesichts des großen Wissens der hohen Wissenschaft die Heilige Schrift nur ein albernes Geschichtenbuch sein kann. Er hat sich nicht nur der Irrlehre der Manichäer angeschlossen, sondern auch ein recht ausschweifendes Leben geführt.

Die heilige Monika, seine Mutter, die eine tief fromme Christin gewesen ist, musste den Eindruck gewinnen, ihren Sohn verloren zu haben. Sie hat ihren Sohn aber auf seinem Irrweg stets mit dem Gebet begleitet und den Himmel bestürmt, dass ihr Sohn wieder auf rechte Wege in der ethischen Lebenspraxis und im christlichen Glauben gelangen möge. Als Augustinus das liebenswürdige, aber hartnäckige Bemühen seiner Mutter als zu bedrängend empfunden hat, ist er vor ihr aus Karthago nach Rom geflohen. Aber auch dort hat ihn seine Mutter nicht aus den Augen gelassen, sondern ist ihm beharrlich gefolgt. Ihre unendliche Geduld hat sich gelohnt, und sie hat ihren Sohn wieder erhalten. Christus hat ihn gleichsam zurückgegeben durch den heiligen Bischof Ambrosius von Mailand, der einen sehr positiven Einfluss auf Augustinus ausüben konnte – bis dahin, dass er sich bekehrte und sich taufen ließ. Auf der gemeinsamen Rückreise in ihre Heimat ist Mutter Monika dann verstorben. Später ist Augustinus einer der größten Theologen und hervorragender Bischof von Hippo geworden.

---

9 J. Ratzinger, Predigt am Fest des hl. Augustinus, in: Ders., Dogma und Verkündigung (München 1973) 415–423, zit. 416.

5. Universale Berufung zur Heiligkeit aufgrund der Taufe

Die beiden Beispiele aus der Kirchengeschichte dokumentieren die christliche Lebensweisheit, die Gilbert Chesterton mit den Worten ausgesprochen hat: Einen Heiligen erkennt man daran, dass er weiß, dass er ein Sünder ist. Dieses bekannte Wort ist nur auf den ersten Blick paradox. Denn dort, wo der heilige Gott wirklich erfahren wird, dort erkennt der Mensch auch seine Sündigkeit; und erst dort, wo er dies erkennt und anerkennt, erkennt er auch sich selbst. Dieser Zusammenhang tritt in der heutigen Welt deutlich vor Augen. Denn der tiefere Grund für das Verblassen der Gotteserfahrung heute liegt im Verschwinden der Erfahrung der Sünde; und umgekehrt entfernt das Verschwinden dieses Wissens den Menschen von Gott.

Wenn christliche Heiligkeit nicht einfach das Gegenteil zur Sünde, sondern Bereitschaft zur Bekehrung und Reue und in diesem Sinn zu einem Neubeginn ist, versteht es sich vollends von selbst, dass alle Glaubenden zur Heiligkeit berufen sind. Die allgemeine Berufung zur Heiligkeit in der Kirche hat dabei ihr entscheidendes Fundament in der Taufe, die bereits in der frühen Kirche von so grundlegender Bedeutung gewesen ist, dass man das Wesen der christlichen Existenz überhaupt in ihr begründet gesehen hat. In ihr hat man nichts weniger als den Beginn eines zweiten Lebens wahrgenommen, den man aber nur anvisieren kann, wenn man zunächst das vorausgehende Leben beendet hat. Die Taufe markiert somit die radikale Wende des alten zu einem neuen Leben, aufgrund der sich die ersten Christen als „Heilige“ bezeichnet haben.

Diese Heiligkeitsforderung war in der Frühzeit der Kirche sehr streng, und zwar in der Überzeugung, dass es bei „Heiligen“ eigentlich keine Sünden mehr geben darf. Vielmehr sollte die Abkehr von der Sünde in der Taufe ernst genommen und deshalb ein ganzes Leben lang aufrechterhalten werden. Taufe und Christwerden wurden als umfassende Umkehr und als Neuorientierung des ganzen Lebens aufgefasst. In der Taufe wurzelt so sehr die unbedingte Pflicht zur Heiligkeit, dass sie nicht nur die Zugehörigkeit zur Gemeinde Gottes impliziert, sondern auch die Absage an die Sünde. Die Taufe als radikaler Einschnitt ins Leben und als Besitzergreifung des Menschen durch Christus musste auch Heiligkeit im moralisch-ethischen Sinn nach sich ziehen. Denn wer sich „heilig“ nennt, muss auch heilig leben.

Die grundlegende Bedeutung der Taufe im Leben des Christen hat bereits die Heilige Schrift dadurch zum Ausdruck gebracht, dass die Taufe „auf den Namen Jesu Christi“ vollzogen wird. Es wird damit eine gleichsam „banktechnische Wendung“ mit der Sinnrichtung, dass etwas „auf das Konto von N.“ überwiesen wird[10], verwendet, um die Taufe als Übereignung des Lebens an Christus als den neuen Herrn des Getauften zum Verstehen zu bringen. In der Taufe wird der Täufling dem himmlischen Kyrios unterstellt, beziehungsweise der himmlische Kyrios ergreift in der Taufe vom Täufling Besitz und schenkt ihm das Heil. Da Christus in der Taufe jedem Einzelnen seinen Bund anbietet, lädt er ihn zu einer ganz persönlichen Beziehung zu ihm ein. Paulus fordert deshalb die Getauften auf, sich als Menschen zu begreifen, „die für die Sünde tot sind, aber für Gott leben in Jesus Christus“ (Röm 6,11).

Die hier von Paulus verwendete Sprache ist gewiss fremd und in ihrer Fremdheit schroff und hart; doch diese harte Sprache ist bloß der Reflex jener ernsthaften Wirklichkeit, die hinter dieser Sprache liegt. Denn die ganze Alte Kirche war von der großen Tragweite der Taufe überzeugt, die sie als „Herrschaftswechsel“, als Übertritt des Menschen aus dem Machtbereich der Sünde und des Todes in den Herrschaftsbereich Jesu Christi betrachtete. Denn wer zu Jesus Christus gehört, muss ihn als seinen Herrn anerkennen, und zwar in allererster Linie im Bekenntnis des Glaubens und in einem heiligen Leben.

Im Bewusstsein der Einzigartigkeit dessen, was in der Taufe geschieht, und im Glaubensbewusstsein, dass der Einzelne mit seinen Sünden an der Gemeinschaft der Kirche selbst schuldig wird, tat sich die frühe Kirche schwer mit der Realität, dass Christen auch nach der Taufe wieder sündigen und damit teilweise oder völlig in das alte Leben vor der Hinwendung zu Christus und seiner Kirche zurückfallen. Eine halbherzige Zuwendung zum christlichen Glauben oder eine mehrmalige Neuorientierung im Leben der Getauften war deshalb nicht vorgesehen. Die Vergebung von Sünden nach der Taufe geriet vielmehr in den Verdacht einer unzulässigen Nachsicht oder gar Nachlässigkeit gegenüber dem strengen Heiligkeitsideal. Schwere Sünder wurden deshalb von der christlichen Gemeinde wieder getrennt, und gravierende Vorkommnisse wurden mit dem Ausschluss aus der Gemeinde geahndet, wie bereits Paulus angesichts der Untat von Blutschande die Mitglieder der Gemeinde in Korinth aufgefordert hat, „den aus eurer Mitte zu stoßen, der so gehandelt hat“: „Schafft den Übeltäter weg aus eurer Mitte!“ (1 Kor 5,2 und 13) Der Ausschluss des Sünders bedeutete dabei nicht nur seine Bestrafung, sondern diente auch der Bewahrung der Heiligkeit der Gemeinde.

---

10 R. Messner, Einführung in die Liturgiewissenschaft (Paderborn 2001) 72.

6. Sakramente als Hilfen auf dem Weg zur Heiligkeit

Auf der anderen Seite musste sich auch die christliche Gemeinde mit der Realität sündigen Verhaltens auch nach der Taufe immer mehr auseinandersetzen. Neben der unbedingten Verpflichtung zur Heiligkeit des einzelnen Getauften und der Gemeinde insgesamt wurde deshalb bereits im Urchristentum auch die Notwendigkeit und Möglichkeit der Vergebung von Sünden nach der Taufe gesehen. Da bei aller Ernsthaftigkeit des Heiligkeitsanspruchs in der Verkündigung Jesu ein entschiedener Akzent darauf gesetzt ist, auch den Sünder auf keinen Fall aufzugeben, musste der göttlichen Vergebung und Barmherzigkeit auch die Vergebungsbereitschaft der Kirche gegenüber dem Gläubigen entsprechen. In der Geschichte der frühen Kirche ist deshalb eine ständige Suche nach der Koexistenz von Heiligkeit und Sünde zu beobachten. Denn auf der einen Seite musste sich die Gemeinde vom Sünder distanzieren, und auf der anderen Seite war sie zur Vergebung und Versöhnung und damit zur Wiederaufnahme des reuigen Sünders in die Glaubensgemeinschaft der Kirche verpflichtet.

In einem langen Ringen fand die Kirche schließlich einen originellen Mittelweg zwischen rigoroser Heiligkeitsforderung und großzügiger Vergebungsmöglichkeit. Diese Lösung ist zunächst greifbar in der Schrift eines römischen Laien mit dem Namen Hermas über die Busse um das Jahr 140, in der er auch eine Bussmöglichkeit nach der Taufe vertrat und diese als Wiederholung der Taufe verstand, sie als „schwierige Taufe“ bezeichnete und sie mit den Worten erklärte: „Wenn nach jener großen und heiligen Berufung (der Taufe) einer vom Teufel verführt wird und sündigt, so gibt es für ihn nur noch eine Busse. Wenn er aber weitermacht im Sündigen, nur schwerlich wird er das Leben erhalten.“[11] Hinter diesen markanten Worten verbirgt sich die Überzeugung, dass das eigentliche Sakrament der Sündenvergebung die Taufe ist und dass deshalb die kirchliche Busse nur verstanden und vollzogen werden kann als geistige Wiederholung der Taufe, gleichsam als Pannenhilfe danach, nämlich nach den nicht ratifizierten Taufkonsequenzen, oder als das letzte Brett beim Schiffbruch der Sünde nach der Taufe. Damit war die Institution einer „zweiten Busse“ entstanden, die deshalb so bezeichnet wurde, weil ja die erste und eigentliche Busse in der Taufe vollzogen worden war.

---

11 Hermas, Der Hirte, in: H. Karpp (Hg.), Die Busse. Quellen zur Entstehung des altkirchlichen Busswesens (Zürich 1969) 64ff.

Der kurze Rückblick in die Geschichte weist uns auch den Weg für das heutige Glaubensleben und bringt es an den Tag, dass auch und gerade das Bussakrament uns helfen will, uns die Taufe immer wieder persönlich anzueignen und uns auf dem Weg zur Heiligkeit sakramental begleiten zu lassen. Christliche Busse hat deshalb den Charakter der Rückerinnerung an die Taufe. Von der Taufe her steht das ganze Leben des Christen, auch und gerade seine Busse, im Zeichen der Osterfreude. Wenn die Melodie der christlichen Busse den Notenschlüssel der österlichen Tauffreude zurück gewinnt, verliert die Busse den Eindruck des Grämlichen und kann uns neu bewusst werden, dass uns im Sakrament der Busse ein großartiges Geschenk angeboten ist.

Dem christlichen Taufbewusstsein kann nur die bleibende Lebenshaltung von Busse und Umkehr entsprechen. Um auf dem Weg der Heiligkeit voranzukommen, ist das Beichtsakrament eine unabdingbare Hilfe. Umkehr und Busse müssen deshalb eine ganz persönliche Note haben, weil wir in der Beichte vor Gott treten, der uns bereits in der Taufe beim Namen gerufen und sich uns persönlich zugewendet hat. Diese persönliche Dimension des Beichtsakramentes haben in den vergangenen Jahren die Päpste immer wieder in Erinnerung gerufen. Sie zieht sich gleichsam wie ein roter Faden durch das Lehramt von Papst Johannes Paul II.[12] Und auch Papst Benedikt XVI. hat bereits als Präfekt der Kongregation für die Glaubenslehre stets auf die persönliche Struktur des Beichtsakramentes wie aller Sakramente mit den deutlichen Worten aufmerksam gemacht: „Kein Sakrament wird kollektiv gespendet. Man kann nicht eine Menge Menschen mit Wasser besprengen oder in Wasser untertauchen und darüber sagen: ‚Ich taufe euch‘. Man kann immer nur sagen: ‚Ich taufe dich‘. Das Gleiche gilt für alle anderen Sakramente. Diese sakramentale Struktur ist im Übrigen auch das, was der Mensch heute braucht: Er steht vor Gott nicht als Teil eines Kollektivs, sondern mit seinem Namen. So ruft Gott ihn an. Gerade so wird er fähig zur Gemeinschaft, die von Personen her wächst oder verfällt, wo Menschen zu ersetzbaren Teilen eines Kollektivs werden.“[13]

Nicht nur das Sakrament der Beichte will uns auf dem Weg zur Heiligkeit hilfreich begleiten, sondern auch und in besonderer Weise die Feier der Eucharistie, in der den Heiligen das Heilige gereicht wird, wie in der ortho-

12 Vgl. Johannes Paul II., Apostolisches Schreiben „Misericordia Dei“ über einige Aspekte der Feier des Sakramentes der Busse (7. April 2002).

13 Kirchenverfassung und Umkehr. Fragen an Joseph Kardinal Ratzinger, in: Communio. Internationale katholische Zeitschrift 13 (1984) 444–457, zit. 451.

doxen Chrysostomus-Liturgie der Priester vor der Kommunionspendung ausruft: „Das Heilige den Heiligen." Das Zweite Vatikanische Konzil hat in Erinnerung gerufen, dass christliche Liturgie in erster Linie Vollzug des Priesteramtes Christi ist und dass sie nicht nur die angemessene Form der Gottesverehrung ist, sondern auch die Heiligung des Menschen bewirkt. Dass die Heiligung des Menschen als das Ziel des Gottesdienstes genannt wird, ist gewiss kein Zufall. Denn nur wenn der Christ von Gott gerufen und geheiligt wird, kann er überhaupt Gott Antwort geben und ihn verehren.

Die Liturgiekonstitution des Zweiten Vatikanischen Konzils hat als Ziel der Erneuerung der liturgischen Texte und Riten angegeben, „dass sie das Heilige, dem sie als Zeichen dienen, deutlicher zum Ausdruck bringen, und so, dass das christliche Volk sie möglichst leicht erfassen und in voller, tätiger und gemeinschaftlicher Teilnahme mitfeiern kann".[14] Das Konzil ist eindeutig der Überzeugung, dass sich die leichte Erfassbarkeit der Liturgie und die Ermöglichung der tätigen und gemeinschaftlichen Teilhabe des Volkes Gottes an der Liturgie von ihrer Transparenz für das Heilige her ergeben. Umgekehrt wird man feststellen müssen, dass das eigentliche Problem in der liturgischen Gestaltung heute nicht selten in einem wachsenden Verlust des Gespürs für das Heilige und im Verdunsten des Charakters des Mysteriums besteht. Denn wenn in der Liturgie das allein von Gott her kommende und erlösende Neue nicht mehr sichtbar wird, verkommt die Liturgie zur öden Repetition der Welt an heiliger Stätte, in der allein wiederholt wird, was sich in der alltäglichen Erfahrung der Menschen ohnehin von selbst versteht. Wenn die Liturgie nämlich nur die Erfahrungswelt der Menschen abbildet, verdoppelt sie nur die Trostlosigkeit unserer Welt. Die Wiederentdeckung des Gespürs für das Heilige ist deshalb zur Überlebensfrage der Liturgie als Liturgie und damit auch der Sendung der Kirche geworden.

Nur wenn die Kirche sich in der Liturgie heiligen lässt, kann sie ihre Sendung in der heutigen Welt erfüllen. Und um unsere Welt heiligen zu können, besteht die primäre Verpflichtung der Christen darin, selbst heilig und damit gottgemäß zu leben, oder mit den Worten von Papst Benedikt XVI.: Zeugen Christi in der heutigen Welt können wir nur sein, „wenn wir uns vom Heiligen Geist führen lassen, der der ‚Erstbeweger der Evangelisierung' und die ‚Hauptperson der Mission' ist."[15] Solche Mission ergibt sich dabei aus der Liturgie

14 Sacrosanctum concilium, Nr. 21.

15 Benedikt XVI., Botschaft zum Weltjugendtag 2008: „Ihr werdet die Kraft des Heiligen Geistes empfangen, der auf euch herabkommen wird, und ihr werdet meine Zeugen sein" (Apg 1,8).

von selbst. Schon die frühchristlichen Gemeinden haben in ihrem Gottesdienst das Lob des Namens Gottes und damit die Vater-unser-Bitte „Geheiligt werde Dein Name“ in den Mittelpunkt der Liturgie gestellt. Dennoch haben sie den Namen Gottes nicht einfach im vertrauten Insiderkreis verehrt. Sie haben die Heiligung des Namens Gottes vielmehr als ein öffentliches Geschehen und als stellvertretendes Handeln der Kirche verstanden. Stellvertretend dankt und lobt die Kirche Gott für die ganze Menschheit, ja selbst für die stumme Schöpfung. Ihr verleiht sie ihre Stimme zum Gotteslob und zur öffentlichen Anrufung des Heiligen Namens Gottes. Dieser Zusammenhang von Heiligkeit und Mission konkretisiert sich in der Einsicht, dass die Botschaft des Evangeliums nur weitergegeben werden kann, wenn sie von glaubwürdigen Zeugen gelebt und verkündet wird, die von innen her Heiligkeit ausstrahlen.

7. Teilhabe an der Heiligkeit Gottes

Von daher können wir abschließend danach fragen, was ein heiliger Mensch ist. Die Antwort wird uns gewiesen von der Präfation von den Heiligen, in der es heißt: „Die Schar der Heiligen verkündet deine Größe, denn in der Krönung ihrer Verdienste krönst du das Werk deiner Gnade.“ Heilig ist deshalb einzig und allein Gott, und Menschen vermögen nur dadurch heilig zu werden, dass sie sich ganz in Gott hinein verwurzeln und für ihn durchsichtig sind.

Von Gott selbst muss also die Rede sein, wenn wir von heiligen Menschen sprechen. Denn der christliche Glaube nimmt seinen Anfang beim elementaren Bekenntnis zu Gott, dem Unendlichen und Unbegreiflichen. Von diesem Gott aber sagt die christliche Offenbarung, dass er gerade in seiner Unendlichkeit nicht bei sich selbst bleiben, dass er vielmehr in der Landschaft unserer menschlichen Geschichte und Endlichkeit ankommen will, und zwar als er selbst, ohne dass er damit selbst verendlicht würde und ohne dass wir Menschen im hellen Licht seiner Göttlichkeit verbrennen müssten. Der Gott der christlichen Offenbarung verbleibt nicht hinter den Wolken unserer Welt und schaut nicht teilnahmslos ihrem Elend zu, sondern er will gerade als Gott von Ewigkeit zu Ewigkeit in der Geschichte von uns Menschen gegenwärtig sein und bei uns Menschen ankommen.

Von dieser Botschaft her erschließt sich auch der wahre Kern christlicher Heiligenverehrung.[16] Dort nämlich, wo das Urteil des Glaubens den Mut auf-

16 Vgl. G. L. Müller, Gemeinschaft und Verehrung der Heiligen (Freiburg i. Br. 1986).

bringt, von einem konkreten Menschen zu bekennen, dass Gott bei ihm endgültig-gültig angekommen ist, dort ist im Tiefsten das gegeben, was die Katholische Kirche einen Heiligen nennt: Ein Heiliger ist ein Mensch, der die wahre maßlose Sehnsucht seines Herzens ganz im maßlosen Gott festmacht und dessen elementares Herzensanliegen darin besteht, mit seinem Leben Gott die Ehre zu erweisen. Ein Heiliger ist ein Mensch, der so offen und empfangsbereit ist für Gott, dass Gott wirklich bei ihm ankommen und Ankunft, Advent halten kann.

Oder kurz gesagt: Ein Heiliger ist ein Mensch, der ganz aus dem Geist der Seligpreisungen gelebt hat. Im strengen Sinn können wir dies freilich nur von Jesus Christus sagen. Denn in den Seligpreisungen berühren wir die innerste Mitte seines Geheimnisses. Sie sind, wie dies Papst Benedikt XVI. sehr schön zum Ausdruck gebracht hat, „wie eine verhüllte innere Biographie, wie ein Porträt seiner Gestalt“[17]. Bereits im Übergang vom dritten zum vierten Jahrhundert ist der heilige Augustinus immer deutlicher zur Überzeugung gekommen, dass nur Jesus selbst wahrhaft und vollständig die Bergpredigt, in deren Mittelpunkt die Seligpreisungen Jesu stehen, verwirklicht hat. In den Seligpreisungen kommt freilich auch an den Tag, was Jüngerschaft in der Nachfolge Jesu bedeutet. Sie besteht im Kern darin, so gesinnt zu sein, wie es dem Leben in Christus entspricht: Sich als Adressat der Seligpreisungen, die Gott uns zuspricht, verstehen und an seiner Heiligkeit Anteil bekommen.

Wenn wir einen solchen Heiligen verehren, dann ehren wir Gott, und dann loben wir Gott, genauer Gottes endgültige Ankunft und Gottes siegreichen Advent bei diesem heiligen Menschen. Die katholische Praxis der Heiligenverehrung ist deshalb im radikalsten Sinne Gottesverehrung und Gottesdienst. Denn Gott ist nicht allein die äußere Ursache, sondern auch und vor allem die innere Kraft der Vollendung des menschlichen Lebens. Die Heiligenverehrung erweist sich deshalb als eine christliche Praxis, die zuerst ein fundamentales Bekenntnis zu Gott enthält: Es ist der begnadende Gott selbst, durch den auch der begnadete Mensch – freilich in abbildhafter Weise – zum Glaubensgeheimnis wird.

Die Praxis der Heiligenverehrung erweist sich von daher als Höhepunkt der Einheit von Gottes- und Nächstenliebe. Indem wir einen Heiligen verehren und ihn in liebendem Vertrauen um seine Fürbitte angehen, lieben wir in ihm Gott als denjenigen, der bei ihm endgültig angekommen und für den der Heilige ganz empfänglich gewesen ist. Wir bringen damit zugleich

17 J. Ratzinger – Benedikt XVI., Jesus von Nazareth (Freiburg i. Br. 2007) 104.

unseren Glauben zum Ausdruck, dass „die wirklich innerste Mitte des Menschen, wodurch er in Ewigkeit wirklich von Gott so gewollt ist, Gott selber ist in Gnade“[18].

Verehrung der Heiligen ist im Tiefsten Gottesverehrung und Gottesdienst. So haben es die Heiligen selbst gesehen und gelebt. Denn heilige Menschen sind dazu berufen, in aller Öffentlichkeit Gott die Ehre zu erweisen. So gesehen sind heilige Menschen die fleischgewordene Auslegung des Evangeliums Jesu Christi, der selbst in Menschengestalt die fleischgewordene Exegese Gottes ist. Die Heiligen sind, wie Hans Urs von Balthasar betont hat, der wichtigste Kommentar zum Evangelium und dessen Verwirklichungen im alltäglichen Leben. Sie sind gleichsam die bunten Spektralfarben, die das Licht der Heiligkeit Gottes in unterschiedlichen Brechungen reflektieren. Die Heiligen sind, um das schöne Bild von Papst Benedikt XVI. aufzunehmen, „die neuen christlichen Sternbilder“, in denen „sich der Reichtum der Güte Gottes spiegelt“. Das Licht der Heiligen ist abkünftiges Licht, aber als solches lässt das von Gott kommende Licht der Heiligen „den inneren Reichtum von Gottes grossem Licht erkennen, das wir im Glanz seiner reinen Herrlichkeit allein nicht erfassen könnten“[19].

8. Getragen von der Gemeinschaft der Heiligen

Von jenen heiligen Menschen, die bereits verstorben sind und bei Gott leben, darf man darüber hinaus sagen, dass sie uns die schöne und befreiende Botschaft des christlichen Glaubens überhaupt verkünden: Gott ist lebendig – lebendig in seinen Heiligen. Gottes Gegenwart in seinen Heiligen enthält zugleich die christliche Hoffnung, dass unser zukünftiges Leben nach dem Tod von überfließender Gemeinschaft gekennzeichnet sein wird. Denn die Heiligen, die in die ewige Liebe Gottes heimgegangen sind, erschließen uns eine sehr menschliche Note dessen, was wir Himmel nennen: Im christlichen Glauben meint der Himmel kein rein privates tête-à-tête des einzelnen Menschen mit Gott. Der Himmel ist vielmehr die durch die endgültige Gemeinschaft mit Gott vollendete Gemeinschaft auch der Menschen untereinander.

Wer mit dem Himmel in Berührung kommt, der begegnet nicht nur Gott, sondern in der Offenheit für Gott auch den anderen Menschen. Der christliche

18 K. Rahner, Mut zur Marienverehrung, in: Ders., Schriften zur Theologie XVI (Zürich 1984) 321–335.

19 J. Kardinal Ratzinger, Der Geist der Liturgie. Eine Einführung (Freiburg i. Br. 2000) 96.

Glaube enthält eine eminent gemeinschaftliche Hoffnung. Der Himmel bezeichnet durchaus das gelungene Heil des einzelnen Menschen in der ewigen Gegenwart Gottes. Da aber das Leben des einzelnen Menschen nie voll gelingen kann ohne die Vollendung auch seiner zwischenmenschlichen Beziehungen, meint der Himmel auch die Vollendung unserer ganzen Gemeinschaft, ja der ganzen Erde, zu einem neuen Leben in Frieden und Gerechtigkeit.

Die Hoffnungsaussichten des christlichen Glaubens sind erdenschwer. Denn sie verkünden, dass Gott bei uns Menschen ankommen und Advent halten und dass er vollends in seinen Heiligen lebendig ist. Von der Gemeinschaft der Heiligen dürfen wir uns auch heute getragen wissen, wie Papst Benedikt XVI. in grossem Vertrauen auf die Gemeinschaft der Heiligen sein Pontifikat begonnen hat. In seiner Predigt in der Heiligen Messe zu seiner Amtseinführung sagte er: „In dieser Stunde muss ich schwacher Diener Gottes diesen unerhörten Auftrag übernehmen, der doch alles menschliche Vermögen überschreitet. Wie sollte ich das? Wie kann ich das? Aber Ihr alle, liebe Freunde, habt nun die ganze Schar der Heiligen stellvertretend durch einige der großen Namen der Geschichte Gottes mit den Menschen herbeigerufen, und so darf auch ich wissen: Ich bin nicht allein. Ich brauche nicht allein zu tragen, was ich wahrhaftig nicht allein tragen könnte. Die Schar der Heiligen Gottes schützt und stützt und trägt mich. Und Euer Gebet, liebe Freunde, Eure Nachsicht, Eure Liebe, Euer Glaube und Euer Hoffen begleitet mich. Denn zur Gemeinschaft der Heiligen gehören nicht nur die großen Gestalten, die uns vorangegangen sind und deren Namen wir kennen.“[20]

Zur Gemeinschaft der Heiligen gehören alle Christen, die auf den Namen des Dreifaltigen Gottes getauft sind und die aus der Eucharistie leben, in der Christus uns selbst verwandeln, sich gleich gestalten und uns heiligen will. In dieser großen Gemeinschaft der Heiligen dürfen auch wir geborgen sein, immer wieder die Erfahrung machen, dass wir nicht allein sind, und Kraft erhalten in unserem Streben nach Heiligkeit, das vor allem darin besteht, dass Gott jene Ehre zuteil wird, die ihm gebührt: in unserem persönlichen Leben, in der Glaubensgemeinschaft der Kirche genauso wie in der gesellschaftlichen Öffentlichkeit. Denn wer glaubt, ist nie allein, weil Gott selbst lebendig ist in seinen Heiligen: in den Heiligen, die – wie Mutter Bernarda Bütler – zur Ehre der Altäre erhoben sind, und in den Heiligen, die wir als Getaufte bereits jetzt sein dürfen.

20 Benedikt XVI., Predigt in der Heiligen Messe zur Amtseinführung am 24. April 2005.

Ministeriologische Dimension des Glaubens

Treuhänder eines anderen
Zur Identität des Priesters in priesterarmer Zeit[1]

Was ist ein Priester? „Ein Priester ist ein ehemaliger Diakon, der die Priesterweihe empfangen hat, selten zum Rang eines Bischofs aufsteigt, niemals aber zur Würde eines Laien erhoben wird."[2] Von dieser humoristischen Definition wird überliefert, sie sei während des Zweiten Vatikanischen Konzils oft erzählt worden. Man wollte damit zum Ausdruck bringen, dass das Konzil auf der einen Seite die in der frühen Kirche feststellbare theologische Höchstwertung des Bischofsamtes wiederentdeckt und auf der anderen Seite die Subjekthaftigkeit des Laien in der Kirche in besonderer Weise gewürdigt habe, dass aber das Priesteramt zwischen diesen beiden Höchstwertungen irgendwie ortlos geblieben sei, so dass sich dem katholischen Dogmatiker Peter Neuner die Frage aufdrängt: „Was bleibt zwischen den aufgewerteten Bischöfen und den aufgewerteten Laien theologisch noch für den Priester? … Das Konzil ging letztlich zu Lasten der Priester. Die nachkonziliare Amtskrise hat zumindest einen ihrer Gründe in der ekklesialen Ortlosigkeit des Priesters in den Texten des Zweiten Vatikanischen Konzils."[3] Solche Beobachtungen muss man im Rückblick auf das Konzil freilich zumindest relativieren, weil das von ihm promulgierte Dekret über Dienst und Leben der Priester „Presbyterorum ordinis" durchaus hilfreiche Identitätsaussagen über den priesterlichen Dienst enthält, die Joseph Ratzinger kurz nach dem Konzil als die „seit langem bedeutendste Äußerung des kirchlichen Lehramts" zur priesterlichen Identität gewürdigt hat, die die Konstanten der biblischen und der späteren Überlieferung in Erinnerung ruft und zugleich ihre gegenwärtige Bedeutung erkennbar macht.[4]

---

1 Vortrag am Dies academicus der Theologischen Fakultät und Diözesantag des Bistums Innsbruck am 27. April 2010, erschienen in: G. Augustin/K. Kardinal Koch (Hg.), Priestertum Christi und priesterlicher Dienst (Freiburg i. Br. 2013) 25–57.

2 O. H. Pesch, Das Zweite Vatikanische Konzil (1962–1965). Vorgeschichte – Verlauf – Ergebnisse – Nachgeschichte (Würzburg 1993) 206.

3 P. Neuner, Das kirchliche Amt: Identität im Wandel, in: J. Kerkhofs/P. M. Zuhlehner (Hg.), Europa ohne Priester (Düsseldorf 1995) 178–207, zit. 196.

4 J. Ratzinger, Zur Frage nach dem Sinn des priesterlichen Dienstes, in: Geist und Leben 41 (1968) 347–376, zit. 360.

1. Das Priesteramt als Schmelztiegel von Fragen

Die trotzdem nach dem Konzil voranschreitende Krise der priesterlichen Identität konnte bis heute nicht überwunden werden; sie hat sich vielmehr zusätzlich zugespitzt: Die heute immer wieder und permanent geführte Amtsdiskussion hat bisher nicht zu einem tragfähigen Konsens geführt; sie zeichnet sich vielmehr durch eine beinahe ausufernde Pluralität von theologischen Positionen aus, die den Eindruck erweckt, es gebe bloß noch einen Pluralismus von so genannten „Priesterbildern", aber kaum mehr ein gemeinkirchliches Verständnis des priesterlichen Dienstes. Seit einiger Zeit ist sogar von verschiedenen Typen des priesterlichen Selbstverständnisses die Rede. Vor allem der Pastoraltheologe Paul M. Zulehner unterscheidet vier Haupttypen: den zeitlosen Kleriker, den zeitoffenen Gottesmann, den zeitnahen Kirchenmann und den zeitgemäßen Gemeindeleiter.[5] Diese Typisierung des Selbstverständnisses heutiger Priester kann für Bischöfe eine gute Hilfe sein, ihre Priester in ihrem doch recht unterschiedlichen Verhalten und Wirken besser verstehen zu können. Es stellt sich aber verschärft die bedrängende Frage, ob es bloß noch einen unverbundenen Pluralismus von Priestertypen gibt, oder ob nicht doch gemeinsame Grundzüge einer katholischen Theologie des priesterlichen Dienstes ausfindig gemacht werden können.

Hinzu kommt, dass die Art und Weise, wie Priester sich selbst verstehen, und die Art und Weise, wie sie von den Menschen wahrgenommen werden, nur unter glücklichen Umständen übereinstimmen. Gerade im Zusammenhang der schmerzlichen Problematik der sexuellen Übergriffe ist mir wieder neu deutlich geworden, dass viele Menschen, vor allem wenn sie Opfer von Priestern geworden sind, keineswegs ein funktionales Priesterbild haben, wie es in der theologischen Reflexion herausgebildet worden ist, sondern eher ein ontologisches, zumindest in dem Sinn, dass sie im Priester einen Menschen sehen, der in besonderer Berührung mit dem Heiligen steht. Hier liegt denn auch der Grund, dass sexuelle Übergriffe durch Priester und Ordensleute, bei denen ohnehin die zwei sensibelsten Bereiche des menschlichen Lebens, nämlich Sexualität und Religion, miteinander im Konflikt stehen und dies

5 P. M. Zulehner, Priester im Modernisierungsstress. Forschungsbericht der Studie Priester 2000 (Ostfildern 2001); Ders./A. Hennersperger, „Sie gehen und werden nicht matt" (Jes 40,31). Priester in heutiger Kultur (Ostfildern 2001); Ders./F. Lobinger, Um der Menschen und der Gemeinden willen. Plädoyer zur Entlastung von Priestern (Ostfildern 2002); A. Hennersperger, Ein ein(z)iges Presbyterium. Zur Personalentwicklung von Priestern. Amtstheologische Reflexionen zu Daten der Studie Priester 2000 (Ostfildern 2002).

zudem unter dem Baldachin des Heiligen geschieht, besonders große Traumata zu hinterlassen pflegen, weil der Baldachin des Symbolisch-Heiligen gewaltsam in die Staubwolke des Diabolisch-Unheiligen verwandelt wird.

Die Problematik der priesterlichen Identität wird zusätzlich verschärft durch den bei uns vorhandenen Priestermangel, der stets dramatischere Ausmaße annimmt. Die schädlichen Nebenwirkungen des Priestermangels bekommen dabei an erster Stelle die Priester selbst zu spüren. Deren elementarste diagnostiziert Bischof Franz Kamphaus in seiner gewohnt zugespitzten Diktion darin, dass der Priester „gedehnt und ‚gestreckt', hin und her gerissen und schließlich innerlich zerrissen" wird – bis dahin, dass er „unter dem Druck der Verhältnisse zunehmend unpriesterlich wird": „Das Priesteramt wird schließlich so ‚gestreckt', dass es ganz dünn wird und zerreißt."[6] Mit dieser glaubensexistenziell schwierigen Konsequenz für das Leben der Priester hängt auch die theologische Gefahr zusammen, dass die vom Zweiten Vatikanischen Konzil gewünschte Wiederherstellung der inneren Einheit von Leitungs- und Weihevollmacht wieder unterlaufen und – zumindest in der Fernwirkung – das priesterliche Amt in seinem theologischen Wesenskern angetastet wird.

Schließlich provoziert die heutige Entwicklung auch ein gravierendes ökumenisches Problem: Wenn hinsichtlich der Amtsfrage auf der einen Seite in den ökumenischen Dialogen Konsens darüber gefunden werden konnte, dass die Ordination wesensnotwendig ist für die öffentliche Verkündigung des Evangeliums, die Sakramentenspendung und die Gemeindeleitung, wenn wir aber auf der anderen Seite in unserer eigenen Kirche immer mehr Aufgaben von der Ordination loslösen, dann stellen wir de facto den ökumenischen Konsens, der gerade von katholischer Seite angestrengt worden ist, selbst wieder in Frage und büßen unsere ökumenische Glaubwürdigkeit ein.

Mit dieser Litanei von Fragen und Problemen sind allerdings die tieferen Gründe für die heute schwierige pastorale Situation noch nicht benannt. Denn wir haben heute nicht nur einen großen Priestermangel. Vergleicht man beispielsweise in unseren Breitengraden das quantitative Verhältnis zwischen Gläubigen und Priestern vor fünfzig Jahren und heute, dann zeigt sich in erster Linie ein Gläubigenmangel und erst in zweiter Linie ein Priestermangel, der sich ohnehin, da in der Zwischenzeit die Pfarreistrukturen kaum wirksam genug geändert worden sind, eher als Pfarrermangel darstellt. Der damit bereits angesprochene Gemeindemangel provoziert die grund-

6 F. Kamphaus, Priester aus Passion (Freiburg i. Br. 1993) 87 und 100f.

legende Frage, was eine christliche Gemeinde zu einer Gemeinde macht und was folglich eine lebensfähige Pfarrei ist. Hinzu kommt, dass in den vergangenen Jahrzehnten der Grundwasserspiegel des Glaubens so sehr gesunken ist, dass wir eine tiefe Glaubenskrise diagnostizieren müssen, die im Kern eine Krise des christologischen Glaubens ist und die Identität des Priesters wohl am meisten in Frage stellt. Wenn nämlich die Katholische Kirche die innerste Identität des Priesters darin festmacht, dass er in den wesentlichen Vollzügen seines Dienstes „in persona Christi capitis" handelt, dann muss die heute weit verbreitete arianische Grundstimmung im Blick auf das Christusbekenntnis die priesterliche Identität in eine gravierende Identitätsdiffusion hinein führen: „Der heutige Priestermangel hat seinen tieferen Grund im Glaubensdefizit einer Christologie, die sich zwar christlich sieht, aber Vorbehalte gegenüber dem Bekenntnis zur wahren Gottheit Christi und zu seiner Wesenseinheit mit Gott macht."[7]

Aus allen diesen Gründen bin ich überzeugt, dass die Not des gegenwärtigen Priestermangels in erster Linie nicht ein quantitatives Problem ist, sondern eine Herausforderung qualitativer Art zu einer erneuerten Identitätsbestimmung des sakramental geweihten Amtes in der Kirche darstellt. Ich gehe deshalb im Folgenden von der Grundthese aus, dass wohl in keinem anderen pastoralen Bereich die dogmatisch-konzeptionellen Vorgaben des Glaubens und das in der konkreten Praxis Faktisch-Realisierte derart auseinander zu fallen drohen wie bei der Frage des kirchlichen Amtes, dass es sich aber gerade deshalb verbietet, die Glaubensvorgaben aufzugeben und der Normativität des Faktischen zu folgen. Das „Auseinanderklaffen des Konzeptionellen und des Faktischen" darf nicht auf dem Weg gelöst werden, dass der dogmatische „Mehrwert" des geweihten Amtes relativiert oder gar bestritten wird und man sich mit einer rein soziologisch-funktionalen Lösung der Ämterfrage zufrieden gibt.[8] Denn ein Systematiker, der sich dazu bereit erklärt, die für ihn spezifische Perspektive auf eine andere zu reduzieren, erklärt sich selbst für überflüssig. Dies gilt auch und erst recht für einen Bischof, der ex officio für den bleibenden Gehalt der katholischen Tradition bürgen muss.[9] Um auf

---

7 Vgl. F. J. Baur, Arianismus und Priestermangel, in: Ch. Schaller/M. Schulz/R. Voderholzer (Hg.), Mittler und Befreier. Die christologische Dimension der Theologie. Für Gerhard Ludwig Müller (Freiburg i. Br. 2008) 60–77, zit. 60.

8 J. Niewiadomski, Gemeindeleitung und Ämterfrage. Überlegungen aus dogmatischer Sicht, in: E. Garhammer/U. Zelinka (Hg.), Gemeindeleitung heute – und morgen? Reflexionen, Erfahrungen und Modelle für die Zukunft (Paderborn 1998) 55–70, zit. 58.

9 Vgl. K. Koch, Laien im Dienst der Gemeindeleitung und Sakramentenspendung und das

diesem Weg voranzukommen, muss von der Frage ausgegangen werden, wozu es das Priesteramt in der Kirche überhaupt braucht, um von daher nach der neutestamentlichen Grundlegung des Amtes zu fragen und daraus einige Konsequenzen für Gegenwart und Zukunft zu ziehen.

2. Sakramentalität des Amtes in einer sakramental verfassten Kirche

Dass jede Gemeinschaft Ordnung und Struktur und damit auch Amt braucht, dürfte sich von selbst verstehen. Es stellt sich dabei aber sofort die Frage, um welches Amt es sich jeweils handelt. Diese Frage lässt sich nur beantworten, wenn man weiter danach fragt, um welche Art von Gemeinschaft es geht, in deren Dienst das Amt steht. Die Frage nach dem Amt in der Kirche ruft insofern die fundamentale Frage hervor, was Kirche ist. Die elementarste Frage ist dabei diejenige, ob die Kirche eine soziologische oder geistliche Wirklichkeit ist.

Diese Frage hat das Zweite Vatikanische Konzil dahingehend beantwortet, dass die Kirche nicht im Sinne von zwei verschiedenen Größen – sichtbare Versammlung oder geistliche Gemeinschaft, beziehungsweise irdische Kirche oder mit himmlischen Gaben beschenkte Kirche – betrachtet werden kann, sondern dass es sich bei der Kirche um „eine einzige komplexe Wirklichkeit" handelt, „die aus menschlichem und göttlichem Element zusammenwächst". Das Konzil hat sogar hervorgehoben, die Kirche sei „in einer nicht unbedeutenden Analogie dem Mysterium des fleischgewordenen Wortes ähnlich": „Wie nämlich die angenommene Natur dem göttlichen Wort als lebendiges, ihm unlöslich geeintes Heilsorgan dient, so dient auf eine ganz ähnliche Weise das gesellschaftliche Gefüge der Kirche dem Geist Christi, der es belebt, zum Wachstum seines Leibes."[10] Mit diesen theologischen Grundstrukturen

theologische Dauerproblem des kirchlichen Amtes, in: A. Schifferle (Hg.), Pfarrei in der Postmoderne? Gemeindebildung in nachchristlicher Zeit. Festschrift für Leo Karrer (Freiburg i. Br. 1997) 191–206; Ders., Der Zusammenhang von Gemeindeleitung und liturgischem Leitungsdienst. Ein ekklesiologischer Beitrag, in: M. Klöckener und K. Richter (Hg.), Wie weit trägt das gemeinsame Priestertum? Liturgischer Leitungsdienst zwischen Ordination und Beauftragung (Freiburg i. Br. 1998) 65–85; Ders., Amtszuständigkeit für Sakramente – und die PastoralassistentInnen?, in: P. M. Zulehner/H. Auf der Maur/J. Weismayer (Hg.), Zeichen des Lebens. Sakramente im Leben der Kirchen – Rituale im Leben der Menschen (Ostfildern 2000) 199–222; Ders., Gemeindeleitung in Gegenwart und Zukunft. Gemeindeleitung mit oder ohne Ordo?, in. I. Baumgartner/Ch. Friesl/A. Mathe-Toth (Hg.), Den Himmel offen halten. Ein Plädoyer für Kirchenentwicklung in Europa. Festschrift für Paul M. Zulehner (Innsbruck – Wien 2000) 197–211.

10 Lumen gentium, Nr. 8.

der Analogie zum Mysterium der Menschwerdung wollte das Konzil diese komplexe Wirklichkeit zum Ausdruck bringen und damit zwei ekklesiologische Extrempositionen abwehren, die bis heute nachwirken und sich auf das Verständnis des kirchlichen Amtes nachhaltig auswirken.[11]

In der damaligen Situation hat sich das Konzil in erster Linie gegen eine ekklesiologische Sakralisierung von Kirche und Amt gewandt, mit der deren göttliche Dimension derart verabsolutiert wird, dass ihre menschliche Dimension unterbelichtet oder im Extremfall sogar ausgeblendet wird. Diese Sicht führt leicht in die Versuchung, die faktisch existierende Kirche mit allen ihren Strukturen und Erscheinungen mit einem gleichsam „mystischen“ Schleier zu versehen, so dass das Menschliche und Allzu-Menschliche in der Kirche verdeckt oder überspielt wird. In dieser Sicht wird auch das kirchliche Amt in ungebührlicher Weise sakralisiert. Auf diese Gefahr eines ekklesiologischen Monophysitismus hat bereits Kardinal Franz König mit Recht hingewiesen: „Der berechtigte Hinweis auf Christus enthebt uns nicht der Notwendigkeit, die menschlichen Strukturen der Kirche, jene Strukturen, um derentwillen die Kirche als ‚hierarchisch‘ definiert wird, ständig zu reformieren, sondern verstärkt diese Notwendigkeit vielmehr.“[12]

Während das Konzil vor allem eine einseitige Sakralisierung von Kirche und Amt überwinden wollte, sind nach dem Konzil umgekehrt starke Tendenzen zu einer ekklesiologischen Säkularisierung von Kirche und Amt wirksam geworden. Diese drohen die göttliche Dimension der Kirche zu unterschlagen und einem eindimensionalen Soziologismus der Kirche zu huldigen. Die Tendenz, das Menschliche und Allzu-Menschliche in der Kirche zu überpointieren, so dass der Blick auf die göttliche Dimension getrübt wird, ist genauer als ekklesiologischer Arianismus zu identifizieren. Wenn in der faktischen Kirche bloß noch eine rein menschliche und soziologisch wahrnehmbare Wirklichkeit erblickt wird, wird eine soziologistische Sicht vertreten, die auch zu einem rein funktionalen Amtsverständnis führt. In sensibler Wahrnehmung dieser Tendenzen hat die außerordentliche Bischofssynode im Jahre 1985, die sich eine Kursbestimmung der Katholischen Kirche zwanzig Jahre nach dem Abschluss des Zweiten Vatikanischen Konzils vorgenom-

11 Vgl. K. Koch, Kirche als sakramentaler Lebensort Gottes aufgrund der Taufe. Theologisch-pastorale Perspektiven des heutigen Verdunstens der sakramentalen Grundstruktur der Kirche, in: Ders., Leben erspüren – Glauben feiern. Sakramente und Liturgie in unserer Zeit (Freiburg i. Br. 1999) 91–117.

12 Kardinal F. König, Der Weg der Kirche. Ein Gespräch mit Gianni Licheri (Düsseldorf 1986) 199.

men hatte, mit Recht betont: „Wir können die falsche, einseitig nur hierarchische Sicht der Kirche nicht durch eine neue, ebenfalls einseitige soziologische Konzeption ersetzen. Jesus Christus ist immer bei seiner Kirche und lebt als Auferstandener in ihr."[13]

Jenseits eines monophysitischen Supranaturalismus und eines arianischen Soziologismus in der Ekklesiologie und Ministeriologie hat das Zweite Vatikanische Konzil einen Mittelweg gesucht, indem es von der Kirche sowohl als von einem Mysterium als auch von einer societas gesprochen hat. Damit hat das Konzil nicht nur zu verstehen gegeben, dass auch die Kirche gleichsam zwei Naturen hat, nämlich den göttlichen Geheimnischarakter und den menschlichen Sozialcharakter; das Konzil hat die Zuordnung und Unterscheidung dieser beiden Dimensionen vielmehr auch dadurch verdeutlicht, dass es den Sakramentsbegriff auf die Kirche selbst angewandt hat. Denn ein Sakrament hat seiner Wesensstruktur nach an zwei Welten teil. Wie in der Feier der Eucharistie Brot und Wein die sichtbaren realisierenden Zeichen und Symbole für den gegenwärtigen Christus und die Hingabe seines Leibes und Blutes sind, so ist die sichtbare Gestalt der Kirche das äußere Zeichen und Werkzeug des inneren Geheimnisses der Kirche, so dass Gehalt und Gestalt der Kirche als untrennbare symbolisch-sakramentale Einheit erscheinen. Da somit der Sakramentsbegriff in der Lage ist, sowohl die Einheit als auch die Unterschiedenheit von Sichtbarem und Unsichtbarem, von Menschlichem und Göttlichem, von Sozialität und Mysterium zum Ausdruck zu bringen, wollte das Konzil die Kirche als „eine einzige komplexe Wirklichkeit" jenseits von Spiritualismus und Soziologismus zur Geltung bringen.[14] Von daher ist das Amt zu verstehen als personale Konkretion der Grundsakramentalität der Kirche und muss deshalb selbst Sakrament sein. Bevor wir diesen Gedankengang aber weiter verfolgen, ist eine Selbstvergewisserung im Blick auf die biblischen Grundlagen des Priesteramtes in der Kirche angezeigt.

---

13 Zukunft aus der Kraft des Konzils. Die außerordentliche Bischofssynode '85. Die Dokumente mit einem Kommentar von Walter Kasper (Freiburg i. Br. 1986) 26.

14 Vgl. W. Kasper, Kirche als universales Sakrament des Heils, in: Ders., Theologie und Kirche (Mainz 1987) 237–254.

3. Apostolisches Amt als Teilhabe an der Sendung Jesu Christi

Ein Blick in das Neue Testament ergibt zunächst einen Befund, der auf das erste Zusehen hin dem bisher Gesagten zu widersprechen scheint: Die werdende Kirche hat für jene Ämter, die sich in ihr herausbilden, keine sakrale, sondern eine profane Terminologie verwendet. Es gibt im Neuen Testament keine hiereis, sondern apostoloi, keine Kultpriester, sondern Gesandte. Dies zeigt sich bereits im irdischen Leben Jesu, der sogleich mit dem Beginn seines öffentlichen Wirkens Jünger um sich gesammelt und aus ihnen die Zwölf auserwählt hat.[15] Indem der Evangelist Markus deren Berufung mit dem starken Wort ausdrückt, dass Jesus die Zwölf „machte" (3,14), wird mit dieser neuen Figur der Zwölf die Sendung Jesu in Israel angezeigt, das sich als das Zwölfstämmevolk verstanden und im Blick auf die messianische Heilszeit die Wiederherstellung der Zwölf Stämme Israels erhofft hat, die ehemals aus den zwölf Söhnen Jakobs erstanden waren. Indem Jesus die Zwölf machte, brachte er sinnenfällig zum Ausdruck, dass seine Sendung darin besteht, die alttestamentliche qahal wieder zu sammeln und zum Grundstock seiner Nachfolgegemeinschaft zu machen. Angesichts der grundlegenden Bedeutung dieser neuen Gestalt der Zwölf muss man mit dem katholischen Neutestamentler Gerhard Lohfink urteilen: „Die Person Jesu und die Figur der Zwölf sind das Neue am Neuen Testament."[16]

Die neue Figur der Zwölf ist freilich erst nach Ostern in das Amt der Apostel übergangen; und aus diesem Amt sind weitere vielfältige Dienste in den verschiedenen Ortskirchen entstanden. Von daher legt es sich nahe, eine neutestamentliche Grundlegung des Priesteramtes vom apostolischen Amt her zu entfalten, wie dies auch die Dogmatische Konstitution über die Kirche „Lumen gentium" tut: „Jene göttliche Sendung, die Christus den Aposteln anvertraut hat, wird bis zum Ende der Welt dauern (vgl. Mt 28,18). Denn das Evangelium, das sie zu überliefern haben, ist für alle Zeiten der Ursprung jedweden Lebens für die Kirche. Aus diesem Grunde trugen die Apostel in dieser hierarchisch geordneten Gesellschaft für die Bestellung von Nachfolgern Sorge."[17] Die entscheidende Frage, die sich dabei stellt, ist die nach der

15 Vgl. J. Ratzinger, Das Geschick Jesu und die Kirche, in: Ders., Glaube – Erneuerung – Hoffnung. Theologisches Nachdenken über die heutige Situation der Kirche (Leipzig 1981) 18–27.
16 G. Lohfink, Gottes Volksbegehren. Biblische Herausforderungen (München 1998) 259. Vgl. Ders., Jesus von Nazaret – Was er wollte, wer er war (Freiburg i. Br. 2011), bes. 92–109: Die Sammlung Israels.
17 Lumen gentium, Nr. 20.

Beziehung des Apostelamtes zu Jesus Christus und in der Folge die nach seiner Sendung.

Eine sehr enge Beziehung zwischen Christus und dem Apostel kommt bereits bei der Wahl der Zwölf darin zum Ausdruck, dass sie auf eine spezifische Setzung Jesu zurückgeführt und als Ergebnis einer Berufung qualifiziert wird. Diese zeigt sich erstens darin, dass vor allem beim Evangelisten Lukas die Berufung der Zwölf die Frucht einer durchbeteten Nacht und umgekehrt das nächtliche Gebet Jesu der innere Ort der Berufung ist: „Dort, in der einsamen Zwiesprache mit dem Vater ist der im strengen Sinn theo-logische Ort des Apostolats."[18] Die enge Verbundenheit zwischen Jesus und dem Apostel tritt zweitens auch im inneren Gehalt der Berufung an den Tag. Denn Jesus „machte" die Zwölf, „die er bei sich haben und die er dann aussenden wollte, damit sie predigten und mit seiner Vollmacht Dämonen austrieben" (Mk 3,13–14). Im Grunde besteht die elementare Aufgabe der Zwölf darin, einfach die Zwölf zu sein und mit Jesus zu leben. Dies ist das apostolische Leben der Zwölf mit Jesus, aus dem die apostolische Sendung in die Welt zur Verkündigung des Evangeliums und zur Dämonenaustreibung folgt, die ihrerseits wiederum in das apostolische Leben mit Jesus mündet.[19]

Die enge Verbindung zwischen Jesus und dem Apostel bringen die Synoptiker sodann vor allem mit der Kurzformel im Munde Jesu zum Ausdruck: „Wer euch hört, der hört mich, und wer euch ablehnt, der lehnt mich ab; wer aber mich ablehnt, der lehnt den ab, der mich gesandt hat" (Mk 10,16). Dieselbe Überzeugung wird breit entfaltet beim Evangelisten Johannes, bei dem der Begriff der Sendung ein zentraler christologischer Schlüsselbegriff ist und der den Auferstandenen zu den Jüngern sprechen lässt: „Friede sei mit euch. Wie mich der Vater gesandt hat, so sende ich euch" (Joh 20,21). Dahinter steht die Glaubensüberzeugung, dass Jesus selbst in Anspruch nimmt, von Gott her eine unmittelbare Sendung zu haben und damit in seiner Person die Autorität Gottes zu repräsentieren. Jesus ist in seinem ganzen Wesen Gesandter des Vaters, und er geht ganz darin auf, Gesandter zu sein. Jesus selbst ist also der Apostel schlechthin, und in seiner Berufung der Apostel gibt er weiter, was Ursprung und Gehalt des eigenen Wesens ist. Es ist wiederum Johannes, der den Parallelismus zwischen der Sendung Jesu und

18 J. Ratzinger, Der Gott Jesu Christi. Betrachtungen über den Dreieinigen Gott (München 1976) 66.

19 Vgl. K. Koch, Fenster sein für Gott. Unzeitgemäße Gedanken zum Dienst in der Kirche (Freiburg/Schweiz 2002), bes. 15–43: Mit ihm sein und in die Welt gesandt werden. Spirituelle Impulse für den kirchlichen Dienst.

der Sendung der Apostel pointiert zum Ausdruck bringt: Auf der einen Seite sagt Christus von sich selbst: „Der Sohn kann nichts von sich aus tun, sondern nur wenn er den Vater etwas tun sieht. Was nämlich der Vater tut, das tut in gleicher Weise der Sohn“ (Joh 5,19). Auf der anderen Seite sagt Jesus zu seinen Jüngern: „Ich bin der Weinstock, ihr seid die Reben. Wer in mir bleibt und in wem ich bleibe, der bringt reiche Frucht; denn getrennt von mir könnt ihr nichts vollbringen“ (Joh 15,5).

Wie Jesus Gesandter des Vaters ist, so ist der Apostel Gesandter Jesu Christi. Dies bedeutet, dass das Apostelamt im Zentrum der Christologie verankert ist: „Apostolat erscheint so als ein christologisch fundiertes Amt; wenn Sendung Repräsentation des Sendenden und insofern Vermittlung zum Sendenden hin bedeutet, dann ist dieses zentrale Amt der werdenden Kirche ohne Zweifel als Dienst der Vermittlung qualifiziert.“[20] Solche Vermittlung steht und fällt damit, dass sie auf der Selbstlosigkeit des Gesandten aufruht, der nicht sich selbst in den Vordergrund rückt, sondern hinter dem Sendenden und dessen Botschaft zurücksteht. Denn solche Selbstlosigkeit ist die „wahre Beglaubigung“ des Apostels[21].

Dieselbe Grundstruktur des apostolischen Amtes und seiner Teilhabe an der Sendung Jesu Christi findet sich auch bei Paulus, für den nicht nur seine unmittelbare Berufung durch Christus das Fundament seines apostolischen Dienstes, sondern der Apostolat überhaupt ein spezifisches Amt in der werdenden Kirche ist. Paulus fügt dabei die Sendung Jesu Christi und die Sendung des Apostels im Begriff der Versöhnung zusammen. Im Römerbrief nennt er Christus „hilasterion“ (3,25), das die goldene „Deckplatte“ des antiken Tempels bezeichnet, die am Großen Versöhnungstag, am Yom Kippur, mit dem Blut der Opfertiere besprengt wird. Paulus bringt damit zum Ausdruck, dass das Kreuz Jesu der wirkliche Ort der Berührung zwischen der menschlichen Schuld und der göttlichen Barmherzigkeit und damit der ständige und universale personifizierte Yom Kippur ist. Von daher kann es nicht erstaunen, dass für Paulus das Apostelamt wesentlich Dienst der Versöhnung ist, wie er im Zweiten Brief an die Korinther schreibt: „Ja, Gott war es, der in Christus die Welt mit sich versöhnt hat, indem er den Menschen ihre Verfehlungen nicht anrechnete und uns das Wort von der Versöhnung anvertraute. Wir sind also

---

20 J. Kardinal Ratzinger, Der Priester als Mittler und Diener Christi im Licht der neutestamentlichen Botschaft, in: Ders., Theologische Prinzipienlehre. Bausteine zur Fundamentaltheologie (München 1982) 281–299, zit. 288.

21 J. Kardinal Ratzinger, Vom Wesen des Priestertums, in: L’Osservatore Romano. Wochenausgabe in deutscher Sprache vom 9. November 1990, SS. 7–9.

Gesandte an Christi Statt, und Gott ist es, der durch uns mahnt. Wir bitten an Christi Statt: Lasst euch mit Gott versöhnen!" (5,19–20). Ausgerechnet dort, wo Paulus die Mitte des christlichen Glaubens, Tod und Auferstehung Jesu Christi, thematisiert, kommt er im gleichen Atemzug auch auf den tiefsten Grund des apostolischen Amtes zu sprechen. Denn Paulus ist überzeugt, dass Gott mit der entscheidenden Heilstat der Versöhnung zugleich das Amt der Versöhnung mitgesetzt hat, das zur Aufgabe hat, „die von Gott in Jesus Christus schon geschehene Versöhnung, also die Einheit von Gott und Mensch und daraus entspringend die Einheit der Menschen untereinander (und die Einheit im eigenen Herzen) weiterzuvermitteln, so dass sie für alle Menschen und Zeiten wirksame Gegenwart werden kann"[22].

4. Sakramentalität des Amtes und der Weihe

Das apostolische Amt ist der geschichtliche Ausgangspunkt und zugleich der innere Maßstab des Priesteramtes, das als Fortsetzung der Sendung Jesu in erster Linie Auftrag zur Verkündigung des Evangeliums der Versöhnung ist, wie der katholische Neutestamentler Michael Theobald hervorhebt: „Gegenstand der Frohbotschaft ist die Versöhnung der Welt durch Christi Sterben um der Menschen willen."[23] Natürlich wäre jetzt zu zeigen, wie sich die anderen bereits im Neuen Testament auffindbaren kirchlichen Ämter zum apostolischen Grundamt verhalten und in welcher Kontinuität das Priesteramt zum neutestamentlichen Apostelamt steht. Dies alles kann im begrenzten Rahmen eines Artikels nicht geleistet werden. Wohl aber ist ein kurzer Hinweis darauf angezeigt, dass sich bereits im Neuen Testament auch der Gedanke der apostolischen Nachfolge, der so genannten „successio apostolica" findet.[24]

Vor allem die Abschiedsrede des Paulus in Milet an die Presbyter in Ephesus (Apg 20,17–38) ist wie eine Art Testament gestaltet, mit dem er die Gemeinde den Presbytern zu treuen Händen übergibt und seine Verantwortung auf sie in einer geradezu beschwörenden Weise überträgt. Denn Paulus weiß,

---

22 G. Greshake, Priester sein in dieser Zeit. Theologie – Pastorale Praxis – Spiritualität (Freiburg i. Br. 2000) 69.

23 M. Theobald, „... der uns den Dienst der Versöhnung übertragen hat" (2 Kor 5,18). Das Apostelamt nach 2 Kor 5,14–21, in: G. Augustin/K. Krämer (Hg.), Leben aus der Kraft der Versöhnung. Weihbischof Dr. Johannes Kreidler zum 60. Geburtstag (Stuttgart 2006) 22–43, zit. 42.

24 Vgl. K. Koch, Die apostolische Dimension der Kirche im ökumenischen Gespräch, in: Communio. Internationale katholische Zeitschrift 40 (2011) 234–252.

dass er sich auf dem Weg zum Martyrium befindet und seine Gemeinden nie mehr sehen wird. Er versammelt deshalb die Presbyter, um ihnen in einer förmlichen Weise die Kirche zu übergeben, so dass man von einer „Einsetzung in die Nachfolge der Apostel" reden kann: „Die Verantwortung, die dem Apostel aufgetragen war, geht auf die versammelten Presbyter über."[25] Lukas hat diese Szene gewiss in exemplarischer Absicht gestaltet, um damit die Beziehung des Apostels zu den Presbytern überhaupt zu qualifizieren, die er mit dem Bild der Übertragung der Verantwortung des Hirten vom Apostel auf die Presbyter zum Ausdruck bringt, wenn er Paulus sprechen lässt: „Gebt acht auf euch und die ganze Herde, in der euch der Heilige Geist zu Episkopen bestellt hat, damit ihr als Hirten für die Kirche Gottes sorgt, die er sich durch das Blut seines eigenen Sohnes erworben hat" (Apg 20,28).

Wenn hier die Presbyter als Episkopen angesprochen werden, ist dies noch in dem recht formalen Sinn gemeint, dass sie „Aufseher" über ihre Herde sind und sich deshalb als Hirten zu verstehen haben. Viel wichtiger ist die Insistenz darauf, dass der Hirt Verantwortung für die Kirche Gottes trägt, die auf dem Lebensopfer des Sohnes Gottes aufruht. Die Kirche ist folglich nicht als eine weltliche Institution zu betrachten, für die sie sich selbst die effizientesten und bestmöglichen Ordnungen erfinden sollte oder auch nur könnte. Die Kirche wird vielmehr als Frucht der Passion Jesu am Kreuz gesehen, und deshalb ist es nicht etwa Paulus, sondern das Pneuma, das die Episkopen in ihr Amt einsetzt. Das Amt der Episkopen, die zwar nicht Apostel, aber Nachfolger der Apostel sind, wird somit als Setzung des Heiligen Geistes verstanden.

Diese Überzeugung entspricht jener Grundstruktur, die wir vorher als Verwurzelung der Sendung der Apostel in der Sendung des Sohnes Gottes selbst wahrgenommen haben. Wenn das Wesen der Apostel und damit auch ihrer Nachfolger darin besteht, Gesandte zu sein, dann versteht es sich von selbst, dass sie nicht im eigenen Namen reden und handeln können, sondern nur im Namen eines Anderen, im Namen dessen, der sie sendet: Sie sind „Treuhänder eines Anderen, Jesu Christi und seiner Kirche"[26], und Repräsentanten dessen, der sie mit ihrer Sendung beauftragt. Damit ist in nuce das gegeben, was die spätere Tradition als „Sakrament" und als „in persona

25 J. Cardinal Ratzinger, Der Bischof – Künder und Hüter des Glaubens, in: Communio. Internationale katholische Zeitschrift 31 (2002) 456–467, zit. 456.

26 J. Kardinal Ratzinger, Der Bischof ist ein Christusträger. Predigt bei der Bischofsweihe im Münchener Liebfrauendom am 23. Juli 1977, in: K. Wagner/A. H. Ruf (Hg.), Kardinal Ratzinger. Der Erzbischof von München und Freising in Wort und Bild (München 1977) 36–40, zit. 37.

Christi agere" bezeichnet hat und was in der Liturgie der Priesterweihe mit vielen sprechenden Zeichen versichtbart wird.[27] Denn beide Termini bringen zum Ausdruck, dass man das Eintreten in jene Sendung, die einen zum Boten und Werkzeug eines Anderen macht, nicht aus sich selbst und auch nicht aus der Gemeinde heraus hat, sondern nur empfangen kann, und zwar vom Sakrament her. Von daher drängt sich das Urteil auf, dass die sakramentale Qualifizierung der amtlichen Sendung in der Kirche, die von Christus ausgeht und vom Heiligen Geist vermittelt wird, bis in den inneren Kern der neutestamentlichen Botschaft zurück reicht.

Damit kommen wir auf den ersten Gedankengang wieder zurück, in dem von der sakramentalen Struktur der ganzen Kirche die Rede gewesen und bereits angedeutet worden ist, dass das Priesteramt zu verstehen ist als personale Verdichtung und Konkretisierung der Grundsakramentalität der Kirche. Jetzt dürfte deutlich geworden sind, dass das Priesteramt diese Zeichenbedeutung nur wahrnehmen kann, wenn es in sich selbst sakramentale Struktur aufweist. Denn damit kommt zum Ausdruck, dass die Kirche nicht in sich selbst gründet, sondern ihren Grund jenseits ihrer selbst in Christus hat. Kirchesein ist nicht einfach eine natürliche Möglichkeit des Menschseins und der menschlichen Gemeinschaft. Die Kirche lebt vielmehr nur aus dem, was sie selbst und ihre natürlichen Möglichkeiten übersteigt, was ihr aber geschenkt wird als jenes Fundament, auf dem sie lebt.

Hier liegt der tiefste Grund, dass es in der Kirche ein sakramental geweihtes Amt gibt, das nicht eine Sache der Delegation, sondern der sakramentalen Sendung ist. Mit dem Zeichen der Weihe bekennt der Priester, dass auch er selbst empfangen muss, was er sich nicht selbst besorgen kann, dass das, was er tut, nicht aus ihm kommt, und dass es folglich nicht darauf ankommt, dass er gross herauskommt, sondern dass Christus in seinem Wirken durchkommen kann. Das Priesteramt ist gerade nicht dazu da, sich zwischen Jesus Christus und die Glaubenden zu stellen, sondern hat im Gegenteil dazu zu dienen, „ihnen die Unmittelbarkeit des Christusglaubens zu vermitteln".

27 Tiefe Meditationen zu den liturgischen Zeichen der Priesterweihe finden sich im theologischen Werk von Papst Benedikt XVI. Vgl. J. Ratzinger – Benedetto XVI, Il Potere dei Segni (Città del Vaticano 2011); J. Ratzinger, Künder des Wortes und Diener Eurer Freude = Gesammelte Schriften. Band 12 (Freiburg i. Br. 2010), bes. 535–797: Teil C Predigten. Vgl. ferner G. Augustin, Zur Freude berufen. Ermutigung zum Priestersein (Freiburg i. Br. 2010), bes. 141–179: Leben aus der Kraft des Weihesakramentes; P. Klasvogt, Angesprochen und herausgefordert. Priester werden aus Berufung – Zugänge, Anforderungen, Perspektiven (Paderborn 2007), bes. 156–273: Dem Herrn gehören.

Folglich ist es ein „Wesensmerkmal kirchlicher Autorität, die Autorität Jesu, ihres Herrn, in den Mittelpunkt zu stellen“[28].

Für den geweihten Amtsträger muss dies vor allem bedeuten, dass er überall dort seinen Dienst verrät, wo er sich selbst in den Vordergrund schiebt, statt sich so zurückzunehmen, dass Christus durch ihn handeln kann, und wo es ihm nicht um die „Erscheinung des Herrn“ geht, sondern wo er vor allem die „Epiphanie“ des eigenen Ich pflegt und das Wort Jesu an seine Jünger auf sich selbst anwendet: „Getrennt von mir könnt ihr nichts vollbringen“ (Joh 15,5). Der Priester muss in seinem Reden und Handeln vielmehr durchsichtig sein für das Handeln Christi in seiner Kirche. Das Priesteramt ist Dienst der Kirche für den Dienst Christi selbst an seiner Kirche. Der Priester ist somit berufen, eine transparente Ikone Jesu Christi zu sein, die in den entscheidenden kirchlichen Vollzügen „in persona Christi capitis“ handeln kann. Dies bedeutet gerade nicht eine stellvertretende Ersetzung des abwesenden Herrn, sondern eine stellvertretende Repräsentation des unsichtbar anwesenden Herrn. Das Handeln des Priesters ist genauer „verleiblichende Sichtbarmachung des unsichtbar gegenwärtigen Herrn und seines Wirkens“ und damit „Vergegenwärtigung des Unsichtbaren in sichtbaren Zeichen“[29].

5. Gemeinsames Taufpriestertum und unterscheidendes Amtspriestertum

Damit wird der Blick frei auf drei spezifische Eigenheiten der Katholischen Kirche, mit denen sie steht oder fällt. Bereits die frühe Kirche hat erstens nicht nur den Kanon des Alten und Neuen Testamentes festgelegt und die regula fidei als Auslegungsschlüssel angesetzt, sondern sie hat auch die apostolische Sukzession in der Gestalt des Bischofsamtes formuliert, und zwar im Wissen darum, dass Wort Gottes und menschliche Zeugen zueinander gehören, dass somit das Wort den Zeugen braucht, der Zeuge aber nur Zeuge für das Wort sein kann. In dieser martyrologischen Dimension liegt es begründet, dass die Katholische Kirche auf allen Ebenen ihres Lebens und Handelns einen aktionsfähigen Zeugen hat, der vor allem für die Einheit der Kirche verantwortlich ist, nämlich auf der lokalen Ebene den Pfarrer, auf der regionalen Ebene den Bischof und auf der universalen Ebene den Papst. Von daher

28 Th. Söding, Jesus und die Kirche. Was sagt das Neue Testament? (Freiburg i. Br. 2007) 252 und 272.

29 M. Kunzler, Liturge sein. Entwurf einer ars celebrandi (Paderborn 2007) 39.

kommt zweitens an den Tag, dass es in der Kirche eine Hierarchie geben muss, dass es sie aber nicht aus sich selbst gibt, sondern dass die Kirche nur deshalb hierarchisch strukturiert ist, weil sie sakramental ist, wie Kardinal Joseph Ratzinger hervorgehoben hat: „Ihre tiefe und unaufgebbare Struktur ist nicht demokratisch, sondern sakramental, *folglich* hierarchisch; denn die auf der apostolischen Sukzession gegründete Hierarchie ist unabdingbare Bedingung, um zur Kraft, zur Wirklichkeit des Sakramentes zu gelangen.“[30] Hierarchie heißt freilich nicht „heilige Herrschaft“, was ohnehin einem hölzernen Eisen gleichkäme. Dem ursprünglichen Wortsinn nach heißt Hierarchie vielmehr „heiliger Ursprung“[31]. Diese Etymologie weist darauf hin, dass die Hauptaufgabe der Hierarchie in der Kirche darin besteht, den „heiligen Ursprung“ des Christusereignisses zu schützen und zu tradieren, damit er in der Geschichte weiterwirken und sich auch in der heutigen Kirche auslösen und seinen befreienden Lauf nehmen kann. Da die Hierarchie diese Aufgabe aber nur in der Gemeinschaft des ganzen Volkes Gottes wahrnehmen kann, ist sie dem ursprünglichen Wortsinn nach auch synodal, insofern synhodos die Weggemeinschaft der Kirche bezeichnet. Hierarchie und Synodalität fordern und fördern sich deshalb wechselseitig, wie der katholische Theologe Medard Kehl diese Grundüberzeugung in die ekklesiologische Definition eingebracht hat: „Die katholische Kirche versteht sich als das ‚Sakrament der Communio Gottes‘; als solche bildet sie die vom Heiligen Geist geeinte, dem Sohn Jesus Christus zugestaltete und mit der ganzen Schöpfung zum Reich Gottes des Vaters berufene Gemeinschaft der Glaubenden, die synodal und ‚hierarchisch‘ zugleich verfasst ist.“[32]

Damit stellt sich drittens die Frage nach dem Verhältnis zwischen dem spezifischen Amtspriestertum und dem gemeinsamen Taufpriestertum. Letzteres hat seine biblische Fundierung einerseits im Grußwort an die sieben kleinasiatischen Gemeinden, mit dem der urchristliche Prophet Johannes seine Apokalypse eröffnet, und andererseits im zweiten Kapitel des ersten Petrusbriefes, in dem uns eine alte Taufkatechese überliefert ist. Den Unterschied zwischen beiden Gestalten des Priestertums hat das Zweite Vatikanische Konzil gerade nicht auf der glaubensexistenziellen Ebene der Beru-

30 J. Kardinal Ratzinger, Zur Lage des Glaubens. Ein Gespräch mit Vittorio Messori (München 1985) 49.

31 L. Scheffczyk, Das Petrusamt in der Kirche: Übergeordnet – eingefügt, in: A. Brandenburg/H. J. Urban (Hg.), Petrus und Papst. Evangelium – Einheit der Kirche – Papstdienst. Band II: Neue Beiträge (Münster 1978) 142–158, zit. 146.

32 M. Kehl, Die Kirche. Eine katholische Ekklesiologie (Würzburg 1992) 51.

fung, sondern auf der objektiv-theologischen Ebene der Beauftragung gesehen: „Das gemeinsame Priestertum der Gläubigen aber und das Priestertum des Dienstes, das heißt das hierarchische Priestertum, unterscheiden sich zwar dem Wesen und nicht bloß dem Grade nach. Dennoch sind sie einander zugeordnet: das eine wie das andere nämlich nimmt je auf besondere Weise am Priestertum Christi teil."[33] Dem gemäß gibt es im Verhältnis zwischen Taufpriestertum und Amtspriestertum zwei ekklesiale Formen der Teilhabe am einen Priestertum Christi, einen substanziellen Vorrang des Taufpriestertums, weil das Amtspriestertum in dessen Dienst steht, und einen wesensmäßigen und nicht bloß graduellen Unterschied zwischen beiden Formen der Teilhabe am einen Priestertum Christi.[34]

Die Beziehung zwischen Amtspriestertum und gemeinsamem Taufpriestertum ist genauer durch die Spannung von In-Sein und Gegenüber-Sein geprägt.[35] Das Priesteramt ist auf der einen Seite christologisch fundiert, und zwar aufgrund von Weihe und Amt; es ist dazu gesandt, Jesus Christus mit seinem Heilswerk in Wort und Heiligung sakramental zu vergegenwärtigen, also „in persona Christi capitis" zu handeln und der Glaubensgemeinschaft gegenüber Christus als Haupt der Kirche zu repräsentieren. Insofern steht das Priesteramt dem Taufpriestertum gegenüber. Auf der anderen Seite ist das Priesteramt pneumatologisch geprägt und dazu bestimmt, „in persona ecclesiae" zu handeln, es steht deshalb mitten im Lebensgefüge der Kirche als ihr amtliches Organ, um den Glauben der Kirche zu bezeugen und den priesterlichen Charakter des ganzen Gottesvolkes darzustellen und zu ermutigen.

Eine gesunde Ökonomie des kirchlichen Lebens hängt wesentlich davon ab, dass diese Polarisation von christologischem „Für-Sein" und pneumatologischem „In-Sein" nicht in eine unheilvolle Polarisierung überführt und damit das theologische Wesen der Kirche verraten wird, das Hugo Aufderbeck, ein Bischof in der ehemaligen DDR, auf die treffende Kurzformel gebracht hat: „Die Kirche ist keine Demokratie, denn wir stehen alle unter dem einen Herrn. Die Kirche ist aber auch keine Monarchie, denn wir alle sind Schwes-

---

33 Lumen gentium, Nr. 10. 2.

34 Vgl. G. Augustin, Priestertum Christi und Priestertum in der Kirche. Überlegungen zum Proprium des priesterlichen Dienstes, in: Ders./J. Kreidler (Hg.), Den Himmel offen halten. Priester sein heute (Freiburg i. Br. 2003) 205–245; Ders., Zur Freude berufen. Ermutigung zum Priestersein (Freiburg i. Br. 2010), bes. 87–122: Unsere Teilhabe am Priestertum Christi.

35 Vgl. G. Greshake, Priestersein. Zur Theologie und Spiritualität des priesterlichen Dienstes (Freiburg i. Br. 1982), bes. 89–104: Trinitarisches Amtsverständnis.

tern und Brüder."[36] In der Tat dementiert ein Priester, der nur „für" sein will, das „In-Sein" im gemeinsamen Taufpriestertum und droht ein christomonistischer Monarch zu werden. Ein Priester hingegen, der nur „in" – im doppelten Sinn des Wortes – sein will, verleugnet seine amtliche Sendung der sakramentalen Christus-Repräsentation und droht ein pneumatomonistischer Demokrat oder, wie Bischof Michael Sailer zu sagen pflegte, ein reiner Zeit-Geistlicher zu werden. Diesen Extremformen gegenüber gilt es, im priesterlichen Dienst beide Dimensionen glaubwürdig miteinander zu verbinden.

6. Christusrepräsentation im Dienst der Verkündigung, Heiligung und Leitung

Wird diese Spannung theologisch wie pastoral im Gleichgewicht gehalten, was allerdings ein trinitarisches Amtsverständnis impliziert, dann bedeutet das spezielle Amtspriestertum keinen Gegensatz zum gemeinsamen Taufpriestertum; vielmehr wird das Amtspriestertum daran erinnert und in die Pflicht genommen, im Dienst des Taufpriestertums zu stehen und sich wie Paulus als „Diakon Gottes" (2 Kor 6,4) zu verstehen. Damit stellt sich die weitere Frage, worin diese Diakonie des Amtspriestertums genauer besteht. In der theologischen Diskussion der vergangenen Jahre zeigen sich diesbezüglich unterschiedliche Ansätze, die je nach der Gewichtung der einen von den drei Grundfunktionen der Kirche variieren[37]: Während beispielsweise Otto Semmelroth und Joseph Lécuyer den Priester vom Heiligungsdienst in der Liturgie her verstehen, profilieren Hans Urs von Balthasar, Walter Kasper und Jean Galot den Priester im Blick auf das pastorale Hirtenamt. Eine dritte Gruppe, zu denen vor allem Karl Rahner und Joseph Ratzinger gehören, entwickeln das katholische Priestertum vom Dienst am Wort Gottes her.

a) Dienst der Verkündigung: Der Priester als Evangelist

Vom bisherigen Gedankengang her, der das Priesteramt im neutestamentlichen Apostelamt begründet sieht, kann es nicht erstaunen, dass dem Dienst am Wort Gottes der Vorrang gegeben werden muss, wie dies auch das Zweite Vatikanische Konzil in seinem Dekret über Dienst und Leben der Priester „Presbyterorum ordinis" sagt: „Das Volk Gottes wird an erster Stelle geeint

36 Vgl. H. Mondschein, Bischof Hugo Aufderbeck. Lebenszeugnis (Heiligenstadt 1996).
37 Vgl. A. Dulles, The Priestly Office. A Theological Reflection (New York 1997).

durch das Wort des lebendigen Gottes, das man mit Recht vom Priester abverlangt. Da niemand ohne Glaube gerettet werden kann, ist die erste Aufgabe der Priester als Mitarbeiter der Bischöfe, allen die frohe Botschaft Gottes zu verkünden."[38] Diese Sicht des Priesteramtes von der apostolischen Verkündigung her hat dabei tiefe Wurzeln in der kirchlichen Tradition. Der heilige Karl Borromäus beispielsweise hat, als er nach Mailand gekommen war, eines der am weitesten verbreiteten und gravierendsten Versäumnisse des Klerus in der fehlenden Predigt diagnostiziert, seine primäre Sendung in der apostolischen Verkündigung gesehen und als Hauptaufgabe aller Hirten betont, „Zeugen zu sein, die Mysterien Christi zu verkünden, das Evangelium jedem Geschöpf zu predigen"[39].

Diese Priorität bedeutet für den priesterlichen Dienst, dass der Geweihte bei der Verkündigung des Wortes Gottes nicht in seinem eigenen Namen und Auftrag handeln kann, sondern nur im Namen und Auftrag eines Anderen, nämlich als Treuhänder Jesu Christi und seines Wortes, das selbst das endgültige Wort ist. Der Priester wird nicht geweiht, um seine eigenen Meinungen, Einsichten und Visionen vorzutragen, sondern um das Wort Gottes zu verkünden. Das Priesterdekret des Zweiten Vatikanischen Konzils hebt deshalb mit Recht hervor: „Niemals sollen sie (sc. die Priester) ihre eigenen Gedanken vortragen, sondern immer Gottes Wort lehren und alle eindringlich zur Umkehr und zur Heiligung bewegen."[40]

Der Verkündigungsauftrag setzt beim Priester eine glaubensexistenzielle Selbstenteignung voraus, in der er sich dessen bewusst ist, dass er stets hinter dem zurück bleibt, den er verkündet, und dass ihm die Sendung des Johannes des Täufers zugewiesen ist, der – wie jeder echte Zeuge – „seine Identität – paradoxerweise – in der Nichtidentität, im Verweis-Sein auf das hin, was er selbst nicht ist", hat[41]. Darin ist der Täufer die Vorausdarstellung und der Prototyp des priesterlichen Dienstes in der Kirche, worauf der heilige Augustinus mit Recht hingewiesen hat. Er ging dabei von der sensiblen Beobachtung aus, dass im Neuen Testament Johannes der Täufer als „Stimme" bezeichnet, während dem Christus das „Wort" genannt wird. Mit diesem Verhältnis von Wort und Stimme verdeutlichte Augustinus sodann das We-

38 Presbyterorum ordinis, Nr. 4.

39 Zit. bei G. Alberigo, Karl Borromäus. Geschichtliche Sensibilität und pastorales Engagement (Münster 1995) 39f.

40 Presbyterorum ordinis, Nr. 4.

41 G. Greshake, Die Wirklichkeit Gottes als Mitte priesterlichen Seins und Handelns, in: Korrespondenzblatt des Canisianums 132 (1998/99) 2–11, zit. 2.

sen des priesterlichen Dienstes: Wie das Wort, bevor es durch die Stimme sinnlich vernehmbar werden kann, bereits im Herzen und in den Gedanken des Menschen, der es spricht, lebt, so besteht die schöne Aufgabe des Priesters darin, sinnlich-lebendige Stimme für das vorgängige Wort Gottes zu sein. Dabei ist auch die Beobachtung von entscheidender Bedeutung, dass der sinnliche Klang, nämlich die Stimme, die das Wort von einem Menschen zu einem anderen trägt, vorüber geht, während dem das Wort bleibt. Der Priester ist deshalb verpflichtet, sich selbst als Stimme zur Verfügung zu stellen, um so dem Wort Raum zu geben. Denn letztlich geht es nicht um die Stimme, sondern um das Wort. Als Stimme ist der Priester ganz auf das Wort bezogen, das Christus ist, und er steht zu ihm in einer durch und durch personalen Beziehung.

Diese Sendung kann der Priester nur glaubwürdig wahrnehmen, wenn er selbst in seinem Verkündigungsdienst immer wieder Schutz unter dem Wort Gottes sucht. Er kann das Wort Gottes nur zu den Menschen tragen, wenn er selbst zunächst als Adressat des Wortes Gottes lebt, und zwar nicht allein als eines Wortes, das aus der Vergangenheit auf ihn zu kommt, sondern auch und vor allem als eines Wortes, das Gott zwar durch Menschen einer vergangenen Zeit den Menschen aller Zeiten und so auch unserer Gegenwart schenkt. In der Verkündigungsaufgabe des Priesters müssen sich deshalb historisch-kritische Schrifterklärung und theologische Schriftauslegung gegenseitig befruchten, um jener doppelten Gefahr zu entkommen, die der große mittelalterliche Theologe Hugo von St. Viktor, den man als den „zweiten Augustinus" bezeichnet hat, bereits in seiner Zeit namhaft gemacht hat: Auf der einen Seite können sich Priester nicht wie Gelehrte in Grammatik benehmen, die das Alphabet nicht kennen. Auf der anderen Seite können sie sich aber auch nicht nur mit dem Alphabet beschäftigen und dabei die schöne Harmonie der Grammatik aus den Augen verlieren. Der Priester kann das Wort Gottes nicht einfach neugierig zur Kenntnis nehmen, er muss es vielmehr verdauen und sich selbst so aneignen, dass es sein persönliches Wort wird. Nur so kann er es persönlich weitergeben und zu den Menschen tragen.

b) Dienst der Heiligung: Der Priester als Liturge

Das Zweite Vatikanische Konzil hat das Priesteramt in erster Linie von seinem Dienst am Wort Gottes und nicht von seinem sakramentalen Dienst her definiert. Dieser ergibt sich aber aus dem ersten von selbst. Denn das Wort, das der Priester verkündet, ist ein Wort, das Fleisch geworden ist und in den Sakramenten sinnlich erfahren wird. Was am Wort Gottes sichtbar geworden ist, dies ist, wie Papst Leo der Große gesagt hat, in die Sakramente übergegangen[42]. Der Priester steht deshalb auch im Dienst der Feier der Sakramente und damit im Dienst der Heiligung der Getauften.

In seinem Dienst und Leben muss vor allem die Feier der Eucharistie einen zentralen Platz einnehmen, wie das Priesterdekret des Konzils „Presbyterorum ordinis" in Erinnerung gerufen hat: „Die Zusammenkunft zur Feier der Eucharistie, der der Priester vorsteht, ist … die Mitte der Gemeinschaft der Gläubigen. Die Priester leiten darum die Gläubigen an, die göttliche Opfergabe in der Messfeier Gott dem Vater darzubringen und mit ihr die Hingabe ihres eigenen Lebens zu verbinden."[43] Im Anschluss an das Neue Testament und die älteste kirchliche Tradition wird der besondere Dienst des Priesters in der Feier der Eucharistie mit dem Wort „Vorstehen" benannt. Die spezifische Aufgabe des Priesters besteht somit darin, „den Dienst des Hausvaters zu tun und der Familie Gottes das Tischgebet des Herrenmahls zu sprechen"[44], also danksagend der Familie Gottes Tod und Auferstehung des Herrn zu verkünden, in dieser Verkündigung Gott zu verherrlichen, im verkündigenden Wort das damalige Heilsgeschehen heutig werden zu lassen und die Vergegenwärtigung des Opfers Christi kraft der übertragenen sakramentalen Vollmacht zu vollziehen.

Von daher leuchtet der Sinn der katholischen Glaubensüberzeugung ein, dass die Feier der Eucharistie an die Vorsteherschaft des sakramental geweihten Priesters gebunden ist.[45] Denn er hat in Erinnerung zu rufen und zu garantieren, dass die Eucharistie nicht aus der einzelnen Gemeinde heraus entsteht, sondern das unableitbare Geschenk Jesu Christi an seine Kirche ist. Das Amt des Priesters weist insofern auf das extra nos des Sakraments hin: „Dass es zur Eucharistie des Sakraments des priesterlichen Dienstes bedarf, beruht genau darauf, dass die Gemeinde sich die Eucharistie nicht selber geben kann; sie muss sie vom Herrn her durch die Vermittlung der einen Kirche empfangen."[46] Weil die Kirche nicht nur Eucharistie feiert, sondern viel fun-

42 Leo der Große, Sermo 2 de Ascensione 2.

43 Presbyterorum ordinis, Nr. 5.

44 J. Ratzinger, Die letzte Sitzungsperiode des Konzils (Köln 1966) 65–66.

45 Vgl. K. Koch, Priesterlicher Dienst an der Eucharistie, in: G. Augustin/A. Knoll/M. Kunzler/K. Richter (Hg.), Priester und Liturgie. Manfred Probst zum 65. Geburtstag (Paderborn 2005) 13–40.

46 J. Cardinal Ratzinger, Die Ekklesiologie der Konstitution *Lumen gentium*, in: Ders., Weggemeinschaft des Glaubens. Kirche als Communio (Augsburg 2002) 107–131, zit. 123.

damentaler aus der Eucharistie immer wieder neu entsteht, und weil die Kirche Volk Gottes nur ist, wenn sie es vom Leib Christi her ist, müssen auch der priesterliche Vorsitz in der Eucharistie und die Aufgabe der Gemeindeleitung unlösbar miteinander verbunden sein.

c) Dienst der Leitung: Der Priester als Hirt

Der Priester steht dann am intensivsten im Dienst der Gemeindeleitung, wenn er der Eucharistie vorsteht. So verhält es sich jedenfalls, wenn man den Dienst der Gemeindeleitung nicht nur soziologisch oder führungstechnisch, sondern theologisch und damit sakramental versteht. Wäre die Gemeindeleitung nur führungstechnisch zu verstehen, könnte sie vornehmlich an die Diakone delegiert werden, die ursprünglich die „Verwalter" in der Kirche gewesen sind. Im theologischen Sinn ist aber Gemeindeleitung nicht einfach „Verwaltung dessen, was vorliegt", sondern „je neue Rückführung des kirchlichen Lebens in der Gemeinde auf den Grund, der nicht mehr in der Gemeinde selbst liegt"[47]. Der eigentliche Leiter der Kirche und jeder Pfarrei ist deshalb der auferstandene Christus, der freilich durch beauftragte Menschen wirkt. Diese leiten die Kirche aber nicht allein aufgrund ihrer eigenen Fähigkeiten und erworbenen Fachkompetenzen, wie wichtig diese gerade heute auch sind, sondern weil sie dazu von Christus berufen und durch die Weihe beauftragt sind.

Von daher ist die Leitung der Kirche an die Bischofsweihe (für die Leitung eines Bistums) und an die Priesterweihe (für die Leitung einer Pfarrei) gebunden. Dass Christus selbst seine Kirche führt und dass folglich die Kirche von Christus abhängt und in ihm den wahren Bezugspunkt ihrer Einheit hat, dies sichtbar darzustellen, dazu ist der Priester sakramental geweiht und gesandt. Insofern ist der Priester in Person der ständige und bleibende Verweis darauf, dass die Kirche ihren Grund allein in Jesus Christus hat und dass ihm in allem der Vorrang zukommt. Denn Kirche entsteht und besteht letztlich allein dadurch, dass der auferstandene Christus mit den Menschen in Kommunion tritt und sie auch zur Kommunion untereinander führt. Dass Kirche im tiefsten um den Altar herum entsteht, wird vor allem deutlich in der Feier der Eucharistie. Um wirklich „eucharistische Versammlung sein zu können",

47 E.-M. Faber, Zur Frage nach dem Berufsprofil der Pastoralreferent(innen), in: Pastoralblatt für die Diözesen Aachen, Berlin, Essen, Hamburg, Hildesheim, Köln, Osnabrück 51 (1999) 110–119, zit. 114.

benötigt die Gemeinde, die zur Feier der Eucharistie zusammenkommt, unbedingt den Priester, der ihr vorsteht[48].

Die Eucharistie als Sakrament der Einheit ist nicht nur Quelle und Höhepunkt des Lebens der Kirche im Großen wie der Pfarrei im Kleinen, sondern auch der zentrale Vollzug der Gemeindeleitung. Gerade als Vorsteher der Eucharistie ist der Priester auch Hirt des Volkes Gottes. Der Hirtendienst als Dienst der Einheit, der Sammlung und der Leitung der Gemeinde ist wesentlich Sammlung zur gemeinsamen Feier der Eucharistie, wie Kardinal Walter Kasper mit Recht betont: „Die Feier der Eucharistie mit der versammelten Gemeinde ist Höhepunkt und Zusammenfassung aller Aufgaben der Gemeindeleitung.“[49] Wenn die Kirche im Kern Eucharistie ist, dann ist das kirchliche Vorsteheramt wesentlich Verantwortung für die eucharistische Versammlung, die letztlich mit Kirche identisch ist, und dann gehören Gemeindeleitung und Eucharistievorsitz unlösbar zusammen und kann Gemeindeleitung im vollen theologischen Sinn nur von einem Geweihten wahrgenommen werden.

7. Auswege aus der heute schwierigen Situation

Dass die Einheit von Wortverkündigung, eucharistischer Vorsteherschaft und Hirtendienst in der heutigen pastoralen Situation kaum mehr wahrgenommen werden kann, sondern immer mehr auseinander bricht, macht die tiefste Not der priesterarmen Zeit heute sichtbar. Damit stellt sich verschärft die Frage, ob es hilfreiche Auswege aus dieser pastoral schwierig gewordenen Situation, die sich durch eine große Priesterarmut auszeichnet, gibt. Es muss im vorliegenden Zusammenhang freilich genügen, auf einige grundlegende Perspektiven hinzuweisen.

a) Veränderte Zugangsbedingungen zum Priesteramt?

An erster Stelle wird in der kirchlichen und auch gesellschaftlichen Diskussion das Postulat der Veränderung der Zulassungsbedingungen zum priesterlichen Dienst vertreten. Mehr als Gedankenanstöße zu diesem Problem sind

---

48 Johannes Paul II., Ecclesia de eucharistia, Nr. 29.

49 W. Kardinal Kasper, Diener der Freude. Priesterliche Existenz – priesterlicher Dienst (Freiburg i. Br. 2007) 140.

im Rahmen dieses Beitrags nicht möglich, zumal ich die Frage der Frauenordination ausklammere, da sie Papst Johannes Paul II. als endgültig entschieden erklärt hat und es, wenn überhaupt, die ganze Autorität eines Konzils benötigen würde, um auf diese Frage zurückkommen zu können.[50] Und was die Frage der Zölibatsverpflichtung für die Priester betrifft, muss ich es mit drei Feststellungen und anschließenden Fragen belassen.

Die erste Feststellung ergibt sich aus einem Rückblick in die Geschichte, der zeigt, dass intensive Postulate der Abschaffung der Zölibatsverpflichtung für den Priester beinahe immer in tiefen Krisenzeiten der Kirche erhoben worden sind. Ich erinnere nur an die Denkschrift der Freiburger Theologieprofessoren zur Abschaffung des so genannten Pflichtzölibates zu Beginn des 19. Jahrhunderts, in der beinahe jedes Argument gegen den Zölibat zu finden ist, das auch heute vertreten wird. Es lohnt sich aber auch heute noch, die Schrift des großen Tübinger Theologen Johann A. Möhler zu lesen, mit der er im Jahre 1828 auf die Denkschrift der Freiburger Professoren mit der ihm eigenen heiteren Gelassenheit geantwortet hat.[51] Heute muss freilich von einer noch tieferen Krise ausgegangen werden, insofern sich nicht nur die zölibatäre Lebensform in einer schwierigen Situation befindet, sondern auch das Leben in der Ehe und das Ordensleben. Es würde der Katholischen Kirche gewiss leichter fallen, über eine Entkoppelung von Priestertum und zölibatärer Lebensweise nachzudenken, wenn wir in der Kirche heute ein blühendes Ordensleben und gesunde Ehen vorfinden würden. Kardinal Christoph Schönborn hat deshalb als Voraussetzungen für eine Veränderung der Zölibatsverpflichtung formuliert: „Es dürfte nicht auch die Ehe in Krise sein, was heute, da der Schutzraum um die Ehe fast völlig niedergerissen ist, nicht der Fall ist; und es müsste das für die Kirche notwendige Charisma der Ehelosigkeit durch ein kräftiges, anziehendes Mönchs- und Ordensleben leuchten. Da beide Voraussetzungen heute gerade in unseren Breitengraden nicht gegeben sind, wäre ein Abgehen von der zölibatären Lebensweise der Priester derzeit kaum zu verantworten."[52]

Zweitens wird sehr oft darauf hingewiesen, dass die mit Rom unierten Katholischen Orientalischen Kirchen verheiratete Priester kennen. In der Tat heißt es im Gesetzbuch dieser Kirchen: „Der Zölibat der Kleriker, um des Him-

50 G. L. Müller (Hg.), Der Empfang des Weihesakraments. Quellen zur Lehre und Praxis der Kirche, nur Männern das Weihesakrament zu spenden (Würzburg 1999).

51 J. A. Möhler, Vom Geist des Zölibates. Beleuchtung der Denkschrift für die Aufhebung des den katholischen Geistlichen vorgeschriebenen Zölibates. Hg. v. Dieter Hattrup (Paderborn 1992).

52 Ch. Kardinal Schönborn, Die Menschen, die Kirche und das Land. Christentum als gesellschaftliche Herausforderung (Wien 1998) 18.

melreiches willen gewählt und dem Priestertum sehr angemessen, ist überall sehr hoch zu schätzen, so wie es Tradition der Kirche ist; ebenso ist der Stand der verheirateten Kleriker, der in der Praxis der jungen Kirche und der orientalischen Kirchen durch die Jahrhunderte bestätigt ist, in Ehren zu halten."[53] Vergleicht man freilich die Situation der Katholischen Orientalischen Kirchen mit der unsrigen, kommt man schnell zum Urteil, dass die hohe Wertschätzung des Zölibates, die in den Katholischen Orientalischen Kirchen als Voraussetzung für die Existenz von verheirateten Priestern lebendig ist, in unseren Breitengraden weithin nicht mehr gegeben ist, sondern der Zölibat vielmehr als eine besonders ärgerliche Störung empfunden wird. Soll deshalb die heute oft postulierte Freistellung des Zölibates nicht zwangsläufig zu seinem Verschwinden führen, wie dies in den meisten Kirchen und kirchlichen Gemeinschaften, die die Zölibatsverpflichtung aufgehoben haben, geschehen ist, müsste bei uns zuerst ein neues Sensorium für den Sinn und die Bedeutung der zölibatären Lebensweise wachsen, die immerhin die Lebensform Jesu und der ihm nachfolgenden Jünger gewesen ist. Denn Jesus selbst hat die radikal eschatologische Existenz als eine ehelose Existenz definiert, genauer als „direkte Realisierung des Glaubens an das schon präsente ewige Leben"[54].

Der Priestermangel ist drittens bei uns derart gross geworden, dass auch der Ruf nach der Abschaffung der Zölibatsverpflichtung überlaut geworden ist. Dass hinter den heute zahllosen Postulaten und Forderungen nach verheirateten Priestern eine echte pastorale Sorge steht, steht außer Zweifel. Je intensiver ich aber die öffentlichen Diskussionen verfolge, umso mehr komme ich zur Überzeugung, dass dahinter noch ein tieferes Problem verborgen liegt. Der katholische Neutestamentler Gerhard Lohfink hat den Mut, dieses heikle Problem anzusprechen und auf den Punkt zu bringen: „Eines ist sicher: Ohne Exodus, wie immer er im einzelnen aussieht, kann keine Gemeinde entstehen. Genau hier hat die Ehelosigkeit der katholischen Priester ihren Ort. Sie macht in den Gemeinden – trotz aller Bedrängnisse ihrer Pfarrer – etwas vom Evangelium sichtbar: von den Jüngern, die ihre Familie verließen, um Jesus nachzufolgen. Sollte den Pfarreien auch noch dieses letzte Stück ‚Exodus' verloren gehen, werden sie endgültig verbürgerlichen, und ihre Priester werden nur noch Funktionäre und Beamte sein."[55] Dieses

53 Canon 373 CCEO.

54 J. Ratzinger, Zur Theologie der Ehe, in: G. Krems/R. Mumm (Hg.), Theologie der Ehe (Regensburg – Göttingen 1969) 81–115, zit. 114.

55 G. Lohfink, Auf der Erde, wo sonst? Ein theologisches Tagebuch (Bad Tölz 2003) 157–158.

Urteil ist gewiss hart und unbequem. Doch wer möchte bestreiten, dass die Gefahr der Verbürgerlichung der Kirche und des Funktionärstums der Priester nicht auch und gerade in unseren Breitengraden in einer im Vergleich zu anderen Regionen sehr reichen Kirche gegeben ist und dass wir auch gegenüber dieser Gefährdung wachsam auf der Hut sein müssen? In dieser Situation kann der Zölibat auch heute noch ein sperriges Zeichen sein, das zwar nicht wesensnotwendig zum katholischen Priestertum gehört, aber ihm wesensgemäß ist.

b) Pastorale Revitalisierung des Eucharistieprinzips

Das Problem des Priestermangels kann nur wirklich angegangen werden, wenn es im Gesamtzusammenhang der heutigen pastoralen Situation verortet wird, in der die Kirche herausgefordert ist, einen Paradigmenwechsel vorzunehmen, der auch kirchenstrukturelle Konsequenzen impliziert. Deren erste besteht in der Verflüssigung des in den vergangenen Jahrhunderten festgeschriebenen Pfarreiprinzips, indem in neuer Weise danach gefragt wird, unter welchen Voraussetzungen eine Pfarrei als lebendige Wirklichkeit zu betrachten ist. In verschiedenen Bistümern vor allem im deutschsprachigen Raum sind deshalb so genannte Pastoralräume oder Seelsorgeeinheiten eingerichtet worden, die es ermöglichen, die Pastoral weiträumiger zu gestalten und dennoch eine Pastoral der Nähe aufrechtzuerhalten. In diesem Zusammenhang wäre auch an die Bildung von geistlichen Zentren oder Mittelpunktskirchen zu denken, in denen die sonntägliche Eucharistie gefeiert würde, statt dass die Priester von Pfarrei zu Pfarrei gehen, um dort die Messe zu feiern, oder dass jede ausfallende Messe durch einen Wortgottesdienst mit Kommunionfeier ersetzt wird.[56]

Dies würde bedeuten, dass das traditionelle Pfarreiprinzip vom Eucharistieprinzip her zumindest relativiert würde. Am weitesten in diese Richtung vorgedacht hat Giovanni B. Sala mit seinem Vorschlag: „Wenn die Eucharistie nicht mehr an die Gläubigen herangetragen werden kann, dann müssen sich die Gläubigen aufmachen, ihr Wichtigstes und Heiligstes suchen und Eucharistie gemeinsam regelmäßig dort feiern, wo dies aufgrund der Anwesenheit eines Priesters eben möglich ist."[57] Dies bedeutet konkret, dass die

56 Vgl. W. Kardinal Kasper, Diener der Freude. Priesterliche Existenz – priesterlicher Dienst (Freiburg i. Br.2007), bes. 143–150: Kleiner Exkurs zur pastoralen Neugestaltung.
57 G. B. Sala, Können Laien Pfarrer sein? Zur Frage der Teilhabe Nichtgeweihter an der pfarr-

Seelsorgeeinheiten um die Eucharistie herum organisiert werden, so dass die Gemeinde neu so definiert wird: „Zur Ortskirche gehören deshalb die Gläubigen, die sich sonntags auf den Weg machen, um an ‚der Zusammenkunft all derer, die in Städten oder auf dem Land wohnen', teilzunehmen, wobei die gemeinte Zusammenkunft in den zitierten Worten des hl. Justinus um die Eucharistiefeier stattfindet"[58]. Auch wenn dieser Weg als eine radikale Lösung erscheinen mag, enthält er doch ein grosses Korn Wahrheit. Dies gilt zumal, wenn man bedenkt, dass in Rom noch im 7. Jahrhundert am Sonntag jeweils nur eine Eucharistie unter dem Vorsitz des Bischofs gefeiert wurde, obwohl die gewachsene Zahl der Christen eigentlich verschiedene Feiern unumgänglich gemacht hätte. Das Eucharistieprinzip unter den heute gewiss gewandelten pastoralen Verhältnissen neu aufzugreifen, scheint mir ein wichtiges Gebot der Stunde zu sein. Es würde nicht nur die Kräfte um die zentrale Mitte der Eucharistie bündeln, die ja die Versammlung und nicht die Zerstreuung, die Diaspora, fördern will; es würde aber auch viele Getaufte ermutigen, unter Rückgriff auf das neutestamentliche Prinzip der Hausgemeinden sich am konkreten Ort bei pastoralen Aufgaben zu engagieren, die nicht unter einem Weihevorbehalt stehen.

c) Leitungsverantwortung mit bescheidener Amtspraxis

Bei dieser pastoralen Prioritätenordnung kann der Priester seine Hauptverantwortung durchaus wahrnehmen, sofern er die notwendige Kunst der Delegation nicht nur organisationstechnisch, sondern vor allem auch spirituell erlernt. Wer Leitungsverantwortung wahrnimmt, kann unmöglich alles selbst tun und tun wollen. Er muss vielmehr bereit sein, Verantwortung auch zu delegieren. Denn auch Erst- oder Letztverantwortung ist Leitungsverantwortung, die freilich grosses Vertrauen in die Mitarbeitenden impliziert. Leiten in der Kirche lässt sich deshalb auch verstehen als „Befähigen zu gemeinsamem Handeln"[59].

Der Priestermangel kann von daher auch eine Chance sein, einen bescheidenen Amtsstil einzuüben, um jene großartigen Aussagen, die das Zweite Vatikanische Konzil den Laien gewidmet hat, in konkretes Leben umzusetzen

lichen Leitungsvollmacht in der Kirche. Dogmatisch-pastoraltheologische Erwägungen, in: Forum Katholische Theologie 14 (1998) 189–212, zit. 206.

58 Ebd. 209–210.

59 R. Siebenrock/M. Scharer/J. Panhofer, Ein-Blick in unsere Leitungswerkstatt, in: Dies. (Hg.), Erlöstes Leiten. Eine kommunikativ-theologische Intervention (Mainz 2007) 11–20, zit. 12.

und zu verwirklichen. Dazu bedarf es, wie Papst Benedikt XVI. hervorgehoben hat, „eine Änderung der Mentalität besonders in Bezug auf die Laien, die nicht mehr nur als ‚Mitarbeiter' des Klerus betrachtet werden dürfen, sondern als wirklich ‚mitverantwortlich' für das Sein und Handeln der Kirche erkannt werden müssen, um die Festigung eines reifen und engagierten Laienstandes zu fördern". Das gemeinsame Bewusstsein aller Getauften, Kirche zu sein, vermindert keineswegs die Verantwortung des Priesters, dessen Aufgabe es ist, „das geistliche und apostolische Wachstum aller zu unterstützen"[60]. Der Priestermangel kann – bei allen Problemen und Nöten, die er verursacht – insofern auch ein Anruf des Heiligen Geistes sein, das Zweite Vatikanische Konzil noch besser zu verwirklichen und Kirche als Volk Gottes vom Leib Christi her zu leben, in dem alle Getauften in ihrem gemeinsamen Kirchesein zusammengefügt und mit Christus als Haupt der Kirche verbunden sind. Auf ihn hinzuweisen, zu ihm die Menschen zu bringen und als sein Treuhänder in der Wortverkündigung, in der Sakramentenspendung und in der hirtlichen Sorge zu leben und zu wirken, ist und bleibt dabei die undelegierbare Sendung des Priesters in der Katholischen Kirche.

60 Benedikt XVI., Ansprache bei der Eröffnung der Pastoraltagung der Diözese Rom zum Thema „Kirchliche Zugehörigkeit und pastorale Mitverantwortung" am 26. Mai 2009.

Der Bischof als Bindeglied der Katholizität

Die episkopale Dimension der katholischen Ekklesiologie[1]

1. Episkopaltheologie und Ekklesiologie

„Wahrlich, das Bischofsamt ist ein unmögliches Amt. Wer nicht von allen guten Geistern verlassen ist, kann nicht ernsthaft wünschen, dass es ihm auferlegt werde. Umso mehr schulden wir denen Hochachtung, die es tragen. Denn wehren können sich die, die es trifft, faktisch nicht. Sie können es nicht aus schlichten Gründen des kirchlichen Gehorsams." Diese Worte geben nicht das Lamento eines erfahrenen Bischofs wieder, wiewohl er wohl Anlass dafür genug haben könnte[2], sondern in diese Worte lässt Otto Hermann Pesch seine Ausführungen über das Dekret über die Hirtenaufgabe der Bischöfe in der Kirche „Christus Dominus" münden[3], das von den Konzilsvätern nach einem langen Ringen in der VII. Öffentlichen Sitzung am 28. Oktober 1965 mit 2319 Ja-Stimmen gegen nur zwei Nein-Stimmen und einer ungültigen Stimme verabschiedet worden ist. In seiner Kommentierung dieses Dekretes hat bereits der Kanonist Klaus Mörsdorf im Blick auf die vor allem in den Artikeln 12 bis 16 enthaltenen Ausführungen über die Aufgaben des Diözesanbischofs in den Bereichen seines Lehr-, Priester- und Hirtenamtes, die eine Art „Bischofsspiegel" darstellen, vermerkt, „dass der Diözesanbischof überfordert ist, dies selbst dann, wenn man unterstellen wollte, dass der Bischofsspiegel den Bischof einer Diözese mittleren Ausmasses vor Augen haben sollte"[4].

---

1 Vortrag am Symposion „Die Kirche Jesu Christi" an der Theologischen Fakultät Vallendar am 3.–5. Juli 2009, erschienen in: G. Augustin (Hg.), Die Kirche Jesu Christi leben (Freiburg i. Br. 2010) 56–107.

2 In dieser Richtung konnte bereits Augustinus seinen Alltag als Bischof beschreiben: „Unruhestifter zurechtweisen, Kleinmütige trösten, sich der Schwachen annehmen, Gegner widerlegen, sich vor Nachstellern hüten, Ungebildete lehren, Träge wachrütteln, Händelsucher zurückhalten, Eingebildete den rechten Platz anweisen, Verzagte ermutigen, Streitende besänftigen, Armen helfen, Unterdrückte befreien, Guten Anerkennung zeigen, Böse ertragen und (ach!) alle lieben" (Sermo 340,3).

3 O. H. Pesch, Das Zweite Vatikanische Konzil. Vorgeschichte – Verlauf – Ergebnisse – Nachgeschichte (Würzburg 1993) 268.

4 K. Mörsdorf, Einleitung und Kommentar zum Dekret über die Hirtenaufgabe der Bischöfe in

Die beiden Urteile haben ihren tiefsten Grund in der Tatsache, dass im katholischen wie auch im orthodoxen Kirchenverständnis kaum ein kirchliches Amt derart stark verwurzelt ist wie der Dienst des Bischofs. Denn dieses Amt ist nicht einfach ein Dienst unter anderen Diensten, sondern ein Amt, das zum Wesen der Kirche selbst gehört, also nicht nur zum „bene esse", sondern zum „esse" der Kirche, so dass man von einer episkopalen Dimension der Kirche sprechen muss. Das Bischofsamt hat in seinem Dass-Sein und in seinem So-Sein, um in säkularer Diktion zu reden, Verfassungsrang. Angesichts dieser grundlegenden Bedeutung kann man zunächst verstehen, dass im Blick auf das Zweite Vatikanische Konzil immer wieder betont wird, es habe eine weit reichende Aufwertung des Bischofsamtes vorgenommen. Tiefer gesehen erweist sich dieses Urteil freilich in dreifacher Hinsicht als nicht ganz adäquat.

Wer erstens von Aufwertung spricht, meint zumeist Höherbewertung mit und steht damit in der Gefahr, sich erneut dem seit Dionysius Areopagita geschichtswirksam gewordenen pyramidal-hierarchologischen Kirchenverständnis anzunähern. Dem gegenüber hat das Zweite Vatikanische Konzil den entscheidenden Unterschied zwischen dem gemeinsamen Priestertum aller Getauften und dem spezifischen Priestertum des Amtes gerade nicht auf der Ebene des Grades, sondern auf der Ebene des Wesens angesetzt („non gradu sed essentia"). Dies hat zur Konsequenz, dass der Bischof nicht per definitionem ein besserer Christ ist, wiewohl es geboten ist, sich darum zu bemühen, dass er sehr wohl aber einen spezifischen Dienst in der Kirche ausübt. Denn das Bischofsamt steht ganz im Dienst des Taufpriestertums und findet seine Aufgabe darin, den Getauften zu helfen, ihre Taufberufung zu leben, wie dies der heilige Augustinus im Blick auf seine eigene Bischofsweihe klassisch so formuliert hat: „Wo mich erschreckt, was ich für euch bin, da tröstet mich, was ich mit euch bin. Für euch bin ich Bischof, mit euch bin ich Christ. Jenes bezeichnet das Amt, dieses die Gnade. Jenes die Gefahr, dieses das Heil."[5] Die glaubensexistenzielle Herausforderung des Bischofsamtes besteht deshalb darin, die Grundspannung zwischen Mit-Sein aufgrund der Taufe und Für-Sein aufgrund der Weihe im Gleichgewicht zu behalten.

Die Rede von einer Aufwertung des Bischofsamtes insinuiert zweitens, das Zweite Vatikanische Konzil habe eine neue Theologie des Bischofsamtes vorgetragen. Eine solche Annahme ist in historischer Sicht insofern problema-

---

der Kirche, in: Das Zweite Vatikanische Konzil. Konstitutionen, Dekrete und Erklärungen = LThK Band 13 (Freiburg i. Br. 1967) 173.

5 Augustinus, Sermo 340,1.

tisch, als das Zweite Vatikanische Konzil auf der einen Seite auf die altkirchliche Tradition des Kirchenverständnisses und des Bischofsamtes zurückgegriffen hat. Es hat auf der anderen Seite aber auch die ekklesiologischen Grundentscheidungen des Ersten Vatikanischen Konzils aufgenommen und zugleich bestätigt, wobei es die Primatslehre des Ersten Vatikanischen Konzils mit der Lehre vom Bischofsamt und von der bischöflichen Kollegialität auszubalancieren versucht hat. In dieser doppelten Stoßrichtung des Zweiten Vatikanischen Konzils dürften einige bisher ungelöste Spannungsfelder begründet liegen, die gewiss auch im Hintergrund von bis heute dauernden ekklesiologischen und ekklesiopraktischen Auseinandersetzungen stehen.

Weil das Amt des Bischofs wesentlich Dienst sowohl an dem ihm anvertrauten Bistum als auch an der Universalkirche ist, wäre es drittens adäquater, statt von einer Aufwertung des Bischofsamtes zunächst von einer Neubewertung des Bistums als Ortskirche zu sprechen. Gemäß dem schönen Wort des Bischofs Cyprian von Karthago: „Der Bischof ist in der Kirche und die Kirche im Bischof“[6], stehen Kirche und Bischofsamt zwar in einem unauflöslichen Wechselverhältnis zueinander. Man dürfte aber mit der Annahme nicht fehlgehen, dass es dem Zweiten Vatikanischen Konzil nach einer langen Tradition eines einseitig universalistischen Kirchenverständnisses in erster Linie um die Wiederentdeckung der auch ortskirchlichen Verfassung der Katholischen Kirche gegangen ist.

2. Das Bischofsamt als Konstitutivum der Kirche

Die episkopaltheologischen Weichenstellungen bedeuten, dass man sinngemäß über das Bischofsamt nur auf dem Hintergrund des spannungsreichen Verhältnisses von Einheit der Universalkirche und Vielheit der Ortskirchen sprechen kann. Darauf ist später zurückzukommen; an dieser Stelle aber gilt es, das Bischofsamt zunächst im Gesamtkontext der Ekklesiologie und der lebendigen Kirchengemeinschaft zu verorten. Dies ist freilich nur möglich, wenn man das Bischofsamt innerhalb jener zentralen Grundvorgänge betrachtet, mit denen die Kirche entstanden ist und die zu ihren bleibenden Wesensmerkmalen gehören:

Der erste Grundvorgang ist die Bildung des *Kanons* der Heiligen Schrift, die gegen Ende des Zweiten Jahrhunderts zu einem gewissen Abschluss ge-

6 Cyprian, Ep. 66,8.

kommen ist, sich aber noch weit in die folgenden Jahrhunderte hinein gezogen hat.[7] Dass die Literatur, die wir heute „Neues Testament" nennen, aus einer Vielzahl von damals in Umlauf befindlichen literarischen Erzeugnissen ausgewählt und der griechische Kanon der jüdischen Bibel als „Altes Testament" dem „Neuen Testament" zugeordnet worden ist und dass beide zusammen die „Heilige Schrift" bilden, zeigt nicht nur, dass die Definition des biblischen Kanons ein Werk der frühen Kirche gewesen ist, sondern auch dass die Konstituierung des biblischen Kanons und die Konstituierung der Ordnungsgestalt der frühen Kirche im Grunde zwei Seiten derselben Medaille gewesen sind.

Bei der Auswahl jener Schriften, die schließlich von der Kirche als Heilige Schrift anerkannt worden sind, hat die frühe Kirche einen Maßstab verwendet, den sie als *regula fidei* bezeichnet hat. Diese hat sich ihrerseits fortgesetzt in den verschiedenen konziliaren Definitionen, in denen das Ringen der frühen Kirche um die Unterscheidung des Christlichen einen verbindlichen Ausdruck gefunden hat. Die grundlegenden Glaubensbekenntnisse der ganzen Christenheit bilden deshalb den zweiten Fixpunkt der frühen Kirche.

Die Lesung der Heiligen Schrift und das Glaubensbekenntnis sind in der frühen Kirche in erster Linie gottesdienstliche Akte der um den auferstandenen Herrn versammelten Gemeinde gewesen. Die frühe Kirche hat deshalb drittens auch die Grundformen des christlichen Gottesdienstes geschaffen, die als bleibende Basis und verbindlicher Beziehungspunkt für jede liturgische Erneuerung betrachtet werden müssen. Die früheste Beschreibung der *Liturgie der Eucharistie*, nämlich bei Justinus dem Märtyrer in der Mitte des Zweiten Jahrhunderts, enthält bereits die wesentlichen Elemente, die in allen großen liturgischen Ritusfamilien die gleichen geblieben sind und uns auch heute noch vertraut sind.

Das Wort Gottes, das im Gottesdienst der Kirche verkündet wird, hat in der Sicht der frühen Kirche seine primäre Gestalt in der Gegenwart des Wortes im Zeugen. Denn Wort und Zeuge gehören zueinander, da nicht nur der Zeuge für das Wort Gottes und von ihm her lebt, sondern vielmehr auch das Wort durch den Zeugen lebt. Von daher hat sich in der frühen Kirche viertens die Überzeugung von der apostolischen Sukzession im *Bischofsamt* gebildet. Seine besondere Autorität besteht darin, stellvertretend für alle Glieder der Kirche dafür Sorge zu tragen, dass Christus und sein Wort in der Kirche Norm und Autorität sind und bleiben. Insofern stellt das Lehramt der Bischöfe kein rein formales Prinzip dar, sondern ist vor allem Ausdruck

7 Vgl. I. Frank, Der Sinn der Kanonbildung (Freiburg i. Br. 1971).

einer materialen Bindung: „Es hat keine Macht gegen das Credo, sondern alle Macht nur im Credo und von diesem her.“[8]

Erste Ansätze einer Amtsübergabe und Einsetzung in die Nachfolge der Apostel finden sich bereits in der Apostelgeschichte, vor allem in der Abschiedsrede des Paulus, der sich auf dem Weg zum Martyrium weiß, an die versammelten Presbyter von Ephesus, denen er in Milet die apostolische Verantwortung überträgt (Apg 20,17–38). Die „Herausbildung, theologische Begründung und institutionelle Stärkung des Bischofsamtes“ muss sodann als „eines der wichtigsten Ergebnisse der nachapostolischen Entwicklung“ betrachtet werden[9]. Dafür ist der Brief des Clemens von Rom an die Korinther ein beredtes Zeugnis. Es handelt sich dabei um ein Gemeindeschreiben, das im Jahre 96 verfasst worden ist, und zwar in Rom, der bald führenden Gemeinde im Westen, und adressiert gewesen ist an die Gemeinde in Korinth, einer frühen paulinischen Gemeinde, in der dieses Schreiben freudig aufgenommen worden ist. Dieser Brief, der in der Kirche der ersten Jahrhunderte „beinahe kanonischen Rang erreicht“ hat und in der Gemeinde von Korinth regelmäßig im Gottesdienst verlesen worden ist[10], dokumentiert die erstaunliche Tatsache, dass es bereits kurze Zeit nach dem Tod der Apostel und lange vor dem Abschluss der Kanonbildung in der ganzen Kirche – im Westen wie im Osten – nur noch eine Ordnung der kirchlichen Ämter gegeben hat: Jede Gemeinde hat einen Bischof und, wenn erforderlich, je nach Größe ein Kollegium von Presbytern und Diakonen.

Kanon der Heiligen Schrift, Glaubensregel, Grundform des eucharistischen Gottesdienstes und apostolische Sukzession im Bischofsamt sind die vier Grundgegebenheiten der frühen Kirche. Sie verdeutlichen, dass die Existenz des Bischofsamtes in der Kirche nicht einfach eine Frage der menschlichen Ordnung ist, dass dieses Amt vielmehr zur sakramentalen Grundstruktur der Kirche gehört und deshalb selbst Sakrament ist. Da die Sakramentalität des Bischofsamtes im Laufe der Kirchengeschichte aber über lange Zeit hin in Frage gestellt und erst vom Zweiten Vatikanischen Konzil wiederentdeckt worden ist, legen sich in einem nächsten Schritt einige wenige Streiflichter in die Geschichte des Verständnisses und der Praxis des bischöflichen Dienstes in der Kirche nahe.

---

8 J. Ratzinger, Kommentar zur VI. These, in: Internationale Theologenkommission, Die Einheit des Glaubens und der theologische Pluralismus (Einsiedeln 1973) 42.

9 E. Dassmann, Ämter und Dienste in den frühchristlichen Gemeinden (Bonn 1994) 230.

10 Clemens von Rom, Epistola ad Corinthios, übersetzt und eingeleitet von G. Schneider = Fontes christiani 13 (Freiburg i. Br. 1991) 34.

3. *Sakramentaler oder jurisdiktioneller Vorrang des Bischofsamtes?*

In der frühen Kirche wurde im Bischofsamt stets deutlicher die sakramentale Vollgestalt des kirchlichen, durch Gebet und Handauflegung mitgeteilten Amtes gesehen. Zu Beginn des Dritten Jahrhunderts erreichte diese Entwicklung einen ersten Höhepunkt bei Hippolyt, der in seiner „Traditio apostolica" eine eigentliche Theologie und Liturgie der Weihe überliefert hat, die ganz auf den Bischof konzentriert ist. In der Ordination wird für den Bischof die „Kraft des Führungsgeistes" erbeten und verliehen, und damit wird der Bischof in die vom Heiligen Geist gewirkte Sendung Jesu Christi und der Apostel hinein genommen. Zur Wahrung der kirchlichen Einheit wurde es folglich als adäquat und notwendig erachtet, dass der Bischof in erster Linie mit dem in der sakramentalen Weihe begründeten Dienst der Verkündigung, der Liturgie und der Leitung beauftragt ist.

a) Dissoziierung von Sakramentalität und Jurisdiktion

Vom dritten Jahrhundert an wurde das Amt des Bischofs theologisch vor allem als priesterlicher Dienst verstanden. Damit sah man zwar noch in der Sinnrichtung der frühen Kirche das Priestertum an erster Stelle im Bischof verwirklicht. Zugleich drohte damit aber die bisher dominierende Stellung des sakramental verliehenen Bischofsamtes unsicher zu werden, und zwar zwischen dem 6. und 9. Jahrhundert vor allem aufgrund von altgallischen und fränkischen Einflüssen. Diese standen ihrerseits im Einflussbereich des Hieronymus und der bereits bei ihm greifbaren Tendenz, das geistliche „Können" der Amtsträger besonders zu betonen. Das größte und wirksamste „Können" der geweihten Amtsträger wurde dabei in der Konsekrationsvollmacht und überhaupt in der Vollmacht der Sakramentenspendung gesehen. Von daher bildete sich die Auffassung heraus, der Presbyterat sei die oberste Stufe des Weihesakramentes und dem Episkopat komme deshalb nicht ein Mehr an Sakramentalität, sondern nur ein Mehr an Jurisdiktion und amtlicher Würde zu. Da die Priesterweihe als das Sakrament der Weihe schlechthin betrachtet wurde, war es nicht mehr möglich, in der Bischofsweihe eine sakramentale Steigerung zu erblicken. Die Besonderheit des Bischofsamtes musste deshalb im Bereich des Jurisdiktionellen angesiedelt werden.

Dieses Auseinanderfallen von Sakramentalität und Jurisdiktion beim Bischofsamt ist freilich nur auf dem Hintergrund der seit dem Mittelalter einsetzenden weitgehenden Nebeneinandersetzung von Sakrament und Jurisdiktion überhaupt zu verstehen[11], die zunächst geschichtswirksam geworden ist in der Dissoziierung von priesterlicher Vorsteherschaft bei den Sakramenten und der Aufgabe der Leitung der Kirche. Eine maßgebliche Begründung für die Trennung der beiden Bereiche wurde im Mittelalter mit der eigentümlichen Vorstellung gegeben, die Eucharistie habe es mit dem wahren Leib Christi zu tun und deshalb seien ihr alle anderen Sakramente zugeordnet, die Leitungsgewalt der Kirche hingegen beziehe sich auf den mystischen Leib Christi und sei rein rechtlicher Natur. Als sakramentale Vollmacht galt deshalb allein die Vollmacht der Verwandlung von Brot und Wein in das „corpus Christi verum", während dem die Leitungsvollmacht über das „corpus mysticum", die Kirche, als reine Rechtsgewalt betrachtet wurde, die vom Sakrament grundsätzlich ablösbar ist.[12]

Mit der Separierung von wahrem und mystischem Leib Christi[13] und dementsprechend von Sakrament und Jurisdiktion wurde der Bereich des Rechts selbstständig neben dem Bereich des Sakramentes verortet, was gravierende Konsequenzen nach sich gezogen hat, von denen die zwei wichtigsten kurz genannt seien. Aufgrund der Trennung von Weihevollmacht zur Feier der Sakramente und Leitungsvollmacht konnte erstens die wesentliche Identität von Kirche und Eucharistie nicht mehr gesehen werden. Die Eucharistie war nun nicht mehr der umfassende Ort der je neuen Kirchengründung und die dynamische Mitte der Kirche; die Eucharistie drohte vielmehr zu *einem* der verschiedenen Sakramente und zu einer gottesdienstlichen Handlung neben anderen zu werden. Im Blick auf das Bischofsamt wurde zweitens die sakramentale „potestas in corpus eucharisticum" des Priesters und die jurisdiktionelle „potestas in corpus mysticum" des Bischofs unterschieden. Diese presbyterale Tendenz, die auf der theologischen Überzeugung von der sakramentalen Gleichheit von Priestern und Bischöfen beruht, wurde von den fränkischen Theologen an die mittelalterliche Theologie weiter vermittelt, in der kein Geringerer als Petrus Lombardus – freilich im Unterschied zu den Kanonisten, die an der Sakramentalität der Bischofsweihe festhielten – betonte, die Bischofsweihe sei kein Sakrament. Wird nämlich die Weihe

11 Vgl. J. Ryan, The Separation of „ordo" and „jurisdictio" in its structural-doctrinal development and ecclesiological significance. A dogmatic-historical contribution towards the renewal of Canon Law (Münster 1972).

12 Vgl. L. Hödl, Die Geschichte der scholastischen Literatur und der Theologie der Schlüsselgewalt I (Münster 1961).

13 Vgl. H. de Lubac, Corpus Mysticum. Eucharistie und Kirche im Mittelalter (Einsiedeln 1969).

überhaupt auf die Konsekrationsvollmacht bezogen, die ja bereits dem Priester zukommt, muss die in der Alten Kirche vertretene Sicht des Bischofsamtes zurücktreten und die Unterscheidung zwischen Presbyterat und Episkopat unklar werden.

Diese theologische Unsicherheit wirkte sich nicht nur bei den Reformatoren aus, die sich für die Bestreitung eines wesenhaften Unterschieds zwischen Bischof und Priester nicht zufälligerweise auf Hieronymus berufen haben, sondern sie zeitigte auch in der Katholischen Kirche Nachwirkungen, die man am deutlichsten an Sprachverschiebungen ablesen kann. Ursprünglich wurde die Bischofsgemeinde als „paroikia" bezeichnet, wobei dieses Wort das Selbstverständnis der frühen Christen präzis wiedergibt, die sich als „Fremdlinge" und „Pilger" in dieser Welt verstanden haben. Als jedoch die Zahl der Christen immer mehr zunahm und Pfarreien gebildet werden mussten, denen Priester vorstanden, wurde die Bezeichnung „paroikia" von der Bischofsgemeinde auf die Presbytergemeinde übertragen, während dem gegenüber die Bischofsgemeinde „dioecesis" genannt wurde. Da dieser Titel ursprünglich jede Art von Verwaltung bezeichnete, wurde im Gesamtbewusstsein der Gläubigen nicht mehr die Diözese als primärer Ort des kirchlichen Lebens wahrgenommen; vielmehr wurde „erstrangiger Ort des kirchlichen Lebens jetzt die Pfarrei, die ‚paroikia'"[14]. Dem entsprechend wurde auch das Hirtenamt in der Kirche in erster Linie beim Pfarrer und nicht mehr beim Bischof gesehen, der sich nunmehr gleichsam in einen „Oberhirten" verwandelt und in dem man vor allem den „Verwalter" der Kirche erblickt hat, dem freilich die neue und besondere Aufgabe zugekommen ist, dafür zu sorgen, dass keine einzelne Pfarrei sich in sich selbst verschließt und sich selbst genügt, sondern offen bleibt für das größere Ganze der Kirche.

Eine analoge Verschiebung in der geschichtlichen Entwicklung lässt sich auch an der Bezeichnung der Bischöfe und der Priester festmachen. Während ursprünglich die Bezeichnung „sacerdos" ausschließlich für den Bischof reserviert gewesen ist, wurde sie in der zweiten Hälfte des 6. Jahrhunderts durch den Begriff „episcopus" abgelöst und wurde gegen Ende des 7. Jahrhunderts nun der Priester als „sacerdos" bezeichnet. Diese terminologische Verschiebung dürfte aus dem Sachverhalt zu erklären sein, „dass der Presbyter angesichts der zunehmenden Profilierung des Presbyterates durch die Übernahme bis dahin genuin bischöflicher Aufgaben vermehrt als sacerdos

---

14 H.-J. Vogt, Bilder der frühen Kirche. Bildworte der Bibel bei den Kirchenvätern. Kleine Geschichte des Credo (München 1993) 8.

erfahren wurde, während umgekehrt der Bischof mit seinem in den Gemeinden verringerten sacerdotalen Erscheinen langsam aus dem Blickfeld der Menschen verschwand"[15].

b) Einheit von Sakrament und Recht

Bereits in den sechziger Jahren des vergangenen Jahrhunderts hat Joseph Ratzinger sehr eindringlich auf die Gefahr der herkömmlichen Separierung von Weihe- und Hirtengewalt hingewiesen, dass nämlich die erste beinahe ins Magische und die zweite ins Profane abgedrängt werde: „Das Sakrament wird nur mehr rituell und nicht als Auftrag zur Leitung der Kirche durch Wort und Liturgie gefasst; das Leiten umgekehrt wird als ein rein politisch-administratives Geschäft gesehen – weil man offenbar die Kirche selbst nur für ein politisches Instrument hält. In Wahrheit ist das Votsteheramt in der Kirche ein unteilbarer Dienst." Denn „das Vorstehen in ihr vollzieht sich ... nicht anders als in der Vollmacht der sakramentalen Verkündigung"[16].

Damit kommt die grundlegende Weichenstellung ans Licht, die das Zweite Vatikanische Konzil gebracht hat, indem es wiederum auf die Ekklesiologie und Ekklesiopraxis der frühen Kirche zurückgegriffen hat, in der es selbstverständlich gewesen ist, dass die Katholische Kirche in erster Linie Bischofskirche ist und sich vor allem darin verwirklicht, dass der Bischof der Eucharistie vorsteht. Eucharistie, Kirche und Bischofsamt bildeten eine organische Einheit. In dieser Sinnrichtung hat das Zweite Vatikanische Konzil hervorgehoben, dass die primäre Verwirklichungsform der Kirche die um den Bischof versammelte und Eucharistie feiernde Kirche, also das Bistum, ist, das seinerseits in verschiedene Teile, nämlich die Pfarreien, aufgegliedert ist. Dem entsprechend hat das Konzil gelehrt, dass die Priester ihren Dienst in den Pfarreien nur in Einheit mit dem Bischof und in seinem Auftrag wahrnehmen können. Diese vom Konzil wiedergewonnene Sicht hat sich auch im neuen Kirchenrecht niedergeschlagen, in dem die Pfarrei umschrieben ist als eine bestimmte Gemeinschaft von Gläubigen, „die in einer Teilkirche auf Dauer errichtet ist und deren Seelsorge unter

---

15 G. Predel, Vom Presbyter zum Sacerdos. Historische und theologische Aspekte der Entwicklung der Leitungsverantwortung und Sacerdotalisierung des Presbyterates im spätantiken Gallien (Münster 2005) 197.

16 J. Ratzinger, Demokratisierung der Kirche? in: Ders./H. Maier, Demokratie in der Kirche. Möglichkeiten und Grenzen (Limburg – Kevelaer 2000) 7–46, zit. 32.

der Autorität des Diözesanbischofs einem Pfarrer als ihrem eigenen Hirten anvertraut ist“[17].

Mit der eindeutigen Herausstellung der Ortskirche ist im Zweiten Vatikanischen Konzil auch die Revitalisierung der frühkirchlichen Theologie des Bischofsamtes verbunden, der gemäß im Bischofsamt die sakramentale Vollgestalt des kirchlichen, durch Gebet und Handauflegung mitgeteilten Amtes vorliegt. Das Konzil betrachtet deshalb den Episkopat nicht mehr vom Priestertum her, sondern ihn selbst unmittelbar als das volle Priestertum, und es sieht in der Bischofsweihe den „primären und umfassenden Fall der sakramentalen Amtsordination“[18]. Das Konzil spricht genauer davon, dass „durch die Bischofsweihe die Fülle des Weihesakramentes übertragen“ wird[19] und der Bischof, „mit der Fülle des Weihesakramentes ausgezeichnet, ‚Verwalter der Gnade des höchsten Priestertums‘“ ist, und zwar „vorzüglich in der Eucharistie, die er selbst darbringt oder darbringen lässt und aus der die Kirche immerfort lebt und wächst“[20].

Indem das Konzil die Spezifizität des Bischofsamtes nicht mehr allein jurisdiktionell, sondern sakramententheologisch und ekklesiologisch betrachtet, wollte es die unlösbare Einheit von Weihe- und Jurisdiktionsvollmacht wiederherstellen, und zwar auf der Grundlage der Sakramentalität der Kirche. Die konziliare Theologie des Bischofsamtes leuchtet jedenfalls nur in einer sakramentalen Sicht der Kirche ein. Hier liegt es begründet, dass das Konzil das Bischofsamt vor allem christozentrisch fundiert. Indem es nämlich das Bischofsamt – wie alle anderen ordinierten Ämter in der Kirche – als Dienst in und an der Kirche charakterisiert, will es entschieden zur Geltung bringen, dass dieses Amt in der Kirche weder um seiner selbst willen da ist noch in vornehmerer Weise Kirche ist als die anderen Glieder des Gottesvolkes. Das Amt gibt es vielmehr nur um seines Dienstes willen.

---

17 CIC Canon 515.

18 K. Rahner, Kommentar zur Dogmatischen Konstitution über die Kirche, in: Das Zweite Vatikanische Konzil. Konstitutionen, Dekrete und Erklärungen = LThK Band 12 (Freiburg i. Br. 1966) 218.

19 Lumen gentium, Nr. 21.

20 Lumen gentium, Nr. 26.

4. *Der Bischof als Evangelist, Liturge und Hirt in der Ortskirche*

Der Dienst des Bischofs gilt dabei genauer nicht der Kirche, sondern Christus selbst und nur so der Kirche. Deshalb darf das Bischofsamt zwar gewiss auch, aber nicht allein und nicht prioritär aus den Bedürfnissen der Kirche und ihrer Glieder abgeleitet werden. Denn den für alle Glaubenden und Getauften schlechthin entscheidenden Dienst vollzieht Christus selbst. Folglich muss aller Dienst in der Kirche, auch und gerade der Dienst des Bischofs, Dienst dafür sein, dass Christus selbst seinen Dienst an der Kirche ausüben kann. Der Dienst des Bischofs in der Kirche ist „Dienst dafür, dass der Herr und Meister selbst jeden einzelnen bedienen kann."[21] Wenn der Bischof somit durch seinen Dienst den Dienst Jesu Christi an seiner Kirche repräsentiert, ist er auch berufen, den Stil des Dienstes Jesu Christi an seiner Kirche in seinem eigenen Amtsstil transparent werden zu lassen. Von daher muss in einem weiteren Schritt nach den Grundaufgaben des bischöflichen Dienstes in der Kirche gefragt werden. Diese lassen sich in der Trias zusammenfassen, dass der Bischof der erste Verkünder, der erste Liturge und der erste Hirt in der ihm anvertrauten Ortskirche ist.[22]

a) Treuhänder des apostolischen Erbes

Im Unterschied zu einer langen Tradition, in der das Bischofsamt von der Vollmacht zur Sakramentenspendung und vor allem von der Eucharistie her verstanden worden und es in der Folge zur Separierung von Sakramentalität und Recht gekommen ist, hat das Zweite Vatikanische Konzil in seiner theologischen Bestimmung des Bischofsamtes – wie auch des Priesteramtes – beim Dienst der Verkündigung angesetzt und ihn sogar dem liturgischen Dienst an den Sakramenten und dem kybernetischen Dienst der Leitung der Ortskirche vorgeordnet. Es hat deshalb entschieden betont, dass unter den hauptsächli-

---

21 W. Breuning, Das Verständnis des katholischen Bischofsamtes nach dem Zweiten Vatikanischen Konzil, in: W. Sanders (Hg.), Bischofsamt – Amt der Einheit. Ein Beitrag zum ökumenischen Gespräch (München 1983) 9–30, zit. 15.

22 Mit dieser Trias wird die Ordnung aufgenommen, die in dem von der Kongregation für die Bischöfe im Jahre 2004 herausgegebenen „Direktorium für den Hirtendienst der Bischöfe" vorliegt, indem es vom „munus docendi", vom „munus sanctificandi" und vom „munus regendi" des Diözesanbischofs handelt. Vgl. auch K. Koch, Der Bischof als erster Verkünder, Liturge und Leiter der Ortskirche. Perspektiven des Bischofsamtes im Licht des Zweiten Vatikanischen Konzils, in: Ders., Fenster sein für Gott. Unzeitgemäße Gedanken zum Dienst in der Kirche (Freiburg/Schweiz 2002) 76–91.

chen Ämtern der Bischöfe die Verkündigung des Evangeliums einen „hervorragenden Platz“ hat: „Die Bischöfe sind Glaubensboten, die Christus neue Jünger zuführen; sie sind authentische, das heißt mit der Autorität Christi ausgerüstete Lehrer. Sie verkündigen dem ihnen anvertrauten Volk die Botschaft zum Glauben und zur Anwendung auf das sittliche Leben und erklären sie im Licht des Heiligen Geistes, indem sie aus dem Schatz der Offenbarung Neues und Altes vorbringen. So lassen sie den Glauben fruchtbar werden und halten die ihrer Herde drohenden Irrtümer wachsam fern.“[23]

Die Konzentration des Bischofsamtes auf den Dienst an der Verkündigung des Wortes Gottes kommt auch in der Liturgie der Bischofsweihe zu besonderem Ausdruck in der sinnenfälligen Gebärde, dass während der ganzen Weihepräfation das Evangelienbuch über den Kopf des zu Weihenden gehalten wird. Diesen Ritus hat Joseph Ratzinger tiefsinnig dahingehend gedeutet, dass auf der einen Seite das Gesicht des zu Weihenden ganz „verdeckt“ wird und unter dem Wort Gottes, das auf ihn gelegt wird, gleichsam verschwindet, weil der Bischof nicht im eigenen Namen redet, sondern „Treuhänder eines anderen, Jesu Christi und seiner Kirche“ ist, und dass auf der anderen Seite der Bischof auch „gedeckt“ wird, insofern das Wort Gottes wie ein Dach über seinem Kopf steht, das ihn in den Stürmen der Welt schützt. In diesem liturgischen Ritus wird der mit dem Evangelienbuch Beladene somit „zum Lastträger Gottes, zum Träger seines lebendigen Wortes, Jesus Christus“ bestimmt[24].

Das Konzil hat dabei an eine Tradition anknüpfen können, in der diese Wesensbestimmung des bischöflichen Dienstes auch gegen den damaligen Trend lebendig geblieben ist. Vor allem Thomas von Aquin hat im „officium docendi“ das „principalissimum“ des Bischofsamtes erblickt. Dass Thomas die Vorsteher der Kirche von ihrem Auftrag zur Verkündigung und damit von ihrer Sendung zur Evangelisierung her verstanden hat, kann nicht erstaunen, wenn man bedenkt, dass er Mitglied des Predigerordens und deshalb dem Geist des Apostel Paulus besonders verpflichtet gewesen ist.[25] Im 16. Jahrhundert hat der große Erzbischof von Braga, Bartholomäus a Martyribus, betont, der Bischof finde seine Hauptaufgabe in der Predigt, der nicht

23 Lumen gentium, Nr. 25.

24 Christus-Träger. Kardinal Joseph Ratzinger erinnert an seinen Vorgänger als Erzbischof in München (Eichstätt 2005) 6–7.

25 Vgl. W. Kasper, Steuermann mitten im Sturm. Das Bischofsamt nach Thomas von Aquin, in: Ders., Die Kirche und ihre Ämter. Schriften zur Ekklesiologie II = Gesammelte Schriften Band 12 (Freiburg i. Br. 2009) 451–481.

einmal die Armenfürsorge vorgezogen werden dürfe.[26] Dass Bartholomäus seine erstrangige Sorge der Verkündigung des Evangeliums gewidmet hat, lässt sich auch von daher erklären, dass sein Lebensweg maßgeblich von der Begegnung mit Karl Borromäus geprägt gewesen ist, der seinerseits seine primäre Sendung als Bischof von Mailand in der apostolischen Verkündigung gesehen hat.[27]

Der Bischof ist an erster Stelle Evangelist, der sich darum zu sorgen hat, dass das Evangelium Jesu Christi die Ohren und vor allem die Herzen der Menschen, die in der ihm anvertrauten Ortskirche leben, erreichen kann. Der Bischof ist Zeuge und Vermittler des apostolischen Erbes oder, wie Papst Benedikt XVI. in einem früheren Aufsatz präzis formuliert hat: „Hirte sein heißt Treuhänder sein."[28] Das apostolische Erbe ist gewiss der Kirche als ganzer anvertraut, und die ganze Kirche steht in der apostolischen Sukzession, weshalb sie im Apostolischen Glaubensbekenntnis die „ecclesia apostolica" bekennt.[29] Da das Glaubenszeugnis der Kirche aber notwendigerweise an Glaubenszeugen gebunden ist, besteht die besondere Verantwortung des Bischofs darin, Sorge dafür zu tragen, dass in der Kirche Jesus Christus und sein Wort autoritative Norm ist und bleibt, und deshalb im Gegenüber zur Kirche „das Gegenüber Christi und seines Wortes zeichenhaft darzustellen"[30].

In diesem grundlegenden Sinn ist der Bischof Lehrer des Glaubens in der Kirche. Wiewohl darin die zentrale Wesensbestimmung des bischöflichen Dienstes im Zweiten Vatikanischen Konzil besteht, ist sie wie kaum eine zweite nach dem Konzil in Frage gestellt worden, indem die Aufgabe der

---

26 Vgl. M. Schlosser, Stimulus pastorum. Zur Spiritualität des Bischofs nach Bartholomäus a Martyribus (1514–1590), in: M. Weitlauff/P. Neuner (Hg.), Für euch Bischof – mit euch Christ. Festschrift für Friedrich Kardinal Wetter zum siebzigsten Geburtstag (St. Ottilien 1998) 219–243.

27 Vgl. bei G. Alberigo, Karl Borromäus. Geschichtliche Sensibilität und pastorales Engagement (Münster 1995).

28 J. Kardinal Ratzinger, Vom Dienst des Bischofs, in: Klerusblatt 78 (1989) 152–153. Dass der Bischof nicht nur Zeuge des Glaubens, sondern auch Zeuge und Lehrer der Moral sein muss, hat Kardinal Ratzinger gezeigt im Aufsatz: Der Auftrag des Bischofs und des Theologen angesichts der Probleme der Moral in unserer Zeit, in: Communio. Internationale katholische Zeitschrift 13 (1984) 324–338.

29 W. Kasper, Die apostolische Sukzession als ökumenisches Problem, in: W. Pannenberg (Hg.), Lehrverurteilungen – kirchentrennend? III. Materialien zur Lehre von den Sakramenten und vom kirchlichen Amt (Freiburg i. Br. – Göttingen 1990) 329–349.

30 W. Kasper, Der Dienst des Bischofs in der Kirche, in: Ders., Die Kirche und ihre Ämter. Schriften zur Ekklesiologie II = Gesammelte Schriften Band 12 (Freiburg i. Br. 2009) 427–437, zit. 431.

Lehre vom Verantwortungsbereich des Hirten abgekoppelt worden ist, und haben trotz aller Bemühungen der Bischöfe um die Verkündigung des Wortes Gottes die Theologen in weiten Teilen der Universalkirche die Bischöfe als Lehrer abgelöst. In dieser Stoßrichtung hat vor allem Hans Küng die „leadership“ der Bischöfe von der „scholarship“ der Theologen prinzipiell unterschieden und diesen Unterschied in die Kurzformel gegossen: „Leadership by proclamation“ und „scholarship by investigation“[31]. Hinter dieser Arbeitsaufteilung steht aber nicht nur eine gefährliche Identifikation von Glaubenslehre und Theologie, sondern auch eine problematische Sicht der Pastoral und letztlich ein Rückfall hinter das Konzil. Wenn nämlich der Glaube der Kirche die entscheidende Vorgabe ist, auf der die Theologie aufbaut, und wenn „pastoral“ heißt, „den Menschen vor die Entscheidung zu stellen, ihn mit der Autorität der Wahrheit zu konfrontieren“[32], dann darf der Bischof seine Verantwortung nicht auf die bloße Rolle eines Moderators im Pluralismus der theologischen Strömungen und Meinungen beschränken lassen und sich selbst nicht davon dispensieren, auch inhaltlich „Partei“ zu ergreifen. Der Bischof ist vielmehr verpflichtet, Partei für den unverfälschten Glauben der Kirche zu ergreifen, und er muss seine Lehrvollmacht als „Dienst am Glaubensgehorsam“ verstehen, wie dies Papst Benedikt XVI. bei seiner Inbesitznahme der Cathedra des Bischofs von Rom in der Lateranbasilika pointiert ausgesprochen hat: „Er darf nicht seine eigenen Ideen verkünden, sondern muss – entgegen allen Versuchen von Anpassung sowie jeder Form von Opportunismus – sich und die Kirche immer zum Gehorsam gegenüber dem Wort Gottes verpflichten.“[33]

Es gehört von daher zu den unerlässlichen Aufgaben des Bischofsamtes, sich stark zu machen für das von den Aposteln überlieferte kostbare Gut und den apostolischen Glauben zu bezeugen, genauer Zeuge der Auferstehung Jesu Christi zu sein. Bei dieser Verantwortung hat es ein Bischof heute auch mit Falschlehren zu tun, vor allem mit einem weit verbreiteten neuen Arianismus, der den tiefsten Infekt der Kirche heute als Krise des christologischen Glaubens erscheinen lässt.[34] In der heutigen Situation begegnet man

31 H. Küng, Unfehlbar? Eine Anfrage (Einsiedeln 1970) 194.

32 J. Kardinal Ratzinger, Zur Lehrvollmacht der Bischöfe, in: Klerusblatt 69 (1989) 101–102.

33 Benedikt XVI., Predigt in der Eucharistiefeier anlässlich der feierlichen Inbesitznahme der Kathedra des Bischofs von Rom in der Lateranbasilika am 7. Mai 2005.

34 Vgl. F. J. Baur, Arianismus und Priestermangel, in: Ch. Schaller/M. Schulz/R. Voderholzer (Hg.), Mittler und Befreier. Die christologische Dimension der Theologie. Für Gerhard Ludwig Müller (Freiburg i. Br. 2008) 60–77.

freilich auch jenem eigenartigen Phänomen, das Bischof Joachim Wanke als „kleinkarierte Lehre“ bezeichnet.[35] Solche kleinkarierte Lehren sind daran zu erkennen, dass sowohl in progressistischer als auch in traditionalistischer Richtung der katholische Glaube auf einige wenige Aspekte verkürzt wird, die in sich zwar richtig sind, aber in ihrer einseitigen Isolierung falsch werden. Angesichts solcher Erscheinungen besteht die bischöfliche Aufgabe vor allem darin, der zunehmenden unseligen Polarisierungen im Gottesvolk zu wehren und sich als Brückenbauer, als Pontifex, zwischen den verschiedenen Lagerbildungen in der Kirche zu bewähren. Und angesichts so vieler unfruchtbarer und lähmender Grabenkämpfe zwischen traditionsvergessenen Traditionalisten und nach rückwärts, nämlich am 19. Jahrhundert, orientierten Progressisten liegt die vorrangige Verantwortung des Bischofs darin, die kleinkarierte Spreu vom Weizen des Glaubens zu sondern und in sensibler Wachsamkeit dafür zu sorgen, dass im kirchlichen Leben die katholische Mitte gewahrt werden kann. Nur so ist der Bischof Evangelist und Hüter des Glaubens.

b) Liturge des Evangeliums

Wie heute die Gefahr gegeben ist, dass die Verantwortung des Bischofsamtes auf eine Moderatorenrolle reduziert wird, so gibt es auch die andere Gefahr, dass der Bischof nur in seiner Rolle als Liturge gesehen wird. Wie verhängnisvoll sich eine solche Verkürzung auswirken kann, ist bereits in der spätjüdischen Zeit in Erscheinung getreten, in der die ursprüngliche Einheit des alttestamentlichen Priestertums, dem Volk Gottes das Wort der Weisung zu verkünden und mit ihm Gottesdienst zu feiern, in die Gelehrsamkeit der Rabbinen und in die rituell-zeremonielle Rolle der Priester auseinander gefallen ist, und zwar auf Kosten beider: „Die Zerspaltung der lebendigen Einheit von Gottesdienst und Wort in bloße Gelehrsamkeit und bloßen Ritus, die Trennung von Theologie und Liturgie ist das eigentliche Verhängnis des Spätjudentums, das Auseinandertreten von Rabbinat und Priestertum sein tiefstes Ungenügen.“[36] Demgegenüber ist im Neuen Testament die ursprüngliche Einheit von Wort und Opfer wieder hergestellt, wenn sich vor allem

35 J. Wanke, Der Bischof im Dienst von Einheit und Vielfalt, von Bewahrung und Erneuerung, in: K. Hillenbrand/G. Koch/J. Pretscher (Hg.), Einheit und Vielfalt. Tradition und Innovation in der Kirche (Würzburg 2000) 94–109, zit. 101.
36 J. Ratzinger, Der Priester im Umbruch der Zeit, in: Klerusblatt 49 (1969) 251–254.

Paulus als Liturge des Evangeliums versteht und von sich sagt, er verwalte das Evangelium Gottes „wie ein Priester“ (Röm 15,16).

Als Liturge des Evangeliums nimmt der Bischof auch sein Priesteramt wahr. Das Zweite Vatikanische Konzil spricht dem Priesteramt des Bischofs sogar einen ursprünglichen Charakter zu, und zwar „ursprünglich“ im Sinne einer geistlichen Quelle, aus der das Wirken Gottes den Menschen entgegen fließt. Dies bedeutet, dass vom Bischofsamt alles heiligende Wirken ausgeht, damit es in den verschiedenen Ortsgemeinden durch den Dienst der Priester verwirklicht wird, die am Priestertum des Bischofs partizipieren und von daher nur in einem abgeleiteten Sinn selbst Priester sind. Diese Lehre von der Abhängigkeit des priesterlichen Dienstes vom Bischofsamt tritt im liturgischen Vollzug vor allem zu Tage in der Spendung der Heiligen Weihen und in der Chrisammesse in der Weihe der heiligen Öle, die in den Pfarreien und anderen kirchlichen Gemeinschaften verwendet werden. In diesem ursprünglichen, nämlich göttliches Leben spendenden Charakter des Bischofsamtes liegt es begründet, dass bereits die frühe Kirche im Bischof den Repräsentanten Gottes des Vaters gesehen hat.[37]

In seinem Priesteramt ist der Bischof der Erst- und Hauptzelebrant der liturgischen Feiern in seiner Ortskirche, die sakramental konstituiert ist und immer wieder neu sakramental begründet wird. Dies gilt vor allem von der Eucharistie, die die Kirche nicht nur feiert, sondern von der her Kirche immer wieder neu entsteht. Denn indem Christus uns seinen sakramentalen Leib in der Eucharistie schenkt, verwandelt er zugleich die Kirche in seinen sichtbaren Leib. Da somit die Eucharistie, in der uns Christus seinen Leib gibt und uns zu seinem Leib macht, der immerwährende Entstehungsort der Kirche ist, gehören der bischöfliche Vorsitz in der Verkündigung der Glaubenslehre und der Vorsitz in der Eucharistie unlösbar zusammen.

c) Hirte der Kirche

Die Eucharistie ist als Sakrament der Einheit nicht nur Quelle und Höhepunkt des kirchlichen Lebens, sondern sie ist auch der zentrale Vollzug des Hirtenamts des Bischofs. Gerade als Vorsteher der Eucharistie ist der Bischof auch Hirt des Volkes Gottes. Die Bezeichnung der Leitungsverantwortung

37 M. Kunzler, Das väterliche Amt (LG 21). Gedanken zum väterlichen Charakter des bischöflichen Dienstes, in: R. Liggenstorfer/B. Muth-Oelschner (Hg.), (K)Ein Koch-Buch. Anleitungen und Rezepte für eine Kirche der Hoffnung (Freiburg i. Br. 2000) 159–180.

des Bischofs als Hirtenamt begegnet uns freilich heute aus einer fernen Welt, nicht nur im historischen, sondern auch im kulturellen Sinn, weshalb es notwendig ist, an ihren ursprünglichen Sinn zu erinnern: Im Alten Bund hatten vor allem Mose und David im buchstäblichen Sinne als Hirten ihr Leben verdient, bevor sie von Gott berufen worden sind, Hirten des Gottesvolkes zu werden. In der notvollen Situation des Babylonischen Exils, in der auch das Versagen der Hirten Israels, nämlich seiner politischen und religiösen Führer, an den Tag getreten ist, zeichnete Ezechiel das Bild von Gott selbst als dem Hirten seines Volkes: „Denn so spricht Gott, der Herr: Jetzt will ich meine Schafe selber suchen und mich selber um sie kümmern. Wie ein Hirt sich um die Tiere seiner Herde kümmert an dem Tag, an dem er mitten unter den Schafen ist, die sich verirrt haben, so kümmere ich mich um meine Schafe und hole sie zurück von all den Orten, wohin sie sich am dunklen, düsteren Tag zerstreut haben“ (Ez 34,11–12).

Unter Bezugnahme auf den Propheten Ezechiel hat Jesus angekündigt, dass diese „Stunde“ mit ihm gekommen ist. Denn er selbst ist der Gute Hirte, in dem Gott sich um den Menschen als sein Geschöpf kümmert, die Menschen sammelt und sie zur wahren Weide führt. Jesus hat sich freilich gerade dadurch als Guter Hirte erwiesen, dass er selbst Lamm geworden ist, um sich auf die Seite der Lämmer, der Getretenen und Geschlachteten zu stellen und sein Leben für sie hinzugeben. Petrus, dem der auferstandene Herr den Auftrag gegeben hat, seine Schafe zu weiden, also Hirte für ihn und mit ihm zu werden, bezeichnet Jesus als Erzhirten, als „Archipoimen“ (1 Petr 5,4) und ermahnt die Ältesten in Pontus, Galatien, Kappadozien, Asien und Bithynien, in der Gemeinschaft mit Jesus Christus Gute Hirten zu sein: „Sorgt als Hirten für die euch anvertraute Herde Gottes, nicht aus Zwang, sondern freiwillig, wie Gott es will; auch nicht aus Gewinnsucht, sondern aus Neigung; seid nicht Beherrscher eurer Gemeinden, sondern Vorbilder für die Herde“ (1 Petr 5,2–3).

Auch heute ist der Bischof nur dann Hirte der Kirche, wenn er im Dienst des Guten Hirten, des Archipoimen Christus, steht. Dies wird sichtbar im zweifellos deutlichsten Symbol des bischöflichen Dienstes, nämlich im Stab, der an Jesus Christus, den Guten Hirten erinnert, der seine Herde beschützt. Der Hirtenstab nimmt den Bischof in die Pflicht, den Anweisungen des Ersten Petrusbriefes zu folgen und sein Amt nicht als Herrschaft misszuverstehen, sondern in der Nachfolge Jesu sein Hirtenamt auszuüben. Die Besonderheit des Bischofsstabes besteht dabei darin, dass er ein Krummstab ist und die Krümmung auf die Verantwortung des Guten Hirten hinweist, die ihm anvertrauten Menschen zu schützen und in die Liebe Gottes einzubergen.

Im Blick auf diesen Hirtendienst hat das Konzil pointiert herausgestellt, dass die Bischöfe „eine ihnen eigene Gewalt" innehaben und „in voller Wahrheit Vorsteher des Volkes" heißen, das sie leiten. Deshalb ist ihnen das Hirtenamt, „das heißt die beständige tägliche Sorge für ihre Schafe im vollen Umfang anvertraut", und deshalb wird ihre Gewalt „von der obersten und allgemeinen Gewalt nicht ausgeschaltet, sondern im Gegenteil bestätigt, gestärkt und in Schutz genommen"[38].

5. Der Bischof in der Communio Ecclesiae et Ecclesiarum

Die bisher entfaltete Sicht des Bischofsamtes wäre von Grund auf missverstanden, wollte man aus ihr schließen, der Bischof könne in einer splended isolation und in völliger Autonomie die ihm anvertraute Ortskirche leiten. Der Bischof ist vielmehr eingebunden in das Kollegium der in der Welt verstreuten Bischöfe in Einheit mit dem Papst, weshalb eine der Fragen, die der Konsekrator vor der Bischofsweihe dem Weihekandidaten stellt, lautet: „Bist du bereit, am Aufbau der Kirche, des Leibes Christi mitzuwirken und zusammen mit dem Bischofskollegium unter dem Nachfolger des Heiligen Petrus stets ihre Einheit zu wahren?" In liturgischer Sprache ist damit eine elementare theologische Identitätsbestimmung des bischöflichen Amtes formuliert, und zwar dahingehend, dass die grundlegende Sendung des Bischofs in der Mitwirkung am Aufbau der Kirche, des Leibes Christi, und im Dienst an ihrer Einheit besteht.

a) Kirche als Gemeinschaft von Kirchen

Im Blick auf das Bischofsamt spricht das Zweite Vatikanische Konzil von zwei gleichursprünglichen Dimensionen, nämlich von der Gliedschaft des Bischofs im weltweiten Bischofskollegium und von seinem Hirtendienst in der Ortskirche[39]: „Die kollegiale Einheit tritt auch in den wechselseitigen Beziehungen der einzelnen Bischöfe zu den Teilkirchen wie zur Gesamtkirche in Erscheinung. Der Bischof von Rom ist als Nachfolger Petri das immerwährende, sichtbare Prinzip und Fundament für die Einheit der Vielfalt von Bi-

38 Lumen gentium, Nr. 27.

39 Vgl. Y. Congar, Das Bischofsamt und die Weltkirche (Stuttgart 1964); H. Fleckenstein u. a. (Hg.), Ortskirche – Weltkirche. Festgabe für Julius Kardinal Döpfner (Würzburg 1973).

schöfen und Gläubigen. Die Einzelbischöfe hinwiederum sind sichtbares Prinzip und Fundament der Einheit in ihren Teilkirchen, die nach dem Bild der Gesamtkirche gestaltet sind."[40] Dabei sind beide Betrachtungsweisen engstens miteinander verknüpft: Der Bischof ist zunächst Mitglied des Bischofskollegiums; in dieses wird er aber gerade deshalb aufgenommen, weil er selbstverantwortlicher Bischof für eine Ortskirche ist. Und umgekehrt erweist sich seine Mitgliedschaft im Bischofskollegium als Voraussetzung dafür, dass er einer Ortskirche vorstehen kann.

Diese wechselseitige Blickrichtung hat ihren entscheidenden Grund in der Ekklesiologie des Zweiten Vatikanischen Konzils. Dieses hat in neuer Weise bewusst gemacht, dass die Katholische Kirche in den Einzelkirchen und aus ihnen besteht: „Die Kirche Jesu Christi ist wahrhaft in allen rechtmäßigen Ortsgemeinschaften der Gläubigen anwesend, die in der Verbundenheit mit ihren Hirten im Neuen Testament auch selbst Kirche heißen."[41] Die Kirche ist dem gemäß am ehesten mit einer Ellipse mit zwei Brennpunkten zu vergleichen, nämlich der Einheit der Universalkirche und der Vielheit der Ortskirchen: Die Kirche ist communio ecclesiae et communio ecclesiarum. Sie ist ortskirchlich und zugleich universalkirchlich, bischöflich und zugleich päpstlich verfasst. Für das katholische Kirchenverständnis ist die Spannung zwischen Singular „Kirche" und Plural „Kirchen" grundlegend. Darin besteht die eigentümliche und unverwechselbare Verfassungsstruktur der Katholischen Kirche, für die es in keiner staatlichen Verfassung Analogien gibt. Diese Analogielosigkeit bringt es freilich mit sich, dass die Verfassungsstruktur der Katholischen Kirche immer wieder Missverständnissen ausgesetzt ist, und zwar vor allem dann, wenn in der elliptischen Struktur der eine Brennpunkt derart verabsolutiert wird, dass der andere von ihm aufgesogen zu werden droht, wie dies heute in besonders deutlicher Weise zu Tage tritt:

Auf der einen Seite ist es angesichts der heutigen Globalisierung der Wirtschaft eine Wohltat, dass neben der Wirtschaft die Katholische Kirche eine globalisierte, wenn nicht die einzige, globale Realität in der heutigen Welt darstellt. Sie ist auf jeden Fall der älteste „global player"[42], und zwar als „global prayer". Diese globale Wirklichkeit verkehrt sich aber dann in einen gefährlichen kirchlichen Globalismus, wenn ein einseitiger Vorrang der Univer-

40 Lumen gentium, Nr. 23.

41 Lumen gentium, Nr. 26.

42 Vgl. P. Schulmeister, Papst und Papstamt als sozialpolitische Wirklichkeit in einer globalen Welt, in: S. Hell/L. Lies (Hg.), Papstamt. Hoffnung, Chance, Ärgernis. Ökumenische Diskussion in einer globalisierten Welt (Innsbruck 2000) 17–36.

salkirche vor den einzelnen Ortskirchen propagiert und durchgesetzt wird. In dieser Optik wird die Katholische Kirche derart pointiert als Weltkirche wahrgenommen und betont, dass die verschiedenen Ortskirchen gleichsam nur noch als Unterabteilungen und Filialen der Weltkirche verstanden werden. Gegenüber diesem Phänomen eines weltkirchlichen Globalismus aber hat Kardinal Joseph Ratzinger mit Recht betont, dass die Ortskirchen „nicht unterste Verwaltungsbezirke" sind, „sondern lebendige Zellen, in denen der ganze Organismus lebt", und dass „umgekehrt die Gesamtkirche nicht eine organisatorische Superstruktur" ist, „sondern die notwendige Form der Einzigkeit Christi in der Vielheit seiner Gemeinden"[43].

Dort aber, wo auf der anderen Seite die an sich legitime Eigenständigkeit der Ortskirchen überpointiert wird, wird in der Universalkirche letztlich nichts anderes mehr gesehen als ein nachträglicher Zusammenschluss von in sich eigenständig existierenden Ortskirchen im Sinne eines organisatorischen Dachverbandes. In der Fluchtlinie dieser Sicht wird ein teilkirchlicher Föderalismus oder nationalistischer Partikularismus wirksam, der die Universalkirche, wenn überhaupt, bloß noch wahrnimmt als nachträgliche Summe, beziehungsweise Konföderation von Teilkirchen, die sich schnell und gerne national identifizieren. Gegenüber diesem Missverständnis der Universalkirche als eines kongregationalistischen Ensembles von in sich autonomen Einzelkirchen gilt es aber zu betonen, dass die Katholische Kirche ihrer innersten Natur nach übernational ist: „Auf alle Menschen und alle Völker ausgerichtet, ist sie offen für alle, kennt sie keine Rassenschranken und Klassengrenzen. Der Gedanke einer Nationalkirche ist ein Widerspruch in sich."[44] Jede Ortskirche ist bei aller Eigenständigkeit immer auch Teilkirche innerhalb der universalen Kirche und darf sich auf keinen Fall von dieser größeren Communio ecclesiarum separatistisch abschotten. Jede Ortskirche ist von vorneherein eingewiesen in eine lebendige communio und in einen ebenso bereichernden Austausch mit anderen Ortskirchen, um in sich selbst die größere Weite und bunte Fülle der Universalkirche aufzunehmen und um umgekehrt ihren authentischen Beitrag in die Universalkirche einzubringen.

43 J. Kardinal Ratzinger, Vom Wiederauffinden der Mitte. Grundorientierungen (Freiburg i. Br. 1997) 36.
44 Ch. Kardinal Schönborn, Die Menschen, die Kirche, das Land. Christentum als gesellschaftliche Herausforderung (Wien 1998) 48.

b) Ortskirchen und Universalkirche

Damit tritt ans Tageslicht, dass man über das Bischofsamt sinngemäß nur auf dem Hintergrund des spannungsreichen Verhältnisses von Universalkirche und Ortskirchen sprechen kann, wie es der ekklesiologischen Grundoption von Kardinal Walter Kasper entspricht, die er bereits in seinem ersten schriftlichen Beitrag zur Theologie des Bischofsamtes aus dem Jahre 1969 getroffen und pointiert zum Ausdruck gebracht hat: „Erst von dieser Idee der Ortskirche her kann man die Lehre vom Bischof recht verstehen. Weil das Bistum im vollen Sinn die Kirche am Ort repräsentiert, kommt dem Bischof die Fülle des Priestertums zu.“[45] Hinter dieser ekklesiologischen Grundoption stehen dabei zwei Anliegen:

Das erste betrifft das ökumenische Ringen um die Einheit der Kirche. Denn mit der Wiederherstellung des Plurals von Ortskirchen, beziehungsweise Bischofskirchen in der Einheit der einen Kirche und folglich mit ihrem Verhältnis zum Singular „Universalkirche“ in der Dogmatischen Konstitution über die Kirche „Lumen gentium“ ist das ökumenische Problem bereits in nuce präsent. Unter dem Plural „Kirchen“ sind nun freilich nicht mehr die vielen Gottesdienstversammlungen am Ort innerhalb der Katholischen Kirche zu verstehen, sondern es geht nun um jenen Plural, der außerhalb der Katholischen Kirche besteht, nämlich in der Verselbständigung von konfessionell getrennten kirchlichen Gemeinschaften. Die Frage der theologischen Verhältnisbestimmung zwischen der Vielheit der Ortskirchen und der Einheit der Universalkirche hat deshalb von selbst wichtige Implikationen für das ökumenische Gespräch, das sich nicht zufälligerweise auf die theologische Klärung von Verständnis und Wesen der Kirche zugespitzt hat. Damit ist auch evident, dass der Bischof eine besondere Verantwortung für das ökumenische Anliegen wahrzunehmen hat.[46]

Das zweite Anliegen von Kardinal Kasper, die ministeriologische Frage des bischöflichen Dienstes von der fundamentaleren ekklesiologischen Frage des Verhältnisses von Ortskirchen und Universalkirche her anzugehen, ist pastoral-praktischer Natur. Einen neueren Beitrag zur Theologie des Bischofsamtes hat Kardinal Kasper denn auch, wie er schreibt, als „bischöfli-

---

45 W. Kasper, Der Dienst des Bischofs in der Kirche, in: Ders., Die Kirche und ihre Ämter. Schriften zur Ekklesiologie II = Gesammelte Schriften Band 12 (Freiburg i. Br. 2009) 427–437, zit. 433.

46 Vgl. K. Koch, Die Verantwortung des Bischofs für die Förderung der Einheit der Christen, in: Catholica 72 /(2018) 20–34.

cher ‚Praktiker'" verfasst.[47] Dieser Aufsatz hat vor einigen Jahren zu einer theologischen Kontroverse mit Kardinal Joseph Ratzinger geführt, die als „Disput der Kardinäle" bekannt geworden ist[48] und auf die kurz zurückzublenden sich lohnt, auch wenn sie schließlich zu einer weit reichenden Annäherung der Standpunkte führen konnte.

Kardinal Walter Kasper fasst zunächst die ekklesiologischen Vorgaben des Zweiten Vatikanischen Konzils prägnant so zusammen: „Die eine katholische Kirche ist also weder die nachträgliche Summe beziehungsweise Konföderation der Teilkirchen (‚ex quibus'), noch ist sie eine Superkirche, deren Teilkirchen lediglich Provinzen der Universalkirche wären. Die Teilkirchen sind in Wahrheit Kirche Jesu Christi. Teilkirche und Universalkirche realisieren sich perichoretisch ineinander, sie sind sich gegenseitig innerlich (‚in quibus')."[49] Im kritischen Durchdenken der praktischen Fragen nach dem theologischen Status der Bischofskonferenzen, der Mitwirkungsmöglichkeiten der Ortskirchen bei Bischofsernennungen und der pastoralen Eigenverantwortung des Bischofs bei der Leitung seiner Ortskirche ist Kardinal Kasper zum Schluss gekommen, dass die „Verhältnisbestimmung von Ortskirche und Universalkirche noch immer nicht recht geglückt ist"[50]. In diesem Zusammenhang hat er heftige Kritik am Schreiben der Kongregation für die Glaubenslehre „über einige Aspekte der Kirche als Communio"[51] aus dem Jahre 1992 geübt, vor allem an der im zweiten Kapitel pointiert herausgestellten Priorität der Universalkirche. Denn die dort vorgenommene Verbindung der Aussage des Konzils, dass die Kirche in und aus den Kirchen bestehe (Ecclesia in et ex Ecclesiis), mit der anderen Aussage, dass auch die Kirchen in und aus der Kirche bestehen (Ecclesiae in et ex Ecclesia), trage der histori-

---

47 W. Kasper, Zur Theologie und Praxis des bischöflichen Amtes, in: W. Schreer/G. Steins (Hg.), Auf neue Art Kirche sein. Wirklichkeiten – Herausforderungen – Wandlungen. Festschrift für Bischof Dr. Josef Homeyer (München 1999) 32–48, zit. 44; wieder abgedruckt in: W. Kasper, Die Kirche und ihre Ämter. Schriften zur Ekklesiologie II = Gesammelte Schriften Band 12 (Freiburg i. Br. 2009) 482–496, zit. 491. Im folgenden wird nach der zweiten Veröffentlichung zitiert.

48 Vgl. A. Cattaneo, La priorità della Chiesa universale sulla Chiesa particolare, in: Antonianum 77 (2002) 503–539; M. Kehl, Zum jüngsten Disput um das Verhältnis von Universalkirche und Ortskirchen, in: P. Walter (Hg.), Kirche in ökumenischer Perspektive. Festschrift für Kardinal Walter Kasper (Freiburg i. Br. 2003) 81–101; K. Mc Donnell, The Ratzinger/Kasper Debate: The Universal Church and Local Churches, in: Theological Studies 63 (2002) 227–259; H. J. Pottmeyer, Das Verhältnis Weltkirche – Ortskirche: ein Lebensnerv der Kirche, in: J. Werbick/F. Schumacher (Hg.), Weltkirche – Ortskirche. Fruchtbare Spannung oder belastender Konflikt? (Münster 2006) 26–40.

49 W. Kasper, Die Kirche und ihre Ämter (Freiburg i. Br. 2009) 489.

50 Ebd. 492.

51 Kongregation für die Glaubenslehre, Schreiben an die Bischöfe der katholischen Kirche über einige Aspekte der Kirche als Communio = Verlautbarungen des Apostolischen Stuhls 107 (Bonn 1992).

schen Tatsache nicht Rechnung, dass die Jerusalemer Urgemeinde Universal- und Ortskirche in einem gewesen sei und folglich die Kirche „von Anfang an ‚in und aus' Ortskirchen" bestanden habe.[52] Als besondere Gefahr hat Kardinal Kasper dabei hervorgehoben, auf diesem Wege könnte die Universalkirche „unter der Hand mit der römischen Kirche, de facto mit Papst und Kurie, identifiziert" und damit eine „theologische Restauration des römischen Zentralismus" befördert werden[53]. Diese Entwicklung aber habe zur Konsequenz, dass der römische Zentralismus erst recht „pastoralen Wildwuchs" in den Ortskirchen provoziere und insofern „in sein genaues Gegenteil" umschlage[54].

Im Rahmen eines großen Vortrags über die Ekklesiologie der Dogmatischen Konstitution „Lumen gentium" anlässlich des 35. Jahrestages des Abschlusses des Zweiten Vatikanischen Konzils ist Kardinal Joseph Ratzinger auch auf die Kritik von Kardinal Kasper eingegangen.[55] Er stellt zunächst allgemein fest, dass in der Rezeption des Konzils die theologische Dimension der Ekklesiologie weitgehend übergangen worden sei, und er analysiert eine gewisse Verflachung und Horizontalisierung vor allem bei den Begriffen Volk Gottes und Communio. Im Blick auf die Argumentation von Kardinal Kasper ist es für ihn unverständlich, dass man die Universalkirche mit der Kirche Roms oder gar mit Papst und Kurie identifizieren könne; denn auch die Römische Kirche sei und bleibe unbeschadet ihrer einzigartigen universalkirchlichen Verantwortung eine Ortskirche. Zudem hebt er hervor, man könne die ontologische und chronologische Präzedenz der Universalkirche nur bestreiten, wenn man von einem Kirchenbegriff ausgehe, der die Kirche nicht von der Christologie und Trinitätslehre her entfalte, sondern sie auf die empirisch erscheinenden Ortsgemeinden reduziere. Kardinal Ratzinger hält dem gegenüber auch an der zeitlichen Vorgängigkeit der Universalkirche fest, weil für ihn die Gemeinde von Jerusalem nicht einfach Ortskirche gewesen sei, sondern aufgrund der in ihr anwesenden Gemeinschaft der Zwölf Grundstock der Universalkirche.

In einem weiteren Aufsatz mit dem Untertitel „Freundschaftliche Auseinandersetzung mit der Kritik von Joseph Kardinal Ratzinger" hat Kardinal Kasper seine erkenntnisleitenden Interessen präzisiert, aber seine kritische Feststellung wiederholt[56], dass nach dem Zweiten Vatikanischen Konzil die zentralistischen Tendenzen in der Katholischen Kirche zugenommen und diese die konziliare Verhältnisbestimmung zwischen Universal- und Ortskirche erheblich aus dem Gleichgewicht gebracht hätten. Dass ihm deswegen eine ausschließlich empirische Betrachtung der Kirche ange-

52 W. Kasper, Die Kirche und ihre Ämter (Freiburg i. Br. 2009) 490.

53 Ebd. 490.

54 Ebd. 495.

55 J. Kardinal Ratzinger, Die Ekklesiologie der Konstitution Lumen gentium, in: Ders., Kirche als Communio. Weggemeinschaft des Glaubens (Augsburg 2002) 107–131.

56 W. Kardinal Kasper, Das Verhältnis von Universalkirche und Ortskirche. Freundschaftliche Auseinandersetzung mit der Kritik von Joseph Kardinal Ratzinger, in: Stimmen der Zeit 218 (2000) 795–804.

lastet werde, weist er als „ein schlimmes Missverständnis und eine Karikatur“ seiner Ansichten von sich.[57] Der These der ontologischen Vorrangigkeit der Universalkirche kann Kardinal Kasper insofern zustimmen, als Jesus Christus nur eine Kirche gewollt habe, die in der Katholischen Kirche geschichtlich gegenwärtig ist. Nicht einverstanden erklären kann sich Kasper aber mit der These der chronologischen Vorgängigkeit der Universalkirche, weil er den Pfingstbericht in der Apostelgeschichte für eine „lukanische Konstruktion“ hält und weil die Kirchengeschichte zeige, dass die frühe Kirche aus von Bischöfen geleiteten Einzelkirchen bestanden habe, in denen die eine Kirche Jesu Christi gegenwärtig sei. Insgesamt möchte er die Kontroverse auf die Ebene einer „Schulstreitigkeit“ herunterstufen, die letztlich von unterschiedlichen zugrunde liegenden philosophischen Prämissen herrühre.

Die nächste Runde der Auseinandersetzung fand nur noch in Amerika mit einer Antwort von Kardinal Ratzinger[58] und einem Leserbrief von Kardinal Kasper[59] in der Zeitschrift „America“ statt und diente nochmals einer weiteren Verständigung, ohne dass die unterschiedlichen Positionen aufgegeben wurden. Inzwischen hat Achim Buckenmaier in seiner Bonner Habilitationsschrift mit dem programmatischen Titel „Universale Kirche vor Ort“ den Disput wieder aufgegriffen und umfassend weitergeführt.[60] Er sieht die eigentliche Differenz darin, dass Kardinal Ratzinger von einer „Gesamtschau der Theologie“ her denke und von daher den inneren Vorrang der Einheit betone, während Kardinal Kasper „entlang der Heilsgeschichte die Spuren des Wirkens Gottes erkennt und erst aus dem Vielen und Verschiedenen, das in der Geschichte sichtbar wird, auf das Eine des Heilsplanes Gottes schließt“[61]. Buckenmaiers weiterführende These besteht darin, dass bei der Ortskirche in erster Linie nicht das Teilsein, sondern das Konkretsein, nicht die Partikularität, sondern die Lokalität zu betonen sei, so dass die Gemeinde von Jerusalem „von Beginn an Ortskirche“ gewesen sei, „aber in derselben Einmaligkeit wie in ihr die Universalkirche einzigartig sichtbar wurde“. Auf diesem Weg könne unter Beibehaltung der ontologischen Priorität die These der chronologischen Präzedenz der Universalkirche modifiziert werden, „ohne dass deren ekklesiologisches Anliegen aufgegeben ist“[62]. Es wäre reizvoll, die weiteren Anregungen dieser Arbeit, vor allem die Entwicklung einer dynamischen Beziehung zwischen Lokalkirchen und Universalkirche am Beispiel der Heiligenverehrung zu referieren. Doch für die Theologie des Bischofsamtes muss es genügen, von der gegenseitigen Innerlichkeit von Universalkirche und Lokalkirchen auszugehen.

---

57 Ebd. 797.

58 J. Cardinal Ratzinger, The Local Church and the Universal Church, in: America 185 (16/2001), wieder abgedruckt in: J. F. Thornton/S. B. Varenne (Ed.), The Essential Pope Benedict XVI. His central Writings and Speeches (San Francisco 2007) 103–109.

59 Letter from the President of the Council for Promoting Christian Unity, in: America 185 (17/2001).

60 A. Buckenmaier, Universale Kirche vor Ort. Zum Verhältnis von Universalkirche und Ortskirche (Regensburg 2009).

61 Ebd. 387–388.

62 Ebd. 333.

c) Bischöflicher Dienst an der Einheit der Kirche

Weltkirchlicher Globalismus und ortskirchlicher Föderalismus sind die hauptsächlichen Gleichgewichtsstörungen in der kirchlichen Realität der Gegenwart. In dieser spannungsvollen Situation hat ein Bischof heute seinen Hirtendienst in der Kirche auszuüben, der im Kern darin besteht, eine lebendige Kommunikationsbrücke zwischen der ihm anvertrauten Ortskirche und den anderen Ortskirchen sowie der Universalkirche zu sein, und zwar in beiden Richtungen. In diesem grundlegenden Sinn ist der Bischof Pontifex, nämlich Brückenbauer zwischen seiner Bistumskirche und der Universalkirche:

Auf der einen Seite hat der Bischof die authentische Stimme der Ortskirche mit ihren besonderen Gnadengaben, mit ihren Vorzügen und mit ihren Leiden in die Universalkirche einzubringen, für sie fruchtbar zu machen und auf diesem Wege zu verhindern, dass die Ortskirche einfach eine uniforme Kopie der Universalkirche ist. Wie der Bischof der Universalkirche gegenüber die Ortskirche vertritt, so hat er auf der anderen Seite auch die Universalkirche der Ortskirche gegenüber zu vertreten. In diesem Sinne muss er das Bistum öffnen für einen lebendigen Austausch mit anderen Ortskirchen und mit der Universalkirche, um ihre reichere und bunte Fülle in sich aufzunehmen und auf diesem Wege zu verhindern, dass sich eine Ortskirche von der Universalkirche eigenwillig abschottet und sich allein lokal oder national identifiziert. Denn jede Ortskirche ist nur dann wirklich katholisch, wenn sie für die anderen Ortskirchen und für die Universalkirche offen ist, und zwar im Geben wie im Empfangen.

Der Bischof trägt die besondere Verantwortung, dass Vielheit und Einheit immer wieder zueinander finden und dieses Zueinander zu jeder Zeit wieder neu eingespielt wird. Nur auf diese Weise lässt sich in der Wechselbeziehung zwischen Ortskirchen und Universalkirche das rechte Gleichgewicht finden, so dass die Lokalkirche ihre eigene Authentizität lebt und zugleich von der Universalkirche immer wieder empfängt, also beide geben und empfangen, damit die eine Kirche des Herrn wachsen kann. Ein Bischof wird seiner Verantwortung als Hirte der Kirche nur gerecht, wenn er ein *apostolischer* Mensch ist, der die Apostolizität der Ortskirche in der Universalkirche vertritt, und zugleich ein *katholischer* Mensch, der die Katholizität der universalen Kirche in der Ortskirche repräsentiert. In diesem doppelten Sinn hat sich der Bischof als „Bindeglied der Katholizität“[63] zu erweisen.

63 J. Kardinal Ratzinger, Zur Gemeinschaft gerufen. Kirche heute verstehen (Freiburg i. Br. 1991) 94.

Diese Sendung vollzieht der Bischof vor allem in der Feier der Eucharistie, in der die vielen Ortskirchen und die eine Universalkirche am tiefsten miteinander verbunden sind. Denn es ist immer die eine und dieselbe Eucharistie, die die Kirche vereint und zugleich in Lokalkirchen vielfältig konkretisiert, wie Papst Benedikt XVI. hervorhebt: „Gerade die Realität der einen Eucharistie, die in jeder Diözese um den jeweils eigenen Bischof gefeiert wird, macht uns verständlich, wie die Teilkirchen selbst in und ex ecclesia bestehen."[64] Die Zusammengehörigkeit von Eucharistie und Bischofsamt kam bereits in der frühen Kirche zu deutlichem Ausdruck in den so genannten Kommunionbriefen, die als „litterae communicatoriae" und als „litterae pacis" bezeichnet wurden. Wer als Christ auf Reisen ging, trug einen solchen vom Bischof ausgestellten Ausweis mit sich. Damit fand er Herberge bei jeder christlichen Gemeinschaft und pflegte die Gemeinschaft im Herrenleib als Mitte der kirchlichen Gastfreundschaft. Die Kommunionbriefe bringen es an den Tag, dass der Christ aufgrund der Eucharistie in jeder christlichen Gemeinde zu Hause ist und die Zugehörigkeit zur eucharistischen Kommunion als Zugehörigkeit zur Kirche universal ist. Wer zu *einer* Ortskirche gehört, gehört zugleich zu allen. Die Eucharistie kann deshalb nicht aus der lokalen Kirche heraus entstehen und auch nicht in ihr enden; sie ist vielmehr universal und impliziert die Einbeziehung in den einen Christus und damit das Einswerden aller Kommunizierenden in der universalen Gemeinschaft der Kirche. Weil es nur einen Christus und nur einen Leib Christi gibt, wird die Eucharistie zwar am jeweiligen Ort gefeiert und ist doch immer und zugleich universal. Darin zeigt sich die wahre Katholizität der Eucharistie und des Bischofsamtes.

Von der Einheit von Eucharistie und Bischofsamt her wird einsichtig, dass auch das Bischofskollegium nicht einfach eine äußerliche Organisationsstruktur der Kirche darstellt, aber auch nicht einfach eine Kreation des Papstes ist, und dass der Gedanke der bischöflichen Kollegialität weder vom römischen Recht noch vom Aufklärungsrecht her verstanden werden kann, sondern von der liturgischen Tradition der Kirche her stammt und seine Wurzeln in der einen Eucharistie und in der Sakramentalität der Bischofsweihe hat. Denn die letztere betrifft nicht nur den einzelnen Bischof als einzelnen, sondern weist ihn in das Ganze der Kirche hinein. Wie die Berufung zum Apostel durch Jesus diesen zugleich in die Gemeinschaft der „Zwölf" einreiht, so ist die Bischofsweihe von ihrem Wesen her „Einfügung in die Ge-

64 Benedikt XVI., Sacramentum caritatis, Nr. 15.

meinschaft des bischöflichen Dienstes“[65]. Deshalb ist nicht der einzelne Bischof Nachfolger eines Apostels, sondern das Bischofskollegium als ganzes steht in der Nachfolge des Apostelkollegiums und damit im Dienst der Einheit der Kirche.

Die Einheit der Kirche ihrerseits gründet zutiefst im Mysterium des Leibes Christi, im Geheimnis der Eucharistie. Deshalb ist überall da, wo Eucharistie in rechter Weise gefeiert wird, die Kirche Jesu Christi *ganz* da. Dennoch ist sie nicht die *ganze* Kirche, sondern wird die Ortskirche aufgrund der Eucharistie in die Universalkirche hinein genommen. In beiderlei Hinsicht erweist sich das Bischofsamt als besonderer „Ausdruck der sakramentalen Verfasstheit der Kirche“[66]. Dass die Einheit der Eucharistiefeiern in den Ortsgemeinden untereinander und in Gemeinschaft mit dem Ortsbischof und dem Papst nicht bloß eine äußere Zutat, sondern eine innere Voraussetzung der Eucharistie darstellt, wird vernehmbar vor allem in der Nennung der Namen des Ortsbischofs und des Papstes im eucharistischen Hochgebet. Sie steht dafür, dass wahrhaft die eine Eucharistie gefeiert wird, die nur in der einen Kirche möglich ist. Sie ist „Ausdruck der communio, innerhalb derer die einzelne eucharistische Feier von ihrem innersten Wesen her allein sinnvoll ist“[67]. Damit zeigt sich, dass die Theologie der Lokalkirchen, die Theologie des Bischofsamtes und die eucharistische Ekklesiologie des Zweiten Vatikanischen Konzils unlösbar zusammengehören. Eine lokalkirchlich-eucharistisch verstandene Kirche ist eine bischöflich-kollegial verfasste Kirche in Einheit mit dem Papst als dem Repräsentanten der Universalkirche.

d) Bischofskollegium und Realisierungen der bischöflichen Kollegialität

Von dieser grundsätzlichen Sicht her stellt sich die Frage, ob auch die Institution der nationalen Bischofskonferenz als Teilverwirklichung der bischöflichen Kollegialität betrachtet werden kann. Das Zweite Vatikanische Konzil hat in den Bischofskonferenzen, die in verschiedenen Ländern bereits errichtet waren, „vorzügliche Beweise eines fruchtbaren Apostolats“ wahrgenommen und es deshalb für angebracht gehalten, „dass sich überall die Bischöfe desselben Landes oder Gebietes zu einem Gremium zusammenfinden“, um

65 J. Ratzinger, Die bischöfliche Kollegialität. Theologische Entfaltung, in: G. Barauna (Hg.), De Ecclesia. Beiträge zur Konstitution „Über die Kirche“ des Zweiten Vatikanischen Konzils. Zweiter Band (Freiburg i. Br. 1966) 44–70, zit. 49.

66 M. Schneider, Einführung in die Theologie Joseph Ratzingers (Köln 2008) 224.

67 W. Kardinal Kasper, Sakrament der Einheit. Eucharistie und Kirche (Freiburg i. Br. 2004) 102.

durch den Austausch von Kenntnissen und Erfahrung und durch gegenseitige Beratung „ein heiliges Zusammenwirken der Kräfte zum gemeinsamen Wohl der Kirche" zu fördern[68]. Da das Konzil die Bischofskonferenz als ein bereits bewährtes Instrument der regionalen Zusammenarbeit der Bischöfe gewürdigt hat, kann man in diesem Vorgang ein schönes Beispiel dafür erblicken, dass eine legitime Gewohnheit in Teilkirchen eine solche Wirksamkeit und Dynamik entfalten kann, dass daraus Gemeingut der Universalkirche wird.

Die Frage, ob die Bischofskonferenz ein wirksames Organ der bischöflichen Kollegialität ist und ob ihr ein theologischer Status eignet, hat das Konzil aber weitgehend offen gelassen, zumal sich bereits während des Konzils Vertreter einer mehr theologischen Richtung, die die Bischofskonferenz als Ausdruck der Kollegialität verstanden, Vertretern einer mehr pastoralen Richtung, die auf die praktische Nützlichkeit der Bischofskonferenz abhoben, gegenüber gestanden waren[69]. Bei der näheren Beschreibung der Bischofskonferenz hat es das Konzil bei der Aussage belassen, dass in ihr die Bischöfe ihr Hirtenamt „coniunctim" ausüben, und es hat den Begriff „collegialiter" vermieden. In der Nachkonzilszeit ist über den theologischen Stellenwert und die kirchenrechtliche Kompetenz der Bischofskonferenz viel diskutiert und gestritten worden. Die außerordentliche Bischofssynode im Jahre 1985 hat, überzeugt von der Nützlichkeit und Notwendigkeit der Bischofskonferenzen für die Seelsorgetätigkeit der Kirche heute, empfohlen, ihren theologischen Ort genauer zu untersuchen und vor allem die Frage nach ihrer Lehrautorität klarer und tiefer zu entfalten[70]. Kurz danach hat auch ein internationales Kolloquium zu diesem Thema in Salamanca stattgefunden.[71]

Im Jahre 1998 hat Papst Johannes Paul II. das als Motu Proprio erlassene Apostolische Schreiben „Apostolos suos" über die „theologische und rechtliche Natur der Bischofskonferenzen" veröffentlicht. Darin bezeichnet der Papst die Bischofskonferenz als „konkrete Anwendungsweise der kollegialen Gesinnung" der Bischöfe[72]. Wenn die Bischöfe eines Gebietes pastorale Auf-

68 Christus Dominus, Nr. 37.
69 Vgl. W. Kasper, Der theologische Status der Bischofskonferenzen, in: Ders., Die Kirche und ihre Ämter. Schriften zur Ekklesiologie II = Gesammelte Schriften. Band 12 (Freiburg i. Br. 2009) 438–450, bes. 445 ff.
70 Zukunft aus der Kraft des Konzils. Die außerordentliche Bischofssynode ’85. Die Dokumente mit einem Kommentar von Walter Kasper (Freiburg i. Br. 1986) 39.
71 H. Müller/H. J. Pottmeyer (Hg.), Die Bischofskonferenz. Theologischer und juridischer Status (Düsseldorf 1989).
72 Johannes Paul II., Apostolos suos, Nr. 14.

gaben zum Wohl ihrer Gläubigen gemeinsam erfüllen, wird die kollegiale Gesinnung konkret verwirklicht. Dieses gemeinsame Wirken kann aber „nie das kollegiale Wesensmerkmal der Handlungen der Ordnung der Bischöfe als Subjekt der höchsten Gewalt über die ganze Kirche“ haben[73]. Denn die bischöfliche Kollegialität im wahren Sinn des Wortes kommt nur dem gesamten Bischofskollegium zu, das als theologisches Subjekt unteilbar ist. Was schließlich das Lehramt der Bischofskonferenz betrifft, kann sie nur dann Lehraussagen verkünden, wenn diese „einmütig approbiert werden“. Fehlt hingegen diese Einmütigkeit, kann die Mehrheit der Bischöfe einer Konferenz die mögliche Erklärung „nicht als eine authentische Lehre derselben“ veröffentlichen, solange sie nicht „vom Apostolischen Stuhl überprüft worden“ ist[74].

In diese Richtung hatte bereits früh Henri de Lubac vorgedacht, der zwar auch die zwischenkirchlichen Tätigkeiten der Bischöfe als Verwirklichung des Prinzips der bischöflichen Kollegialität betrachtete, aber doch betonte, dass es zwischen dem Prinzip der Kollegialität und der Bischofskonferenz zwar Bande der Opportunität, „doch kein eigentliches theologisches Band“ geben kann. De Lubac war dabei vor allem von der Sorge bewegt, dass aufgrund der Verwechslung mit kollektiven Regierungsformen „in den letzten Jahren die Idee der bischöflichen Kollegialität allzu sehr derjenigen der Bischofskonferenz wie auch aller überdiözesanen Organisationen angenähert, wenn nicht gar damit gleichgesetzt“ wurde[75]. Von einer ähnlichen Sorge war auch Kardinal Joseph Ratzinger bewegt, der sich früher für eine theologische Aufwertung der Bischofskonferenzen eingesetzt hatte: „Insofern die Bischofskonferenz auf das Vorbild der altkirchlichen Synodalstruktur zurückgreift, kann und muss auch sie als Ausdruck des kollegialen Strukturelementes aufgefasst werden. In ihrer konkreten Gestalt selbstverständlich eine variable Einrichtung kirchlichen Rechts ist sie grundsätzlich doch Ausdruck und Vollzugsform einer Grundgegebenheit in der Kirche: der kollegialen Verbundenheit der Bischöfe, die ein Wesenselement ihres Amtes darstellt.“[76] In der Zwischenzeit hat sich Kardinal Ratzinger stets mehr darüber besorgt gezeigt, dass durch die „Einbindung der Bischöfe in immer straffer durchorganisierte Bischofskonferenzen mit ihren oft schwerfälligen bürokratischen Strukturen“ die Verantwortung des einzelnen Bischofs „geradezu erstickt zu werden“ droht. Von daher hat er den theologischen Charakter der Bischofskonferenz in Frage gestellt und ihr nur eine praktische Bedeutung zugesprochen: „Wir dürfen nicht vergessen, dass die Bischofskonferenzen keine theologische Grundlage haben, sie gehören nicht zur unaufgebbaren Struktur der Kirche, so wie sie von Christus gewollt ist; sie haben nur

73 Ebd. Nr. 12.

74 Ebd. Nr. 22.

75 H. de Lubac, Quellen kirchlicher Einheit (Einsiedeln 1974) 85 und 82.

76 J. Ratzinger, Konkrete Formen bischöflicher Kollegialität, in: J. C. Hampe (Hg.), Ende der Gegenreformation? (Stuttgart 1964) 155–163, zit. 162.

eine praktische, konkrete Funktion."[77] Hinzu kommt, dass für Kardinal Ratzinger die nationale Ebene „keine kirchliche Größe" ist, weshalb es gilt, das Wesen der Katholischen Kirche, „die auf einer episkopalen Struktur und nicht auf einer Art Föderation von Nationalkirchen basiert", zu bewahren.[78] Dieses Argument hatte bereits Klaus Mörsdorf, der sich in seinem Kommentar zum Dekret über die Hirtenaufgabe der Bischöfe in der Kirche „Christus Dominus" stark für die Aufwertung der Bischofskonferenzen eingesetzt hat, geltend gemacht: „Wenn auch die nationale Ebene den Regelfall für die Konstituierung der Bischofskonferenzen abgeben wird, so ist doch die politische Nation nicht als wesentliches Gliederungselement der Kirchenverfassung anzusehen."[79]

Wenn die Nation ekklesiologisch keine eigentlich kirchliche Ebene ist, wäre aber die Frage zu stellen, ob die berechtigte Stärkung von zwischenkirchlichen Organen der bischöflichen Kollegialität nicht auf dem Weg der Revitalisierung der alten Idee und Realität der Patriarchate, genauer der Pentarchie von Rom, Konstantinopel, Alexandrien, Antiochien und Jerusalem, wobei dem Bischof von Rom der Vorrang zukam, verwirklicht werden könnte. Denn eine solche triadische Kirchenstruktur, die sich in den drei Lebenswirklichkeiten der Ortskirche mit ihrem Bischof, der regionalen Hauptkirche mit ihrem Primas und der Universalkirche mit dem Bischof von Rom realisiert, dürfte dem wahren Wesen der Kirche gemäß sein. Unter den Kirchenhistorikern ist es zwar strittig, ob eine solche Struktur je konsequent gelebt worden ist. Nicht strittig hingegen dürfte die historische Feststellung im Blick auf die Erfahrung der altkirchlichen Communio sein, dass die spätere allein duale Kirchenstruktur, die sich auf den zwei Ebenen der ortskirchlich-bischöflichen und der universalkirchlich-päpstlichen Leitungsvollmacht ausgebildet hat, allmählich zur Auflösung der kirchlichen Communio als einer „communio ecclesiae et ecclesiarum" geführt hat, und zwar in zweierlei Richtung: Aufgrund des Verlustes der triadischen Struktur ist in der Ostkirche ohne ein wirksames Papstamt die kirchliche Communio in die vielen „autokephalen" Ortskirchen auseinander gefallen, die kaum mehr eine handlungsfähige Einheit bildeten. Die weitere Entwicklung der Ostkirchen mit ihrem forcierten Prinzip der Autokephalie und der mit ihm verbundenen Nationalismen zeigt, dass ohne ein wirksames Papsttum auch die Katholische Kirche „längst in National- und Rituskirchen zerfallen wäre"[80]. Dem gegenüber sind in der Westkirche die einzelnen Ortskirchen von einem starken Papsttum immer mehr gleichsam „aufgesogen" und als regionale Untergliederungen in die römische Stadtkirche eingemeindet worden.

77 J. Kardinal Ratzinger, Zur Lage des Glaubens. Ein Gespräch mit Vittorio Messori (München 1985) 60.
78 Ebd.
79 K. Mörsdorf, Einleitung und Kommentar zum Dekret über die Hirtenaufgabe der Bischöfe in der Kirche, in: Das Zweite Vatikanische Konzil. Konstitutionen, Dekrete und Erklärungen = LThK Band 13 (Freiburg i. Br. 1967) 239.
80 Brief von Kardinal Joseph Ratzinger an Metropolit Damaskinos in der Schweiz, in: Communio. Internationale Katholische Zeitschrift 30 (2001) 88–115, zit. 292.

Die einschneidenden Konsequenzen dieser historischen Weichenstellungen muss man mit Joseph Ratzinger in dem geschichtswirksam gewordenen Ergebnis diagnostizieren, dass „die Einbeziehung der einzelnen Ortskirchen in die Ortskirche von Rom" zusehends „keinen Plural von ecclesiae mehr" erlaubt, dass vielmehr „die Stadtgemeinde von Rom den ganzen lateinischen orbis in den kleinen Raum ihrer urbis einverleibt hat": „Der ganze Westen ist gleichsam nur noch eine einzige Ortsgemeinde und beginnt immer mehr die alte Struktur der Einheit in Vielfalt zu verlieren, so dass sie schließlich ganz unverständlich wird."[81]

In der Wiederentdeckung der ursprünglich triadischen Struktur der Kirche dürfte man deshalb den Beginn einer notwendigen Reinstitutionalisierung von kontinentalen und überhaupt intermediären Kirchenstrukturen erblicken.[82] Dazu müssten freilich regionalkirchliche Zwischeninstanzen gestärkt und institutionell wiederhergestellt werden, wie dies Gisbert Greshake fordert, und zwar in der Überzeugung, dass die communiale Struktur der Katholischen Kirche nur wirklich wiedergewonnen werden könne, wenn es auf der einen Seite „zwischen der römischen Primatialkirche mit ihrem Dienst der Einheit und den vielfältigen Ortskirchen mit ihren Bischöfen regionalkirchliche Verbände mit einer ursprünglichen ‚primatialen' Autorität" gäbe, und wenn auf der anderen Seite diese „in der Communio-Ontologie der Kirche verankerten regionalkirchlichen Instanzen" einen relativ autonomen Charakter „in der ganzen katholischen Kirche und damit auch in der lateinischen Westkirche" genießen würden[83]. Die Stärkung von regionalkirchlichen Zwischeninstanzen würde sich freilich nicht nur auf die Ausübung des päpstlichen Primates auswirken, sondern auch auf die Praxis der Diözesanbischöfe, die aller Erfahrung nach von ihren Diözesen derart absorbiert werden, dass immer wieder die Gefahr droht, sich in einer teilkirchlichen Kurzsichtigkeit abzukapseln, statt die Gemeinschaftsbeziehungen zwischen Diözesen in der Universalkirche zu pflegen. Dass hier ein besonderes Problem vorliegt, zeigt übrigens ein Blick in die Kirchengeschichte, in der die Diözesanbischöfe selbst immer wieder „Gegner einer stärkeren Metropolitangewalt" gewesen sind und „lieber eine (geographisch weiter entfernte) römische Zentralgewalt" in Kauf genommen und damit selbst ihre Kollegialität weitgehend relativiert haben[84].

Angesichts des zuletzt genannten ekklesiologischen Defizits müsste die Erneuerung des kollegialen Bewusstseins bei den Bischöfen selbst ansetzen.

81 J. Ratzinger, Primat und Episkopat, in: Ders., Das neue Volk Gottes. Entwürfe zur Ekklesiologie (Düsseldorf 1969) 121–146, zit. 136.

82 Vgl. I. Fürer, Kontinentale und nationale Kirchenstrukturen, in: U. Fink/R. Zihlmann (Hg.), Kirche – Kultur – Kommunikation. Peter Henrici zum 70. Geburtstag (Zürich 1998) 251–261.

83 G. Greshake, „Zwischeninstanzen" zwischen Papst und Ortsbischöfen. Notwendige Voraussetzung für die Verwirklichung der Kirche als „communio ecclesiarum", in: H. Müller/H. J. Pottmeyer (Hg.), Die Bischofskonferenz. Theologischer und juridischer Status (Düsseldorf 1989) 88–115, zit. 114–115.

84 B. Primetshofer, Bischofsernennungen, in: B. Körner u. a. (Hg.), Bischofsbestellung. Mitwirkung der Ortskirche? (Graz 2000) 61–81, zit. 63.

Man verengt die Frage nach der Kollegialität der Bischöfe, wenn man sie allein darauf fokussiert, dass sie in einem universalkirchlichen Leitungsgremium mitwirken sollten. Ihre universalkirchliche Verantwortung nehmen die Bischöfe vielmehr in erster Linie dadurch wahr, dass sie ihre Lokalkirche als Teilkirche der Universalkirche gewissenhaft leiten. Gemäß der Kirchenkonstitution des Zweiten Vatikanischen Konzils gibt es in der Kirche nur zwei im strengen Sinne kollegiale Akte der Bischöfe, mit denen sie als Vollmachtsträger für die Universalkirche wirken, nämlich das Ökumenische Konzil und ein praktisch gemeinsames Handeln aller über den Erdkreis zerstreuten Bischöfe[85]. Dazu ist aber die nach dem Konzil eingeführte Institution der Bischofssynode nicht zu zählen.[86] Sie gehört zwar theologisch in den Bereich der bischöflichen Kollegialität, hat aber ihre Rechtsgrundlage nicht im Bischofskollegium, weil dessen Leitungsrecht wesensgemäß nicht delegiert werden kann. Das Zweite Vatikanische Konzil erblickt deshalb mit Recht die primäre Sorge der Bischöfe für die Universalkirche darin, dass sie „ihre eigene Kirche als Teil der Gesamtkirche recht leiten". Denn auf diese Weise „tragen sie wirksam bei zum Wohl des ganzen mystischen Leibes, der ja auch der Leib der Kirchen ist"[87]. Der erste und grundlegende Kollegialakt der Bischöfe besteht insofern darin, dass der einzelne Bischof die ihm anvertraute Lokalkirche gemäß der ihm im Sakrament der Weihe verliehenen Vollmacht und Verantwortung so leitet, dass sie als „portio der Universalkirche" leben und gedeihen kann. Das „Mitleiten der Gesamtkirche" durch die Bischöfe vollzieht sich in erster Linie als „Leiten der Ortskirchen"[88].

85 Lumen gentium, Nr. 22.
86 Vgl. J. Tomko (Ed.), Il Sinodo dei Vescovi. Natura – Metodo – Prospettive (Città del Vaticano 1985); N. Eterovic (Ed.), Il Sinodo dei Vescovi. 40 anni di storia 1965–2005 (Città del Vaticano 2005).
87 Lumen gentium, Nr. 23.
88 J. Kardinal Ratzinger, Die Bischofssynode nach dem neuen CIC, in: Ders., Kirche, Ökumene und Politik. Neue Versuche zur Ekklesiologie (Einsiedeln 1987) 50–63, zit. 58. Vgl. dazu H. J. Pottmeyer, Primato – collegialità episcopale nella ecclesiologia eucaristica di Joseph Ratzinger, in: R. La Delfa (Ed.), Primato e collegialità. „Partecipi della sollecitudine per tutte le chiese" (Roma 2008) 71–90, bes. 83–89. Pottmeyer fasst die Position Ratzingers treffend dahin zusammen, „che i vescovi non partecipano al governo della Chiesa universale per il fatto che sono rappresentati in un organo centrale. Essi piutosto governano al Chiesa universale attraverso il governo delle loro chiese locali. In quanto la vitalità della Chiesa dipenderebbe, piu che da un potere centrale, dalla vitalità delle Chiese locali e dalla loro *communio*" (86).

6. Das Bischofsamt in personaler, kollegialer und synodaler Verantwortung

Die bisherigen Ausführungen zu den Institutionen der Bischofskonferenz und der Bischofssynode und die weitergehenden Überlegungen zu strukturellen ekklesiologischen Veränderungen zeigen, dass die konkrete Umsetzung der Lehre von der bischöflichen Kollegialität mit viel mehr Problemen verbunden ist, als es während und nach dem Konzil scheinen mochte. Dies hängt auch mit der Feststellung zusammen, dass die kollegiale Struktur des Bischofsamtes zwar nicht bereits in sich selbst eine Rechtsstruktur ist, aber eine wichtige theologische Vorgabe sowohl für das Recht als auch für die Praxis des Bischofsamtes darstellt. Diesbezüglich kann als elementarste Anforderung an das Bischofsamt formuliert werden, dass es sich in dreifacher Hinsicht vollziehen und bewähren muss, nämlich kollegial, synodal und personal.[89] Für die Glaubwürdigkeit des Bischofsamtes in der Kirche ist es entscheidend wichtig, dass aus diesem Dreiklang keiner isoliert werden oder gar ausfallen darf, weil die drei Verantwortungsweisen unlösbar zusammengehören, wie dies Cyprian von Karthago klassisch formuliert und in der Kurzformel ausgedrückt hat: „Nihil sine episcopo, nihil sine consilio presbyterii, nihil sine consensu plebis."[90] Damit hat Cyprian zugleich jene Verhaltensweisen ins Visier genommen, die das kirchliche Leben verderben, aber bis auf den heutigen Tag wirksam sind.

Ausgeschlossen werden erstens die verschiedenen Spielarten des Klerikalismus, wobei in der heutigen kirchlichen Situation zu präzisieren ist, dass der Klerikalismus kein Reservat der Kleriker ist, sondern eine Grundversuchung bei allen, auch bei den Berufslaien, die in der Kirche einen Dienst ausüben. Der Klerikalismus hängt nicht von der Ordination, sondern von der Erbsünde ab, die bekanntlich universal verbreitet ist. Zur Abwehr aller Formen des Klerikalismus formuliert Cyprian das synodale Prinzip: „nihil sine consensu plebis." Das Amt ist in der Kirche nur handlungsfähig, wenn es mit dem ganzen Volk Gottes auf einem gemeinsamen Weg geht, wie dies bereits im Wort „syn-hodos" zum Ausdruck gebracht wird, das Miteinandergehen in einer verbindlichen Weggemeinschaft bedeutet. Die synodale Dimension findet ihr evangelisches Fundament in der Verheißung der Geistesgabe an jeden Glaubenden und im Glauben der „Gesamtheit aller Gläubigen,

89 Vgl. P. M. Zulehner, Mozart und die Philharmoniker, in: G. Fürst (Hg.), Dialog als Selbstvollzug der Kirche? (Freiburg i. Br. 1997) 230–241.
90 CSEL III, 2,512.

welche die Salbung von dem Heiligen Geist haben" und die deshalb „im Glauben nicht irren" können[91]. Dieser synodalen Perspektive wird nur entsprochen, wenn der Amtsstil dem entsprechend gelebt wird, wenn, mit Bischof Reinhold Stecher gesprochen, einem „autoritär-dirigierenden Führungsstil", der „keine Überzeugten, sondern Fanatisierte und Mitläufer" schafft, „im Jäteifer immer wieder den Weizen" ausreißt und seine Rolle „in der Art eines nervösen Wachtpostens" spielt, der Abschied gegeben wird. Dem Gedeihen wahrhafter Synodalität wird vielmehr nur die entschiedene Hinwendung zu einem „integrativ-motivierenden Führungsstil" gerecht, der dem Geheimnis der Kirche als „Sakrament der Communio Gottes" entspricht und bei dem alle Glaubenden aufgrund der Basalsakramente von Taufe und Firmung ihre Verantwortung für das Leben des Glaubens und den Aufbau der Kirche wahrnehmen können.[92]

Ausgeschlossen werden von Cyprian zweitens selbstherrliche bischöfliche Alleingänge, bei denen die Communio der Kirche mit einer Monarchie verwechselt wird. Gegenüber solchen anachronistischen Verhaltensweisen moniert Cyprian das kollegiale Prinzip: „nihil sine consilio presbyterii". Der Bischof ist aufgrund seiner Weihe zunächst aufgenommen in das weltweite Kollegium der Bischöfe, das im Volke Gottes den Dienst der Zwölf repräsentiert und innerhalb dessen der einzelne Bischof auch universalkirchliche Verantwortung wahrzunehmen hat. In dieser Verantwortung kommt dem Bischof die Aufgabe zu, sowohl der von ihm geleiteten Ortskirche eine eigene Physiognomie zu ermöglichen als auch zu verhindern, dass sich die ihm anvertraute Ortskirche von der grösseren universalkirchlichen Communio separatistisch abschottet. Diese kollegiale Dimension muss auch in der dem Bischof anvertrauten Ortskirche selbst zum Tragen kommen, und zwar vor allem im Verhältnis zu seinem Presbyterium. Es gehört zu den zweifellos großen Verdiensten des Konzils, dass es die Realität des Presbyteriums, das im Laufe der Geschichte immer mehr dem kirchlichen und theologischen Bewusstsein entschwunden ist, wiederentdeckt und dafür Voraussetzungen verfassungs- und liturgierechtlicher Art geschaffen hat[93], indem es sowohl die Institution des Priesterrates verbindlich eingeführt sowie die eucharistische Konzelebration wieder zu Ehren gebracht hat. Die Gemeinschaft zwischen

91 Lumen gentium, Nr. 12.

92 R. Stecher, Integrieren und motivieren. Gedanken eines Bischofs zum Führungsstil in der Kirche, in: Herder Korrespondenz 47 (1993) 511–514.

93 Vgl. A. Cattaneo, Das Presbyterium. Ekklesiologische Grundelemente und kirchenrechtliche Auswirkungen, in: Archiv für Katholisches Kirchenrecht 161 (1992) 42–67.

dem Bischof und dem Presbyterium wird vor allem als „sakramentale Bruderschaft“ betrachtet und ist somit sakramental begründet; sie muss sich aber auch im alltäglichen Leben dadurch bewähren, dass der Bischof aufgrund der Gemeinschaft im gleichen Priestertum und Dienst die Priester als seine „Brüder und Freunde“ betrachten, „sie gern anhören, ja sie um Rat fragen und mit ihnen besprechen“ soll, „was die Seelsorge erfordert und dem Wohl des Bistums dient“[94].

Ausgeschlossen werden von Cyprian drittens Absonderungen und separatistische Gruppenbildungen in der Kirche, die sich heute gerne basisdemokratisch legitimieren und oft genug im Namen des Volkes Gottes das Wort führen, ohne dieses selbst befragt zu haben. Gegenüber solchen ekklesial-populistischen Tendenzen, die heute sowohl auf der traditionalistischen als auch auf der progressistischen Seite anzutreffen sind, ruft Cyprian das personale Prinzip in Erinnerung: „nihil sine episcopo“. Dieses Prinzip ergibt sich aus der Weihe und aus der mit ihr übertragenen Sendung des Bischofs, in der Verkündigung des Wortes Gottes, beim Vorsitz bei den Feiern der Sakramente und bei der Leitung der Kirche im Namen Christi zu handeln. Die Hauptaufgabe des Bischofsamtes besteht insofern darin, sichtbar zu machen, dass die ganze Kirche von Christus her existiert und er ihr Haupt ist. Das Amt muss verhindern, dass eine Gemeinde sich verselbständigt, sich ihre eigene Ordnung und schließlich auch ihr eigenes „Evangelium“ gibt. Diese Aufgabe bringt das Bischofsamt notwendigerweise in ein gewisses Gegenüber zur Gemeinschaft der Glaubenden. Da das Amt die Letztverantwortung zu tragen hat, ist es unmöglich, diese personale Eigenverantwortung des Bischofs suspendieren zu wollen. Vielmehr muss die ganze Kirche anerkennen, dass auch der Bischof ein Gewissen hat, das er an niemanden delegieren kann. Dass der Bischof letztlich „in namentlicher und persönlicher Verantwortung“ für die Kirche einzustehen hat, gehört zur personal-martyrologischen Struktur seines Amtes[95], die der Kanonist Klaus Mörsdorf besonders hervorgehoben hat: „Der Ortsbischof und kein anderer, auch nicht ein irgendwie geartetes Rätesystem, muss dafür geradestehen, dass sich die ihm anvertraute Teilkirche in einer Beschaffenheit befindet, die es rechtfertigt, sie zu den Teilkirchen zu zählen, in denen und aus denen die eine und einzige

94 Presbyterorum ordinis, Nr. 7.

95 J. Ratzinger, Der Primat des Papstes und die Einheit des Gottesvolkes, in: Ders. (Hg.), Dienst an der Einheit. Zum Wesen und Auftrag des Petrusamts (Düsseldorf 1978) 165–179, zit. 171.

katholische Kirche besteht."[96] Von daher versteht sich beispielsweise der innere Sinn der kirchenrechtlichen Bestimmung, dass dem Amt in den ihm zur Verfügung stehenden Beratungsgremien ein Vetorecht zukommt. Dieses darf nicht Ausdruck von Machtgelüsten sein, es muss vielmehr ein prophetisches Institut zum Schutz des Evangeliums sein, das freilich so vollzogen und auch ausgewiesen werden muss.

7. Spiritualität des Bischofsamtes

Nichts ohne die Zustimmung des Volkes Gottes und nichts ohne den Rat des Presbyteriums, aber auch nichts ohne die undelegierbare Verantwortung des Bischofs: Erst dort, wo diese drei „nichts ohne" gleichermaßen berücksichtigt werden und wo folglich in positiver Hinsicht das personale, das kollegiale und das synodale Prinzip zum Tragen gebracht werden, befindet sich das kirchliche Leben in einem gesunden Gleichgewicht und Gleichklang. Da um dieses Gleichgewicht immer wieder gerungen werden muss und da dies eine zutiefst spirituelle Aufgabe darstellt, sollen abschließend vier spirituelle Wegmarken im Blick auf das Bischofsamt entfaltet werden, und zwar in Aufnahme von Weisungen in der benediktinischen Tradition, in der der Abt eine ähnliche Sendung wahrnimmt wie der Bischof in der ihm anvertrauten Ortskirche.[97]

a) Vor-Stehen als Vor-Sehen: Kunst der Delegation

Die Leitungsverantwortung des Bischofs setzt an erster Stelle die Kunst der Delegation voraus. Wer Leitung wahrnimmt, kann unmöglich alles selbst tun und tun wollen. Er muss vielmehr bereit sein, Verantwortung auch zu delegieren. Denn auch Erst- oder Letztverantwortung ist Leitungsverantwortung, und zwar im Sinne der Befähigung zum gemeinsamen Handeln aller Beteiligten. Was dies konkret bedeutet, wird im Weihegebet eines Abtes in der benediktinischen Tradition mit den Worten zum Ausdruck gebracht: „Lass ihn erkennen, dass es seine Aufgabe ist: nicht so sehr anderen vorzustehen als vorzusehen, was ihnen hilfreich ist." Diese Formulierung geht auf den

96 K. Mörsdorf, Die Rolle des Ortsbischofs in dem Zuordnungsverhältnis von Gesamtkirche und Teilkirche, in: H. Fleckenstein u. a. (Hg.), Ortskirche – Weltkirche (Würzburg 1973) 439–458, zit. 450.

97 Vgl. K. Koch, Der Abt als Ikone des Vater-Seins Christi, in: Die Glocken von Mariastein (2008) 184–188.

heiligen Aelred zurück, der in seiner „Oratio pastoralis" im Blick auf die ihm anvertrauten Brüder die Worte an Gott gerichtet hat: „Du weißt, Herr, wie sehr ich sie liebe; du weißt, dass ich in meiner Zuneigung wünsche, mehr vorzusehen als vorzustehen, ihnen in Demut zu dienen und in Liebe bei ihnen zu sein als einer von ihnen."[98] Dieses Gebet ist eine sehr tiefe Umschreibung der Leitungsaufgabe in der Kirche: Das autoritative Vor-Stehen verwirklicht und konkretisiert sich vor allem als hirtliches Vor-Sehen.

Der Vorrang des Vorsehens vor dem Vorstehen impliziert vor allem die Aufgabe, vorzusehen, was alles zum Wohl der Gemeinschaft vorzukehren ist, die menschliche und geistliche Entfaltung der Mitarbeitenden zu unterstützen und zu fördern und dabei die verschiedenen Gnadengaben und Befähigungen so zu koordinieren, dass sie einander ergänzen und dem Wohl der ganzen Gemeinschaft, der man vorzustehen hat, dienen können. Darin erblickt die Regel des heiligen Benedikt den Tatbeweis echter Geschwisterlichkeit in einem Kloster und damit auch in der Kirche. Denn gelebte Geschwisterlichkeit kann die Verschiedenheit der Menschen und der ihnen anvertrauten Dienste nicht nur verkraften; sie weiß sie vielmehr als Bereicherung zu schätzen. Auf die Anerkennung dieser Verschiedenheit kommt es dem heiligen Benedikt entscheidend an. Er erwartet deshalb vom Abt, dass er Menschen führen und der Eigenart vieler dienen soll: „Nach der Eigenart und Fassungskraft jedes einzelnen soll er sich auf alle einstellen und auf sie eingehen."[99]

Papst Benedikt XVI. hat darauf hingewiesen, dass diese hirtliche Dimension des Bischofsamtes bereits in der griechischen Bezeichnung des Bischofs als „episkopos" aufscheint. Denn in diesem Wort ist das Verb „sehen" enthalten. Dabei geht es nicht um eine äußerliche Beaufsichtigung wie beispielsweise bei einem Gefängniswärter, wiewohl das griechische Wort sehr oft mit „Aufseher" übersetzt wird. Wenn aber der Erste Petrusbrief Jesus Christus als „Hirt und Bischof eurer Seelen" (2,25) bezeichnet, dann geht es um ein inneres Sehen, um ein Sehen von Gott her. Von Gott her sieht man den inneren Menschen und damit das Eigentliche seiner Person. Es ist deshalb ein Sehen der Liebe, das dem Anderen dienen will, sich selbst werden zu können. Wie Christus soll deshalb auch der Bischof ein „Bischof der Seelen" sein und ihn als Vorbild seiner seelsorgerlichen Liebe vor Augen halten. Dann heißt Bischof sein „den Standort Christi annehmen; von seiner Höhe her denken,

98 Aelred von Rievaulx, Oratio pastoralis 8.
99 Regula Benedicti 2.32.

sehen und handeln; von ihm her für die Menschen da sein, damit sie das Leben finden“[100].

b) Dienst in Gehorsam: Gesundes Verhältnis zur Macht

Die Regel des heiligen Benedikt macht auf eine zweite Voraussetzung für die Wahrnehmung von kirchlicher Leitungsverantwortung aufmerksam, nämlich auf ein gesundes Verhältnis zur Macht, die mit Leitung unlösbar verbunden ist.[101] In einer benediktinischen Klostergemeinschaft nimmt der Abt auf der einen Seite eine so zentrale Stellung ein, dass man Benedikts Regel geradezu als „Abtsregel“ bezeichnen könnte. Dies kommt bereits in der Kurzformel für das klösterliche Zusammenleben zum Ausdruck, mit der Benedikt seine Regel beginnt. Dort wird von den Brüdern gesagt: „Sie leben in einer klösterlichen Gemeinschaft und dienen unter Regel und Abt.“[102] In der Tat wird in der Benediktsregel dem Abt eine große Macht- und Entscheidungsfülle eingeräumt. Auf der anderen Seite aber ist der heilige Benedikt ein so guter Menschenkenner, dass er in seiner Regel keinen Zweifel darüber aufkommen lässt, dass Macht im Kloster wie in der Kirche überhaupt nichts anderes sein kann und darf als Dienst, und dass er den Abt unablässig an seine Rechenschaft beim Jüngsten Gericht erinnert. Hier liegt denn auch der Grund, dass die Regel Benedikts unverkrampft damit rechnet, dass der Abt auch falsch handeln kann, und dass folglich an keine Adresse so viele Warnungen ergehen wie an diejenige des Abtes.

Dahinter verbirgt sich der große Realitätssinn Benedikts, bei dem wir immer wieder in die Schule gehen sollten. Denn Benedikt ist sich in realistischer Weise dessen bewusst, dass Leitungsverantwortung immer mit Macht verbunden ist, dass es aber entscheidend darauf ankommt, wem mit solcher Macht gedient wird. In diesem Sinn müssen auch Bischöfe immer wieder selbstkritisch Rechenschaft darüber ablegen, wie viel Macht in ihre Hände gelegt ist und wie sie mit ihr umgehen. Denn nur leitende Macht, die im Dienst an den Menschen eingesetzt wird und deren Kriterium nicht die Domination, sondern die Animation ist, ist in der Lage, den Guten Hirten selbst sichtbar darzustellen und zu vergegenwärtigen. Kirchliche Leitungsträger

100 Benedikt XVI., Predigt am Hochfest der Heiligen Petrus und Paulus am 29. Juni 2009.

101 Vgl. K. Koch, Kirche und Macht, Facetten einer problematischen, aber unerlässlichen Verbindung, in: Ders., Zeit-Zeichen. Kleine Beiträge zur heutigen Glaubenssituation (Freiburg/Schweiz 1998) 106–127.

102 Regula Benedicti I. 2. R.

hingegen, die ihre Macht nur für sich selbst nutzen, werden sehr schnell als Hirten erfunden, die sich selbst weiden.

Solche Macht hat in der Kirche keinen Platz, weil es in ihr Macht nur im Sinne der Teilhabe an der exousia Jesu geben kann. Jesu exousia aber ist selbstloser, sogar leidender Dienst für die Anderen und damit demütige Macht, wie sie der Christushymnus des Philipperbriefes beschreibt und wie sie Romano Guardini mit den Worten ausgedeutet hat: „Jesu ganzes Dasein ist Übersetzung der Macht in die Demut … in den Gehorsam gegen den Willen des Vaters. Der Gehorsam ist für Jesus nichts Zweites, sondern bildet den Kern seines Wesens."[103] Wie Jesu exousia eine Macht ist, die aus dem Gehorsam stammt, so ist auch die Macht des Bischofs nur eine solche, die ihm gegeben ist, um Worte des Heils zu verkünden und Taten des Heils zu tun, die er nicht aus Eigenem, sondern nur aus dem Sakrament heraus zu geben vermag.

c) Gemeinschaft im Gebet: Spirituelle Verwurzelung der Leitung

Als Apostelnachfolger muss sich der Bischof stets dessen bewusst sein, dass die Macht seines Amtes niemals seine eigene Macht, dass er vielmehr immer nur „Bevollmächtigter eines anderen" ist, „der selbst wieder Bevollmächtigter ist"[104]. Dies bedeutet, dass kirchliche Leitungsverantwortung eine tiefe Spiritualität voraussetzt, deren Mitte im Bewusstsein besteht, dass der Leitende eine Letztverantwortung gegenüber einer überirdischen Instanz wahrzunehmen hat. Der heilige Benedikt bringt sie dadurch zum Ausdruck, dass er die klösterliche Gemeinschaft als „Haus Gottes" bezeichnet. Da „Haus Gottes" ein altes Symbolwort für die Kirche ist, macht es die besondere Verantwortung des kirchlichen Leitungsträgers aus, die Kirche als Haus Gottes in Erscheinung treten zu lassen. Dies bedeutet vor allem, den Primat Jesu Christi als des Herrn und Eigentümers dieses Hauses zu anerkennen, weshalb Benedikt von den Mönchen sagen kann: „Christus sollen sie überhaupt nichts vorziehen. Er führe uns gemeinsam zum ewigen Leben."[105] Diese Perspektive durchzieht wie ein roter Faden die Regel des Heiligen Benedikt. Der auferstandene Christus ist die wahre Mitte der klösterlichen Gemeinschaft, von der her und auf die hin das ganze Haus Gottes angelegt ist. Ort, Zeit und das

103 R. Guardini, Die Macht. Versuch einer Wegweisung (Würzburg 1952) 38.

104 P. Henrici, Vollmacht in Ohnmacht: die Macht der Kirche, in: Ders., Glauben – Denken – Leben. Gesammelte Aufsätze (Köln 1993) 11–19, zit. 14.

105 Regula Benedicti 72.11.

ganze Leben in diesem Haus werden von Christus her organisiert und geregelt. Sei es das Gebet oder die Arbeit, sei es das Essen oder das Fasten, sei es die Woche oder das Jahr: alles soll sich an Christus orientieren. Der heilige Benedikt setzt deshalb voraus, dass der Abt selbst ein geistlicher und dies heißt auf den Auferstandenen hin durchsichtiger Mensch sein muss, der durch und durch aus dem Geist des Gebetes und in der prägenden Kraft des Wortes Gottes lebt.

Dass das Gebet die zweifellos elementarste Voraussetzung für einen kirchenleitenden Dienst bildet, wird von einem anderen großen Glaubenszeugen in schöner Weise bestätigt, nämlich vom heiligen Franz von Sales, jenem Bischof von Genf im Übergang vom 16. zum 17. Jahrhundert, den man mit Recht als „Karl Borromäus Savoyens“ bezeichnet und als „weisesten Seelenführer“ gerühmt hat. Die spirituelle Erfahrung, die er während seiner Bischofsweihe gemacht hat, hat er später mit den Worten ausgedeutet: „Gott hat mich mir selbst genommen, um mich ihm zu geben, und dann gab er mich an die Menschen zurück. Das heißt, er wandelte mich von dem, was ich für mich selbst war, zu dem, was ich für andere sein sollte.“[106] Franz von Sales hat damit sehr schön die Wandlung beschrieben, die im Gebet derjenigen vor sich geht, die im Dienst der Leitung stehen. Denn Leitung im salesianischen Geist beginnt in der stillen Vertrautheit der Einheit mit Christus im Gebet, in dem darum gerungen wird, dass die Glaubenden im Leitenden erneut Christus erkennen können, der vor ihnen kniet und ihnen die Füße wäscht.[107]

Solches Gebet lenkt gerade nicht von der Leitungsverantwortung ab, sondern lenkt in sie hinein. Die Zeit, die ein Bischof für das Gebet und das Hören auf die Schrift verwendet, ist deshalb keineswegs pastoral verlorene oder den ihm anvertrauten Menschen weggenommene Zeit. Das Gebet ist vielmehr inneres Integral der kirchlichen Leitungsverantwortung selbst. Nur dann ist sie nicht nur eine funktionale, soziologisch und führungstechnisch handhabbare Aufgabe, sondern zutiefst ein spirituelles Geschehen, wie Papst Benedikt XVI. betont hat: „Tag um Tag gilt es zu erlernen, mich loszulassen; mich zur Verfügung zu halten für das, wofür er, der Herr, mich gerade braucht, auch wenn mir anderes schöner oder wichtiger erscheint. Das Leben geben, nicht nehmen. Gerade so erfahren wir Freiheit, Freiheit von uns selbst,

106 Deutsche Ausgabe der Werke des hl. Franz von Sales, Band 5, 247.

107 Internationale Kommission für salesianische Studien der Oblaten des hl. Franz von Sales (Hg.), Salesianisch leiten (Eichstätt 2002).

die Weite des Seins."[108] Im Gebet besteht der Ernstfall im Leitungsdienst des Hirten an seiner Ortskirche. Dann wird es ein „erlöstes Leiten" sein[109], das den Leitenden selbst von seiner Last nicht erdrückt, sondern ihn aufrichtet, und das auch auf die der hirtlichen Leitung anvertrauten Menschen lösend und befreiend zu wirken vermag.

d) Persönliche Freundschaft mit Christus: Liebe als Kriterium

Die drei genannten Perspektiven fließen zusammen in der entscheidenden Wegmarke, dass der Träger des Bischofsamtes mit seinem Leben existenziell einlösen muss, was bei diesem Amt als Sakrament vorgegeben ist. Der Bischof kann nur dann Menschen zu Christus führen und in diesem Sinn „Christophoros", Christusträger sein, wenn er selbst mit ihm in einer persönlichen Freundschaft lebt. Wie menschliche Freundschaften nur lebendig bleiben, wenn man sie pflegt, so ist der Bischof in allererster Linie berufen, freundschaftlicher Zeuge des auferstandenen Christus zu sein. Zeuge ist er aber nur, wenn er selbst am Herd der Freundschaft mit Christus lebt und nicht einfach davon erzählt, dass es einen solchen Herd irgendwo geben soll.

Eine tiefe Christusliebe des Bischofs ist das Fundament für die Ausübung dieses Amtes, wie die schöne Begegnung des auferstandenen Christus mit Petrus am See von Tiberias zeigt. Bevor der Auferstandene Petrus die Sendung, seine Schafe zu weiden, anvertraut, stellt er die ernsthafte Frage: „Simon, Sohn des Johannes, liebst du mich mehr als diese?" (Joh 21,15) Wie ernst es Jesus mit dieser Frage ist, zeigt sich daran, dass er diese Frage dreimal wiederholt. Damit macht er unmissverständlich deutlich, dass die Liebe zu ihm das wichtigste Kriterium für eine spezifische Berufung in seine Nachfolge ist. Für geschulte Ohren von modernen Christen und Christinnen mag diese Konzentration auf das eine Kriterium der Liebe zu Christus seltsam klingen: etwas spiritualistisch und abgehoben. Doch wir können den biblischen Text drehen und wenden, wie wir wollen, wir kommen nicht an der Feststellung vorbei: Der Auferstandene fragt Petrus nicht nach seinem künftigen pastoralen Programm und schon gar nicht nach dem kirchenpolitischen Kurs, den er einzuschlagen gedenkt. Der Auferstandene fragt Petrus nicht einmal danach, ob ihn die anderen Jünger und das Volk Gottes wohl

108 Benedikt XVI., Predigt zum 4. Sonntag der Osterzeit am 7. Mai 2006.
109 J. Panhofer/M. Scharer/R. Siebenrock (Hg.), Erlöstes Leiten. Eine kommunikativ-theologische Intervention (Mainz 2007).

annehmen werden. Nein, Christus fragt Petrus allein nach seiner Liebe zu ihm: „Simon, Sohn des Johannes, liebst du mich mehr als diese?“

Damit ist freilich die eigentliche Pointe der Frage Jesu an Petrus noch nicht sichtbar geworden. Sie lässt sich in der deutschen Sprache auch gar nicht zum Ausdruck bringen, sondern nur im Griechischen. Im Unterschied zum Deutschen kennt das Griechische verschiedene Wörter für „lieben“, vor allem „philein“ und „agapan“. Philein meint die zwar durchaus zarte, aber nicht unbedingte und nicht allumfassende Liebe. Dem gegenüber meint agapan die vorbehaltlose und bedingungslose Liebe. Es ist nun aufschlussreich, wie der Evangelist Johannes mit diesen Wörtern spielt.[110] Jesus fragt Petrus beim ersten Mal: „agapas me?“ Vor dem Verrat hätte Petrus zweifellos geantwortet: „agapo se“. Doch nach der Erfahrung seiner eigenen Schwäche und Untreue sagt er nur: „philo se“. Doch Christus insistiert nochmals: „agapas me?“, und Petrus wiederholt dieselbe Antwort: „philo se“. Beim dritten Mal aber verzichtet Jesus auf das Wort „agapan“; er passt sich gleichsam Petrus an und fragt: „phileis me?“ Nun versteht Petrus, dass Jesus zwar seine bedingungslose und totale Liebe wünscht und erwartet, dass ihm aber auch seine armselige Liebe, also jene Liebe, zu der er noch fähig ist, genügt. Petrus wird darüber traurig und antwortet: „Herr du weißt alles, du weißt, dass ich dich liebe (philo se)“.

Wenn man dieses bedeutsame Spiel mit Verben betrachtet, dann hat sich Jesus mit seiner Erwartung einer bedingungslosen Liebe an Petrus angepasst, der nur noch zu einer armseligen Liebe fähig ist, und keineswegs umgekehrt. Doch gerade diese göttliche Anpassung schenkt Petrus, der das Drama des Verrats und der Untreue erfahren hat, neue Hoffnung. Damit leuchtet das Geheimnis des Glaubensweges des Petrus auf: Er geht von der vielleicht etwas naiven Begeisterung seiner ersten Liebe über die schmerzhafte Erfahrung der Verleugnung seines Herrn und die Tränen seiner Bekehrung bis dahin, dass Petrus lernen muss, sich Jesus anzuvertrauen, der sich seiner schwach gewordenen Liebesfähigkeit anpasst.

Von daher ist auch dem apostolischen Amt des Bischofs ein hilfreicher Weg gewiesen – trotz seiner Schwäche. Wie Petrus, der sich in der Heiligen Schrift als schwacher Mensch präsentiert bis dahin, dass er den Herrn verleugnet hat und geflohen ist, vom Herrn zum Felsen erwählt worden ist, so darf auch der Bischof im Bewusstsein leben, dass er gerade als schwacher Mensch berufen ist, sich selbst und sein Leben zur Verfügung zu stellen, da-

110 Vgl. J. Kardinal Ratzinger, Vom Dienst des Bischofs, in: Klerusblatt 78 (1989) 152–153.

mit Christus der Kirche dienen und seine Liebe bezeugen kann. Und wie die Stärke Christi gerade in der Schwäche des Petrus offenbar geworden ist, so darf auch der Bischof im Bewusstsein leben, dass der Auferstandene auch heute seinen kostbaren Schatz in zerbrechlichen Gefäßen durch die Zeiten tragen will. Die Spannung zwischen menschlicher Schwäche und göttlicher Stärke ist dem Amt in der Kirche seit Beginn eingeschrieben und zeigt sich in besonders deutlicher Weise im Bischofsamt, das im katholischen Glauben konstitutiv zum Kirchesein gehört.

Vorsitz in der Liebe und in der Glaubenslehre

Das Papstamt in der Sicht von Joseph Ratzinger – Benedikt XVI.[1]

1. Das theologische Wesen des Primats des Bischofs von Rom

Wer das Mittelschiff der Petersbasilika in Rom durchwandert, steht bei ihrer Apsis vor dem Denkmal der Kathedra des Apostels Petrus, die in der Gestalt eines großen leeren Thrones aus Bronze erbaut ist. Und wer dieses bedeutende Spätwerk Berninis auf sich wirken lässt, ist zunächst erstaunt, dass er, wie man erwarten könnte, keine Darstellung des heiligen Petrus vorfindet. In die Augen fällt vielmehr der leere Thron, der den Eindruck des Schwebens macht und von vier großen Gestalten der bedeutenden Kirchenlehrer getragen wird, wobei zwei von ihnen aus dem Osten stammen, nämlich der heilige Chrysostomus und der heilige Athanasius, und zwei aus dem Westen, nämlich der heilige Ambrosius und der heilige Augustinus. In dieser kunstvollen Komposition nimmt Joseph Ratzinger eine tiefe Bedeutung des Wesens der Kirche und, darin eingeschlossen, des petrinischen Dienstes in der Kirche wahr.[2] Sie ist deshalb auch geeignet, in das Verständnis des Papstamtes von Joseph Ratzinger – Benedikt XVI. einzuführen.[3]

---

1 Vortrag am Studientag an der Fakultät für Katholische Theologie anlässlich des 90. Geburtstags von Joseph Ratzinger – Benedikt XVI. sowie des 50jährigen Jubiläums der Universität Regensburg am 6. Mai 2017.

2 Vgl. J. Cardinal Ratzinger, Der Cathedra-Altar von St. Peter zu Rom. Eine Betrachtung über die Kirche, in: E. Kleindienst und G. Schmuttermayr (Hg.), Kirche im Kommen. Festschrift für Bischof Josef Stimpfle (Frankfurt/M – Berlin 1991) 423–429.

3 Vgl. dazu R. Biniek, Theokogie und Praxis des Petrusamtes bei Joseph Ratzinger – Benedikt XVI. Zum Primat des Bischofs von Rom im Denken und Handeln des Theologen auf dem Papstthron = Forum Fundamentaltheologie. Band 8 (Frankfurt a. M. 2017); W. Klausnitzer, Der Primat des Bischofs von Rom im Denken Joseph Ratzingers, in: Ch. Schaller (Hg.), Kirche – Sakrament und Gemeinschaft. Zu Ekklesiologie und Ökumene bei Joseph Ratzinger = Ratzinger-Studien. Band 4 (Regensburg 2011) 153–195; H. J. Pottmeyer, Primato – collegialità episcopale nella ecclesiologia eucaristica di Joseph Ratzinger, in: R. La Delfa (ed.), Primato e collegialità. „Partecipi della sollecitudine per tutte le Chiese" (Roma 2008) 71–90.

a) Das Papstamt als Dienst am Primat Gottes

Folgt man der Inspiration Joseph Ratzingers, dann richtet sich der Blick zunächst nicht auf den leeren Thron, sondern über ihm auf ein Ovalfenster, das von schwebenden Engeln umgeben ist, die das Fluten des Lichts nach unten weiterleiten, und in dem die Herrlichkeit des Heiligen Geistes aufstrahlt, der als Taube dargestellt ist und als die eigentliche Quelle allen Lichts gedeutet wird. Das Apsis-Fenster sammelt mit seinen gedämpften Farben nach innen und öffnet zugleich die Kirche nach außen zur Welt und zur ganzen Schöpfung hin. Von dieser Komposition her erschließt sich die wohl elementarste Wesensbestimmung der Kirche: Sie ist ihrem innersten Wesen nach ein Fenster und damit Raum der Begegnung und der Berührung zwischen dem Geheimnis des lebendigen Gottes und unserer Welt. Die Kirche verfehlt folglich ihr Wesen, wenn sie in sich selbst und für sich allein steht. Denn sie ist nicht das endgültige Ziel, sondern muss über sich hinaus weisen: „Die Kirche ist wirklich sie selbst, indem sie den Anderen – den ‚Anderen' schlechthin – durchscheinen lässt, von dem her sie kommt und zu dem sie führt. Die Kirche ist der Ort, wo Gott bei uns ‚ankommt' und wo wir zu ihm ‚aufbrechen'."[4]

Im Licht des Primats Gottes zeigt sich auch der eigentliche Dienst des heiligen Petrus und seines Nachfolgers in der Kirche. Seine Verantwortung besteht darin, eine sich immer wieder in sich verschließende Welt und Kirche über sich hinaus zu öffnen und in das Licht zu bringen, das aus der Höhe des Heiligen Geistes kommt. Der petrinische Dienst muss darum besorgt sein, dass der Himmel nicht verschlossen bleibt, sondern sich öffnet und die Kirche und die Welt durchsichtig für die Gegenwart Gottes werden. Oder mit anderen Worten: Der petrinische Dienst hat Vorsorge dafür zu treffen, dass die Frage nach Gott den Primat im kirchlichen Leben innehat und, wo nötig, wieder erhält: „Die Kirche muss über vieles sprechen – über all die Fragen des Menschseins, über ihre eigene Gestalt und Ordnung usw. Aber ihr eigentliches und in gewisser Hinsicht einziges Thema ist ‚Gott'."[5]

In diesem grundlegenden Sinn hat Papst Benedikt XVI. seinen Primat als Petrusnachfolger verstanden und vollzogen, nämlich als Dienst am Primat

4 Benedikt XVI., Predigt in der Eucharistiefeier mit den neuen Kardinälen am 19. Februar 2012.

5 Benedikt XVI., Ansprache an das Kardinalskollegium und die Mitglieder der Römischen Kurie beim Weihnachtsempfang am 22. Dezember 2006.

Gottes. Von dieser Theo-zentrischen Leitperspektive hat sich Joseph Ratzinger bereits vor dem Zweiten Vatikanischen Konzil leiten lassen, von dem er erwartet hat, dass die Gottesfrage in seinem Mittelpunkt stehen muss. Diese Sinnrichtung ist zweifellos am deutlichsten greifbar in jenem Vortrag, den er kurz vor Beginn des Konzils für Kardinal Josef Frings vorbereitet und in dem er die erste Herausforderung, der sich das kommende Konzil zu stellen hat, in der Gottesfrage gesehen hat.[6] Der dezidierte Primat der Gottesfrage bedeutet für ihn freilich nicht, dass nicht auch von der Kirche zu handeln sein würde; er impliziert aber, dass alles Reden von der Kirche dem Reden von Gott ein- und untergeordnet sein muss. Auch nach dem Konzil hat sich Joseph Ratzinger immer wieder für die entscheidende Zentralität der Gottesfrage im Leben und in der Verkündigung der Kirche stark gemacht und deshalb eines der größten Defizite in der Rezeptionsgeschichte des Zweiten Vatikanischen Konzils in der Tatsache erblickt, dass auf der einen Seite das Konzil eine strikt Theo-logische Ekklesiologie vorgelegt hat, dass aber auf der anderen Seite die Konzilsrezeption „dieses bestimmende Vorzeichen vor den einzelnen ekklesiologischen Aussagen übersprungen, sich auf einzelne Stichworte gestürzt“ hat und damit „hinter der großen Perspektive der Konzilsväter zurückgeblieben“ ist[7].

Den Primat des Gottesthemas hat Papst Benedikt XVI. vor allem in der Liturgie zum Tragen bringen wollen. Denn die Liturgie ist für ihn nicht einfach ein vereinzelter Vollzug in der Kirche und auch nicht einfach eine Lebensäußerung der Kirche unter anderen, sondern ihr elementarer Grundvollzug in dem Sinne, dass die Liturgie die Kirche nicht nur aufbaut, sondern sie immer wieder neu entstehen lässt und sie am Leben erhält. Diese Bedeutung kommt der Liturgie aber nur zu, wenn in ihrem Mittelpunkt das Handeln Gottes selbst steht: „Entweder ist sie opus Dei mit Gott als dem eigentlichen Subjekt oder sie ist nicht.“[8] Weil sie Feier der Gegenwart und des Werks des lebendigen Gottes ist und uns Menschen in das Geheimnis Gottes hinein zie-

6 Das Konzil und die moderne Gedankenwelt. Vortrag des Kölner Erzbischofs Josef Kardinal Frings in Genua, 20. November 1961, in: P. Pfister (Hg.), Joseph Ratzinger und das Erzbistum München und Freising. Dokumente und Bilder aus kirchlichen Archiven. Beiträge und Erinnerungen (Regensburg 2006) 159–172, jetzt in: J. Ratzinger, Gesammelte Schriften. Band 7/1 (Freiburg i. Br. 2012) 73–91.

7 J. Kardinal Ratzinger, Die Ekklesiologie der Konstitution *Lumen gentium*, in: Ders., Weggemeinschaft des Glaubens. Kirche als Communio (Augsburg 2003) 107–131, zit. 109.

8 Benedikt XVI., Ansprache beim Besuch im Kloster Heiligenkreuz bei Wien am 9. September 2007.

hen will, hat sich Joseph Ratzinger nicht nur als Theologe, sondern auch als Bischof und Papst stets darum bemüht, dass die Liturgie in ihrer Schönheit gefeiert wird.

Wer den Primat Gottes in der Liturgie bedenkt, wird auch verstehen, dass Papst Benedikt XVI. im Vorstehen in der Liturgie einen wesentlichen Teil der Praxis seines Primats gesehen hat. Denn in der Liturgie wird am deutlichsten sichtbar, worin die Sendung des päpstlichen Primats besteht. Diese Sendung hat Joseph Ratzinger bereits in der Predigt bei seiner Bischofsweihe im Jahre 1977 mit den eingängigen Worten umschrieben: „Der Bischof handelt nicht im eigenen Namen, sondern er ist Treuhänder eines anderen, Jesu Christi und seiner Kirche. Er ist nicht ein Manager, ein Chef von eigenen Gnaden, sondern der Beauftragte des andern, für den er einsteht.“ Er ist vor allem „ein Gesandter, der eine Botschaft zu überbringen hat, die größer ist als er. An dieser Treue wird er gemessen, sie ist sein Auftrag.“[9] Seinen kirchenleitenden Dienst hat Papst Benedikt XVI. immer in der Sendung wahrgenommen, ganz im Dienst eines Anderen zu stehen. Darin besteht die Kernmitte des päpstlichen Primats, wie sie Papst Benedikt XVI. gesehen und verwirklicht hat und ohne die man seine Ausübung des Papstamts nicht verstehen kann.

b) Der Primat des Nachfolgers des Petrus

Nach der Thematisierung dieser alles entscheidenden Perspektive wenden wir unsere Aufmerksamkeit wiederum der Betrachtung des Kathedra-Altars an der Apsis der Petersbasilika zu und richten unseren Blick auf die große leere Kathedra aus vergoldeter Bronze, die einen hölzernen Thron aus dem 9. Jahrhundert in sich birgt, der während langer Zeit für den Stuhl des Apostels Petrus gehalten worden ist und wegen seines hohen symbolischen Wertes über dem Kathedra-Altar angebracht worden ist. Damit wird die bleibende Gegenwart des Apostels Petrus, der im Lehramt seiner Nachfolger gegenwärtig bleibt, zum Ausdruck gebracht. Der Stuhl des Heiligen Petrus ruft deshalb die Frage nach dem Verhältnis des Papstes zum Apostel Petrus in den Augen von Benedikt XVI. hervor.

Um die biblische Verwurzelung dieses Verhältnisses aufzuzeigen, wählt Joseph Ratzinger nicht den in der Tradition stets beschrittenen Weg, den Pri-

9 J. Ratzinger, Der Bischof ist ein Christus-Träger, in: K. Wagner/A. H. Ruf (Hg.), Kardinal Ratzinger. Der Erzbischof von München und Freising in Wort und Bild (München 1977) 36–40, zit. 37.

mat des Bischofs von Rom durch die Exegese von einzelnen Primatstexten im Neuen Testament zu rechtfertigen, wie gewichtig diese Texte in sich auch sind. Joseph Ratzinger geht es vielmehr darum, die Stellung des Petrus im Neuen Testament insgesamt nachzuzeichnen.[10] Er bezieht sich sowohl auf die paulinischen Schriften, bei denen er ein besonderes Augenmerk auf die Erwähnung des Namens des Petrus an erster Stelle auf der Liste der Auferstehungszeugen im Ersten Brief an die Korinther und auf die verschiedenen Begegnungen des Paulus mit Kephas in Jerusalem legt, als auch auf die Johanneischen Schriften, in denen sich eine starke Präsenz des Petrusthemas zeigt, die in besonderer Weise in der Sendungsperikope im Schlusskapitel des Johannesevangeliums sichtbar ist und die zumal im Kontrapunkt zur Gestalt des Lieblingsjüngers Johannes eine besondere Bedeutung aufweist. Bei der Darstellung der synoptischen Tradition hebt Joseph Ratzinger vor allem die Aufgabe des Petrus als Wortführer sowohl in der Gemeinschaft der Zwölf als auch in der hervorgehobenen Dreiergruppe, die Stellung des Petrus in den Jüngerlisten und die Verleihung eines besonderen Namens an Petrus durch Jesus hervor, die nicht nur das Zeichen einer besonderen Zuneigung Jesu zu Petrus ist, sondern auch das Zeichen eines neuen Auftrags, den Petrus von Jesus erhält. Erst in diesem großen biblischen Gesamtzusammenhang geht Joseph Ratzinger dann auf das im Matthäusevangelium überlieferte Auftragswort Jesu an Petrus ein, das als klassischer Primatstext gilt, um von daher darzutun, dass sich die Substanz des in diesem Auftragswort Gesagten in allen neutestamentlichen Traditionsschichten reflektiert. Indem Joseph Ratzinger in seiner Argumentation gleichsam in diesen drei konzentrischen Kreisen vorangeht, vermag er zu zeigen, „dass alle großen neutestamentlichen Textgruppen das Petrusthema kennen, das sich so als ein Thema von universaler Bedeutung erweist und nicht auf eine bestimmte, lokal oder personal begrenzte Tradition eingeengt werden kann“[11].

Für Joseph Ratzinger ist es somit evident, dass alle großen Überlieferungsstränge im Neuen Testament einen Primat Petri kennen. Dem gegenüber stellt für Joseph Ratzinger die Annahme einer Nachfolge des Petrus und seines Primats eine viel schwierigere Frage dar, zumal es im Neuen Testament keine ausdrückliche Aussage zu einer Petrusnachfolge gibt. Joseph Ratzinger beantwortet diese Frage deshalb mit einem doppelten Zu-

10 Vgl. J. Kardinal Ratzinger, Primat Petri und Einheit der Kirche, in: Ders., Zur Gemeinschaft gerufen. Kirche heute verstehen (Freiburg i. Br. 1991) 43–69.
11 Ebd. 45.

gang, nämlich erstens mit einer Reflexion auf das Prinzip der Nachfolge im allgemeinen und zweitens mit der geschichtlichen Erkundung, ob und inwiefern Rom den Anspruch erheben kann, der Sitz für die Petrusnachfolge zu sein.

Bei der ersten Fragestellung hebt Joseph Ratzinger hervor, dass Nachfolge prinzipiell nicht allein im Wort bestehen kann, sondern vor allem auch zum Ausdruck kommt im Dienst des an Christus und sein Wort gebundenen Zeugen: Auf der einen Seite ist das Wort an einen persönlichen Zeugen gebunden, der in Treue für die Wahrheit des Wortes einsteht; auf der anderen Seite ist der Zeuge an das Wort gebunden, weil er nicht im eigenen Namen spricht, sondern jenes Wort weiter zu geben hat, das er selbst empfangen hat. Bedenkt man diese Wechselbeziehung zwischen Wort und persönlicher Zeugenschaft, leuchtet ein, dass das Wort, das ja kein toter Buchstabe, sondern ein lebendiges Wort ist, auf Zeugen und damit auf eine lebendige Nachfolge angewiesen ist. Die apostolische Überlieferung des Wortes und die apostolische Nachfolge im Zeugen gehören deshalb unlösbar zusammen: „Die Nachfolge ist die Gestalt der Überlieferung, die Überlieferung ist der Gehalt der Nachfolge."[12]

Bei der Beantwortung der zweiten Frage geht Joseph Ratzinger vom grundlegenden Sachverhalt aus, dass die Schrift, die als Neues Testament bezeichnet wird, jünger ist als die Schriften, aus denen sie zusammengefügt ist, dass die Zusammenfügung der Schriften zur Schrift die Frucht der Überlieferung ist und dass somit die Schrift durch die Überlieferung Schrift geworden ist. Hinzu kommt die weitere historische Einsicht, dass bei diesem Überlieferungsprozess der Römische Stuhl eine wichtige Rolle gespielt hat, so dass man urteilen muss, dass die Anerkennung Roms als Kriterium des rechten apostolischen Glaubens älter ist als der „Kanon des Neuen Testaments, als die ‚Schrift'"[13]. Dieser Sachverhalt ist vor allem auf dem Hintergrund der geschichtlichen Herausforderung der frühen Kirche durch die Gnosis zu verstehen und zu würdigen, die die freie Auslegung und spekulative Entfaltung des Wortes durch Einzelne geradezu zum Prinzip erhoben hat. Angesichts dieser schwerwiegenden Herausforderung konnte der Verweis auf die einzelnen Zeugen für die Wahrheit des Glaubens offensichtlich nicht mehr hinreichen.

12 J. Ratzinger, Primat, Episkopat und successio apostolica, in: K. Rahner/J. Ratzinger, Episkopat und Primat (Freiburg i. Br. 1961) 37–59, zit. 49.

13 J. Kardinal Ratzinger, Primat Petri und Einheit der Kirche, in: Ders., Zur Gemeinschaft gerufen. Kirche heute verstehen (Freiburg i. Br. 1991) 43–69, zit. 65.

Die Glaubensgemeinschaft war von daher immer mehr auch auf Orientierungspunkte der Zeugenschaft angewiesen, die man an jenen Orten gefunden hat, an denen Apostel gewirkt haben. Die Apostelsitze wurden deshalb zu den wichtigen Orientierungspunkten der wahren kirchlichen Gemeinschaft. Dabei hat man den entscheidenden Maßstab der apostolischen Überlieferung in der Kirche von Rom gefunden, wo Petrus das Martyrium erlitten hat.

Aus diesen Reflexionen über die neutestamentliche Bezeugung des Primats des Petrus und über das Weitergehen des petrinischen Primats in der Kirche von Rom in der Gestaltwerdung der kirchlichen Überlieferung und der Kirche zieht Joseph Ratzinger den Schluss: „Der römische Primat ist nicht eine Erfindung der Päpste, sondern ein auf den Herrn selbst zurückreichendes und in der werdenden Kirche entfaltetes Wesenselement der kirchlichen Einheit.“[14] Auf diesem christologischen Fundament ruht der päpstliche Primat in den Augen von Papst Benedikt XVI. auf. Deshalb stellt sich von selbst die weitere Frage, worin die besondere Sendung des Apostels Petrus bestanden hat und worin dem gemäß die spezifische Verantwortung des Bischofs von Rom liegt.

c) Der Primat des Christusbekenntnisses

Die besondere Stellung des Apostels Petrus im Kreis der Jünger Jesu besteht darin, dass er in Cäsarea Philippi in deren Namen und in deren Stellvertretung den Glauben an Jesus Christus bezeugt hat: „Du bist der Messias, der Sohn des lebendigen Gottes“ (Mt 16,16). Damit hat er jenes Christusbekenntnis abgelegt, das den Ursprung aller christlichen Glaubensbekenntnisse bildet, und so ist er zum Felsstein der Einheit der Glaubenden geworden. Von daher liegt auch die grundlegende Sendung des Petrusnachfolgers im Bekenntnis des christologischen Glaubens als Dienst an der Einheit der Kirche: „Bekenntnis und Petrusamt, Bekenntnis zu Jesus Christus und Einheit der Kirche mit und um Petrus hängen untrennbar zusammen.“[15] Die Aufgabe des Nachfolgers des Petrus besteht genauer darin, Anführer im Bekenntnis des Glaubens an Jesus Christus zu sein. Die Kathedra des Bischofs von Rom ist vor allem Kathedra dieses Glaubensbekenntnisses: „Der Bischof von Rom ist dazu verpflichtet, von dieser Kathedra herab ständig zu wiederholen:

---

14 Ebd. 67–68.

15 J. Kardinal Ratzinger, Christologische Orientierungspunkte, in: Ders., Schauen auf den Durchbohrten. Versuche zu einer spirituellen Christologie (Einsiedeln 1984) 13–40, zit. 17–18.

‚Dominus Iesus' – ‚Jesus ist der Herr', wie Paulus in seinen Briefen an die Römer (10,9) und an die Korinther (1 Kor 12,3) schrieb."[16]

Dieses Verständnis der Sendung des Petrusnachfolgers hat Papst Benedikt XVI. in seiner Predigt bei der feierlichen Inbesitznahme der Kathedra des Bischofs von Rom in der Lateranbasilika zum Ausdruck gebracht und damit gezeigt, dass er seinen Primat in diesem christologischen Sinn verstehen und vollziehen will. Sein Pontifikat ist vor allem von der Christozentrik seiner Verkündigung und seines ganzen Wirkens geprägt gewesen. Denn das Wort Gottes, dem Papst Benedikt XVI. seine besondere Aufmerksamkeit geschenkt hat, ist für ihn mehr als das, was geschrieben steht. Das Wort Gottes ist vielmehr Jesus Christus selbst, der deshalb im Zentrum der Kirche steht, wie Papst Benedikt XVI. dies in seiner ersten Enzyklika über die christliche Liebe „Deus caritas est" mit unmissverständlichen Worten artikuliert hat: „Am Anfang des Christentums steht nicht ein ethischer Entschluss oder eine große Idee, sondern die Begegnung mit einem Ereignis, mit einer Person, die unserem Leben einen neuen Horizont und damit seine entscheidende Richtung gibt."[17] Die innerste Mitte des Pontifikats von Papst Benedikt XVI. kann man darin identifizieren, den Glauben an Jesus Christus zu verkünden und Menschen in eine persönliche Freundschaft mit Jesus Christus hinein zu führen.

In diesem permanenten Verweis auf Christus und in seiner christozentrischen Verkündigung darf man auch das tiefste Motiv dafür wahrnehmen, dass Papst Benedikt XVI. der aufreibenden Arbeit im Alltag des petrinischen Dienstes Zeit und Energie abgerungen hat, um sein dreibändiges Werk über Jesus von Nazareth zu schreiben. Auch wenn es sich dabei, wie er selbst betont, um keinen „lehramtlichen Akt" handelt, sondern sein Werk „einzig Ausdruck meines persönlichen Suchens nach dem Angesicht des Herrn" ist[18], so darf man doch gerade in diesem „persönlichen Suchen" den entscheidenden roten Faden in seinem ganzen Pontifikat wahrnehmen. Wie damals Petrus im Namen der Jünger Jesus als „Messias, Sohn des lebendigen Gottes" bezeugt hat, so wollte auch Papst Benedikt XVI. als Nachfolger des Petrus sein persönliches Christusbekenntnis im heutigen Cäsarea Philippi ablegen, um die Menschen von der Wahrheit und Schönheit des christlichen Glaubens zu überzeugen und sie zu einer persönlichen Beziehung mit Jesus Christus hin zu führen.

---

16 Benedikt XVI., Predigt in der Eucharistiefeier anlässlich der feierlichen Inbesitznahme der Kathedra des Bischofs von Rom in der Lateranbasilika am 7. Mai 2005.

17 Benedikt XVI., Deus caritas est, Nr. 1.

18 J. Ratzinger – Benedikt XVI., Jesus von Nazareth. Erster Teil: Von der Taufe im Jordan bis zur Verklärung (Freiburg i. Br. 2007) 22.

Mit Bischof Rudolf Voderholzer kann man deshalb den Pontifikat von Papst Benedikt XVI. wohl am adäquatesten als „aggiornamento des Petrusbekenntnisses“[19] charakterisieren.

Im Zentrum der Verkündigung und des Lehramts von Papst Benedikt XVI. stand die Botschaft von der Liebe Gottes, die in Jesus Christus Fleisch geworden ist. Sein Lehramt war deshalb ein konsequent christozentrisches, das geleitet war von seiner Grundüberzeugung, dass die notwendige Erneuerung des christlichen Glaubens und der Kirche heute mit einer „Erneuerung der Christologie“ verwirklicht werden muss, die ihrerseits den Mut haben muss, „Christus in seiner ganzen Größe zu sehen, wie ihn die vier Evangelien zusammen in ihrer spannungsvollen Einheit zeigen“[20]. Damit wird der Blick frei auch für die Wahrnehmung der Art und Weise, wie Papst Benedikt XVI. in seinem Pontifikat den wichtigen Aspekt der Leitung der Kirche verstanden und wahrgenommen hat.

d) Der Primat als Glaubensgehorsam

In den Katechesen bei den wöchentlichen Generalaudienzen pflegte Papst Benedikt XVI. während einer längeren Zeit markante Gestalten aus der Kirchengeschichte zu präsentieren und deren bleibende Bedeutung für die Gegenwart herauszuarbeiten. Bei der Vorstellung des großen mittelalterlichen Theologen Bonaventura hat Papst Benedikt XVI. hervorgehoben, „dass das Regieren für den heiligen Bonaventura nicht einfach ein Tun war, sondern vor allem Denken und Beten“: „An der Basis seiner Führung finden wir immer das Gebet und das Denken; alle seine Entscheidungen ergeben sich aus der Reflexion, aus dem durch das Gebet erleuchteten Denken. Sein inniger Kontakt mit Jesus hat stets seine Arbeit als Generalminister begleitet, und daher hat er eine Reihe theologisch-mystischer Schriften verfasst, die die Beschaffenheit seiner Regierung zum Ausdruck bringen und die Absicht zeigen, den Orden innerlich zu führen, das heißt nicht allein durch Befehle und Strukturen zu regieren, sondern indem er die Seelen leitete und führte und sie auf Christus ausrichtete.“[21]

---

19 R. Voderholzer, Die bleibende Bedeutung des Pontifikats von Benedikt XVI. für die kommenden Jahre und Jahrzehnte, in: Ders./Ch. Schaller/F. X. Heibl (Hg.), Mitteilungen Institut-Papst-Benedikt XVI. (6/2014) 29–39, zit. 38.

20 J. Ratzinger, „Einführung in das Christentum“ – gestern, heute, morgen. Vorwort zur Neuausgabe von Einführung in das Christentum (München 2000) 9–26, zit. 26.

21 Benedikt XVI., Katechese bei der Generalaudienz am 11. März 2010.

Lässt man diese Beschreibung des heiligen Bonaventura, über dessen Offenbarungsverständnis und Geschichtstheologie Joseph Ratzinger seine Habilitationsarbeit verfasst hat[22], auf sich wirken, legt sich einem von selbst der Schluss nahe, dass Papst Benedikt XVI. damit zugleich ein Selbstporträt gezeichnet hat, in dem auch sein spezifischer Regierungsstil zu erkennen ist[23]: Wie Bonaventura ein grosser Theologe gewesen ist, aber seine wissenschaftlich-universitäre Tätigkeit aufgeben musste, weil er Generalminister des noch jungen franziskanischen Ordens wurde, so ist auch Joseph Ratzinger von seinem universitären Lehrstuhl wegberufen worden, um zunächst auf ortskirchlicher und dann auf universalkirchlicher Ebene kirchenleitende Aufgaben zu übernehmen. Beide aber haben mit der Beendigung der akademischen Arbeit an Universitäten in keiner Weise auch die Theologie aufgegeben, sondern sich weiterhin mit fundierten Beiträgen in das theologische Gespräch eingebracht. Dass seine Schriften „die Seele seiner Regierung" gewesen sind und dass er vor allem durch Theologie die Kirche geleitet hat, kann man zweifellos von Bonaventura genauso wie von Papst Benedikt XVI. sagen.

Dieses Selbstverständnis hat Joseph Ratzinger, als er im Jahre 1977 zum Erzbischof von München und Freising geweiht worden ist, mit seinem Wappenspruch zum Ausdruck gebracht, das dem Dritten Brief des Johannes entnommen ist: „Darum sind wir verpflichtet, solche Männer aufzunehmen, damit auch wir zu Mitarbeitern für die Wahrheit werden" (V 8). Mit der Wahl dieses Leitworts für seinen bischöflichen Dienst hat Joseph Ratzinger ins Wort gebracht, wie er bereits seine Berufung als Theologe gesehen hat, nämlich im intellektuellen Dienst an der Wahrheit Gottes zu stehen, die er in seiner Geschichte mit der Menschheit offenbart hat. Denn Joseph Ratzinger hat sein theologisches Denken immer und prioritär als Mit-Denken mit der ganzen Kirche und in diesem elementaren Sinn als kirchlichen Dienst an der objektiv vorgegebenen Wahrheit des Glaubens verstanden. Mit seiner Berufung in das Amt des Bischofs, des Präfekten der Kongregation für die Glaubenslehre und des Papstes hat er sich deshalb nie von der Theologie verabschiedet. In seiner Überzeugung, in erster Linie zum Theologen und damit zum Diener an der Wahrheit berufen zu sein, ist er auch als Papst der Verantwor-

22 J. Ratzinger, Die Geschichtstheologie des heiligen Bonaventura (München 1955). Die integrale Habilitationsschrift liegt jetzt erstmals vor in Band 2 der Gesammelten Schriften Joseph Ratzingers (Freiburg i. Br. 2009).

23 Vgl. K. Koch, Benedikt XVI. und Bonaventura. Einführung in die theologischen Wurzeln des Papstes, in: Ders., Das Geheimnis des Senfkorns. Grundzüge des theologischen Denkens von Papst Benedikt XVI. (Regensburg 2010) 45–68.

tung des Theologen verpflichtet geblieben und hat das innere Wesen seines Hirtendienstes darin gesehen: „die Sensibilität für die Wahrheit wachzuhalten, die Vernunft immer neu einzuladen, sich auf die Suche nach dem Wahren, nach dem Guten, nach Gott zu machen und auf diesem Weg die hilfreichen Lichter wahrzunehmen, die in der Geschichte des christlichen Glaubens aufgegangen sind und daher dann Jesus Christus wahrzunehmen als Licht, das die Geschichte erhellt und den Weg in die Zukunft zu finden hilft“[24].

Der Hirtendienst des Papstes besteht im vollmächtigen Dienst der Lehre an der Wahrheit des Glaubens und gleichsam im Leiten der Kirche durch „Denken und Beten“. Diese Aufgabe hat Papst Benedikt XVI. in erster Linie mit seinen theologisch gehaltvollen Enzykliken über die christliche Liebe „Deus caritas est“, über die christliche Hoffnung „Spe salvi“ und über den Glauben „Lumen fidei“, die freilich erst von Papst Franziskus veröffentlicht worden ist, und auch mit seiner Sozialenzyklika „Caritas in veritate“ wahrgenommen. Indem die Enzykliken den drei göttlichen Tugenden gewidmet sind, wollte Benedikt XVI. sichtbar machen, dass Glaube, Hoffnung und Liebe das christliche Leben ausmachen. Demselben Anliegen, Kirche durch Beten und Denken zu leiten, sind auch die von Papst Benedikt XVI. ausgerufenen Geprägten Jahre wie das Paulusjahr (2008–2009), das Priesterjahr (2009–2010) und das Jahr des Glaubens (2012–2013) ebenso verpflichtet gewesen wie die von ihm gehaltenen großen Themenzyklen bei den Generalaudienzen über die Apostel, über die Kirchenväter und Glaubenslehrer, über den Apostel Paulus, über die großen Frauengestalten des Mittelalters, über die Kirchenväter der Neuzeit, über das Priestertum, über das Gebet und über den Glauben. Als wesentliche Weisen der Kirchenleitung in Erinnerung gerufen zu werden verdienen auch die von Papst Benedikt XVI. präsidierten Ordentlichen Vollversammlungen der Bischofssynode über die Eucharistie (2005), über das Wort Gottes (2008) und über die Neue Evangelisierung (2012). Nicht zu vergessen sind schließlich die großen Reden, die Papst Benedikt XVI. auf seinen Apostolischen Reisen vor allem dem Dialog zwischen Glaube und Vernunft gewidmet hat.[25]

Der so verstandene Hirtendienst des Bischofs von Rom schließt für Papst Benedikt XVI. als wichtige Dimension den Dienst am Glaubensgehorsam ein,

---

24 Benedikt XVI., Vorbereitete, aber nicht gehaltene Vorlesung an der Römischen Universität Sapienza am 17. Januar 2008.

25 Vgl. G. Cottini, L'Avvenimento della Conoscenza. Un itinerario tra i discorsi di Benedetto XVI al mondo della cultura, dell'Università, della scienza. Con un'antologia di testi del Papa (Milano 2011); Benedikt XVI., Die Ökologie des Menschen. Die großen Reden des Papstes (München 2012).

den er bei der Inbesitznahme der Kathedra des Bischofs von Rom in der Lateranbasilika zum Ausdruck gebracht hat. Diese Kathedra ist für ihn das Symbol jener Lehrvollmacht, die nichts anderes sein kann als „Macht des Gehorsams und Dienstes", damit das Wort Gottes und damit die Wahrheit in der Welt aufstrahlen und den Menschen den Weg des Lebens weisen kann: „Der Papst ist kein absoluter Herrscher, dessen Denken und Willen Gesetz sind. Im Gegenteil: sein Dienst garantiert Gehorsam gegenüber Christus und seinem Wort."[26]

Im Glaubensgehorsam, der vom Papst ebenso abverlangt sein muss wie vom Theologen, liegt es für Joseph Ratzinger begründet, dass er als Theologe, als Bischof und als Papst stets den Primat des Glaubens vor der Theologie betont und sich deshalb für den Glauben der Einfachen stark gemacht und die besondere Verantwortung des kirchlichen Lehramts darin gesehen hat, Anwalt des Glaubens des Volkes Gottes zu sein, genauer „die Stimme des einfachen Glaubens und seiner einfachen Ureinsichten zu verkörpern". In diesem Eintreten für den gemeinsamen Taufglauben erblickt Joseph Ratzinger geradezu eine „demokratische Funktion" des Lehramts[27]: „Nicht die Intellektuellen messen die Einfachen, sondern die Einfachen messen die Intellektuellen. Nicht die intellektuellen Auslegungen sind das Mass für das Taufbekenntnis, sondern das Taufbekenntnis in seiner naiven Wörtlichkeit ist das Mass der Theologie."[28]

Der Primat des Bischofs von Rom besteht im Kern im Dienst am Gehorsam des Glaubens, der seinen entscheidenden Grund im Wort der Heiligen Schrift hat, das seinerseits ausgelegt und angeeignet ist in dem Glauben, den vor allem die Kirchenväter als die „Garanten der Treue zur Heiligen Schrift"[29] aus ihr vernommen haben, wie dies beim Kathedra-Altar in der Petersbasilika dadurch zum Ausdruck gebracht wird, dass die Kathedra von jenen vier Kirchenvätern gestützt wird, die die „Gesamtheit der Überlieferung und somit den Reichtum des Ausdrucks des wahren Glaubens in der heiligen und einen Kirche" repräsentieren[30]. Der Vorsitz im Glauben und im Glaubensgehorsam, der

26 Benedikt XVI., Predigt in der Eucharistiefeier anlässlich der feierlichen Inbesitznahme der Kathedra des Bischofs von Rom in der Lateranbasilika am 7. Mai 2005.

27 J. Cardinal Ratzinger, Kirche und wissenschaftliche Theologie, in: Ders., Theologische Prinzipienlehre. Bausteine zur Fundamentaltheologie (München 1982) 339–348, zit. 348.

28 J. Kardinal Ratzinger, Was ist Freiheit des Glaubens? Silvesterpredigt 1979, in: Ders., Zeitfragen und christlicher Glaube (Würzburg 1982) 7–27, zit. 21.

29 J. Cardinal Ratzinger, Der Cathedra-Altar von St. Peter zu Rom. Eine Betrachtung über die Kirche, in: E. Kleindienst/G. Schmuttermayr (Hg.), Kirche im Kommen. Festschrift für Bischof Josef Stimpfle (Frankfurt/M – Berlin 1991) 423–429, zit. 427.

30 Benedikt XVI., Predigt in der Eucharistiefeier mit den neuen Kardinälen am 19. Februar 2012.

dem Bischof von Rom zukommt, muss aber an den Vorsitz in der Liebe untrennbar gebunden sein. Erst damit erreichen wir die innerste Mitte dessen, wie Papst Benedikt XVI. seinen Pontifikat verstanden und verwirklicht hat.

e) Der Primat der Liebe

Die erste Enzyklika hat Papst Benedikt XVI., wie bereits gesagt, der christlichen Liebe gewidmet. Er ist damit einer in der zweiten Hälfte des vergangenen Jahrhunderts begonnenen Tradition gefolgt, dass der neu gewählte Papst mit seiner ersten Enzyklika eine programmatische Erklärung über die Grundanliegen seines bevorstehenden Pontifikats gibt. In diesem Sinn kann man auch in „Deus caritas est" das theologisch-pastorale Grundsatzprogramm Benedikts XVI. für seinen petrinischen Dienst erblicken. Denn die darin enthaltene Konzentration auf die Thematik der Liebe, und zwar in ihrer untrennbaren Einheit von Gottesliebe und Nächstenliebe, bildet nicht nur den Cantus firmus der ganzen Enzyklika, sondern zieht sich wie ein roter Faden durch das ganze Pontifikat von Papst Benedikt XVI. hindurch.[31] Der katholische Neutestamentler Thomas Söding hat mit Recht das Hohelied der Liebe als „das heimliche Gravitationszentrum der gesamten Enzyklika – und damit des Pontifikates" bezeichnet[32].

Mit diesem theologischen Notenschlüssel für seinen Pontifikat hat sich Papst Benedikt XVI. auf die Frage Jesu an Petrus in der großen Sendungsperikope im Johannesevangelium bezogen: „Simon, Sohn des Johannes, liebst du mich mehr als diese?" (Joh 21,15). Der Auferstandene fragt Petrus nicht nach dem kirchenpolitischen Kurs, den er einzuschlagen gedenkt; er fragt ihn vielmehr nach seiner Liebe. Jesus macht damit deutlich, dass die Liebe zu ihm das wichtigste Kriterium für eine spezifische Berufung in seine Nachfolge ist, vor allem für die Sendung, die Jesus dem Petrus anvertraut und darin besteht, die Schafe zu weiden. Denn wie Papst Benedikt XVI. in der Predigt bei seiner Amtseinführung und genauer bei der Deutung der Übergabe des Palliums als Zeichen der Hirtensorge betont hat: „weiden heißt lieben, und lieben heißt

---

31 Vgl. K. Koch L'Enciclica „Deus caritas est" nel contesto del Pontificato di Papa Benedetto XVI, in: M. Graulich/R. Weimann (ed.), Deus caritas est – Porta di Misericordia. Atti del Simposio Internazionale in occasione del decimo anniversario della publicazione (Città del Vaticano 2016) 9–31.

32 Th. Söding, „Deus caritas est" – die Liebe als „Roter Faden" des Pontifikats, in: G. Constien/F. X. Heibl/Ch. Schaller (Hg.), Benedikt XVI. Diener Gottes und der Menschen. Zum 10. Jahrestag seiner Papstwahl (Regensburg 2013) 129–133, zit. 131.

auch bereit sein zu leiden". Die Haupteigenschaft eines Hirten muss es deshalb sein, dass er die Menschen, die ihm anvertraut sind, liebt, „weil und wie er Christus liebt, in dessen Diensten er steht"[33]. Wenn Christus der Gute Hirte ist, der Lamm geworden ist, um sich auf die Seite der geschundenen Lämmer zu stellen und sein Leben für sie hinzugeben, dann muss auch und gerade der Papst als Hirte seiner Kirche im Dienst des „Archipoimen" (1 Petr 5,4) stehen und an der Liebe Christi Mass nehmen.

Dass die Liebe der Notenschlüssel des petrinischen Dienstes von Papst Benedikt XVI. gewesen ist und er seinen Pontifikat als einen Primat des Liebesdienstes verstanden hat, zeigt sich auch daran, dass er ihn an jenem Wort des heiligen Ignatius von Antiochien orientiert hat, der in seinem Brief an die Römer um das Jahr 100 die Kirche des Bischofs von Rom als jene Kirche bezeichnet hat, die den „Vorsitz in der Liebe" hat. Er hat damit sehr schön zum Ausdruck gebracht, dass der Vorsitz des Nachfolgers des Petrus in der Glaubenslehre und sein Vorsitz in der Liebe unlösbar zusammengehören. Denn die Lehre der Kirche vermag den Menschen nur zu erreichen, wenn sie zur Liebe führt; und „ein Glaube ohne Liebe wäre kein echter christlicher Glaube mehr"[34]. Auf der anderen Seite ist die Liebe nur authentisch und glaubwürdig, wenn sie im Glauben begründet ist.

Mit der Ehrenbezeichnung „Vorsitz in der Liebe" kommt für Papst Benedikt XVI. freilich noch etwas Tieferes und Konkreteres zum Ausdruck. In der frühen Kirche bezeichnete das Wort „Liebe" – caritas – zugleich das Geheimnis der Eucharistie, in der die Liebe Christi zu seiner Kirche am intensivsten erfahren werden kann: In der Eucharistie ist Christus „Speise für uns" als „Liebe"[35]. Wie in der Sicht des Evangelisten Lukas Jesus die besondere Aufgabe, die Petrus zukommt, ihm beim Letzten Abendmahl übertragen hat, und wie „der erste ‚Sitz' der Kirche" gleichsam der Abendmahlssaal gewesen ist, in dem für Petrus ein besonderer Platz vorgesehen gewesen ist[36], so nimmt in der Nachfolge des Petrus der Bischof von Rom die ihm übertragene Sendung vor allem dadurch wahr, dass er den Vorsitz in der Liebe lebt und in der Eucharistie der Einheit der Kirche dient. Für Papst Benedikt XVI. ist es entscheidend wichtig, dass der Primat des Bischofs von Rom letztlich nur von der Eucharistie her verstanden werden kann und folglich nicht allein eine juridische und schon

33 Benedikt XVI., Predigt in der Heiligen Messe zur Amtseinführung mit Übergabe des Palliums und des Fischerrings am 24. April 2005.

34 Benedikt XVI., Katechese bei der Generalaudienz am 22. Februar 2006.

35 Benedikt XVI., Deus caritas est, Nr. 13.

36 Benedikt XVI., Katechese bei der Generalaudienz am 22. Februar 2006.

gar nicht eine rein äußerliche Zutat zur eucharistischen Ekklesiologie, sondern in ihr selbst begründet ist, insofern der Primat letztlich nur von jenem weltweiten eucharistischen Netz her, das die Kirche ist, Evidenz erhält. Der petrinische Dienst ist folglich ein Primat in der Liebe im eucharistischen Sinn, der in der Kirche um eine Einheit besorgt ist, die eucharistische Gemeinschaft ermöglicht und schützt und glaubwürdig und wirksam verhindert, dass ein Altar gegen einen anderen Altar gestellt wird, wie dies beispielsweise in der Auseinandersetzung des Optatus von Mileve mit den Donatisten in eklatanter Weise der Fall gewesen ist[37]. Der Primat des Bischofs von Rom ist Dienst an der eucharistischen Einheit und beinhaltet konkret die Sendung, „die Menschen in eine eucharistische Umarmung – in die Umarmung Christi – hineinziehen, die jede Schranke und jede Fremdheit überwindet und aus den mannigfaltigen Verschiedenheiten die Gemeinschaft bildet“[38].

f) Der Primat im Verhältnis von Universalkirche und Ortskirchen

Der Bischof von Rom übt seinen Primat vor allem dadurch aus, dass er den Vorsitz in der Liebe lebt und in der Eucharistie alle Ortskirchen auf der ganzen Welt zur einen universalen Kirche verbindet. Er hat dafür Sorge zu tragen, dass die ganze Kirche an der Eucharistie Mass nimmt und damit das tiefste Wesen der Kirche sichtbar werden kann, das darin besteht, dass jede Ortskirche, die Eucharistie feiert, *ganz* Kirche ist, dass aber keine Ortskirche die *ganze* Kirche ist. Sie ist vielmehr nur dann wirklich Kirche, wenn sie in Beziehung zu allen Eucharistie feiernden Ortskirchen und in Einheit mit dem Vorsitz in der Liebe steht. In diesem Licht der Zusammengehörigkeit von Petrusdienst und Eucharistie ergibt sich von selbst die weitere Frage nach dem theologischen Ort des Primats des Bischofs von Rom in der Kirche, genauer im Verhältnis von Universalkirche und Ortskirchen.

Für Papst Benedikt XVI. steht auf der einen Seite fest, dass der Papst Bischof einer Stadt-Kirche ist, wie vor allem das Pallium zeigt, das die Bischöfe von Rom seit dem vierten Jahrhundert tragen: „Der Papst ist zuallererst Bischof von Rom und als solcher in der Nachfolge des heiligen Petrus mit einer bischöflichen Verantwortung für die ganze katholische Kirche ausgestattet.“[39] Der Pri-

37 Vgl. J. Ratzinger, Volk und Haus Gottes in Augustins Lehre von der Kirche (St. Ottilien 1992), bes. 102–123: Optatus von Mileve.

38 Benedikt XVI., Predigt in der Eucharistiefeier mit den neuen Kardinälen am 19. Februar 2012.

39 Benedikt XVI., Vorbereitete, aber nicht gehaltene Vorlesung an der Römischen Universität Sapienza am 17. Januar 2008.

mat des Bischofs von Rom macht deshalb auf der anderen Seite nur Sinn, wenn es eine universale Dimension der Kirche gibt. Die Primatslehre steht oder fällt folglich mit den Grundüberzeugungen der katholischen Ekklesiologie, für die es nach Joseph Ratzinger charakteristisch ist, dass sie immer zugleich im Singular von „Kirche“ und im Plural von „Kirchen“ spricht, und zwar in dem Sinn, dass „in der Einheit der einen Ecclesia“ auch der „Plural der ecclesiae“ Raum haben muss[40]. Die eine universale Kirche besteht in und aus den vielen Ortskirchen; und die vielen Ortskirchen in der Welt existieren als die eine universale Kirche. In diesem wechselseitigen Ineinander von Universalkirche und Ortskirchen ist es begründet, dass die Katholische Kirche zugleich universalkirchlich und ortskirchlich und damit zugleich papal und episkopal verfasst ist und dass die Verschränkung von Einheit der Kirche und Vielfalt der Kirchen auf allen Ebenen durch eine konkrete Person bezeugt wird: Die Kirche hat eine authentische Stimme und einen aktionsfähigen Sachwalter ihrer Einheit und Treue im Glauben im Pfarrer auf der Ebene der Ortsgemeinde, im Bischof auf der Ebene der Ortskirche und im Papst auf der Ebene der Universalkirche.

Bei dieser unverwechselbaren Verfassungsstruktur der Katholischen Kirche legt Joseph Ratzinger einen besonderen Akzent darauf, dass die Universalkirche zu den einzelnen Ortskirchen vorgängig ist[41], und er sieht diese Vorgängigkeit grundgelegt im Geschehen an Pfingsten als Geburt der Kirche und damit das Entstehen des neuen Volkes Gottes, das aus allen Völkern kommt und besteht und dessen „erste Visitenkarte in der Geschichte“ seine Universalität ist[42]. Im Pfingstereignis wird sichtbar, dass die Kirche nicht erst im Laufe der Geschichte allmählich universal geworden ist, sondern es von ihrem Ursprung her ist: „Die Kirche war von Anfang an katholisch, apostolisch und eins – das ist immer ihr Wesen, und daran ist sie zu erkennen.“[43]

Von dieser Vorgängigkeit der Universalkirche vor den Ortskirchen her wird auch die weitere ekklesiologische Überzeugung Joseph Ratzingers einsichtig, dass die Einheit der Universalkirche und damit auch das Papstamt als in jeder Ortskirche innere Elemente zu verstehen sind und dass auf der anderen Seite

40 J. Ratzinger, Primat und Episkopat, in: Ders., Das neue Volk Gottes. Entwürfe zur Ekklesiologie (Düsseldorf 1969) 121–146, zit. 142.

41 Vgl. A. Buckenmaier, Universale Kirche vor Ort. Zum Verhältnis von Universalkirche und Ortskirche (Regensburg 2009), bes. 25–91: Die Diskussion um Universalkirche und Lokalkirchen an der Jahrtausendwende.

42 J. Cardinal Ratzinger, Komm, Heiliger Geist. Pfingstpredigten (Donauwörth 2004) 40.

43 J. Cardinal Ratzinger, Die Ekklesiologie der Konstitution *Lumen gentium*, in: Ders., Weggemeinschaft des Glaubens. Kirche als Communio (Augsburg 2002) 107–131, zit. 122.

die Vielheit der Ortskirchen in ihrer Eigenbedeutung ebenso zum Wesen der Kirche gehört. Beides kommt zum Ausdruck im Zueinander von Primat und Episkopat; „und am rechten Miteinander beider hängt die Symphonie der einen Kirche in den vielen Kirchen“[44]. Damit wird die Bipolarität des kirchenleitenden Amtes sichtbar, die für Joseph Ratzingers Primatstheologie grundlegend ist und die er in der Kurzformel zum Ausdruck bringt: „Der Primat braucht den Episkopat, aber auch der Episkopat den Primat: Beides sollte immer weniger als Konkurrenz, immer mehr in seiner Komplementarität gesehen werden.“[45] Dieses Aufeinanderverwiesensein von Bischöfen und Papst betrachtet Joseph Ratzinger als für die Kirche konstitutiv und ist ihm so wichtig, dass er gegen einseitige Interpretationen des Ersten Vatikanischen Konzils dieses in Schutz nimmt und in ihm zwei Extrempositionen verurteilt sieht: „Dass nach dem Vatikanum nicht nur der Episkopalismus, sondern auch der Papalismus i. e. S. als eine verurteilte Lehre zu gelten hat, ist eine Tatsache, die dem öffentlichen Bewusstsein der Christenheit wohl noch mehr eingeprägt werden muss, als dies bislang geschehen ist.“[46] Mit dieser Beurteilung hat sich Joseph Ratzinger bereits früh für ein gesundes ekklesiologisches Gleichgewicht zwischen Episkopat und Primat eingesetzt und sich um eine theologische Revitalisierung der bischöflichen Kollegialität und um die Einbindung des Primats in die Gesamtekklesiologie bemüht[47].

2. Das Papstamt als ökumenische Frage

Mit dieser ekklesiologischen Sicht hängt auch die Offenheit von Papst Benedikt XVI. für die ökumenische Problematik des Amtes des Bischofs von Rom zusammen.[48] Denn dieses Amt ist seinem Wesen gemäß ein Dienst an der

44 J. Cardinal Ratzinger, Pluralismus als Frage an Kirche und Theologie, in: Ders., Wesen und Auftrag der Theologie. Versuche zu ihrer Ortsbestimmung im Disput der Gegenwart (Einsiedeln 1993) 63–85, zit. 75.

45 J. Ratzinger, Primat und Episkopat, in: Ders., Das neue Volk Gottes. Entwürfe zur Ekklesiologie (Düsseldorf 1969) 121–146, zit. 145.

46 J. Ratzinger, Primat, Episkopat und successio apostolica, in: K. Rahner/J. Ratzinger, Episkopat und Primat (Freiburg i. Br. 1961) 37–59, zit. 43.

47 Vgl. J. Ratzinger, Die bischöfliche Kollegialität nach der Lehre des Zweiten Vatikanischen Konzils, in: Ders., Das neue Volk Gottes. Entwürfe zur Ekklesiologie (Düsseldorf 1969) 171–200. Vgl. in demselben Buch auch 201–224: Die pastoralen Implikationen der Lehre von der Kollegialität der Bischöfe.

48 Vgl. K. Koch, Die Primatstheologie von Joseph Ratzinger – Benedikt XVI. in ökumenischer

Einheit und findet, wie vor allem Papst Johannes Paul II. hervorgehoben hat, im Bereich der Ökumene „seine ganz besondere Erklärung“[49]. In dieser Überzeugung hat Papst Johannes Paul II. die Bitte an die gesamte Ökumene ausgesprochen, sich mit ihm auf einen geduldigen brüderlichen Dialog über den Primat des Bischofs von Rom einzulassen, und zwar mit dem Ziel, eine Form der Primatsausübung zu finden, „die zwar keineswegs auf das Wesentliche ihrer Sendung verzichtet, sich aber einer neuen Situation öffnet“, genauer dahingehend, dass dieses Amt „einen von den einen und anderen anerkannten Dienst der Liebe zu verwirklichen vermag“[50]. Diese Unterscheidung zwischen dem Wesen des Primats und der konkreten Form seiner Ausübung hat Papst Benedikt XVI. verschiedentlich aufgegriffen und die damit verbundene Einladung an die Ökumene erneuert: „Wir wissen, dass es vor allem die Primatsfrage ist, um deren rechtes Verständnis wir weiter geduldig und demütig ringen müssen. Ich denke, dabei können uns die Gedanken zur Unterscheidung zwischen Wesen und Form der Ausübung des Primates, die Papst Johannes Paul II in der Enzyklika Ut unum sint (Nr. 95) vorgenommen hat, weiterhin fruchtbare Anstöße geben.“[51]

a) Das Papstamt im Dialog mit den Kirchen des Ostens

Im Dialog mit den Orthodoxen Kirchen hat Papst Benedikt XVI. die Unterscheidung zwischen Wesen und Form der Ausübung des Primats dahingehend fruchtbar gemacht, dass er Maximalforderungen, die die Kirchen gegenseitig aneinander stellen könnten, als der Suche nach der Einheit nicht dienlich beurteilt hat. Die Maximalforderung der Orthodoxie an die Katholische Kirche würde darin bestehen, die Entwicklung der Primatslehre im Zweiten Jahrtausend und vor allem des Ersten Vatikanischen Konzils als Fehlentwicklung zu erklären und alle auf ihr aufruhenden verbindlichen Lehraussagen, angefangen vom Filioque im Credo bis zu den marianischen

Perspektive, in: M. C. Hastetter/Ch. Ohly (Hg.), Dienst und Einheit. Reflexionen zum petrinischen Amt in ökumenischer Perspektive. Festschrift für Stephan Otto Horn zum 80. Geburtstag (St. Ottilien 2014) 15–37. Vgl. Ders., Dienst an der vollen und sichtbaren Einheit. Das Ökumeneverständnis von Joseph Ratzinger – Papst Benedikt XVI., in: M. C. Hastetter/St. Athanasiou (Hg.), „Ut unum sint“. Zur Theologie der Einheit bei Joseph Ratzinger – Papst Benedikt XVI. = Ratzinger Studien. Band 13 (Regensburg 2018) 10–38.

49 Johannes Paul II., Die Schwelle der Hoffnung überschreiten (Hamburg 1994) 181.

50 Johannes Paul II., Ut unum sint, Nr. 95.

51 Benedikt XVI., Ansprache bei der Begegnung mit Vertretern der Orthodoxen Kirchen in Freiburg im Breisgau am 24. September 2011.

Dogmen im 19. und 20. Jahrhundert, zu verzichten. Die Maximalforderung der Katholischen Kirche an die Orthodoxie würde demgegenüber darin bestehen, eine Anerkennung des Primats des Bischofs von Rom in dem vollen Umfang zu verlangen, wie er auf dem Ersten Vatikanischen Konzil definiert worden ist. Jenseits von solchen unrealistischen und die Suche nach der Einheit gefährdenden Maximalforderungen sollte in den Augen von Joseph Ratzinger die Versöhnung der Christenheit zwischen Ost und West vielmehr auf der Grundlage möglich sein, dass die Orthodoxie darauf verzichtet, die Entwicklung der Katholischen Kirche im Zweiten Jahrtausend „als häretisch zu bekämpfen“, sondern die Katholische Kirche „in der Gestalt als rechtmäßig und rechtgläubig akzeptiert, die sie in dieser Entwicklung gefunden hat“, während die Katholische Kirche die Kirche des Ostens „in der Gestalt, die sie sich bewahrt hat, als rechtgläubig und rechtmäßig anerkennt“[52].

Auf der Grundlage dieser differenzierten Überzeugung hat Joseph Ratzinger bereits in den siebziger Jahren den weitsichtigen Vorschlag unterbreitet, für die Wiedervereinigung müsse Rom vom Osten „nicht mehr an Primatslehre fordern, als auch im ersten Jahrtausend formuliert und gelebt wurde“[53]. Dieser oft rezipierte Vorschlag, Lehre und Praxis des Primats des Bischofs von Rom im Ersten Jahrtausend als Kriterium für die Wiedervereinigung der Kirche im Osten und Westen anzusetzen, bedarf freilich auch in den Augen von Papst Benedikt XVI. einer gewissen Modifizierung. Denn bereits im Ersten Jahrtausend lassen sich recht unterschiedliche Ansichten über Doktrin und Praxis des Primats des Bischofs von Rom finden, bei denen nicht wenige Ansatzpunkte auch für die weitere Entwicklung im Zweiten Jahrtausend vorliegen. In diesem Jahrtausend haben zudem nicht nur in der Katholischen Kirche, sondern auch in den Orthodoxen Kirchen nicht unbedeutende Entwicklungen stattgefunden, die nicht einfach aus dem Ersten Jahrtausend abgeleitet werden können. Schließlich kann man nicht annehmen, der Heilige Geist habe die Kirche nur im Ersten Jahrtausend begleitet. Aus diesen Gründen erweist sich eine reine Rückkehr ins Erste Jahrtausend für nicht möglich, wiewohl dieses Jahrtausend maßgeblicher Orientierungspunkt in den ökumenischen Bemühungen ist und bleibt.

Hier dürfte es begründet sein, dass Papst Benedikt XVI. für die Lösung dieses cruzialen Problems im katholisch-orthodoxen Dialog vor allem eine

---

52 J. Ratzinger, Die ökumenische Situation – Orthodoxie, Katholizismus und Reformation, in: Ders., Theologische Prinzipienlehre. Bausteine zur Fundamentaltheologie (München 1982) 203–214, zit. 209.
53 Ebd.

systematisch-theologische Perspektive anvisiert: In seinem großen Gespräch mit Peter Seewald hat Papst Benedikt XVI. die Aussage gewagt, die Ostkirchen seien „echte Teilkirchen“, wiewohl sie nicht mit dem Papst in Verbindung stehen, und in diesem Sinn sei die Einheit mit dem Papst „nicht konstitutiv für die Teilkirche“. Auf der anderen Seite aber bedeute dieser Mangel an Einheit auch einen „inneren Mangel in der Teilkirche“ und insofern sei die Nichtkommunion mit dem Papst ein „Mangel in dieser Lebenszelle“. Und als Synthese hat Papst Benedikt XVI. formuliert: „Sie bleibt eine Zelle, sie darf Kirche heißen, aber in der Zelle fehlt ein Punkt, nämlich die Verknüpfung mit dem Gesamtorganismus“[54]. Mit diesen Perspektiven hat Papst Benedikt XVI. ohne Zweifel wesentliche Schritte auf die Orthodoxie hin getan und den ökumenischen Dialog über den Primat maßgeblich gefördert[55]. Der russisch-orthodoxe Theologe Philip Riabych hat mit Recht geurteilt, „dass der Kurs von Papst Benedikt XVI. auf die Herstellung systematischer Beziehungen zwischen Katholiken und Orthodoxen gerichtet ist“[56].

b) Das Papstamt im Dialog mit den Kirchen der Reformation

Im Unterschied zum Dialog mit den Kirchen des Ostens, denen die Katholische Kirche theologisch am nächsten steht, kann sich der ökumenische Dialog mit den Kirchen der Reformation nicht unmittelbar auf den Primat des Bischofs von Rom beziehen. Denn die aus der Reformation hervorgegangenen Kirchen und kirchlichen Gemeinschaften haben einen neuen Typ des Kircheseins hervorgebracht, der sich nicht unwesentlich von der ekklesialen Grundstruktur der frühen Kirche unterscheidet und im Wesentlichen darin besteht, dass die Kirche vor allem „in der Dynamik des Wortes, das die Menschen versammelt und zur Gemeinde macht“[57], lebt. Gemäß dem Urteil von

54 Benedikt XVI., Licht der Welt. Der Papst, die Kirche und die Zeichen der Zeit. Ein Gespräch mit Peter Seewald (Freiburg i. Br. 2010) 11.
55 Vgl. A. Vletsis, Theologie des Petrusdienstes. Joseph Ratzingers Angebot zur Einheit mit dem Osten? Beitrag zu einem epochalen Wechsel, in: K. Nikolakopoulos (Hg.), Benedikt XVI. und die Orthodoxe Kirche. Bestandsaufnahmen, Erwartungen, Perspektiven (St. Ottilien 2008) 116–140.
56 Ph. Riabych, Papst Benedikt XVI. und der Dialog der Römisch-Katholischen Kirche mit den Orthodoxen Kirchen, in: Ch. Schaller (Hg.), Kirche – Sakrament und Gemeinschaft. Zu Ekklesiologie und Ökumene bei Joseph Ratzinger = Ratzinger-Studien. Band 4 (Regensburg 2011) 385–398, zit. 398.
57 Benedikt XVI., Licht der Welt. Der Papst, die Kirche und die Zeichen der Zeit. Ein Gespräch mit Peter Seewald (Freiburg i. Br. 2010) 120.

Papst Benedikt XVI. sind und wollen die Kirchen der Reformation „auf andere Weise“ Kirche sein: „Eben nicht, wie sie das ja selbst erklären, auf die gleiche Art, wie es die Kirchen der großen Tradition des Altertums sind“[58]. Der ökumenische Dialog über das Papstamt muss sich deshalb in erster Linie mit diesem anderen Typ des Kircheseins auseinandersetzen.

Im ökumenischen Dialog mit den aus der Reformation im 16. Jahrhundert hervorgegangenen Kirchen und kirchlichen Gemeinschaften möchte Papst Benedikt XVI. dennoch nicht direkt bei der Kirchen- und Amtsfrage einsetzen. Denn das grundlegende ekklesiologische Problem, das in diesem ökumenischen Dialog ansteht, liegt nicht einfach in einem Disput über kirchliche Ämter und andere Institutionen, sondern viel elementarer in einer unterschiedlichen Sicht des Wortes Gottes, genauer „der Weise der Gegenwart des Wortes Gottes in der Welt“. In diesem Zusammenhang hat Papst Benedikt XVI. an die dreifache Entscheidung der frühen Kirche im zweiten Jahrhundert erinnert, die erstens den Kanon der Heiligen Schrift festgelegt, zweitens als Auslegungsschlüssel die „regula fidei“ entwickelt und drittens die Bedeutung der apostolischen Sukzession im kirchenleitenden Amt formuliert hat, und zwar „in dem Wissen darüber, dass Wort und Zeuge zueinander gehören“. Daraus hat Benedikt XVI. abgeleitet, dass die in der ökumenischen Diskussion strittige Frage diejenige der „Verflechtung von Wort und Zeuge und Glaubensregel“ ist und dass man die ekklesiologische Frage im allgemeinen wie die Ämterfrage im speziellen zugleich als Frage des Gotteswortes, seiner Souveränität und seiner Demut betrachten muss, „in der der Herr es auch den Zeugen anvertraut und Auslegung gewährt, die sich immer an der regula fidei und am Ernst des Wortes selbst zu messen hat“[59].

Indem Benedikt XVI. die Frage des Amtes überhaupt und des Papstamtes im speziellen auf dem Hintergrund von jenen Grundvorgängen erörtert, mit denen die Kirche entstanden ist und die, jedenfalls in der Sicht der katholischen Ekklesiologie, zu ihren bleibenden Wesensmerkmalen gehören, nämlich Kanon der Heiligen Schrift, Glaubensregel und apostolische Sukzession, geht es ihm um die elementare Bedeutung des Zeugnisses, die von der Grundüberzeugung getragen ist, dass zur Struktur des Glaubens und der Glaubensgemeinschaft der Kirche „nicht nur die Gemeinschaftlichkeit der von Gott geschaffenen Geschichte, sondern ebenso die persönliche Haftbar-

58 Ebd.

59 Benedikt XVI., Ansprache beim Ökumenischen Treffen in Köln am 19. August 2005.

keit, die Verantwortung der Person“ gehört[60]. Dem gemäß sind das Wort Gottes und die Zeugenschaft dieses Wortes in dem Sinne unlösbar miteinander verbunden, dass der persönliche Zeuge vom Wort Gottes her und für das Wort Gottes und das Wort Gottes durch den persönlich verantwortlichen Zeugen lebt: „Das Bekenntnis gibt es nur als persönlich verantwortetes, und darum ist das Bekenntnis an die Person gebunden“, wie bereits das „Wir der Kirche“ mit dem Namen desjenigen begonnen hat, der in Cäsarea Philippi „namentlich und als Person zuerst das Christusbekenntnis vortrug: ‚Du bist der Sohn des lebendigen Gottes‘ (Mt 16,16)“[61]. Ebenso kann auch das Papstamt nicht gegen den in der Heiligen Schrift bezeugten und in der Geschichte der Kirche tradierten Glauben stehen, sondern ist vielmehr dazu berufen, die evangelische Botschaft und das Credo der Kirche verbindlich zu bezeugen.

3. Die martyrologische Dimension des Papstamtes

Mit dieser zuletzt genannten ökumenischen Perspektive kommt die wichtigste Dimension in der Primatstheologie von Papst Benedikt XVI. vor Augen, nämlich die martyrologische. Auf sie weist die Kathedra Petri in besonderer Weise hin. Denn von ihren geschichtlichen Ursprüngen her bedeutet die Kathedra den feierlichen Sitz, den man nach römischer Sitte am Grab eines Toten aufgestellt hat, um sein Gedächtnis zu halten und die Glaubensüberzeugung zum Ausdruck zu bringen, dass der Tote Anteil an der Auferstehung Jesu Christi erhalten hat und deshalb in der Glaubensgemeinschaft der Kirche lebendig bleibt. Dieser Ursprung der Kathedra Petri behält bleibend im Gedächtnis, dass die besondere Stellung, die Petrus in der Kirche inne hat, in seiner Zeugenschaft und insofern in seinem Martyrium begründet liegt. Denn das Martyrium ist die radikalste und intensivste Form des Zeugnisses: Petrus hat das Evangelium nicht nur mit Worten bezeugt, sondern mit seinem ganzen Leben bis hin zur Preisgabe seines Lebens, in der er mit Christus selbst gleichförmig geworden ist. Damit wird nochmals deutlich, dass es in der Sicht Joseph Ratzingers das Martyrium des Petrus in Rom gewesen ist, das auch den Ort festgelegt hat, an dem seine Sendung in der Kirche weitergehen soll: „Der Ort des Martyriums erscheint dabei klar als der Hauptträger der petrinischen Voll-

---

60 J. Ratzinger, Der Primat des Papstes und die Einheit des Gottesvolkes, in: Ders. (Hg.), Dienst an der Einheit. Zum Wesen und Auftrag des Petrusamtes (Düsseldorf 1978) 165–179, zit. 168.
61 Ebd. 170–171.

macht und spielt in der Ausbildung der kirchenbildenden Überlieferung und so im Werden des Neuen Testaments als Bibel eine herausragende Rolle; er gehört zu ihren wesentlichen und äußeren Möglichkeitsbedingungen."[62]

An diesen Ursprung im Martyrium bleibt der Nachfolger des Petrus auch heute gebunden, insofern auch bei ihm die Kathedra und das Kreuz der Christusnachfolge identisch sind und sein müssen. Diese martyrologische Grundstruktur des Petrusamtes zeigt Joseph Ratzinger in exemplarischer Weise an der Gestalt des Kardinal Reginald Pole, der in der Zeit der Reformation in England im 16. Jahrhundert, angestoßen von den Erfahrungen der Märtyrer des englischen Staatskirchentums, seine theologische Überzeugung von der einzigartigen Autorität des Bischofs von Rom vor allem vom Martyrium des Petrus her entwickelt[63] und in der Überzeugung verdichtet hat: „Das Papstamt bedeutet Kreuz, und zwar das größtmögliche. Denn was könnte mehr mit dem Kreuz … zu tun haben als Sorge und Verantwortung für alle Kirchen des Erdkreises?"[64] Aus diesem geschichtlichen Beispiel zieht Joseph Ratzinger die Konsequenz, dass der päpstliche Primat die Bestätigung und Bekräftigung des „ohnmächtig-mächtigen Gegenübers" der Kirche „zur weltlichen Macht" und insofern die Garantie für die Freiheit und Unabhängigkeit der Kirche darstellt und in der Folge die Autorität des Bischofs von Rom im Unterschied zu aller politischen Macht in der Macht der Schwäche besteht, so dass das Kreuz als der eigentliche Thron des Petrus und seines Nachfolgers in Erscheinung tritt: „Das Vikariat Christi ist ein Vikariat des Gehorsams und des Kreuzes; es ist dem Menschen so zugemessen, und es übersteigt ihn zugleich so sehr wie das Christsein überhaupt."[65]

Ein Blick in die Kirchengeschichte könnte freilich den Schluss nahelegen, dass diese martyrologische Grundstruktur des Petrusamtes oft genug Lügen gestraft worden ist, insofern es in der Geschichte des Papsttums nicht an menschlichen und teilweise auch schweren Mängeln und Irrtümern gefehlt hat. Darin zeigt sich in den Augen von Joseph Ratzinger das ganze „Drama der Papstgeschichte", dass auf der einen Seite das Papstamt in der Kirche das

---

62 J. Kardinal Ratzinger, Primat Petri und Einheit der Kirche, in: Ders., Zur Gemeinschaft gerufen. Kirche heute verstehen (Freiburg i. Br. 1991) 43–69, zit. 65.

63 Vgl. die unveröffentlichte Regensburger Dissertation von M. Trimpe, Macht aus Gehorsam. Grundmotive der Theologie des päpstlichen Primats im Denken Reginald Poles (1500–1558).

64 Zit. bei J. Ratzinger, Der Primat des Papstes und die Einheit des Gottesvolkes, in: Ders. (Hg.), Dienst an der Einheit. Zum Wesen und Auftrag des Petrusamtes (Düsseldorf 1978) 165–179, hier 177.

65 Ebd. 175.

Fundament der Einheit ist, und zwar durch eine Kraft, die nicht aus ihm selbst stammt, und dass auf der anderen Seite einzelne Päpste aus dem Eigenen ihres Menschseins heraus zum Skandalon geworden sind, und zwar vor allem dann, wenn „sie Christus *voran*-gehen" und ihm „nicht *nach*-folgen" wollten[66], weil sie aus ihrer eigenen Logik heraus den Weg der Kirche selbst festlegen wollten, den doch nur Christus selbst bestimmen kann.

Dieses Paradox tritt nach Joseph Ratzinger freilich bereits in der Biographie des Petrus selbst in Erscheinung: Mit seinem Christusbekenntnis in Cäsarea Philippi ist er auf der einen Seite zum Felsen geworden, wobei er dieses Felssein nicht aus sich selbst, sondern nur von Gott her hat, wie Jesus zu Petrus mit den Worten spricht: „Nicht Fleisch und Blut haben dir das offenbart, sondern mein Vater im Himmel" (Mt 16,17). Dann jedoch, wenn er seinem eigenen „Fleisch und Blut" gefolgt ist, ist er zum Skandalon geworden, wie die Worte Jesu deutlich zeigen: „Weg mit Dir, Satan, geh mir aus den Augen! Du willst mich zu Fall bringen; denn du hast nicht das im Sinn, was Gott will, sondern was die Menschen wollen" (Mt 16,23). Die Paradoxie der Gestalt des Petrus besteht folglich darin, dass er, der von Christus berufen ist, Fels zu sein, von seinem eigenen „Fleisch und Blut" her zum Stein auf dem Weg geworden ist, der den Fuß zum Stolpern bringt.

Von der Spannung zwischen dem Felssein und dem Skandalon in der Gestalt des Petrus ist auch das Amt seines Nachfolgers geprägt. Dieser muss sich deshalb wie Petrus selbst dessen bewusst sein, dass auch er ein schwacher und zerbrechlicher Mensch ist. Zugleich darf er sich dessen bewusst sein, dass er von Gott die Kraft für seinen Auftrag erhält, in persönlicher Verantwortung Zeuge des auferstandenen Christus zu sein, und dass seine Vollmacht in der Kirche in erster Linie Verpflichtung zum Gehorsam gegenüber dem, „was Gott will", und damit Dienst am Glaubensgehorsam ist, wie dies Papst Benedikt XVI. bereits in der Predigt bei seiner Amtseinführung dadurch zum Ausdruck gebracht hat, dass er kein Regierungsprogramm vorgelegt, sondern unmissverständlich erklärt hat: „Das eigentliche Regierungsprogramm aber ist, nicht meinen Willen zu tun, nicht meine Ideen durchzusetzen, sondern gemeinsam mit der ganzen Kirche auf Wort und Wille des Herrn zu lauschen und mich von ihm führen zu lassen, damit er selbst die Kirche führe in dieser Stunde unserer Geschichte."[67]

66 J. Kardinal Ratzinger, Primat Petri und Einheit der Kirche, in: Ders., Zur Gemeinschaft gerufen. Kirche heute verstehen (Freiburg i. Br. 1991) 43–69, zit. 57.

67 Benedikt XVI., Predigt in der Heiligen Messe zur Amtseinführung am 24. April 2005.

Mit dieser Grundüberzeugung hat Joseph Ratzinger als Theologe, als Bischof, als Kardinal und als Papst nie seine Person in den Vordergrund gerückt, sondern sie ganz in den Dienst der Aufgabe gestellt, die ihm anvertraut worden ist. In dieser Glaubenshaltung ist es auch begründet, dass er das ihm anvertraute Amt in andere Hände legen konnte, wenn die Person angesichts der schwindenden Kräfte nicht mehr in der Lage ist, „um in angemessener Weise den Petrusdienst auszuüben“[68]. Sein Amtsverzicht bedeutet deshalb gerade nicht, wie verschiedentlich behauptet worden ist, eine Säkularisierung des Papstamtes, sondern war ein zugleich mutiger und demütiger Akt, mit dem Benedikt XVI. mit letzter Konsequenz die martyrologische Dimension dieses Amtes im glaubwürdigen Zeugnis für den Primat Gottes und seines Wortes ernst genommen hat, wie sie die Kongregation für die Glaubenslehre in ihren Erwägungen über den „Primat des Nachfolgers Petri im Geheimnis der Kirche“ ausgesprochen hat: „Der römische Bischof steht – wie alle Gläubigen – unter dem Worte Gottes und unter dem katholischen Glauben. Er ist Garant für den Gehorsam der Kirche und in diesem Sinn *servus servorum*. Er entscheidet nicht nach eigener Willkür, sondern ist Stimme für den Willen des Herrn, der zum Menschen in der von der Überlieferung gelebten und interpretierten Schrift spricht. Mit anderen Worten: Die *episkope* des Primats hat die Grenzen, die aus dem Gesetz Gottes und der in der Offenbarung enthaltenen, unantastbaren göttlichen Stiftung der Kirche hervorgehen.“[69]

In diesen Erwägungen der Kongregation für die Glaubenslehre dürfte adäquat zusammengefasst sein, wie Papst Benedikt XVI. das Petrusamt verstanden und gelebt hat, und zwar vor allem in seiner martyrologischen Grundstruktur und als Primat der Liebe. Diese Dimensionen des Papstamtes finden heute im Pontifikat von Papst Franziskus mit seinem Leitthema der Barmherzigkeit eine authentische Fortsetzung, die zeigt, dass im Magisterium zwischen Papst Benedikt XVI. und Papst Franziskus eine grundlegende Kontinuität besteht. Auf diese weist Papst Franziskus selbst hin, indem er sich auf Papst Benedikt XVI. bezieht, für den die Barmherzigkeit der „Wesenskern der Botschaft des Evangeliums“ ist, gleichsam „der Name Gottes selbst, das Antlitz, mit dem er sich im Alten Bund und vollends in Jesus Christus offenbart hat, der menschgewordenen Schöpfer- und Erlöserlie-

68 Benedikt XVI., Declaratio am 11. Februar 2013.

69 Der Primat des Nachfolgers Petri im Geheimnis der Kirche. Erwägungen der Kongregation für die Glaubenslehre, in: G. L. Müller (Hg.), Der Primat des Nachfolgers Petri im Geheimnis der Kirche. Studien der Kongregation für die Glaubenslehre (Würzburg 2010) 19–28, zit. 22.

be"[70]. Und anlässlich des zehnten Jahrestags des Erscheinens der ersten Enzyklika von Papst Benedikt XVI. „Deus caritas est" hat Papst Franziskus auf deren bleibende Aktualität aufmerksam gemacht, weil sie ein Thema behandelt, das es erlaubt, „die gesamte Kirchengeschichte Revue passieren zu lassen, die auch die Geschichte der Liebe ist. Sie ist eine Geschichte der von Gott empfangenen Liebe, die in die Welt getragen werden muss"[71]. Benedikt XVI. seinerseits hat betont, es sei für ihn ein „Zeichen der Zeit", dass die Idee der Barmherzigkeit Gottes „immer beherrschender in den Mittelpunkt rückt", und Papst Franziskus stehe diesbezüglich ganz in der Tradition der Zentralität der Barmherzigkeit Gottes: „Seine pastorale Erfahrung drückt sich gerade darin aus, dass er uns immerfort von Gottes Barmherzigkeit spricht"[72].

Wenn das Papstamt in diesem Sinn als verbindlicher Dienst am Glauben und als glaubwürdiger Dienst der Liebe und so als Dienst an der Einheit verstanden und gelebt wird, dann ist es nicht mehr das „Haupthindernis" für die Wiederherstellung der verloren gegangenen Einheit der Kirche, sondern erscheint es als „Hauptmöglichkeit" für dasselbe Anliegen[73]. Und dann hat die Katholische Kirche allen Grund, das Papstamt als ein grosses Geschenk zu verstehen, das sie von Christus erhalten hat und das sie deshalb nicht für sich behalten, sondern in ökumenischer Gemeinschaft mit der ganzen Christenheit teilen möchte.

---

70 Franziskus, Der Name Gottes ist Barmherzigkeit. Ein Gespräch mit Andrea Tornielli (München 2016) 27–28.

71 Franziskus, Ansprache an die Teilnehmer des Kongresses über die Enzyklika Deus caritas est von Benedikt XVI. am 26. Februar 2016.

72 Intervista a S.S. Papa emerito Benedetto XVI sulla questione della giustificazione per la fede, in: D. Libanori (ed.), Per mezzo della fede. Dottrina della giustificazione ed esperienza di Dio nella predicazione della Chiesa e negli Esercizi Spirituali (Cinisello Balsamo 2016) 125–137, cit. 129.

73 Briefwechsel zwischen Metropolit Damaskinos und Joseph Cardinal Ratzinger, in: Ders., Weggemeinschaft des Glaubens. Kirche als Communio (Augsburg 2002) 187–209, zit. 203.

Missionarische Dimension des Glaubens

Mission oder De-Mission der Kirche?

Herausforderungen an eine notwendige Evangelisierung[1]

„Wir sind Missionsland geworden. Diese Erkenntnis muss vollzogen werden." Diese Diagnose hat der Jesuitenpater Alfred Delp, der wegen seines Widerstandes gegen den nationalsozialistischen Terror in Berlin-Plötzensee am 2. Februar 1945 hingerichtet worden ist, bereits während des Zweiten Weltkrieges im Kontext eines Vortrages über „Vertrauen zur Kirche" gestellt, und sie ist seither oft zitiert worden.[2] Sie hat in der Zwischenzeit nichts an Aktualität eingebüßt, sondern hat zunehmend dramatischere Ausmaße angenommen, und zwar nicht zuletzt aufgrund gravierender Veränderungen in der gesellschaftlichen Situation von heute, in der die Kirche lebt und ihre Sendung wahrnimmt. Diese Veränderungen stellen die Kirche vor eine grundlegende Alternative, die – gewiss etwas zugespitzt – so formuliert werden muss: Soll und will sich die Kirche dem stets rasanter voranschreitenden Bedeutungsverlust des Christentums in der heutigen gesellschaftlichen Öffentlichkeit einfach resigniert ergeben und allein die verbliebenen volkskirchlichen Restbestände verwalten, oder ist sie nicht vielmehr davon überzeugt, dass das Evangelium, das ihr anvertraut ist, derart Leben fördernd ist, dass es auch heute neue Christen und Christinnen zu gewinnen vermag? Soll und will die Kirche ihre pastoralen Bemühungen weiterhin auf ein möglichst reibungsloses und schmerzfreies Abwickeln der gewiss großen Tradition der Volkskirche fokussieren oder gar beschränken, oder will sie auch heute „Menschenfischerin" für Gott sein? Oder um diese Alternative mit den Worten von Madeleine Delbrêl, einer glaubwürdigen Pionierin der Evangelisierung in einer säkularisierten Welt, zu formulieren: Wollen wir de-missionieren oder missionieren? Tertium non datur.

1 Vortrag am Symposion „Das Evangelium Jesu Christi. Impulse zur Neuevangelisierung im deutsch-sprachigen Raum" an der Philosophisch-Theologischen Hochschule Vallendar am 16. März 2010, erschienen in: G. Augustin/K. Krämer (Hg.), Mission als Herausforderung. Impulse zur Neuevangelisierung = Theologie im Dialog. Band 6 (Freiburg i. Br. 2011) 41–79.

2 A. Delp, Vertrauen zur Kirche, in: Gesammelte Schriften. Band I: Geistliche Schriften, hg. v. Roman Bleistein (Frankfurt a. M. 1982) 263–283, zit. 280.

1. Hindernisse für eine neue Evangelisierung

Der Diagnose Alfred Delps, dass wir in unseren Breitengraden weithin Missionsland geworden sind, wird die Mehrheit der heutigen Christen zweifellos zustimmen. Viel weniger Konsens hingegen besteht hinsichtlich der Konsequenz, die Delp aus dieser Diagnose gezogen hat, dass die Kirche nämlich vor die Aufgabe einer neuen Missionierung oder einer neuen Evangelisierung gestellt ist. Denn bei vielen Menschen und selbst Christen heute hat bereits das Wort „Mission" einen schlechten Klang, wenn es überhaupt die Selbstzensur moderner Köpfe zu passieren vermag. Mit dem Wort „Mission" verbinden sich für viele sofort und beinahe ausschließlich schlechte Erinnerungen und negative Assoziationen, und zwar vor allem im Hinblick auf den problematischen Zusammenhang von Missionierung und Kolonialisierung. Mit dem Beginn der letzten Phase der Dekolonialisierung in der Mitte des vergangenen Jahrhunderts wurde dieser Zusammenhang gleichsam auf den Kopf gestellt und mit dem Ende des Kolonialismus das Postulat verknüpft, auch die Missionstätigkeit der Kirche zu beenden. Es versteht sich von selbst, dass man an diesen und anderen Schattenseiten nicht vorbeisehen kann, die es in der Geschichte der kirchlichen Mission auch gegeben hat und gibt. Auf der anderen Seite aber hilft es nicht weiter, wenn man zusammen mit einem problematischen Bad ein sehr notwendiges Kind ausschüttet und mit dem Wort auch die gemeinte Sache ad acta legen will, zumal sich das Christentum selbst als eine Religion versteht, der eine universale Sendung anvertraut ist, die sich an alle Menschen und Völker adressiert: „Für das Christentum bedeutet Mission nicht nur ein Zeichen von Lebendigkeit, sondern auch ein wesentliches und unaufgebbares Merkmal, ohne das es seinen Existenzgrund verleugnen würde."[3] Letzteres ist freilich heute selbst unter Christen zu beobachten, dem deshalb näher auf den Grund gegangen werden muss. Wie ein Arzt erst dann eine sinnvolle Therapie ins Auge fassen kann, wenn er eine klare Diagnose gestellt hat, so kann auch die notwendige Aufgabe einer neuen Evangelisierung nur wahrgenommen werden, wenn zunächst nach den Hindernissen und Widerständen gefragt wird, die das Vorankommen dieser notwendigen Sendung behindern.

3 M. Sievernich, Die christliche Mission. Geschichte und Gegenwart (Darmstadt 2009) 7.

a) Selbstgenügsamkeit im Glauben

Bei der neuen Evangelisierung kann es nicht um eine Aufgabe gehen, die zu den üblichen pastoralen Verpflichtungen noch hinzukäme, weil damit sofort der Eindruck von Überforderung entstehen würde. Gemeint ist vielmehr eine neue Perspektive, mit der die Pastoral der Kirche insgesamt zu beleuchten und zu gestalten ist. Insofern handelt es sich um eine Querschnittsaufgabe, die es quer durch alle pastoralen Bereiche hindurch wahrzunehmen gilt. Sehr oft gewinnt man heute freilich den Eindruck, diese Querschnittsaufgabe werde eher von einer Querschnittslähmung behindert, als dass sie konsequent wahrgenommen würde. Diese Erfahrung musste ich als Diözesanbischof jedenfalls bei Pastoralbesuchen immer wieder machen, bei denen ich die Pfarreien zu motivieren versuchte, intensiver miteinander zusammenzuarbeiten, um Kräfte zu bündeln. Sehr oft bekam ich dann zu hören: ‚Dies brauchen wir nicht; wir sind in unserer Pfarrei gut versorgt.' Meine Rückfrage, ob es ihr denn an nichts fehle, wurde zumeist so beantwortet: ‚Nein, wir sind zufrieden.' Meine letzte Frage lautete dann, ob sie denn als Pfarrei nicht wachsen wollen. Aber auch diese Frage wurde nicht selten verneint.

Nicht wachsen zu wollen, sondern noch möglichst lange in der jetzigen Gestalt zu verbleiben: Dies dürfte das deutlichste Anzeichen einer behäbigen Bürgerlichkeit und selbstgenügsamen Besitzstandswahrung sein, das die Diagnose des emeritierten Erfurter Bischofs Joachim Wanke vollauf bestätigt, dass das, was der Kirche in unseren Breitengraden am meisten fehle, weder das Personal noch das Geld sei, sehr wohl aber die Überzeugung, dass uns mit dem Evangelium eine so kostbare Perle anvertraut ist, dass wir sie nicht selbstgenügsam für uns behalten dürfen, sondern dass wir sie weitergeben müssen, um Menschen auf den Weg der Nachfolge Jesu Christi einzuladen. Bei diesem Überzeugungsmangel ist zumeist nicht einmal mehr bewusst, dass das Evangelium nicht nur für einen bestimmten Kreis bestimmt ist, sondern für alle Menschen und alle Völker, und dass deshalb Selbstgenügsamkeit nicht etwas am Glauben, sondern den Glauben selbst verfehlt.

Mit der Haltung der Selbstgenügsamkeit hängt es zusammen, dass der epochale Umbruch kaum explizit wahrgenommen wird, in dem sich Christentum und Kirche in unseren mitteleuropäischen Gesellschaften befinden. Wenn nicht alles täuscht, stehen wir gegenwärtig in der Phase des definitiven Endes des konstantinisch geprägten Christentums und der volkskirchlichen Gestalt des Christlichen, nämlich der durchgehenden Vergesellschaftung des Christentums in dem Sinne, dass man gleichsam aufgrund der Geburt Christ wird und selbstverständlich in die Kirche hineinwächst. Die Zeichen der Zeit weisen eindeutig in die Richtung, dass das konstantinische Bündnis zwischen Kirche und Gesellschaft, beziehungsweise Staat immer mehr aufgelöst wird und die mit diesem Bündnis gegebene Selbstverständlichkeit des Hineinwachsens der Menschen in die Kirche aufgrund einer ebenso selbstverständlichen Sozialisationspraxis des Glaubens stets unwirksamer wird. Denn das Strukturganze, das der konstantinischen Sozialisationspraxis zugrunde lag, bricht immer mehr, und zwar irreversibel, auseinander, die gesellschaftlichen Stützen der Volkskirche, die bislang das Christwerden und Kirchesein getragen haben, verschwinden unaufhaltsam, und die Selbstverständlichkeit der traditionellen Form eines „vererbten" Christentums ist so brüchig geworden, dass sie die Weitergabe des Glaubens an die kommenden Generationen kaum mehr zu garantieren vermag. Darin liegt der äußerst labil und fragil gewordene Status der volkskirchlichen Situation in unseren Breitengraden begründet.[4] Unserer Kirche wird deshalb immer deutlicher jener Prozess bevorstehen, den nach dem Urteil von Kardinal Walter Kasper die Freikirchen vorweggenommen haben, nämlich die „Unabhängigkeit und Freiheit vom Staat und der Abschied von der konstantinischen Epoche der Kirche"[5].

Angesichts dieser gravierenden Verschiebungen kann die Kirche nicht weiterhin einfach voraussetzen, dass die Menschen schon wissen, was Christsein ist und wie sich kirchliches Leben gestaltet. Sie muss vielmehr davon ausgehen, dass es gilt, den Glauben und das Leben in der Glaubensgemeinschaft der Kirche in jeder Generation von Grund auf neu zu lernen. Während die Missionskirchen diese Notwendigkeit bereits seit längerer Zeit einsehen und praktizieren und während sie für die evangelischen Freikirchen in anderer Weise wichtig geworden ist, müssen sich in der heutigen pastoralen Situation auch die historischen Kirchen dieser Notwendigkeit stellen. Da wir uns auch in den westlichen Gesellschaften den Herausforderungen einer missionarischen Situation nicht mehr länger verschließen können und dürfen[6], kann im Mittelpunkt der pastoralen Arbeit der Kirche nicht einfach weiterhin die Sakramentalisierung des menschlichen Lebens stehen; es muss vielmehr die Evangelisierung in den Vordergrund gerückt werden. Damit ist ein pastoraler Perspektivenwechsel angesagt, und zwar dahingehend, dass die do-

4 Vgl. H. Mühlen, Kirche wächst von innen. Weg zu einer glaubensgeschichtlich neuen Gestalt der Kirche. Neubestimmung des Verhältnisses von Kirche und Gesellschaft (Paderborn 1996).

5 W. Kasper, Der päpstliche Rat zur Förderung der Einheit der Christen im Jahre 1999, in: Catholica 54 (2000) 81–97, zit. 93.

6 Vgl. Die Deutschen Bischöfe, „Zeit zur Aussaat". Missionarisch Kirche sein (Bonn 2000).

minierende Leitlinie der Pastoral, die auch die Voraussetzung für die Sakramentenpastoral darstellt, die „pastorale Priorität der Evangelisierung" und damit der Weitergabe des Glaubens sein muss.[7]

b) Arianisierung des Christusglaubens

Führt man sich diesen notwendigen pastoralen Paradigmenwechsel, vor dem wir unabweisbar stehen, vor Augen, werden das heute weit verbreitete Kreisen der Kirche um sich selbst und die Fokussierung der heute schwierig gewordenen Pastoral auf die innerkirchlichen Schwierigkeiten erst recht zum Problem. Diese Tendenz ist vor allem daran abzulesen, dass in der gegenwärtigen Situation der Kirche zumeist von einer tief greifenden Kirchenkrise die Rede ist, die sich seit den sechziger Jahren im Slogan „Jesus ja – Kirche nein" artikuliert. Es versteht sich von selbst, dass diese innerkirchlichen Probleme weder verschwiegen noch tabuisiert werden dürfen. Man würde aber zu kurz greifen, wollte man die eigentlichen Herausforderungen, vor denen wir heute stehen, in diesen innerkirchlichen Schwierigkeiten lokalisieren oder gar absorbieren.[8] Dass hier nicht der Kern des Problems liegen kann, hat Johann B. Metz in einer Stellungnahme zu den verschiedenen Kirchenvolksbegehren mit Recht angemerkt und dabei betont, dass sich beinahe alle Fragen, die in den Kirchenvolksbegehren angemahnt werden – die Fragen des Priesterzölibates und der Frauenordination –, in den aus der Reformation hervorgegangenen Kirchen und kirchlichen Gemeinschaften entweder nicht stellen oder auf ihre Weise geregelt sind, dass sich allein deshalb aber in diesen Kirchen das grundlegende Problem des Christseins und des Kirchelebens keineswegs weniger dramatisch stellt.[9] Die heute viel beredete Kirchenkrise erweist sich von daher letztlich als ein Oberflächenphänomen, dem man auf den Grund gehen muss. Dann aber legt sich der Schluss nahe, dass die eigentlichen Wurzeln der gegenwärtigen Überlebenskrise des Christentums und der Kirchen viel tiefer liegen, dass mit den Postulaten der Kirchenvolksbegehren allein

---

7 W. Kardinal Kasper, Kirche – wohin gehst du? in: Ders./A. Biesinger/A. Kothgasser (Hg.), Weil Sakramente Zukunft haben. Neue Wege der Initiation in Gemeinden (Ostfildern 2008) 158–175, zit. 167.

8 Vgl. L. Mödl, Erlösung und Seelsorge. Pastoraltheologische Überlegungen, in: E. Christen/W. Kirchschläger (Hg.), Erlöst durch Jesus Christus. Soteriologie im Kontext = Theologische Berichte XXIII (Freiburg/Schweiz 2000) 121–145.

9 J. B. Metz, Der unpassende Gott, in: „Wir sind Kirche". Das Kirchenvolksbegehren in der Diskussion (Freiburg i. Br. 1995) 200–203.

„die Kirche nicht zu erneuern und zu verlebendigen“ ist und dass die Erneuerung der Kirche „ohne eine Erneuerung des Glaubens nicht zu haben“ ist[10].

Die eigentliche Glaubenskrise liegt heute im weitgehenden Verblassen des biblischen und kirchlichen Christusglaubens. In dieser Erscheinung findet die so genannte Kirchenkrise von heute ihre radikalste Zuspitzung; denn sie bedeutet, dass die Irrlehre des Arianismus in unseren Breitengraden, auch und vor allem in der Katholischen Kirche, erneut aktuell geworden ist. Der evangelische Theologe Eberhard Jüngel hat sensibel festgestellt, dass in dem Zeitpunkt, als in der evangelischen Theologie wieder erkannt worden ist, dass die Hellenisierung einen „ganz wesentlichen Beitrag“ nicht nur zum „Überleben des Christentums“, sondern auch zur „Inkulturation des Evangeliums in der damaligen geistigen Welt“ geleistet hat und folglich die Alternative zwischen biblischem und griechischem Denken als falsch zu beurteilen ist, und als evangelische Theologie in der Folge über eine „konsequente Exegese“ wieder Zugang zu den altkirchlichen Konzilien gefunden hat, ausgerechnet im Katholizismus „das, was wir doch gerade zu überwinden trachteten, Furore zu machen“ begann. Jüngel bekennt denn auch freimütig, dass Hans Küngs „Neuauflage einer ebionitischen Christologie“, beziehungsweise einer „Christologie von unten“ gewiss nicht die „Christologie der evangelischen Kirche“ sein kann[11].

Die Arianisierung des Christusglaubens zeigt sich vor allem darin, dass sich nicht wenige Menschen und selbst Christen vor allem berühren lassen von allen menschlichen Dimensionen an Jesus von Nazareth, dass ihnen aber das Glaubensbekenntnis, dass Jesus der eingeborene Sohn Gottes ist, der als der Auferweckte unter uns gegenwärtig ist, und insofern der kirchliche Christusglaube weithin Mühe bereiten. Selbst in der Kirche will es heute oft nicht mehr gelingen, im Menschen Jesus das Antlitz des Sohnes Gottes selbst wahrzunehmen und nicht einfach einen – wenn auch hervorragenden und besonders guten – Menschen zu sehen. Es ist zwar erstaunlich und erfreulich, dass auch heute mitten in der großen Krise, von der das Christentum besonders in Europa befallen ist, die Gestalt Jesus von Nazareth gegenwärtig bleibt und diese Gestalt sogar außerhalb des Christentums auf die Menschen zugeht: Nicht nur der Islam bekennt ihn als Propheten, sondern

10 W. Kasper, Kirche – Glaubensgeheimnis und Institution, in: P. Reifenberg u. a. (Hg.), Licht aus dem Ursprung. Kirchliche Gemeinschaft auf dem Weg ins 3. Jahrtausend (Würzburg 1998) 373–292, zit. 273–274.

11 E. Jüngel, Die Leidenschaft, Gott zu denken. Ein Gespräch über Denk- und Lebenserfahrungen (Zürich 2009) 59–60.

auch in Indien haben viele Hindus das Bild Jesu in ihr Haus und in ihr Herz aufgenommen. Darüber dürfen wir uns auch als Christen freuen. Aber mit der vielfältigen Gegenwart der Gestalt Jesus auch in der heutigen Welt müssen wir als Christen zugleich in der heutigen Christenheit einen großen und beunruhigenden Bedeutungsverlust des christlichen Glaubens an Jesus als den Christus, in dem Gott selbst Mensch geworden ist, feststellen.

Mit diesem Glaubensbekenntnis aber steht und fällt der christliche Glaube. Wenn Jesus, wie heute viele annehmen, nur ein Mensch vor zweitausend Jahren gewesen wäre, dann wäre er unwiderruflich in die Vergangenheit zurückgetreten; und nur unsere eigene Erinnerungsleistung könnte ihn dann mehr oder weniger deutlich in unsere Gegenwart bringen. Nur wenn unser Glaube wahr ist, dass Gott selbst in Jesus von Nazareth Mensch geworden und Jesus Christus wahrer Mensch und wahrer Gott ist und so Anteil hat an der Gegenwart Gottes, die alle Zeiten umgreift, kann er nicht bloß gestern, sondern auch heute unser wirklicher Zeitgenosse sein, so dass wir nicht nur mit Freude bekennen, dass Er „Weg, Wahrheit und Leben“ ist (Joh 14,6), sondern auch allen Grund haben, anderen Menschen von Jesus Christus zu erzählen, ihn ihnen bekannt zu machen und sie für ihn zu begeistern. Von daher ergibt sich für die neue Evangelisierung als Priorität eine christologische Konzentration, die Papst Benedikt XVI. mit den Worten zum Ausdruck gebracht hat: „Der Charakter der Mission ist nichts, was dem Glauben äußerlich hinzugefügt wäre, sondern die Dynamik des Glaubens selbst. Wer Jesus gesehen hat, wer ihm begegnet ist, muss zu den Freunden eilen und ihnen sagen: ‚Wir haben ihn gefunden, es ist Jesus, der für uns gekreuzigt worden ist‘.“[12]

2. Neuevangelisierung als Notenschlüssel heutiger Pastoral

Evangelisierung mit christologischer Konzentration erweist sich nur dort als möglich, dort aber als vordringlich, wo Christen von der Einzigkeit und Einzigartigkeit Jesu Christi und damit auch von seiner Heilsuniversalität überzeugt sind und deshalb die Sendung der Kirche darin erblicken, den für Leben und Wirken Jesu charakteristischen Grundzug des „hyper“, des stellvertretenden Seins für die Anderen, in der Geschichte weiterzuführen: „Dieses ‚für‘ präsent zu machen und zu realisieren, ist von ihrem Ursprung her ihre welt- und

12 Benedikt XVI., Lectio divina mit den Seminaristen im Päpstlichen Römischen Priesterseminar anlässlich des Festes der Gottesmutter vom Vertrauen am 12. Februar 2010.

heilsgeschichtliche Funktion."[13] Diese christologisch-soteriologische Fundierung der Neuevangelisierung durchzieht wie ein roter Faden die lehramtlichen Stellungnahmen zur Missionsaufgabe der Kirche seit dem Zweiten Vatikanischen Konzil bis heute[14], die wir kurz in Erinnerung rufen wollen, bevor wir uns der Frage zuwenden, wie Neuevangelisierung heute verwirklicht werden kann.

a) Missionarische Fokussierung beim Zweiten Vatikanischen Konzil

Angesichts der fundamentalen Krise, in die in der Mitte des vergangenen Jahrhunderts der Missionsgedanke geraten war, ist es ein dringendes Gebot gewesen, dass sich das Zweite Vatikanische Konzil auf den theologisch indispensablen missionarischen Auftrag der Kirche zurückbesonnen und in frischer Weise zur Evangelisierung ermutigt hat. Überblickt man die Lehrdokumente des Konzils auch nur kursorisch, fällt sofort in die Augen, dass es sich beim Missionsthema keineswegs um eine nebensächliche Fragestellung und auch nicht bloß um ein vereinzeltes Thema handelt, dass es dabei vielmehr um eine Frage geht, die in das Zentrum der konziliaren Anliegen gehört. Das Missionsthema ist im Konzil von so grundlegender Bedeutung, dass man mit dem damaligen Konzilstheologen Joseph Ratzinger urteilen muss, dass der eigentliche Gegensatz zu „konservativ" keineswegs „progressiv", sondern „missionarisch" gewesen ist und das Konzil überhaupt den „Übergang von einer konservierenden zu einer missionarischen Haltung" markiert hat[15].

Die grundlegende Bedeutung des Missionsthemas kann man bereits daran ablesen, dass sich das Zweite Vatikanische Konzil in beinahe allen Konstitutionen, Dekreten und Erklärungen zur missionarischen Aufgabe der Kirche geäußert hat[16]: In der Dogmatischen Konstitution über die göttliche Offenbarung „Dei verbum" steht das Evangelium in dem Sinn im Mittelpunkt, dass sich die Evangelisierung im Wort und im ganzen Leben der Kir-

---

13 J. Ratzinger, Das Geschick Jesu und die Kirche, in: Ders., Glaube – Erneuerung – Hoffnung. Theologisches Nachdenken über die heutige Situation der Kirche (Leipzig 1981) 18–27, zit. 23.

14 Vgl. H. Bürkle, Die Mission der Kirche (Paderborn 1998); G. Collet, Das Missionsverständnis der Kirche in der gegenwärtigen Diskussion (Mainz 1984); W. Kasper, Überlegungen zur Theologie der Mission, in: Ders., Die Kirche Jesu Christi. Schriften zur Ekklesiologie 1 = Gesammelte Schriften. Band 11 (Freiburg i. Br. 2008) 270–293.

15 J. Ratzinger, Weltoffene Kirche? Überlegungen zur Struktur des Zweiten Vatikanischen Konzils, in: Ders., Das neue Volk Gottes. Entwürfe zur Ekklesiologie (Düsseldorf 1969) 282–301, zit. 300.

16 Vgl. J. Ratzinger, Konzilsaussagen über die Mission außerhalb des Missionsdekrets, in: Ders., Das neue Volk Gottes. Entwürfe zur Ekklesiologie (Düsseldorf 1969) 376–403.

che verwirklichen muss. Die Konstitution über die Heilige Liturgie „Sacrosanctum concilium" benennt die Liturgie als den privilegierten Ort der Verkündigung des Evangeliums. Die Dogmatische Konstitution über die Kirche „Lumen gentium" nimmt die besondere Sendung aller Getauften in der Durchdringung ihrer konkreten Lebenswelt mit dem Ferment des Evangeliums in den Blick. Und in der Pastoralkonstitution über die Kirche in der Welt von heute „Gaudium et spes" geht es zentral um das Glaubenszeugnis der Kirche in der Welt von heute. Was in allen wichtigen Lehrdokumenten des Konzils im Blick auf die missionarische Aktivität der Kirche hervorgehoben wird, findet schließlich seine konzise Darstellung im Dekret über die Missionstätigkeit der Kirche „Ad gentes", das mit den programmatischen Sätzen beginnt: „Zur Völkerwelt von Gott gesandt, soll die Kirche ‚das allumfassende Sakrament des Heils' sein. So müht sie sich gemäß dem innersten Anspruch ihrer eigenen Katholizität und im Gehorsam gegen den Auftrag ihres Stifters, das Evangelium allen Menschen zu verkünden."[17]

Die Omnipräsenz der Missionsthematik in den konziliaren Lehrdokumenten findet ihren wesentlichen Grund darin, dass das Konzil den Missionsauftrag der Kirche in den weiten Horizont des universalen Heilsplanes Gottes mit der Menschheit einordnet, der auf die von den alttestamentlichen Propheten verheißene eschatologische Sammlung aller Völker zielt: „Missionarische Tätigkeit ist nichts anderes und nichts weniger als Kundgabe oder Epiphanie und Erfüllung des Planes Gottes in der Welt und ihrer Geschichte, in der Gott durch die Mission die Heilsgeschichte sichtbar vollzieht."[18] Mit dem epiphanischen Charakter der Mission ruft das Konzil in Erinnerung, dass zum tiefsten Wesen der Kirche ihre Sendung zur Evangelisierung der Welt gehört und die Kirche dazu da, um zu evangelisieren: „Die pilgernde Kirche ist ihrem Wesen nach ‚missionarisch'."[19] Das Konzil bezeichnet das Werk der Evangelisation als eine „Grundpflicht des Gottesvolkes", und es ruft alle Getauften zu einer tief greifenden und inneren Erneuerung auf, „damit sie im lebendigen Bewusstsein der eigenen Verantwortung bei der Ausbreitung des Evangeliums ihren Anteil am Missionswerk bei den Völkern übernehmen"[20].

Mit der Sendung zur Evangelisierung der Welt steht oder fällt die Kirche, weil die Mission zu ihrer innersten Identität gehört. Das Konzil bringt sie

17 Ad gentes, Nr. 1.
18 Ad gentes, Nr. 9.
19 Ad gentes, Nr. 2.
20 Ad gentes, Nr. 35.

dadurch zum Ausdruck, dass es die Mission der Kirche theologisch, genauer christologisch fundiert. Denn Jesus Christus ist in seinem tiefsten Wesen „Gesandter", weshalb er in der Heiligen Schrift – vor allem im Johannesevangelium – diesen Titel trägt. Der Begriff der Sendung kennzeichnet neutestamentlich die Person und das Wirken Jesu Christi so sehr, dass seine ganze Existenz im Gesandtsein besteht. Die erste und tiefste Begründung für eine christliche Missionstheologie liegt deshalb in der Sendung des Sohnes vom Vater zum Heil der Welt. Da in Jesus Christus Sein und Sendung identisch sind, wird die christologische Dimension des Sendungsgedankens von selbst auf seine trinitarische Dimension hin geöffnet und der Blick auf den Vater frei gemacht, der in der Sendung des Sohnes sich selbst der Welt schenkt und sich als jenes höchste Gut offenbart, das sich austeilt, nämlich als Liebe, die sich selbst den Menschen gibt. Die Sendung der Kirche leitet somit „ihren Ursprung aus der Sendung des Sohnes und der Sendung des Heiligen Geistes" her „gemäß dem Plan Gottes des Vaters", der seinerseits jener „quellhaften Liebe" entspringt, in der uns das „Liebeswollen Gottes des Vaters" am authentischsten begegnet"[21].

Damit ist vollends deutlich, dass sich die ekklesiologische Dimension der Mission aus der trinitarischen Grundlegung ergibt. Denn die Sendung des Sohnes vom Vater her setzt sich in der Kirche als dem Leib Christi fort. Von Christus her erweist sich die Kirche selbst als „Gesandte" und als „Sendung". Darin liegt es zutiefst begründet, dass die Kirche sich selbst überschreiten muss und immer zu den Menschen gesandt ist: „Niemals kann sie sich selbst genügen, vielmehr dauert jene Bewegung ausströmender, göttlicher Güte fort, die in der Sendung des Sohnes, in diesem ‚Überfließen' der Liebe Gottes wurzelt." Wenn nämlich die Mission der Kirche Liebe ist, die sich selbst anderen hingibt, wie Gott der Vater seinen eigenen Sohn den Menschen hingegeben und dieser sich selbst verschenkt hat, kann sie immer nur in Liebe geschehen: „Mission ist nicht eine Art Eroberungsunternehmen, um sich andere einzuverleiben. Mission-Sendung ist in erster Linie Zeugnis für die Liebe Gottes, die in Christus erschienen ist."[22]

21 Ad gentes, Nr. 2.

22 J. Ratzinger, Considerationes quoad fundamentum theologicum missionis Ecclesiae/Überlegungen zur theologischen Grundlage der Sendung (Mission) der Kirche, in: Ders., Zur Lehre des Zweiten Vatikanischen Konzils = Gesammelte Schriften. Band 7/1 (Freiburg i. Br. 2012) 223–236.

b) Mission und Neuevangelisierung im nachkonziliaren Lehramt der Kirche

Seitdem das Zweite Vatikanische Konzil die grundlegende Bedeutung der Mission im Leben und in der Sendung der Kirche unterstrichen hat, sind die Päpste nicht müde geworden, den Missionsauftrag in die Mitte des kirchlichen Lebens zu stellen. Bald nach dem Konzil und in seinem Licht hat Papst Paul VI. die entscheidende Verpflichtung der Kirche darin wahrgenommen, „die Methoden zu überprüfen und mit allen Mitteln uns zu bemühen herauszufinden, wie man dem modernen Menschen die christliche Botschaft nahebringen kann, in der allein er die Antwort auf seine Fragen zu finden vermag und die Kraft für seinen Einsatz zu menschlicher Solidarität“[23]. Bereits im Jahre 1967 hat Papst Paul VI. ein Jahr des Glaubens ausgerufen und in ihm eine „Konsequenz aus dem Konzil“ gesehen[24]. Anlässlich des zehnten Jahrestages des Abschlusses des Zweiten Vatikanischen Konzils hat Papst Paul VI. sein Apostolisches Schreiben „Evangelii nuntiandi“ im Jahre 1975 veröffentlicht, in dem er in der evangelisatorischen Wirksamkeit der Kirche ihre elementarste Identitätsbestimmung erblickt hat: „Evangelisieren ist in der Tat die Gnade und eigentliche Berufung der Kirche, ihre tiefste Identität. Sie ist da, um zu evangelisieren.“[25] Damit der Missionsauftrag glaubwürdig vollzogen werden kann, bedarf die Kirche selbst immer wieder der Evangelisierung, weil nur eine Kirche, die sich selbst erneuert, auch andere zu erneuern vermag.[26] Im Mittelpunkt dieses Erneuerungsprogramms steht in der Sicht von Papst Paul VI. die Kategorie des Zeugnisses, und zwar in der sensiblen Wahrnehmung, dass der heutige Mensch keine Lehrer, sondern Zeugen braucht, und Lehrer nur insofern, als sie auch als Zeugen wahrgenommen werden können. Von diesem Glaubenszeugnis hat sich Papst Paul VI. die Heilung jenes Bruches zwischen dem christlichen Evangelium und der weltlichen Kultur erhofft, den er als das eigentliche Drama der heutigen Menschheit bezeichnet hat.[27]

Im Sinne der Fortsetzung der wegweisenden Impulse von Paul VI. hat Papst Johannes Paul II. während seines langen Pontifikats eine umfassende Neuevangelisierung als pastoralen Weg der Kirche in die Zukunft angeregt. Dieses Programmwort hat er zunächst mit Blick auf die Katholische Kirche

23 Paul VI., Ansprache an das Kardinalskollegium am 22. Juni 1973, in: AAS 65 (1973) 383.
24 Paul VI., Generalaudienz am 14. Juni 1967, in: Insegnamenti di Paolo VI V (1967) 801.
25 Paul VI., Evangelii nuntiandi, Nr. 14.
26 Paul VI., Evangelii nuntiandi, Nr. 15.
27 Paul VI., Evangelii nuntiandi, Nr. 20.

in Lateinamerika anlässlich des fünfhundertjährigen Gedenkens der Entdeckung Amerikas und der mit ihr einhergegangenen Evangelisierung dieses Kontinentes geprägt. Während seiner Reise nach Mittelamerika hat er auf der 19. Vollversammlung des Celam am 9. März 1983 im haitianischen Port-au-Prince betont: „Das Gedenken des halben Jahrtausends Evangelisierung wird seine volle Bedeutung dann erhalten, wenn Ihr als Bischöfe daraus eine Aufgabe macht: eine Aufgabe nicht der *Re*-Evangelisierung, sondern der *Neu*-Evangelisierung: neu in ihrem Eifer, in ihren Methoden und in ihrer Ausdrucksweise.“[28] Seit seiner Rede in Santiago de Compostella im Jahre 1989 hat Papst Johannes Paul II. dieses Programmwort auch auf Europa bezogen[29]. Mit seinem Aufruf: „Die Stunde fordert eine neue Evangelisierung“[30] wollte er auf die unvergesslichen Veränderungen in den europäischen Ländern nach der Wende im Jahre 1989 antworten. Im Jahre 1990 hat er eine eigene Enzyklika über die fortdauernde Gültigkeit des missionarischen Auftrags „Redemptoris missio“ geschrieben, in der er betont hat, dass die missionarische Verkündigung Jesu Christi an alle, die ihn nicht kennen, stets geboten ist, weil die Menschen in ihrem Inneren auf den Erlöser der Menschen warten. Und in seinem Apostolischen Schreiben „Novo millennio ineunte“, das er zum Abschluss des Jubeljahres 2000 verfasst und in dem er ein pastorales Programm für die Kirche am Beginn des Dritten Jahrtausends vorgelegt hat, hat er seine besondre Aufmerksamkeit dem Hören des Wortes Gottes gewidmet: „Uns vom Wort nähren, um im Bemühen um die Evangelisierung ‚Diener des Wortes‘ zu sein: Das ist mit Sicherheit eine Priorität für die Kirche am Beginn des neuen Jahrtausends.“[31] Nicht zuletzt dieses Apostolische Schreiben zeigt, wie sehr Papst Johannes Paul II. die Neuevangelisierung am Herzen gelegen hat, und es kann gleichsam als „kleines Handbuch der Neuevangelisierung“ verstanden und gewürdigt werden[32].

In seiner Nachfolge hat Papst Benedikt XVI. das Werk der Neuevangelisierung weitergeführt, wobei dieses bei ihm zwei spezifische Akzente erhalten

---

28 Predigten und Ansprachen von Papst Johannes Paul II. bei seiner Apostolischen Reise nach Mittelamerika vom 2. bis 10. März 1983 = Verlautbarungen des Apostolischen Stuhls 46 (Bonn o. J.) 120.

29 Vgl. Johannes Paul II., Ecclesia in Europa (2003).

30 Johannes Paul II., Christifideles laici, Nr. 34.

31 Johannes Paul II., Novo millennio ineunte, Nr. 40.

32 J. Kardinal Ratzinger, Die Einheit von Mission und Person in der Gestalt von Johannes Paul II. Zwanzig Jahre einer Geschichte, in: J. Ratzinger – Benedikt XVI., Johannes Paul II. Mein geliebter Vorgänger (Augsburg 2008) 15–42, zit. 41.

hat. Mit seiner Insistenz auf der Einheit von Glaube und Vernunft ging es ihm erstens um eine Neuevangelisierung im grundlegenden Bereich einer ganzmenschlichen Erziehung im Sinne der griechischen Paideia und der lateinischen Eruditio und in den Bereichen von Kultur und Wissenschaft, und zwar in der Überzeugung, dass die Treue zum Menschsein des Menschen das „Vertrauen in das menschliche Vermögen“ bedingt, „Wahrheit zu suchen, Wahrheit zu finden und nach der Wahrheit zu leben“[33]. Sein zweites Kernanliegen bestand darin, die Neuevangelisierung inhaltlich mit dem christologischen Kerygma zu füllen, wie er es in seiner Ansprache bei der Eröffnung der V. Generalkonferenz des Episkopats von Lateinamerika und der Karibik in Aparecida am 13. Mai 2007 programmatisch formuliert hat, dass neue Evangelisierung im Kern darin besteht, „der Welt das Zeugnis von Jesus Christus zu bringen und Sauerteig der Liebe Gottes unter den anderen zu sein“[34]. Dass die Mission der Dynamik der Liebe von selbst entspringt, hat Papst Benedikt XVI. in seiner Enzyklika über die christliche Liebe „Deus caritas est“ eingehend gezeigt. Denn der Christ weiß, „dass die Liebe in ihrer Reinheit und Absichtslosigkeit das beste Zeugnis für den Gott ist, dem wir glauben und der uns zur Liebe treibt“[35]. Um diesem Grundanliegen Nachdruck zu verleihen, hat Papst Benedikt XVI. einen neuen Päpstlichen Rat zur Förderung der Neuevangelisierung in der Überzeugung errichtet, dass alle Kirchen, die in traditionell christlichen Territorien leben, einen erneuerten missionarischen Elan dringend nötig haben, und zwar als „Ausdruck einer neuen hochherzigen Offenheit für das Geschenk der Gnade“[36]. Demselben Anliegen hat auch die Durchführung der Vollversammlung der Bischofssynode im Oktober 2012 mit dem Thema „Die Neuevangelisierung zur Weitergabe des christlichen Glaubens“ und die Ausrufung des Jahres des Glaubens im Jahre 2012[37] gedient.

Auf seine Weise wird die Aufgabe der Neuevangelisierung auch von Papst Franziskus weitergeführt, und zwar vor allem auf der Grundlage der missionarischen Impulse in der beeindruckenden Botschaft der V. Generalkonferenz des Episkopats von Lateinamerika und der Karibik im brasilianischen

33 Benedikt XVI., Ansprache bei der Begegnung mit den Vertretern der akademischen Welt in Prag am 27. September 2009.

34 Benedikt XVI., Ansprache bei der Eröffnung der V. Generalkonferenz des Episkopats von Lateinamerika und der Karibik in Aparecida am 13. Mai 2007.

35 Benedikt XVI., Deus caritas est, Nr. 31.

36 Benedikt XVI., Motu proprio „Ubicumque et semper“.

37 Benedikt XVI., Motu proprio „Porta fidei“.

Aparecida im Mai 2007[38]. An dem aus dieser Konferenz hervorgewachsenen Schlussdokument zum Thema „Jünger und Missionare Jesu Christi, damit unsere Völker in ihm das Leben haben“ hat Papst Franziskus als damaliger Erzbischof von Buenes Aires maßgeblich mitgewirkt und es unter besonderer Würdigung des missionarischen Elans von Papst Paul VI. als „Evangelii nuntiandi Lateinamerikas“ bezeichnet. Mit seinem eigenen Apostolischen Schreiben „Evangelii gaudium“ will er die Christgläubigen zu „einer neuen Etappe der Evangelisierung“[39] einladen, die von einer missionarischen Freude geprägt ist, und eine „missionarische Umgestaltung der Kirche“ zu einer „Kirche im Aufbruch“ vornehmen[40].

Die kurz angeführten Perspektiven der Evangelisierung, die die Päpste seit dem Zweiten Vatikanischen Konzil entfaltet haben, koinzidieren in der klaren Feststellung, dass die Mission kein Anhängsel der Sendung der Kirche sein darf und deshalb auch nicht ins Belieben gestellt ist, dass sie vielmehr das Wesen der Kirche betrifft und über ihr Sein oder Nicht-Sein entscheidet, wie dies Bischof Franz Kamphaus prägnant ausgedrückt hat: „Das Christentum gibt es nur, weil es die Mission gibt, sonst wäre es beim Judentum geblieben.“[41] Während das Judentum keine Mission kennt, gehört sie im Christentum gleichsam zum Kerngeschäft der Kirche, weil sie berufen ist, als Sakrament des Heils für die ganze Welt zu wirken. Dies kann sie aber nur, weil sie den gekreuzigten und österlich verklärten Christus verkündet, der das Ursakrament des Heils der Welt ist. Die Auferstehung Jesu Christi erweist sich deshalb als der eigentliche Grund der kirchlichen Mission.

3. Dimensionen und Wege der Neuevangelisierung

Wenn von daher in einem dritten Schritt danach gefragt wird, wie sich Evangelisierung heute vollzieht und welche Dimensionen ihr eigen sein müssen, legt es sich nahe, jene fundamentale Leitlinie aufzunehmen, die bereits den großen Missionsaufbruch der Kirche in ihren Anfängen charakterisiert hat und auf den Auftrag des auferstandenen Christus zurückweist, den er in Galiläa auf dem Berg seinen Jüngern zugewiesen hat. Im so genannten Mis-

38 Aparecida. Schlussdokument der 5. Generalversammlung des Episkopats von Lateinamerika und der Karibik 13.–31. Mai 2007 = Stimmen der Weltkirche, Nr. 41 (Bonn 2007).

39 Franziskus, Evangelii gaudium, Nr. 1.

40 Ebd., Nr. 19–23.

41 F. Kamphaus, Die Welt zusammenhalten. Reden gegen den Strom (Freiburg i. Br. 2008) 125.

sionsbefehl des Auferstandenen, den uns das Matthäus-Evangelium überliefert (Mt 28,19–20), lassen sich dabei vier verschiedene Dimensionen unterscheiden: eine missionarische Dimension: „Geht zu allen Völkern"; eine pastorale Dimension: „Macht alle Menschen zu meinen Jüngern"; eine liturgische Dimension: „Tauft sie auf den Namen des Vaters und des Sohnes und des Heiligen Geistes"; und eine prophetische Dimension: „Lehrt sie, alles zu befolgen, was ich euch geboten habe." Diesen vier Dimensionen der Mission wollen wir im Folgenden nachdenken.

a) Missionarische Dimension: „Geht zu allen Völkern"

Die erste Dimension des Auftrags, mit dem der auferstandene Christus seine Jünger betraut, zielt auf Universalität, und zwar in einem doppelten Sinn. Christus sendet auf dem Berg erstens zwar zunächst seine Jünger; die prominente Verortung des Sendungsauftrags am Ende des Matthäusevangeliums weist aber darauf hin, dass alle Getauften zum Zeugnis gesandt und berufen sind, als Missionare zu wirken. Die zweite Gestalt der Universalität bezieht sich auf die Adressaten der Sendung und wird mit der Richtung angegeben, in die der Imperativ „geht" weist, nämlich „zu allen Völkern". Die Botschaft, die die Jünger allen Völkern auszurichten haben, geht alle Menschen und alle Völker an. Denn der Gott, den wir Christen bezeugen, ist nicht nur Gott der Christen, sondern Gott aller Menschen. Er ist, wie wir Christen im Apostolischen Credo bekennen, „Schöpfer Himmels und der Erde". Die Botschaft von Gott ist nicht nur für einen bestimmten Kreis bestimmt, sondern für alle Menschen.

Damit diese doppelte Universalität in Gang kommt, ist die Dynamisierung des Glaubens derjenigen, die gesandt sind, die unabdingbare Voraussetzung. Sie sollen nicht dort bleiben, wo sie sind, sondern dorthin gehen, wohin sie der Auferstandene ruft. Eine wirklich missionarische Kirche hört auf, eine bloße „Komm-her-Kirche" zu sein, und lässt sich in eine „Geh-hin-Kirche" verwandeln, weil sie vom Geheimnis der christlichen Mission bewegt ist. Dieses Geheimnis ist im Grunde ganz einfach; der Volksmund bringt es mit den Worten zum Ausdruck: „Wes das Herz voll ist, des geht der Mund über." Die Wahrheit, die hinter diesem Wort steht, kennen wir alle aus eigener Erfahrung. Wenn Menschen etwas sehr Schönes erlebt haben, wenn sie beispielsweise von bereichernden Ferien nach Hause gekommen sind, braucht man sie nicht aufzufordern oder ihnen gar zu befehlen, davon zu erzählen, was sie erlebt haben. Sie werden es vielmehr von sich selbst her tun. Manchmal sprudeln dann die Worte aus dem Mund, so dass sie uns Anteil geben an dem, was erfahren worden ist. Darin besteht auch das innerste Geheimnis der christlichen Mission: Wir Christen dürfen von der großartigen Botschaft her leben, dass Gott uns Menschen so sehr liebt, dass er für uns seinen eigenen Sohn hingegeben hat, und dass das „Für-uns-Sein" die innerste Identität des im christlichen Glauben offenbaren Gottes ist. Wer aus dieser Botschaft lebt und sein eigenes Herz erfüllen lässt, der lässt dann auch sein Herz übergehen und will anderen Menschen an dieser Botschaft Anteil geben und den Duft der Liebe Gottes überall dort verbreiten, wo er lebt und wohin er kommt. Denn Gottes „Für-uns" in der heutigen Welt präsent zu machen und den Menschen zuzusprechen, ist der Kern christlicher Evangelisierung. Sie ist im Grunde die Antwort auf jene Liebe, mit der uns Gott liebt, und diese Antwort können wir nur in Liebe geben. Christliche Evangelisierung ist zuerst und zuletzt eine Frage der Liebe, die das kostbare Geschenk, das ihr anvertraut worden ist, nicht selbstgenügsam für sich behalten will, sondern es als ein „Geschenk zum Weitergeben" versteht[42].

Von daher stellt sich die weitere Frage, zu welchen Menschen Christen heute in besonderer Weise gesandt sind. In unseren Breitengraden dürften dies vor allem Menschen sein, die nicht an Gott glauben und doch im Grunde ihres Herzens nach Gott fragen. Wenn Christen mit ihnen das Gespräch suchen und sie dabei unterstützen, dass sie die Frage nach Gott nicht weglegen, sondern wach halten und die Sehnsucht ihres Herzens nach einer letzten Geborgenheit annehmen, die sich in ihrem Fragen und Suchen anmeldet, befinden sich die Menschen bereits auf dem Weg zur Begegnung mit dem Evangelium. Hinzu kommen heute immer mehr Menschen, denen Religion fremd ist, die aber dennoch von den Grundfragen des menschlichen Lebens bewegt sind: Woher komme ich? Wer bin ich? Was darf ich hoffen? Wohin gehe ich? Christen sollten auch diese Menschen als ihre Gesprächspartner annehmen und mit ihnen von Gott zu reden versuchen, auch wenn man dabei noch weithin im Vorhof des Glaubens verbleibt.

Bereits vom Tempel in Jerusalem sagt Jesus, indem er sich auf eine prophetische Verheißung bezieht[43], dass er ein „Haus des Gebetes für alle Menschen" sein soll. Damit scheint das eigentliche Motiv Jesu für seine Tempelreinigung auf: „Ihr aber habt daraus eine Räuberhöhle gemacht" (Mk 11,17).

42 W. Kasper, Glaube: Ein Geschenk zum Weitergeben (Ostfildern 1984).
43 Jes 56,7.

Jesus räumt den Vorhof des Tempels, der für die Heiden bestimmt ist, von den äußeren Geschäftigkeiten, damit er freier Raum sein kann für die Völker, die kommen, um zu dem einen Gott zu beten, auch wenn sie dem eigentlichen Geheimnis noch nicht angehören, das im Inneren des Tempels verehrt wird. Wenn wir dieses Bild auf unsere Gegenwart übertragen, müsste die Kirche auch heute gleichsam einen „Vorhof der Heiden" öffnen, wobei wir das Wort „Heide" heute eher vermeiden. In diesen Vorhof können alle, die wollen, kommen, um Gott zu suchen und zu finden. Die Katholische Kirche kann sich dabei gar nicht anders verhalten, weil sie noch mehr als der Tempel von Gott berufen ist, „Haus des Gebetes für alle Menschen" jenseits von Rassen, Klassen und Nationen zu sein.

Von daher kann sich Evangelisierung dann ereignen, wenn Menschen im „Vorhof der Heiden" bei den Christen der Grundhaltung der Demut begegnen, von der Kardinal Walter Kasper mit Recht sagt, dass sie mit der „Ehrfurcht vor dem, was heilig ist", identisch ist[44]. Das sensible Aufsuchen des Heiligen in der heute weithin entsakralisierten und säkularisierten Welt kann sich als hilfreicher Weg der Evangelisierung herausstellen, auf dem wir Weggenossen begegnen, von denen wir es zunächst vielleicht gar nicht erwarten würden. Angesichts der uns Menschen heute besonders in Wissenschaft und Technik zugewachsenen Möglichkeiten und dementsprechend auch der größer gewordenen Verantwortung schreibt beispielsweise der aus dem Judentum stammende Philosoph Hans Jonas: „Es ist die Frage, ob wir ohne die Wiederherstellung der Kategorie des Heiligen, die … zerstört wurde, eine Ethik haben können, die die extremen Kräfte zügeln kann, die wir heute besitzen und dauernd hinzuzuerwerben und auszuüben beinahe gezwungen sind." Der Philosoph erblickt das größte Problem der heutigen Zeit in der Zerstörung des Heiligen, und er erwartet von der Wiederentdeckung der Ehrfurcht vor dem Heiligen und damit Unverfügbaren und Unverletzlichen eine elementare Kurskorrektur in der heutigen Gesellschaft: „Die Ehrfurcht allein, indem sie uns ein Heiliges, das heißt unter keinen Umständen zu Verletzendes enthüllt, … wird uns auch davor schützen, um der Zukunft willen die Gegenwart zu schänden, jene um den Preis dieser verkaufen zu wollen."[45]

---

44 W. Kasper, Neue Evangelisierung als theologische, pastorale und geistliche Herausforderung, in: Ders., Das Evangelium Jesu Christi = Gesammelte Schriften. Band 5 (Freiburg i. Br. 2009) 243–317, zit. 287.

45 H. Jonas, Das Prinzip Verantwortung. Versuch einer Ethik für die technologische Zivilisation (Frankfurt a. M. 1979) 393.

Gerade in der heutigen Zeit, in der der Sinn für das Heilige immer mehr verloren zu gehen droht, brauchen wir neue Ehrfurcht, die dem Heiligen Raum gibt, um es von daher auch im alltäglichen Leben wieder in einer neuen Achtsamkeit dem Leben und der ganzen Schöpfung gegenüber zu verlebendigen. Darin muss die Kirche eine besonders aktuelle Dimension ihrer Sendung erblicken. Es muss ihr zu denken geben, dass ausgerechnet Eugène Ionesco, der Begründer des absurden Theaters und zugleich ein leidenschaftlich suchender Zeitgenosse, der Kirche heute nichts weniger vorgeworfen hat als die Versuchung zur Verweltlichung und Anbiederung an die Welt, die er als jammervoll, mittelmäßig, geistlos und dumm bezeichnet hat. Demgegenüber hat er in der Leidenschaft eines sinndurstigen Menschen betont: „Wir brauchen das Außerzeitliche, denn was ist Religion ohne das Heilige? Es bleibt uns Nichts, nichts Solides, alles ist in Bewegung. Wir indessen brauchen einen Felsen.“[46]

Den notwendigen Felsen wird der Christ zwar noch nicht im Heiligen an sich wahrnehmen, sondern erst im Heiligen schlechthin, im lebendigen Gott. Das Aufspüren des Heiligen erweist sich aber als hilfreiche Einladung auf dem Weg zu Gott vor allem in der Begegnung mit Menschen, die leben, als ob es Gott nicht gäbe. Ihnen dürfen wir Christen jenen Rat geben, den bereits der französische Philosoph Blaise Pascal seinem ungläubigen Freund gegeben hat, er solle doch so leben und sein Leben gestalten, als ob es Gott gibt: „Etsi Deus daretur“. Diesen Rat dürfen wir auch den Menschen heute geben, weil wir davon überzeugt sind, dass es nichts Wichtigeres im Leben gibt, als von Gott zu reden und Gott zu den Menschen zu tragen. Denn nur derjenige gibt dem Menschen genug, der ihm Gott bringt, und zwar nicht irgendeinen Gott, sondern jenen Immanuel, auf den das Volk Israel stolz gewesen ist und die große Freude über seine Erwählung mit den lobenden Worten ausgesprochen hat: „Welche große Nation hätte Götter, die ihr so nah sind wie Jahwe, unser Gott, uns nah ist, wo immer wir ihn anrufen?“ (Dtn 4,7). Diese Freude Israels an Gott hat Thomas von Aquin in einer Fronleichnamspredigt aufgenommen und dahingehend vertieft, dass das Volk Israel seine volle Größe in der Kirche gefunden hat, und zwar in ihrem Glauben an Jesus Christus, in dem uns Gott so nahe gekommen ist, dass er selbst Mensch geworden ist und das Drama der menschlichen Existenz am eigenen Leib erfahren hat.

Gemäß christlicher Überzeugung wird der Gottesglaube nirgendwo so konkret wie im Glauben an Jesus Christus, der in reiner Form Immanuel, „Gott mit uns“ ist. Erst der Christusglaube ist deshalb die befreiende Ant-

46 E. Ionesco, Gegengifte (München – Wien 1979) 158–159.

wort auf das deistische Gottesbild, das in der heutigen Gesellschaft weit verbreitet ist und von einem Gott Kunde gibt, der im Grunde weder zum Lieben noch zum Fürchten ist. Christliche Evangelisierung besteht deshalb in der Ankündigung der „Tatsache, dass der weit entfernte Gott näher kommt, dass Gott nicht mehr weit weg ist, sondern nahe, dass dieser ‚Bekannte-Unbekannte' sich jetzt wirklich zu erkennen gibt, sein Antlitz zeigt, sich offenbart: Der Schleier vor seinem Antlitz verschwindet, und er zeigt wirklich sein Angesicht."[47] Damit berühren wir bereits die zweite Dimension des Sendungsauftrags Jesu Christi an die Jünger, auch andere Menschen zu seinen Jüngern zu machen.

b) Pastorale Dimension:
„Macht alle Menschen zu meinen Jüngern"

Die Aufforderung, Menschen zu Jüngern Jesu Christi zu „machen", tönt auf den heutigen Menschen hart und erscheint eher am neuzeitlichen Machbarkeitswahn orientiert als an der sensiblen Demut christlicher Evangelisierung. Diese Härte wird noch dadurch verschärft, dass es in der Heiligen Schrift heißt, Jesus selbst habe seine zwölf Jünger „gemacht". Jesus hat sie freilich auf keinem anderen Weg als im Gebet gemacht, wie besonders Lukas hervorhebt: „In diesen Tagen ging er auf einen Berg, um zu beten. Und er verbrachte die ganze Nacht im Gebet zu Gott. Als es Tag wurde, rief er seine Jünger zu sich und wählte aus ihnen zwölf aus; sie nannte er auch Apostel" (Lk 6,12–13). Aus diesem biblischen Hinweis ergeben sich für die Aufgabe der Evangelisierung heute drei wichtige Perspektiven:

Wie die Berufung der zwölf Apostel im nächtlichen Gebet Jesu begründet gewesen ist, so wird sich erstens auch heute das Gewinnen neuer Jünger für Jesus Christus ebenfalls zunächst im Gebet ereignen. Und wie die Berufung der zwölf Apostel aus dem Gebet, aus dem Reden des Sohnes mit dem Vater, hervorgegangen ist, in dem der Sohn seinen Willen mit dem Willen des Vaters in Übereinstimmung gebracht hat, so muss auch die Evangelisierung heute ihren Ausgang im Beten nehmen, wozu Jesus selbst seine Jünger aufgefordert hat: „Die Ernte ist gross, aber es gibt nur wenige Arbeiter. Bittet also den Herrn der Ernte, Arbeiter für seine Ernte auszusenden" (Mt 9,38). Die grundlegende Bedeutung des Gebetes bei der Evangelisierung wird noch dadurch unterstrichen, dass – anders als bei Matthäus – bei Lukas die Wahl der Zwölf nicht erst

47 Benedikt XVI., Predigt in der Feier der Vesper in der Kathedrale von Aosta am 24. Juli 2009.

aus der Gebetsnacht Jesu hervorgetreten, sondern bereits als erste Geste der Erhörung des Jüngergebetes in Erscheinung getreten ist. Auch heute muss das Gebet die innerste Mitte der neuen Evangelisierung sein, damit uns bewusst bleibt, dass in erster Linie nicht wir Christen Menschen für Christus gewinnen, sondern dass sie uns von Gott her gegeben werden.

Das Gebet ist freilich nicht nur die innere Voraussetzung für die Evangelisierung, sondern es ist zweitens auch ihr eigentliches Ziel. Denn von Gott reden kann man nur, wenn man auch zu Ihm und mit Ihm redet. Alles Reden von Gott, das im Mittelpunkt der Evangelisierung steht, wird erst mündig – im Doppelsinn dieses Wortes – im Gebet. Da die Verkündigung Gottes in das Leben und in die Gemeinschaft mit Gott führt, heißt evangelisieren im Kern, Menschen, die nach Gott fragen und Ihn suchen, zu begleiten, damit sie den persönlichen Anruf Gottes in ihrem Gewissen vernehmen, darauf antworten und wie die Jünger Jesu bitten können: „Lehre uns beten!“ (Lk 11,1). Evangelisieren heißt folglich, Menschen beten lehren. Die neue Evangelisierung ist, mit dem schönen Wort von Kardinal Walter Kasper, „vor allem Gebetsschule“[48].

Ist das Gebet sowohl die innere Voraussetzung als auch das Ziel der Evangelisierung, werden die Menschen drittens gewiss nicht den Eindruck erhalten, sie würden von der Kirche als Objekte ihrer Mission behandelt und die Mission würde ihre Freiheit angreifen, die die Menschen heute mit Recht hoch schätzen. Im Licht des Gebetes muss es über jeden Zweifel erhaben sein, dass Evangelisierung und Weitergabe des Glaubens nur in Freiheit geschehen und sich nur an die Freiheit anderer Menschen richten kann. Christliche Mission respektiert die Überzeugung, das Gewissen und die freie Entscheidung jedes Menschen, wie Papst Benedikt XVI. hervorgehoben hat: „Wir drängen unseren Glauben niemandem auf: Diese Art von Proselytismus ist dem Christlichen zuwider. Der Glaube kann nur in Freiheit geschehen. Aber die Freiheit der Menschen, die rufen wir an, sich für Gott aufzutun; ihn zu suchen; ihm Gehör zu schenken.“[49] Denn die Verkündigung des Evangeliums ad gentes ist keine Vorladung der Menschen vor die Kirche, sondern eine Einladung, das Abenteuer eines Lebens mit Gott zu wagen. Es kann sich gar nicht anders verhalten, wenn Mission eine Frage der Liebe ist und Liebe Takt hat.

---

48 W. Kasper, Neue Evangelisierung als theologische, pastorale und geistliche Herausforderung, in: Ders., Das Evangelium Jesu Christi = Gesammelte Schriften. Band 5 (Freiburg i. Br. 2009) 243–317, zit. 289.

49 Benedikt XVI., Predigt in der Eucharistiefeier auf dem Freigelände der Neuen Messe in München-Riem am 10. September 2006.

Dies vorausgesetzt, stellt sich die weitere Frage, was dies genauer heißt, Menschen zu Jüngern Jesu zu machen. Wenn wir in das Leben Jesu blicken, stellen wir fest, dass er Menschen zu seinen Jüngern machte, „die er bei sich haben und die er dann aussenden wollte, damit sie predigten und mit seiner Vollmacht Dämonen austrieben" (Mk 3,13–14). Dem gemäß handelt es sich um eine doppelte Berufung, wobei man die erste als apostolisches Leben der Zwölf mit Jesus, als communio apostolica, und die zweite als apostolische Sendung der Zwölf in die Welt, als missio apostolica, bezeichnen könnte und wobei die Berufung zum Mit-Sein mit Jesus der Berufung zum Gesandt-Sein in die Welt vorausgeht.[50]

Bereits nach jüdischer Überzeugung gehört zur Ankündigung des Kommens des Reiches Gottes unlösbar die Sammlung und Reinigung der Menschen für sein Ankommen. Darin bestand auch so sehr die Intention des Lebens und Wirkens Jesu, dass der Neutestamentler Joachim Jeremias formulieren kann: „Der einzige Sinn der gesamten Wirksamkeit Jesu ist die Versammlung des endzeitlichen Gottesvolkes."[51] Die Sendung Jesu hatte folglich die Communio der Menschen mit Gott und der Menschen untereinander zum Ziel. Diese Sendung konnte Jesus vor allem deshalb wahrnehmen, weil er selbst in der Einheit von Gottsein und Menschsein und damit in Person die Communio Gottes mit den Menschen ist, an der er ihnen Anteil schenken will, wie wiederum das Gebet im Leben der Jüngerschaft Jesu zeigt. Als die Jünger Jesus baten, sie beten zu lehren, schenkte er ihnen das Vater-unser und würdigte sie so, Gott mit den Worten anzusprechen, mit denen er es selbst tat. Da damals bei den religiösen Gruppen die eigene Gebetsordnung ein „wesentliches Kennzeichen ihrer Gemeinschaft" gewesen ist[52], brachten sowohl die Gebetsbitte der Jünger als auch Jesu Gabe des Vater-unser die Überzeugung zum Ausdruck, in der Communio mit Jesus eine neue Gemeinschaft geworden zu sein, und zwar eine Gemeinschaft, die vom Gebet mit Jesus her geeint und offen für den Vater ist.

Jünger Jesu kann man folglich nie allein für sich sein, sondern immer nur als Glied jener neuen Familie Gottes, die Jesus begründet hat und zu der alle jene gehören, die Jesus nachfolgen. Diese Zusammengehörigkeit hat der frühe Kirchenschriftsteller Tertullian später klassisch formuliert, dass *ein*

50 Vgl. K. Koch, Mit ihm sein und in die Welt gesandt werden. Spirituelle Impulse für den kirchlichen Dienst, in: Ders., Fenster sein für Gott. Unzeitgemäße Gedanken zum Dienst in der Kirche (Freiburg/Schweiz 2002) 15–43.

51 J. Jeremias, Neutestamentliche Theologie. Band 1 (Gütersloh 1971) 167.

52 Ebd. 167.

Christ *kein* Christ ist, weil man Christ nur in der Nachfolgegemeinschaft Jesu Christi sein kann. Die Begegnung mit Jesus Christus als der Communio Gottes in Person ist in sich selbst Begegnung mit seinen Brüdern und Schwestern und damit Vergemeinschaftung, Vereinigung und Verantwortung füreinander. Die neue Evangelisierung kann sich deshalb nicht damit zufrieden geben, Menschen in die Gemeinschaft mit Jesus Christus zu führen; sie muss sie vielmehr auch einladen, Glied im Leib Christi zu werden und sich in die Glaubensgemeinschaft der Kirche einfügen zu lassen. Denn neue Evangelisierung vollzieht sich nicht nur im Verkündigen, sondern ist in erster Linie eine neue Form des Lebens in der communio der Kirche.

Hinzu kommen muss noch ein weiterer Aspekt, der für die neue Evangelisierung von grundlegender Bedeutung ist: Gottes Heilswille für seine Menschheit macht bei der Kirche nicht Halt. Sein Ziel liegt vielmehr in der Communialisierung oder, da der Dreieine Gott in sich selbst lebendige communio ist, in der „Trinitarisierung" aller Menschen und aller Bereiche der Welt[53], in deren Dienst auch und vor allem die Kirche steht. Die communio der Kirche muss sich deshalb öffnen für die missio, wie dies Papst Benedikt XVI. in seiner Eröffnungsansprache in Aparecida betont hat: „Jüngerschaft und Mission sind gleichsam die zwei Seiten ein und derselben Medaille. Wenn der Jünger in Christus verliebt ist, kann er nicht aufhören, der Welt zu verkünden, dass allein Christus uns rettet (vgl. Apg 4,12). Der Jünger weiß nämlich, dass es ohne Christus kein Licht, keine Hoffnung, keine Liebe und keine Zukunft gibt."[54]

Von daher wird der Blick frei für die tiefste christologische Fundierung der Evangelisierung, nämlich für die Kategorie der Stellvertretung, die besagt, dass Jesus Christus der exklusive Stellvertreter der Menschheit vor Gott ist, dass er aber die Kirche in seine Stellvertretung inklusiv einbezieht. Weil dem gemäß Erwählung nie zu einer Gruppierung führen kann, die selbstzwecklich um sich selbst kreist, sondern immer auf die anderen zielt, kann die Kirche nie gegen die Welt stehen, sondern immer nur für die Welt einstehen, indem sie „sich (in der Demütigung des Erwähltseins) als die Menschheitsstellvertretung vor Gott" weiß, und zwar „in Glaube, Gebet und Opfer, in der Hoffnung für alle, noch mehr in der Liebe aller"[55]. Evangelisierung im Sinne der

53 G. Greshake, … wie man in der Welt leben soll. Grundfragen christlicher Spiritualität (Würzburg 2009) 43.

54 Benedikt XVI., Ansprache bei der Eröffnung der V. Generalkonferenz des Episkopats von Lateinamerika und der Karibik in Aparecida am 13. Mai 2007.

55 J. Ratzinger, Stellvertretung, in: H. Fries (Hg.), Handbuch theologischer Grundbegriffe. Band 4 (München 1970) 127–137, zit. 134.

Stellvertretung, die frei ist von jedem kolonialistischen Infekt und gerade so dem wahren Universalismus dient, gehört so sehr zum Wesen der Kirche, dass der Selbstverzicht auf Mission das Entscheidende des Christseins dementieren würde, das wesentlich Stellvertretung durch, mit und in Jesus Christus für den Bruder und für die Schwester und für die ganze Welt ist.

c) Liturgische Dimension: „Tauft sie auf den Namen des Vaters und des Sohnes und des Heiligen Geistes“

Damit haben wir bereits die dritte Dimension des Sendungsauftrags des Auferstandenen berührt. Die Sendung zum Taufen der Menschen kann dabei nicht einfach von der heutigen nach wie vor volkskirchlichen Taufpraxis her verstanden werden, die sich nicht unwesentlich von der Praxis in der frühen Kirche unterscheidet. Damals bildete die Taufe den liturgisch-sakramentalen Abschluss einer langen Vorbereitung, die einen Prozess der Verwandlung und der Reinigung in sich geschlossen hat, der in der Absage des Täuflings an den Teufel und seinen Pomp kulminierte.

Wie in den Anfängen der Kirche die Taufe mit einer radikalen Umkehr verknüpft gewesen ist, so ist auch heute Evangelisierung im Sinne der Hinführung zur Taufe ohne die Bereitschaft zur Umkehr und zum Umdenken nicht möglich. Denn es gibt, wie Papst Benedikt XVI., auf der Untrennbarkeit von Altem und Neuem Testament bestehend, betont hat, „keinen Zugang zu Jesus ohne den Täufer. Man kann nicht zu Jesus kommen, ohne auf den Appell des Vorläufers zu antworten. Jesus hat vielmehr die Botschaft des Johannes aufgenommen in die Zusammenfassung seiner eigenen Predigt: Kehrt um und glaubt an das Evangelium! (Mk 1,15).“[56] Für die neue Evangelisierung heute muss dies bedeuten, dass sie erstens notwendigerweise wieder die Form des Katechumenats annehmen muss, in dem jener neue Mensch heranreifen kann, der in der Taufe aus dem Osterwasser gezogen wird. Die neue Evangelisierung kann zweitens nur dann ehrlich Umkehr verkünden und zumuten, wenn die Kirche sich als Lebensgemeinschaft und als Raum eines neuen Lebensstiles anbietet, in dem Bekehrung möglich werden kann. Wiederum zeigt sich, dass man nicht allein mit Worten evangelisieren

56 Cardinale J. Ratzinger, La nuova evangelizzazione, in: A. Russo/G. Coffele (edd.), Divinarum rerum notitia. La teologia tra filosofia e storia. Studi in onore del Cardinale Walter Kasper (Roma 2001) 505–516, zit. 510.

kann: „Das Evangelium schafft Leben, schafft Weggemeinschaft. Eine rein individuelle Bekehrung hat keinen Bestand.“[57]

Daraus ergibt sich als dritte Konsequenz, dass die neue Evangelisierung Mystagogie sein muss, nämlich Initiation in das Leben mit dem lebendigen Gott, der in seinem Sohn sein wahres Gesicht gezeigt hat, und deshalb auch Initiation in die Glaubensgemeinschaft derjenigen, die an diesen Gott glauben.[58] Für ihre glaubwürdige Realisierung dürfte der Hinweis hilfreich sein, dass selbst beim strengen altkirchlichen Katechumenat zwischen den „dogmatischen“ und den „mystagogischen“ Katechesen unterschieden wurde. Die „dogmatischen“ Katechesen wurden vor der Taufe gehalten und führten in die Inhalte des christlichen Glaubens ein, während über die Liturgie und die sakramentalen Zeichen noch nicht viel gesagt wurde. Diese wurden erst in den „mystagogischen“ Katechesen thematisiert, die in der Osterwoche und damit nach der sakramentalen Initiation gehalten wurden und mit denen den neu getauften Christen der Sinn der sakramentalen Zeichen und Worte erläutert wurde, mit denen sie in der Osternacht Christen geworden sind. Bei den mystagogischen Katechesen – wie beispielsweise denjenigen des Ambrosius von Mailand und des Johannes Chrysostomos – ging es dabei nicht nur um eine theoretische Betrachtung des Glaubensgutes und des liturgischen Handelns, sondern um „ein von ständigen ‚Aha-Erlebnissen‘ bei den Hörern begleitetes Aufschließen von heiligen Zeichen, die an den Zuhörenden vollzogen worden sind und durch dieses Aufschließen ihnen erst zum geistlichen Eigentum werden konnten. Erst nach diesen mystagogischen Erklärungen war den Neugetauften ihre eigene Taufe zueigen geworden, gleichfalls ihre erste Mitfeier der Eucharistie; sie erlebten in diesen Zeichen Gottes rettendes Handeln am eigenen Leib.“[59]

Nicht nur die Taufe, sondern vor allem auch die Feier der Eucharistie mündet in die Evangelisierung. Denn in der Eucharistie erfahren wir am intensivsten das „Für uns“ Jesu Christi und werden gesandt, dieses „Für uns“ Christi im Alltag in das „Für euch“ zu übersetzen und den Menschen uns gleichsam als lebendige Hostien zur Verfügung zu stellen. Eucharistie und Mission gehören zusammen, weil die Feier der Eucharistie ihre Fortsetzung und Bewährung in der eucharistischen Sendung im alltäglichen Leben finden will. Wie die Em-

---

57 Ebd. 511.

58 Vgl. K. Koch, Kirchliches Leben im Zeichen des Mysteriums Gottes, in: A. Schilson (Hg.), Gottes Weisheit im Mysterium. Vergessene Wege christlicher Spiritualität (Mainz 1989) 315–332.

59 M. Kunzler, Liturge sein. Entwurf einer Ars celebrandi (Paderborn 2007) 10.

mausjünger, nachdem sie im Brechen des Brotes den Herrn erkannt hatten, „noch in derselben Stunde“ aufbrachen (Lk 24,33), um vom Erfahrenen, Gehörten und Gesehenen zu erzählen, so erweckt auch heute die Begegnung mit Christus in der Eucharistie in der Kirche und in jedem Christen den Wunsch zum Zeugnisgeben und zur Evangelisierung. „Mission ist die Kraft der eucharistischen Gemeinschaft“, bekannte der orthodoxe Theologe Nikos Nissiotis und fügte hinzu, jeder orthodoxe Christ würde sagen, „dass es keine missionarische Bewegung ohne liturgische Wirksamkeit geben kann“[60].

Von daher dürfte auch deutlich sein, dass bei einer mystagogisch vorgehenden Neuevangelisierung der Liturgie überhaupt eine besondere Bedeutung zukommt, freilich nicht in dem Sinn, dass sie als Ort für Unterricht und Katechese missverstanden und verzweckt wird. Dies geschieht zwar zumeist aus dem nachvollziehbaren Grund, dass man die Liturgie den Menschen verständlich machen möchte. Damit aber wird die Liturgie, die in sich selbst sinnvoll ist und nicht erst aufgrund von Zwecken, die man mit ihr verfolgen will, in ihrem eigentlichen Wesen entfremdet. Dies gilt vor allem von der Feier der Eucharistie als der Höchstform der kirchlichen Liturgie. Sie in der Gestaltung derart den unterschiedlichen Verständnishorizonten der mitfeiernden Menschen anpassen zu wollen, dass sie von allen nachvollzogen werden kann, ist abwegig und auch keineswegs hilfreich. Auf diesem Wege würde sie um ihren inneren Gehalt und ihre ekklesiale Identität gebracht. Denn die Eucharistie und überhaupt die sakramentlichen Liturgien setzen den Glauben und eine klare Zugehörigkeit zur Kirche voraus. Der Weg der neuen Evangelisierung verlangt deshalb, auch alternative Feierformen wie katechumenale und präkatechumenale Feiern zu entwickeln, die sich zwar von den sakramentlichen Liturgien unterscheiden, aber zu den Sakramenten hinführen.

d) Prophetische Dimension:
„Lehrt sie, alles zu befolgen, was ich euch geboten habe“

Mit der Betonung der missionarischen Kraft des zweckfreien Gottesdienstes wird in keiner Weise bestritten, dass zur Neuen Evangelisierung die explizite Verkündigung des christlichen Glaubens unabdingbar gehört. Darauf weist nicht nur der Auftrag Jesu an seine Jünger hin, die Menschen zu lehren, alles zu befolgen, was er ihnen geboten hat, sondern im Wort Evangelisierung

60 N. Nissiotis, Die Theologie der Ostkirche im ökumenischen Dialog – Kirche und Welt in orthodoxer Sicht (Stuttgart 1968) 113.

steckt das Wort „Evangelium“, das im Mittelpunkt der Glaubensweitergabe stehen muss. Für die neue Evangelisierung ist es von entscheidender Bedeutung, dass der christliche Glaube dem Menschen heute wirklich als Evangelium und damit als Ermächtigung zur Freude am Leben begegnet.

Freude ist freilich kein Gegensatz zum andrängenden Ernst, der im Evangelium ebenfalls enthalten ist und den man nicht beiseite schieben darf. Denn „eine Vorstellung von ‚Evangelium‘, bei der es den Ernst von Gottes Zorn nicht mehr gibt, hat mit dem biblischen Evangelium nichts zu tun“[61]. Diesen Ernst haben bereits die Jünger Jesu damals zu spüren bekommen, als sie seine Verkündigung als schwer verdaubar empfunden haben und deshalb in eine existenziell tief gehende Krise geraten sind. Nach der großen Rede Jesu über das Himmelsbrot in Kafarnaum hatten selbst die Jünger den Eindruck, dass seine Worte hart sind: „Was er sagt, ist unerträglich. Wer kann das anhören?“ (Joh 6,60) Jesus aber machte nicht den leisesten Versuch – und er macht ihn auch heute nicht – die enttäuschten Jünger in, wie es heute gerne heißt, kundenfreundlicherer Art und Weise mit dem Angebot einer bequemeren Auslegung des Wortes Gottes bei sich zu behalten. Er stellte im Gegenteil seinen Jüngern nur die eine, aber alles entscheidende Frage: „Wollt auch ihr weggehen?“ In diesem Moment spürte Petrus den hohen Anspruch Jesu, dass in seiner Nachfolge stehen nicht einfach eine billige Beikost zum alltäglichen Leben ist, die nichts kostet, dass Jesus vielmehr eine kostbare Nachfolge erwartet; und Petrus antwortete: „Herr, zu wem sollten wir gehen? Du hast Worte des ewigen Lebens. Wir sind zum Glauben gekommen und haben erkannt: Du bist der Heilige Gottes“ (Joh 6,68f). Petrus war dessen inne geworden, dass es zum Evangelium Jesu Christi, auch wenn es hart und herausfordernd ist, keine Alternative gibt.

Dieser Einsicht kann man auch in der Kirchengeschichte immer wieder begegnen. In krisenhaften Situationen hat sich die Kirche stets darauf zurückbesonnen, dass der Verkündigung des Wortes Gottes im Leben der Kirche und ihrer Sendung der Primat zukommen muss. Denken wir an die beiden Gründer der Bettelorden, den heiligen Franziskus und den heiligen Dominikus. Beide wollten in erster Linie nicht neue Orden gründen, sondern die Kirche von Grund auf erneuern. Sie wollten in der evangelischen Lebensform das Evangelium wörtlich leben, und zwar in Gemeinschaft mit der Kirche und dem Papst. Indem sie auf diese Weise das Volk Gottes von innen her

---

61 J. Kardinal Ratzinger, Auf Christus schauen. Einübung in Glaube, Hoffnung, Liebe (Freiburg i. Br. 1989) 94.

erneuern konnten, haben sie der Kirche bleibend ins Stammbuch geschrieben, dass die echten Reformer der Kirche und die glaubwürdigen Evangelisatoren der Gesellschaft die von Gottes Licht erleuchteten und geführten Heiligen sind.

Oder denken wir an den heiligen Carlo Borromeo, den großen Bischof von Mailand. Als er seinen Bischofssitz in der norditalienischen Metropole in Besitz genommen hat, hat er eines der am weitesten verbreiteten und gravierendsten Versäumnisse des Klerus in der fehlenden Predigt diagnostiziert und seine primäre Sendung als Bischof in der apostolischen Verkündigung gesehen. Von ihm hat Papst Benedikt XVI. mit Recht gesagt, das „letzte große Echo der borromäischen Reform" dürfe man in der Gestalt von Johannes XXIII. sehen, der mit dem Zweiten Vatikanischen Konzil „jenen Impuls der Reform erneuern" wollte, „der in Borromäus gezündet hatte"[62]. Das Zweite Vatikanische Konzil hat denn auch nicht zufälligerweise der Verkündigung des Wortes Gottes jene grundlegende Bedeutung zugewiesen, die ihm zusteht und ohne die eine neue Evangelisierung nicht vorankommen kann.

Wenn Neuevangelisierung im Kern darin besteht, das Wort Gottes und damit den lebendigen Gott selbst zu den Menschen zu tragen, dann müssen diejenigen, die in diesem Dienst stehen, zunächst selbst Adressaten des Wortes Gottes sein und es sich in ihrem persönlichen Leben aneignen. Denn Diener des Wortes Gottes kann man nur sein, wenn man sich selbst immer wieder vom Wort Gottes betreffen und bewohnen lässt, und zwar in erster Linie nicht von einem Wort, das aus der Vergangenheit auf uns zukommt, sondern auch und vor allem vom Wort, das Gott zwar durch Menschen einer vergangenen Zeit den Menschen aller Zeiten und so auch unserer Gegenwart schenkt.

4. Neuevangelisierung in der gesellschaftlichen Öffentlichkeit

„Als Jesus hörte, dass man Johannes ins Gefängnis geworfen hatte, zog er sich nach Galiläa zurück. Er verließ Nazaret, um in Kafarnaum zu wohnen, das am See liegt, im Gebiet von Sebulon und Naftali" (Mt 4,12–13). Gemäß diesem Bericht des Evangelisten Matthäus hat Jesus sein Wirken mit einem Ortswechsel von Nazaret nach Kafarnaum begonnen. Auf den ersten Blick erscheint

62 J. Kardinal Ratzinger, Opfer, Sakrament und Priestertum in der Entwicklung der Kirche, in: Ders., Theologische Prinzipienlehre. Bausteine zur Fundamentaltheologie (München 1982) 263–281, zit. 279.

diese Angabe des Evangelisten wie ein unscheinbares Ereignis. Auf der anderen Seite ist ein Ortswechsel bereits ein öffentlicher Akt. Vollends der Ortswechsel Jesu von Nazaret nach Kafarnaum erweist sich als eine Begebenheit von grundlegender Bedeutung: Nazaret war damals ein unbedeutender Marktflecken in Galiläa und ein Ort ländlicher Ruhe und einfacher Lebensformen, der weder im Alten Testament noch im jüdischen Talmud erwähnt wird. Kafarnaum hingegen war eine offene und bunte Stadt, eine Grenzstadt im Galiläa der Heiden und ein Ort des Handels und des Geldes. Jesus begann also sein öffentliches Wirken, indem er von Nazaret nach Kafarnaum umzog. Dieser Ortswechsel musste für Jesus das wagemutige Abenteuer der öffentlichen Auseinandersetzung mit der Stadt Kafarnaum bedeuten oder – auf unsere heutige Situation übertragen – die „Auseinandersetzung mit der ‚Moderne', mit der ‚Komplexität', mit dem ‚Pluralismus'": „Nach Kafarnaum hinabsteigen hieß also, sich mit einer neuen Lebensweise auseinandersetzen, mit Leuten, mit dem täglichen Leben, das gekennzeichnet ist von harter Arbeit und Leiden, von Neuem und Unsicherheit."[63]

Jesus hat zudem diesen Ortswechsel nicht widerwillig vollzogen. Im Gegenteil wusste sich Jesus in Kafarnaum so sehr zu Hause, dass Matthäus von „seiner Stadt" redet (Mt 9,1). Jesu Umzug vom Land in die Stadt musste deshalb als Signal verstanden werden, dass er nun in aller Öffentlichkeit wirkt und seinen öffentlichen Auftrag wahrnimmt, den Menschen das Kommen des Reiches Gottes anzukündigen. Wenn man diesen Gang Jesu in die Öffentlichkeit bedenkt, kann es nicht erstaunen, dass sich später auch der christliche Glaube zuerst in den großen Städten Jerusalem, Korinth, Athen, Rom und Ephesus ausgebreitet hat, dass das Christentum ursprünglich eine Stadtreligion gewesen ist und dass es von seinem Anfang an die Öffentlichkeit gesucht hat. Das Christentum ist aber nicht nur seit seinen Anfängen, sondern auch seinem Wesen nach öffentlich und deshalb missionarisch.

Der Öffentlichkeitsanspruch des christlichen Glaubens ist dabei theologisch nirgendwo anders fundiert als im Evangelium selbst. Mit dem evangelischen Bischof Wolfgang Huber lässt sich geradezu sagen, der Öffentlichkeitsauftrag des Glaubens sei in der „Öffentlichkeit Jesu" selbst begründet. Denn Ihm ist „alle Macht übertragen im Himmel wie auf Erden" (Mt 28,18).

63 C. M. Martini, Schlussansprache beim 7. Symposium der Konferenz der Europäischen Bischofskonferenzen mit dem Titel „Hinabgestiegen nach Kafarnaum" (vgl. Mt 4,13) – Im heutigen Europa die Hoffnung stärken – dem Bösen widerstehen. Arbeitsergebnisse und Orientierungen, Seite 83.

Aus dem Missionsbefehl des auferstandenen Christus ergibt sich freilich nicht ein Öffentlichkeitsanspruch, den die Kirche um ihrer selbst willen einfordern könnte und dürfte. In ihm wird vielmehr der Öffentlichkeitsanspruch Jesu Christi selbst laut, in dessen Dienst die Kirche steht. Denn die Sendung Jesu setzt sich fort in der Sendung der Kirche, die ebenfalls in der Öffentlichkeit stattfinden muss.[64] Das öffentliche Reden und Handeln der Kirche hat deshalb „insgesamt und in allen seinen Einzelzügen den Charakter des Zeugnisses“[65]. Zu einem solchen überzeugten und überzeugenden Zeugnis des Evangeliums mit seinem befreienden Zuspruch und mit seinem herausfordernden Anspruch an die Menschen ist die Kirche in der heutigen gesellschaftlichen Öffentlichkeit berufen und verpflichtet. Dazu muss sie immer wieder neu den Weg von Nazaret und Kafarnaum wagen und darf sich nicht von der Gesellschaft aus der Öffentlichkeit in die Privatsphäre oder gar Tabuzone verbannen lassen, wie Papst Benedikt XVI. klar betont hat, dass es im Christentum keinen Platz für eine lediglich private Religion gibt: „Christus ist der Erlöser der Welt und wir können – als Glieder seines Leibes, die seiner prophetischen, priesterlichen und königlichen ‚munera‘ teilhaftig werden – unsere Liebe zu ihm nicht von der Aufgabe trennen, die Kirche aufzubauen und sein Reich auszubreiten. Je mehr die Religion zu einer rein privaten Angelegenheit wird, desto mehr verliert sie ihre Seele.“[66]

Ihre Seele kann die Kirche nur wiedergewinnen, wenn sie nach Kafarnaum geht und dort eine weitere Erfahrung macht – wie bereits Jesus. Auf seinem Gang von Nazaret nach Kafarnaum kam er auch in das Gebiet von Sebulon und Naftali, über das Matthäus sagt: „Denn es sollte sich erfüllen, was durch den Propheten Jesaja gesagt worden ist“ (4,14). Was ist diesem Gebiet verheißen worden? Die beiden israelitischen Stämme Sebulon und Naftali sind von den Assyrern um das Jahr 722 vor Christus verschleppt worden. Dies hatte zur Konsequenz, dass das Gebiet am See Gennesaret wie ganz Galiläa immer mehr von Heiden besiedelt worden ist. Von diesem Gebiet aber hat Gott durch den Propheten Jesaja verheißen: „Einst hat er das Land Sebulon und das Land Naftali verachtet, aber später bringt er die Straße am Meer wieder zu Ehren, das Land jenseits des Jordan, das Gebiet der Heiden.

64 Vgl. K. Koch, Brauchen wir ein öffentliches Christentum? in: M. Delgado/A. Jödicke/G. Vergauwen (Hg.), Religion und Öffentlichkeit. Probleme und Perspektiven (Stuttgart 2009) 99–118.
65 W. Huber, Kirche (Stuttgart 1979) 144. Vgl. dazu grundlegend Ders., Kirche und Öffentlichkeit (Stuttgart 1973).
66 Benedikt XVI., Begegnung mit den Bischöfen in den USA im Nationalheiligtum der Unbefleckten Empfängnis in Washington am 16. April 2008.

Das Volk, das im Dunkel lebt, sieht ein helles Licht" (8,23 und 9,1). Diese Verheißung sieht Matthäus jetzt erfüllt, als Jesus in dieses Gebiet kam und damit sichtbar machte, dass seine Sendung auch den Heiden galt.

Auch wenn heute das Wort „Heide" mit Recht eher vermieden wird, müssen wir doch feststellen, dass wir uns in unseren Breitengraden stets deutlicher in einer ähnlichen Situation befinden, dass wir immer spürbarer „Gebiet am Meer", nämlich Missionsland geworden sind. Nicht wenige Menschen haben sich vom christlichen Glauben entfernt; Menschen aus anderen Kulturen kommen zu uns und verlieren bei uns ihre Religion, indem sie sich der hier herrschenden säkularen Mentalität anpassen; und viele junge Menschen kommen kaum mehr mit Glaube, Religion und Kirche in Berührung. In dieser Situation kann die Kirche nicht in „Nazareth" bleiben und sich allein um die hauseigenen kirchlichen Belange sorgen. Sie muss vielmehr wie Jesus auch nach „Kafarnaum" gehen und dort den Glauben in Freiheit bezeugen. Auch die Nicht-Glaubenden im heutigen „Sebulon und Naftali" sind ihre Gesprächspartner. Diesen Weg kann die Kirche aber auch heute in grosser Zuversicht gehen, weil sie aus derselben Verheißung wie Galiläa damals leben darf: „Das Volk, das im Dunkel lebt, sieht ein helles Licht; über denen, die im Land der Finsternis wohnen, strahlt ein Licht auf" (Jes 9,1).

5. Evangelisierung in Freude am Geheimnis des Senfkorns

Es ist diese Verheißung, die die Evangelisierung zu einer frohen Aufgabe macht. Denn die Kirche darf den Menschen jenes Licht bringen, in dem sie selbst lebt. Je mehr die Menschen heute spüren, dass wir Christen selbst von diesem Licht erfüllt sind, desto mehr werden sie nach diesem Licht fragen. Darin besteht das im Grunde einfache Geheimnis dessen, was wir Evangelisierung nennen. Dies gilt vor allem dann, wenn wir uns bei der Evangelisierung an der Methode Gottes im Umgang mit uns Menschen orientieren.

Gottes Methode der Evangelisierung hat uns Jesus nahe gebracht vor allem mit seinem Reich-Gottes-Gleichnis des Senfkorns, dem kleinsten Korn, aus dem ein grosser Baum heranwächst (Mk 4,30–32). Während bei Jesus der Akzent eindeutig auf dem Senfkorn und nicht auf dem Baum liegt, stehen wir Christen immer wieder in der Versuchung, in nervöser Ungeduld sehr bald einen großen und kräftigen Baum sehen zu wollen und damit auch bei der Evangelisierung sofort nach respektablem Erfolg zu schielen und dabei Seel-Sorge mit Zähl-Sorge zu verwechseln. Die Neuevangelisierung geschieht aber nur dann im Geiste Jesu, wenn sie sich am Geheimnis des Senfkorns orientiert und auf das stille Wachsen in Geduld hofft, und zwar in der Überzeugung, dass Gott die Geduld als besonders sensible Schwester der Liebe einschätzt und schätzt und Grosses immer wieder aus dem Kleinen hervorgehen lässt.[67]

Im Licht des Gleichnisses vom Senfkorn ist heute gewiss nicht so sehr Zeit der Ernte als vielmehr Zeit der Aussaat und damit Zeit einer neuen Evangelisierung, die im Kern ganz einfach ist: Menschen zu Gott hin führen und sie in eine persönliche Gottesbeziehung einführen. Allein mit Worten wird dies freilich nicht gelingen, es braucht vielmehr eine Gemeinschaft des Lebens, in deren Mitte Gott Raum gegeben wird. Evangelisierung setzt deshalb voraus, dass wir uns als Kirche auf unsere eigentliche Mitte zurückbesinnen: auf das Geheimnis Gottes, in dem auch das Geheimnis des Menschen eingeborgen ist.

Wenn wir uns in dieses Geheimnis hinein verwurzeln, kann in der Kirche jene Freude lebendig werden, die der innerste Antrieb der Evangelisierung ist. Denn eine missionarische Kirche braucht vor allem getaufte Menschen, deren Herz von Gott geöffnet und deren Vernunft vom Licht Gottes erleuchtet worden sind, so dass ihr Herz die Herzen Anderer berühren und die Vernunft zur Vernunft Anderer sprechen können. Nur über Menschen, die selbst von Gott berührt sind, kann Gott auch heute wieder zu den Menschen kommen. In der heutigen Zeit sind deshalb nicht Resignation und De-Mission angesagt, sondern eine neue Rückbesinnung auf den missionarischen Grundauftrag des einzelnen Christen und der Kirche. Wenn selbst wirtschaftliche Unternehmen und politische Parteien heute das Wort „Mission“ wiederentdeckt haben und im Brustton der Überzeugung zu sagen pflegen: „We have a mission“, wie sollte da ausgerechnet die Kirche keine „mission“ haben, zumal in unserer westeuropäischen Situation, die bereits weithin Missionsland geworden ist? In dieser Situation ist die Kirche berufen, dem heutigen säkularisierten Menschen auch eine säkulare Antwort zu geben; und diese liegt schlicht im Zeugnis des Glaubens und der wahrhaft christlichen Freude, die das Evangelium schenkt. Bei der Neuevangelisierung ist die Kirche so sehr in ihrem Element, dass sie nicht als Last einer Verpflichtung erscheint, sondern vor allem als Lust an Gott und seinem Heilswillen für alle Menschen.

---

67 Vgl. E. Jüngel, Gottes Geduld – Geduld der Liebe, in: Ders./K. Rahner, Über die Geduld (Freiburg i. Br. 1983) 9–35.

Evangelisierung als Wirkung eines strahlenden Glaubens

Das Gute selbst ist kommunikativ: „Bonum diffusivum sui“[1]

1. Christliche Frohbotschaft vom Erbgut

Aus jahrhundertealter Erfahrung wissen wir Menschen, dass das Böse in der Welt nicht in sich selbst ruht und nicht ruhen kann, sondern über sich hinaus geht und sich auswirkt, aus Bösem immer wieder Böses entsteht, Böses immer wieder Böses hervor bringt und alle Bosheiten in der Geschichte miteinander zusammen hängen. Diese menschheitliche Erfahrung bringt der christliche Glaube mit der Überzeugung von der Existenz der Erbschuld zum Ausdruck, die am besten mit einem „Gifttropfen“ in uns Menschen verglichen werden kann, „der die Gestaltung der menschlichen und menschheitlichen Geschichte vergiftet hat und weiterhin vergiftet“[2]. In der Heiligen Schrift manifestiert sich der Gifttropfen der Erbschuld zunächst in der Beziehung des Menschen zu Gott, indem die Schlange im Paradies den Menschen versucht, Gott nicht zu vertrauen, sondern ihn als feindlichen Konkurrenten zu sehen, der dem Menschen kostbare Früchte im Paradies vorenthält und sogar verbietet. Die Vergiftung der Gottesbeziehung wirkt sich sodann auf alle menschlichen Beziehungen aus, wie dies in den ersten Kapiteln der Genesis eindrücklich geschildert ist: angefangen mit der Vertreibung des Menschen aus dem Paradies über die Störung der Mann-Frau-Beziehung über den Brudermord bis zur Sintflut. Wer mit offenen Augen in die heutige Welt hinein schaut, sieht diese biblische Sicht bestätigt und für den ist die Erbschuld als empirische Realität mit Händen zu greifen.

Der christliche Glaube ist freilich überzeugt, dass sich nicht nur das Böse in der Welt vergiftend auswirkt. Er hat noch mehr Grund zur Annahme, dass auch das Gute nicht in sich ruhen kann, sondern über sich hinaus gehen und ausstrahlen will in die Welt hinein. Denn alles Gute, das von Gott als dem

1 Vortrag an der Philosophisch-Theologischen Hochschule Vallendar am 10. März 2015, erschienen in: G. Augustin (Hg.), Die Strahlkraft des Glaubens. Identität und Relevanz des Christseins heute (Freiburg i. Br. 2016) 45–67.

2 Benedikt XVI., Predigt am Hochfest der Unbefleckten Empfängnis der Jungfrau und Gottesmutter Maria am 8. Dezember 2005.

Guten schlechthin kommt, will sich mitteilen, weil es in sich „diffusivum sui" ist. Im christlichen Glaubensverständnis gibt es deshalb nicht nur eine Erbschuld, sondern auch gleichsam ein Erbgut, das sich in der Geschichte der Menschen auswirkt und das nicht nur der zentrale Inhalt, sondern auch das tiefste Motiv für die Weitergabe des Glaubens ist. Denn Evangelisierung ist nur dann glaubwürdig, wenn sie Zeugnis für das Gute ist, das von Gott kommt und sich mitteilen will und wenn deshalb Freude des Evangeliums lebt: „Evangelii gaudium". Christliche Evangelisierung steht und fällt mit der Überzeugung, die Papst Benedikt XVI. bei der Errichtung des Päpstlichen Rates zur Förderung der Neuevangelisierung ausgesprochen hat, dass ihr wahres Motiv im Wunsch besteht, „das unschätzbare Geschenk zu teilen, das Gott uns machen wollte, indem er uns an seinem eigenen Leben teilhaben ließ"[3].

Für die Revitalisierung des missionarischen Bewusstseins in der heutigen Christenheit ist es von entscheidender Bedeutung, dass der Auftrag zur Evangelisierung nicht einfach als Pflicht moniert, sondern als innere Konsequenz des Glaubens erschlossen wird, insofern er aus sich selbst heraus andere Menschen an jenem Geschenk teilhaben lassen will, das er von Gott empfangen hat.[4] Dieser schönen Logik des christlichen Glaubens und der in ihr begründeten Priorität des Empfangens vor dem Tun und dem ihm noch zugrunde liegenden Primat des Seins vor dem Machen gilt es zunächst nachzudenken.

2. Christlicher Primat des Seins vor dem Machen

Diesen Primat kann man konzis verdichtet finden in Felix Timmermanns Roman „Pallieter", in dessen Mittelpunkt sich ein junger Mann befindet, der unter einem Baum steht, die Sonne genießt und sich an den Lichtstrahlen freut, die in den Blättern spielen. Da kommt jemand vorbei und fragt ihn: „Was machst du?" Der junge Mann aber antwortet knapp und präzis: „Ich bin." In dieser Romanszene scheint mir zunächst die Mentalitätslage des heutigen Menschen sehr gut wiedergegeben zu sein. Denn dieser muss offen-

3 Benedikt XVI., Motu proprio „Ubicumque et semper".

4 Vgl. K. Koch, Evangelisierung aus der „quellhaften Liebe" heraus, in: M. Delgado/M. Sievernich (Hg.), Die großen Metaphern des Zweiten Vatikanischen Konzils. Ihre Bedeutung für heute (Freiburg i. Br. 2013) 355–372.

sichtlich immer etwas machen. Die im Vordergrund stehende chronische Frage heißt deshalb: „Was machst du?“ Wir Menschen heute verstehen uns sehr gut auf's Machen. „Nur das, was wir selbst machen können, verstehen wir aus dem Grunde“[5]: Mit diesem philosophischen Grundsatz hat bereits der Philosoph Immanuel Kant das Selbstverständnis des neuzeitlichen Menschen programmatisch auf den Begriff gebracht. Der moderne Mensch versteht sich als das handelnde Wesen schlechthin, das stets etwas machen muss und mit seinem Machen in immer subtilere Bereiche eindringt. Vor allem die unabsehbaren und rasanten Entwicklungen in der Biomedizin führen zu einem neuen Selbstbild des Menschen als Macher seiner selbst und damit zu einer „creatio continua in Form pränataler Diagnostik und Therapie“, die ihrerseits die Gefahr erhöht, „nicht nur nach den Schwächen zu ahnden, sondern nach den Schwachen“[6].

Die nervöse Konzentration auf das Machen hat heute weithin auch in die Kirche Einzug gehalten. Wie man etwas macht, scheint auch im kirchlichen Leben zur alles entscheidenden Frage geworden zu sein, und zwar so sehr, dass, sobald man weiß, wie man etwas macht, einem niemand und nichts mehr daran hindern kann, es eben zu machen. Der Primat des Machens ist vor allem dort festzustellen, wo von den drei Grundfunktionen der Kirche – der Wortverkündigung, dem liturgischen Gotteslob und der geschwisterlichen Solidarität – vor allem die Diakonie betont zu werden pflegt. Damit soll freilich kein Wort gegen die diakonische Grundsendung der Kirche eingelegt werden. Denn die Kirche kann nie diakonisch genug sein. Ein kritisches Wort ist aber dort anzumelden, wo die Betonung der diakonischen Verantwortung die Sendung der Kirche überhaupt in Diakonie auflöst und man geradezu von einer Verdiakonisierung der Kirche und von einer Vermoralisierung des kirchlichen Lebens reden muss.

In der dominierenden Perspektive des Machens und der prinzipiellen Machbarkeit ist es sehr schwer, noch einen Zugang zu jener Wirklichkeit zu finden, die das Christentum Glaube nennt. Denn der Glaube lässt sich prinzipiell nicht machen; man kann ihn sich letztlich nur schenken lassen. Der christliche Glaube steht und fällt mit der Überzeugung, dass sich überall dort, wo es um das Eigentliche und Zentrale des menschlichen Lebens, um

5 I. Kant, Brief an Johann Pflücker vom 26. 1. 1776, in: Kants Briefwechsel III, 1795–1803 = Gesammelte Schriften XII (Berlin 1922) 57.

6 F. Kamphaus, Von Designer-Babies und Gotteskindern. Gedanken zu Gentechnik und pränataler Diagnostik, in: B. Nacke/St. Ernst (Hg.), Das Ungeteiltsein des Menschen. Stammzellenforschung und Präimplantationsdiagnostik (Mainz 2002) 222–230, zit. 224 und 226.

sein Glücken und Gelingen, geht, gerade nicht des Menschen eigenes Machen auftut und nicht seine Selbsttat im Vordergrund steht, sich vielmehr eine nicht zu verdrängende und nicht zu verschweigende Passivität des Menschen eröffnet, nämlich das unverfügbare Sich-Beschenken-Lassen von Gott und seiner Gnade. Hier leuchtet der tiefste Grund auf, dass der Apostel Paulus gegenüber demjenigen Menschen, der sich seiner eigenen Leistung rühmen will, darauf besteht, dass der Mensch letztlich alles, was er ist und was er hat, nicht als Resultat seines eigenen Machens buchen darf, sondern von Gott als letztlich unverdientes Geschenk empfangen kann: „Was hast du, was du nicht empfangen hättest? Wenn du es aber empfangen hast, warum rühmst du dich, als hättest du es nicht empfangen?" (1 Kor 4,7).

Mit diesen Worten hat Paulus gleichsam in einer Kurzformel zum Ausdruck gebracht, was Gehalt und Sinn des biblischen Rechtfertigungsglaubens sind. Dieser besagt in seinem elementaren Kern, dass dort, wo es um das Heil des Menschen geht, Gott selbst am Menschen handelt und dass folglich nicht der Mensch sich vor Gott zu rechtfertigen braucht und es auch gar nicht kann, dass vielmehr Gott selbst den Menschen rechtfertigt, und dies heißt: annimmt. Der Mensch soll folglich nicht einfach dies oder jenes tun, sondern letztlich nur eines, aber konsequent, nämlich sich selbst aus der eigenen Hand geben und sich restlos in die Hand Gottes fallen lassen. Grund der Rechtfertigung ist nicht das Anbieten und Machen des Menschen, sondern Gottes liebevolle und gnädige Zuwendung zum Menschen. Und Rechtfertigung bedeutet nicht die An-Rechnung des Machens und des Leistens des Menschen, sondern die Zu-Rechnung von Gottes Gnade. Gott selbst ist es, der den Menschen als eigentlich unannehmbaren annimmt und ihn zu dem erklärt, den er sich trotz seiner Unannehmbarkeit recht sein lässt. Am Menschen freilich ist es seinerseits, dies von Gott dankbar entgegenzunehmen, und dies heißt glauben. Glauben bedeutet von daher – mit der kaum zu überbietenden Kurzformel des protestantischen Theologen Paul Tillich ausgedrückt: „annehmen, dass ich angenommen bin, obwohl ich unannehmbar bin"[7].

Der biblische Rechtfertigungsglaube enthält die tiefe Botschaft, dass sich der Mensch in seinem Menschsein von Gott anerkannt wissen darf, ohne dafür etwas tun zu müssen und ohne dafür etwas tun zu können. Diese Erfahrung, nicht nur ohne seine Leistungen, sondern sogar gegen seine Leistungen, auf jeden Fall im Unterschied zu seinen Leistungen, als Mensch

7 P. Tillich, Systematische Theologie. Band III (Stuttgart 1966) 254–258.

erkannt und anerkannt zu sein, kann der Mensch nur in der persönlichen Begegnung mit Gott machen. Der christliche Glaube erweist sich damit als Anwaltschaft der Gnade Gottes mitten in der heutigen Gesellschaft, die von individueller und struktureller Gnadenlosigkeit so sehr bedroht ist, die im Kern darin besteht, dass der Mensch mit seinen eigenen Leistungen identifiziert wird. In dieser gnadenlosen Logik wird auf der einen Seite der Leistungsmensch zum nicht mehr hinterfragbaren Ideal der Gesellschaft erklärt und auf der anderen Seite der der Leistung nicht fähige Mensch als der für die Leistungsgesellschaft letztlich nutzlose Mensch eingestuft. Es ist von daher kein Zufall, dass auf der Börse der heutigen Leistungsgesellschaft sowohl das menschliche Leben, das noch nichts leisten kann, das ungeborene und kindliche Leben, als auch das menschliche Leben, das nichts mehr leisten kann, das alte, kranke, leidende und sterbende Leben, einen derart schlechten Kurswert haben und in der Folge die Probleme der Abtreibung und der Euthanasie zu entscheidenden Herausforderungen an die Menschlichkeit der Gesellschaft heute geworden sind.

Die große humane Wohltat des christlichen Rechtfertigungsglaubens liegt demgegenüber darin, dass er zwischen dem Menschen und seinen Leistungen einen wohltuenden Unterschied macht.[8] Er unterscheidet im Menschsein des Menschen zwischen seinem Personsein und seinem Tätersein. Vor allem Tätigwerden nimmt der christliche Glaube den Menschen als eine von ihren Taten grundsätzlich unterscheidbare Person ernst, die menschliche Person gerade nicht dadurch wird, dass sie tätig wird, sondern dass sie sich selbst von Gott empfängt. Zum Täter wird der Mensch dem gegenüber durch die Liebe, die aus dem Glauben folgt. Daraus ergibt sich als zweifellos elementarste Konsequenz, dass der Mensch unendlich mehr ist als die Bilanz seiner Taten und erst recht unendlich mehr als die Bilanz seiner Untaten. Die Leistung ist durchaus das Recht des Menschen, auf keinen Fall aber seine Rechtfertigung.

Mit dem christlichen Rechtfertigungsglauben erfolgt somit eine radikale Umkehrung des im alltäglichen Leben eingespielten Verhältnisses von Sein und Tun, von Person und Werk und von Gnade und Leistung, und zwar dahingehend: Es ist keinesfalls die Leistung, die den Menschen zum Menschen macht; es ist vielmehr der Mensch, der zu Leistungen befähigt wird. Denn

---

8 Vgl. E. Jüngel, Der menschliche Mensch. Die Bedeutung der reformatorischen Unterscheidung der Person von ihren Werken für das Selbstverständnis des neuzeitlichen Menschen, in: Ders., Wertlose Wahrheit. Zur Identität und Relevanz des christlichen Glaubens = Theologische Erörterungen III (München 1990) 194–213.

nicht die Werke machen die Person, sondern die Person, die von Gott selbst erschaffen, erlöst und befreit ist, macht die Werke. Schon gar nicht machen gute Werke gute Menschen; vielmehr vermögen nur gute Menschen gute Werke hervor zu bringen. Das Sein des menschlichen Lebens erweist sich deshalb als viel wichtiger und grundlegender als das Design des menschlichen Aussehens aufgrund des eigenen Leistens und Machens.

3. Gelassenheit des Glaubens und Borniertheit der Sünde

Im Licht des biblischen Rechtfertigungsglaubens, den der Reformator Martin Luther zu seiner Zeit in neuer Weise zum Funkeln gebracht hat und den wir Christen heute in ökumenischer Gemeinschaft bezeugen, können wir tiefer verstehen, was Glauben im christlichen Sinn heißt und worin seine Identität und seine Relevanz bestehen. Wer heute, vor allem im kirchlichen Raum, das Wort „glauben" hört, denkt zumeist sofort an den Inhalt des Glaubens und macht seine Identität am Glaubensbekenntnis und an Dogmen fest, und zwar durchaus mit Recht. Denn es gibt den christlichen Glauben nicht ohne Inhalt, weil es ihm zentral um die Wahrheit Gottes geht. Vor allem Für-wahr-Halten von Glaubensaussagen und Dogmen ist der christliche Glaube aber zunächst ein elementarer Vollzug des menschlichen Lebens selbst und als solcher gleichbedeutend mit Vertrauen, und zwar dahingehend, dass der Mensch sich dem lebendigen Gott anvertraut und sich auf ihn verlässt. Denn sich selbst aus der eigenen Hand zu geben und sich restlos in die Hand eines Anderen fallen zu lassen, ist letztlich nur Gott gegenüber möglich, der zu seinen Verheißungen treu steht. Nur der lebendige Gott vermag der chronischen Angewiesenheit von uns Menschen auf eine absolute Vertrauenswürdigkeit zu entsprechen und damit der unendlichen Sehnsucht von uns Menschen gerecht zu werden. Glauben im christlichen Sinn als Sich-Verlassen und Vertrauen auf Gott ist das Sich-Einhalten bei Gott, durch das der Mensch für sein Leben einen festen Halt gewinnt, wie der evangelische Theologe Wolfhart Pannenberg mit Recht betonte: „Erst das Vertrauen auf Gott erfüllt den vollen Sinn des biblischen Wortes Glaube."[9]

Christlicher Glaube ist das Bekenntnis zum Primat des unsichtbaren Gottes als der eigentlichen Wahrheit und Wirklichkeit, die uns trägt und zugleich

9 W. Pannenberg, „Extra nos" – Ein Beitrag Luthers zur christlichen Frömmigkeit, in: A. Raffelt (Hg.), Weg und Weite. Festschrift für Karl Lehmann (Freiburg i. Br. 2001) 197–203.

ermächtigt, uns der sichtbaren Realität mit gelöster Offenheit zu stellen. Die Lebensart des Glaubens ist deshalb die Gelassenheit. Sie unterscheidet sich um eine ganze Welt von der angestrengten Borniertheit, die der Sünde eigen ist. Denn das Wort „Sünde“ kommt sprachlich von „absondern“ und bezeichnet die Negierung und Zerstörung der menschlichen Verhältnisse. Die Sünde ist die Destruktion der für das menschliche Leben notwendigen und es tragenden Verhältnisse und Beziehungen, nämlich der Beziehung des Menschen zu sich selbst, der Beziehung zu seinen Mitmenschen, der Beziehung zur Gemeinschaft, der Beziehung zur ganzen Schöpfung und – in diesen vier Beziehungen – der Beziehung des Menschen zu Gott.[10] Sünde ist jenes Phänomen, das in der heutigen Sprache der Jugendlichen als „Beziehungskiste“ treffend beim Namen genannt wird. Sehr präzis hat bereits der Reformator Martin Luther den Sünder als „homo incurvatus in se ipsum“ charakterisiert, als den in sich selbst verkrümmten Menschen, und zwar im wörtlichen Sinn: Der in sich selbst verkrümmte Mensch vermag bereits rein anatomisch von der ganzen Welt nichts mehr wahrzunehmen außer seinen eigenen Bauchnabel, den er denn auch prompt zum Hochaltar seiner Privatreligion erhebt, die zumeist eine Religion des Bauches ist.

Glauben im Sinne des Vertrauens auf Gott ist dem gegenüber Befreiung des Menschen aus dem Gefängnis des Kreisens um sich selbst und Befreiung zu menschlichen Beziehungen und menschengerechten Verhältnissen. Der christliche Glaube mutet uns Menschen zu, den Egoismus und das Zurückschauen auf uns selbst zu überschreiten, indem wir uns im lebendigen Gott verwurzeln. Denn der Egoismus, der der eigentliche Gegenspieler der Liebe ist, vermag sich erst im Glauben zu überwinden, in jenem christlichen Urvollzug, in dem der Mensch sein Lebenszentrum nicht mehr in sich selbst sucht und findet, sondern in dem er sich selbst verlässt und sich festmacht im lebendigen Gott, der nicht nur die Verheißung einer unzerstörbaren Liebe schenkt, sondern sie auch gewährt. Damit ist die innerste Identität des christlichen Glaubens angesprochen, die dazu einlädt, weiter bei ihr zu verweilen und in der Liebe die Vollendung des Glaubens wahrzunehmen, wie sie im vierten Kapitel des Ersten Briefes des Johannes (4,7–16) in tiefer Weise verdichtet ist.

10 Vgl. E. Jüngel, Das Evangelium von der Rechtfertigung des Gottlosen als Zentrum des christlichen Glaubens. Eine theologische Studie in ökumenischer Absicht (Tübingen 1999), bes. 75–125: Die Unwahrheit der Sünde.

4. Von Gott geliebt sein und selbst lieben

Die genannte Perikope setzt sehr steil ein mit dem Aufruf zur gegenseitigen Liebe, der an erster Stelle damit motiviert und begründet wird, dass die Liebe aus Gott stammt. Damit wird uns die eigentliche Logik des christlichen Geheimnisses der Liebe vor Augen geführt, das seinen Anfang beim Passiv des von Gott Geliebtseins nimmt. Im Licht des Glaubens ist Liebe nicht zuerst eine Aufforderung zum Handeln, sondern eine Einladung zum Empfangen der Liebe Gottes. Dem kategorischen Imperativ der Menschenliebe geht stets der kategorische Indikativ der Liebe Gottes zu uns Menschen voraus.

Diese Umstellung der menschlichen Prioritäten hat ihren tiefsten Grund darin, dass für Johannes Liebe nicht einfach eine Eigenschaft ist, die unter anderem auch Gott zukommt und mit der er uns Menschen liebt. Johannes identifiziert vielmehr Gott mit der Liebe selbst und spricht dies in dem biblischen Spitzensatz aus: „Gott ist die Liebe“ (1 Joh 4,16)[11]. Dabei handelt es sich um eine Definition, die wir nicht einfach theoretisch zur Kenntnis nehmen können, um dann gleichsam zur Tagesordnung überzugehen. Dann würden wir Gott und seine Liebe verfehlen. Liegt aber nicht genau darin das tiefste Problem des Christentums heute, dass wir die Existenz Gottes und auch seine Liebe gewiss nicht leugnen, aber mit ihr auch nicht ernsthaft rechnen, sondern unser alltägliches Leben fristen, „etsi deus non daretur“? Ein so verstandener Gott ist jedoch weder zum Fürchten noch zum Lieben. Es fehlt die Leidenschaft an und für Gott. Die leidenschaftliche Liebe, die Gott zu uns Menschen hegt, können wir vielmehr nur mit einem persönlichen Glauben, der in der Liebe reif geworden ist, beantworten.

Von daher ist es angezeigt, im Geheimnis Gottes noch tiefer zu graben. Dann tritt an den Tag, dass sich Gottes Liebe zu uns Menschen ganz konkret offenbart hat, wie Johannes weiter ausführt: „Die Liebe Gottes wurde unter uns dadurch offenbart, dass Gott seinen einzigen Sohn in die Welt gesandt hat, damit wir durch ihn leben.“ Gott hat uns seine Liebe sehr konkret dadurch gezeigt, dass er in seinem eigenen Sohn Mensch geworden ist, dessen Liebe so weit gegangen ist, dass er für uns Menschen sein Leben hingegeben hat. Das Kreuz Jesu ist deshalb das deutlichste Zeichen dafür, dass sich Gott nicht mit verbalen Liebeserklärungen an uns Menschen begnügt, sondern selbst einen hohen Preis für seine Liebe bezahlt hat, indem Jesus am Kreuz sein Herzblut für uns Menschen investiert und uns so end-

11 Vgl. Benedikt XVI., Deus caritas est.

gültig angenommen hat, dass tiefe Freude unser Leben bestimmen kann. Das Kreuz Jesu lädt uns deshalb ein, tiefer danach zu bohren, was uns Menschen froh machen kann.

Aus eigener Erfahrung wissen wir, dass die eigentliche Wurzel aller Freude und allen Frohseins ein tiefes Einverständnis des Menschen mit sich selbst ist. Froh werden kann nur, wer sich selbst so annehmen kann, wie er ist. Und nur wer sich selbst annehmen kann, kann auch die anderen so annehmen, wie sie sind. Wie aber kommt ein Mensch dazu, sich selbst anzunehmen und dem eigenen Leben zuzustimmen? Ebenfalls aus eigener Erfahrung wissen wir, dass der Mensch allein dies überhaupt nicht kann. Er kann vielmehr sich selbst nur annehmen, wenn er zuerst von einem anderen angenommen wird, der ihm zuspricht: „Es ist gut, dass du lebst."

So zu mir zu sprechen, dass es wirklich wahr ist und mich froh macht, kann freilich nur Gott, der Schöpfer meines Lebens. Damit leuchtet die wirklich frohe Botschaft des christlichen Evangeliums ein: Gott findet uns Menschen so wichtig, dass er selbst um unseretwillen Mensch geworden ist und gelitten hat. „Gut, dass es dich gibt": Diese Zusage hat Gott mit letztem Ernst am Kreuz seines Sohnes zu uns gesprochen. Das Kreuz ist die göttliche Gutheißung unseres Lebens und schenkt uns die Zusage, dass der Mensch für Gott so sehr ein Ernstfall ist, dass er in Liebe das Leben des eigenen Sohnes investiert hat und dass genau darin das Geschenk der göttlichen Erlösung beschlossen ist: „Erlöst werden können wir nur, wenn der, von dem wir uns abgeschnitten haben, neu auf uns zugeht und uns die Hand reicht. Nur das Geliebt-Werden ist Erlöst-Werden, und nur die Liebe Gottes kann die gestörte menschliche Liebe reinigen, das von seinem Grund her verfremdete Beziehungsgefüge wiederherstellen."[12] Das Kreuz Jesu schenkt uns so die frohe Botschaft: Wer bis in den Tod hinein geliebt ist, der darf sich wirklich geliebt wissen und darüber froh werden. Gerade als Kreuzesbotschaft ist das christliche Evangelium wirklich Frohe Botschaft, die tragfähige Freude zu wecken vermag.

Aus dieser Erfahrung, von Gott geliebt und erlöst zu sein, zieht Johannes anschließend eine für das christliche Leben wichtige Konsequenz: „Wenn Gott uns so geliebt hat, müssen auch wir einander lieben." Während Johannes bisher uns Menschen als Adressaten und Empfänger der Liebe Gottes, die uns voran geht und übersteigt, angesprochen hat, ruft er uns nun dazu auf,

---

12 J. Kardinal Ratzinger, Im Anfang schuf Gott. Vier Münchener Fastenpredigten über Schöpfung und Fall (München 1986) 56–57.

uns um eine tätige und glaubwürdige Antwort auf die empfangene Liebe Gottes zu bemühen, selbst zu Tätern und Täterinnen der Liebe zu werden und untereinander Liebe zu pflegen, freilich nicht im Sinne einer bloßen Pflicht, die von außen auf uns zukäme, sondern als innere Konsequenz der geschenkten Liebe Gottes selbst.

Solche Liebe ist gewiss eine große Zumutung an uns Menschen. Johannes radikalisiert sie aber noch zusätzlich, indem er auch das Kriterium und das Mass der Liebe anzeigt. Johannes geht dabei weit über das hinaus, was im Alten Testament gesagt worden ist und was auch Jesus zunächst aufgegriffen hat: „Du sollst deinen Nächsten lieben wie dich selbst“ (Lk 10,27). Wir alle wissen aus eigener Erfahrung, dass es keineswegs leicht ist, andere Menschen so zu lieben, wie man sich selbst liebt, und dass bereits sehr viel erreicht wäre, wenn uns dies gelänge. Johannes genügt dies aber immer noch nicht, und zwar aus guten Gründen. Denn mit der Selbstliebe allein werden Kriterium und Mass der Liebe noch immer von uns Menschen hergeleitet. Johannes jedoch stellt uns kein geringeres Mass und Kriterium vor Augen als die Liebe Jesu Christi selbst: Weil wir seine grenzenlose Liebe daran erkennen, dass er sein Leben für uns hingegeben hat, müssen auch wir für unsere Brüder und Schwestern unser Leben einsetzen. Erst wenn die Liebe bis zum Äußersten geht und kein anderes Mass mehr kennt als die maßlose Liebe Jesu Christi, erhält sie ihre christliche Identität und trägt sie das unüberbietbar Neue des christlichen Glaubens in sich, das wir mit unserem Leben zu bezeugen haben.

5. Gottes Schönheit wieder entdecken

Auf dieses Zeugnisgeben von der erfahrenen Liebe Christi läuft denn auch alles im Ersten Brief des Johannes hinaus: „Wir haben gesehen und bezeugen, dass der Vater den Sohn gesandt hat als den Retter der Welt.“ Den Gott der Liebe zu bezeugen ist die Sendung des Christen und der Kirche auch heute. Diese Sendung kann aber nur glaubwürdig wahrgenommen werden, wenn wir jene Eigenschaft Gottes wiederentdecken, die in der westlichen Glaubenstradition etwas ins Hintertreffen geraten ist. In der lateinischen Tradition standen stets die Wahrheit und das Gutsein Gottes im Vordergrund der Aufmerksamkeit. Der christliche Westen war überzeugt und ist es bis heute, dass Gott wahr ist und man deshalb seinem Wort trauen darf. Und er war ebenso bis heute überzeugt, dass Gott gut ist und man deshalb seinen Geboten folgen soll. Es kann überhaupt kein Zweifel darüber bestehen, dass Wahrheit und Gutsein grundlegende Eigenschaften Gottes sind. In der biblischen Tradition aber ist Gott nicht nur wahr und gut, sondern auch und vor allem schön.

Es macht das große Verdienst des bedeutenden katholischen Theologen Hans Urs von Balthasar aus, der Kirche die Augen für diese schöne Eigenschaft Gottes wieder geöffnet zu haben, wenn er bereits im Jahre 1965 in seiner „Rechenschaft" geschrieben hat: „Gott kommt nicht primär als Lehrer für uns (‚wahr'), als zweckvoller ‚Erlöser' für uns (‚gut'), sondern um SICH, das Herrliche seiner ewigen dreieinigen Liebe zu zeigen und zu verstrahlen, in jener ‚Interesselosigkeit', die die wahre Liebe mit wahrer Schönheit gemein hat. Zu Gottes Glorie war die Welt erschaffen, durch sie und zu ihr wird sie auch erlöst."[13]

Diesem Grundanliegen, die Schönheit Gottes in Erinnerung zu rufen, hat von Balthasar vor allem seine theologische Ästhetik „Herrlichkeit" gewidmet. Im Lichtkegel der Betrachtung der Schönheit Gottes werden freilich die anderen Eigenschaften Gottes nicht relativiert, sondern erstrahlen vielmehr in ihrem authentischen Gesicht. Dies gilt vor allem für das Gutsein Gottes mit dem Menschen und der Welt, das uns die dramatische Dimension der Heilsgeschichte aufschließt und das von Balthasar in seiner „Theodramatik" beschreibt. Alles zielt aber letztlich auf die Wahrheit Gottes, die uns konkret im menschlichen Antlitz Jesu Christi offenbart ist und die von Balthasar in seiner „Theologik" behandelt. Indem von Balthasar mit seiner Trilogie von Theologischer Ästhetik, Theodramatik und Theologik den großartigen Versuch unternommen hat, unter der Rücksicht der drei Transzendentalien des Schönen, Guten und Wahren die christliche Theologie neu zu betrachten, tritt die ganze Symphonie der christlichen Offenbarung ans Tageslicht: Offenbarung ist „Erscheinen", nämlich das Sich-Zeigen der Herrlichkeit Gottes; Offenbarung ist „Tat", nämlich das Sich-Schenken der unendlichen Freiheit Gottes in ihrem dramatischen Zusammenspiel mit der endlichen Freiheit des Menschen; und Offenbarung ist „Wort", die Selbstaussage Gottes in die menschlichen Sprachgestalten hinein.

Das Gutsein und Wahrsein Gottes kommen gerade heute erst wirklich zum Leuchten, wenn sie im Licht der Schönheit Gottes betrachtet werden. Denn wenn Gott vor allem schön ist, dann geht es im christlichen Glaubensleben zwar auch, aber nicht nur darum, auf Gottes wahres Wort zu hören und seinen guten Geboten zu folgen. Es geht vielmehr auch darum,

13 H. U. von Balthasar, Rechenschaft 1965 = Christ heute 5,7 (Einsiedeln 1965) 27.

Gott in seiner wunderbaren Schönheit zu genießen, unser Herz an ihr zu erfreuen und selbst schöne Werke zu tun – wie jene Frau in Betanien, die Jesus über sein Haar kostbares Nardenöl gießt (Mk 14,3–9). Mit diesem schönen Werk steht die Frau freilich hilflos und wehrlos da gegenüber den Jüngern, die – schon damals – unwillig werden und sich über diese Verschwendung ärgern: „Man hätte das Öl um mehr als dreihundert Denare verkaufen und das Geld den Armen geben können." Jesus aber stellt sich vor die Frau und setzt sie gegenüber ihren Kritikern ins Recht: „Hört auf! Warum lässt ihr sie nicht in Ruhe?" Ja, noch mehr, Jesus lobt die Frau ausdrücklich: „Sie hat ein schönes Werk an mir getan." Und wegen dieses schönen Werkes spricht Jesus ihr eine ebenso schöne Verheißung zu: „Überall auf der Welt, wo dieses Evangelium verkündet wird, wird man sich an sie erinnern und erzählen, was sie getan hat."

Dieses Lob und diese Verheißung Jesu müssen zu denken geben. Gemäß der Septuaginta schaut Gott seine Schöpfung an und sieht, dass sie nicht nur gut, sondern auch und vor allem schön („kalon") ist, wie der heilige Papst Johannes Paul II. in seinem Brief an die Künstler mit Recht hervorgehoben und daraus die Konsequenz gezogen hat: „Die Schönheit ist gleichsam der sichtbare Ausdruck des Guten, so wie das Gute die metaphysische Voraussetzung der Schönheit ist."[14] In derselben Sinnrichtung tut auch die Frau in Betanien nicht nur ein ethisch gutes, sondern vor allem ein schönes Werk. Denn sie tut es aus dem Überfluss ihrer Liebe zu Jesus.

Diese Frau vollzieht damit jene Glaubenshaltung, die jedem Christen zugemutet ist und die im Gloria in der Eucharistiefeier am schönsten zum Ausdruck kommt: „Gratias agimus tibi propter magnam gloriam tuam." Wir danken Gott in erster Linie nicht für das, was er an uns tut; wir danken ihm vielmehr dafür, dass er ist und dass er schön ist. Die schöne Tat der Frau in Betanien und das liturgische Gloria machen damit zugleich bewusst, „dass das Christentum nicht Moralismus ist, sondern Gabe": „Nicht zuerst Forderung, sondern Geschenk. Gott gibt sich uns und gibt uns, was wir nicht geben können: das Geliebtsein von der ewigen Liebe, das Erwartetsein von ihm, das Eingeladen sein zu ihm."[15] Das Christentum bewahrt uns vor einem Totalitätsanspruch der Moral und erschließt zugleich den positiven Sinn christlicher Moral, dass sie nämlich nicht eine Ansammlung von Verboten ist, mit

14 Johannes Paul II., Brief an die Künstler, Nr. 3.

15 J. Kardinal Ratzinger, Gottes Liebe ist unerschöpflich, in: R. Voderholzer/Ch. Schaller/F.-X. Heibl (Hg.), Mitteilungen Institut Papst Benedikt XVI. Band 7 (Regensburg 2014) 21–23, zit. 22.

denen nur ein Nein zum Ausdruck käme, sondern das große Ja Gottes in der von der Erbsünde schmerzlich verletzten Welt zur Geltung bringt, wie auch und gerade im Blick auf den Dekalog einsichtig wird. Er enthält in den ersten drei Geboten ein entschiedenes Ja zu Gott, der das Leben des Menschen liebt und ihm Sinn gibt. Der Dekalog spricht im vierten Gebot ein Ja zur Familie, im fünften Gebot ein Ja zum Leben, im sechsten Gebot ein Ja zu einer verantwortungsbewussten Liebe, im siebten Gebot ein Ja zu sozialer Verantwortung und solidarischer Gerechtigkeit und im achten Gebot ein Ja zur Wahrheit. Im neunten und zehnten Gebot sagt der Dekalog schließlich ein Ja zur ehrfurchtsvollen Achtung der anderen Menschen und dessen, was ihnen gehört. Im Gegensatz zu dieser positiv geforderten Kultur des Lebens wird das Nein, das im Dekalog zweifellos auch enthalten ist, deshalb nur auf dem Hintergrund des fundamentalen Ja einsichtig. So zeigt gerade der Dekalog, dass christlicher Glaube nicht eine Anhäufung von Verboten, sondern eine durchweg positive Option ist. Er ist in erster Linie nicht eine Forderung an uns Menschen, sondern er ist auch und sogar zuerst eine „Enthüllung dessen, was Gott ist". Die in den grundlegenden Geboten enthaltenen sittlichen Werte sind die stärksten „Spiegelungen Gottes": „Wer der Gott der Bibel ist, kann man gerade an ihnen ablesen."[16]

Christliche Moral ist, um die bisherigen Überlegungen zusammenfassen, das Tun von schönen Werken. Dazu sind wir Menschen freilich nur imstande, wenn wir die Schönheit Gottes genießen. Dies mag sich vielleicht zunächst seltsam anhören. Denn wir Menschen sind es gewohnt, allerhand in der Welt zu genießen: das Vergnügen und die Unterhaltung, die Freiheit und die Zerstreuung bis hin zu den vielfältig angebotenen Genussmitteln. Und um diesen Genuss zu fördern, brauchen wir manchmal sogar noch Gott, beispielsweise zur Verschönerung wichtiger Stunden unseres Lebens. Wir stehen dann freilich in der Gefahr, Gott zu betrachten und zu behandeln wie eine Kuh, wie bereits Meister Eckehart festgestellt hat: „Sie wollen Gott lieben, wie sie eine Kuh lieben. Die liebst du wegen der Milch und des Käses und deines eigenen Nutzens. So halten's all jene Leute, die Gott um des äußeren Reichtums oder des inneren Trostes willen lieben. Die aber lieben Gott nicht recht, sondern sie lieben ihren Eigennutz." Denn Gott lässt sich nicht gebrauchen wie eine Kuh gemäß der kaufmännischen Logik: Gibt sie Milch, ist es gut. Wenn nicht, wird der Drohfinger bewegt, der auf die Schlachtbank

16 J. Ratzinger, Verkündigung von Gott heute, in: Ders., Dogma und Verkündigung (München 1973) 112–113.

zeigt. Darin besteht die unausweichliche Logik, wenn wir die Welt genießen und dazu Gott gebrauchen.

Gott aber ist schlechterdings nicht zu gebrauchen; Gott ist vielmehr im besten Sinne des Wortes unbrauchbar. Gebraucht werden sollen die weltlichen Dinge, nicht hingegen Gott. Er kann nur genossen werden in seiner wunderbaren Schönheit. In dieser seligen Nutzlosigkeit der schönen Liebe Gottes zu uns Menschen und der ebenso schönen Gottesliebe der Menschen besteht die tiefste Identität des christlichen Glaubens. Sie fordert uns freilich heraus, noch weiter darüber nachzudenken, worin denn die Schönheit Gottes wirklich besteht. Dabei kann uns ein Text des heiligen Augustinus behilflich sein, in dem er zwei Züge der Schönheit Jesu Christi betrachtet und sie mit zwei Flöten vergleicht, die in verschiedener Weise erklingen, die aber von einem einzigen Geist geblasen werden, weshalb sie keinen Missklang erzeugen. Augustinus ist dabei überzeugt, dass der Apostel Paulus uns die „vollkommene Harmonie der beiden Flöten" erklärt: „Es erklinge die erste (Flöte): ‚Der schönste von allen Menschen war Gott gleich, hielt aber nicht daran fest, wie Gott zu sein' (Phil 2,6). Das ist es also, worin er alle Menschen in Schönheit übertraf. Und es erklinge auch die zweite Flöte: ‚Er hatte keine edle und schöne Gestalt, so dass wir ihn anschauen mochten', denn ‚er entäußerte sich und wurde wie ein Sklave und den Menschen gleich. Sein Leben war das eines Menschen' (Phil 2,7)."[17]

Jesus Christus wird uns als „der schönste von allen Menschen" vor Augen gestellt, der aber „keine schöne und edle Gestalt" hat. Wie geht beides zusammen? Auf diese Frage gibt der heilige Augustinus in der Nachfolge des Paulus die paradoxe Antwort, dass die wahre Schönheit Jesu Christi in seiner Gottgleichheit besteht, auf die er freilich verzichtet und freiwillig unschön wird. Diese unschön gewordene Schönheit Jesu Christi erweist sich als eine völlig neue Gestalt von Schönheit, mit der kein Schönheitswettbewerb in unserer Welt rechnet, die vielmehr wiederum nur am Kreuz sichtbar wird. Denn es ist die grenzenlose Liebe Jesu Christi zu uns Menschen, die den „Mann voller Schmerzen, vor dem man das Gesicht verbirgt", in den „Schönsten von allen Menschen" verwandelt und verklärt hat: „Christus, die gekreuzigte Liebe, ist die Schönheit, die uns rettet."[18]

17 Augustinus, In Epistulam Ioannis IX, 9.

18 B. Forte, Dem Licht des Lebens folgen. Die Exerzitien des Papstes (Freiburg i. Br. 2005) 213.

6. Wegweisungen eines strahlenden Glaubens

„Schau auf den Gott, von dem du schön gemacht worden bist." Wenn gemäß diesem Wort des heiligen Augustinus unsere Rettung darin besteht, dass auch wir in und durch Christus schön geworden sind, dann kann Nachfolge Christi nur bedeuten, die freiwillig unschön gewordene Schönheit Jesu Christi mit dem eigenen Leben zu bezeugen. Worin die Nachfolge Christi konkret besteht, darüber finden sich im Grußwort des ersten Briefs des Apostels Paulus an die Thessalonicher (1,1–10), der der älteste der erhaltenen Paulusbriefe ist, hilfreiche Wegweisungen, denen es nachzudenken gilt, um eine authentische Anschauung von der Strahlkraft des Glaubens zu erhalten.

a) Das Wort Gottes empfangen und annehmen

Paulus stellt zunächst dankbar fest, dass die Thessalonicher, mit denen er sich im Gebet verbunden weiß, das Wort Gottes angenommen haben, das er und seine Mitarbeiter „nicht nur mit Worten", sondern „auch mit Macht und mit dem Heiligen Geist und mit voller Gewissheit" verkündet haben. Das Annehmen des Wortes Gottes bildet die Grundlage des christlichen Lebens. Denn wir können Gottes Wort nicht erfinden; wir können es nur dankbar entgegen nehmen, und zwar als ein Wort, das mit höchster Autorität uns entgegen tritt.

Diese Autorität ist bereits verborgen in dem Namen, den das Wort Gottes trägt, nämlich „Evangelium". Als das Evangelium Jesu Christi in die Welt kam, hatte es ursprünglich nicht den etwas niedlich-harmlosen Klang, den wir heute aus ihm heraus zu hören pflegen. Das Wort „Evangelium" war in der Zeit Jesu vielmehr ein elementar politisches Wort und gehörte zur „Politischen Theologie" von damals. Als „Evangelium" wurden in dieser Zeit alle Erlasse des Kaisers bezeichnet, und zwar unabhängig vom Inhalt und somit selbst im schlechtesten Fall, in dem sie für die von ihnen Betroffenen keine „gute Nachricht" enthielten. „Evangelium" hieß – einfach übersetzt – Kaiserbotschaft. „Frohe Botschaft" war sie in erster Linie nicht wegen ihres Inhalts, sondern weil sie vom Kaiser und damit von jener Autorität, die die Welt in Händen hält, stammt.

In diesem gewichtigen Sinn ist auch das Wort Gottes „Evangelium". Frohe Botschaft ist es nicht, weil es uns auf Anhieb gefallen würde oder weil es für uns bequem und vergnüglich wäre. Frohe Botschaft ist es vielmehr, weil es von dem kommt, der sich nicht mehr wie der Kaiser anmaßt, Gott zu sein, und daher meint, seine Botschaften als Evangelien deklarieren zu dürfen, der vielmehr als der Sohn das Wort Gottes selbst ist. Auch wenn uns Christen und Christinnen das Evangelium nicht allezeit als bequem erscheint, ist es doch die Wahrheit, die wirklich frei macht. Wenn das Evangelium für uns die Kaiserbotschaft unseres Kyrios ist, dann kann das erste Kriterium des christlichen Handelns nicht in der so genannten Kundenfreundlichkeit bestehen, wie sie heute gerne in den Vordergrund gerückt wird, sondern in der Orientierung am Evangelium Jesu Christi. Diese eindeutige Priorität hat sich bereits im Leben Jesu gezeigt, dessen Wirken in erster Linie botschaftsorientiert gewesen ist; kundenfreundlich ist dann freilich die Art und Weise gewesen, in der Jesus seine Botschaft an den Menschen zu bringen versucht hat, vor allem in der Sprache seiner anschaulichen und den Menschen ansprechenden Gleichnisse.

b) Freude trotz grosser Bedrängnisse

In der Nachfolge Christi muss auch für uns Christen heute das erste Kriterium unseres Handelns in der Orientierung an der Wahrheit des Evangeliums bestehen. Wenn diese fest steht, sind so genannte kundenfreundliche Überlegungen und Planungen nicht nur angebracht, sondern auch geboten. In dieser Prioritätenordnung liegt der wahre Grund jener Freude, mit der bereits die Thessalonischer das Wort Gottes angenommen haben. Paulus hebt dabei ausdrücklich hervor, dass es der Heilige Geist ist, der solche Freude gibt. Er weist damit darauf hin, dass es um jene Freude geht, die wir nicht selbst herstellen, auf die wir uns nur einstellen können.

Auf diese vom Heiligen Geist gewirkte Freude kommt es im christlichen Leben entscheidend an. Denn nicht wenige Vorkommnisse in der Christenheit heute könnten einem die Freude nehmen. Die Freude, die dann abhanden käme, wäre gewiss nicht die Freude des Glaubens, sondern die Freude, die wir uns selbst bereiten. Aus Erfahrung wissen wir aber, dass selbst produzierte Freude es höchstens zur Fröhlichkeit bringt, die selten lange Bestand hat. Die Freude, um die es im christlichen Glauben geht, ist jene Freude, die Gott an uns hat. Solche Freude ist so sehr das Erkennungszeichen des christlichen Glaubens, dass man als Kriterium für die heute so notwendige Unterscheidung der Geister formulieren kann: Überall dort, wo – auch und gerade in der Kirche – Freudlosigkeit und deprimierte Aufgebrachtheit herrschen, dort ist der Geist Jesu Christi gewiss nicht am Werk. Dort wirkt vielmehr der manchmal so freudlos gewordene Zeitgeist.

Wahre Freude findet ihre Bewährungsprobe, wenn sie großen Bedrängnissen ausgesetzt ist, worauf wiederum Paulus hinweist. Nicht nur die Thessalonicher, sondern auch wir Christen heute sind mit vielerlei Bedrängnissen konfrontiert. Ich denke dabei in erster Linie nicht an jene Bedrängnisse, die täglich im Vordergrund stehen und in gewissen Medien genüsslich verhandelt werden. Die große Bedrängnis, die wir heute erleben, besteht vielmehr im weitgehenden Verdunsten des biblisch-christlichen Bildes Gottes als eines in der Geschichte der Menschen gegenwärtigen und handelnden Gottes. Diese so genannte „Gotteskrise" ist dabei nicht leicht zu diagnostizieren, zumal sie in einer sehr religionsfreundlichen Atmosphäre stattfindet. In ihr aber kommt zum Ausdruck, dass man sich einen Gott weithin nicht mehr vorstellen kann, der sich um den einzelnen Menschen kümmert und überhaupt in der Welt gegenwärtig ist.

Darin besteht die zweifellos tiefste Bedrängnis des christlichen Gottesglaubens und die gefährlichste Infragestellung seiner Identität heute, die uns herausfordert, den innersten Kern des christlichen Glaubens wieder zu finden, nämlich das Leben einer persönlichen Gottesbeziehung, und dass alles Andere daraus folgt. Dass das Christsein heute und in Zukunft noch vermehrt mit einer persönlichen Gottesbeziehung stehen oder fallen wird, dies hat Karl Rahner bereits vor bald fünfzig Jahren vorausgesagt: „Der Christ der Zukunft wird ein Mystiker sein, einer, der etwas erfahren hat, oder er wird nicht sein." Im christlichen Sinn ist ein Mystiker ein Freund oder eine Freundin Jesu Christi, die Gott begegnen: im persönlichen Gebet, im Hören auf die Heilige Schrift, in der Feier der Sakramente und in der Begegnung mit Menschen, deren Leben von Jesus Christus erfüllt ist.

c) Sich zum wahren Gott bekehren

Zum Christsein gehört von daher immer die Umkehr, die auch die Bekehrung von den Götzen zu Gott einschließt, wie Paulus von den Thessalonichern zu berichten weiß: „wie ihr euch von den Götzen zu Gott bekehrt habt, um dem lebendigen und wahren Gott zu dienen". Auch heute besteht die Grundversuchung im christlichen Leben darin, hinter den Glauben an den lebendigen Gott zurückzufallen und neuen Götzen zu dienen. Denn „Gott" kann in meinem Leben die verschiedensten Namen bekommen. Genau dasjenige ist in meinem Leben mein „Gott", auf das ich letztlich vertraue und an das ich mein Herz hänge. Dies kann meine berufliche Karriere sein, wenn ich auf sie alles setze und dabei mein Familienleben kaputt gehen lasse. Dies kann meine Leistung sein, wenn ich mein Leben allein durch sie rechtfertige und dabei alle anderen Menschen über meine Leisten schlage. Dies kann meine Ehre sein, wenn ich den Sinn meines Lebens allein von ihr erwarte und dabei zu anderen Menschen in ein neidgenährtes Konkurrenzverhältnis trete. In allen diesen Fällen wird der lebendige Gott zum Satelliten meines eigenen Ich degradiert und entheiligt. Dies ist die beschämendste Form des Götzendienstes, die selbst unter Christen Heimatrecht finden kann, und zwar auch dann, wenn wir uns ansonsten noch so lautstark zum christlichen Gott bekennen mögen.

Die entscheidende Frage, vor die uns der christliche Glaube stellt, ist folglich die Frage, *worauf* wir unser ganzes Vertrauen setzen und *wem* wir glauben. Wenn glauben nämlich heißt, sich selbst zu verlassen und sich auf jemand anderen zu verlassen, dann ist es elementar wichtig, auf wessen Konto ein Mensch sein ganzes Leben legt. Menschliches Vertrauen bedarf eines Kontos, auf dessen Inhaber es absolut bauen kann. Deshalb kommt alles auf die Verlässlichkeit dessen an, auf den ein Mensch sich verlässt und dem er sich anvertraut. Wer sich auf vordergründigen Trug verlassen will, der ist im buchstäblichen Sinn verlassen. Wer sich nicht selbst verlässt und sich festmacht in dem Einen, der unerschütterlich verlässlich und unbeirrbar treu ist, wird keinen Bestand haben können, wie bereits der Prophet Jesaja den König Achas von Juda gewarnt hat: „Glaubt ihr nicht, so bleibt ihr nicht" (7,9). Dies ist die Schicksalsfrage, die sich jeder Christ immer wieder stellen muss, und die glaubwürdige Beantwortung dieser Frage erweist sich als unabdingbar für die Wahrnehmung der Sendung, mit der jeder Christ beauftragt ist.

d) Den Glauben an Gott überall bekannt machen

Damit ist die letzte Wegweisung des Paulus angesprochen, der den Thessalonichern schreibt: „So wurdet ihr ein Vorbild für alle Gläubigen in Mazedonien und in Achaia." Und er fügt hinzu, dass sie den Glauben an Gott überall bekannt gemacht haben, „so dass wir darüber nichts mehr zu sagen brauchen". Ob Paulus die Kirche heute mit ähnlichen Worten loben könnte? Dies ist die herausfordernde Frage, die sein Grußwort an die Thessalonischer heute an uns stellt. Für viele Christen hat nämlich nur schon das Wort „Mission" einen schlechten Klang, wenn es überhaupt die Zensur moderner und postmoderner Köpfe zu passieren vermag. Die Sendung zur Evangelisierung der Welt gehört aber elementar zum Wesen der Kirche und ist vom Zweiten Vatikanischen Konzil als „Grundpflicht des Gottesvolkes" bezeichnet worden[19].

Wir brauchen heute dringend eine Rückbesinnung auf den missionarischen Grundauftrag des Christen und der ganzen Kirche und auf seine Fundierung im Christusgeheimnis. Denn die Mission der Kirche hat ihre erste und tiefste Begründung in der Sendung des Sohnes Gottes, der in der Heiligen Schrift, vor allem im Johannesevangelium den Titel „Der Gesandte" trägt. Die Sendung des Sohnes vom Vater her zum Heil der Menschen setzt sich in der Kirche fort, weshalb sie sich selbst überschreiten muss und gesandt ist, die Liebe Gottes zu den Menschen zu tragen. Wenn die Mission der Kirche Liebe ist, die sich selbst anderen hingibt, wie Gott seinen eigenen Sohn den Menschen hingegeben und dieser sich selbst hingegeben hat, kann sie immer nur in Liebe geschehen.

Vom Christusgeheimnis her gilt es in frischer Weise zu erkennen, dass das Christsein den Mut zum Zeugnis des Glaubens erfordert. Das Geheimnis dieses Zeugnisses liegt in einem überzeugenden christlichen Leben. Die Mission der Kirche geschieht heute in erster Linie nicht durch konsumfreundliche Werbung oder durch die Verbreitung von viel Papier und auch nicht in den Medien. Das entscheidende Medium der Ausstrahlung Gottes in die Welt hinein sind wir selbst, Christen und Christinnen, die ihren Glauben glaubwürdig leben und so dem Evangelium ein persönliches Gesicht geben. Denn wenn uns Jesus Christus wirklich als „Licht der Welt" einleuchtet, werden wir von selbst ausstrahlen. Christen und Christinnen mit Ausstrahlung können wir aber nur sein, wenn wir selbst neue Freude an der Schönheit des Glaubens gewinnen und gleichsam wie finnische Kerzen leben, die bekanntlich von innen nach außen brennen und das Licht von innen nach außen schenken. Dann zeigt sich die ganze Strahlkraft des Glaubens.

19 Ad gentes, Nr. 35.

Mission und Ökumene gehören zusammen

Eine notwendige Identitätsvergewisserung[1]

„Die Herausforderung der Neuevangelisierung ruft die universale Kirche auf den Plan und macht es auch erforderlich, dass wir mit aller Kraft fortfahren, nach der vollen Einheit unter den Christen zu suchen."[2] Mit diesen Worten hat Papst Benedikt XVI. im Jahre 2010 die Errichtung des Päpstlichen Rates zur Förderung der Neuevangelisierung angekündigt und damit zum Ausdruck gebracht, dass die Neuevangelisierung in der heutigen Welt unabdingbar eine ökumenische Dimension haben muss. Die Zusammengehörigkeit von Evangelisierung und Suche nach der Wiederherstellung der Einheit der Christen ist im Grunde so alt wie das Christentum selbst und geht bis in den Abendmahlssaal zurück, in dem Jesus vor seinem Leiden und Sterben um die Einheit seiner Jünger gebetet hat, „damit die Welt glaubt, dass Du mich gesandt hast" (Joh 17,21). Mit diesem Finalsatz in der Bitte des Herrn bringt der Evangelist Johannes zum Ausdruck, dass die Einheit unter den Jüngern Jesu kein Selbstzweck, sondern die unerlässliche Voraussetzung für eine glaubwürdige und überzeugende Verkündigung des Evangeliums von Jesus Christus in der Welt darstellt.

1. Ökumenische Bewegung als Missionsbewegung

Angesichts des tiefen Ernstes des Testaments Jesu kann es nicht erstaunen, dass seine Intention und damit die Zusammengehörigkeit von Evangelisierung und ökumenischer Suche nach der Wiederherstellung der Einheit der Christen in der Ökumenischen Bewegung von allem Anfang an bewusst gewesen ist. Denn die Ökumenische Bewegung ist zugleich eine Missionsbewegung gewesen und hat ihren entscheidenden Ausgangspunkt bei der Ersten

1 Prolusio bei der Vollversammlung des Päpstlichen Rates zur Förderung der Einheit der Christen in Rom am 12. November 2012, erschienen in: Catholica 67 (2013) 1–18.

2 Benedikt XVI., Feier der Ersten Vesper am Hochfest der Heiligen Apostel Petrus und Paulus am 28. Juni 2010.

Weltmissionskonferenz im schottischen Edinburgh im Jahre 1910 gefunden. Den an dieser Konferenz Teilnehmenden hat das Ärgernis vor Augen gestanden, dass sich die verschiedenen christlichen Kirchen und kirchlichen Gemeinschaften in der Missionsarbeit konkurrenziert und damit der glaubwürdigen Verkündigung des Evangeliums Jesu Christi vor allem in fernen Kontinenten geschadet haben, weil sie zusammen mit dem Evangelium auch die europäischen Kirchenspaltungen in andere Kulturen hinein getragen haben. Die Konferenzteilnehmenden sind sich der schmerzlichen Tatsache bewusst geworden, dass die fehlende Einheit unter den Christen das größte Hindernis für die Weltmission darstellt. Denn ein glaubwürdiges Zeugnis der Christen vom Heilswirken Christi in der Welt ist nur möglich, wenn die Kirchen ihre Trennungen im Glauben und im Leben überwinden. Vor allem der anglikanische Missionsbischof Charles Brent hat in Edinburgh deshalb intensive Bemühungen um die Überwindung jener Differenzen in der Glaubenslehre und in der Ordnung der Kirchen gefordert, die ihrer Einheit hinderlich im Wege stehen.

Mit dieser prophetisch zu nennenden Einsicht in die Zusammengehörigkeit von Mission und Ökumene ist auch der missionarische Auftrag der Kirche stets deutlicher zu einem wichtigen Thema auf der ökumenischen Traktandenliste geworden. Seit Edinburgh werden das ökumenische Anliegen und das missionarische Engagement zusammen gesehen und erweisen sich Ökumene und Mission gleichsam als Zwillingsschwestern, die sich wechselseitig fordern und fördern, und zwar mit einer inneren Logik. Da christliche Mission „Sammlung der Menschheit in die eine Liebe Gottes, die alles umfängt", hinein bedeutet, ist sie von selbst auch ein „Zeichen der Einheit": „Wie die Sünde die Menschen voneinander weg zerstreut, so sammelt der eine Glaube sie zu einem neuen Menschen."[3]

Von daher wird auch verständlich, dass von Edinburgh zwei weitere Bewegungen ausgegangen sind, die die Ökumene bis auf den heutigen Tag begleiten.[4] Die erste ist die „Bewegung für praktisches Christentum" mit dem Namen „Life and Work". Sie ist im Jahre 1914 in Konstanz begründet worden

---

3 J. Ratzinger, Considerationes quoad fundamentum theologicum missionis Ecclesiae/Überlegungen zur theologischen Grundlage der Sendung (Mission) der Kirche, in: Ders., Zur Lehre des Zweiten Vatikanischen Konzils = Gesammelte Schriften. Band 7/1 (Freiburg i. Br. 2012) 223–236.

4 Vgl. W. Pannenberg, Entwicklung und (Zwischen-)Ergebnisse der ökumenischen Bewegung seit ihren Anfängen, in: H. Fries u. a., Das Ringen um die Einheit der Christen. Zum Stand des evangelisch-katholischen Dialogs (Düsseldorf 1983) 14–30, bes. 17–20.

und hat sich zum Ziel gesetzt, eine intensive ökumenische Zusammenarbeit bei der Bewältigung der großen gesellschaftlichen Herausforderungen in Gang zu bringen, wobei damals das Bemühen um Verständigung und Frieden unter den Völkern im Vordergrund gestanden hat. Das Anliegen dieser Bewegung hat vor allem darin bestanden, sowohl bei der Lösung von sozialen Problemen mitzuwirken als auch den politischen Einheitsbestrebungen der damaligen Welt – wie beispielsweise dem Völkerbund – eine „christliche Seele" zu geben, und zwar in der Überzeugung, dass in einer von Spannungen und Kriegen bedrohten Welt die Christen und Kirchen in ökumenischer Gemeinschaft für den Frieden handeln müssen.

Von Edinburgh im Jahre 1910 leitet sich auch der zweite Zweig der Ökumenischen Bewegung ab, nämlich „Faith and Order", die „Bewegung für Glauben und Kirchenverfassung", die im Jahre 1948 zu einer eigenständigen Kommission im Ökumenischen Weltrat der Kirchen geworden ist. Denn nach Edinburgh ist stets deutlicher geworden, dass die praktischen Zielsetzungen der ökumenischen Zusammenarbeit nur verwirklicht werden können, wenn sich die Kirchen zunächst über die trennenden Probleme in der Glaubenslehre und über die theologisch relevanten Verfassungsfragen der Kirchen verständigen können. In diesem Zweig der Ökumenischen Bewegung steht folglich die Suche nach der Einheit im Glauben im Vordergrund.

Die drei genannten Bewegungen repräsentieren unterschiedliche Herausforderungen in der Ökumene: „Faith and Order" beschäftigt sich mit den spezifisch theologischen Glaubensfragen, um die Suche nach der Wiederherstellung der sichtbaren Einheit im Bekenntnis des einen Glaubens, in der Gemeinschaft im Gottesdienst, in der Kirchenverfassung und im kirchlichen Amt voran zu bringen. „Life and Work" nimmt sich der säkularen Herausforderungen in der Ökumene an, indem sie sich auf das Zusammenwirken der Kirchen im Dienst an der Welt konzentriert. Der Missionsbewegung geht es vor allem um das gemeinsame Zeugnis der Christen in und vor der Welt.

Der kurze Blick in die Geschichte zeigt, dass die Ökumenische Bewegung seit ihrem Beginn auf diesen verschiedenen Wegen vorangeschritten ist und dies auch heute tun muss, und dass vor allem die Ökumenische Bewegung und die Missionsbewegung unlösbar zusammengehören. Dabei handelt es sich um eine Einsicht, die auch heute nichts an Aktualität verloren hat. Wie Papst Franziskus in seinem Apostolischen Schreiben „Evangelii gaudium" eindringlich betont, stellt sich auch heute die Spaltung der Christenheit als das stärkste Hindernis für eine glaubwürdige Evangelisierung heraus. Papst

Franziskus insistiert darauf, dass die Glaubwürdigkeit der christlichen Verkündigung sehr viel größer wäre, „wenn die Christen ihre Spaltungen überwinden würden", die der Glaubwürdigkeit des Evangeliums Schaden zufügen: „Angesichts der Gewichtigkeit, die das Negativ-Zeugnis der Spaltung unter den Christen besonders in Asien und Afrika hat, wird die Suche nach Wegen der Einheit dringend. Die Missionare in jenen Kontinenten sprechen immer wieder von Kritiken, Klagen und dem Spott, der ihnen aufgrund des Skandals der Spaltungen unter den Christen begegnet." Von daher ist in den Augen von Papst Franziskus der „Einsatz für eine Einheit, die die Aufnahme Jesu Christi erleichtert, nicht länger bloße Diplomatie oder eine erzwungene Pflichterfüllung und verwandelt sich in einen unumgänglichen Weg der Evangelisierung"[5].

2. Eschatologische Dimension von Mission und Ökumene

Mission und Ökumene fordern und fördern sich wechselseitig. Denn eine missionarische Kirche ist von selbst eine ökumenische Kirche, und eine ökumenisch engagierte Kirche bildet die elementare Voraussetzung für eine missionarische Kirche.[6] Darin bestand die grundlegende Erkenntnis des Zweiten Vatikanischen Konzils, wie sie bereits greifbar gewesen ist beim heiligen Papst Johannes XXIII. und seiner Vision, die er für dieses Konzil gehabt hat. Die beiden Hauptanliegen, die ihn bewogen haben, ein Konzil einzuberufen, sind bei ihm sehr eng miteinander verbunden gewesen, nämlich die Erneuerung der Katholischen Kirche und ihrer Sendung und die Wiederherstellung der Einheit der Christen im Dienst der glaubwürdigen Verkündigung des Evangeliums in der Welt. Der Papst ist überzeugt gewesen, dass sich die Katholische Kirche und ihre Weltsendung nur erneuern lassen, wenn dem ökumenischen Anliegen ein prioritärer Stellenwert gegeben wird.

Vom engen Zusammenhang der beiden Hauptanliegen ist auch der große Konzilspapst, der heilige Paul VI. überzeugt gewesen. Das ökumenische Anliegen ist für ihn ein wichtiges Leitmotiv auch und gerade bei der konziliaren Erneuerung der Katholischen Kirche gewesen, und zwar so sehr, dass man von einer eigentlichen Wechselwirkung zwischen der ökumenischen Öffnung

---

5 Franziskus, Evangelii gaudium, Nr. 246.

6 Vgl. W. Kasper, Eine missionarische Kirche ist ökumenisch, in: Ders., Wege zur Einheit der Christen = Gesammelte Schriften. Band 14,1 (Freiburg i. Br. 2012) 621–634.

der Katholischen Kirche und der Erneuerung ihrer Ekklesiologie sprechen muss[7]. Bereits zu Beginn der zweiten Sitzungsperiode des Konzils hat er in seiner grundsätzlichen Eröffnungsrede, der der damalige Konzilsperitus Joseph Ratzinger einen „wahrhaft ökumenischen Charakter" attestiert hat[8], hervorgehoben, die ökumenische Annäherung zwischen den getrennten Christen und Kirchen sei eines der zentralen Ziele, gleichsam das geistige Drama gewesen, um dessentwillen das Konzil einberufen worden sei[9].

Der genannte Zusammenhang ist sodann in den Konzilsdokumenten selbst wegleitend geworden, wie ein kurzer Blick in die Pastoralkonstitution über die Kirche in der Welt von heute „Gaudium et spes" zeigen kann: Nach einer „tieferen Klärung des Geheimnisses der Kirche" wendet sie sich „ohne Zaudern nicht mehr bloß an die Kinder der Kirche und an alle, die Christi Namen anrufen, sondern an alle Menschen schlechthin in der Absicht, allen darzulegen, wie es Gegenwart und Wirken der Kirche in der Welt von heute versteht"[10]. Mit dieser programmatischen Anzeige führt die Pastoralkonstitution gleich an ihrem Beginn nicht nur in die Grundthematik der Sendung der Kirche in der Welt ein, sondern sie zeigt auch den grundlegenden Zusammenhang mit der Dogmatischen Konstitution über die Kirche „Lumen gentium", in der dargelegt wird, dass sich die Sendung der Kirche gleichsam in konzentrischen Kreisen verwirklicht: Die Kirche wendet ihre Aufmerksamkeit zuerst den „katholischen Gläubigen" zu, dann all „jenen, die durch die Taufe der Ehre des Christennamens teilhaft sind", und schließlich denjenigen, „die das Evangelium noch nicht empfangen haben"[11]. Damit wird sichtbar, wie eng das Konzil den Zusammenhang zwischen Mission und Ökumene sieht: Während der zweite konzentrische Kreis auf den ökumenischen Dialog hinweist, bezieht sich der dritte und äußerste konzentrische Kreis auf das missionarische Wirken der Kirche.

Für die enge Verknüpfung von Verpflichtung zur Mission und ökumenischem Engagement für die Wiederherstellung der Einheit der Christen sieht das Zweite Vatikanische Konzil dabei die tiefste Motivation in der

---

7 Vgl. H. J. Pottmeyer, Die Öffnung der römisch-katholischen Kirche und die ekklesiologische Reform des 2. Vatikanums. Ein wechselseitiger Einfluss, in: Paulo VI e l'Ecumenismo. Colloquio Internazionale di Studio Brescia 1998 (Brescia/Roma 2001) 98–117.

8 J. Ratzinger, Das Konzil auf dem Weg. Rückblick auf die zweite Sitzungsperiode des Zweiten Vatikanischen Konzils (Köln 1964) 21.

9 Ench. Vat. Vol I Documenti del Concilio Vaticano II, 104 f.

10 Gaudium et spes, Nr. 2.

11 Lumen gentium, Nr. 14–16.

eschatologischen Dimension der christlichen Mission. Indem die Dogmatische Konstitution über die Kirche sie vor allem als Volk Gottes, das sich zwischen „schon" und „noch nicht" auf der irdischen Pilgerschaft befindet, in der Geschichte unterwegs ist und seine missionarische Aufgabe wahrnimmt, profiliert, wird die Kirche selbst als eine eschatologische Bewegung verstanden. In diese Dynamik ist auch die Ökumenische Bewegung integriert, und in dieser ist sie mit der Missionsbewegung verbunden. Ökumene und Mission erweisen sich so als die beiden grundlegenden Gestalten des eschatologischen Weges der Kirche. Indem das Konzil den Missionsauftrag der Kirche in den weiten Horizont des universalen Heilsplanes Gottes mit der Menschheit einordnet, der auf die verheißene eschatologische Sammlung aller Völker zielt, ist die christliche Mission selbst Zeichen und Werkzeug für die Einheit.

Zeichen und Werkzeug „für die innigste Vereinigung mit Gott wie für die ganze Menschheit"[12] und damit Sakrament des Heils für die Welt kann die Kirche in glaubwürdiger Weise aber nur sein, wenn sie vor dieser Welt nicht das peinliche Schauspiel ihrer eigenen Uneinheit bietet. Hier scheint der tiefste Grund auf, dass das Konzil den Mut aufbringt, in der weiter bestehenden Spaltung der Christenheit das große Ärgernis in der heutigen Welt wahrzunehmen. Wenn aber die Zerstrittenheit der Christen das Gegen-Zeugnis für die Verkündigung des Evangeliums ist, dann ist umgekehrt die ökumenische Versöhnung die Grundvoraussetzung für eine glaubwürdige Mission.

3. Von der Christenheit mitverschuldete Säkularisierung

Die Einsicht in die unlösbare Zusammengehörigkeit von Evangelisierung und ökumenischer Verantwortung drängt sich von daher auch bei einem Rückblick in die Geschichte, genauer auf die Kirchenspaltung im Reformationszeitalter auf. Über sie hat der katholische Kirchenhistoriker und Ökumeniker Joseph Lortz, der sich um die geschichtliche Aufarbeitung der Reformation vor allem in Deutschland verdient gemacht hat[13], bereits im Jahre 1950 das Urteil gefällt: „Durch die Spaltung der Christenheit hat die Überzeugungsmächtigkeit der christlichen Verkündigung entscheidend gelitten."[14] Hinter diesem Urteil steht die Überzeugung von Lortz, dass Europa

12 Lumen gentium, Nr. 1.
13 Vgl. J. Lortz, Die Reformation in Deutschland (Freiburg i. Br. 1962).
14 J. Lortz, Wie kam es zur Reformation? (Einsiedeln 1950) 10.

auf der einen Seite seine tiefsten Wurzeln im Christentum hat, und zwar in dem präzisen Sinn, dass die Völker des europäischen Kontinents erst durch das Christentum zu einer kulturellen Einheit zusammengewachsen sind, dass Europa aber auf der anderen Seite in bedrohlicher Weise vom Christentum entfremdet ist, so dass Lortz mit dem wachen Auge eines Historikers bereits damals seine Zeitdiagnose mit den Worten ausdrückte: „Das sogenannte christliche Abendland ist tatsächlich seit langem entchristlicht. Es ist sogar ein apostasiertes Abendland. Zuverlässige Statistiken aller Länder sprechen hier eine erschütternde Sprache. Wir sehen nur meist die Wirklichkeit nicht nackt genug." Unter allen Faktoren, die zu dieser Entchristlichung Europas geführt haben, ist nach Lortz keine Einzelursache „so wichtig wie die Reformation", genauer „die von der Reformation verursachte Zerspaltung der Christenheit"[15]. Lortz war sich dabei im Klaren, dass die Reformation „nicht nur Spaltung", sondern „viel mehr" war, dass sie aber „wesentlich auch Spaltung" war[16].

Lortz war sich ebenfalls dessen bewusst, dass die Spaltung der Christenheit das Gegenteil dessen darstellt, was die Reformation ursprünglich beabsichtigt hat: „Die Reformation erstrebte eine Reform an Haupt und Gliedern der *einen, allen Christen gemeinsamen* Kirche. Das wurde nicht erreicht; es kam der Riss, der die Kirche und die Christenheit aufspaltete. Der sicher zentrale Auftrag der Kirche wurde nicht eingelöst."[17] Und Lortz fügte den klaren Wunsch hinzu: „Dies muss in das Bewusstsein der evangelischen Christen tief und tiefer eindringen."[18] Es ist von daher als erfreuliche Tatsache zu würdigen, dass diese Überzeugung in der jüngeren Vergangenheit vor allem vom evangelischen Ökumeniker Wolfhart Pannenberg geteilt und wach gehalten worden ist: „Die Reformation muss, angesichts ihres Scheiterns im 16. Jahrhundert und angesichts eines jahrhundertelangen fahrlässigen Laufenlassens der Folgen ihres Scheiterns, immer noch vollendet werden. Die Vollendung der Reformation aber erfordert die Wiederherstellung der christlichen Einheit."[19]

Mit der grundlegenden Erkenntnis, dass es der Reformation ursprünglich um eine umfassende *Erneuerung* der ganzen Kirche und nicht um die Grün-

15 Ebd. 8–9.

16 Ebd. 8.

17 Ebd. 8.

18 Ebd. 10.

19 W. Pannenberg, Über Lortz hinaus? in: R. Decot/R. Vinke (Hg.), Zum Gedenken an Joseph Lortz (1887–1975). Beiträge zur Reformationsgeschichte und Ökumene (Stuttgart 1989) 93–105, zit. 94.

dung von *neuen* Kirchen gegangen ist, dass ihr nichts ferner gelegen hat als die „Abtrennung evangelischer Sonderkirchen von der einen katholischen Kirche“ und dass folglich die Entstehung besonderer evangelischer und reformierter Kirchen „nicht das Gelingen, sondern das Scheitern der Reformation“ zum Ausdruck bringt[20], hat Wolfhart Pannenberg auch immer wieder darauf hingewiesen, dass die neuzeitliche Säkularisierung und Privatisierung der Religion, genauer der Prozess der Entkleidung des christlichen Glaubens von seiner Sendung für den gesellschaftlichen Frieden im Sinne der Grundlegung, Erhaltung und Erneuerung der gesellschaftlichen Lebensordnung, als zwar ungewollte und unbeabsichtigte, aber tragische Folgewirkungen der abendländischen Kirchenspaltung im 16. Jahrhundert zu verstehen sind. Denn die Emanzipation der neuzeitlichen Kulturwelt zunächst von den Gegensätzen der unter sich zerstrittenen Konfessionskirchen und letztlich vom Christentum überhaupt muss als Ergebnis und Erschöpfungsende der Kirchenspaltung und der anschließenden blutigen Konfessionskriege des 16. und 17. Jahrhunderts, besonders des Dreißigjährigen Krieges, beurteilt werden. Weil in deren tragischen Folge das Christentum historisch nur noch greifbar gewesen ist in der Gestalt der verschiedenen Konfessionen, die einander bis aufs Blut bekämpft haben, musste diese historische Konstellation zur unvermeidlichen Konsequenz haben, dass der konfessionelle Friede um den für das Christentum teuren Preis erkauft werden musste, dass von den konfessionellen Differenzen und, in Fernwirkung, vom Christentum überhaupt abgesehen wurde, um dem gesellschaftlichen Frieden eine neue Basis geben zu können, wie Wolfhart Pannenberg mit Recht diagnostiziert: „Wo die Säkularisierung der Neuzeit die Form einer Entfremdung vom Christentum angenommen hat, da ist das nicht als ein äußerliches Schicksal über die Kirchen gekommen, sondern als die Folgen ihrer eigenen Sünden gegen die Einheit, als Folge der Kirchenspaltung des 16. Jahrhunderts und der unentschiedenen Religionskriege des 16. und 17. Jahrhunderts, die den Menschen in konfessionell gemischten Territorien keine andere Wahl ließen, als ihr Zusammenleben auf einer von den konfessionellen Gegensätzen unberührten gemeinsamen Grundlage neu aufzubauen.“[21]

20 W. Pannenberg, Reformation und Einheit der Kirche, in: Ders., Ethik und Ekklesiologie. Gesammelte Aufsätze (Göttingen 1977) 254–267, zit. 255.

21 W. Pannenberg, Einheit der Kirche als Glaubenswirklichkeit und als ökumenisches Ziel, in: Ders., Ethik und Ekklesiologie. Gesammelte Aufsätze (Göttingen 1977) 200–210, zit. 201. Zum Ganzen vgl. Ders., Christentum in einer säkularisierten Welt (Freiburg i. Br. 1988).

Als Christen in Europa dürfen wir aus unserem historischen Gedächtnis die Tatsache nicht verdrängen, dass die neuzeitliche Erklärung des christlichen Glaubens zur reinen Privatsache des einzelnen Menschen und seiner Abdrängung aus der gesellschaftlichen Öffentlichkeit in einer tragischen Weise vom Christentum selbst verschuldet worden ist, dass es sich also, wie der katholische Theologe Johann B. Metz betont, um eine „sozusagen ‚hausgemachte' Privatisierung des Christentums" handelt[22]. Dieses Urteil impliziert umgekehrt, dass die Wiedergewinnung der öffentlichen Sendung des Christentums die Überwindung der ererbten Spaltungen in einer wieder gefundenen Einheit der Christen voraussetzt und dass die Reformation im 16. Jahrhundert zumindest unvollendet geblieben ist und weiter bleiben muss, bis die Einheit einer im Geist des Evangeliums erneuerten Katholischen Kirche wiederhergestellt sein wird. Insofern es bei der Ökumenischen Bewegung um das – freilich verspätete – Gelingen der Reformation selbst geht, wird unübersehbar deutlich, was alles mit der Ökumene für die Neuevangelisierung auf dem Spiel steht, und zwar nicht nur im Blick auf die Glaubwürdigkeit der einzelnen Kirchen, sondern auch und vor allem im Blick auf die Authentizität des Christentums insgesamt in unseren neuzeitlichen Gesellschaften. Wenn nämlich die neuzeitliche Privatisierung der Religion wesentlich in der europäischen Kirchenspaltung begründet ist, dann wird das Christentum in Europa nur dann wieder eine gesamtgesellschaftliche Bedeutung erlangen können, wenn die Kirchenspaltung überwunden sein wird. Der ökumenische Prozess kann deshalb nicht ohne Konsequenzen für das Verhältnis der säkularen Kultur der Moderne zum Thema der Religion überhaupt und des Christentums im Besonderen sein. Die Gründe, die in historischer Sicht zur Abwendung der modernen Kultur von der Religion und den christlichen Kirchen geführt haben, können jedenfalls gegenüber einer Gestalt des Christentums, das die Spaltungen überwunden haben wird, nicht mehr geltend gemacht werden.[23] Das Christentum in Europa wird deshalb erst durch die Überwindung seiner Spaltungen befähigt sein, „dem Säkularismus gegenüber glaubwürdig die Wahrheit der Religion geltend zu machen"[24], und zwar in der gesellschaftlichen Öffentlichkeit von heute. Mit Recht hatte auch bereits Joseph Lortz hervorgehoben, dass die Wiedergewin-

22 J. B. Metz, Glaube in Geschichte und Gesellschaft (Mainz 1977) 31.

23 Vgl. K. Koch, Hat das Christentum noch Zukunft? Zur Präsenz der Kirche in den säkularisierten Gesellschaften Europas, in: Communio. Internationale katholische Zeitschrift 32 (2003) 116–136.

24 W. Pannenberg, Die zukünftige Rolle von „Glauben und Kirchenverfassung" in einer säkularisierten Welt, in: Ders., Beiträge zur Systematischen Theologie. Band 3: Kirche und Ökumene (Göttingen 2000) 234–244, zit. 243.

nung der „Überzeugungsmächtigkeit der christlichen Verkündigung" die „Unio der christlichen Konfessionen, und zunächst die Vorbereitung dieser Unio" zur zentralen Vorbedingung hat[25].

4. Glaubwürdige Wege ökumenischer Neuevangelisierung

Dass beide Anliegen, die Evangelisierung und die Ökumene, schicksalhaft miteinander verknüpft sind, kann man auch an der Beobachtung ablesen, dass auf der einen Seite überall dort, wo der missionarische Elan zu erlahmen droht, auch das ursprünglich feurige Ringen um die Wiedergewinnung der Einheit der Christen auf Sparflamme gesetzt ist, und dass auf der anderen Seite dort, wo man sich mit dem Ärgernis der weiter bestehenden Kirchenspaltung abgefunden hat oder sie gar nicht mehr als Ärgernis wahrnimmt, auch nicht mehr besondere missionarische Anstrengungen unternommen werden. In positiver Sinnrichtung bedeutet dies, dass die Evangelisierung nur gelingen kann, wenn sie in ökumenischer Verantwortung verwirklicht wird.

Nur wenn die Christen und Kirchen zusammenwirken, können sie der heutigen Welt die Frohe Botschaft glaubwürdig bezeugen. Evangelisierung kann nur auf dem Weg geschehen, dass das von der Freude des Glaubens erfüllte Herz des Christen das Herz anderer Menschen berührt und die vom Glauben erleuchtete Vernunft zur Vernunft anderer Menschen spricht. Christliche Mission ist ein durch und durch freiheitlicher Vorgang, genauer die freiheitliche Einladung an die Freiheit anderer Menschen, Kommunikation aufzunehmen und in einen belebenden Freiheitsdialog einzutreten, wie Papst Benedikt XVI. die Grundsendung der Kirche mit den eindringlichen Worten umschrieben hat: „Die Kirche betreibt keinen Proselytismus. Sie entwickelt sich vielmehr durch ‚Anziehung': Wie Christus mit der Kraft seiner Liebe, die im Opfer am Kreuz gipfelt, ‚alle an sich zieht', so erfüllt die Kirche ihre Sendung in dem Mass, in dem, mit Christus vereint, jedes Werk in geistlicher und konkreter Übereinstimmung mit der Liebe ihres Herrn erfüllt."[26]

Mit dem Stichwort des Proselytismus ist ein Problem angesprochen, das in ökumenischer Hinsicht von grundlegender Bedeutung ist und dem wir

---

25 J. Lortz, Wie kam es zur Reformation? (Einsiedeln 1950) 10.

26 Benedikt XVI., Predigt in der Eucharistiefeier zur Eröffnung der V. Generalversammlung der Bischöfe von Lateinamerika und der Karibik auf dem Vorplatz des Nationalheiligtums in Aparecida am 13. Mai 2007.

uns eigens zuwenden müssen, um im Blick auf das missionarische Wirken den notwendigen ökumenischen Konsens erreichen zu können. Das Stichwort des Proselytismus trägt freilich zunächst die Schwierigkeit in sich, dass es in einem verschiedenen Sinn verwendet werden kann.[27] In einer positiven oder zumindest neutralen Sinnrichtung kann das Wort alle Bemühungen einer Religionsgemeinschaft bezeichnen, um neue Mitglieder zu gewinnen. In der ökumenischen Diskussion überwiegt aber seit langem die negative Sinnrichtung des Wortes, unter dem alle Bemühungen einer Religionsgemeinschaft zu verstehen sind, um jeden Preis und unter Anwendung aller irgendwie wirksamen Mittel neue Mitglieder zu gewinnen, wobei nach dem moralisch dekadenten Grundsatz gehandelt wird, dass der Zweck die Mittel heiligt.

Diese negative Konnotation ist in der Ökumenischen Bewegung dominierend geworden, und zwar seit jenem Studien-Dokument, das von der Vollversammlung des Ökumenischen Rates der Kirchen in Neu Delhi im Jahre 1961 angenommen worden ist und in dem es heißt: „Proselytismus ist nicht etwas völlig anderes als echtes Zeugnis: er ist das Zerrbild des Zeugnisses. Das Zeugnis wird verzerrt, wenn – heimlich oder offen – Überredungskünste, Bestechung, unerlaubter Druck oder Einschüchterung angewandt werden, um eine scheinbare Bekehrung zu erreichen."[28] In derselben Sinnrichtung hat auch das Zweite Vatikanische Konzil in seiner Erklärung über die Religionsfreiheit „Dignitatis humanae" jede Form des Proselytismus abgelehnt, wenn beispielsweise hervorgehoben wird, man müsse „bei der Verbreitung des religiösen Glaubens und bei der Einführung von Gebräuchen" sich „allzeit jeder Art der Betätigung enthalten, die den Anschein erweckt, als handle es sich um Zwang oder um unehrenhafte oder ungehörige Überredung, besonders wenn es weniger Gebildete oder Arme betrifft"[29].

Es stellt sich damit die keineswegs leichte Frage, wie das Prinzip der Religionsfreiheit und die in ihm begründete Ablehnung des Proselytismus mit dem Evangelisierungsauftrag der Kirche vereinbart werden können. Diesbezüglich gibt die Entstehungsgeschichte der konziliaren Erklärung über die Religionsfreiheit eine hilfreiche Wegweisung.[30] In dem Entwurf, der während der vorkonziliaren Zeit der Zentralkommission im Jahre 1962 vorgelegen

27 Vgl. S. Ferrari, Proselytism and human rights, in: J. Witte, Jr./F. S. Alexander (Eds.), Christianity and Human Rights. An Introduction (Cambridge 2010) 253–266.
28 F. Lüpsen (Hg.), Neu Delhi-Dokumente (Witten 1962) 104–106.
29 Dignitatis humanae, Nr. 4.
30 Vgl. J. Hamer und Y. Congar (Hg.), Die Konzilserklärung über die Religionsfreiheit (Paderborn 1967).

hat, wurde das Stichwort „Proselytismus" noch ausdrücklich verwendet: „vitatis omnibus apertis vel consortis improbi proselytismi molimentis seu mediis improbiis vel inhonestis". Das Stichwort wurde aber nicht beibehalten, weil es schien, diese Passage richte sich lediglich an die katholischen Missionare. Damit wollte das Konzil einem anderen Missverständnis wehren, mit der Erklärung über die Religionsfreiheit habe das Zweite Vatikanische Konzil das Ende der Missionstätigkeit der Kirche eingeläutet. Dass dies in keiner Weise zutrifft, zeigt unmissverständlich Artikel 14 von „Dignitatis humanae": „Nach dem Willen Christi ist die katholische Kirche die Lehrerin der Wahrheit; ihre Aufgabe ist es, die Wahrheit, die Christus ist, zu verkündigen und authentisch zu lehren, zugleich auch die Prinzipien der sittlichen Ordnung, die aus dem Wesen des Menschen selbst hervorgehen, autoritativ zu erklären und zu bestätigen." Die Erklärung über die Religionsfreiheit verpflichtet somit in keiner Weise zum Verzicht auf das missionarische Zeugnis für die Wahrheit des Glaubens, sondern sie verpflichtet dazu, auf all jene Mittel zu verzichten, die der Frohen Botschaft Jesu Christi nicht entsprechen, und stattdessen allein die Methoden des Evangeliums selbst anzuwenden, die in der Verkündigung des Wortes und im Zeugnis des Lebens bis hin zum Blutzeugnis bestehen. Oder mit den präzisen Worten von Johannes Kardinal Willebrands, des zweiten Präsidenten des Päpstlichen Rates zur Förderung der Einheit der Christen: Die konziliare Erklärung über die Religionsfreiheit „trägt zu einer Vertiefung der missionarischen Arbeit bei, indem sie sie wahrer und reiner werden lässt"[31]. Den Evangelisierungsauftrag der Kirche und das Prinzip der Religionsfreiheit, die das Zweite Vatikanische Konzil bewusst in der „Würde der menschlichen Person" begründet und damit zum Ausdruck bringt, dass sie jeden Menschen in seinem religiösen Verhalten betrifft, glaubwürdig miteinander zu verbinden, stellt in der heutigen Situation, die ganz von der Freiheitssehnsucht der Menschen geprägt ist, eine besondere ökumenische Verantwortung dar.[32]

---

31 J. Kardinal Willebrands, Religionsfreiheit und Ökumenismus, in: Ders., Mandatum Unitatis. Beiträge zur Ökumene (Paderborn 1989) 54–69, zit. 63.

32 Vgl. K. Kardinal Koch, Religionsfreiheit als Thema des ökumenischen Dialogs, in: F.-X. Amherdt/M. Delgado/S. Loiero (Hg.), 50 Jahre/ans Dignitatis Humanae … Tagungsband des 7. Freiburger Forums Weltkirche (Freiburg/Schweiz 2017) 43–61.

5. Neuevangelisierung mit ökumenischem Notenschlüssel

Was grundsätzlich über die Zusammengehörigkeit von Mission und Ökumene zu sagen ist, gilt erst recht im Blick auf jene epochale Herausforderung, vor der die Christenheit heute steht und die als Neuevangelisierung bezeichnet wird. Während unter der „Missio ad gentes" die pastorale Aufgabe verstanden wird, in Kulturen, die bislang ohne Beziehung zum Christentum gewesen sind, dem Evangelium von Jesus Christus erstmals in der Geschichte Lebensraum zu ermöglichen, und deshalb als Erst-Evangelisierung zu bezeichnen ist, meint die Neu-Evangelisierung das erneuerte Bemühen der Verkündigung des Evangeliums vor allem in jenen Gesellschaften, die zwar – wie vor allem in Europa – eine jahrhundertelange christliche Sozialisierung erlebt, jedoch im Prozess der Neuzeit entweder – im Westen Europas – eine tiefgreifende Säkularisierung oder – im ehemaligen Osten Europas – eine kämpferische Vernichtungskampagne gegen den christlichen Glauben und eine rigorose Unterdrückung der christlichen Kirchen durchgemacht haben. Vor allem Europa ist in der Zwischenzeit noch vermehrt Missionsland geworden und steht in einer neuen Phase der christlichen Mission. Das Projekt der Neuevangelisierung ist deshalb von der Überzeugung getragen, dass vornehmlich jene Kirchen, die in traditionell christlichen Territorien leben, einen erneuerten missionarischen Elan dringend nötig haben.

Führt man sich den grundlegenden Unterschied zwischen Erstevangelisierung und Neuevangelisierung vor Augen[33], muss es sich von selbst verstehen, dass die Neu-Evangelisierung in den säkularisierten Lebenswelten Europas heute in anderer Weise erfolgen muss als die Erst-Evangelisierung. Vor allem eine zwangsweise oder sonstwie politisch verordnete Bekehrung, bei der beispielsweise die Taufe eines Stammesfürsten die Taufe seines ganzen Volkes nach sich gezogen hat, wie sie am Beginn der Christianisierung vollzogen worden ist, ist heute nicht nur aus politischen, sondern auch aus elementaren Glaubensgründen prinzipiell ausgeschlossen. Ein weiterer wichtiger Unterschied zeigt sich auch in der ökumenischen Dimension der Missionsaufgabe: Während die Erst-Evangelisierung im europäischen Kontinent eine Christenheit, die in einer Kirche zusammengelebt hat, hervorgebracht hat, wendet

33 Vgl. W. Kasper, Evangelisierung und Neuevangelisierung. Überlegungen zu einer neuen pastoralen Perspektive, in: P. Neuner/H. Wagner (Hg.), In Verantwortung für den Glauben. Beiträge zur Fundamentaltheologie und Ökumenik. Für Heinrich Fries (Freiburg i. Br. 1992) 231–244; W. Zauner, Evangelisierung und Neu-Evangelisierung, in: Theologisch-Praktische Quartalschrift 138 (1990) 49–56.

sich die Neu-Evangelisierung an eine Christenheit, die noch immer in voneinander getrennten Kirchen lebt; sie kann deshalb in glaubwürdiger Weise nur in ökumenischer Gemeinschaft wahrgenommen werden.

Dieser Herausforderung ist bereits früh der deutsche Jesuitenpater Alfred Delp ansichtig geworden, der in einem Aufsatz, den er an der Wende zu seinem letzten Lebensjahr über das „Schicksal der Kirchen" geschrieben hat, prophezeit hat, dass die Frage, ob die Kirche noch einmal einen Weg zu den Menschen finden werde, vor allem von einem elementaren Sachverhalt abhängen werde: „Wenn die Kirchen der Menschheit noch einmal das Bild einer zankenden Christenheit zumuten, sind sie abgeschrieben. Wir sollen uns damit abfinden, die Spaltung als geschichtliches Schicksal zu tragen und zugleich als Kreuz. Von den heute Lebenden würde sie keiner noch einmal vollziehen. Und zugleich soll sie unsere dauernde Schmach und Schande sein, da wir nicht im Stande waren, das Erbe Christi, seine Liebe, unzerrissen zu hüten."[34] Delp hat klar gesehen, dass eine fruchtbare Neue Evangelisierung mit dem Bemühen einher gehen muss, mit aller Kraft nach der vollen Einheit unter den Christen zu suchen, und dass sich umgekehrt die Ökumenische Bewegung der Herausforderung der Neuen Evangelisierung stellen muss. Zumal in der heutigen Situation muss die Neuevangelisierung einen ökumenischen Notenschlüssel haben, damit ihre Melodie nicht kakophonisch, sondern symphonisch erklingen kann, und sie muss sich auf die Kernmitte des christlichen Gotteszeugnisses konzentrieren.

6. Kerninhalte der ökumenischen Neuevangelisierung

„Gott hat uns seinen Sohn gegeben, der sein Wort ist, und so hat er uns alles auf einmal in diesem einen Wort gegeben, und es bleibt nichts weiter mehr zu sagen."[35] In diesem einfachen und doch bedeutungsschweren Wort des heiligen Johannes vom Kreuz wird nicht nur der tiefste Grund dafür sichtbar, dass sich das Christentum als eine Religion versteht, der eine universale Sendung anvertraut ist, die sich an alle Menschen und Völker adressiert. Das Wort des Johannes vom Kreuz macht vielmehr auch auf die Kerninhalte der Neuen Evangelisierung aufmerksam. Die Sendung des Christentums erweist

34 A. Delp, Das Schicksal der Kirchen (1944/45), in: Ders., Gesammelte Schriften, herausgegeben von Roman Bleistein, Band 4: Aus dem Gefängnis (Frankfurt a. M. 1984) 318–323, zit. 319.
35 Johannes vom Kreuz, Aufstieg zum Berge Karmel = Sämtliche Werke 1 (München 1957) 20.

sich deshalb als universal, weil in der Herzmitte seiner Verkündigung die universalste Wirklichkeit, die sich überhaupt denken lässt, steht, nämlich die alles, was überhaupt ist, umgreifende Wirklichkeit Gottes. Das Christentum ist in seinem innersten Kern Glaube an Gott und das Leben einer persönlichen Gottesbeziehung. Im Mittelpunkt allen Bemühens um die Neuevangelisierung muss deshalb die Frage nach Gott stehen und sie muss darin bestehen, Gott zu den Menschen zu bringen und die Menschen in eine persönliche Gottesbeziehung einzuführen; und diese Sendung können wir als Christen nur gemeinsam wahrnehmen.[36]

Damit jedoch noch nicht genug. Das Wort von Johannes vom Kreuz zeigt auch und vor allem, dass für den christlichen Glauben Gott kein weltferner Gott und auch nicht einfach eine philosophische Hypothese über den Kosmos ist, sondern ein Gott, der uns sein Gesicht gezeigt, sein endgültiges Wort geschenkt, uns mit seinem vollständigen und unüberbietbaren Wort angeredet hat und in Jesus Christus Mensch geworden ist. Dieses schöne Geheimnis des christlichen Glaubens hat der katholische Theologe Hans Urs von Balthasar mit den Worten zum Ausdruck gebracht: „Das Tiefste am Christentum ist die Liebe Gottes zur Erde. Dass Gott in seinem Himmel reich ist, wissen andere Religionen auch. Dass er zusammen mit seinen Geschöpfen arm sein wollte, dass er in seinem Himmel an seiner Welt leiden wollte, ja gelitten hat und durch seine Menschwerdung sich instand setzte, dieses sein Leiden der Liebe seinen Geschöpfen zu beweisen; das ist das Unerhörte bisher." Der christliche Glaube enthält die tiefe Botschaft, dass Gott uns Menschen so nahe kommen wollte, wie es näher gar nicht mehr möglich ist; und dies ist eben dadurch geschehen, dass Gott in seinem eigenen Sohn Mensch unter Menschen geworden ist.

Die Botschaft von der Menschwerdung Gottes enthält in sich bereits die Verheißung der Erlösung von uns Menschen. Die Menschwerdung Gottes hat der Menschen Erlösung zum Ziel, wie der heilige Athanasius dies treffend ausgedrückt hat: „Der Mensch könnte nicht vergöttlicht werden und bliebe an ein Geschöpf gebunden, wenn der Sohn nicht wahrer Gott wäre."[37] Die göttliche Erlösung des Menschen liegt im Kern darin, dass Gott in Jesus von Nazareth auf einzigartige und endgültig-gültige Weise seinen Bundesschluss

36 Vgl. W. Kasper, Ökumenisch von Gott sprechen?, in: I. U. Dalferth/J. Fischer/H.-P. Grosshans (Hg.), Denkwürdiges Geheimnis. Beiträge zur Gotteslehre. Festschrift für Eberhard Jüngel zum 70. Geburtstag (Tübingen 2004) 291–302.
37 Athanasius, Zweite Rede gegen die Arianer, 70, in: Patrologia Graeca 26,425 B.

mit der Menschheit ratifiziert und erneuert hat. In der Menschwerdung Gottes hat sich die bleibende Verbindung von Gott und Mensch ereignet, weil der Mensch Jesus von Nazareth zum definitiven und universalen Sakrament der unwiderruflichen und unbeirrbar-treuen Gegenwart Gottes in seiner Welt geworden ist. Der Mensch gewordene Gottessohn ist der geschichtliche Ort der Erfahrbarkeit Gottes und damit das „Sakrament der Gottesbegegnung“[38] schlechthin. Durch Jesus Christus können wir erfahren, wer und wie Gott ist. Begegnung mit Jesus Christus ist sakramentale Begegnung mit dem Kommen Gottes selbst zu uns Menschen. Wer es mit dem Menschen Jesus zu tun hat, bekommt es mit dem lebendigen Gott selbst zu tun.

Diese Kernbotschaft des christlichen Glaubens mit ihrer christologischen Konzentration haben wir heute in ökumenischer Gemeinschaft zu bezeugen.[39] Papst Benedikt XVI. hat immer wieder hervorgehoben, dass der ökumenische Dialog und die ökumenische Zusammenarbeit heute in erster Linie darauf gerichtet sein müssen, dass wir „Gott bezeugen in einer Welt, die sich schwer tut, ihn zu finden“, „dass wir den Gott mit dem menschlichen Antlitz Jesu Christi sichtbar machen und den Menschen so den Zugang zu den Quellen geben, ohne die die Moral verkümmert und ihre Maßstäbe verliert, und auch die Freude geben, dass wir nicht isoliert sind in der Welt“. Denn so erst entsteht die „Freude an der Größe des Menschen, dass er nicht ein missglücktes Evolutionsprodukt, sondern Bild Gottes ist“[40]. In dieser Botschaft besteht das im Grunde einfache Geheimnis des großen Wortes von der Neuen Evangelisierung, mit der die Grundsendung des Christentums im heutigen Europa umschrieben ist und die wir in glaubwürdiger Weise nur in ökumenischer Gemeinschaft wahrnehmen können.

---

38 E. Schillebeeckx, Christus – Sakrament der Gottesbegegnung (Mainz 1960).
39 Vgl. K. Kardinal Koch Christologische Zentralität bei der neuen Evangelisierung, in: G. Augustin/K. Krämer/M. Schulze (Hg.), Mein Herr und mein Gott. Christus bekennen und verkünden. Festschrift für Walter Kardinal Kasper zum 80. Geburtstag (Freiburg i. Br. 2013) 745–761.
40 Benedikt XVI., Interview mit Deutschen Radio- und Fernsehjournalisten am 5. August 2006.

Ökumenische Dimension des Glaubens

Auf dem Weg zur Einheit der Christen

Elementare Herausforderungen in der Ökumene heute[1]

Wo steht die Ökumene heute? Hinter dieser auf den ersten Blick unverfänglichen Frage verbirgt sich zumeist der, wenn auch unausgesprochene, Verdacht, dass die Ökumene heute eben steht und nicht geht. Es ist deshalb heute viel vom Stillstand oder gar vom Winter in der Ökumene die Rede. Ich teile diese Diagnose nicht, sondern bin überzeugt, dass die Ökumene geht, weil sie lebt. Dies gilt zumal, wenn man auf die weltweite Ökumene blickt. Dabei handelt es sich freilich um einen Pleonasmus. Denn „Ökumene" heißt dem ursprünglichen Wortsinn nach den ganzen Erdkreis umfassend. Die Ökumene findet gewiss in erster Linie am konkreten Lebensort der Christen statt und vollzieht sich als Gespräch mit den jeweiligen ökumenischen Partnern. Die konkrete Ökumene am Ort kann aber nur gewinnen, wenn sie ihre Aufmerksamkeit auch den umfassenderen ökumenischen Prozessen zuwendet. Denn die Ökumene ist seit ihrem Beginn eine weltweite Bewegung.

1. Rückblick in Dankbarkeit

Dies trifft jedenfalls auf die Katholische Kirche zu, die sich vor einem halben Jahrhundert die Grundanliegen der Ökumenischen Bewegung zu eigen gemacht hat und in diese weltweite Bewegung in offizieller und endgültiger Weise eingetreten ist, nachdem beim Zweiten Vatikanischen Konzil am Ende der Dritten Sitzungsperiode, genauer am 21. November 1964, das Dekret über den Ökumenismus „Unitatis redintegratio" mit überwältigender Mehrheit, nämlich mit 2137 Ja-Stimmen gegen 11 Nein-Stimmen, von den Konzilsvätern angenommen und vom heiligen Papst Paul VI. promulgiert worden ist.[2] Von welch grundlegender Bedeutung diese Entscheidung gewe-

---

1 Vortrag am Institut Catholique de Paris am 13. März 2018, erschienen in: Institut supérieur d'Études oecuméniques (Ed.), Nouveaux territories de l'oecuménisme. Déplacements depuis 50 ans et appels pour l'avenir (Paris 2019) 103–127.

2 Vgl. K. Koch, Ökumene im Wandel. Zum Zukunftspotential des Ökumenismusdekrets *Uni-*

sen ist, zeigt die Feststellung, dass im promulgierten Text nicht mehr, wie noch im Schema „De Oecumenismo" aus dem Jahre 1963, von einem „katholischen Ökumenismus" die Rede ist, sondern von „katholischen Prinzipien des Ökumenismus". Mit dieser Sprachregelung ist zum Ausdruck gebracht, dass das Konzil der Ökumenischen Bewegung, die innerhalb der nicht-katholischen Christenheit entstanden ist, nicht einen eigenen Ökumenismus, gleichsam einen katholischen Sonderweg zur Seite oder gar entgegen stellen wollte, sondern überzeugt gewesen ist, dass es nur einen Ökumenismus geben kann, und sich deshalb in den Prozess der Ökumenischen Bewegung einfügen wollte, den das Konzil ausdrücklich auf die „Einwirkung der Gnade des Heiligen Geistes" zurückführte[3].

Wenn man nach über fünfzig Jahren auf die Promulgation des Ökumenismusdekrets zurück blickt, drängt sich an erster Stelle ein Wort der Dankbarkeit dafür auf, was das Zweite Vatikanische Konzil begonnen hat und welche Früchte daraus im vergangenen halben Jahrhundert gewonnen werden konnten; und es kommt einem das schöne Wort aus Psalm 18 auf die Lippen: „Er führte mich hinaus ins Weite, er befreite mich, denn er hatte an mir Gefallen" (Psalm 18,20). Zu den wichtigsten Früchten des ökumenischen Bemühens darf man mit Papst Johannes Paul II. die unter den Christen und christlichen Gemeinschaften „wiederentdeckte Brüderlichkeit" zählen.[4] Die zahlreichen Begegnungen, die verschiedenen Gespräche und die wechselseitigen Besuche haben zwischen den verschiedenen Kirchen ein Netz von freundschaftlichen Beziehungen entstehen lassen, die das tragfähige Fundament für die ökumenischen Dialoge bilden.

Solche Dialoge hat die Katholische Kirche in der Zwischenzeit mit beinahe allen christlichen Kirchen und kirchlichen Gemeinschaften geführt und führt sie weiter: angefangen bei der Assyrischen Kirche des Ostens und den Orientalisch-Orthodoxen Kirchen wie beispielsweise den Kopten, Armeniern und Syrern, über die Orthodoxen Kirchen der byzantinischen und slawischen Tradition, über die aus der Reformation hervorgegangenen Kirchen und Gemeinschaften wie die Lutheraner und Reformierten und die Anglikanische Weltgemeinschaft, über die Altkatholiken und die verschiedenen Freikirchen bis hin zu den evangelikalen und pentekostalen Gemeinschaften, die

---

tatis redintegratio, in: J.-H. Tück (Hg.), Erinnerung an die Zukunft. Das Zweite Vatikanische Konzil (Freiburg i. Br. 2012) 335–368.

3 Unitatis redintegratio, Nr. 1. Vgl. auch Nr. 4.

4 Johannes Paul II., Ut unum sint, Nr. 41–42.

vor allem im 20. und beginnenden 21. Jahrhundert enorm gewachsen sind. Aus diesen Dialogen konnten viele positive Früchte geerntet werden, wie sie Kardinal Walter Kasper in seinem Buch „Harvesting the Fruits“ vorgelegt hat[5].

Bei allen diesen positiven Ergebnissen darf aber nicht verschwiegen werden, dass das eigentliche Ziel der Ökumenischen Bewegung, nämlich die Wiederherstellung der Einheit der Kirche, beziehungsweise der vollen kirchlichen Gemeinschaft, noch nicht erreicht werden konnte. Darin erblickt das Ökumenismusdekret aber das Ziel allen ökumenischen Bemühens und begründet es mit der theologischen Fundamentalüberzeugung, dass Christus „eine einige und einzige Kirche“ gewollt und begründet hat. Diese Glaubensüberzeugung wird sodann mit der geschichtlichen und auch heute empirisch greifbaren Tatsache konfrontiert, dass es de facto eine Vielzahl von Kirchen und kirchlichen Gemeinschaften gibt, die zudem alle vor den Menschen den Anspruch erheben, „das wahre Erbe Jesu Christi darzustellen“. Weil damit der fatale Eindruck entstehen kann, „als ob Christus selbst geteilt wäre“, drängt sich dem Konzil das Urteil auf, dass die Spaltung der Kirche „ganz offenbar dem Willen Christi“ widerspricht, ein „Ärgernis für die Welt“ darstellt und ein „Schaden für die heilige Sache der Verkündigung des Evangeliums vor allem Geschöpfen“ ist.[6]

2. Überwindung der großen Kirchenspaltungen

Mit diesem Urteil nimmt das Konzil die zutiefst anormale Situation der Christenheit sensibel wahr, dass Christen, die in den einen Leib Christi hinein getauft sind, weiterhin in voneinander getrennten Kirchen leben, und es identifiziert die Kirchenspaltungen als Zertrennung dessen, was wesenhaft unzertrennbar ist, nämlich die Einheit des Leibes Christi. Die leidenschaftliche Arbeit an der Überwindung der Spaltungen muss deshalb weitergehen, und zwar in der vom Ökumenismusdekret vorgegebenen Sinnrichtung. Es hat zwei „besondere Kategorien von Spaltungen“ näher ins Auge gefasst, „durch die der nahtlose Leibrock Christi getroffen wurde“[7], nämlich das

5 Cardinal W. Kasper, Harvesting the Fruits. Basic Aspects of Christian Faith in Ecumenical Dialogue (London – New York 2009).

6 Unitatis redintegratio, Nr. 1.

7 Unitatis redintegratio, Nr. 13.

Schisma in der Kirche zwischen Ost und West im 11. Jahrhundert und die Spaltung in der Westkirche im 16. Jahrhundert. Dabei handelt es sich um verschiedene Grundtypen von Spaltungen, deren Aufarbeitung in verschiedenen ökumenischen Dialogen geschieht. Um die Herausforderungen in der heutigen ökumenischen Situation adäquat wahrnehmen und die weiteren Schritte auf dem Weg zur Einheit erkunden zu können, legt sich deshalb zunächst eine Rechenschaft darüber nahe, wie weit die Verständigung in diesen Dialogen vorangekommen ist und welches die verbleibenden Probleme sind.

a) Erste Spaltungen nach dem Konzil von Chalkedon

Vor dem großen Schisma in der Kirche zwischen Ost und West im 11. Jahrhundert geschahen im Orient bereits im vierten und fünften Jahrhundert die ersten Spaltungen in der Geschichte der Christenheit, weil einzelne kirchliche Gemeinschaften die christologischen Lehrentscheidungen der Konzilien von Ephesus und vor allem von Chalkedon im Jahre 451 nicht angenommen und sich deshalb von der Reichskirche getrennt haben. Man unterscheidet deshalb zwischen den chalkedonischen und den nicht-chalkedonischen Kirchen, die heute als Orientalisch-Orthodoxe Kirchen bezeichnet werden, zu denen die Kopten, die Armenier, die Syrer und andere gehören.

Da in der damaligen Zeit kirchliche Glaubensverantwortung und Reichspolitik nur schwer voneinander unterschieden werden können, haben bei diesen Spaltungen gewiss auch politische Motive eine nicht kleine Rolle gespielt. Der theologische Grund für die Spaltungen ist aber vor allem der Streit um die adäquate Formulierung des Christusbekenntnisses gewesen. Während sich das Konzil von Chalkedon für die Definition entschieden hat, dass Jesus Christus, weil er wahrer Gott und wahrer Mensch ist, eine Person in zwei Naturen ist, haben die vorchalkedonischen Kirchen ihre Glaubensüberzeugung mit der Formel zum Ausdruck gebracht, dass in Jesus von Nazareth die eine göttliche Natur Fleisch geworden ist.

Bei diesen Kirchenspaltungen ist es somit um den Kern des christlichen Glaubens gegangen. Von daher versteht es sich leicht, dass im Ökumenischen Dialog mit den Orientalisch-Orthodoxen Kirchen in erster Linie christologische Fragen zu behandeln gewesen sind. Die ökumenischen Dialoge haben dabei zu dem erfreulichen Ergebnis geführt, dass es sich bei diesem Streit im Wesentlichen um ein Sprachproblem gehandelt hat, insofern man verschiedene philosophische Begriffe von Person und Natur verwendet hat, im Grunde aber denselben kirchlichen Christusglauben bekennen wollte.

Nachdem die christologische Frage theologisch geklärt und dieses ökumenische Ergebnis in verschiedenen christologischen Erklärungen zwischen dem Bischof von Rom und Oberhäuptern von verschiedenen Orientalisch-Orthodoxen Kirchen bestätigt worden ist, konnte im Jahre 2003 die Internationale Gemeinsame Kommission für den theologischen Dialog zwischen der Katholischen Kirche und den Orientalisch-Orthodoxen Kirchen ihre Arbeit aufnehmen. Sie hat in der Zwischenzeit bereits zwei Dokumente über „Wesen, Verfassung und Sendung der Kirche"[8] im Jahre 2009 und über die Kirche als Communio und die Communicatio zwischen den Kirchen in den ersten fünf Jahrhunderten im Jahre 2015 verabschieden können. In ihrer dritten Phase widmet sich die Kommission den Fragen der Sakramententheologie, um sich anschließend den ekklesiologischen Problemen und dabei vor allem der Frage des Primats des Bischofs von Rom zuzuwenden und auf diesem Weg die Spaltungen überwinden zu können.

b) Spaltung in der Kirche zwischen Ost und West

Das große Schisma in der Kirche zwischen Ost und West wird zumeist mit dem Jahre 1054 verbunden, als die gegenseitigen Exkommunikationen ausgesprochen worden sind. Dabei handelt es sich freilich weniger um ein historisches als vielmehr um ein symbolisches Datum. Denn in der westlichen und östlichen Christenheit ist das Evangelium eigentlich von Anfang an in einer unterschiedlichen Art und Weise aufgenommen und in verschiedenen Traditionen und kulturellen Ausformungen gelebt und weitergegeben worden. Mit diesen Unterschieden haben die Christen in Ost und West im ersten Jahrtausend in der einen Kirche gelebt; sie haben sich aber immer mehr voneinander entfremdet und konnten sich immer weniger verstehen. Bei dieser zunehmenden Entfremdung haben gewiss auch ernsthafte theologische Fragen eine Rolle gespielt. Aufs Ganze gesehen wird man aber urteilen müssen, dass unterschiedliche Verstehensweisen und verschiedene Spiritualitäten die Kirchenspaltung zu einem großen Teil verursacht haben[9], wie Kardinal Walter Kasper mit Recht feststellt: „Die Christenheit hat sich nicht primär aus-

8 Dokumentiert in: J. Oeldemann/F. Nüssel/U. Swarat/A. Vletsis (Hg.), Dokumente wachsender Übereinstimmung. Sämtliche Berichte und Konsenstexte interkonfessioneller Gespräche auf Weltebene. Band 4: 2001–2010 (Paderborn – Leipzig 2012) 849–868.
9 Vgl. Y. Congar, Zerstrittene Christenheit. Wo trennten sich Ost und West (Wien 1959).

einander diskutiert und über unterschiedlichen Lehrformeln zerstritten, sondern auseinander gelebt."[10]

Angesichts dieses Entfremdungsprozesses, der nach der Trennung im zweiten Jahrtausend nochmals wesentlich vertieft worden ist, darf man es als großen Schritt würdigen, dass in der zweiten Hälfte des zwanzigsten Jahrhunderts intensive Bemühungen um Verständigung und Versöhnung in der Kirche zwischen Ost und West unternommen worden sind. Deren Höhepunkt ist zweifellos das großartige Ereignis am 7. Dezember 1965 gewesen, als unmittelbar vor dem Abschluss des Zweiten Vatikanischen Konzils in der Kathedrale des Phanar in Konstantinopel und in der Basilika St. Peter in Rom die gemeinsame Erklärung der höchsten Repräsentanten der beiden kirchlichen Gemeinschaften, nämlich des Ökumenischen Patriarchen Athenagoras und von Papst Paul VI., verlesen wurde, mit der die beiderseitigen Anathemata von 1054 „aus dem Gedächtnis und der Mitte der Kirche entfernt" worden sind, „damit sie für die Wiederannäherung in der Liebe kein Hindernis mehr darstellen können"[11]. Mit diesem Akt ist das Gift der Exkommunikation aus dem Organismus der Kirche gezogen und das „Symbol der Spaltung" durch das „Symbol der Liebe" ersetzt worden[12], und er ist zum Ausgangspunkt für den ökumenischen Dialog der Liebe und der Wahrheit geworden.

Da die Katholische Kirche mit den Orthodoxen Kirchen eine große gemeinsame Basis an Glaubensüberzeugungen teilt, konnte sich der ökumenische Dialog zunächst auf die Konsolidierung des gemeinsamen Glaubensfundamentes konzentrieren.[13] Dies gilt zumal von der ersten Dekade in den Jahren zwischen 1980 und 1990, in der weitgehende Konvergenzen zwischen der orthodoxen und der römisch-katholischen Theologie hinsichtlich der Themen des Geheimnisses der Dreifaltigkeit Gottes, der Kirche und besonders der Eucharistie, der Sakramente überhaupt, des Verhältnisses von Glaube, Sakrament und Kirche und des Sakramentes des Weiheamtes festgestellt

10 W. Kardinal Kasper, Wege der Einheit. Perspektiven für die Ökumene (Freiburg i. Br. 2005) 208.

11 Déclaration commune du pape Paul VI et du Patriarche Athénagoras exprimant leur décision d'enlever de la mémoire et du milieu de l'Èglise les sentences d'excommunication de l année 1054, in: Tomos Agapis. Vatican-Phanar (1958–1970) (Rome – Istanbul 1971), Nr. 127.

12 J. Ratzinger, Rom und die Kirchen des Ostens nach der Aufhebung der Exkommunikation von 1054, in: Ders., Theologische Prinzipienlehre. Bausteine zur Fundamentaltheologie (München 1982) 214–230.

13 Vgl. K. Cardinal Koch, Auf dem Weg zur Wiederherstellung der einen Kirche in Ost und West, in: D. Schon (Hg.), Dialog 2.0–Braucht der orthodox-katholische Dialog neue Impulse? (Regensburg 2017) 19–41.

worden konnten. In der zweiten Dekade in den Jahren 1990 und 2000 hingegen sind die Gespräche schwieriger geworden, da sie sich immer stärker auf die kruzialen Probleme des Unitatismus und Proselytismus fokussiert haben, was schließlich im Jahre 2000 zum Abbruch der Arbeit der Gemeinsamen Internationalen Kommission für den theologischen Dialog zwischen der Katholischen Kirche und der Orthodoxen Kirche geführt hat.

Es gehört zu den großen ökumenischen Verdiensten von Papst Benedikt XVI., dass kurz nach Beginn seines Pontifikats die genannte Kommission die Arbeit wieder aufnehmen und auf ihrer Plenarversammlung in Ravenna im Jahre 2007 das Dokument „Ekklesiologische und kanonische Konsequenzen der sakramentalen Natur der Kirche. Kirchliche Communio, Konziliarität und Autorität" verabschieden konnte.[14] In ihm wird dargelegt, dass Synodalität und Primat auf allen Ebenen des Lebens der Kirche wechselseitig voneinander abhängig sind. Dass Orthodoxe und Katholiken gemeinsam erklärten konnten, dass die Kirche auch auf der universalen Ebene einen Protos braucht, darf als Meilenstein im katholisch-orthodoxen Dialog gewürdigt werden. Seither beschäftigt sich die Kommission mit der Frage nach dem Verhältnis zwischen Synodalität und Primat und in diesem Kontext mit der Frage nach der Bedeutung und Sendung des Bischofs von Rom in der künftigen Kirchengemeinschaft. Nach einer längeren und schwierigen Phase konnte die Vollversammlung im italienischen Chieti im Jahre 2016 das neue Dokument „Primat und Synodalität im Ersten Jahrtausend. Unterwegs zu einem gemeinsamen Verständnis" der Öffentlichkeit übergeben. Im November 2018 hat das Koordinationskomitee das von einer Subkommission vorbereitete Dokument „Primat und Synodalität im Zweiten Jahrtausend und heute" besprochen. Da sich während den Beratungen gezeigt hat, wie schwierig das Unternehmen ist, eine gemeinsame Lektüre der verschiedenen Entwicklungen in der Lehre und Praxis der Kirche auf katholischer und orthodoxer Seite während des Zweiten Jahrtausends zu erreichen, muss an dieser Thematik intensiv weitergearbeitet werden.

In der heutigen Situation ist es noch nicht absehbar, wann bei diesem wunden Punkt, der bisher die Aufnahme von Kirchengemeinschaft verhindert hat, ein weiterführender Konsens erreicht werden kann. Da sich Orthodoxe und Katholiken unter allen christlichen Kirchen einander am nächsten stehen, sind sie jedoch in besonderer Weise verpflichtet, die eine

14 Dokumentiert in: J. Oeldemann/F. Nüssel/U. Swarat/A. Vletsis (Hg.), Dokumente wachsender Übereinstimmung. Band 4: 2001–2010 (Paderborn – Leipzig 2012) 833–848.

und ungeteilte Kirche in Ost und West wiederherzustellen und sie in der eucharistischen Gemeinschaft zu bekräftigen. Denn die wieder erwachte kirchliche Liebe muss in die eucharistische Agape münden, wie dies vor fünfzig Jahren der Ökumenische Patriarch Athenagoras mit von Leidenschaft geprägten Worten ausgesprochen hat: „Die Stunde des christlichen Mutes ist gekommen. Wir lieben einander; wir bekennen den gleichen gemeinsamen Glauben; machen wir uns zusammen auf den Weg vor die Herrlichkeit des gemeinsamen heiligen Altars, um den Willen des Herrn zu erfüllen, damit die Kirche strahlt, damit die Welt glaubt und der Friede Gottes auf alle kommt."[15]

c) Spaltung in der Westkirche

Bei der ökumenischen Überwindung der Spaltung in der Westkirche im 16. Jahrhundert stehen wir vor anderen Ausgangsbedingungen. Im Unterschied zu den Orientalisch-Orthodoxen und Orthodoxen Kirchen, die mit der Katholischen Kirche das ekklesiologische Grundgefüge teilen, das sich seit dem zweiten Jahrhundert herausgebildet hat, nämlich die sakramental-eucharistische und die episkopale Grundstruktur der Kirche[16], ist in der Reformation ein anderer Typus des Kircheseins hervorgebracht worden, der sich nicht unwesentlich von der ekklesialen Grundstruktur der Alten Kirche unterscheidet. Dies hat zur Konsequenz, dass sich der ökumenische Dialog mit den aus der Reformation hervorgegangenen Kirchen und kirchlichen Gemeinschaften nicht einfach auf einzelne Lehrunterschiede wie beispielsweise den Primat des Bischofs von Rom beziehen kann, sondern sich auch mit einer anderen ekklesialen Grundstruktur auseinandersetzen muss.

Der erste Dialog, den die Katholische Kirche unmittelbar nach dem Ende des Zweiten Vatikanischen Konzils begonnen ist, ist derjenige mit dem Lutherischen Weltbund gewesen, der sich in den vergangenen fünfzig Jahren als sehr fruchtbar erwiesen hat. Ein wesentlicher Schritt auf mehr Gemeinschaft hin konnte vor allem vollzogen werden mit der Gemeinsamen Erklärung zur Rechtfertigungslehre, die am 31. Oktober 1999 in Augsburg vom Lutherischen Weltbund und vom Päpstlichen Rat zur Förderung der Einheit

---

15 Télégramme du patriarche Athénagoras au pape Paul VI, à l'occasion de l'anniversaire de la levée des anathèmes le 7 décembre 1969, in: Tomos Agapis. Vatican – Phanar (1958–1970) (Rome – Istanbul 1971) Nr. 277.

16 Vgl. K. Koch, Die apostolische Dimension der Kirche im ökumenischen Gespräch, in: Communio. Internationale katholische Zeitschrift 40 (2011) 234–252.

der Christen unterzeichnet worden ist.[17] Dass bei der wohl zentralsten Frage, die im 16. Jahrhundert zur Reformation und anschließend zur Kirchenspaltung geführt hat, ein weitgehender Konsens erzielt werden konnte, darf man als ökumenischen Meilenstein würdigen. Diese Bedeutung wird noch dadurch hervorgehoben, dass sich dieser Gemeinsamen Erklärung in der Zwischenzeit auch der Weltrat der Methodisten im Jahre 2006 und der Weltrat der Reformierten Kirchen im Jahre 2017 angeschlossen und auch die Anglikanische Gemeinschaft zugestimmt haben.

Auf der Basis dieses differenzierenden Konsenses über die Rechtfertigungslehre ist im Jahre 2017 auch ein Gemeinsames Gedenken des Beginns der Reformation vor fünfhundert Jahren möglich geworden. Zu seiner Vorbereitung hat die Lutherisch / Römisch-katholische Kommission für die Einheit das Dokument „Vom Konflikt zur Gemeinschaft" erarbeitet und veröffentlicht[18], in dem weitgehende Konsense über die Lehre von der Rechtfertigung, über das Verhältnis von Heiliger Schrift und Tradition, über Eucharistie und das kirchliche Amt festgestellt werden konnten. Mit der Wiederentdeckung dessen, was Lutheranern und Katholiken gemeinsam ist, ist auch neu bewusst geworden, dass es Martin Luther nicht um eine Reformation im Sinne der mit ihr schließlich zerbrochenen Einheit der Kirche und des Entstehens von neuen reformatorischen Kirchen, sondern um eine Reform im Sinne einer durchgreifenden und umfassenden Erneuerung der Kirche gegangen ist, wie der evangelische Ökumeniker Wolfhart Pannenberg pointiert herausgestellt hat: „Luther wollte eine Reformation der Gesamtchristenheit; sein Ziel war alles andere als eine lutherische Sonderkirche."[19]

Dieses Urteil bedeutet, dass es bei der ökumenischen Suche nach der Wiedergewinnung der Einheit der Kirche auch um die Vollendung der elementaren Anliegen der Reformation selbst geht und dass nun der ökumenische Dialog vor allem über das Verständnis der Kirche weitergeführt werden muss. Bereits die Gemeinsame Erklärung zur Rechtfertigungslehre hat festgehalten, dass mit ihr die ekklesiologischen Konsequenzen noch nicht geklärt

17 Dokumentiert in: H. Meyer/D. Papandreou/H. J. Urban/L. Vischer (Hg.), Dokumente wachsender Übereinstimmung. Band 3: 1990–2001 (Paderborn – Frankfurt a. M. 2003) 419–441.

18 Vom Konflikt zur Gemeinschaft. Gemeinsames lutherisch-katholisches Reformationsgedenken im Jahr 2017. Bericht der Lutherisch/Römisch-katholischen Kommission für die Einheit (Leipzig – Paderborn 2013).

19 W. Pannenberg, Problemgeschichte der neueren evangelischen Theologie in Deutschland (Göttingen 1997) 25.

sind. Dies impliziert, dass nun die Klärung des Kirchenverständnisses zu den Haupttraktanden des ökumenischen Dialogs mit den aus der Reformation hervorgegangenen Kirchen und kirchlichen Gemeinschaften gehören muss.

Auf diesem Hintergrund habe ich den Vorschlag gemacht, Katholiken und Lutheraner sollten sich auf den Weg zur Erarbeitung einer neuen gemeinsamen Erklärung über Kirche, Eucharistie und Amt machen.[20] Dankbar darf ich feststellen, wie positiv dieser Vorschlag bereits aufgenommen worden ist: Der Lutherisch-Katholische Dialog in den Vereinigten Staaten von Amerika hat bereits ein eigenes Dokument zu diesen Themen veröffentlicht: „Declaration on the way: Church, Eucharist and Ministry“[21]; und auch die Lutherisch-Katholische Kommission in Finnland hat unlängst das Ergebnis ihres ökumenischen Dialogs unter dem Titel veröffentlicht: „Communion in Growth. Declaration on Church, Eucharist and Ministry“[22]. Wenn es gelingen könnte, eine – zur Gemeinsamen Erklärung über die Rechtfertigungslehre analoge – Erklärung über Kirche, Eucharistie und Amt zu erarbeiten und zu verabschieden, wäre in der Tat ein entscheidender Schritt auf dem Weg zur sichtbaren Kirchengemeinschaft erreicht, die auch im Dialog mit den aus der Reformation hervorgegangenen Kirchen und kirchlichen Gemeinschaften das anzuvisierende Ziel ist und sein muss.

3. Bleibende und neue Herausforderungen in der ökumenischen Situation heute

Im ökumenischen Dialog mit den Reformationskirchen kommt erschwerend hinzu, dass die Kirchenspaltung im 16. Jahrhundert immer weitere Trennungen nach sich gezogen, die protestantische Welt sich weiter ausdifferenziert hat und bei dieser großen Vielfalt und dem kaum mehr überblickbaren Pluriversum von Kirchen und kirchlichen Gemeinschaften auf Weltebene nur marginale Bestrebungen zu mehr Einheit untereinander, sondern vielfältige Zersplitterungsprozesse und zunehmende Fragmentierungen festgestellt werden müssen. Dies impliziert, dass sich die weltweite Geographie der Chris-

20 K. Koch, Auf dem Weg zur Kirchengemeinschaft. Welche Chance hat eine gemeinsame Erklärung zu Kirche, Eucharistie und Amt? in: Catholica 69 (2015) 77–94.

21 Committee on Ecumenical and Interreligious Affairs, United States Conference of Catholic Bishops – Evangelical-Lutheran Church in America, Declaration on the Way. Church, Ministry, and Eucharist (Minneapolis 2015).

22 Communion in Growth. Declaration on the Church, Eucharist, and Ministry. A Report from the Lutheran-Catholic Dialogue-Commission for Finland (Helsinki 2017).

tenheit tiefgreifend verändert hat und die ökumenische Situation unübersichtlicher geworden ist, womit neue Herausforderungen verbunden sind.

a) Expandierendes Wachstum des Pentekostalismus

Dieses Phänomen findet in der jüngeren Zeit eine weitere Bestätigung im Auftreten von neuen Dialogpartnern. Die ökumenischen Begegnungen und Dialoge finden heute nicht mehr nur zwischen den historischen Großkirchen vor allem des Westens statt, sondern auch mit vielen neuen christlichen Bewegungen vorwiegend im evangelischen Bereich. Von besonderer Bedeutung ist das rapide und zahlenmäßig starke Anwachsen von autochthonen Freikirchen, evangelikalen und charismatischen Gruppierungen und pentekostalen Bewegungen in der südlichen Hemisphäre, in der Zwischenzeit aber auch in anderen Kontinenten.[23] Vor allem der Pentekostalismus bildet mit seinen ungefähr 400 Millionen Anhängern zahlenmäßig die zweitstärkste christliche Gemeinschaft nach der Katholischen Kirche. Es handelt sich dabei um ein derart expandierendes Phänomen, dass man von einer derzeitigen „Pentekostalisierung des Christentums" reden muss[24] oder geneigt sein kann, in ihm eine neue, genauer „vierte Form des Christseins" wahrzunehmen, nämlich neben den Orthodoxen und Orientalisch-Orthodoxen Kirchen, der Katholischen Kirche und den aus der Reformation hervorgegangenen Kirchen und kirchlichen Gemeinschaften[25].

Im schnellen Wachstum der so genannten Pfingstkirchen besteht eine der elementaren Herausforderungen in der ökumenischen Situation heute, auf die Papst Benedikt XVI. wohl nicht zufälligerweise bei seiner Begegnung mit Vertretern des Rates der Evangelischen Kirche in Deutschland im Augustinerkloster Erfurt im September 2011 mit diesen sensiblen Beobachtungen hingewiesen hat: „Vor einer neuen Form von Christentum, die mit einer ungeheuren und in ihren Formen manchmal beängstigenden missionarischen Dynamik sich ausbreitet, stehen die klassischen Konfessionskirchen oft ratlos

23 Vgl. J. Müller/K. Gabriel (Eds.), Evangelicals, Pentecostal Churches, Charismatics. New religious movements as a challenge for the Catholic Church (Quezon 2015).

24 B. Farrell, Der Päpstliche Rat zur Förderung der Einheit der Christen im Jahre 2003, in: Catholica 58 (2004) 81–104, zit. 97.

25 M. Eckholt, Pentekostalismus. Eine neue „Grundform" des Christseins. Eine theologische Orientierung zum Verhältnis von Spiritualität und Gesellschaft, in: Th. Kessler/A.-P. Rethmann (Hg.), Pentekostalismus. Die Pfingstbewegung als Anfrage an Theologie und Kirche = Weltkirche und Mission. Band 1 (Regensburg 2012) 202–225, zit. 202.

da. Es ist ein Christentum mit geringer institutioneller Dichte, mit wenig rationalem und mit noch weniger dogmatischem Gepäck, auch mit geringer Stabilität. Dieses weltweite Phänomen – von dem ich von Bischöfen aus aller Welt immer wieder höre – stellt uns alle vor die Frage: Was hat diese neue Form von Christentum uns zu sagen, positiv und negativ? Auf jeden Fall stellt es uns vor die Frage, was das bleibend Gültige ist und was anders werden kann oder muss – vor die Frage unserer gläubigen Grundentscheidung."[26] Mit diesen Feststellungen und Fragen hat Papst Benedikt XVI. die Herausforderung der Ökumene durch das weltweite Phänomen des Pentekostalismus beim Namen genannt, wobei es sich leicht versteht, dass in den ökumenischen Dialogen mit diesen neuen Bewegungen andere Traktanden als in den Dialogen mit den historischen Großkirchen im Vordergrund stehen. Im vorliegenden Zusammenhang müssen freilich einzelne Hinweise genügen.

An erster Stelle fällt auf, dass mit dem Pentekostalismus ein völlig neuer Typ des Kircheseins an den Tag getreten ist, bei dem die charismatische Dimension des Glaubens und seines Lebens in der Gemeinschaft eine bedeutsame Rolle spielt. Albert-Peter Rethmann hat diesen neuen Typ dahingehend charakterisiert, dass mit den pentekostalen Bewegungen ein Kirchentyp entstanden ist, „der auf individueller Entscheidung basiert und der sich mehr als Bewegung denn als Organisation und Hierarchie versteht, beziehungsweise – christlich gesprochen – als dezidiert brüderliche und geschwisterliche Gemeinde". Im Blick auf die Kirchenstruktur der historisch gewachsenen Großkirchen spricht Rethmann sogar von „zwei kontrastierenden Kirchenmodellen"[27], die sich gegenseitig befragen sollten und die zweifellos auch Thema des ökumenischen Dialogs sein müssen, in dem ohnehin die Klärung des Kirchenverständnisses zu den primären Traktanden in der heutigen Situation gehört.

Dieser neue Kirchentyp hängt zweitens auch damit zusammen, dass der Pentekostalismus seinem eigenen Selbstverständnis nach keine direkten Wurzeln in der Reformation im 16. Jahrhundert aufweist, sondern sich als Frucht einer neuen pfingstlichen Ausgießung des Heiligen Geistes weiß. Dem entsprechend spielen bei ihm der Glaube an das Wirken des Heiligen Geistes und seine Erfahrung im konkreten Leben des Alltags und die den Glauben und die Erfahrung besiegelnde so genannte Geisttaufe eine bedeutende Rolle.

---

26 Benedikt XVI., Ansprache bei der Begegnung mit Vertretern des Rates der Evangelischen Kirche in Deutschland (EKD) im Augustinerkloster Erfurt am 23. September 2011.

27 H.-P. Rethmann, Die geschichtliche Entwicklung der Pfingstbewegung und ihre Praxis. Anfragen an Theologie und Kirche, in: Th. Kessler/H.-P. Rethmann (Hg.), Pentekostalismus. Die Pfingstbewegung als Anfrage an Theologie und Kirche (Regensburg 2012) 15–33, zit. 30.

Sie findet nicht selten ihren Ausdruck in einem ganzheitlichen Verständnis von Heil und Heilung und in aus ihm folgenden Heilungsriten einerseits und manchmal recht ekstatischen Gottesdienstformen andererseits. In diesen Erscheinungen melden sich zweifellos ein grosser Hunger und Durst nach geistlichen Erfahrungen an, die die Großkirchen ernst nehmen müssen. Wenn es den pentekostalen Bewegungen offensichtlich leicht fällt, Mitglieder der etablierten Kirchen anzusprechen und sie abzuwerben, müssen die Großkirchen selbstkritisch nach den Gründen fragen, warum so viele Kirchenglieder zu diesen Bewegungen übertreten. Die Großkirchen dürfen dabei freilich nicht der Versuchung erliegen, die teilweise problematischen Evangelisierungsmethoden dieser Bewegungen übernehmen zu wollen, deren elementarste darin bestehen dürfte, das christliche Evangelium im Sinne einer äußerst problematischen „Teologia de la prosperidad" zu einer Botschaft von diesseitiger und vor allem wirtschaftlicher Glücksverheißung verkommen zu lassen, mit der die christliche Option für die Schwachen und Armen in ihr Gegenteil verkehrt wird.

Damit tritt ein dritter Grundzug der pentekostalen Bewegungen an den Tag. Ihre Stärke liegt zweifellos in einem klar entwickelten evangelisatorischen Bewusstsein, von dem die historischen Großkirchen lernen können. In der umgekehrten Sinnrichtung können und müssen die pentekostalen Bewegungen, bei denen starke proselytische Tendenzen bestehen, von den Großkirchen lernen, dass es sich bei der christlichen Evangelisierung um einen durch und durch freiheitlichen Vorgang handelt, der sich an die Freiheit anderer Menschen adressiert, ohne ihnen den Glauben aufdrängen zu wollen, und dass folglich jede Form des Proselytismus dem Christlichen zuwider ist. Da diese Überzeugung in der Ökumenischen Bewegung konstitutiv ist, muss sich der Dialog mit den pentekostalen Bewegungen auf die gemeinsame Praxis der Evangelisierung ohne jeden Proselytismus konzentrieren.

b) Strittigkeit des ökumenischen Ziels

Das Phänomen des Pentekostalismus macht eine weitere Herausforderung in der ökumenischen Situation heute sichtbar. Die an sich erfreuliche Tatsache, dass sich in der Ökumenischen Bewegung so viele Menschen und christliche Gemeinschaften engagieren, hat zur problematischen Konsequenz, dass sich die unterschiedlichen Vorstellungen vom Ziel der Ökumenischen Bewegung noch weiter als bisher pluralisiert haben. Im Laufe der Zeit ist das Ziel der Ökumenischen Bewegung immer undeutlicher geworden, und es besteht kaum mehr ein Konsens darüber, was unter der wieder zu gewinnenden Einheit der Kirche zu verstehen ist. Die elementare Herausforderung in der ökumenischen Situation heute muss man von daher in dem doppelten Sachverhalt diagnostizieren, dass auf der einen Seite in den bisherigen Phasen der ökumenischen Dialoge erfreuliche und weitgehende Konvergenzen und Konsense über viele bisher strittige Einzelfragen des Glaubensverständnisses und der theologischen Struktur der Kirche erzielt werden konnten, dass sich aber auf der anderen Seite sehr viele der noch bestehenden Differenzpunkte im nach wie vor unterschiedlich geprägten Verständnis der Einheit der Kirche bündeln. In diesem doppelten Sachverhalt liegt die eigentliche Paradoxie der Ökumenischen Bewegung heute, die man mit Bischof Paul-Werner Scheele genauer in der Diagnose festmachen kann: „Man ist sich einig über das Dass der Einheit und uneinig über ihr Was."[28]

Dass über das Ziel der Ökumenischen Bewegung keine wirklich tragfähige Verständigung erzielt werden konnte und dass frühere diesbezügliche Teilkonsense teilweise wieder brüchig geworden sind, hat seinen wesentlichen Grund darin, dass die recht unterschiedlichen konfessionellen Konzeptionen der Kirche und ihrer Einheit nach wie vor unversöhnt nebeneinander stehen. Da jede Kirche und kirchliche Gemeinschaft ihr spezifisches Konzept von ihrem Kirche-Sein und ihrer Einheit hat und verwirklicht und deshalb auch bestrebt ist, ihre konfessionelle Konzeption auch auf die Ebene des Ziels der Ökumenischen Bewegung zu übertragen, gibt es im Grunde so viele ökumenische Zielvorstellungen wie es konfessionelle Ekklesiologien gibt.[29] Dies bedeutet genauer, dass die mangelnde Verständigung über das Ziel der Ökumenischen Bewegung nicht unwesentlich in einer weithin fehlenden ökumenischen Verständigung über das Wesen der Kirche und ihrer Einheit begründet ist.

Die Katholische Kirche hält zusammen mit den Orthodoxen Kirchen an der ursprünglich ökumenisch gemeinsamen Zielvorstellung der sichtbaren Einheit im Glauben, in den Sakramenten und in den kirchlichen Ämtern fest. Nicht wenige der aus der Reformation hervorgegangenen Kirchen und kirchlichen Gemeinschaften haben dem gegenüber diese Einheitsvorstellung weitgehend aufgegeben und mit dem Postulat der gegenseitigen Anerkennung

---

28 P.-W. Scheele, Ökumene – wohin? Unterschiedliche Konzepte kirchlicher Einheit im Vergleich, in: St. Ley/I. Proft/M. Schulze (Hg.), Welt vor Gott. Für George Augustin (Freiburg i. Br. 2016) 165–179, zit. 165.

29 Vgl. G. Hintzen/W. Thönissen, Kirchengemeinschaft möglich. Einheitsverständnis und Einheitskonzepte in der Diskussion (Paderborn 2001); F. W. Graf/D. Korsch (Hg.), Jenseits der Einheit. Protestantische Ansichten der Ökumene (Hannover 2001).

der verschiedenen kirchlichen Realitäten als Kirchen und damit als Teile der einen Kirche Jesu Christi ersetzt. Damit ist zwar gewiss keine prinzipielle Unsichtbarkeit der Einheit der Kirche postuliert; die sichtbare Einheit besteht dann aber bloß noch in der Addition aller vorhandenen Kirchentümer. Diese protestantische Neubestimmung des ökumenischen Ziels hat ihren deutlichsten Ausdruck gefunden in der im Jahre 1973 abgeschlossenen Leuenberger Konkordie, die sich bewusst als Gemeinschaft von bekenntnisverschiedenen Kirchen versteht, die aufgrund eines gemeinsamen Verständnisses des Evangeliums, das in der Rechtfertigungslehre gesehen wird, einander Gemeinschaft in Wort und Sakrament, die gegenseitige Anerkennung der Ordination eingeschlossen, gewähren. Kirchengemeinschaft ist folglich wesentlich Kanzel- und Abendmahlsgemeinschaft, wobei die verschiedenen Kirchen eigenständig bleiben. In der Leuenberger Konkordie wird zudem nicht nur das charakteristisch „evangelische Modell für die kirchliche Einheit“ gesehen[30], sondern auch das Modell für die ökumenischen Beziehungen mit den anderen christlichen Kirchen[31]. Bis anhin ist jedoch nicht ersichtlich, dass sich dieses protestantische Modell von Kirchengemeinschaft mit den katholischen Prinzipien der Ökumene versöhnen lässt, wie Papst Benedikt XVI. mit wünschenswerter Klarheit geurteilt hat: „Die Suche nach der Wiederherstellung der Einheit unter den gespaltenen Christen darf sich … nicht auf die Anerkennung der jeweiligen Unterschiede und das Erreichen eines friedlichen Zusammenlebens beschränken: wonach wir uns sehnen, das ist die Einheit, für die Christus selbst gebetet hat und die ihrem Wesen gemäß sichtbar wird in der Gemeinschaft des Glaubens, der Sakramente, des Dienstes.“[32]

Führt man sich die verschiedenen Vorstellungen des ökumenischen Ziels, die in den unterschiedlichen konfessionellen Ekklesiologien begründet sind, vor Augen, ergibt sich von selbst die Konsequenz, dass eine ökumenische Klärung des Kirchen- und Einheitsverständnisses eines der zentralen Themen in den heutigen und künftigen ökumenischen Dialogen sein muss. Einen diesbezüglich hilfreichen Weg weist die theologische Studie der Kommission

30 W. Hüffmeier, Kirchliche Einheit als Kirchengemeinschaft – Das Leuenberger Modell, in: F. W. Graf/D. Korsch (Hg.), Jenseits der Einheit. Protestantische Ansichten der Ökumene (Hannover 2001) 35–54, zit. 54.

31 Vgl. U. H. J. Körtner, Die Leuenberger Konkordie als ökumenisches Modell, in: M. Bünker/B. Jaeger (Hg.), 40 Jahre Leuenberger Konkordie. Dokumentationsband zum Jubiläumsjahr 2013 der Gemeinschaft Evangelischer Kirchen in Europa (Wien 2014) 203–226.

32 Benedikt XVI., Predigt in der Vesper zum Abschluss der Gebetswoche für die Einheit der Christen am 25. Januar 2011.

für Glauben und Kirchenverfassung des Ökumenischen Rates der Kirchen mit dem Titel „Die Kirche. Auf dem Weg zu einer gemeinsamen Vision“. Sie strebt eine „globale, multilaterale und ökumenische Vision von Wesen, von Bestimmung und dem Auftrag der Kirche“ an und kann als wertvolle ekklesiologische In-Via-Erklärung in ökumenischer Sicht eingeschätzt werden[33]. Dennoch vermag auch diese gewiss verdienstvolle Studie die theologische Verständigung bei den meisten bisher kontroversen ekklesiologischen Themen nicht über die Formulierung von weiterhin offenen Fragen hinaus zu führen. Eine ökumenische Klärung des Kirchen- und Einheitsverständnisses erweist sich deshalb als schwerwiegendes Desiderat, das dringend aufgearbeitet werden muss, um neuen Konsens über das Ziel der Ökumenischen Bewegung zu erreichen. Denn ansonsten besteht die Gefahr, dass die verschiedenen Kirchen in unterschiedlicher Richtung voran schreiten und dann entdecken müssen, dass sie sich noch weiter als bisher voneinander entfernt haben. Von daher legt sich heute eine gemeinsame Rückbesinnung darauf nahe, wohin denn die ökumenische Reise gehen soll.

c) Infragestellung des Einheitsgedankens

Mit der Strittigkeit des ökumenischen Ziels ist die weitere Herausforderung verbunden, dass in der heutigen ökumenischen Situation die ehemals große Leidenschaft für die Einheit der Kirche schwach geworden und an ihre Stelle die Vorliebe für die Vielfalt und Pluralität von Kirchen getreten ist. Das Lob der Vielfalt führt nicht selten dazu, dass der Ökumene die Einheit aus dem Blick zu geraten droht, so dass der Verzicht auf die Suche nach Einheit als eine besondere Versuchung in der ökumenischen Situation heute wahrgenommen werden muss.[34]

Nicht selten wird dabei versucht, diesen Verzicht mit der Heiligen Schrift zu begründen, indem man sich auf die immer wiederholte These des evangelischen Neutestamentlers Ernst Käsemann beruft, mit der er auch die großen Kirchenspaltungen zu legitimieren versucht hat, dass nämlich der neutestamentliche Kanon nicht die Einheit der Kirche, sondern die Vielfalt der

33 Die Kirche auf dem Weg zu einer gemeinsamen Vision. Eine Studie der Kommission für Glauben und Kirchenverfassung des Ökumenischen Rates der Kirchen (ÖRK) (Gütersloh – Paderborn 2015).

34 Vgl. K. Kardinal Koch, Lob der Vielfalt – Gerät den christlichen Kirchen die Einheit aus dem Blick? in: St. Kopp/W. Thönissen (Hg.), Mehr als friedvoll getrennt? Ökumene nach 2017 (Freiburg i. Br. 2017) 15–40.

Konfessionen begründe.[35] Diese These feiert neue Urständ beispielsweise beim Rat der Evangelischen Kirche in Deutschland, wenn er in seinem Grundlagentext zum Reformationsgedenken im Jahre 2017 die reformatorischen Kirchen identifiziert als „Teil der legitimen, weil schrift-konformen Pluralisierung der christlichen Kirchen, aber auch Teil der schriftgemäßen Bewegung auf die volle sichtbare Einheit der einen Kirche in der Vielfalt der Konfessionen hin"[36]. Die Problematik solcher Thesen besteht bereits darin, dass es einem anachronistischen Unterfangen gleichkommt, wenn man die heutige, in der Geschichte gewordene Situation von getrennten und nebeneinander lebenden konfessionell geprägten Kirchen und kirchlichen Gemeinschaften ins Neue Testament zurück trägt, wie Kardinal Walter Kasper mit Recht urteilt: „Für Paulus wären ein solches Nebeneinander und ein Pluralismus von verschiedenen und unterschiedlichen Konfessionskirchen eine ganz und gar unerträgliche Vorstellung."[37]

Die Problematisierung des Einheitsgedankens zugunsten des Pluralistischen hat noch einen weiteren Grund darin, dass in den vergangenen Jahrzehnten in der Ökumene massive Spannungen und Divergenzen im Bereich der Ethik aufgetreten sind, und zwar vor allem bei bioethischen Fragestellungen und bei den ethischen Problemen von Ehe, Familie und Sexualität im Horizont des heutigen Gender-Mainstream. Dabei muss es als paradox erscheinen, dass, während es in den bisherigen ökumenischen Dialogen teilweise gelungen ist, alte konfessionelle Glaubensgegensätze zu überwinden oder zumindest Annäherungen entgegen zu führen, heute große Unterschiede vor allem bei ethischen Fragen an den Tag treten. Während in einer früheren Phase in der Ökumenischen Bewegung das Losungswort hieß: „Glaube trennt – Handeln vereint", trifft heute weithin das Gegenteil zu, dass der Glaube verbindet und vor allem die Ethik trennt.

Wenn man diese Entwicklungen näher analysiert, drängt sich die Vermutung auf, dass hinter diesen ethischen Problemen zumeist Fragestellungen stehen, die das Menschenbild betreffen. Von daher wird eine große Aufgabe, die auf die Ökumene zukommen wird, in der Erarbeitung einer ökumenisch gemeinsam verantworteten christlichen Anthropologie beste-

---

35 E. Käsemann, Begründet der neutestamentliche Kanon die Einheit der Kirche? in: Ders., Exegetische Versuche und Besinnungen. Erster und zweiter Band (Göttingen 1970) 214–223.

36 Rechtfertigung und Freiheit. 500 Jahre Reformation 2017. Ein Grundlagentext des Rates der Evangelischen Kirche in Deutschland (EKD) (Gütersloh 2014) 99.

37 W. Kardinal Kasper, Katholische Kirche. Wesen – Wirklichkeit – Sendung (Freiburg i. Br. 2011) 226.

hen.[38] Dabei darf dankbar festgestellt werden, dass diese Herausforderung immer deutlicher erkannt und wahrgenommen wird, wie beispielsweise die „Perspektiven ökumenischer Sozialethik", die von Wiener Theologen und Theologinnen in orthodoxer, katholischer und evangelischer Sicht entwickelt worden sind[39], und vor allem das von der Bilateralen Arbeitsgruppe der Deutschen Bischofskonferenz und der Vereinigten Evangelisch-Lutherischen Kirche Deutschlands verantwortete Dokument „Gott und die Würde des Menschen"[40] zeigen.

In dieser Richtung weiter zu arbeiten ist eine besondere Herausforderung an die Ökumene heute. Denn wenn die christlichen Kirchen und kirchlichen Gemeinschaften zu den großen ethischen Fragen des menschlichen Lebens und gesellschaftlichen Zusammenlebens nicht mit einer Stimme sprechen können, wird die christliche Stimme in den säkularisierten Gesellschaften heute immer schwächer und schadet dies der Glaubwürdigkeit des ökumenischen Anliegens. Noch weitergehend ist die christliche Ökumene heute verpflichtet, in erneuerter Weise die Frage nach der Einheit der Kirche zu stellen. Weil Einheit eine Grundkategorie des christlichen Glaubens ist und bleibt, muss die ökumenische Grundüberzeugung revitalisiert werden, dass ohne Suche nach Einheit der christliche Glaube sich selbst in Frage stellen würde.

4. Gebet, Umkehr und Mission in der Ökumenischen Bewegung

Im Wahrnehmen der genannten großen Herausforderungen sind wir nicht nur auf die Anfänge des Verstehens zurück geworfen, sondern auch auf die Anfänge der Ökumenischen Bewegung zurück verwiesen. Es legt sich von daher nahe, die Ökumenische Bewegung an ihrem Beginn zu betrachten und die drei elementaren Dimensionen, in denen sie sich verwirklicht hat und sich weiterhin realisiert, zu vergegenwärtigen, um von daher auch Wege in die Zukunft gehen zu können.

---

38 Vgl. K. Kardinal Koch, Der Mensch als ökumenische Frage: Gibt es (noch) eine gemeinchristliche Anthropologie? in: B. Stubenrauch/M. Seewald (Hg.), Das Menschenbild der Konfessionen – Achillesferse der Ökumene? (Freiburg i. Br. 2015) 18–32.

39 J. Gabriel, A. K. Papaderos, U. H. J. Körtner (Hg.), Perspektiven ökumenischer Sozialethik. Der Auftrag der Kirchen im größeren Europa (Mainz 2005).

40 Bilaterale Arbeitsgruppe der Deutschen Bischofskonferenz und der Vereinigten Evangelisch-Lutherischen Kirche Deutschlands, Gott und die Würde des Menschen (Paderborn – Leipzig 2017).

Die Ökumenische Bewegung ist in erster Linie eine Gebetsbewegung gewesen. Diesen Grundzug hat Papst Benedikt XVI. mit dem anschaulichen Bild zum Ausdruck gebracht: „Das Schiff des Ökumenismus wäre niemals aus dem Hafen ausgelaufen, wenn es nicht von dieser umfassenden Gebetsströmung in Bewegung gesetzt und vom Wehen des Heiligen Geistes angetrieben worden wäre."[41] Am Beginn der Ökumenischen Bewegung stand in der Tat die Einführung der Gebetswoche für die Einheit der Christen, die eine ökumenische Initiative gewesen und von Papst Benedikt XV. aufgenommen und auf die ganze Katholische Kirche ausgeweitet worden ist. Das Zweite Vatikanische Konzil hat sodann den „geistlichen Ökumenismus" als Mitte allen ökumenischen Bemühens bezeichnet und als „Seele der ganzen ökumenischen Bewegung" identifiziert[42]. Mit dem Gebet um die Einheit der Christen bringen wir unsere Glaubensüberzeugung zum Ausdruck, dass wir Menschen die Einheit nicht selbst machen und auch nicht über ihre Gestalt und ihren Zeitpunkt befinden können, sondern dass wir sie uns nur von Gott schenken lassen können. Bei der ökumenischen Gebetsbewegung vor mehr als hundert Jahren kann es sich deshalb nicht um einen Anfang handeln, den wir je einmal hinter uns lassen können. Es handelt sich vielmehr um einen Anfang, der auch heute alle ökumenischen Bemühungen begleiten muss.

Die Ökumenische Bewegung ist zweitens eine Umkehrbewegung gewesen.[43] Diese Perspektive trat bereits deutlich zu Tage im Denken des heiligen Papstes Johannes XXIII. Denn die beiden Hauptanliegen, die ihn bewogen haben, ein Konzil einzuberufen, sind bei ihm eng miteinander verbunden gewesen, nämlich die Erneuerung der Katholischen Kirche und die Wiederherstellung der Einheit der Christen. Dahinter stand die Überzeugung, dass wir Christen die Einheit, die uns in Christus bereits geschenkt ist, nur finden können, wenn wir gemeinsam zu Jesus Christus umkehren. Die Umkehr ist das Lebenselixier einer wahrhaften Ökumene, wie das Ökumenismusdekret des Zweiten Vatikanischen Konzils programmatisch formuliert hat: „Es gibt keinen echten Ökumenismus ohne innere Bekehrung. Denn aus dem Neuwerden des Geistes, aus der Selbstverleugnung und aus dem freien Strömen

41 Benedikt XVI., Predigt im Vespergottesdienst zum Abschluss der Gebetswoche für die Einheit der Christen am 23. Januar 2008.

42 Unitatis redintegratio, Nr. 8.

43 Vgl. K. Kardinal Koch, Innere Reform und Umkehr als Voraussetzung für Ökumene, in: E. Dieckmann/K. Kardinal Lehmann (Hg.), Blick zurück nach vorn. Das Zweite Vatikanum aus der Perspektive der multilateralen Ökumene (Würzburg 2016) 161–186.

der Liebe erwächst und reift das Verlangen nach Einheit."[44] In seiner Enzyklika über den Einsatz für die Ökumene „Ut unum sint" hat der heilige Papst Johannes Paul II. hervorgehoben, das ganze Dekret über den Ökumenismus sei „vom Geist der Bekehrung" durchdrungen[45]. In erster Linie geht es dabei freilich nicht um die Bekehrung der anderen, sondern um die eigene Bekehrung, die die Bereitschaft voraussetzt, eigene Schwächen und Defizite selbstkritisch wahrzunehmen, in Demut zu bekennen und am Evangelium Jesu Christi Mass zu nehmen.

Die Ökumenische Bewegung ist drittens auch eine Missionsbewegung gewesen. Das Zweite Vatikanische Konzil hat den Mut gehabt, die weiterbestehende Spaltung der Christenheit als Ärgernis zu bezeichnen, das sie der Welt bietet und das der Verkündigung der christlichen Botschaft schadet, wie bereits im ersten Artikel des Ökumenismusdekrets festgehalten wird: „Eine solche Spaltung widerspricht aber ganz offenbar dem Willen Christi, sie ist ein Ärgernis für die Welt und ein Schaden für die heilige Sache der Verkündigung des Evangeliums vor allen Geschöpfen."[46] Wenn die Zerstrittenheit der Christen das Gegen-Zeugnis für die Verkündigung des Evangeliums ist, dann ist umgekehrt die ökumenische Versöhnung die Grundvoraussetzung für eine glaubwürdige Mission der Kirche. Mission und Ökumene fordern und fördern sich wechselseitig: Eine missionarische Kirche ist von selbst eine ökumenische Kirche, und eine ökumenisch engagierte Kirche bildet die Grundbedingung für eine missionarische Kirche.

Die Ökumenische Bewegung ist von allem Anfang an eine Gebetsbewegung, eine Umkehrbewegung und eine Missionsbewegung gewesen. Diese drei Bewegungen haben wesentlich dazu beigetragen, dass die Ökumenische Bewegung in den vergangenen fünfzig Jahren voranschreiten konnte. Die drei Bewegungen müssen auch in Zukunft lebendig bleiben, wenn die Ökumenische Bewegung jenen Herausforderungen begegnen will, vor denen sie heute steht. Dann leuchtet von selbst ein, dass es zur Ökumene schlechterdings keine Alternative gibt. Sie ist um der Glaubwürdigkeit des christlichen Glaubens und der Sendung der Kirche in der heutigen Welt Not-wendend, sie entspricht dem Willen des Herrn und ist eine Frucht des Heiligen Geistes, wie dies das Zweite Vatikanische Konzil bekannt hat. Es wäre deshalb Kleinglaube, würde man diesem Heiligen Geist nicht zutrauen, dass er das, was er

44 Unitatis redintegratio, Nr. 7.

45 Johannes Paul II., Ut unum sint, Nr. 35.

46 Unitatis redintegratio, Nr. 1.

verheißungsvoll initiiert hat, auch zu Ende führen wird – freilich so und zu jener Zeit, wie er will. Auf ihn zu hören, ist das Gebot der ökumenischen Stunde heute.

Christlicher Appell zur Einheit
„Ein Herr, ein Glaube, eine Taufe, ein Gott und Vater aller" (Eph 4,5)[1]

1. Soteriologischer Horizont der kirchlichen Einheit

Der Brief an die Epheser enthält die bedeutendsten theologischen Aussagen über die Kirche, die sich im Neuen Testament finden, und er ist ein leidenschaftlicher geistlicher Appell an alle Getauften, die Einheit in der Kirche und die Einheit der Kirche zu wahren. Mit wünschenswerter Klarheit wird in diesem Brief zum Ausdruck gebracht, dass die Einheit eine Grundkategorie des christlichen Glaubens und kirchlichen Lebens ist und bleiben muss und deshalb so elementar zum Kirchesein der Kirche gehört, dass der christliche Glaube ohne Einheit und ohne Suche nach Einheit dort, wo sie bedroht oder gar verloren ist, sich selbst aufgeben würde. Wie ernst es Paulus mit diesem geistlichen Appell ist, kann bereits an der Tatsache abgelesen werden, dass er aus dem Gefängnis schreibt, in dem er sich „um des Herrn willen" (4,1) aufhält. Denn in einer solchen bedrängenden Lebenssituation gibt man sich nicht mit Nebensächlichkeiten und schon gar nicht mit Allotria ab, sondern bringt man zum Ausdruck, was einem wirklich auf der Seele brennt.

Wie wichtig für Paulus die Kirche und ihre Einheit ist, wird noch mehr daraus ersichtlich, dass er sie in der Heilsgeschichte Gottes mit seiner Menschheit begründet sieht. Er beginnt seinen Brief mit einem Loblied auf den Heilsplan Gottes und entfaltet die Grundzüge dieses göttlichen Plans: Bereits vor der Erschaffung der Welt hat Gott durch Christus die Kirche erwählt und sie als sein Volk zusammengerufen. Alle Glieder der Kirche sind durch die Taufe der Macht der Finsternis entrissen und mit Christus innig verbunden. In der Kirche ist deshalb ein neues Menschengeschlecht entstanden, in dem Christus Frieden gestiftet hat. Aus dieser heilsgeschichtlichen Schau werden im zweiten Teil des Briefes glaubensethische Folgerungen gezogen, deren erste in der Pflicht besteht, „die Einheit des Geistes zu wahren

1 Erschienen in: St. Kopp/J. Werz (Hg.), Gebaute Ökumene. Botschaft und Auftrag für das 21. Jahrhundert = Theologie im Dialog 24 (Freiburg i. Br. 2018) 17–38.

durch den Frieden, der euch zusammenhält: ein Leib und ein Geist, wie euch durch eure Berufung auch eine gemeinsame Hoffnung gegeben ist; ein Herr, ein Glaube, eine Taufe, ein Gott und Vater aller, der über allem und durch alle und in allem ist" (4,3–5). Mit dieser Anordnung des Briefes, nämlich zunächst die Beschreibung des göttlichen Heilsplanes und dann die glaubensethischen Weisungen, wird sichtbar, dass die Einheit der Kirche und ihre Bewahrung aus dem Bekenntnis zu Jesus Christus als dem einen Herrn der Kirche folgt.

Mit seinem geistlichen Appell zur Einheit nennt Paulus, indem er sich auf eine urchristliche Taufliturgie bezieht, die „tragenden Pfeiler der Einheit"[2] und stellt sie der Gemeinde als das stärkste Motiv für die Einheit vor Augen. Als den elementarsten Pfeiler bezeichnet Paulus die Einheit mit dem einen Herrn Jesus Christus. Denn das Christentum versteht sich als Glaubensgemeinschaft mit Jesus Christus, und zwar so sehr, dass es mit dieser Gemeinschaft steht oder fällt, wie Papst Benedikt XVI. unmissverständlich formuliert hat: „Am Anfang des Christentums steht nicht ein ethischer Entschluss oder eine große Idee, sondern die Begegnung mit einem Ereignis, mit einer Person, die unserem Leben einen neuen Horizont und damit seine entscheidende Richtung gibt."[3]

2. Das Christusbekenntnis als Fundament der Einheit

Das Bekenntnis zu Jesus Christus ist die Mitte des christlichen Glaubens und deshalb das entscheidende Fundament der Einheit der Kirche. Deshalb sollte man annehmen dürfen, dass dieses Bekenntnis die Christen nicht trennt, sondern eint. In der Geschichte des Christentums freilich ist der Glaube an Jesus Christus nicht nur Grund der Einheit gewesen, sondern auch Motiv der Trennung. Dieser geschichtlichen Hypothek müssen wir uns zunächst stellen, um ihre im ökumenischen Geist vollzogene Überwindung dankbar wahrnehmen zu können.

---

2 A. Wikenhauser/O. Kuss (Hg.), Regensburger Neues Testament. 7. Band: Paulusbriefe II (Regensburg 1959) 146.

3 Benedikt XVI., Deus caritas est, Nr. 1.

a) Das Christusbekenntnis in der Kirche zwischen Ost und West

Ein Motiv der Trennung ist das Christusbekenntnis bereits im vierten und fünften Jahrhundert gewesen, als sich einzelne kirchliche Glaubensgemeinschaften von der Großkirche getrennt haben, weil sie die christologischen Lehrentscheidungen des Konzils von Chalkedon, des Vierten Ökumenischen Konzils, im Jahre 451 nicht angenommen haben. Dieses Konzil hat nach einem langen und intensiven, kontroversen und harten Ringen in der frühen Kirche das einmalige und einzigartige Geheimnis Jesu Christi mit dem Ziel umschrieben, die grundlegende Glaubensüberzeugung festhalten zu können, dass Jesus Christus derselbe ist „vollkommen in der Gottheit" und derselbe „vollkommen in der Menschheit", genauer derselbe ist „wahrhaft Gott und wahrhaft Mensch aus vernunftbegabter Seele und Leib". Das Konzil hat deshalb definiert, dass Jesus Christus „der einzig geborene Sohn und Herr" ist, „der in zwei Naturen unvermischt, unveränderlich, ungetrennt und unteilbar erkannt wird, wobei nirgends wegen der Einung der Unterschied der Naturen aufgehoben ist, vielmehr die Eigentümlichkeit jeder der beiden Naturen gewahrt bleibt und sich in einer Person und einer Hypostase vereinigt"[4]. Die heute so genannten Orientalisch-Orthodoxen Kirchen wie die Kopten, Syrer, Armenier und andere[5] haben die chalkedonische Aussage, dass Christus eine Person in zwei Naturen ist, dahingehend verstanden, das Konzil würde von zwei Subjekten reden und damit eine Zwei-Söhne-Lehre vertreten. Um eine solche Häresie zu überwinden, haben sie betont, dass in Christus nicht zwei Naturen, sondern nur eine Natur gegeben ist, und haben deshalb an der vor allem in Alexandrien lebendigen Glaubensüberlieferung festgehalten, dass die eine göttliche Natur in Jesus von Nazareth Fleisch geworden ist. Gegenüber der so genannten „Zwei-Naturen-Lehre" des Konzils von Chalkedon haben die Orientalisch-Orthodoxen Kirchen eine Mia-Physis-Formel geprägt und von der einen Natur in Christus ausgesagt, dass sie nicht „in zwei", sondern „aus zwei" besteht.

Bei den Kirchenspaltungen im fünften Jahrhundert ist es somit um das Christusbekenntnis und deshalb um die Mitte des christlichen Glaubens gegangen. Von daher versteht es sich, dass in den ökumenischen Dialogen mit

4 P. Hünermann (Hg.), Heinrich Denzinger, Kompendium der Glaubensbekenntnisse und kirchlichen Lehrentscheidungen (Freiburg i. Br. 1991), Nr. 301 und 302.

5 Vgl. Ch. Lange/K. Ponggéra (Hg.), Die altorientalischen Kirchen. Glaube und Geschichte (Darmstadt 2010).

den Orientalisch-Orthodoxen Kirchen in erster Linie christologische Fragen zu behandeln gewesen sind und versucht werden musste, den großen Konflikt um das Konzil von Chalkedon zu analysieren und damit die belastende Vergangenheit aufzuarbeiten. Bereits die erste von Pro Oriente einberufene Konsultation, die im Jahre 1971 in Wien mit Vertreten der Orientalisch-Orthodoxen Kirchen stattgefunden hat, hat mit dem erfreulichen Ergebnis einer weitgehenden Übereinstimmung im Christusglauben geendet, die mit der so genannten „Wiener christologischen Formel" zum Ausdruck gebracht worden ist. In dieser Formel wird die Einheit von Gottheit und Menschheit in Jesus Christus deutlich hervorgehoben und zugleich deren Unterschiedenheit festgehalten, ohne die kontroversen Fachtermini wie physis, hypostasis und prosopon zu verwenden. Damit ist sichtbar geworden, dass es sich bei den christologischen Streitigkeiten im fünften Jahrhundert weitgehend um ein Sprachproblem gehandelt hat, insofern man denselben Christusglauben bekennen wollte, ihn aber in verschiedenen philosophischen und theologischen Terminologien zum Ausdruck gebracht hat.

Diese wichtigen ökumenischen Bemühungen haben die späteren offiziellen Dialoge und die auf ihnen gründenden christologischen Erklärungen zwischen dem Bischof von Rom und Oberhäuptern von verschiedenen Orientalisch-Orthodoxen Kirchen vorbereitet. An erster Stelle ist die Versöhnung mit der Syrisch-Orthodoxen Kirche zu nennen. Nach der ersten Begegnung zwischen Papst Paul VI. und dem Syrischen Patriarchen Mar Ignatius Yaqub III. im Oktober 1971 haben Papst Johannes Paul II. und der Syrisch-Orthodoxe Patriarch von Antiochien und des ganzen Ostens, Mar Ignatius Zakka I. Iwas, im Juni 1984 in einer „Gemeinsamen Erklärung" festgehalten, „dass die Verwirrungen und die Schismen, die zwischen ihren beiden Kirchen in den späteren Jahrhunderten auftraten, in keiner Weise die Substanz ihres Glaubens betrafen oder berührten; denn diese entstanden nur durch die Unterschiede in der Terminologie, in der Kultur und durch die verschiedenen Formeln, die von den unterschiedlichen theologischen Schulen formuliert wurden, um denselben Inhalt zum Ausdruck zu bringen"[6]. Auf dieser „Gemeinsamen Erklärung" aufbauend haben die beiden Kirchenführer ein pastorales Abkommen mit der Ermöglichung des wechselseitigen Empfangs der Sakramente

6 Erklärung von Papst Johannes Paul II. und dem syrisch-orthodoxen Patriarchen von Antiochien und dem Ganzen Osten, Ignatius Zakk I. Iwas, zu gegenseitigen pastoralen Hilfen 23. Juni 1984, in: H. Meyer/D. Papandreou/H. J. Urban, L. Vischer (Hg.), Dokumente wachsender Übereinstimmung. Band 2: 1982–1990 (Paderborn – Frankfurt a. M. 1992) 571–574.

der Busse, der Eucharistie und der Krankensalbung in Notfällen unterzeichnet.[7] Dieses Pastoralabkommen verdient das Attribut „historisch", weil mit ihm zum ersten Mal in der Geschichte trotz weiter bestehender Kirchentrennung eine begrenzte communicatio in sacris ermöglicht worden ist.

Ähnliche „Gemeinsame Erklärungen" über die christologischen Differenzen in der Vergangenheit und deren Überwindung in der Gegenwart hat der Bischof von Rom auch mit anderen Kirchenführern vereinbart wie mit dem Koptisch-Orthodoxen Patriarchen, mit dem Obersten Patriarchen und Katholikos aller Armenier und anderen.[8] Mit diesen „Gemeinsamen Erklärungen" konnten 1500 Jahre nach dem Konzil von Chalkedon die christologischen Differenzen zwischen der Katholischen Kirche, die zu den so genannten chalkedonischen Kirchen gehört, und den so genannten vorchalkedonischen Kirchen in einer offiziellen Weise bereinigt werden.[9] Auch wenn heute noch keine Eucharistiegemeinschaft zwischen ihnen besteht, haben diese kirchlichen Gemeinschaften dennoch ihr gemeinsames Glaubensfundament im Christusbekenntnis wieder gefunden.

b) Das Christusbekenntnis in der Westkirche

In der heutigen ökumenischen Situation ist von gemeinsamen Erklärungen über das Christusbekenntnis zumeist nur im Kontext der Dialoge in der Kirche zwischen Ost und West die Rede. Sieht man freilich genauer zu, stehen auch im Zusammenhang der Kirchenspaltungen in der Westkirche hinter nicht wenigen bisher kontrovers verhandelten Themen auch christologische Fragen. Diese Feststellung lässt sich verifizieren vor allem bei der Lehre von der Rechtfertigung durch Gottes Gnade, die die wohl zentralste theologische Frage gewesen ist, die im 16. Jahrhundert zur Reformation und anschließend zur Kirchenspaltung geführt hat, über die aber in der „Gemeinsamen Erklärung zur Rechtfertigungslehre", die vom Lutherischen Weltbund und vom

7 Vgl. J. Oeldemann, Gemeinsamer Glaube und pastorale Zusammenarbeit. 25 Jahre Weggemeinschaft zwischen der Syrisch-Orthodoxen Kirche und der Römisch-Katholischen Kirche (Basel 2011).

8 Vgl. Th. Hainthaler, Hermeneutische Aspekte bei christologischen Erklärungen mit den Kirchen des Ostens, in: S. Ernst/G. Gäde (Hg.), Glaubensverantwortung in Theologie, Pastoral und Ethik = Festschrift für Peter Knauer (Freiburg i. Br. 2015) 146–171.

9 Vgl. E. Ch. Suttner, Vorchalkedonische und chalkedonische Christologie. Die eine Wahrheit in unterschiedlicher Begrifflichkeit, in: Ders., Kirche in einer zueinander rückenden Welt. Neue Aufsätze zu Theologie, Geschichte und Spiritualität des christlichen Ostens (Würzburg 2003) 155–170.

Päpstlichen Rat zur Förderung der Einheit der Christen am 31. Oktober 1999 in Augsburg unterzeichnet worden ist, ein weitgehender Konsens erzielt werden konnte, der als ökumenischer Meilenstein gewürdigt werden darf.[10] Bei diesem differenzierenden Konsens sind dennoch einige Fragen offen geblieben, die vor allem das Verhältnis zwischen Glaube und Werk und, ihm zugrunde liegend, das Verhältnis zwischen dem Wirken der Gnade Gottes und dem freien Mitwirken des Menschen betreffen.

Diese ökumenisch bedeutsame Frage lässt sich letztlich nur mit der Christologie und Soteriologie beantworten: Im christlichen Glauben versteht es sich auf der einen Seite von selbst, dass es sich beim Rechtfertigungsgeschehen eindeutig um einen Vorgang handelt, der von Gott her auf den Menschen zu geht. Denn die entscheidende Mitte des Christusglaubens besteht gerade nicht im Zorn Gottes, den der Mensch besänftigen müsste, sondern in der Liebe Gottes, mit der er den Menschen frei liebt. Nicht der Mensch versöhnt Gott, sondern Gott vergibt in freier Liebe dem Menschen. Der Tod Jesu am Kreuz ist keineswegs der Kaufpreis, den eine sühnende Menschheit Gott, der wegen der Sünde der Menschen beleidigt ist, überreicht; der Tod Jesu ist vielmehr die Selbstpreisgabe Gottes und seiner Liebe für uns Menschen. Diese *katabatische* Dimension der Christologie und Soteriologie ist für den christlichen Glauben grundlegend. Sie darf aber auf der anderen Seite die *anabatische* Dimension der Christologie und Soteriologie nicht zum Verschwinden bringen. Denn Jesus Christus ist nicht nur der zu uns Menschen herabsteigende Gott, er ist vielmehr auch der zu Gott aufsteigende Mensch. Und der Kreuzestod Jesu ist nicht nur als liebende Selbstpreisgabe Gottes an uns Menschen zu verstehen, sondern auch als das ohne Vorbehalt liebende Sich-Ausliefern des Menschen Jesus an Gott, seinen Vater: „Jesus ist nicht nur die Epiphanie der göttlichen Liebe, streng von oben nach unten zu sehen und zu verstehen, er ist auch Repräsentant der Menschheit, in dem die menschliche Natur sich selbst, ihr Köstlichstes und Reinstes Gott übereignet."[11]

Die katabatische und die anabatische Dimension des Erlösungsgeschehens lassen sich nicht trennen, sie greifen vielmehr ineinander, oder mit anderen Worten: das Versöhnungsgeschehen ist kein „Deszendenzgeschehen

10 Dokumentiert in: H. Meyer/D. Papandreou/H. J. Urban/L. Vischer (Hg.), Dokumente wachsender Übereinstimmung. Band 3: 1990–2001 (Paderborn – Frankfurt a. M. 2003) 419–441.

11 J. Ratzinger, Theologie und Verkündigung im Holländischen Katechismus, in: Ders., Dogma und Verkündigung (München 1973) 65–83, zit. 77.

ohne Aszendenzgeschehen“[12]. Im Licht dieser christologisch-soteriologischen Grundperspektive lässt sich auch jener grundlegende ökumenische Konsens formulieren, den Papst Benedikt XVI. anlässlich seines Besuchs im ehemaligen Augustinerkloster in Erfurt im September 2011 ausgesprochen hat, wo er an den Reformator Martin Luther erinnert und ihn dahingehend gewürdigt hat, dass die Frage nach Gott die „tiefe Leidenschaft und Triebfeder seines Lebens und seines ganzen Weges“ gewesen ist: „‚Wie kriege ich einen gnädigen Gott?‘: Diese Frage hat ihn ins Herz getroffen und stand hinter all seinem theologischen Suchen und Ringen.“ Papst Benedikt hat zugleich hervorgehoben, dass Luther nicht irgendeinen Gott gesucht hat, sondern an jenen Gott geglaubt hat, der uns in Jesus Christus sein konkretes Gesicht gezeigt hat: „Luthers Denken, seine ganze Spiritualität, war durchaus christozentrisch: ‚Was Christum treibet‘ war für Luther der entscheidende hermeneutische Maßstab für die Auslegung der Heiligen Schrift.“[13]

Mit der Betonung der Zentralität der Gottesfrage und der Christozentrik bei Martin Luther hat Papst Benedikt XVI. gezeigt, dass auch im evangelisch-katholischen Dialog ein grundlegender Konsens im Christusglauben besteht und dass die Einheit unter den Christen nur wieder gefunden werden kann, wenn Christus die Mitte der christlichen Spiritualität ist und wenn die Liebe zu ihm die ökumenische Suche der Einheit der Christen bestimmt. Nur wenn der Glaube an Jesus Christus Grund der Einheit ist, sind die beiden Urteile als gültig zu bezeichnen, die in der heutigen ökumenischen Diskussion Allgemeingut geworden sind und einen breiten ökumenischen Konsens wiedergeben, dass nämlich bei den geschichtlichen Kirchenspaltungen der Bruch nicht bis in die Mitte des Glaubens vordringen konnte und dass deshalb das, was uns Christen eint, viel größer ist als das, was uns noch trennt. Denn es kann keine andere Mitte des christlichen Glaubens geben als das Bekenntnis zu Jesus Christus.

---

12 K.-H. Menke, Das unterscheidend Christliche. Beiträge zur Bestimmung seiner Einzigkeit (Regensburg 2015) 67.

13 Benedikt XVI., Ansprache bei der Begegnung mit Vertretern des Rates der Evangelischen Kirche in Deutschland (EKD) im Augustinerkloster Erfurt am 23. September 2011.

3. Einheit im gemeinsamen Glauben

Die Kirche hat in Jesus Christus ihren einen und gemeinsamen Herrn, und zu ihm bekennen sich die Christen im einen und gemeinsamen Glauben. Von daher ergibt sich der zweite tragende Pfeiler der Einheit der Kirche von selbst, der im Brief an die Epheser enthalten ist. Denn Einheit unter den Christen kann nur Einheit im gemeinsamen Glauben sein. Ihn findet die Kirche vor in der Heiligen Schrift und in den kirchlichen Glaubensbekenntnissen. Bereits die frühe Kirche hat im langen und nicht leichten Prozess der Kanonbildung bei der Auswahl jener Schriften, die schließlich von der Kirche als Heilige Schrift anerkannt worden sind, einen Maßstab verwendet, den sie als Glaubensregel, als „regula fidei" bezeichnet hat. Dabei handelt es sich um eine kurz gefasste Summe der wesentlichen Inhalte des kirchlichen Glaubens, die freilich zunächst nicht bis ins Einzelne festgelegt gewesen sind, die aber in den verschiedenen Taufbekenntnissen der frühen Kirche eine von der Liturgie her geformte Gestalt erhalten und in den verschiedenen konziliaren Definitionen ihre Fortsetzung gefunden haben, in denen das Ringen der frühen Kirche um die Unterscheidung des Christlichen in verbindlicher Weise zum Ausdruck gebracht worden ist. Die grundlegenden Glaubensbekenntnisse der ganzen Christenheit bilden deshalb „die eigentliche ‚Hermeneutik' der Schrift, den aus ihr gewonnenen Schlüssel, um sie ihrem Geist gemäß auszulegen"[14]. Damit ist jenes hermeneutische Prinzip in nuce gegeben, das die Dogmatische Konstitution des Zweiten Vatikanischen Konzils über die göttliche Offenbarung „Dei verbum" mit der Anweisung ausgesprochen hat, die Heilige Schrift müsse „in dem Geist gelesen und ausgelegt werden, in dem sie geschrieben wurde". Denn die rechte Ermittlung des Sinnes der Heiligen Schrift erfordere, „dass man mit nicht geringerer Sorgfalt auf den Inhalt und die Einheit der ganzen Schrift achtet, unter Berücksichtigung der lebendigen Überlieferung der Gesamtkirche und der Analogie des Glaubens"[15].

Die Heilige Schrift und die Glaubensbekenntnisse der gesamten Christenheit bilden die entscheidenden Bezugspunkte des gemeinsamen Glaubens und somit auch der Einheit der Kirche und sind auch in der Geschichte als solche verstanden und angewendet worden. Dies gilt vor allem vom Nicaeno-Constantinopolitanischen Glaubensbekenntnis, über das der evangelische

14 J. Ratzinger – Benedikt XVI., Jesus von Nazareth. Zweiter Teil: Vom Einzug in Jerusalem bis zur Auferstehung (Freiburg i. Br. 2011) 117.

15 Dei verbum, Nr. 12.

Ökumeniker Wolfhart Pannenberg mit anderen protestantischen, katholischen und orthodoxen Theologen geurteilt hat, dass dieses Symbolon allein „mit einem Anspruch auf gesamtkirchliche Geltung verbunden" ist, „von der Alten Kirche auch als für alle Christen verpflichtet rezipiert wurde" und somit das stärkste ökumenische Band des Glaubens ist. Da für die Einheit der Kirche die „Übereinstimmung im wesentlichen Inhalt des Glaubens, und zwar nicht nur zwischen den heutigen Kirchen in ihrer heutigen Mitgliedschaft, sondern auch mit der Kirche der Vergangenheit und ihrem apostolischen Ursprung" erforderlich ist, stellt für Pannenberg das Bekenntnis von Nicaea und Konstantinopel „das Symbol dieser Einheit im Glauben" dar, und zwar so sehr, dass die Autorität auch aller späteren Lehrentscheidungen diesem Bekenntnis „untergeordnet" und als „Interpretation und Anwendung des dort bekannten Glaubens" begriffen werden muss[16].

Die Ökumenizität der kirchlichen Glaubensbekenntnisse zeigt sich in dem besprochenen Sinn auch bei der Confessio Augustana, mit der die Reformatoren auf dem Augsburger Reichstag im Jahre 1530 bezeugen wollten, dass sie weder Sonderlehren verkünden noch eine neue Kirche gründen wollen, sondern in Übereinstimmung mit dem Glauben der Alten Kirche stehen. Die Confessio Augustana hält fest, dass in den Hauptartikeln des ersten Teils, vor allem in der Lehre von Gott und Jesus Christus, keine Differenz besteht, sondern dass „die Irrung und Zank … vornehmlich über etlichen Traditionen und Missbräuchen" ist, die im zweiten Teil thematisiert werden, nämlich die „Artikel, von welchen Zwiespalt ist, da erzählet werden die Missbräuch, so geändert sind"[17]. Die Confessio Augustana ist deshalb kein Dokument der Spaltung, sondern des entschiedenen Willens zur Versöhnung und Bewahrung der Einheit, wie die Gemeinsame Römisch-Katholische / Evangelisch-Lutherische Kommission in ihrer Stellungnahme zum Augsburgischen Bekenntnis anlässlich des 450. Jahrestages seiner Veröffentlichung im Jahre 1980 festgehalten hat: „Es ist die erklärte Absicht des Augsburgischen Bekenntnisses, den Glauben der einen, heiligen, katholischen und apostolischen Kirche zu bezeugen. Es geht nicht um Sonderlehren oder gar um

16 W. Pannenberg, Die Bedeutung des Bekenntnisses von Nicaea-Konstantinopel für den ökumenischen Dialog heute, in: Ders., Beiträge zur Systematischen Theologie. Band 3: Kirche und Ökumene (Göttingen 2000) 194–204, zit. 197. Vgl. auch J. N. D. Kelly, Altchristliche Glaubensbekenntnisse. Geschichte und Ideologie (Göttingen 1932).

17 Die Augsburgische Konfession, in: Die Bekenntnisschriften der evangelisch-lutherischen Kirche, herausgegeben im Gedenkjahr der Augsburgischen Konfession (Göttingen 1976. Siebte Auflage) 83d und 84.

Gründung einer neuen Kirche (CA 7,1), sondern um Reinerhaltung und Erneuerung des christlichen Glaubens – in Einklang mit der Alten Kirche, ‚auch der römischen Kirche' und in Übereinstimmung mit dem Zeugnis der heiligen Schrift."[18]

Dieser elementare Konsens im gemeinsamen Glauben ist auch darin begründet, dass die Confessio Augustana auf dem Fundament der altkirchlichen, trinitarisch strukturierten Glaubensbekenntnisse aufruht und dass diese integraler Bestand der Lutherischen Bekenntnisschriften sind. Dies gilt auch und vor allem für den Reformator Martin Luther selbst, bei dem die altkirchlichen Bekenntnisse die Grundlage seiner Katechismen bilden. Selbst in den Schmalkaldischen Artikeln, die keineswegs von einem irenischen Geist geprägt sind, hält Luther ausdrücklich fest, dass der erste Teil von den „hohen Artikeln der göttlichen Majestät" handeln, die in „keinem Zank und Streit" sind, „weil wir zu beiden Teilen dieselbigen (gläuben) und bekennen"[19].

Die Confessio Augustana ist wesentlich dem unermüdlichen Bemühen des großen Reformators Philipp Melanchthon zu verdanken, der sich als bedeutender „Ökumeniker seiner Zeit" erwiesen hat[20], weil er selbst in dem Augenblick, als er wahrnehmen musste, dass seine Bemühungen beim Augsburger Reichstag scheiterten und die Einheit nicht mehr zu halten war, bis an die Grenzen des Möglichen an der Einheit der Kirche festgehalten hat, und zwar in der Überzeugung, dass die Erneuerung der Kirche und das Festhalten an ihrer Einheit im gemeinsamen Glauben unlösbar zusammengehören. Auch wenn dieses anvisierte Ziel auf dem Augsburger Reichstag nicht erreicht werden konnte, muss bei der Confessio Augustana im Rückblick dennoch das entschiedene Bemühen gewürdigt werden, bei der Erneuerung der Kirche in der Wittenberger Reformation ihre gefährdete Einheit zu retten. Dieses Bekenntnis kann deshalb auch heute in seiner ökumenischen Bedeutsamkeit nicht überschätzt werden[21], wie der ökumenische Arbeitskreis evangelischer

18 Alle unter einem Christus. Stellungnahme der Gemeinsamen Römisch-Katholischen/Evangelisch-Lutherischen Kommission zum Augsburgischen Bekenntnis, 1980, in: H. Meyer/H. J. Urban/L. Vischer (Hg.), Dokumente wachsender Übereinstimmung. Sämtliche Berichte und Konsenstexte interkonfessioneller Gespräche auf Weltebene 1931–1982 (Paderborn – Frankfurt a. M. 1983) 323–328, zit. 325.

19 M. Luther, Artikel christlicher Lehre 1537, in: Bekenntnisschriften der evangelisch-lutherischen Kirche (Göttingen 1976) 414–415.

20 W. Thönissen, Gerechtigkeit oder Barmherzigkeit? Das ökumenische Ringen um die Rechtfertigung (Leipzig – Paderborn 2016) 138.

21 Vgl. Confessio Augustana. Bekenntnis des einen Glaubens. Gemeinsame Untersuchung lutherischer und katholischer Theologen (Paderborn – Frankfurt a. M. 1980); H. Fries u. a., Con-

und katholischer Theologen mit Recht urteilt: „Möglicherweise waren die Kirchen der abendländischen Christenheit in der Tat beim Reichstag zu Augsburg 1530 einander so nahe wie später nie wieder.“[22] Von daher legt es sich nahe, den fünfhundertsten Gedenktag des Reichstags zu Augsburg und der damals verkündeten Confessio Augustana im Jahre 2030 in zumindest ebenso intensiver ökumenischer Gemeinschaft wie das Reformationsgedenken im Jahre 2017 zu begehen, und zwar als geschichtsträchtiges Dokument des Ringens um den gemeinsamen Glauben auf dem Fundament der Heiligen Schrift und der kirchlichen Glaubensbekenntnisse.

4. Gemeinsame Anerkennung der Taufe

Die Gemeinschaft im Glauben ist das Fundament der Einheit der Kirche. Diese Überzeugung wird vom größten Teil der Ökumenischen Bewegung, auch und besonders vom Ökumenischen Rat der Kirchen geteilt, der in seiner Basisformel hervorhebt, dass er eine Gemeinschaft von Kirchen ist, „die den Herrn Jesus Christus gemäß der Heiligen Schrift als Gott und Heiland bekennen und darum gemeinsam zu erfüllen trachten, wozu sie berufen sind, zur Ehre Gottes, des Vaters, des Sohnes und des Heiligen Geistes“[23]. Auf den trinitarischen Gott werden wir Christen getauft und durch die Taufe eingegliedert in den einen Leib Christi. Damit stehen wir beim dritten Pfeiler der Einheit der Kirche, der im Brief an die Epheser genannt wird: Die Taufe ist das Eintrittstor zur Kirche und die gegenseitige Anerkennung der Taufe das Eintrittstor zur Ökumene.

Von dieser Erkenntnis geht auch das ökumenische Bemühen der Katholischen Kirche aus, wie es im Dekret des Zweiten Vatikanischen Konzils über

fessio Augustana. Hindernis oder Hilfe? (Regensburg 1979); B. Lohse und O. H. Pesch (Hg.), Das Augsburger Bekenntnis von 1530 damals und heute (München – Mainz 1980); H. Meyer, H. Schütte und H. – J. Mund (Hg.), Katholische Anerkennung des Augsburgischen Bekenntnisses. Ein Vorstoß zur Einheit zwischen katholischer und lutherischer Kirche (Frankfurt a. M. 1977). Vgl. auch K. Koch, Die Confessio Augustana – Ein katholisches Bekenntnis? in: Ders., Gelähmte Ökumene. Was jetzt noch zu tun ist (Freiburg i. Br. 1991) 65–106.

22 V. Leppin und D. Sattler (Hg.), Reformation 1517–2017. Ökumenische Perspektiven (Freiburg i. Br. – Göttingen 2014) 67.

23 Verfassung und Satzungen des Ökumenischen Rates der Kirchen. Verfassung. I. Basis, in: H. Krüger/W. Müller-Römheld (Hg.), Bericht aus Nairobi 1975. Ergebnisse – Erlebnisse – Ereignisse. Offizieller Bericht der Fünften Vollversammlung des Ökumenischen Rates der Kirchen (Frankfurt a. M. 1976) 327–377, zit. 327.

den Ökumenismus „Unitatis redintegratio“ festgelegt ist. Bereits im ersten Kapitel über die „katholischen Prinzipien des Ökumenismus“ wird in der Taufe der Grund der Zugehörigkeit aller Christen zur Kirche gesehen: „Wer an Christus glaubt und in der rechten Weise die Taufe empfangen hat, steht dadurch in einer gewissen, wenn auch nicht vollkommenen Gemeinschaft mit der katholischen Kirche.“[24] Im dritten Kapitel über „die vom Römischen Apostolischen Stuhl getrennten Kirchen und kirchlichen Gemeinschaften“ wird bei deren Beschreibung – noch bevor deren ekklesiologischen Defizite wie das „Fehlen des Weihesakramentes“ und die Nicht-Bewahrung der „ursprünglichen und vollständigen Wirklichkeit des eucharistischen Mysteriums“ genannt werden – mit besonderer Emphase die Taufe hervorgehoben, die – stiftungsgemäß gespendet und im Glauben empfangen – den Getauften dem gekreuzigten und verherrlichten Herrn eingliedert und seine Wiedergeburt zur Teilhabe am göttlichen Leben bewirkt. Von daher wird betont, dass die Taufe „ein sakramentales Band der Einheit zwischen allen“ begründet, „die durch sie wiedergeboren sind“. Erst danach und unbeschadet dessen wird gesagt, dass die Taufe nur „ein Anfang und Ausgangspunkt“ ist, da sie ihrem ganzen Wesen gemäß auf die „Erlangung der Fülle des Lebens in Christus“ hinzielt und hingeordnet ist „auf das vollständige Bekenntnis des Glaubens, auf die völlige Eingliederung in die Heilsveranstaltung, wie Christus sie gewollt hat, schließlich auf die vollständige Einfügung in die eucharistische Gemeinschaft“[25].

Die gegenseitige Anerkennung als Getaufte und die wechselseitige Ermutigung, als Getaufte zu leben, ist somit der innerste Kern der ökumenischen Suche nach der Einheit der Kirche. Das Bestreben der Ökumenischen Bewegung ist es von allem Anfang an gewesen, die allen Christen gemeinsame Taufe als Ausgangspunkt der ökumenischen Bemühungen zu verstehen. Mit der gegenseitigen Anerkennung der Taufe, die eine „ekklesiologische Grundaussage“ darstellt[26], steht oder fällt deshalb auch heute die Ökumene. Christliche Suche nach der Einheit ist immer „baptismale Ökumene“[27]. Sie verpflichtet alle Christen und Kirchen, die Taufe sehr ernst zu nehmen und auf diesem Fundament bei der Wiederherstellung der Einheit zu reifen, wie das

24 Unitatis redintegratio, Nr. 3.

25 Unitatis redintegratio, Nr. 22.

26 Johannes Paul II., Ut unum sint, Nr. 42.

27 E.-M. Faber, Baptismale Ökumene. Tauftheologische Orientierungen für den ökumenischen Weg, in: D. Sattler/G. Wenz (Hg.), Sakramente ökumenisch feiern. Vorüberlegungen für die Erfüllung einer Hoffnung (Mainz 2005) 101–123.

Ökumenische Direktorium betont: „Die Gemeinschaft in der Taufe ist auf die volle kirchliche Gemeinschaft ausgerichtet. Seine Taufe zu leben bedeutet, einbezogen zu sein in die Sendung Christi, alles in der Einheit zusammenzuführen."[28]

Mit der gegenseitigen Anerkennung der Taufe wird sichtbar, dass bei allen noch bestehenden Trennungen schon jetzt eine fundamentale Gemeinschaft besteht, die ihrerseits zum Ausdruck bringt, dass die Kirchenspaltungen weder bis in die Wurzel gegangen sind noch bis in den Himmel hinauf reichen. Zugleich wird damit deutlich, dass die Taufe nur der Anfang und Ausgangspunkt der ökumenischen Einheit ist und noch nicht deren Fülle und Höhepunkt, der nach katholischem Verständnis erst in der eucharistischen Gemeinschaft gegeben sein wird. Das Ökumenismusdekret hebt deshalb ausdrücklich hervor, dass „bei den von uns getrennten kirchlichen Gemeinschaften die aus der Taufe hervorgehende volle Einheit mit uns fehlt"[29]. Das gemeinsame Band der Taufe gewährt somit eine grundlegende, aber unvollkommene Gemeinschaft. Die Taufe ist zwar durchaus das Band der Einheit und die Grundlage der Gemeinschaft; sie ist aber auf das gemeinsame Bekenntnis des Glaubens und die Feier der Eucharistie hingeordnet. Erst die eucharistische Gemeinschaft bildet die Besiegelung der Gemeinschaft im Glauben und den Höhepunkt der kirchlichen Einheit.[30]

5. Aufgenommen in einen einzigen Leib

In der Taufe sind wir in den Leib Christi aufgenommen und in ihn eingegliedert. Das Bekenntnis zum einen Leib Christi ist deshalb der vierte Pfeiler der Einheit der Kirche, und der Epheserbrief lädt uns ein, über das Verhältnis zwischen Christus und der Kirche, die sein Leib ist, nachzudenken. Mit dem Bild des Leibes wagt es Paulus, Christus und Kirche auf das Engste miteinander zu verbinden. Damit werden Christus und Kirche natürlich nicht miteinander identifiziert. Denn die Kirche ist und bleibt die Magd, die sich am Wort und Willen Christi auszurichten hat. Und Christus ist das Haupt seines Leibes, das es radikal ernst zu nehmen gilt. Denn ein Leib ohne Haupt

---

28 Päpstlicher Rat zur Förderung der Einheit der Christen, Direktorium zur Ausführung der Prinzipien und Normen über den Ökumenismus (Rom 1993), Nr. 22.

29 Unitatis redintegratio, Nr. 22.

30 Vgl. K. Koch, Eucharistie und Kirche in ökumenischer Perspektive, in: Ders., Eucharistie: Herz des christlichen Glaubens (Freiburg/Schweiz 2005) 89–124.

ist kein Leib mehr, sondern ein Leichnam; und die Kirche verkommt zu einer Karikatur ihrer selbst, wenn in ihrem Mittelpunkt nicht Christus als ihr Haupt steht. Auf der anderen Seite hat Christus als Haupt seiner Kirche einen sichtbaren Leib und will in seinem Leib gegenwärtig sein. Christus und Kirche lassen sich deshalb auch nicht voneinander trennen. Christus und Kirche bilden vielmehr zusammen einen Leib, freilich in dem analogen Sinn, in dem Bräutigam und Braut ein Fleisch und damit ein Leib werden, und somit in der Weise, dass sie in ihrer unlöslichen geistigen und leiblichen Vereinigung dennoch unvermischt bleiben.

Mit diesem gewiss gewagten Bild will Paulus den wichtigen Sachverhalt vor Augen führen, dass „in Christus sein" als Geschenk der Taufe gleichbedeutend ist mit „im Leib Christi" sein und dass folglich die Zugehörigkeit zu Christus und die Gliedschaft in der Kirche als seinem Leib unlösbar zusammengehören. Sie lassen sich nicht voneinander trennen, wie allerdings ein Slogan vorgibt, der bereits vor einigen Jahrzehnten Mode geworden ist, auch heute oft wiederholt wird und besagt: „Jesus ja – Kirche nein". Zwischen Jesus Christus und der Kirche kann es aber keinen Widerspruch geben, und zwar trotz der vielen Sünden der Menschen, die die Kirche bilden. Der Slogan „Jesus ja – Kirche nein" ist mit der Intention Jesu nicht vereinbar und deshalb nicht christlich, wie Papst Benedikt XVI. mit wünschenswerter Klarheit betont hat: „Dieser individualistisch ausgesuchte Jesus ist ein Phantasie-Jesus. Wir können nicht Jesus ohne jene Wirklichkeit haben, die er geschaffen hat und in der er sich mitteilt. Zwischen dem Fleisch gewordenen Sohn Gottes und seiner Kirche gibt es eine tiefe, untrennbare und geheimnisvolle Kontinuität, kraft der Christus heute in seinem Volk gegenwärtig ist."[31] Um diese tiefe Sicht des Glaubens zu unterstützen, hat Papst Franziskus das eindrückliche Bild von Name und Nachname des Christen verwendet: „Wenn der Name lautet ‚Ich bin Christ', so lautet der Nachname ‚Ich gehöre zur Kirche'." Es kann gar keine rein individuellen Christen geben. Die christliche Identität besteht vielmehr in der Zugehörigkeit: „Wir sind Christen, weil wir zur Kirche gehören."[32]

Da die Taufe den Täufling in die Kirche als den Leib Christi eingliedert, können wir als Getaufte Jesus Christus nicht ohne seinen Leib haben. Dabei handelt es sich freilich um eine gewichtige Aussage, die in den ökumenischen Gesprächen weiter vertieft werden muss. Wenn wir nämlich die intime Zu-

31 Benedikt XVI., Katechese bei der Generalaudienz am 15. März 2006.
32 Franziskus, Katechese bei der Generalaudienz am 25. Juni 2014.

sammengehörigkeit von Christus und seiner Kirche, die sein Leib ist, bedenken, dann ergibt sich eine elementare Einsicht für die ökumenische Suche nach der Einheit der Kirche. Es wird uns neu bewusst, dass Jesus nur *eine* Kirche gewollt hat und es letztlich nur *eine* Kirche geben kann, wie das Dekret des Zweiten Vatikanischen Konzils über den Ökumenismus „Unitatis redintegratio" bereits in seinem ersten Artikel bekennt: „Christus der Herr hat eine einige und einzige Kirche gegründet."[33]

In der heutigen Situation ist es vielleicht notwendig, diese Glaubenswahrheit einmal in pointierter Weise auszudrücken: Da die Beziehung Jesu Christi zu seinem Leib so eng und intim ist, dass man von einem Verhältnis zwischen Bräutigam und Braut sprechen darf, drängt sich die glaubenslogische Konsequenz auf, dass Christus auf keinen Fall polygam, sondern konsequent monogam und treu zu seiner einen Braut ist. Denn Christus hat nicht viele Leiber, sondern verbindet sich mit dem einen Leib seiner Kirche. Die ökumenische Suche nach der sichtbaren Darstellung dieses einen Leibes Christi ist für die Glaubwürdigkeit der Sendung Christi und seiner Kirche in der heutigen Welt von grundlegender Bedeutung.

6. Ikone der göttlichen Trinität

In den einen Leib Christi sind wir eingegliedert in der Taufe, und zwar durch den einen Geist, weshalb Paulus im Epheserbrief den einen Leib und den einen Geist miteinander verbindet und diese Verbindung im Ersten Korintherbrief in pointierter Weise zum Ausdruck bringt: „Durch den einen Geist wurden wir in der Taufe alle in einen einzigen Leib aufgenommen, Juden und Griechen, Sklaven und Freie; und alle wurden wir mit dem einen Geist getränkt" (12,13). Mit diesem Bekenntnis zum Heiligen Geist leitet der Epheserbrief über zum letzten und alles tragenden Pfeiler der Einheit der Kirche: „ein Gott und Vater aller, der da ist über allen und durch alle und in allen".

Dieser elementare Einheitspfeiler wird vor allem sichtbar im Herrengebet, mit dem Jesus die Seinen einlädt, „Vater unser" zu sprechen und mit diesem kleinen Wort „unser" ein ungemein inklusives Wort zu verwenden. Indem die Getauften im Herrengebet von Jesus Christus gerufen sind, in seine Sohnesbeziehung zu seinem Vater einzutreten, und zwar in der Kraft des Heiligen Geistes, erweist sich der Glaube an den trinitarischen Gott als der wichtigste Pfeiler

33 Unitatis redintegratio, Nr. 1.

der Einheit der Kirche; und damit wird sichtbar, dass es im christlichen Glauben um eine ganz spezifische Gestalt der Einheit geht, nämlich um eine Einheit in Vielheit und eine Vielheit in Einheit. Sie können wir nur vom Heiligen Geist als Geschenk empfangen. Denn im Unterschied zu uns Menschen, die stets in der Versuchung stehen, auf der einen Seite Verschiedenheit zu erzeugen und uns dabei doch in Partikularismen und Exklusivismen zu verschließen und Spaltungen zu schaffen, und auf der anderen Seite nach menschlichen Vorstellungen Einheit herzustellen und dabei doch Vereinheitlichung und Uniformität herbeizuführen, ist es der Heilige Geist, der Vielheit hervorruft und zugleich Einheit bewirkt. Denn der Heilige Geist ist, wie der heilige Basilius der Große sehr schön gesagt hat, Harmonie: „Ipse harmonia est."

Der Heilige Geist schenkt Einheit in Vielheit dadurch, dass er uns in das innerste Gottesgeheimnis des christlichen Glaubens hinein führt, in das Geheimnis des Dreieinen Gottes, in dem zwei Dimensionen gleichursprünglich existieren: Im Dreieinen Gott besteht erstens Lebensraum für den Anderen und deshalb für Vielheit und Vielfalt. Denn der Vater ist anders als der Sohn, und der Sohn wiederum ist anders als der Heilige Geist. Es lebt in der göttlichen Dreieinigkeit eine wunderschöne Verschiedenheit der Personen. Es gibt in Gott aber auch eine wunderbare Einheit des göttlichen Lebens. Wiewohl der Vater anders ist als der Sohn und der Sohn wiederum anders als der Heilige Geist, leben die göttlichen Personen als himmlische Trialogpartner doch auf derselben Seinsebene. Denn der Vater ist Gott, der Sohn ist Gott und der Heilige Geist ist Gott. Der Dreieine Gott ist in sich lebendige Gemeinschaft in der ursprünglichen Beziehungseinheit der Liebe.

Im Licht des trinitarischen Liebesgeheimnisses erscheint die Kirche als der vom Dreifaltigen Gott her vorgegebene Raum des Heils oder, wie das Zweite Vatikanische Konzil hervorhebt, als „das von der Einheit des Vaters, des Sohnes und des Heiligen Geistes her geeinte Volk"[34]. In dieser trinitarischen Gemeinschaft ist die Einheit der Kirche begründet, und die Kirche ist berufen, die Gemeinschaft des Dreieinen Gottes in der Welt darzustellen und als Ikone der Trinität zu leben. In dieser Sinnrichtung, nämlich in der Vielheit Einheit zu finden, können wir Christen auch als noch Getrennte bereits jetzt eins sein, indem wir die von der Vergangenheit vererbten Spaltungen entgiften, in ihnen das Fruchtbare annehmen und von der Verschiedenheit das Positive empfangen, und zwar wiederum im Licht des trinitarischen Liebesgeheimnisses, das Papst Benedikt XVI. sehr tief beschrieben hat: „Die wahre Liebe

34 Lumen gentium, Nr. 4.

löscht legitime Unterschiede nicht aus, sondern bringt sie miteinander in Einklang in einer höheren Einheit, die nicht von außen auferlegt wird, sondern die von innen heraus dem Ganzen sozusagen Form gibt.“[35]

Von daher wird der Blick frei auf das Leben jener Einheit der Kirche, die bereits heute möglich ist. Das ökumenische Zusammenleben besteht nicht einfach im Austausch von Ideen und Theorien, sondern viel grundlegender im Austausch von Gaben. Und dieser ist viel mehr als eine allein theoretische Übung, sondern dient dazu, die verschiedenen christlichen Gemeinschaften mit ihren unterschiedlichen Traditionen in der Tiefe kennen zu lernen, sie zu verstehen und aus ihnen zu lernen. Denn keine christliche Gemeinschaft ist so arm, dass sie nicht einen unverwechselbaren Beitrag zur größeren Gemeinschaft der einen Christenheit leisten könnte. Keine christliche Gemeinschaft ist aber auch so reich, dass sie nicht der Bereicherung durch andere bedürfen würde, und zwar in der Überzeugung, das, was der Heilige Geist in anderen christlichen Gemeinschaften gewirkt hat, „als ein Geschenk aufzunehmen, das auch für uns bestimmt ist“[36].

7. Die Leidenschaft für die Einheit wach halten

Wenn wir die ökumenische Suche nach der sichtbaren Einheit der Kirche am trinitarischen Liebesgeheimnis orientieren, lässt sich auch jene Angst überwinden, die heute bei nicht wenigen Christen wahrgenommen werden kann und die von der Annahme befördert wird, bei einer starken Betonung der Einheit sei im Christlichen überhaupt kein Platz mehr für Vielheit und Vielfalt. Diese Angst ist vornehmlich bei den im heutigen Protestantismus im Wachsen begriffenen liberalen Strömungen festzustellen, in denen immer stärker die These vertreten wird, mit der Reformation und der anschließenden Kirchenspaltung habe endlich jene Pluralisierung der lateinischen Christenheit begonnen, die in der permanenten Konkurrenz von selbständigen Konfessionskirchen Gestalt gefunden, in der Form des Protestantismus das Christentum modernitätsverträglich gemacht habe und nicht mit einer neuen Einheitssuche wieder in Frage gestellt werden dürfe.[37] Ein Blick in die

35 Benedikt XVI., Predigt in der Feier der Vesper zum Abschluss der Gebetswoche für die Einheit der Christen am 25. Januar 2006.

36 Franziskus, Evangelii gaudium, Nr. 246.

37 Vgl. Ch. Markschies, Aufbruch oder Katerstimmung? Zur Lage nach dem Reformationsjubiläum (Hamburg 2017) 67.

heutige Christenheit bietet bei der Frage nach der ökumenischen Einheit jedenfalls keine einheitliche Antwort: Auf der einen Seite ist immer wieder der leidenschaftliche Zwischenruf zu hören, fünfhundert Jahre Spaltung seien genug, es sei Zeit, die trennenden Mauern zu überwinden, und man müsse endlich die Einheit wieder finden. Auf der anderen Seite hat eine jüngst in Deutschland durchgeführte Meinungsumfrage gezeigt, dass die Mehrheit der Befragten die Einheit der Kirche gar nicht wünscht.

Dieses Ergebnis dürfte auch damit zusammenhängen, dass die ökumenische Suche nach der Einheit der Kirche im heute weithin selbstverständlich gewordenen pluralistischen und relativistischen Zeitgeist einem starken Gegenwind ausgesetzt ist. Im Unterschied zur christlichen Tradition, in der gemäß dem theologischen Axiom „ens et unum convertuntur" die Einheit als Sinn und Grund der Wirklichkeit überhaupt betrachtet worden ist, steht heute umgekehrt der Pluralismus im Mittelpunkt der so genannten postmodernen Wirklichkeitserfahrung. Die postmoderne Grundüberzeugung besagt, man könne und dürfe denkerisch nicht hinter die Pluralität der Wirklichkeit zurück gehen, wenn man sich nicht dem Verdacht eines totalitären Denkens aussetzen wolle. Denn für den Postmodernismus ist „nicht nur die Akzeptanz und Toleranz von Pluralität, sondern die grundlegende Option für den Pluralismus" charakteristisch[38]. Weil Postmoderne das entschiedene Zulassen des Plural und das prinzipielle Verdächtigen des Singulars bedeutet, erscheint die Suche nach Einheit als vormodern und antiquiert.

Die postmoderne Mentalität ist teilweise auch in der ökumenischen Situation heute wirksam geworden, wenn im Sinne eines ekklesiologischen Pluralismus gerade die Vielzahl und Verschiedenheit der vorhandenen Kirchen als positive Realität betrachtet und jede Suche nach der Einheit der Kirche als verdächtig beurteilt wird. Christliche Ökumene ist aber gut beraten, wenn sie sich diesem postmodernen Zeitgeist nicht anpasst, sondern in liebenswürdiger Hartnäckigkeit die Frage nach der Einheit wach hält, wenn sie sich nicht einfach damit begnügt, dass die verschiedenen christlichen Gemeinschaften friedlich nebeneinander leben, sondern sich auf den Weg macht, die verloren gegangene Einheit der Kirche wieder zu finden.

Nur in dieser Grundhaltung werden wir auch und gerade dem Reformator Martin Luther gerecht, der die Kirche weder spalten noch eine eigene Kir-

38 W. Kasper, Die Kirche angesichts der Herausforderungen der Postmoderne, in: Ders., Theologie und Kirche. Band 2 (Mainz 1999) 249–264, bes. 252–255: Absage an das Einheitspostulat: der pluralistische Grundzug der Postmoderne, zit. 253.

che gründen, sondern die Kirche erneuern wollte. Nichts dürfte diese Intention wohl deutlicher zum Ausdruck bringen als seine aufgebrachte Reaktion, als er hörte, dass seine Anhänger sich als „Lutheraner" bezeichnet haben: „Zum ersten bitte ich, man wolle meines Namens schweigen, und sich nicht ‚lutherisch', sondern ‚Christ' nennen. Was ist Luther? … Wie käme denn ich armer, stinkender Madensack dazu, dass man die Kinder Christi mit meinem heillosen Namen benennen sollte? Nicht so, liebe Freunde, lasst uns die Parteinamen tilgen und Christen nennen, dessen Lehre wir haben."[39] Dass hinter einem solchen demütigen und unmissverständlich klaren Bekenntnis auch wir Katholiken nicht zurückstehen dürfen, muss sich von selbst verstehen. Denn die Suche nach der Einheit schulden wir nicht nur unseren verschiedenen kirchlichen Gemeinschaften, sondern zuerst und zuletzt Jesus Christus, dem Haupt seiner einen Kirche.

Diese Glaubensüberzeugung führt uns der Epheserbrief eindringlich mit seinem eindeutigen Bekenntnis vor Augen: „Ein Leib und ein Geist, wie euch durch eure Berufung auch eine gemeinsame Hoffnung gegeben ist; ein Herr, ein Glaube, eine Taufe, ein Gott und Vater aller, der über allem und durch alle und in allem ist." Der Epheserbrief legt uns damit die Frage nach der Einheit ans Herz, und er macht uns bewusst, dass wir als Christen den Mut und die Demut haben müssen, dem noch immer bestehenden Ärgernis einer gespaltenen Christenheit in die Augen zu schauen und uns erneut für die Suche nach der sichtbaren Einheit der Kirche zu verpflichten.

---

39 M. Luther, WA 8,685.

Ökumene der Märtyrer
Zeichen der Hoffnung auf die Einheit des Leibes Christi[1]

„Wenn ein Glied leidet, leiden alle Glieder mit." In dieser Weisheit im Ersten Brief des Apostels Paulus an die Gemeinde in Korinth (12,26) kann man die Grunderfahrung jener Glaubensgemeinschaft wahrnehmen, die sich Kirche nennt. Denn niemand kann allein Christ sein, wie bereits der frühchristliche Kirchenschriftsteller Tertullian formuliert hat: „Ein Christ ist kein Christ." Christ sein kann man vielmehr nur in der Gemeinschaft der Kirche. Christen sind Glieder eines Leibes. Wenn am Leib ein Organ schmerzt, dann betrifft dies nicht nur dieses Organ, sondern berührt den ganzen Leib. Im Zeitalter der Ökumene weitet sich der Horizont dabei auf alle Christen. Wir haben den größeren, weil einen Leib Christi wieder entdeckt; und wir nehmen ihn als verwundeten Leib wahr, zumal in der heutigen Zeit, in der so viele Christen dem Leiden und der Verfolgung ausgesetzt sind. Die Christenverfolgungen heute berühren die ganze Ökumene und stellen uns vor die Frage, was sie für uns Christen in der heutigen Zeit bedeuten.

1. Christenverfolgungen in Vergangenheit und Gegenwart

Wenn wir heute von Christenverfolgung und Martyrium reden hören, handelt es sich dabei keineswegs einfach um historische Erinnerungen, die unser gegenwärtiges Leben kaum mehr existenziell berühren. Im durchschnittlichen Bewusstsein der Menschen und selbst der Christen heute sind Christenverfolgung und Martyrium jedoch Themen der Vergangenheit, die vor allem in der historischen Abteilung des Wissens verortet sind. Man pflegt mit diesen Themen vor allem Erinnerungen an Vergangenes zu verbinden. Man denkt an die Steinigung des Stephanus, des ersten Märtyrers in der Kirchengeschichte, über die uns die Apostelgeschichte berichtet. Man erinnert sich

1 Vortrag beim XXIV Convegno Ecumenico Internazionale di Spiritualità Ortodossa im Monastero di Bose am 16. September 2016, erschienen in: Martirio e Comunione. A Cura di L. d'Avala Valva, L. Cremaschi e A. Mainardi (Magnano 2017) 45–71.

an die verschiedenen Verfolgungswalzen, deren sich in der frühen christlichen Zeit die Römischen Kaiser bedient haben, um die „Atheisten", wie die Christen damals bezeichnet worden sind, aus der Gesellschaft zu eliminieren. Man erinnert sich auch, dass die Geschichte der christlichen Mission vor allem in Japan und China, in Korea und Uganda weitgehend eine Märtyrer-Geschichte gewesen ist. Es ist gewiss im Bewusstsein auch des 20. Jahrhunderts präsent, dass unter den Terrorregimes des Nationalsozialismus und des Sowjetkommunismus eine unvorstellbare Zahl von Christen und Christinnen um ihres Glaubens willen verfolgt und hingerichtet worden sind und dass am Beginn des vergangenen Jahrhunderts mit dem Armenier-Genozyd die erste große Christenverfolgung in der Neuzeit stattgefunden hat[2]. Von daher drängt sich das Urteil auf, dass es in keinem Jahrhundert so viele christliche Märtyrer wie im 20. Jahrhundert gegeben hat.[3]

Als jedoch die furchtbaren Terrorregimes zusammengebrochen sind, die Berliner Mauer zu Fall gebracht und der Eiserne Vorhang aufgehoben worden ist, wurde die Hoffnung auf ein gewaltfreies und friedliches Zusammenleben mit eindeutiger Respektierung der Religionsfreiheit genährt. Mit diesen positiven Entwicklungen ist aber keineswegs das Ende der Christenverfolgungen eingeläutet worden. Vielmehr ist am Ende des zweiten und am Beginn des dritten Jahrtausends die Christenheit erneut Märtyrerkirche geworden. Wir müssen eine neue Generation von Märtyrern wahrnehmen, die ein solches Ausmaß angenommen hat, dass man nicht um das Urteil herum kommt, dass es heute mehr christliche Märtyrer gibt als während den Christenverfolgungen in den ersten Jahrhunderten. Achtzig Prozent aller Menschen, die heute wegen ihres Glaubens verfolgt werden und unter Diskriminierungen, schwerwiegenden Benachteiligungen und zum Teil heftigen Anfeindungen leiden müssen, sind Christen und Christinnen. Der christliche Glaube ist in der heutigen Welt die am meisten verfolgte Religion.[4] Man muss insgesamt davon ausgehen, dass heute in 25 Ländern Christen und

---

2 Vgl. M. Hesemann, Völkermord an den Armeniern. Mit unveröffentlichten Dokumenten aus dem Geheimarchiv des Vatikans über das größte Verbrechen des Ersten Weltkriegs (München 2015).

3 Vgl. A. Riccardi, Salz der Erde, Licht der Welt. Glaubenszeugnis und Christenverfolgung im 20. Jahrhundert (Freiburg i. Br. 2002).

4 Vgl. R. Backes, „Sie werden euch hassen". Christenverfolgung heute (Augsburg 2005); R. Guitton, Cristianophobia. La nuova persecuzione (Torino 2009); Kirche in Not (Hg.), Christen in grosser Bedrängnis, Diskriminierung und Unterdrückung. Dokumentation 2016 (München 2016).

Christinnen wegen ihres Glaubens von Misshandlungen, Gefängnis und Tod bedroht sind.

Dass von dieser erschreckenden Realität in den Medien kaum die Rede ist, muss man als Alarmzeichen verstehen und nach den Gründen für dieses seltsame Phänomen fragen. Eine sehr harte Antwort, die aber zu denken geben muss, hat vor einigen Jahren der Journalist Jan Ross von der Wochenzeitung „Zeit" gegeben, wenn er geurteilt hat, das Christentum sei „die meistverfolgte Religion auf der Welt, wofür sich freilich bei uns kaum einer interessiert, weil es dem abendländischen Selbsthassklische widerspricht". Es ist unübersehbar, dass in unseren weithin säkularisierten Gesellschaften Europas manchmal eine feindselige Haltung gegen das Christentum vor allem in bestimmten Medien mit Händen zu greifen ist. In der veröffentlichten Meinung wird nicht selten die Behauptung vertreten, das Christentum sei an beinahe allen Übeln der Menschheit schuld: der Überbevölkerung, der AIDS-Epidemie, kriegerischen Auseinandersetzungen und so genanntem fundamentalistischem Verhalten. Wir Christen werden immer häufiger als Fremdkörper oder gar Störenfriede in einer neuheidnischen Gesellschaft empfunden, wenn wir deren Konsense nicht mittragen, sondern als Christen und Christinnen vieles nicht zu tun bereit sind, was „man" in der heutigen Gesellschaft tut.

Um ein noch größeres Ärgernis handelt es sich, wenn gegen die Christenverfolgungen in der heutigen Zeit nicht einmal Christen ihre Stimme erheben, sondern offensichtlich die starke Tendenz in sich verspüren, angesichts der eigenen Schuldgeschichte des Christentums und von christlich geprägten Staaten und angesichts von Intoleranz und Unterdrückung, derer sich Christen im Laufe der Geschichte schuldig gemacht haben, lieber zu schweigen. Natürlich haben wir Christen allen Grund, an die eigene Brust zu klopfen und das mea et nostra culpa öffentlich auszusprechen, auch und gerade im Blick auf die grausamen Konfessionskriege im 16. und 17. Jahrhundert, vor allem den Dreißigjährigen Krieg, der Europa in ein rotes Meer von Blut verwandelt hat. Solche Erinnerungen dürfen uns jedoch nicht daran hindern, auch gegen das Unrecht, das heute unseren christlichen Schwestern und Brüdern in vielen Regionen der Welt angetan wird, unsere Stimme zu erheben.

Die erschütternde Bilanz der Christenverfolgungen in der heutigen Welt stellt eine große Herausforderung zu leidempfindlicher Solidarität mit den verfolgten Christen und Christinnen und zu öffentlicher Denunzierung von Märtyrersituationen dar. Aber findet diese Solidarität wirklich statt? Oder werden die Schmerzensschreie der heutigen Christen genauso überhört wie in seiner Zeit die Schreie des Propheten Jesaja, der seinen Schmerz mit den bitteren Worten zum Ausdruck gebracht hat: „Der Gerechte kommt um, doch niemand nimmt es sich zu Herzen. Die Frommen werden dahingerafft, aber es kümmert sich niemand darum" (Jes 57,1)?

2. Das Martyrium als Partizipation am Paschageheimnis Jesu Christi

Diese erbärmliche Situation bewusst zu machen, ist eine besondere Verantwortung der christlichen Kirchen. Dazu gehört auch, dass sie in Erinnerung rufen, dass es prinzipiell kein martyriumsfreies Christentum gibt. Man muss realistischerweise vielmehr davon ausgehen, dass die Nachfolge Jesu immer auch das Martyrium einschließen kann. Die Märtyrer sind die glaubwürdigsten Zeugen des Glaubens, weil sie die Christuswahrheit mit ihrer ganzen Existenz bis zum letzten Blutstropfen bezeugen. Und sie bestätigen zugleich, dass das Martyrium zum Wesen und zur Sendung der Kirche seit ihrem Beginn gehört: „Die Märtyrer der Kirche sind keine Randerscheinung, sie gehören zur Mitte der Kirche."[5]

Dass zum christlichen Leben auch das Martyrium gehört, zeigt unmissverständlich die sehr ernste Verheißung Jesu an seine Jünger: „Weil ihr nicht von der Welt stammt, sondern weil ich euch aus der Welt erwählt habe, darum hasst euch die Welt. Denkt an das Wort, das ich euch gesagt habe: Der Sklave ist nicht größer als sein Herr. Wenn sie mich verfolgt haben, werden sie auch euch verfolgen" (Joh 15,19–20). Indem die Kirche zwischen dem roten, mit dem eigenen Blut bezahlten, und dem weißen Martyrium, das im konsequenten Glaubenszeugnis im alltäglichen Leben besteht, unterscheidet, bringt sie zum Ausdruck, dass zur letzteren Form des Martyriums jeder Christ berufen ist. Denn sie ist in der Taufe grundgelegt, aufgrund der wir Christus zugehörig sind. Wer aber zu Christus gehört, hat aufgrund der Taufe auch Anteil an seinem Kreuz, an seinem Leiden und Sterben. Durch den Vollzug der Taufe ist unser Leben ein für allemal Dem anvertraut, auf dessen Namen wir getauft sind. Die Übereignung unseres Lebens an Jesus Christus bedeutet für Paulus, dass wir alle in den Tod Jesu Christi hinein getauft sind. So kann Paulus sogar sagen, dass wir, wohin wir auch kommen, immer „das

5 P.-W. Scheele, Das Martyrium – verbindendes Element der christlichen Communio, in: G. Augustin/M. Schulze (Hg.), Freude an Gott. Auf dem Weg zu einem lebendigen Glauben. Festschrift für Kurt Kardinal Koch zum 65. Geburtstag (Freiburg i. Br. 2015) 185–202, zit. 185.

Todesleiden Jesu an unserem Leib" tragen, „damit auch das Leben Jesu an unserem Leib sichtbar wird" (2 Kor 4,10).

Ja, „damit auch das Leben Jesu an unserem Leib sichtbar wird". Auf dieses „damit" kommt es entscheidend an. In der Taufe sind wir berufen, mit Jesu Weg in seinen Tod Gemeinschaft zu haben, damit wir auch seines neuen Lebens teilhaftig werden. Wir werden in den Tod Christi hinein getauft, weil diese Taufgemeinschaft mit Jesus Christus in seinem Tod das Unterpfand dafür ist, dass auch unser eigenes Leben dereinst nicht im Tode, auch nicht im Tode des Martyriums, enden muss, sondern auch über den Tod hinaus verbunden bleiben wird mit dem neuen und ewigen Leben Jesu Christi, wie es in seiner Auferstehung zu Tage getreten ist.

Im Licht dieses Glaubensgeheimnisses haben wir auch das Wort Jesu von der Kreuzesnachfolge zu verstehen, die jedem Christen zugemutet ist und den innersten Kern des christlichen Martyriums darstellt. Wenn wir auf dieses Wort hin hören, fällt an ihm plötzlich etwas auf, über das man sehr oft und gerne hinweg liest. Es ist nämlich nicht davon die Rede, dass wir Christen heute das Kreuz Jesu nachtragen sollen. Jesus sagt gerade nicht: „Wer nicht *mein* Kreuz trägt und mir nachfolgt, der kann nicht mein Jünger sein", wohl aber: „Wer nicht *sein* Kreuz trägt und mir nachfolgt" (Lk 14,27). Der heutige Weg als Christen und Christinnen kann also gar nicht mit dem Leidens- und Kreuzweg Jesu identisch sein. Wir haben nicht Gott mit der Welt zu versöhnen; denn dies ist Jesu Werk. Der besondere Weg Jesu ans Kreuz ist deshalb gerade nicht unser Weg; denn diesen seinen Weg ist er für uns gegangen. Vielmehr verweist uns Jesu Wort von der Kreuzesnachfolge in unser eigenes Leben hier und heute.

3. Jesus Christus, der Erzmärtyrer

Am Weg Jesu müssen wir uns orientieren, wenn wir von unserem Kreuz des Martyriums, das wir in seiner Nachfolge zu tragen haben, redlich und vor allem christlich reden wollen. Dann zeigt sich: Nicht Selbstbewahrung, sondern Selbstpreisgabe ist das Gesetz von Jesu Leben. Doch gerade deshalb hat Jesus Leiden und Kreuz weder gesucht noch ersehnt. Er hat vielmehr gegen alle Formen des Leidens, die ihm begegneten, engagiert gekämpft: gegen das Leiden, das den Menschen spürbar belastet in leiblicher Krankheit, seelischer Angst und sozialer Ächtung. Genau dieser Kampf gegen das Leiden im Namen Gottes aber hat ihn ans Kreuz geführt und hat ihm das Leben gekostet.

Jesu Tod am Kreuz ist folglich das ernste Fazit seines Lebens, das Ergebnis seiner konsequent durchgehaltenen Orientierung am Willen Gottes für das Leben der Menschen. An seiner Liebe zu uns Menschen ist er gestorben. Denn Liebe als Einsatz für den anderen Menschen ist wesentlich Einsatz der eigenen Person, ja Hingabe, die bis zur Selbstaufgabe gehen kann.

Wenn wir uns als Christen am Leben und Sterben Jesu orientieren, dann wird als erstes deutlich: Wie Jesus selbst brauchen auch wir unser Kreuz keineswegs zu suchen, gleichsam als gäbe es in unserer Welt nicht schon genug Kreuze. Wir würden damit ohnehin nur verraten, dass wir desjenigen Kreuzes noch nicht ansichtig geworden sind, das zu tragen uns die Nachfolge Jesu heute von selbst aufgibt. Dieses Kreuz aber liegt in den Konsequenzen unseres Christseins, indem wir uns im Sinne des Evangeliums Jesu für die Lebendigkeit und Menschlichkeit des Menschen einsetzen und dann allerdings das Kreuz riskieren. Von daher bedeutet das Wort Jesu von der Kreuzesnachfolge für uns heute: Nur derjenige kann ein Jünger Jesu sein, der die ganz persönliche Sendung seines christlichen Lebens mit allen ihren Konsequenzen und Risiken auf sich zu nehmen bereit ist. Was von einzelnen Christen zu sagen ist, gilt auch für die Kirche als ganze, wie Papst Franziskus im Blick auf das Pfingstereignis betont hat: „Die Kirche von Pfingsten ist eine Kirche, die sich nicht damit abfindet, harmlos zu sein und ein dekoratives Element. Sie ist eine Kirche, die nicht zögert hinauszugehen, um den Menschen zu begegnen, um die Botschaft zu verkünden, die ihr anvertraut worden ist, auch wenn diese Botschaft stört und die Gewissen beunruhigt, auch wenn diese Botschaft vielleicht zu Schwierigkeiten führt und manchmal zum Martyrium.“[6]

Von der Kreuzesnachfolge kann sich kein Christ ausnehmen, wenn er wirklich Jesus nachfolgen will, der sein Leben für uns Menschen am Kreuz hingegeben hat. Er ist gleichsam der Erzmärtyrer, genauer der Gute Hirte, der selbst dann nicht von seiner liebenswürdigen Suche nach dem Verlorenen abgelassen hat, als die bösen Mächte in den Menschen entbrannten und den Guten Hirten selbst tödlich trafen. Das Kreuz Jesu offenbart das konsequente Handeln eines grenzenlos liebenden Guten Hirten, der den Menschen bis in die tiefsten Abgründe und verborgenen Katakomben eines durch-Kreuz-ten Lebens hinein nahe sein will. Das Kreuz ist Liebe in ihrer grenzenlosen und radikalsten Gestalt.

6 Franziskus, Regina Coeli an Pfingsten 2014.

4. *Das Martyrium als gemeinchristliche Erfahrung*

In der Lebenshingabe Jesu am Kreuz für uns Menschen scheinen alle wesentlichen Elemente des christlichen Martyriums auf.[7] Da im Mittelpunkt des christlichen Glaubens das Martyrium Jesu Christi steht, gehören Christenverfolgung und Martyrium wesentlich zum Christentum und kann es keine christliche Kirche geben, die nicht Märtyrerkirche wäre. Darin besteht die Grunderfahrung der Christenheit auch heute, in der alle christlichen Kirchen und kirchlichen Gemeinschaften ihre Märtyrer haben. Christen werden heute nicht verfolgt, weil sie einer bestimmten christlichen Glaubensgemeinschaft angehören, sondern weil sie Christen sind. Das Martyrium ist heute ökumenisch, und man muss von einer eigentlichen Ökumene der Märtyrer oder einer Ökumene des Blutes sprechen[8]. Bei aller Tragik enthält sie freilich auch eine große Verheißung. Die frühe Kirche ist überzeugt gewesen, dass das Blut der Märtyrer Same von neuen Christen ist, wie dies der Kirchenschriftsteller Tertullian mit dem Satz ausgesprochen hat: „Sanguis martyrum – semen christianorum". In demselben Sinn dürfen auch wir Christen heute überzeugt sein und hoffen, dass sich das Blut von so vielen Märtyrern in unserer Zeit einmal als Same der vollen ökumenischen Einheit des Leibes Christi erweisen wird.

Von dieser Hoffnung hat beispielsweise der katholische Exarch Leonid Fjodorow ein schönes Zeugnis abgelegt, wenn er seiner tiefen Überzeugung Ausdruck verliehen hat, „dass die Wiedervereinigung des orthodoxen Russland mit dem Heiligen Apostolischen Stuhl eine Mission von absolut übernatürlicher Ordnung" und als solche „ohne Martyrium" nicht denkbar ist[9]. Was Fjodorow im Blick auf die Versöhnung der Kirche zwischen Ost und West bezeugt hat, gilt gewiss für die gesamte Ökumene, dass nämlich die Märtyrer nicht nur große Helfer auf dem Weg zur Einheit in Christus und in seinem Leib sind, sondern diese Einheit bereits verwirklichen und damit die Höchstform eines gemeinsamen Zeugnisses leben: Das Martyrium ist ein „verbindendes Element der christlichen Communio"[10] in einem sehr

7 Vgl. P.-W. Scheele, Zum Zeugnis berufen. Theologie des Martyriums (Würzburg 2008).
8 Vgl. Kardinal W. Kasper, Ökumene der Märtyrer. Theologie und Spiritualität des Martyriums (Norderstedt 2014); R. Prokschi/J. Marte (Hg.), Europa, vergiss Deine Märtyrer nicht! Aus jüdischer und christlicher Sicht (Klagenfurt 2006).
9 Vgl. I. Ossipowa, Wenn die Welt euch hasst … Die Verfolgung der katholischen Kirche in der UdSSR (Anweiler 2000) 69.
10 P.-W. Scheele, Das Martyrium – verbindendes Element der christlichen Communio, in: G.

grundlegenden Sinn. Uns in dieses Geheimnis des christlichen Martyriums zu vertiefen, schulden wir nicht zuletzt den Märtyrern selbst.

a) Auf dem Weg zu einer ökumenischen Sicht des Martyriums

„Wir sind vereint auf dem Hintergrund der Märtyrer. Wir können nicht anders als vereint sein.“ Diese Worte hat der heilige Papst Johannes Paul II. nach der Feier des Kreuzweges am Kolosseum am Karfreitag 1994 gesprochen und damit den tiefsten Grund seines großen ökumenischen Engagements zum Ausdruck gebracht. Denn für ihn ist die Ökumene der Märtyrer die glaubwürdigste Form der Ökumene: „Der Ökumenismus der Heiligen, der Märtyrer ist vielleicht am überzeugendsten. Die communio sanctorum, Gemeinschaft der Heiligen, spricht mit lauterer Stimme als die Urheber von Spaltungen.“[11] Mit dieser Betonung der Ökumene der Märtyrer hat Johannes Paul II. zudem gezeigt, dass er die Christen in anderen Kirchen und christlichen Gemeinschaften, die für ihren Glauben an Jesus Christus ihr Leben gegeben haben, fraglos als Märtyrer und als Glaubenszeugen der einen und ungeteilten Christenheit anerkennt und würdigt.

Um die Brisanz dieser heute selbstverständlich gewordenen Praxis der gegenseitigen Anerkennung der christlichen Märtyrer wahrzunehmen, legt sich ein kurzer Blick in die Geschichte nahe, der zeigt, dass in ihr über lange Zeit hin die gegenteilige Praxis vorherrschend gewesen ist. Es wurde nur derjenige als Märtyrer anerkannt, der die unverkürzte Christuswahrheit mit seinem Leben bezeugt hat. Da man nicht annehmen konnte, dass ein solches Ja zur unverkürzten Christuswahrheit auch außerhalb der Katholischen Kirche gegeben sein kann, war es nicht möglich, die auch in anderen christlichen Gemeinschaften geschehenen Martyrien als solche zu anerkennen. So verhielt es sich bereits in der frühen christlichen Zeit, in der nur die Glaubenszeugen der Katholischen Kirche als Märtyrer anerkannt worden sind, wohingegen in den häretischen Gemeinschaften selbst das Lebensopfer als wertlos und nichtig betrachtet worden ist. In der Auseinandersetzung mit den Donatisten haben beispielsweise Cyprian und Augustinus darauf bestanden, dass es nur in der Katholischen Kirche echte Märtyrer geben könne, während die Anhänger von häretischen Strömun-

---

Augustin/M. Schulze (Hg.), Freude an Gott. Auf dem Weg zu einem lebendigen Glauben. Festschrift für Kurt Kardinal Koch zum 65. Geburtstag (Freiburg i. Br. 2015) 185–202.

11 Johannes Paul II., Tertio millennio adveniente, Nr. 37.

gen, die um ihres Glaubens willen verfolgt worden sind, prinzipiell nicht als Märtyrer gelten könnten.[12] Noch weiter eingeengt worden ist das Märtyrerverständnis nach den Spaltungen in der Kirche, als Anhänger verschiedener christlicher Kirchen in Treue zu dem in ihrer Konfession bewahrten christlichen Bekenntnis das Leben hingegeben haben, wobei sie sich nicht selten gegenseitig um das Leben gebracht haben, aber nur die eigenen Glaubenszeugen als Märtyrer anerkannt worden sind, wiewohl alle ihren Märtyrertod als Zeugnis für Christus verstanden haben. Diese äußerst paradoxe Situation hat vollends zu einer „binnenchristlichen Konfessionalisierung" des Märtyrerbegriffs geführt, „die nur noch die Märtyrer der eigenen Kirche als solche anerkannte und dem gewaltsamen Tod der anderen Christen die religiöse Qualifikation des Martyriums absprach"[13].

Diese konfessionalistisch verengte Sicht ist im Zweiten Vatikanischen Konzil überwunden worden, und zwar mit einem neuen Blick auf jene christlichen Kirchen und kirchlichen Gemeinschaften, die mit der Katholischen Kirche noch nicht in Einheit stehen, mit denen sie sich aber „aus mehrfachem Grunde verbunden" weiß[14]. Den Grund für diese Verbundenheit sieht das Dekret über den Ökumenismus „Unitatis redintegratio" an erster Stelle in der Taufe, die ein „sakramentales Band der Einheit zwischen allen" begründet, „die durch sie wiedergeboren sind"[15], und in der deshalb „eine gewisse, wenn auch nicht vollkommene Gemeinschaft mit der katholischen Kirche" gegeben ist[16]. Von daher wird betont, dass „viele und bedeutende Elemente oder Güter, aus denen insgesamt die Kirche erbaut wird und ihr Leben gewinnt, auch außerhalb der sichtbaren Grenzen der katholischen Kirche existieren können" wie „das geschriebene Wort Gottes, das Leben der Gnade, Glaube, Hoffnung und Liebe und andere innere Gaben des Heiligen Geistes und sichtbare Elemente"[17]. Zu diesen Elementen zählt die Dogmatische Konstitution über die Kirche „Lumen gentium" in besonderer Weise auch „eine wahre Verbindung im Heiligen Geiste, der in Gaben und Gnaden auch in ihnen mit seiner heiligenden Kraft wirksam ist und manche von ih-

12 Vgl. P. Gemeinhardt, Märtyrer und Martyriumsdeutungen von der Antike bis zur Reformation, in: ZKG 120 (2009) 289–322, zit. 305.

13 E. Schockenhoff, Entschiedenheit und Widerstand. Das Lebenszeugnis der Märtyrer (Freiburg i. Br. 2015) 171.

14 Lumen gentium, Nr. 15.

15 Unitatis redintegratio, Nr. 22.

16 Unitatis redintegratio, Nr. 3.

17 Unitatis redintegratio, Nr. 3.

nen bis zur Vergießung des Blutes gestärkt hat"[18]. Mit diesen wichtigen Aussagen des Konzils ist die Realität des Martyriums auch in anderen christlichen Kirchen anerkannt und gewürdigt worden. Noch während des Konzils hat der heilige Papst Paul VI. diese neue Sicht bestätigt, als er in der 103. Generalkongregation am 18. Oktober 1964 die Märtyrer von Uganda heilig gesprochen und dabei auch die Anglikaner gewürdigt hat, die dasselbe Leiden wie ihre katholischen Brüder durchgemacht haben.

b) Einheit als Geschenk der Märtyrer

Die Anerkennung der Märtyrer in den anderen christlichen Kirchen und deren gemeinsame Verehrung ist ein besonderes Herzensanliegen des heiligen Papstes Johannes Paul II. gewesen. Darauf hat er die Aufmerksamkeit bereits in seinem Apostolischen Schreiben „Tertio millennio adveniente" aus dem Jahre 1994, das er zur Vorbereitung auf das Jubeljahr 2000 geschrieben hat, mit eindringlichen Worten gelenkt: „Am Ende des zweiten Jahrtausends ist die Kirche erneut zur Märtyrerkirche geworden. Die Verfolgung von Gläubigen – Priestern, Ordensleuten und Laien – hat in verschiedenen Teilen der Welt eine reiche Saat von Märtyrern bewirkt. Das Zeugnis für Christus bis hin zum Blutvergießen ist zum gemeinsamen Erbe von Katholiken, Orthodoxen, Anglikanern und Protestanten geworden."[19]

Der Ökumene der Märtyrer hat Papst Johannes Paul in seiner leidenschaftlichen Enzyklika über den Einsatz für die Ökumene „Ut unum sint" im Jahre 1995 einen ganzen Abschnitt gewidmet und betont, dass wir Christen „aus einer theozentrischen Sicht" bereits ein „gemeinsames Martyrologium" haben, das uns vor Augen führt, „wie auf einer tiefen Ebene Gott unter den Getauften die Gemeinschaft unter dem höchsten Anspruch des mit dem Opfer des Lebens bezeugten Glaubens aufrechterhält"[20]. In der Ökumene der Märtyrer hat Johannes Paul II. bereits eine grundlegende Einheit unter den Christen wahrgenommen und darauf gehofft, dass die Märtyrer uns helfen werden, die volle Gemeinschaft zu finden. Während wir Christen und Kirchen auf dieser Erde noch in einer unvollkommenen Gemeinschaft zu- und miteinander stehen, leben die Märtyrer in der himmlischen Herrlichkeit bereits jetzt in voller und vollendeter Gemeinschaft. Das mutige „Zeugnis so vieler Märtyrer unseres

---

18 Lumen gentium, Nr. 15.

19 Johannes Paul II., Tertio millennio adveniente, Nr. 37.

20 Johannes Paul II., Ut unum sint, Nr. 84.

Jahrhunderts, die auch anderen nicht in voller Gemeinschaft mit der katholischen Kirche befindlichen Kirchen und kirchlichen Gemeinschaften angehören", sind für Johannes Paul II. der „bedeutendste Beweis dafür, dass in der Ganzhingabe seiner selbst an die Sache des Evangeliums jedes Element der Spaltung bewältigt und überwunden werden kann"[21].

Die ökumenische Dimension des Martyriums hat Papst Johannes Paul II. vor allem mit der gemeinsamen Feier am historisch symbolträchtigen Ort beim Kolosseum im Jubeljahr 2000 zum Ausdruck gebracht, als er in Anwesenheit von hohen Vertretern verschiedener Kirchen und kirchlicher Gemeinschaften der Märtyrer des 20. Jahrhunderts gedacht und auf ihre Glaubenszeugnisse gehört hat wie diejenigen des orthodoxen Metropoliten Serafim, des evangelischen Pastors Paul Schneider und des katholischen Paters Maximilan Kolbe. Diese Feier hat die tiefe Gemeinschaft im Glauben erfahrbar werden lassen, die die Christen in den verschiedenen Kirchen und kirchlichen Gemeinschaften trotz aller noch bestehenden Differenzen und Hindernisse miteinander verbindet. Denn in der gemeinsamen Verfolgung – beispielsweise in den nationalsozialistischen Konzentrationslagern und in den kommunistischen Gulags – sind Christen in kirchlichen Gemeinschaften zusammengewachsen, haben ihre Gemeinsamkeit im Glauben entdeckt und miteinander Freundschaft geschlossen.

Die Insistenz auf der Bedeutung der Ökumene der Märtyrer hat eine schöne Fortsetzung gefunden bei Papst Benedikt XVI., der vor allem die christologische Dimension des Martyriums hervorgehoben hat. Denn die „Kraft, das Martyrium auf sich zu nehmen", kommt „aus der tiefen und innigen Vereinigung mit Christus". Das Martyrium und die Berufung zum Martyrium sind deshalb „nicht das Ergebnis menschlicher Anstrengungen, sondern sie sind die Antwort auf eine Initiative und auf einen Ruf Gottes; sie sind ein Geschenk seiner Gnade, das dazu befähigt, aus Liebe zu Christus und zur Kirche und damit zur Welt das eigene Leben hinzugeben"[22]. Als Papst Benedikt XVI. im Jahre 2008 die Basilika San Bartolomeo auf der Tiberinsel, die dem Gedenken an die Märtyrer des 20. Jahrhunderts gewidmet ist, besucht hat, hat er betont, dass sich dem äußeren Anschein nach „die Gewalttätigkeit, die Totalitarismen, die Verfolgungen, die blinde Gewalt" als stärker erweisen und die Stimmen der Glaubenszeugen zum Schweigen bringen, „die menschlich gesehen als Verlierer der Geschichte erscheinen

21 Johannes Paul II., Ut unum sint, Nr. 1.

22 Benedikt XVI., Ansprache bei der Generalaudienz am 11. August 2010.

können", dass aber der auferstandene Jesus dieses Zeugnis erleuchtet, weshalb sich die Kraft der Liebe und damit die „Kraft, die den Tod herausfordert und besiegt", auch in der scheinbaren Niederlage als siegreich erweist[23]. Das Martyrium ist in der Tat das „höchste Zeugnis der Liebe"[24].

Auch Papst Franziskus wird nicht müde, immer wieder auf die Ökumene der Märtyrer oder, wie er sie nennt, die „Ökumene des Blutes" hinzuweisen. Denn für ihn steht fest, dass Christen heute nicht verfolgt werden, weil sie lutherisch oder anglikanisch, orthodox oder katholisch, orientalisch oder freikirchlich, sondern weil sie Christen sind. Dabei sind es vor allem die Christenverfolger selbst, die uns die Ökumene des Blutes nahe legen. Denn „für die Verfolger sind wir nicht geteilt, sind wir nicht Lutheraner, Orthodoxe, Protestanten, Katholiken ... Nein! Wir sind eins! Für die Verfolger sind wir Christen! Etwas anderes interessiert nicht. Das ist die Ökumene des Blutes, die heute gelebt wird"[25]. In der Ökumene der Märtyrer begegnet uns deshalb auch eine große Herausforderung, die Papst Franziskus in dem einprägsamen Satz zum Ausdruck gebracht hat: „Wenn uns der Feind im Tod vereint, wie kommen wir dann dazu, uns im Leben zu trennen?"[26] Ist es in der Tat nicht beschämend, dass die Christenverfolger die bessere ökumenische Vision als wir Christen haben, da sie darum wissen, dass die Christen untereinander zutiefst eins sind? Weil das Leiden so vieler Christen in der heutigen Welt eine gemeinsame Erfahrung bildet, ist die Ökumene des Blutes für Papst Franziskus sogar das „überzeugendste Zeichen" der Ökumene heute[27].

5. Märtyrer für die christliche Einheit

Die sensible Wahrnehmung der christlichen Märtyrer heute und die ökumenische Suche nach der Einheit der Christen gehören unlösbar zusammen: „Die Märtyrer gehören allen Kirchen an und ihr Leiden ist eine ‚Ökumene

---

23 Benedikt XVI., Predigt beim Gedenken an die Märtyrer des 20. Jahrhunderts in der Basilika San Bartolomeo all'Isola in Rom am 7. April 2008.

24 R. Weimann, Il martirio. Suprema testimonianza d'amore, in: Deus caritas est. Porta di Misericordia. Atti del Simposio internazionale nel decimo anniversario dell'Enciclica. A cura di M. Graulich e R. Weimann (Città del Vaticano 2016) 123–141.

25 Franziskus, Ansprache an die Mitglieder der „Catholic Fraternity of Charismatic Covenant Communities and Fellowships" am 31. Oktober 2014.

26 Franziskus, Ansprache an die Bewegung der Charismatischen Erneuerung am 3. Juli 2015.

27 Franziskus, Botschaft anlässlich des Global Christian Forum vom 1. November 2015.

des Blutes‘, die die historischen Trennungen zwischen Christen überschreitet und uns alle dazu aufruft, die sichtbare Einheit der Jünger Christi zu fördern.“[28] In der Ökumene der Märtyrer verdienen deshalb jene christlichen Märtyrer eine besondere Erwähnung, die ihr Leben bewusst für die heilige Sache der christlichen Einheit hingegeben haben. Stellvertretend für viele sei an den katholischen Priester Max Josef Metzger erinnert[29], der sich bereits lange vor der Gefangennahme durch die Nationalsozialisten für die Ökumenische Bewegung eingesetzt hat, dessen Grundanliegen im Frieden der Welt und in der Einheit der Kirche bestanden hat und der seine drohende Hinrichtung als Sühnopfer verstanden hat, das er dem Herrn für den Frieden der Welt und die Einheit der Kirche angeboten hat: „Ich wäre glücklich, wenn ich durch Hingabe meines Lebens dem wirksam dienen dürfte, was mein Leben ohne sichtbaren Erfolg erstrebte.“[30] Und kurz vor seiner Hinrichtung am 17. April 1944 hat er die Worte geschrieben, die als sein Vermächtnis verstanden werden können: „Nun will der Herr von mir das Lebensopfer. Ich sag’ mein frohes Ja zu seinem Willen. Ich hab ihm ja das Leben angeboten für den Frieden der Welt und die Einheit der Kirche. Er will es haben. Möchte er es segnen!“[31]

Max Josef Metzger gehört zu jenen christlichen Märtyrern, von denen Papst Johannes Paul II. hervorgehoben hat, dass die „intensivste Gemeinschaft, die es mit Christus geben kann, der sein Blut vergießt und durch dieses Opfer jene, die einst in der Ferne waren, in die Nähe kommen lässt (vgl. Eph 2,13)“[32], auch intensivste Gemeinschaft unter den Christen ermöglicht. Wie Jesus in den Tod gegangen ist, „um die versprengten Kinder Gottes wieder zu sammeln“ (Joh 11,52), so haben die genannten Christen ihr Martyrium bewusst für die Einheit der Christen auf sich genommen. Sie sind deshalb nicht nur zu glaubwürdigen Wegweisern zur sichtbaren Einheit der Christen geworden, sondern sie haben diese Einheit bereits realisiert. Mit ihnen ist das in der Vergangenheit konfessionalistisch verengte Verständnis des Martyriums vollends überwunden worden, und zwar vor allem dadurch, dass die christlichen Kirchen Märtyrer auch in den anderen kirchlichen Gemeinschaften anerkennen und sie als Glaubenszeugen der einen, ungeteilten

28 Gemeinsame Erklärung von seiner Heiligkeit Franziskus und seiner Heiligkeit Karekin II im heiligen Etschmiadsin, Republik Armenien am 26. Juni 2016.
29 Vgl. J. Ernesti, Ökumene im Dritten Reich (Paderborn 2007) 182–219.
30 Ebd. 137.
31 Ebd. 218.
32 Johannes Paul II., Ut unum sint, Nr. 84.

Christenheit wahrnehmen, wie der katholische Moraltheologe Eberhard Schockenhoff mit Recht hervorhebt: „An die Stelle einer Engführung des Märtyrerbegriffs, die diesen Ehrentitel für die Glaubenszeugen des eigenen Bekenntnisses reservierte, trat eine Entkonfessionalisierung, die zu der Einsicht führte, dass die jeweiligen Märtyrer der katholischen, evangelischen und orthodoxen Kirchen Märtyrer der gesamten Christenheit sind. Mehr noch: In den gemeinsamen Märtyrern ist die ungeteilte Christenheit präsent und die Spaltung der Kirche im Ansatz überwunden.“[33]

In dieser „Una Sancta in vinculis“, wie der protestantische Märtyrer Dietrich Bonhoeffer die enge ökumenische Verbundenheit der Christen in unterschiedlichen Kirchen während ihres Widerstands gegen die nationalsozialistischen und kommunistischen Gewaltregimes bezeichnet hat, begegnen wir der glaubwürdigsten Gestalt des gemeinsamen Zeugnisses, in dem die Hoffnung auf die Einheit des Leibes Christi begründet ist und das uns herausfordert, auf dem Fundament der Einheit weiter zu bauen, das die Märtyrer für die christliche Einheit gelegt haben, und in gemeinsamem Zeugnis das Evangelium Jesu Christi in der heutigen Welt zu verkünden: in Demut und Liebe.

Die Märtyrer, die für den Glauben an Jesus Christus und die Einheit seines Leibes ihr Leben hingeben, sind die glaubwürdigsten Zeugen des Glaubens und die überzeugendsten Exegeten des Evangeliums. Sie bilden „die mit Blut geschriebenen Archive der Wahrheit“[34]. Die Märtyrer leben in exemplarischer Weise vor, was die Berufung eines jeden Christen ausmacht und was der Erste Petrusbrief mit den eindringlichen Worten zum Ausdruck bringt: „Seid stets bereit, jedem Rede und Antwort zu stehen, der nach der Hoffnung fragt, die euch erfüllt, aber antwortet bescheiden und ehrfürchtig, denn ihr habt ein reines Gewissen. Damit werden die, die euch beschimpfen, weil ihr in (der Gemeinschaft mit) Christus ein rechtschaffenes Leben führt, sich wegen ihrer Verleumdungen schämen müssen. Es ist besser, für gute Taten zu leiden, wenn es Gottes Wille ist, als für böse“ (3,15–17). In diesen Worten liegt der Grundentscheid des christlichen Martyriums beschlossen, das heute eine gemeinchristliche Realität darstellt. Wenn wir sie ernst nehmen, können wir nicht nur über das Martyrium der Christen heute reden, sondern sind auch eingeladen, alle

33 E. Schockenhoff, Entschiedenheit und Widerstand. Das Lebenszeugnis der Märtyrer (Freiburg i. Br. 2015) 157.

34 Katechismus der Katholischen Kirche, Nr. 2474.

Christen, die heute wegen ihres Glaubens verfolgt werden, in unser Gebet einzuschließen, sie mit ihrem Leiden vor Gott zu bringen, ihnen für ihr Glaubenszeugnis zu danken und uns selbst zu einem mutigen und überzeugenden Christsein inspirieren zu lassen.

Dialogische Dimension des Glaubens

Heutigwerden des Glaubens im Dialog zwischen Gott und Welt

Aus dem Erbe des Zweiten Vatikanischen Konzils leben[1]

Die Sinnrichtung des Zweiten Vatikanischen Konzils, das zweifellos das einflussreichste Ereignis in der Katholischen Kirche im vergangenen Jahrhundert gewesen ist und das Gesicht der Kirche maßgeblich geprägt hat, lässt sich mit zwei Stichwörtern umschreiben: Gott in Welt und Welt vor Gott. Denn dieses Konzil ist ein Konzil des Dialogs gewesen, der sich gemäß der Dogmatischen Konstitution über die Kirche „Lumen gentium" gleichsam in konzentrischen Kreisen vollzieht: Die Kirche wendet ihre Aufmerksamkeit zuerst den „katholischen Gläubigen" zu, dann allen jenen, „die durch die Taufe der Ehre des Christennamens teilhaft sind", und schließlich denjenigen, „die das Evangelium noch nicht empfangen haben"[2].

1. Das Konzil im Jenseits von Säkularismus und Fundamentalismus

Im Dialog in diesen konzentrischen Kreisen ist das Konzil damals vor der Aufgabe gestanden, „die Wahrheit und die Schönheit des Glaubens im Heute unserer Zeit erstrahlen zu lassen, ohne sie den Ansprüchen der Gegenwart zu opfern, noch sie an die Vergangenheit gefesselt zu halten: Im Glauben schwingt die ewige Gegenwart Gottes mit, die über die Zeit hinausreicht und dennoch von uns nur in unserem unwiederholbaren Heute aufgenommen werden kann"[3]. Mit diesen Worten hat Papst Benedikt XVI. im Oktober 2012 bei der Eröffnung des Jahrs des Glaubens zur Erinnerung an die Eröff-

---

1 Dieser Text ist zusammengestellt aus zwei Veröffentlichungen: K. Kardinal Koch, Heutigwerden des Glaubens im Dialog zwischen Welt und Gott. Impulse des Zweiten Vatikanischen Konzils in der heutigen Situation des Christentums, in: S. Ley/I. Proft/M. Schulze (Hg.), Welt vor Gott. Für George Augustin (Freiburg i. Br. 2016) 231–242; Ders., Kirche zwischen Offenbarung und Welt. Aus dem Erbe des Zweiten Vatikanischen Konzils leben, in: M. C. Hastetter/M. Hettich (Hg.), An der Bruchlinie von Kirche und Welt. Pastoral im heute. Festschrift für Hubert Windisch (Regensburg 2014) 13–29.

2 Lumen gentium, vor allem Nr. 14–16.

3 Benedikt XVI., Predigt in der Heiligen Messe zur Eröffnung des Jahrs des Glaubens am 11. Oktober 2012.

nung des Zweiten Vatikanischen Konzils vor fünfzig Jahren seine damalige Sendung umschrieben und damit konzis zum Ausdruck gebracht, dass seine dialogische Sinnrichtung darin bestanden hat, dem christlichen Glauben in einer Welt, in der er seine gestaltende Dynamik immer mehr zu verlieren droht, neue Kraft zu geben und ihn in der Gegenwart neu zu erschließen, und zwar in der Überzeugung, dass das Christentum nur dann seine die Welt gestaltende und prägende Kraft zurückgewinnen kann, wenn es entschieden im Heute steht. Es ist interessant zu sehen, dass der Theologe und Konzilsperitus Joseph Ratzinger die Sendung des Konzils in der gleichen Sinnrichtung bereits im Jahre 1962 wahrgenommen hat, als er den Entwurf einer Einleitungskonstitution für das Zweite Vatikanische Konzil verfasst und darin das Ziel der unmittelbar bevorstehenden Kirchenversammlung mit den Worten umschrieben hat, es wolle „nichts anderes als den Menschen der jetzigen geschichtlichen Stunde das Zeugnis von Jesus Christus geben“ und von daher gehöre zur stets notwendigen Erneuerung der Kirche die „Anpassung der Vermittlung der kirchlichen Lehre an die Umstände des heutigen Lebens“, da das Konzil „in den Nöten der Zeit gewissermaßen die Stimme Gottes“ erkenne[4].

Diese elementare Herausforderung ist damals in dem einen Wort „aggiornamento“ zusammengefasst und verdichtet worden, um zu signalisieren, dass die Kirche immer wieder der Erneuerung aus der Kernmitte des Glaubens heraus bedarf und dass zu dieser notwendigen Erneuerung auch die Anpassung, allerdings nicht des Glaubens, sondern der Vermittlung des Glaubens an die Umstände der jeweiligen Zeit, in der die Kirche lebt, gehört. Mit dem Programmwort des „aggiornamento“ ist deshalb keine leichtfertige und leichtsinnige Angleichung des Glaubens und der Kirche an die Plausibilitäten von Zeit und Welt anvisiert gewesen, freilich auch keine starre und sture Abschottung des Glaubens und der Kirche von der weithin säkular gewordenen Welt. Es ist dem Konzil vielmehr darum gegangen, den christlichen Glauben in eine weithin veränderte Situation hinein neu zu verkünden, zu aktualisieren und lebendig zu interpretieren.

Das Stichwort des „aggiornamento“ ist deshalb mit dem anderen Leitwort des „ressourcement“ unlösbar verbunden gewesen. Weil man sich eine tief greifende Reform der Kirche vor allem auf dem Weg der Revitalisierung der

---

4 J. Ratzinger, Introductio/Entwurf einer Einleitungskonstitution, in: Ders., Zur Lehre des Zweiten Vatikanischen Konzils. Formulierung – Vermittlung – Deutung. Erster Teilband = Gesammelte Schriften. Band 7/1 (Freiburg i. Br. 2012) 125–132.

Quellen des Glaubens, nämlich der Heiligen Schrift und der Kirchenväter als der ersten Exegeten der Heiligen Schrift erhofft hat, um von daher ein „aggiornamento" im Sinne eines echten Dialogs mit der Welt zu ermöglichen, ist das Konzil von der Überzeugung getragen gewesen, dass das „aggiornamento" nur zusammen mit dem „ressourcement" zu einer wirklich klugen und vor allem katholischen Kirchenreform führen kann.[5] In diesem grundlegenden Sinn ist es dem Konzil gerade nicht darum gegangen, einen neuen Glauben zu erfinden und eine neue Kirche zu schaffen, sondern sie tiefer zu verstehen und von daher zu erneuern, wie dies Walter Kardinal Kasper deutlich ausgesprochen hat: „Papst Johannes XXIII. und die Väter des Konzils wollten keine neue Kirche im Bruch mit der Tradition, sondern eine erneuerte Kirche aus dem Geist der ein für alle Mal offenbarten, in lebendiger Tradition überlieferten und bleibend gültigen christlichen Botschaft."[6]

Mit dieser Sinnrichtung hat das Konzil die elementare Spannung von evangelischer Ursprungstreue und kairologischer Zeitgemäßheit durchgetragen und jene zwei spiegelverkehrten Gefahren überwunden, die bis heute das kirchliche Leben bedrängen. Denn im Leben der Kirche ist die alternative Versuchung immer wieder gegenwärtig, entweder die Ursprungstreue des christlichen Glaubens zu bewahren, sie aber in fundamentalistischer Weise von der heutigen Welt abzusondern, oder den dialogischen Kontakt der Kirche mit der Welt zu pflegen, dafür aber den Glauben der Welt in säkularistischer Weise anzupassen und seine Identität in bedrohlicher Weise zu gefährden oder gar preiszugeben. Jenseits einer fundamentalistischen Selbstisolierung der Kirche von der Welt und jenseits einer säkularistischen Anpassung der Kirche an die Plausibilitäten der Welt hat das Konzil jene Grundspannung im Verhältnis der Kirche zur Welt ausgehalten, die in der biblischen Botschaft mit den beiden Bildworten „Salz der Erde" und „Licht der Welt" thematisiert wird. Das Bild vom „Salz der Erde" akzentuiert den dialogischen und solidarischen Bezug des Glaubens und der Kirche zur Welt. Wie das Salz im Küchenschrank nicht viel nützt, sondern erst wirksam wird in der Suppe, so vermag auch das Salz des christlichen Glaubens in der Sakristei der Kirche allein nicht viel zu bewirken; es muss vielmehr in unmittelbaren Kontakt mit der heutigen Welt gebracht werden. Das Bild vom „Licht

5 Vgl. Papst Benedikt XVI. und sein Schülerkreis/K. Kardinal Koch, Das Zweite Vatikanische Konzil. Die Hermeneutik der Reform (Augsburg 2012).

6 W. Kasper, Neue Evangelisierung als theologische, pastorale und geistliche Herausforderung, in: Ders., Das Evangelium Jesu Christi = Gesammelte Schriften. Band 5 (Freiburg i. Br. 2009) 243–317, zit. 248.

der Welt“ betont dem gegenüber den notwendigen Kontrast des Glaubens und der Kirche gegenüber der Welt und mutet ihr zu, Farbe zu bekennen und auch gegen den modischen Zeitgeist mit prophetischer Stimme Stellung zu beziehen. Im Verhältnis zur Welt muss sich die Kirche immer als „Salz der Erde“ und damit in dialogischem und solidarischem Bezug zu ihr und zugleich als „Licht der Welt“ und damit in deutlichem Kontrast zu ihr erweisen und damit jenen dritten Weg gehen, den das Konzil gewiesen hat.[7]

2. Dialogisches Grundsatzprogramm des Konzils

Der christliche Glaube hat seine Herkunft in der Offenbarung Gottes in der Heilsgeschichte in Israel, die in Jesus Christus kulminiert, und findet seine Hinkunft in der Zuwendung zur Welt. Diese Grundspannung macht sein Wesen aus und ist vom Zweiten Vatikanischen Konzil konsequent in Erinnerung gerufen worden. Es hat deshalb nicht einen neuen Glauben verkünden, sondern ihn in neuer, nämlich dialogischer Weise in die Welt hinein tragen wollen. Zu dieser neuen Weise gehörte vor allem auch das Vorgehen, dass das Konzil keine lehrmäßigen Verurteilungen vorgenommen und auch keine dogmatisch letztverbindlichen Definitionen ausgesprochen, sondern sich vor allem als pastorales Konzil verstanden hat, das die Weisungen des Evangeliums und die Lehren der Kirche den Menschen in ihrer geschichtlichen Stunde in einer gewinnenden Weise nahe bringen wollte. Das Ergebnis dieses umfassenden dialogischen Bemühens sind vier Konstitutionen, neun Dekrete und drei Erklärungen, die den großen Schatz des Konzils darstellen, den es heute treuhänderisch zu bewahren und angesichts der gegenwärtigen Herausforderungen zu bewähren gilt.

a) Dialog innerhalb und außerhalb der Kirche

Der große Reichtum an Glaubenszeugnissen, die in einer dialogischen Weise vermittelt werden, liegt vor allem in den vier grundlegenden Konstitutionen des Konzils vor, deren Themen eng miteinander verbunden sind. Die enge Zusammengehörigkeit und gleichsam den symphonischen Zusammenklang der vier konziliaren Konstitutionen hat die außerordentliche Bischofssynode

7 Vgl. K. Koch. Der dritte Weg zu glauben. Grundzüge eines öffentlichen Christentums, in: Geist und Leben 82 (2009) 20–37.

im Jahre 1985, die zwanzig Jahre nach Abschluss des Konzils eine umfassende Standortbestimmung der Kirche vorgenommen hat, herausgestellt und in der einprägsamen Kurzformel zum Ausdruck gebracht: „Die Kirche (Kirchenkonstitution) – unter dem Wort Gottes (Offenbarungskonstitution) – feiert die Geheimnisse Christi (Liturgiekonstitution) zum Heil der Welt (Pastoralkonstitution).“[8] In dieser Zusammengehörigkeit der vier Konstitutionen wird das dialogische Grundsatzprogramm des Konzils sichtbar, das auch nach mehr als einem halben Jahrhundert nichts an Aktualität eingebüßt hat, sondern die Magna Charta der Katholischen Kirche auch auf dem Weg im Dritten Jahrtausend ist und bleibt.

(1) Konstitution über die heilige Liturgie: Tätige Teilnahme an der Feier des Paschageheimnisses

Die Konstitution über die heilige Liturgie „Sacrosanctum concilium“ konnte bereits im Jahre 1963 verabschiedet werden und stand insofern am Beginn des Konzils. Dies ist freilich nicht darin begründet, dass die Konzilsväter in der Erneuerung der Liturgie eine besonders vordringliche Aufgabe gesehen hätten, sondern darin, dass man bei dieser Thematik keine großen Auseinandersetzungen erwartet hat. Im Rückblick darf man freilich in der Tatsache, dass die Liturgiekonstitution am Anfang des Konzils gestanden hat, die wichtige Botschaft vernehmen, dass in der Kirche am Anfang immer die Anbetung und damit die Feier des Geheimnisses Gottes steht. Die gottesdienstliche Feier hat dabei selbst eine dialogische Struktur, und in der Liturgie der Kirche verwirklicht sich die Urgestalt des Dialogs, nämlich der heilsgeschichtliche Dialog zwischen der gnädigen Zuwendung Gottes zu uns Menschen und der glaubenden Antwort von uns Menschen an Gott. Christliche Liturgie ist genauer als Begegnung der Glaubenden mit dem Christusmysterium und, daraus fließend, mit dem wahren Bild der Kirche zu verstehen. Denn „in der Liturgie, besonders im heiligen Opfer der Eucharistie ‚vollzieht sich das Werk der Erlösung‘, und so trägt sie in höchstem Masse dazu bei, dass das Leben der Gläubigen Ausdruck und Offenbarung des Mysteriums Christi und des eigentlichen Wesens der wahren Kirche wird“[9].

8 Zukunft aus der Kraft des Konzils. Die außerordentliche Bischofssynode ’85. Die Dokumente mit einem Kommentar von W. Kasper (Freiburg i. Br. 1986) 61.
9 Sacrosanctum concilium, Nr. 2.

Dass in der Sicht des Konzils in der Mitte christlicher Liturgie der Primat Gottes steht[10], zeigt sich vor allem in jenem Prinzip, das in der Liturgiekonstitution an nicht weniger als an sechzehn Stellen erwähnt wird und für die Liturgiereform grundlegend geworden ist, nämlich dasjenige der tätigen Teilnahme aller Glaubenden an der Liturgie. Die Liturgiekonstitution formuliert dieses Anliegen als Wunsch der „Mutter Kirche“, „alle Gläubigen möchten zu der vollen, bewussten und tätigen Teilnahme an den liturgischen Feiern geführt werden, wie sie das Wesen der Liturgie selbst verlangt“[11]. Bei diesem Prinzip hat das Konzil dabei in erster Linie an die innere Partizipation der Glaubenden an der Liturgie gedacht und deshalb die „plena et actuosa particaptio“ finalisiert, indem sie als Ziel der Erneuerung der liturgischen Bücher und Riten angegeben hat, „dass sie das Heilige, dem sie als Zeichen dienen, deutlich zum Ausdruck bringen, und so, dass das christliche Volk sie möglichst leicht erfassen und in voller, tätiger und gemeinschaftlicher Teilnahme mitfeiern kann“[12]. Das Konzil war eindeutig der Überzeugung, dass sich die leichte Erfassbarkeit der Liturgie und die Ermöglichung der tätigen und gemeinschaftlichen Teilhabe des Volkes Gottes an der Liturgie von ihrer Durchsichtigkeit für das Heilige her ergeben und nicht umgekehrt. Die „actuosa participatio“ ist der mystagogischen Transparenz für das Heilige nachgeordnet und wird von ihr her interpretiert. Die innere Partizipation der Glaubenden an der Liturgie im Gebet und im meditativen Mitvollzug ist deshalb das entscheidende Erste, das allem äußeren und gewünschten Mitwirken von Laien in der Liturgie erst den wahren Sinn zu geben vermag.

Die Sinnbestimmung, dass christlicher Liturgie eine mystagogische Dimension eigen ist, weil in ihrer Mitte das Heilige und damit Gott selbst steht, tritt noch deutlicher zu Tage, wenn wir die Aufmerksamkeit auf das theologische Liturgieverständnis lenken, das der Liturgiekonstitution zugrunde liegt und vor allem im ersten Kapitel beschrieben wird. Die „participatio actuosa“ ist zwar ein für die Liturgie wesentliches Gestalt-Prinzip. Das elementarste Gehalt-Prinzip christlicher Liturgie ist und muss aber das Paschamysterium sein, das den Schlüsselbegriff der konziliaren Liturgietheologie darstellt.[13] Denn das „Werk der Erlösung“, das sich in der Liturgie vollzieht, findet sei-

10 Vgl. K. Kardinal Koch, Primat des Dienstes Gottes im Leben der Kirche. Grundzüge des konziliaren Kirchenverständnisses, in: G. Augustin/M. Schulze (Hg.), Glauben feiern. Liturgie im Leben der Christen. Für Andreas Redtenbacher (Ostfildern 2018) 14–36.

11 Sacrosanctum concilium, Nr. 14.

12 Sacrosanctum concilium, Nr. 21.

13 W. Haunerland, Mysterium paschae. Schlüsselbegriff liturgietheologischer Erneuerung, in:

nen Kulminationspunkt im Pascha-Mysterium[14]. Das Pascha Jesu in der Untrennbarkeit von Kreuz und Auferstehung Jesu Christi steht im Mittelpunkt christlicher Liturgie und macht ihr eigentliches Wesen aus; und in dieser paschalogischen Zentrierung christlicher Liturgie liegt das Kernanliegen der vom Konzil gewünschten Liturgiereform.

(2) Dogmatische Konstitution über die Kirche: Volk Gottes vom Leibe Christi her

Anlässlich des 25. Jahrestags der Verabschiedung der Liturgiekonstitution hat Papst Johannes Paul II. über sie geurteilt, in ihr könne man bereits den „Kern jener Lehre über die Kirche vorfinden, die später von der Konzilsversammlung vorgelegt wird", und es bestehe eine „sehr enge und organische Verbindung zwischen der Erneuerung der Liturgie und der Erneuerung des ganzen Lebens der Kirche"[15]. Dass sich in der Tat das Wesen der Kirche vom gottesdienstlichen Grundauftrag, Gott anzubeten und zu verherrlichen, herleitet, steht im Mittelpunkt der Dogmatischen Konstitution über die Kirche „Lumen gentium". Deren Kernaussagen werden vor allem dann deutlich, wenn wir die kunstvolle Architektur der ganzen Konstitution betrachten, die gleichsam in konzentrischen Kreisen aufgebaut ist:[16]

Das erste Kapitel beschreibt das Geheimnis der Kirche und verwendet dazu verschiedene Bilder wie Leib Christi, Volk Gottes und Tempel des Heiligen Geistes. Damit wird zum Ausdruck gebracht, dass die Kirche nicht nur und schon gar nicht in erster Linie eine Organisation wie andere gesellschaftliche Organisationen ist, sondern ein lebendiger sakramentaler Organismus, in dem alle Glieder zusammenspielen, und dass die Kirche primär nicht auf Prinzipien, sondern auf Menschen aufgebaut ist. Dem ersten Kapitel entspricht deshalb das achte Kapitel, in dem das Geheimnis der Kirche in der Person Maria konkretisiert wird. Denn in Maria findet die Kirche ihr Urbild und gleichsam ihr reines Modell.

Dem zweiten Kapitel über die Kirche als Volk Gottes entspricht das siebte Kapitel über den endzeitlichen Charakter der pilgernden Kirche. Denn das

---

G. Augustin/K. Kardinal Koch (Hg.), Liturgie als Mitte des christlichen Lebens (Freiburg i. Br. 2012) 189–209.

14 Sacrosanctum concilium, Nr. 4.

15 Johannes Paul II., Vicesimus quintus annus, Nr. 2 und 4.

16 Vgl. Ch. Schönborn, Leben für die Kirche. Die Fastenexerzitien des Papstes (Freiburg i. Br. 1977).

Bild vom in der Geschichte wandernden Volk Gottes verweist auf die geschichtliche Vorläufigkeit der Kirche, die ihr so lange anhaftet, als sie in der Weltzeit unterwegs ist – vergleichbar mit dem Volke Israel, das zwischen Ägypten und dem Land der Verheißung unterwegs gewesen ist. In der Tatsache, dass das Konzil vor der Darstellung der hierarchischen Ordnung die allen Getauften gemeinsame Kirchengliedschaft und die damit verbundene gemeinsame Würde aller Glaubenden entschieden herausstellt und damit eine übergreifende Sicht, die Laien und Hierarchie umfasst, vertritt, darf man seine wichtige ekklesiologische Weichenstellung wahrnehmen.

In diesem größeren Zusammenhang wird deutlich, dass das dritte, vierte und sechste Kapitel der Kirchenkonstitution ihrerseits eng zusammengehören. Im dritten Kapitel geht es um die hierarchische Verfassung der Kirche, insbesondre um das Bischofsamt, das zum Wesen der Kirche selbst gehört. Das vierte Kapitel hebt die Eigenverantwortung der Laien in der Kirche hervor, deren besonderer Dienst in der Verkündigung des Evangeliums durch das Zeugnis des alltäglichen Lebens gesehen wird. Und das sechste Kapitel betont die spezifische Eigenbedeutung des Ordenslebens in der Kirche.

In der Mitte und damit gleichsam als Angelpunkt der ganzen Konstitution steht das fünfte Kapitel über die allgemeine Berufung zur Heiligkeit. Dem Konzil geht es vor allem um die Betonung, dass alle Getauften zur Heiligkeit berufen sind und hinsichtlich dieses Zieles alle Glieder der Kirche auf derselben Ebene stehen. In der gemeinsamen Berufung zur Heiligkeit findet das vom Konzil wiederentdeckte gemeinsame Priestertum aller Getauften seine primäre Artikulation und seine wichtigste Verwirklichung.

Führt man sich diesen kunstvollen Aufbau der Kirchenkonstitution vor Augen, wird deutlich, dass die Kirche selbst eine dialogische Struktur aufweist. Dies gilt erst recht, wenn wir auf die innerste Mitte des konziliaren Kirchenverständnisses blicken, dass Kirche Communio ist und dass kirchliche Communio im tiefsten eucharistische Communio ist. Denn die Kirche ist Volk Gottes nicht aus sich selbst, sondern nur von Christus und seinem Leib her, den er uns in der Eucharistie schenkt und in den er uns zugleich verwandelt. Die konziliare Communio-Ekklesiologie ist von innen her eucharistische Ekklesiologie, bei der der „Leib Christi“ als eucharistische Gabe und der „Leib Christi“ als kirchliche Gemeinschaft unter den Getauften ein einziges Sakrament bilden, weshalb das Konzil die kirchliche Gemeinschaft in der eucharistischen Gemeinschaft verwurzelt sieht: „Beim Brechen des eucharistischen Brotes erhalten wir wirklichen Anteil am Leib des Herrn und werden zur Gemeinschaft (communio) mit ihm und untereinander erhoben."[17] Da die Kirche zu verstehen ist als das Kommunizieren Jesu Christi mit seinem kirchlichen Leib, das auch zum Kommunizieren unter den Gliedern dieses Leibes führt, ist die Kirche Volk Gottes nur vom Leib Christi her.

(3) Dogmatische Konstitution über die göttliche Offenbarung: Offenbarung und Kirche

Die Kirche hat, wie bereits deutlich geworden ist, ihren Grund nicht in sich selbst, sondern findet ihre Identität in der Offenbarung Gottes, in seinem lebendigen Wort, das die Kirche zusammenruft und zu jeder Zeit neu belebt. In dieser Sinnrichtung formuliert die Dogmatische Konstitution über die göttliche Offenbarung „Dei verbum" die fundamentale Glaubensüberzeugung, dass die Kirche dadurch besteht, dass sie die Offenbarung Gottes als jene Vorgabe annimmt, die ihr immer voraus-geht und der sie nach-denkt. Die Anpassung, die von der Kirche immer wieder gefordert ist, ist deshalb in erster Linie nicht Anpassung an die moderne Zeit und ihren Geist, sondern Anpassung an die in der Offenbarung eröffnete Wahrheit Gottes, wie dies die Gemeinsame Synode der Bistümer in der Bundesrepublik Deutschland in ihrem Glaubensbekenntnis „Unsere Hoffnung" als Konsequenz des Zweiten Vatikanischen Konzils in Erinnerung gerufen hat: „Die Krise des kirchlichen Lebens beruht letztlich nicht auf Anpassungsschwierigkeiten gegenüber unserem modernen Leben und Lebensgefühl, sondern auf Anpassungsschwierigkeiten gegenüber dem, in dem unsere Hoffnung wurzelt und aus dessen Sein sie ihre Höhe und Tiefe, ihren Weg und ihre Zukunft empfängt: Jesus Christus und seiner Botschaft vom ‚Reich Gottes'."[18]

Damit ist bereits die innerste Mitte der christlichen Identität angesprochen, von der die konziliare Offenbarungskonstitution handelt, deren dialogischer Charakter demjenigen der Kirchenkonstitution entspricht. Er liegt zunächst darin begründet, dass die Konstitution von einem umfassenden und ganzheitlichen, genauer analogen Verständnis der Offenbarung Gottes ausgeht, indem sie hervorhebt, das Wort Gottes sei in erster Linie nicht Schrift, sondern eine personale Wirklichkeit: Jesus Christus als der Fleisch gewordene Sohn Gottes ist in Person das lebendige Wort Gottes. Offenbarung ist deshalb mehr als das, was geschrieben steht; die Offenbarung liegt

---

17 Lumen gentium. Nr. 7.

18 Gemeinsame Synode der Bistümer in der Bundesrepublik Deutschland. Offizielle Gesamtausgabe. Band I: Beschlüsse der Vollversammlung (Freiburg i. Br. 1976) 101.

der Heiligen Schrift vielmehr voraus „und schlägt sich in ihr nieder, ist aber nicht einfach mit ihr identisch“[19]. Gottes Offenbarung ist ein lebendiges, personales und gemeinschaftliches Geschehen und bezeichnet in erster Linie den Akt, in dem sich Gott uns Menschen zeigt und sich uns als Liebe zusagt, und nicht das verobjektivierte Ergebnis dieses Aktes.

So personal und dialogisch, wie die Offenbarungskonstitution den Urheber und den Inhalt der Offenbarung versteht, begreift sie auch ihren Adressaten. Dem ganzheitlich verstandenen Begriff der Offenbarung entspricht immer auch ein menschliches Subjekt, das dieser Offenbarung inne wird. Denn eine Offenbarung, die nicht angenommen wird, kann auch niemandem offenbar werden. Der eigentliche Adressat der Offenbarung ist dabei nicht der einzelne Christ, sondern die Gemeinschaft der Kirche; und deshalb gehört zur Offenbarung auch „das verstehende Subjekt Kirche“, womit auch „schon der wesentliche Sinn von Überlieferung gegeben ist“[20].

Nimmt man das ganzheitliche Offenbarungsverständnis des Konzils ernst, drängt sich eine Konsequenz auf, die zumal in der heutigen geistesgeschichtlichen Situation von grundlegender Bedeutung ist und darin besteht, dass das Christentum nicht – wie beispielsweise das Judentum und in anderer Weise auch der Islam – eine Buchreligion ist. Das Spezifische des Christentums besteht vielmehr in einer inneren Freundschaftsbeziehung mit Jesus Christus als dem lebendigen Wort Gottes, ohne die auch die Heilige Schrift nicht zu uns sprechen würde: „Das Christentum hat eine Heilige Schrift, ist aber keine Buchreligion. Im Mittelpunkt des Christentums steht der Mensch: Jesus von Nazareth. Durch ihn wird das Menschliche mit dem Christlichen verbunden und Gott mit dem Menschen.“[21]

(4) Pastoralkonstitution über die Kirche in der Welt von heute Gottes Anruf in den Zeichen der Zeit und die Sendung der Kirche

Die drei Konstitutionen über die Liturgie, die Kirche und die Offenbarung könnten beim ersten Zusehen leicht den Eindruck erwecken, die Katholische Kirche habe sich beim Zweiten Vatikanischen Konzil vor allem mit sich selbst beschäftigt. Dass dieser Eindruck jedoch falsch ist, zeigt sich spätestens bei

19 J. Kardinal Ratzinger, Aus meinem Leben. Erinnerungen (Stuttgart 1998) 84.

20 Ebd.

21 Th. Söding, Gotteswort durch Menschenwort. Das Buch der Bücher und das Leben der Menschen, in: K.-H. Kronawitter/M. Langer (Hg.), Von Gott und der Welt. Ein theologisches Lesebuch (Regensburg 2008) 212–223.

der Pastoralkonstitution über die Kirche in der Welt von heute „Gaudium et spes". Sie ist am zweitletzten Tag des Konzils verabschiedet worden und stellt das Ergebnis eines intensiven Ringens mit einem Text dar, der während des Konzils über lange Zeit unter dem blassen Titel „Schema XIII" verhandelt worden ist. Nach einer „tieferen Klärung des Geheimnisses der Kirche" wendet sich die Konstitution „nicht mehr bloß an die Kinder der Kirche und an alle, die Christi Namen anrufen", sondern „an alle Menschen schlechthin in der Absicht, allen darzulegen, wie es Gegenwart und Wirken der Kirche in der Welt von heute versteht"[22]. Das zentrale Thema der Pastoralkonstitution ist die Frage, wie die Kirche das von Gott empfangene Licht seines Wortes in die Welt hinein trägt und auf diesem Weg die Verherrlichung Gottes voranbringt, und insofern die Sendung der Kirche in der Welt. Dazu befasst sie sich mit vielen Einzelfragen wie die Würde von Ehe und Familie, die Pflege der Kultur und der Umgang mit ihrem Fortschritt, das Wirtschaftsleben, das Leben der politischen Gemeinschaft, die Förderung des Friedens und der Aufbau der Völkergemeinschaft.

In der Pastoralkonstitution kommt von daher in besonderer Weise die theologisch-pastorale Intention des Konzils zum Ausdruck, die Zeichen der Zeit sensibel wahrzunehmen und sie im Lichte des Glaubens zu deuten. Glaubwürdig kann diese Sendung nur wahrgenommen werden, wenn die Entschiedenheit, den Glauben zeitgemäß zu verkünden, zusammengeht mit dem Mut, das ursprungstreue Selbstverständnis des christlichen Glaubens mit demütigem Selbstbewusstsein zu vertreten und in der heutigen Welt Farbe zu bekennen. In diesem Sinn weiß sich die Pastoralkonstitution selbst auf jene Mitte des christlichen Glaubens zurückverwiesen, die in den Dogmatischen Konstitutionen des Konzils thematisiert ist. Dies zeigt sich nicht nur im ersten großen Hauptteil, in dem die Grundlegung einer christlichen Anthropologie und der Sendung der Kirche in der Welt von heute geboten wird, sondern auch am Beginn des vierten Kapitels, in dem die Aufgabe der Kirche in der Welt beschrieben und dabei ausdrücklich festgehalten wird: „Alles, was wir über die Würde der menschlichen Person, die menschliche Gemeinschaft und den letzten Sinn des menschlichen Schaffens gesagt haben, bildet das Fundament für die Beziehung zwischen Kirche und Welt und auch die Grundlage ihres gegenseitigen Dialogs. Unter Voraussetzung all der bisherigen Aussagen dieses Konzils über das Geheimnis der Kirche, ist sie nun dar-

22 Gaudium et spes, Nr. 2.

zustellen, insofern sie gerade in dieser Welt besteht und mit ihr lebt und wirkt."[23]

Nimmt man das Selbstverständnis der Pastoralkonstitution ernst, lassen sich Pastoral und Dogmatik nicht voneinander trennen oder gegeneinander wenden, sondern bedingen sie sich wechselseitig: Nicht nur kann die Pastoral die Dogmatik leiten, indem sie sie auf neue pastorale Herausforderungen hinweist, sondern die Pastoral muss auch, und zwar prioritär, die Dogmatik als Richtschnur lesen, um im Licht des Glaubens die Zeichen der Zeit deuten zu können. In dieser Sinnrichtung muss die Pastoralkonstitution im Ganzen des Konzils und der von ihm gewiesenen Glaubenszentrierung gelesen werden.

b) Dialog mit der Welt der Neuzeit

Die anspruchsvolle Aufgabe, die vom Konzil erwartet und abverlangt worden ist, nämlich einen redlichen Dialog mit der Welt zu führen, hat es mit sich gebracht, dass das Konzil das Verhältnis der Kirche zur Welt und den diesem Verhältnis zugrunde liegenden Begriff „Welt" neu bestimmten musste, was auch die Klärung des Verhältnisses der Kirche zur Neuzeit impliziert. Mehr als in den großen Dogmatischen Konstitutionen findet sich eine differenzierte Auseinandersetzung mit den bedeutenden Themen der Neuzeit in der Pastoralkonstitution „Gaudium et spes" und noch mehr in den kleineren Texten, vor allem in der Erklärung über die Religionsfreiheit und in der Erklärung über das Verhältnis der Kirche zu den nichtchristlichen Religionen, die Papst Benedikt XVI. als „wichtige Trilogie" bezeichnet hat, „deren Bedeutung sich erst im Lauf der Jahrzehnte gezeigt hat"[24].

Der Dialog mit der Neuzeit ist zweifellos am deutlichsten in der Erklärung über die Religionsfreiheit „Dignitatis humanae" sichtbar, die zu den umstrittensten Dokumenten des Zweiten Vatikanischen Konzils gehört und erst am letzten Tag vor Abschluss des Konzils mit 2308 Ja-Stimmen gegen 90 Nein-Stimmen angenommen worden ist. Dies kann nicht erstaunen, wenn man bedenkt, dass damit jene grundlegende Freiheit des Menschen, die in seiner Würde begründet ist, vom Konzil erklärt worden ist, die im 19. Jahrhundert von Papst Gregor XVI. verurteilt und von Papst Pius IX. zu

---

23 Gaudium et spes, Nr. 40.

24 Benedikt XVI., Ansprache bei der Begegnung mit dem Klerus der Diözese Rom am 14. Februar 2013.

den Irrtümern der damaligen Zeit gerechnet worden ist[25]. Während sich freilich die Aussagen der Päpste im 19. Jahrhundert auf der metaphysischen Ebene bewegt und sich mit Recht gegen Relativismus und Indifferentismus zur Wehr gesetzt haben, bewegen sich die Aussagen des Zweiten Vatikanischen Konzils auf der geschichtlichen Ebene und betrachten die Religionsfreiheit als gesellschaftliche Notwendigkeit für das Zusammenleben der Menschen. Indem das Konzil erkannt hat, dass Wahrheit dem Menschen nicht von außen aufgezwungen werden darf, der Mensch sie sich vielmehr nur in Freiheit aneignen kann, hat es einen wesentlichen Grundsatz des modernen Staates anerkannt und angenommen. Das Konzil hat damit zugleich das in der Tradition der Kirche tief verankerte Erbe wieder aufgegriffen und revitalisiert, dass das Christentum selbst „bei seinem Entstehen das Prinzip der Freiheit der Religion in die Welt getragen hat“[26]. Denn mit dem christlichen Glauben ist der Anspruch unlösbar verbunden, dass es dem Staat nicht zusteht, über die Wahrheit zu entscheiden und eine bestimmte Form des religiösen Kultes für sich zu beanspruchen.

In der Erklärung über die Religionsfreiheit muss man auch den „Probierstein für die ökumenische Öffnung der katholischen Kirche“[27] und die unabdingbare Voraussetzung für den ökumenischen Dialog erblicken, den die Kirche mit der Annahme des Dekrets über den Ökumenismus „Unitatis redintegratio“ im November 1964 mit 2137 Ja-Stimmen gegen 11 Nein-Stimmen in offizieller Weise begonnen hat. Mit diesem Ereignis ist die Katholische Kirche in die Ökumenische Bewegung eingetreten, die das Konzil ausdrücklich auf die „Einwirkung der Gnade des Heiligen Geistes“ zurück geführt hat[28]. Dass sich die Kirche damit die Grundanliegen der Ökumenischen Bewegung zu eigen gemacht hat, wird gleich im ersten Satz des Dekrets zum Ausdruck gebracht: „Die Einheit aller Christen wiederherstellen zu helfen, ist eine der Hauptaufgaben des Heiligen Ökumenischen II. Vatikanischen Konzils.“ Dabei wird eigens darauf hingewiesen, dass die ökume-

25 Gregor XVI., Mirari vos vom 15. August 1832; Pius IX., Quanta cura vom 8. Dezember 1864.
26 Benedikt XVI., Vorwort, in: J. Ratzinger, Zur Lehre des Zweiten Vatikanischen Konzils. Formulierung – Vermittlung – Deutung = Gesammelte Schriften. Band 7/1 (Freiburg i. Br. 2012) 5–9, zit. 7.
27 W. Thönissen, Ein Konzil für ein ökumenisches Zeitalter. Schlüsselthemen des Zweiten Vaticanums (Leipzig – Paderborn 2013) 257.
28 Unitatis redintegratio, Nr. 1.

nische Verpflichtung, die Einheit der Kirche wieder zu finden, nur in einer dialogischen Weise geschehen kann.

Einen noch weiteren Dialogkreis hat das Konzil mit der Erklärung über das Verhältnis zu den nichtchristlichen Religionen und insbesondere zum Judentum „Nostra aetate" gezogen, die im November 1965 mit einer nahezu moralischen Einmütigkeit, mit 2221 Ja-Stimmen gegen 88 Nein-Stimmen, angenommen worden ist. Die große Bedeutung des in „Nostra aetate" grundgelegten Interreligiösen Dialogs und der Zusammenarbeit zwischen den Religionen im Dienst am Frieden in der Welt ist freilich erst im Laufe der Zeit nach dem Konzil wirklich wahrgenommen worden. Bei „Nostra aetate" handelt es sich insofern um einen Text, der vorweg genommen hat, was sich erst später in seiner ganzen Intensität gezeigt hat; und „Nostra aetate" ist zweifellos zu jenen Konzilsdokumenten zu zählen, die in besonderer Weise für die Begegnung der Kirche mit der Neuzeit wichtig geworden sind.

Die Erfahrung und theologische Reflexion der Vielzahl von Religionen in der heutigen Gesellschaft hat in neuer Weise die Frage nach der Einzigkeit und Einzigartigkeit der Offenbarung Gottes in Jesus Christus und nach dem aus ihr folgenden Missionsauftrag der Kirche auf den Plan gerufen. Dieser wichtigen Thematik ist das Dekret des Konzils über die Missionstätigkeit der Kirche „Ad gentes" gewidmet, das in der Evangelisierung keineswegs einen Gegensatz zum Interreligiösen Dialog erblickt, sondern den Missionsauftrag der Kirche in den weiten Horizont des universalen Heilsplans Gottes mit der Menschheit einordnet, der auf die eschatologische Sammlung aller Völker zielt. Das Konzil hat damit in Erinnerung gerufen, dass die Sendung der Kirche zur Evangelisierung der Welt aus dem Wesen der Kirche folgt und dass sie dazu da ist, zu evangelisieren.

Angesichts dieser vielfältigen Dialogbemühungen, die das Konzil auf dem Weg der Vertiefung und Erneuerung der bleibenden Identität des Glaubens unternommen hat, legt es sich nahe, abschließend nochmals auf das Leitwort des „aggiornamento" zurückzukommen und bei dem Christen in die Glaubensschule zu gehen, dem dieses Wort zugeschrieben wird, nämlich dem heiligen Papst Johannes XXIII.[29] Als er einmal gefragt worden ist, worin für ihn der eigentliche Sinn des „aggiornamento" bestehe, soll er einfach auf das Kreuz gezeigt und gesagt haben: „Der Gekreuzigte, der seine Arme zum Heil der Welt ausspannt und sie nicht verschließt, ist das

29 Vgl. F. M. Willam, Vom jungen Angelo Roncalli (1903–1907) zum Papst Johannes XXIII. (1958–1963) (Innsbruck 1967).

Symbol des recht verstandenen aggiornamento."[30] Mit dieser kreuzestheologischen Interpretation kommt vollends zum Ausdruck, dass es sich beim aggiornamento nicht um eine leichtfertige Angleichung des Glaubens und der Kirche an die Plausibilitäten der heutigen Welt, freilich auch nicht um eine starre Abschottung von Glaube und Kirche von der säkular gewordenen Welt handelt. Die ausgespannten Arme des Gekreuzigten verweisen die Kirche vielmehr in die Mitte des Glaubens, von der allein Dialog und Weltsendung ausgehen können.

Die ausgespannten Arme des Gekreuzigten verweisen die Kirche von daher zugleich in die Welt von heute und fordern sie heraus, ihre Sendung in jener Weise wahrzunehmen, die der jüdische Denker Martin Buber mit dem tiefen Wort ausgesprochen hat: „Von der Welt wegblicken, das hilft nicht zu Gott. Auf die Welt hinstarren, das hilft auch nicht zu ihm. Aber wer die Welt in ihm schaut, steht in seiner Gegenwart." Mit diesem Wort dürfte auch am besten umschrieben sein, welcher Ort und welche Sendung der Kirche zwischen Offenbarung und Welt und damit im Dialog zwischen Welt und Gott im Licht des Zweiten Vatikanischen Konzils zugewiesen sind bei der Aufgabe, die bedeutenden und reichen Wegweisungen des Konzils in Theologie und Pastoral auch in der heutigen Situation der Kirche fruchtbar zu machen, nämlich als Transformation des Evangeliums ins Heute und des Heute ins Evangelium.

---

30 Zitiert in: Zukunft aus der Kraft des Konzils. Die außerordentliche Bischofssynode '85. Die Dokumente mit einem Kommentar von Walter Kasper (Freiburg i. Br. 1986) 100.

Katholische Kirche und Judentum

„Nostra aetate" als bleibender Kompass im katholisch-jüdischen Dialog[1]

„Bei ihrer Besinnung auf das Geheimnis der Kirche gedenkt die heilige Synode des Bandes, wodurch das Volk des Neuen Bundes mit dem Stamme Abrahams geistlich verbunden ist."[2] Mit diesen Worten beginnt der vierte Artikel der Erklärung des Zweiten Vatikanischen Konzils über das Verhältnis der Kirche zu den nichtchristlichen Religionen „Nostra aetate", die am 28. Oktober 1965 mit 2221 Ja-Stimmen gegen 88 Nein-Stimmen mit zwei Vorbehalten, also mit einer nahezu moralischen Einmütigkeit, genauer mit der eindrucksvollen Mehrheit von 96 % von den Konzilsvätern angenommen und von Papst Paul VI. promulgiert worden ist. Im Blick auf den vierten Artikel, der dem Verhältnis der Kirche zum Judentum gewidmet ist, hat der damalige Konzilsperitus Joseph Ratzinger in seinen sehr geschätzten Berichten über den Verlauf des Zweiten Vatikanischen Konzils geurteilt, im Verhältnis zwischen Kirche und Israel sei „eine neue Seite im Buch der beiderseitigen Beziehungen" aufgeschlagen worden[3]. Der damalige Präsident des Sekretariats für die Einheit der Christen, der deutsche Jesuitenkardinal Augustin Bea, in dessen Verantwortung die Redaktion der konziliaren Erklärung weithin gelegen hat, hat deren grundlegende Bedeutung aus der Tatsache wahrgenommen, dass sie gewiss zu den Themen gehört, „für die die sogenannte öffentliche Meinung größtes Interesse zeigt", und er hat daraus die Konsequenz gezogen, „dass viele das Konzil nach der Billigung oder Missbilligung dieses Dokumentes gut oder schlecht beurteilen werden"[4].

---

1 Vortrag an der Catholic University of America in Washington, D. C. am 19. Mai 2015, erschienen in: P. Valkenberg/A. Cirelli (Eds.), Nostra Aetate. Celebrating Fifty Years of the Catholic Church's Dialogue with Jews and Muslims (Washington, D. C. 2016) 161–177.

2 Nostra aetate, Nr. 4.

3 J. Ratzinger, Die letzte Sitzungsperiode des Konzils (Köln 1966) 68.

4 Relatio von Augustin Kardinal Bea über die „Erklärung über die Juden und Nichtchristen", gehalten in der Konzilsaula am 25. September 1964, in: A. Kardinal Bea, Die Kirche und das jüdische Volk (Freiburg i. Br. 1966) 148–157, zit. 148.

1. Streiflichter auf die Entstehungsgeschichte von „Nostra aetate"

Diese positiven Urteile und optimistischen Einschätzungen der Bedeutung von „Nostra aetate" lassen freilich kaum etwas erahnen von der langen und verwickelten Entstehungsgeschichte, die diese Konzilserklärung bis zu ihrer Promulgation hinter sich bringen musste und an die zu erinnern auch nach fünfzig Jahren angebracht ist, um ihre damalige Sprengkraft und unverbrauchte Aktualität auch heute noch besser verstehen zu können. Diese lange Geschichte hat mit dem Auftrag begonnen, den der heilige Papst Johannes XXIII., dem die Versöhnung mit dem jüdischen Volk ein Herzensanliegen gewesen ist, am 18. September 1960 Kardinal Augustin Bea zuhanden des von ihm geleiteten Sekretariats für die Einheit der Christen erteilt hat, eine Erklärung über das jüdische Volk vorzubereiten[5]. Der Papst konnte damals freilich kaum ahnen, welches Ausmaß dieser Auftrag in der Folgezeit annehmen und von welchen Schwierigkeiten die weitere Arbeit an dieser Erklärung begleitet sein würde. Die Probleme lagen dabei weniger auf dem religiösen und theologischen Gebiet, sondern eher in den wenig glücklichen politischen Zeitumständen, die ein Höchstmaß an Differenziertheit und Ausgeglichenheit erforderten.

Von daher erklärt sich die äußerst komplexe Textgeschichte dieser Erklärung[6], die zunächst, wie erwähnt, als eigenständiges Dokument über das Verhältnis der Kirche zum jüdischen Volk konzipiert gewesen ist. Weil in diesem Text nur das Judentum behandelt wurde und daraufhin von arabischer Seite Protest eingelegt wurde, hat man sich entschieden, das Schema über die Juden in den größeren Kontext der Haltung der Kirche zu den nichtchristlichen Religionen im allgemeinen einzuordnen und als viertes Kapitel dem vorgesehenen Dekret über den Ökumenismus anzufügen. Diese Verortung hätte deshalb einen guten Sinn gehabt, weil besondere und tief reichende Beziehungen zwischen der Kirche als dem erwählten Volk Gottes des Neuen Bundes und

5 Vgl. D. Recker, Die Wegbereiter der Judenerklärung des Zweiten Vatikanischen Konzils. Johannes XXIII., Kardinal Bea und Prälat Oesterreicher – eine Darstellung ihrer theologischen Entwicklung (Paderborn 2007).

6 Vgl. J. Oesterreicher, Kommentierende Einleitung zur „Erklärung über das Verhältnis der Kirche zu den nichtchristlichen Religionen", in: Lexikon für Theologie und Kirche. Band 13 (Freiburg i. Br. 1967) 406–478; R. A. Siebenrock, Theologischer Kommentar zur Erklärung über die Haltung der Kirche zu den nichtchristlichen Religionen Nostra aetate, in: P. Hünermann/B. J. Hilberath (Hg.), Herders Theologischer Kommentar zum Zweiten Vatikanischen Konzil. Band 3 (Freiburg i. Br. 2005) 591–693. Vgl. ferner R. Burigana, Fratelli in cammino. Storia della dichiarazione Nostra aetate (Milano 2015).

dem erwählten Volk Gottes des Alten Bundes bestehen und diese Beziehungen allen Christen gemeinsam sind und weil die erste Spaltung in der Geschichte der Christenheit in der Trennung zwischen Kirche und Synagoge wahrgenommen werden muss, die der katholische Theologe Erich Przywara als „Ur-Riss" bezeichnet und aus ihm die später stets fortschreitende Unganzheit der Catholica abgeleitet hat.[7] Vor allem von Konzilsvätern, die im Nahen Osten lebten, wurde aber verlangt, dass auch der Islam in die Erklärung einbezogen werden sollte, und von weiteren Konzilsvätern wurde vorgeschlagen, alle nichtchristlichen Religionen im allgemeinen zu behandeln. Aufgrund dieser Einwände und wegen neu auftauchender Schwierigkeiten, die erneute Überarbeitungen des Textes notwendig gemacht haben, hat die Erklärung über das jüdische Volk schließlich als vierter Artikel in die Erklärung des Konzils über das „Verhältnis der Kirche zu den nichtchristlichen Religionen" Eingang gefunden, die den Namen „Nostra aetate" trägt.

Die Frage des Verhältnisses der Katholischen Kirche zum Judentum wird damit im größeren Kontext der Darlegung der Beziehung der Kirche zu den nichtchristlichen Religionen überhaupt betrachtet. Dabei handelt es sich in gewisser Weise um einen Kompromiss, weil das Judentum für den Christen nicht einfach als eine der vielen nichtchristlichen Religionen betrachtet und die Beziehung zwischen Judentum und Christentum nicht bloß als eine besondere Variante des interreligiösen Dialogs nivelliert werden darf, so dass ihre unverwechselbare Eigenart nicht mehr zum Tragen kommen könnte. Denn die Kirche hat mit dem Judentum eine einmalige und einzigartige Beziehung wie mit keiner anderen Religion, und sie kann sich selbst ohne Referenz mit dem Judentum gar nicht verstehen, wie der heilige Papst Johannes Paul II. später anlässlich seines Besuchs in der römischen Synagoge mit den eindrücklichen und eindringlichen Worten zum Ausdruck gebracht hat: „Die jüdische Religion ist für uns nicht etwas ‚Äußerliches', sondern gehört in gewisser Weise zum ‚Inneren' unserer Religion. Zu ihr haben wir somit Beziehungen wie zu keiner anderen Religion. Ihr seid unsere bevorzugten Brüder und, so könnte man gewissermaßen sagen, unsere älteren Brüder."[8] Auf dem Hintergrund der Entstehungsgeschichte der konziliaren Erklärung darf man den vierten Artikel, der von der Beziehung der Katholischen Kirche zum Ju-

7 E. Przywara, Römische Katholizität – All-christliche Ökumenizität, in: J. B. Metz u. a. (Hg.), Gott in Welt. Festgabe für K. Rahner. Band 2 (Freiburg i. Br. 1964) 524–528, zit. 526.
8 Johannes Paul II., Ansprache anlässlich des Besuches der römischen Synagoge am 13. April 1986.

dentum handelt, nicht nur als Ausgangspunkt, sondern auch als Herzmitte der ganzen Erklärung „Nostra aetate" einschätzen.

Die große Bedeutung der Konzilserklärung „Nostra aetate" besteht zweifellos darin, dass zum ersten Mal in der Geschichte sich ein Ökumenisches Konzil in einer so ausdrücklichen und positiven Weise zum Verhältnis der Katholischen Kirche zu den nichtchristlichen Religionen im Allgemeinen und zum Judentum im Besonderen geäußert hat. Hinzu kommt, dass sich das Konzil nicht einfach mit rein praktischen Gesichtspunkten beschäftigt, sondern die Frage der jüdisch-christlichen Beziehung in einem theologischen Horizont und auf soliden biblischen Grundlagen behandelt hat. „Nostra aetate" ist kein politisches, sondern ein streng religiöses und theologisches Dokument. Erwähnenswert ist ferner, dass die neue Sicht des Verhältnisses zwischen Christentum und Judentum nicht einfach eine sekundäre Frage ist, sondern eine Frage, die die innere Identität der Kirche selbst berührt, was auch daran abgelesen werden kann, dass sie auch in wichtige Konstitutionen des Zweiten Vatikanischen Konzils Eingang gefunden hat. Vor allem die Dogmatische Konstitution über die Kirche „Lumen gentium" stellt in den Artikeln 9 und 16 das Heraustreten der christlichen Kirche aus dem Gottesvolk Israel und dessen bleibende Erwähltheit dar; und die Dogmatische Konstitution über die Göttliche Offenbarung „Dei verbum" enthält in den Artikeln 14 bis 16 dieselbe Überzeugung in einer offenbarungstheologischen Wendung. Im Blick auf die Wirkungsgeschichte des Konzils kann man deshalb insgesamt das Urteil wagen, dass „Nostra aetate" zu jenen konziliaren Dokumenten gezählt werden darf, die in einer besonders eingängigen Weise eine grundsätzliche Neuausrichtung des Zweiten Vatikanischen Konzils bewirken konnten.

2. Magna Charta der christlich-jüdischen Beziehungen

Mit diesem kurzen Ausblick in die Wirkungsgeschichte ist bereits die theologische Sinnrichtung des vierten Artikels von „Nostra aetate" vor unsere Augen getreten. Er beginnt mit einer biblisch fundierten Besinnung auf das Geheimnis und die heilsgeschichtliche Sendung der Kirche, er erinnert an jenes tiefe Band, aufgrund dessen das Volk des Neuen Bundes mit dem Stamm Abrahams in geistiger Weise verbunden ist und bleibt. Er hebt die jüdischen Wurzeln des christlichen Glaubens explizit hervor und bestätigt in positiver Weise das Juden und Christen „gemeinsame geistliche Erbe". Er äußert den dringenden Wunsch, dass die gegenseitige Kenntnis und die daraus folgende wechselseitige Achtung von Juden und Christen gefördert werden muss. Er beklagt und verurteilt alle Beleidigungen und Hassausbrüche, Manifestationen von Gewalt und Verfolgungen, die von so genannt christlicher Seite gegen das jüdische Volk gerichtet gewesen sind. Er schärft ein, dass von Christen jede Geringschätzung, Herabwürdigung und Verachtung des Judentums vermieden werden muss, und er verurteilt jede Form des Antisemitismus. Der vierte Artikel von „Nostra aetate" gilt deshalb mit Recht als Gründungsdokument und Magna Charta des jüdisch-katholischen Dialogs, dessen elementare Weichenstellungen im Folgenden noch weiter expliziert und konkretisiert werden sollen.[9]

a) Einzigartige und komplexe Beziehung zwischen Christen und Juden

Dass Artikel vier von „Nostra aetate" einen grundlegenden Neubeginn in der Beziehung zwischen Christentum und Judentum markiert, kann zunächst durch einen kurzen Rückblick in die Geschichte verdeutlicht werden. Diese Geschichte stellt sich als eine sehr komplexe dar, die sich zwischen Nähe und Distanz, zwischen Geschwisterlichkeit und Fremdheit, zwischen Liebe und Hass bewegt hat, und zwar von allem Anfang an. Auf der einen Seite ist Jesus von Nazareth ohne Israel nicht zu verstehen, hat die frühe christliche Gemeinde in einer selbstverständlichen Weise an der jüdischen Liturgie im Tempel teilgenommen und ist auch Paulus auf seinen verschiedenen Missionsreisen jeweils zuerst immer in die jüdischen Synagogen gegangen, bevor er sich mit seiner Verkündigung des Evangeliums an die Heiden gewandt hat. Auf der anderen Seite ist nach dem jüdischen Krieg und der Zerstörung des Jerusalemer Tempels im Jahre 70 das nachbiblische rabbinische Judentum entstanden, das sich weitgehend durch Abgrenzung vom sich ausbreitenden Christentum konstituiert hat. In der Reaktion darauf hat das Christentum seinerseits seine endgültige Identität vor allem durch Abgrenzung vom Judentum gesucht.

---

9 Vgl. H. H. Henrix, Nostra aetate und die christlich-jüdischen Beziehungen, in: D. Ansorge (Hg.), Das Zweite Vatikanische Konzil. Impulse und Perspektiven (Münster 2014) 228–245; N. Lamdan/A. Melloni (Eds.), Nostra aetate. Origins, Promulgation, Impact on Jewish-Catholic Relations (Berlin 2007); J.-H. Tück, Das Konzil und die Juden – Bruch mit dem Antijudaismus und Durchbruch zur theologischen Würdigung des nachbiblischen Bundesvolkes, in: G. Augustin/M. Schulze (Hg.), Freude an Gott. Auf dem Weg zu einem lebendigen Glauben. Festschrift für Kurt Kardinal Koch zum 65. Geburtstag. Zweiter Teilband (Freiburg i. Br. 2015) 857–893, zit. 880.

Die heutige Geschichtsforschung tendiert zwar zur Annahme, dass sich der Prozess der Entfremdung und Abgrenzung zwischen Judentum und Christentum über einen längeren als bisher angenommenen Zeitraum hingezogen und wohl erst nach der Zerstörung des Zweiten Tempels im ersten Jahrhundert allmählich Gestalt angenommen hat. Damit ist freilich nicht in Frage gestellt, dass dieser Prozess von den Anfängen der jüdisch-christlichen Beziehungen her angelegt und das Verhältnis zwischen Juden und Christen bereits früh von Konflikten geprägt gewesen ist, die der damalige Kardinal Joseph Ratzinger mit den Worten umschrieben hat: „Die Kirche wurde von ihrer Mutter als entartete Tochter betrachtet, während die Christen die Mutter als blind und verstockt betrachteten.“[10] Dieses Bild erinnert zwar noch daran, dass die Konflikte zwischen Juden und Christen in den Anfängen Familienstreitigkeiten ähnlich gewesen sind. Als jedoch das Bewusstsein, zu derselben Familie Gottes zu gehören, weitgehend verloren gegangen ist, haben sich die Beziehungen zwischen Juden und Christen zunehmend verschlechtert. Sie sind deshalb in der Geschichte schwerwiegenden Belastungen und großen Feindschaften ausgesetzt gewesen, so dass es leider in zu vielen Fällen zu antijüdischen Entgleisungen gekommen ist, die auch mit Gewaltausbrüchen und Pogromen gegenüber den Juden verbunden gewesen sind.

Einen nicht mehr unterbietbaren Tiefpunkt hat die Judenfeindschaft in der europäischen Geschichte in dem von den Nationalsozialisten mit industrieller Perfektion geplanten und durchgeführten Massenmord an den europäischen Juden gefunden. Die Schoah muss dabei als hässlichster Ausdruck jenes primitiven rassistischen Antisemitismus der Nazi-Ideologie beurteilt werden, der sich bereits im 19. Jahrhundert entwickelt hat, der aber dem Christentum von Grund auf fremd ist und von den Päpsten Pius XI. und Pius XII. mehrfach scharf verurteilt worden ist. Die Schoah kann deshalb nicht dem Christentum als solchem zugerechnet werden; sie ist vielmehr von einer gottlosen, antichristlichen und neuheidnischen Ideologie geleitet und durchgeführt worden, und sie muss als der grauenhafte Tiefpunkt einer neuheidnischen Weltanschauung beurteilt werden, die nicht nur das Judentum, sondern auch das jüdische Erbe im Christentum vernichten wollte, wie Papst Benedikt XVI. bei seinem Besuch des Vernichtungslagers Auschwitz-Birkenau auf diesen Unheilszusammenhang hingewiesen hat: „Mit dem Zerstören Israels, mit der Schoah, sollte im Letzten auch die Wurzel ausgerissen

---

10 J. Cardinal Ratzinger, Das Erbe Abrahams, in: Ders., Weggemeinschaft des Glaubens. Kirche als Communio (Augsburg 2002) 235–238, zit. 237.

werden, auf der der christliche Glaube beruht, und endgültig durch den neuen, selbstgemachten Glauben an die Herrschaft des Menschen, des Starken, ersetzt werden."[11]

Wenn wir uns diese tragische Geschichte vergegenwärtigen, müssen wir Christen mit tiefer Beschämung erkennen, dass die gemeinsame nationalsozialistische Anfeindung bei uns viel mehr leidempfindliche Compassion mit den Juden hätte wecken müssen, als sie de facto wirksam geworden ist. Wir Christen haben daher allen Grund, unsere Mitverantwortung an diesen grauenhaften Entwicklungen zu bedenken und vor allem zu bekennen, dass der christliche Widerstand gegen die grenzenlos inhumane Brutalität des ideologisch und rassistisch begründeten Nationalsozialismus nicht jene Klarheit und jenes Ausmaß an den Tag gelegt hat, die man mit Recht hätte erwarten dürfen und müssen. Und wir Christen müssen ehrlich bedauern, dass erst das beispiellose Verbrechen der Schoah ein wirkliches Umdenken bewirken konnte, wie es seinen Ausdruck gefunden hat einerseits in der so genannten „Theologie nach Auschwitz" in ihren verschiedenen Varianten[12] und in der Entwicklung einer christlichen Theologie des Judentums[13] und anderseits in der klaren Verwerfung aller „Manifestationen des Antisemitismus" in „Nostra aetate", und zwar „nicht aus politischen Gründen, sondern auf Antrieb der religiösen Liebe des Evangeliums"[14].

b) Wiederentdeckung der jüdischen Wurzeln des Christlichen

Die Verarbeitung der Katastrophe der Schoah und der Kampf gegen den Antisemitismus sind im christlichen Raum eine der wichtigsten Triebfedern gewesen, die zur Abfassung von „Nostra aetate" und zu der darin vollzogenen Wende im Verhältnis der Katholischen Kirche zum Judentum geführt haben. Bei der kritischen Rückfrage nach der Mitverantwortung der Christen ist immer deutlicher erkannt worden, dass der Widerstand der Christen gegen den

---

11 Benedikt XVI., Ansprache beim Besuch des ehemaligen Konzentrationslagers Auschwitz am 28. Mai 2006. Vgl. dazu J.-H. Tück, Wo war Gott? Der deutsche Papst in Auschwitz – eine theologische Nachbetrachtung, in: Ders. (Hg.), Der Theologenpapst. Eine kritische Würdigung Benedikts XVI. (Freiburg i. Br. 2013) 123–134.

12 Vgl. E. Kogon/J. B. Metz, Gott nach Auschwitz. Dimensionen des Massenmords am jüdischen Volk (Freiburg i. Br. 1979).

13 Vgl. F. Mussner, Traktat über die Juden (München 1979); C. Thoma, Christliche Theologie des Judentums (Aschaffenburg 1978); Ders., Das Messiasprojekt. Theologie jüdisch-christlicher Begegnung (Augsburg 1994).

14 Nostra aetate, Nr. 4.

nationalsozialistischen Antisemitismus auch deshalb zu schwach gewesen ist, weil ein über Jahrhunderte hin wirksamer christlich-theologischer Antijudaismus eine weit verbreitete antisemitische Antipathie gegen die Juden begünstigt und sich ein altes antijüdisches Erbe in den Seelenfurchen von nicht wenigen Christen eingegraben hat.[15] Für die Ausbreitung des neuheidnischen Antisemitismus des Nationalsozialismus und den mangelnden Widerstand der meisten Christen ist der christliche Antijudaismus zwar nicht die Ursache, wohl aber eine mentalitätsmäßige Voraussetzung gewesen. Dies musste Grund genug sein, sich dieser geschichtlichen Hypothek selbstkritisch zu stellen.

Auszugehen ist dabei von der historischen Tatsache, dass im Verhältnis zwischen Kirche und Israel nach der Katastrophe der Zerstörung des Zweiten Tempels im Jahre 70 eine neue Situation eingetreten ist. Auf der einen Seite haben die an den Tempel gebundenen Sadduzäer diese Katastrophe nicht überlebt; ihnen gegenüber haben die Pharisäer ihre eigene und besondere Weise entwickelt, in der Zeit ohne Tempel das Alte Testament zu lesen und zu interpretieren. Auf der anderen Seite haben die Christen das Alte Testament im Licht des Neuen Testaments gelesen und in ihm die Erfüllung des im Alten Testament Verheißenen gesehen. Auf diesem Wege sind zwei verschiedene Weisen, das Alte Testament nach dem Jahre 70 neu zu lesen, entstanden, nämlich die christologische Interpretation in der Kirche und die im rabbinischen Judentum entwickelte Exegese. Da sich die christliche Kirche und das nachbiblische rabbinische und talmudische Judentum nach der Zerstörung des Tempels parallel ausgebildet haben, stellte sich nun die entscheidende neue Frage, wie sich diese beiden Weisen genauer zueinander verhalten. In dieser neuen Situation ist immer stärker ein Konflikt zwischen der Anknüpfung an das Alte Testament und dem Widerspruch zu seiner jüdischen Interpretation entstanden bis dahin, dass das Neue Testament nicht mehr nur als Erfüllung der im Alten Testament gegebenen Verheißungen, sondern auch als deren Substitution betrachtet und in der Folge dem Judentum die Würde, Bundesvolk Gottes zu sein, aberkannt und exklusiv für die Kirche als das „neue Israel“ in Anspruch genommen wurde.[16]

Die Sicht der Substitution ist vor allem in der nachbiblischen Zeit geschichtswirksam geworden. Auf die Frage, wem das Testament gehört, hat

15 Vgl. Judaisme, anti-judaisme et christianisme. Colloque de l'Université de Fribourg (Saint-Maurice 2000).

16 Vgl. R. Backhaus, Das Bundesmotiv in der frühkirchlichen Schwellenzeit. Hebräerbrief, Barnabasbrief, Dialogus cum Tryphone, in: H. Frankemölle (Hg.), Der ungekündigte Bund? Antworten des Neuen Testaments (Freiburg i. Br. 1998) 211–231.

beispielsweise der Barnabasbrief um das Jahr 130 eindeutig geantwortet, die Juden hätten wegen ihrer Sünden das Testament verspielt und verloren, so dass nun die Christen zum Erbvolk geworden seien. Noch einen Schritt weiter ist Justin in seinem „Dialog mit dem Juden Tryphon“ gegangen, in dem er den Neuen Bund dem Alten Bund entgegengesetzt und erklärt hat, Jesus Christus sei in Person der Neue Bund und deshalb habe der Alte Bund in Jesus Christus sein Ende und sein Ziel gefunden. Vollends Irenäus von Lyon hat das Verhältnis von Altem und Neuem Bund ganz im Sinn von Verheißung und Erfüllung gedeutet, so dass in letzter Konsequenz das nachbiblische rabbinische Judentum als eine überholte Religion beurteilt worden ist.

Die so genannte Substitutionssicht ist in der Tradition der christlichen Kirche bis in die jüngere Vergangenheit hinein wirksam geblieben. Angesichts der katastrophalen Auswirkungen des Antisemitismus im vergangenen Jahrhundert und mit der kritischen Rückfrage nach einer antijudaistischen Hypothek in der christlichen Tradition hat sich die Kirche aber in die Pflicht genommen gesehen, die Sicht der Substitution und der Beerbung zu überwinden und zur biblischen, vor allem paulinischen Sicht des Verhältnisses zwischen Juden und Christen zurück zu kehren. In diesem Sinn hat Kardinal Augustin Bea als Ziel der konziliaren Erklärung „Nostra aetate“ formuliert: „diese Wahrheiten über die Juden, die vom Apostel dargelegt werden und im Glaubensgut enthalten sind, den an Christus Glaubenden so klar wieder zu Bewusstsein zu bringen“[17].

Um die jüdischen Wurzeln des christlichen Glaubens hervorzuheben und um besonders in Erinnerung zu rufen, dass die Kirche durch jenes Volk, mit dem Gott den Alten Bund geschlossen hat, die Offenbarung des Alten Testamentes erhalten hat, bezieht sich die Erklärung „Nostra aetate“ explizit auf das Bild des „guten Ölbaums, in dem die Heiden als wilde Schösslinge eingepfropft sind“[18]. Dieses ausdrucksstarke Bild im 11. Kapitel des Briefes an die Römer (11,16–20) stellt für Paulus den entscheidenden Schlüssel dar, um das Verhältnis zwischen Israel und der christlichen Kirche im Licht des Glaubens zu betrachten: „Gottes ganze Geschichte mit den Menschen ist wie ein Ölbaum, mit heiliger Wurzel und herausgeschnittenen und eingepfropften, auf

17 Relatio von Augustin Kardinal Bea über die „Haltung der Katholiken zu den Nichtchristen und hauptsächlich zu den Juden“, gehalten in der Konzilsaula am 19. November 1963, in: A. Kardinal Bea, Die Kirche und das jüdische Volk (Freiburg i. Br. 1966) 141–147, zit. 144.

18 Nostra aetate, Nr. 4.

diesem Weg künstlich veredelten Zweigen."[19] Mit diesem Bild bringt Paulus im Blick auf Einheit und Unterschied zwischen Israel und Kirche genauer einen doppelten Aspekt zum Ausdruck: Auf der einen Seite ist das Bild dahingehend ernst zu nehmen, dass die aufgepfropften wilden Zweige nicht aus der Wurzel selbst erwachsen sind und nicht von ihr abstammen, sondern eine neue Wirklichkeit und damit ein neues Heilshandeln Gottes darstellen, so dass die christliche Kirche nicht einfach als ein Zweig oder eine Frucht Israels verstanden werden kann. Auf der anderen Seite ist das Bild aber auch dahingehend ernst zu nehmen, dass die Kirche nur lebensfähig ist, wenn sie ihre Nahrung und Kraft aus der Wurzel Israels bezieht und die aufgepfropften Zweige welk oder gar absterben würden, wenn sie von der Wurzel Israels abgeschnitten würden. Ohne Bild gesprochen bedeutet dies, dass Israel und Kirche aufeinander bezogen und angewiesen sind, gerade weil zwischen beiden nicht nur Einheit, sondern auch Differenz besteht. Israel und Kirche sind und bleiben miteinander verbunden, und zwar sowohl unvermischt als auch ungetrennt.

c) Theologische Rückbesinnung auf das „gemeinsame geistliche Erbe"

Einheit und Unterschied zwischen Judentum und Christentum zeigen sich vor allem bei der Frage, wie sich der Alte und der Neue Bund zueinander verhalten. Für den christlichen Glauben versteht es sich zunächst von selbst, dass es letztlich nur eine Bundesgeschichte Gottes mit seiner Menschheit geben kann. Diese Glaubensüberzeugung findet sich freilich bereits auch im Alten Testament und manifestiert sich darin, dass sich die Geschichte Gottes mit seinem Volk in einer Reihe von verschiedenen Bündnissen verwirklicht, wobei jeder von diesen Bünden die vorherigen in sich aufnimmt und wiederum in neuer Weise auslegt. Dies gilt auch für den Neuen Bund, den Gott in Jesus Christus geschlossen hat und der für Christen der endgültige Bund und damit auch die definitive Interpretation dessen ist, was von den Propheten des Alten Bundes verheißen worden ist oder, wie Paulus sich ausdrückt, das „Ja" und das „Amen" zu „allem, was Gott verheißen hat" (2 Kor 1,20). Der Neue Bund kann deshalb weder als Aufhebung oder Abschaffung noch als Ersetzung oder Substitution des Alten Bundes verstanden werden, wie Walter Kardinal Kasper mit Recht betont: „Der Neue Bund ist für Christen nicht die

---

19 K. Berger, Gottes einziger Ölbaum. Betrachtungen zum Römerbrief (Stuttgart 1990) 229. Vgl. auch F. Mussner, Die Kraft der Wurzel. Judentum – Jesus – Kirche (Freiburg i. Br. 1987).

Substitution, sondern die Erfüllung des Alten Bundes. Beide stehen zueinander in einem Verhältnis der Verheißung oder Antizipation und Erfüllung.“[20]

Diese Sicht des Verhältnisses zwischen Altem und Neuem Bund hat auch Konsequenzen für Einheit und Unterschied im Blick auf die Zeugnisse der Offenbarung Gottes. Weil Israel das von Gott geliebte Volk seines Bundes ist, der niemals widerrufen noch aufgekündigt worden ist, gehört das Bundesbuch Israels, das Alte Testament, zum bleibenden Erbe der christlichen Kirche; und mit der Existenz des Alten Testaments als eines wesentlichen Teils der einen christlichen Bibel gibt es eine tief verwurzelte Zusammengehörigkeit und innere Verwandtschaft von Judentum und Christentum.

Mit der Existenz des Neuen Testaments hat sich freilich bereits früh die Frage gestellt, wie sich beide Testamente zueinander verhalten. Dabei wurde auch die gefährliche Auffassung vertreten, das Neue Testament habe das alttestamentliche Buch der Verheißungen heilsgeschichtlich überholt und zu etwas Veraltetem gemacht, das im Glanz des Neuen vergangen sei, genauso wie man auf das Licht des Mondes nicht mehr angewiesen ist, sobald die Sonne aufgegangen ist. Eine solche schroffe Entgegensetzung zwischen der hebräischen und der christlichen Bibel, die im zweiten Jahrhundert vor allem von Markion vertreten worden ist, ist glücklicherweise nie offizielle Lehre der christlichen Kirche geworden. Mit seiner Verwerfung des Alten Testaments ist Markion vielmehr auf den geschlossenen Widerstand der nachapostolischen Kirche gestoßen, und er ist im Jahre 144 aus der christlichen Gemeinde ausgeschlossen worden. Die Bedeutung dieser antimarkionitischen Entscheidung der frühen Kirche für das Verhältnis der Kirche zum Judentum kann man kaum überschätzen.

Dies ist freilich nur die eine Seite des Verhältnisses zwischen den beiden Testamenten. Dass das Juden und Christen gemeinsame Erbe des Alten Testaments nicht nur eine fundamentale Basis einer geistlichen Verwandtschaft bildet, sondern dass damit auch eine elementare Spannung in die Beziehung zwischen beiden Glaubensgemeinschaften hinein getragen ist, zeigt sich darin, dass die Christen das Alte Testament im Licht des Neuen Testaments lesen, und zwar in der Überzeugung, die Augustinus in der einprägsamen Formel ausgesprochen hat: „Das Neue Testament liegt im Alten verborgen,

---

20 W. Cardinal Kasper, Foreword, in: Ph. A. Cunningham u. a. (Eds.), Christ Jesus and the Jewish People Today. New Explorations of Theological Interrelationships (Michigan 2011) X–XVIII, cit. XIV: „The New Covenant for Christians is not the replacement (substitution), but the fulfilment of the Old Covenant. Both stand with each other in a relationship of promise or anticipation and fulfilment.“

und das Alte ist im Neuen offenbar."[21] In derselben Sinnrichtung hat sich auch Papst Gregor der Große ausgesprochen, wenn er das Alte Testament als „Vorausschau des Neuen Testaments" und dieses als „den besten Kommentar zum Alten Testament" bezeichnet hat[22].

Damit kehren wir an den Ausgangspunkt dieses Gedankengangs zurück, bei dem wir festgestellt haben, dass nach der Zerstörung des Tempels zwei Weisen, das Alte Testament zu lesen und zu deuten, entstanden sind, und können abschließend als Konsequenz formulieren, die die Päpstliche Bibelkommission in ihrem Dokument „Das jüdische Volk und seine Heilige Schrift in der christlichen Bibel" dahingehend gezogen hat, dass die Christen zugeben können und müssen, „dass die jüdische Lesung der Bibel eine mögliche Leseweise darstellt, die sich organisch aus der jüdischen Heiligen Schrift der Zeit des Zweiten Tempels ergibt", und zwar in „Analogie zur christlichen Leseweise, die sich parallel entwickelte", um daraus den Schluss zu ziehen: „Jeder dieser beiden Leseweisen bleibt der jeweiligen Glaubenssicht treu, deren Frucht und Ausdruck sie ist. So ist die eine nicht auf die andere rückführbar."[23]

3. Erfreuliche Rezeption von „Nostra aetate" nach dem Konzil

Mit diesen theologischen Reflexionen über den Inhalt von „Nostra aetate" haben wir bereits den Blick auf die Geschichte der Rezeption dieser konziliaren Erklärung geöffnet. Dabei gilt es das Augenmerk zunächst darauf zu richten, dass jene verheißungsvollen Perspektiven, die „Nostra aetate" für die Versöhnung zwischen Christen und Juden und für den jüdisch-christlichen Dialog grundgelegt hat, vor allem von den Päpsten nach dem Zweiten Vatikanischen Konzil in vielfältiger Weise bestätigt und vertieft worden sind.

a) Die Päpste als Protagonisten der Versöhnung zwischen Katholiken und Juden

Es darf freilich nicht vergessen werden, dass am Beginn von „Nostra aetate" der heilige Papst Johannes XXIII. gestanden hat, der bereits während seines diplomatischen Dienstes als Apostolischer Delegat in der Türkei in den Jah-

21 Augustinus, Quaestiones in Heptateuchum 2,73.

22 Gregor der Große, Homilie in Ezechielem I, VI, 15.

23 Päpstliche Bibelkommission, Das jüdische Volk und seine Heilige Schrift in der christlichen Bibel = Verlautbarungen des Apostolischen Stuhls (Bonn 2001), Nr. 22.

ren 1935 bis 1944 eine persönliche Erfahrung vom tragischen Schicksal der Juden während der Terrorherrschaft des Dritten Reiches gemacht und Tausende von Juden während ihrer nationalsozialistischen Verfolgung vor der Vernichtung bewahrt hat. Der eigentliche Anstoß für die Ausarbeitung eines eigenen Dokumentes über die Juden dürfte die Begegnung von Papst Johannes XXIII. mit dem jüdischen Historiker Jules Isaac am 13. Juni 1960 gewesen sein, der dem Papst eine Denkschrift mit eindringlichen Bitten um eine neue Sicht des Verhältnisses der Kirche zum Judentum vorgelegt hatte.[24]

Das von Papst Johannes XXIII. angestoßene Bemühen, das Verhältnis der Katholischen Kirche zum Judentum auf neue und solide Grundlagen zu stellen, konnte freilich erst vom heiligen Papst Paul VI. aufgegriffen und weitergeführt werden. Sein grosses Verdienst besteht darin, dass er die von seinem Vorgänger eingeleitete Wende konsequent nachvollzogen, theologisch vertieft und mit neuen Akzenten versehen hat.[25] Noch vor der Promulgation von „Nostra aetate" im November 1965 hat Papst Paul VI. die Zeit für reif gehalten, eine Reise ins Heilige Land zu unternehmen. Der eigentliche Anlass für diese Reise im Januar 1964 ist zwar die Begegnung zwischen dem Papst und dem Ökumenischen Patriarchen Athenagoras von Konstantinopel gewesen. Wie aber diese Begegnung in Jerusalem zum Katalysator der orthodox-katholischen Beziehungen und in einem gewissen Sinne der christlichen Ökumene überhaupt geworden ist, so sind mit der Reise von Papst Paul VI. nach Israel auch neue und verheißungsvolle Entwicklungen im Verhältnis der Katholischen Kirche zum Judentum eingeleitet worden. Diese sind vor allem sichtbar geworden in der Begegnung mit den Autoritäten des Staates Israel, als der Papst die Juden mit dem schönen Wort „Söhne des Bundesvolkes" angesprochen und damit zum Ausdruck gebracht hat, dass auch die heutigen Juden zu diesem Bundesvolk gehören und der Bund Gottes mit diesem Volk weiter in Kraft ist. Papst Paul VI. hat ferner an die biblischen Stammväter Abraham, Isaak und Jakob erinnert, um so die gemeinsamen Wurzeln des Glaubens hervorzuheben. Da dem Papst eine feine Sensibilität dafür eigen gewesen ist, dass die christlich-jüdischen Beziehungen in der Geschichte sehr belastet gewesen sind, hat er mit seiner Reise ins Heilige Land gewiss das Ziel verfolgt, die Beziehung der Katholischen Kirche zum Judentum auf eine neue Grundlage zu

---

24 Vgl. M. Quisinsky, Art. Isaac, Jules, in: Ders./P. Walter (Hg.), Personenlexikon zum Zweiten Vatikanischen Konzil (Freiburg i. Br. 2012) 139–140.

25 Vgl. J. Ernesti, Paul VI. Der vergessene Papst (Freiburg i. Br. 2012), bes. 91–106: Das Verhältnis zum Judentum.

stellen und zu intensivieren. Seine Israel-Reise darf man deshalb als „Meilenstein auf dem Weg zu einem veränderten Verhältnis zwischen katholischer Kirche und Judentum“[26] einschätzen und urteilen, dass von ihr her eine logische Entwicklung zu den religiös-theologischen Stellungnahmen verläuft, die das Konzil später mit „Nostra aetate“ formuliert hat. Neben diesen und anderen autoritativen Aussagen zum katholisch-jüdischen Dialog hat Papst Paul VI. auch den unmittelbaren Begegnungen mit Repräsentanten des Judentums einen wichtigen Platz eingeräumt, die stets von einem herzlichen Ton geprägt gewesen sind und das große Interesse und die hohe Wertschätzung belegen, die Papst Paul VI. dem Judentum entgegen gebracht hat. Von daher wird es nicht erstaunen, dass man nach seinem Tod in einem jüdischen Nachruf die Würdigung lesen konnte: „Das jüdische Volk auf der ganzen Welt wird sich der Regierungsjahre Papst Pauls VI. immer erinnern als des Anfangs von einem neuen Zeitalter für die katholisch-jüdischen Beziehungen.“[27]

Weitere Schritte bei der Versöhnung mit dem Judentum hat der heilige Papst Johannes Paul II. getan[28], dessen grosses Bemühen bereits in seiner Biographie verwurzelt ist. Er ist in Wadowice, einem kleinen polnischen Städtchen, das zu einem guten Viertel aus jüdischen Mitbürgern bestanden hat, aufgewachsen, so dass für ihn Freundschaften mit Juden bereits in seiner Kindheit selbstverständlich gewesen sind. Während seines Pontifikats ist es ihm ein wichtiges Anliegen gewesen, die Bande der Freundschaft mit dem Judentum zu vertiefen. Er hat deshalb immer wieder jüdische Persönlichkeiten und Gruppierungen empfangen; und bei seinen zahlreichen Apostolischen Reisen gehörte dort, wo eine größere jüdische Gemeinde lebt, eine Begegnung mit einer jüdischen Delegation in sein Pflichtprogramm. In der Öffentlichkeit ist sein leidenschaftliches Bemühen um den jüdisch-christlichen Dialog vor allem aufgrund seiner großen Gesten wahrgenommen worden, von denen die folgenden besonders hervorgehoben zu werden verdienen: Bereits im ersten Jahr seines petrinischen Dienstes hat er am 7. Juni 1979 das ehemalige Konzentrationslager Auschwitz-Birkenau besucht und

26 Th. Brechenmacher, Der Vatikan und die Juden. Geschichte einer unheiligen Beziehung (München 2005) 245.

27 Zitiert in: Freiburger Rundbrief 28 (1978) 93.

28 Vgl. E. J. Fisher/L. Klenicki (Eds.), The Saint for Shalom. How Pope John Paul II Transformed Catholic-Jewish Relations. The Complete Texts on Jews, Judaism and the State of Israel 1979–2005 (New York 2001); Giovanni Paolo II/Benedetto XVI, Ebrei, fratelli maggiori. La necessità del dialogo fra catholicesimo ed ebraismo nei discorsi di Papa Wojtyla e di Papa Ratzinger. A cura di Santino Spartà (Roma 2007).

vor dem Gedenkstein mit hebräischer Inschrift in besonderer Weise der Opfer der Schoah mit berührenden Worten gedacht: „An diesem Gedenkstein darf niemand gleichgültig vorbeigehen.“[29] In guter Erinnerung bleibt der Besuch von Papst Johannes Paul II. in der römischen Synagoge am 13. April 1986, dem deshalb eine besondere Bedeutung zukommt, weil zum ersten Mal in der Geschichte der Bischof von Rom eine Synagoge besucht hat, um vor aller Welt seine Wertschätzung des Judentums zu bezeugen. In dieser Synagoge hat der Papst die Juden als „unsere älteren Brüder“ angesprochen, um damit konzis zusammenzufassen, „was das Konzil gesagt hat“[30]. Ebenso unvergesslich bleibt die öffentliche Liturgie am 12. März im Heiligen Jahr 2000, während der Papst Johannes Paul II. um Vergebung der Schuld auch gegenüber dem Volk Israel mit den eindringlichen Worten gebetet hat: „Wir sind zutiefst betrübt über das Verhalten aller, die im Laufe der Geschichte deine Söhne und Töchter leiden ließen. Wir bitten um Verzeihung und wollen uns dafür einsetzen, dass echte Brüderlichkeit herrsche mit dem Volk des Bundes.“[31] In einer leicht geänderten Form hat Papst Johannes Paul II. die Bitte um Vergebung als schriftlich formuliertes Gebet in die Quader der Klagemauer in Jerusalem anlässlich seiner Reise ins Heilige Land im Jahre 2000 gesteckt, während der er auch die Holocaustgedenkstätte Yad-Vaschem besucht, der Opfer der Schoah gedacht, Überlebenden dieser unvergleichlichen Tragödie begegnet und zum ersten Mal Kontakt mit dem Jerusalemer Oberrabbinat aufgenommen hat. Im Sinne der Läuterung des Gewissens und der Heilung des Gedächtnisses hat Papst Johannes Paul II. auch die antijudaistischen Vorurteile der Christen und ihre historischen Auswirkungen in der zweitausendjährigen Geschichte des Christentums beklagt. Vor allem „allzu lange irrige und ungerechte Interpretationen des Neuen Testaments in Bezug auf das jüdische Volk“ haben in den Augen von Papst Johannes Paul II. dazu geführt, dass während des Zweiten Weltkriegs, als Europa von einer Welle von Judenverfolgungen überschwemmt worden ist, die „geistige Widerstandskraft“ allzu vieler Christen versagt hat[32]. Von daher darf man im Rück-

---

29 Johannes Paul II., Predigt in der Heiligen Messe im Konzentrationslager Auschwitz-Birkenau am 7. Juni 1979.

30 Johannes Paul II., Ansprache anlässlich des Besuches der römischen Synagoge am 13. April 1986.

31 Johannes Paul II., Predigt in der Heiligen Messe am Tag der Vergebung im Heiligen Jahr 2000 am 12. März 2000.

32 Johannes Paul II., Ansprache an die Teilnehmer eines Studientreffens zum Thema „Wurzeln des Antisemitismus im christlichen Ambiente“ am 31. Oktober 1997.

blick dankbar festhalten, dass Papst Johannes Paul II. mit seinem großen Engagement für den katholisch-jüdischen Dialog während seines langen Pontifikats wichtige Weichen für die Zukunft der notwendigen Begegnung zwischen Judentum und Christentum gestellt hat.

Das vielfältige Bemühen von Papst Johannes Paul II. ist von seinem engsten Mitarbeiter, dem Präfekten der Kongregation für die Glaubenslehre, Joseph Kardinal Ratzinger, theologisch begleitet und unterstützt gewesen, der seinerseits wesentliche Beiträge zur Vertiefung des katholisch-jüdischen Dialogs im Konzert der Weltreligionen erbracht hat.[33] In seiner theologischen Überzeugung, dass die Heilige Schrift der Christen nur als *ein* Buch wirklich verstanden werden und es keinen Zugang zu Jesus Christus ohne das gläubige Annehmen der Offenbarung Gottes im Alten Testament geben kann, ist es ihm ein elementares Anliegen, sowohl die innere Kontinuität zwischen Altem und Neuem Testament als auch die Neuheit der neutestamentlichen Botschaft aufzuzeigen, wie er dies vor allem in seinem großen Werk über Jesus von Nazareth meisterhaft dargestellt hat.[34] Auf diesem theologischen Hintergrund kann es nicht erstaunen, dass Papst Benedikt XVI. das Versöhnungswerk seines Vorgängers im Blick auf die katholisch-jüdische Begegnung weitergeführt und vorangebracht hat. Während seines beinahe achtjährigen Pontifikats hat er alle jene Schritte unternommen, die sein Vorgänger während den 27 Jahren seines petrinischen Dienstes getan hat: Papst Benedikt XVI. hat am 28. Mai 2006 das ehemalige Konzentrationslager Auschwitz-Birkenau besucht. Bei seinem Besuch in Israel im Mai 2009 ist er ebenfalls vor der Klagemauer in Jerusalem gestanden und hat für die Opfer der Schoah in Yad-Vaschem gebetet, wo er in einer eindrucksvoll tiefen Weise auf die Bezeichnung dieses Ortes eingegangen ist und über die im lebendigen Gott begründete Unverlierbarkeit des Namens jedes Menschen meditiert hat: „Man kann ein heimtückisches Netz von Lügen spinnen, um andere zu überzeugen, dass gewisse Gruppen keine Achtung verdienen. Doch sosehr sich einer auch bemüht, man kann niemals den *Namen* eines Menschen wegnehmen."[35] Am 17. Januar 2010 ist Papst Benedikt XVI. von der jüdischen Gemeinde in Rom in ihrer Synagoge herzlich empfangen worden, in der er eine unverwechselbare spirituelle Meditation über den Dekalog vorgetragen hat, den er als „Polarstern des Glau-

33 Vgl. J. Ratzinger, Die Vielfalt der Religionen und der Eine Bund (Hagen 1998).

34 J. Ratzinger – Benedikt XVI., Jesus von Nazareth. Erster Teil: Von der Taufe im Jordan bis zur Verklärung (Freiburg i. Br. 2007); Zweiter Teil: Vom Einzug in Jerusalem bis zur Auferstehung (Freiburg i. Br. 2011); Prolog: Die Kindheitsgeschichten (Freiburg i. Br. 2012).

35 Benedikt XVI., Ansprache beim Besuch der Gedenkstätte Yad Vashem am 11. Mai 2009.

bens und der Moral des Gottesvolkes“ gewürdigt hat[36]. Mit seiner spirituellen Tiefe und der ihm eigenen Kraft des Wortes hat Papst Benedikt XVI. den Facettenreichtum des Judentum und Christentum gemeinsamen geistlichen Erbes zum Leuchten gebracht und jene Wegweisungen theologisch vertieft, die in „Nostra aetate“ vorgegeben sind.

Der jüdisch-katholische Dialog findet heute eine gute Fortsetzung mit Papst Franziskus, der bereits als Erzbischof von Buenos Aires enge Kontakte mit der jüdischen Gemeinde und vor allem mit dem Rabbiner Abraham Skorka gepflegt hat und sie auch als Papst weiterführt.[37] Wie bei seiner Amtseinsetzung mit der Gegenwart von hohen jüdischen Repräsentanten aus den USA, Israel, Argentinien und der jüdischen Gemeinde in Rom sichtbar geworden ist, ist es Papst Franziskus ein wichtiges Anliegen, die Bande der Freundschaft zwischen Katholiken und Juden zu intensivieren und zu vertiefen. Immer wieder empfängt er jüdische Persönlichkeiten und Gruppierungen in Audienz und gibt die starke Zusicherung ab, dass man unmöglich Christ und zugleich Antisemit sein kann. Der bisherige Höhepunkt seines Bemühens ist gewiss die Reise ins Heilige Land im Mai 2014 mit seiner Begegnung mit den beiden Oberrabbinern, seinem Gebet an der Klagemauer und der Umarmung eines jüdischen und eines muslimischen Freundes und mit der aufrüttelnden Meditation in Yad-Vaschem gewesen, wo er um die Gnade gebetet hat, „uns zu schämen, was zu tun wir als Menschen fähig gewesen sind“[38].

b) Rezeption von „Nostra aetate“ im katholisch-jüdischen Dialog

Die Päpste nach dem Zweiten Vatikanischen Konzil haben sich als die eigentlichen Protagonisten der katholisch-jüdischen Versöhnung erwiesen. Ihnen ist es ein wichtiges Anliegen gewesen, dass jene Wegweisungen, die in „Nostra aetate“ grundgelegt sind, in der ganzen Kirche rezipiert und weitergeführt werden. Mit dieser Sinnbestimmung hat Papst Paul VI. bereits im Jahre 1974 eine Kommission für die religiösen Beziehungen zum Judentum gegründet und sie mit der Aufgabe betraut, den religiösen Dialog mit dem Judentum zu begleiten und zu fördern. Aus der Wahrnehmung dieser theologi-

---

36 Benedikt XVI., Ansprache beim Besuch der Römischen Synagoge am 17. Januar 2010.

37 Vgl. J. Bergoglio (Papst Franziskus)/A. Skorka, Über Himmel und Erde. Jorge Bergoglio im Gespräch mit dem Rabbiner Abraham Skorka (München 2013).

38 Franziskus, Ansprache beim Besuch der Holocaust-Gedenkstätte Yad Vashem am 26. Mai 2014.

schen Verantwortung sind bisher einige Dokumente hervorgegangen, die der Rezeption von „Nostra aetate“ verpflichtet sind.

Noch im Jahre der Gründung der Kommission des Heiligen Stuhls hat sie mit der ausdrücklichen Zustimmung von Papst Paul VI. ihr erstes offizielles Dokument mit dem Titel „Richtlinien und Hinweise für die Durchführung der Konzilserklärung ‚Nostra aetate‘, Artikel 4“ erarbeitet und veröffentlicht[39]. In diesem Dokument, das ein umfassendes Programm der christlich-jüdischen Annäherung enthält, wird die christliche Hochschätzung des Judentums zum Ausdruck gebracht, die elementare Bedeutung des Dialogs mit den Juden für die Kirche hervorgehoben und die Notwendigkeit, mit dem Judentum so vertraut zu werden, wie es sich selbst versteht, unterstrichen. Auf dem Fundament des kirchlichen Glaubenszeugnisses für Jesus Christus wird der spezifische Charakter des Dialogs mit dem Judentum bedacht, wird auf die Verwurzelung der christlichen Liturgie in der jüdischen Tradition Bezug genommen, werden neue Möglichkeiten der Annäherung in den Bereichen von Lehre, Erziehung und Ausbildung erwogen und gemeinsame soziale Aktivitäten vorgeschlagen.

Elf Jahre später, am 24. Juni 1985, hat die Kommission ein zweites Dokument vorgelegt, das den Titel trägt: „Hinweise für eine richtige Darstellung von Juden und Judentum in der Predigt und in der Katechese der katholischen Kirche“[40]. Dieses Dokument ist stärker exegetisch-theologisch orientiert, insofern es das Verhältnis von Altem und Neuem Testament bedenkt, die jüdischen Wurzeln des christlichen Glaubens in Erinnerung ruft, die Art und Weise, wie „die Juden“ im Neuen Testament dargestellt werden, erörtert, auf die Gemeinsamkeiten in der Liturgie, vor allem bei den großen Festen des Kirchenjahres, hinweist und das Verhältnis von Judentum und Christentum in der Geschichte beleuchtet. Wie der Titel anzeigt, liegt der Fokus dieses Dokumentes auf dem Bemühen um eine historisch wie theologisch sachgemäße Thematisierung des Judentums in den wesentlichen Lebensvollzügen der Katholischen Kirche.

Das dritte Dokument der Kommission ist maßgeblich von jüdischer Seite angeregt und am 16. März 1998 veröffentlicht worden und beschäftigt sich mit der Schoah: „Wir erinnern. Eine Reflexion über die Schoah“[41]. In diesem

39 In französischer Sprache veröffentlicht in: AAS 67 (1975) 73–79.

40 In französischer Sprache veröffentlicht in: La Documentation Catholique 76 (1985) 733–738.

41 In englischer Sprache veröffentlicht in: The Pontifical Council for Promoting Christian Unity (Ed.): Information Service 97 I–II (1998) 18–22.

Dokument findet sich das harte, aber berechtigte Urteil, dass die Bilanz der zweitausendjährigen Beziehung zwischen Christen und Juden „ziemlich negativ" ausfallen muss. Des weiteren wird die Haltung der Christen gegenüber dem Antisemitismus des Nationalsozialismus bedacht und die Pflicht der Christen zur Erinnerung an die menschliche und menschheitliche Katastrophe der Schoah hervorgehoben. In einem Brief am Beginn dieser Erklärung hat Papst Johannes Paul II. seine Hoffnung zum Ausdruck gebracht, dass dieses Dokument helfen kann, „die Wunden der Missverständnisse und Ungerechtigkeiten in der Vergangenheit zu heilen", und dass das Gedenken „seinen notwendigen Teil zum Aufbau einer Zukunft beitragen" kann, „in der die unsagbare Schandtat der Schoah nie wieder möglich sein wird".

Die drei veröffentlichten Dokumente belegen, dass in den vergangenen fünfzig Jahren seit der Promulgation von „Nostra aetate" ein weitgehender theologischer Rezeptionsprozess dieser konziliaren Erklärung stattgefunden hat. Diese erfreuliche Feststellung bedeutet freilich nicht, dass alle theologischen Fragen, die sich in der Beziehung zwischen Christentum und Judentum stellen, gelöst wären. Um die offenen Fragen weiter zu bearbeiten und die theologische Dimension des katholisch-jüdischen Dialogs zu vertiefen, hat die Kommission des Heiligen Stuhls für die religiösen Beziehungen zum Judentum anlässlich des fünfzigsten Jahrestags der Promulgation von „Nostra aetate" ein neues Dokument mit dem Titel publiziert: „‚Denn unwiderruflich sind Gnade und Berufung, die Gott gewährt' (Röm 11,29). Reflexionen zu theologischen Fragestellungen in den katholisch-jüdischen Beziehungen aus Anlass des 50jährigen Jubiläums von ‚Nostra aetate' (Nr. 4)"[42]. Mit diesem Dokument soll sowohl dankbar auf all das zurückgeblickt werden, was in den vergangenen Jahrzehnten in den katholisch-jüdischen Beziehungen möglich geworden ist, als auch sollen für die Zukunft neue Impulse für die weitere theologische Reflexion gegeben werden. Dahinter steht die Überzeugung, dass die Zeit reif ist, im katholisch-jüdischen Gespräch die theologischen Fragen wie die Bedeutung der Offenbarung, das Verhältnis zwischen Altem und Neuem Bund, die Beziehung zwischen der Heilsuniversalität Jesu Christi und dem ungekündigten Bund Gottes mit Israel und den kirchlichen Evangelisierungsauftrag im Verhältnis zum Judentum zu vertiefen.

Es ist ein erfreuliches Zeichen, dass der Wunsch nach einer Vertiefung des jüdisch-katholischen Dialogs auch von immer mehr Rabbinern geäußert

42 Veröffentlicht in der Collana „Documenti Vaticani" (Città del Vaticano 2015).

wird. Es liegen bereits drei Dokumente von jüdischer Seite vor, die man dahingehend würdigen darf, dass mit ihnen eine „neue Phase im jüdisch-christlichen Dialog" eingeläutet worden ist.[43] Die erste Stellungnahme zu diesem Dialog ist das von eher liberalen Juden in den Vereinigten Staaten von Amerika im Jahre 2000 veröffentlichte Dokument „Dabru Emet („Redet Wahrheit"), in dem die von der Katholischen Kirche nach dem Zweiten Vatikanischen Konzil entfaltete neue Sicht des Judentums ausdrücklich gewürdigt wird.[44] Einen Schritt weiter geht die im Jahre 2015 von orthodoxen Rabbinern erarbeitete und veröffentlichte Erklärung „Den Willen unseres Vaters im Himmel tun: Hin zu einer Partnerschaft zwischen Juden und Christen". Sie versteht sich als jüdisches Responsum auf das fünfzigjährige Bemühen der Katholischen Kirche um Versöhnung zwischen Christen und Juden seit „Nostra aetate", sie anerkennt das Christentum positiv als von Gott gewollte Religion, genauer als „monotheistische Religion", die „Nicht-Juden zum Gott Israels geführt hat", und sie hält fest, dass Juden und Christen „viel mehr gemeinsam" haben, „als was uns trennt"[45]. Das neueste, im Jahre 2017 von der „Conference of European Rabbis", dem „Rabbinical Council of America" und der „Dialogkommission des Oberrabbinats in Jerusalem" verantwortete Dokument trägt den Titel „Zwischen Jerusalem und Rom" und antwortet aus der Sicht des orthodoxen Judentums auf die Erklärung „Nostra aetate", die als Wendepunkt in den Beziehungen zwischen der Katholischen Kirche und dem Judentum gewürdigt wird, und auch auf das neue Dokument der Vatikanischen Kommission im Jahre 2015, und es entfaltet die jüdischen Erwartungen und Perspektiven in diesem Dialog.[46]

43 N. J. Hofmann, Eine neue Phase des Gesprächs. Die jüngsten jüdisch-orthodoxen Dokumente zum jüdisch-christlichen Dialog, in: Kirche und Israel 33 (2018) 24–31.

44 Vgl. E. Kessler, „Dabru Emet", in: Ders./N. Wenborn (Hg.), A Dictionary of Jewish-Christian Relations (Cambridge 2005).

45 Vgl. N. J. Hofmann, „Auf dem Weg zu einer vertieften Partnerschaft zwischen Juden und Christen", in: J. Ahrens/K.-H. Blickle/D. Bollag/J. Heil (Hg.), Hin zu einer Partnerschaft zwischen Juden und Christen. Die Erklärung orthodoxer Rabbiner zum Christentum (Berlin 2017).

46 Eine deutsche Übersetzung der „Erklärung ‚Zwischen Jerusalem und Rom'. Die gemeinsame Welt und die respektierten Besonderheiten. Reflexionen über 50 Jahre von Nostra aetate" findet sich in: Kirche und Israel 32 (2017) 178–186.

4. Offene theologische Fragen und gegenseitiger Dienst am Glauben

Bei der Lektüre der jüdischen Dokumente fällt auf, dass der Akzent im jüdisch-katholischen Dialog nicht so sehr auf die theologischen Dimensionen gelegt wird, sondern vielmehr auf die kulturellen und ethischen, sozialen und politischen Anliegen in der Hoffnung auf eine gute Zusammenarbeit und auf gemeinsame Abwehr des Antisemitismus. Im Dokument „Zwischen Jerusalem und Rom" wird im dritten Punkt eigens herausgestellt, dass die jeweiligen Glaubensüberzeugungen gegenseitig zu respektieren sind: „Die Lehrunterschiede sind wesentlich und können nicht diskutiert und verhandelt werden." Dahinter steht die Überzeugung, dass es im katholisch-jüdischen Dialog um eine gegenseitige Achtung vor den Glaubensüberzeugungen des Anderen geht, und zwar in einer Weise, dass eine friedvolle Zusammenarbeit möglich werden kann.

Die von jüdischer Seite angemahnte Reserviertheit gegenüber dem Dialog über theologische Themen gilt es auf christlicher Seite ernst zu nehmen. Auf der anderen Seite können im katholisch-jüdischen Dialog theologische Fragen auch nicht ausgeklammert werden, da nur auf diesem Wege Missverständnisse, die immer wieder auftreten können, verhindert werden, wie sie beispielsweise sichtbar geworden sind anlässlich der Veröffentlichung der von Papst Benedikt XVI. im Februar 2008 vorgenommenen Neuformulierung der Karfreitagsfürbitte für die Juden in der außerordentlichen Form des römischen Ritus. Diese Neuformulierung bekennt in der Gestalt einer Bitte an Gott die Universalität des Heils in Jesus Christus, und zwar im eschatologischen Horizont, und bezieht sich damit auf das Heilshandeln Gottes am Ende der Zeiten: „indem die Heidenvölker in Deine Kirche eintreten". Dennoch ist sie als Aufruf zu einer innergeschichtlichen Missionierung gegenüber den Juden weitgehend missverstanden worden.[47] Dieses Beispiel zeigt, dass solche sensible und komplexe Fragestellungen im christlich-jüdischen Dialog auch einer intensiven theologischen Vertiefung bedürfen.

In dieser Sinnrichtung hat bereits vor Jahren auf Anregung der Vatikanischen Kommission für die religiösen Beziehungen zum Judentum eine informell einberufene Gruppe von christlichen Theologen, zu der auch ein-

47 Vgl. W. Homolka/E. Zenger (Hg.), ‚… damit sie Jesus Christus erkennen'. Die neue Karfreitagsfürbitte für die Juden (Freiburg i. Br. 2008). Vgl. dazu die Richtigstellung durch Papst Benedikt XVI., Licht der Welt. Der Papst, die Kirche und die Zeichen der Zeit. Ein Gespräch mit Peter Seewald (Freiburg i. Br. 2010) 133.

zelne jüdische Fachleute und Freunde als kritische Beobachter zur Teilnahme eingeladen worden sind, das Projekt „Christ Jesus and the Jewish People Today" realisiert.[48] Bei diesem jüdisch-christlichen Gespräch handelt es sich gewiss um eine verdienstvolle Initiative, die freilich noch nicht zu einem Abschluss gekommen ist, wie Walter Kardinal Kasper im Vorwort in realistischer Weise festhält: „Wir stehen erst am Anfang eines neuen Beginns. Viele exegetische, historische und systematische Fragen sind noch immer offen und wahrscheinlich wird es immer solche Fragen geben."[49]

Dieses Urteil trifft vor allem auf die Wahrnehmung der Gestalt Jesus Christus zu, die gewiss der neuralgische Punkt im jüdisch-katholischen Dialog ist und bleibt. Denn auf der einen Seite bildet das Judesein Jesu Christi ein Schlüsselelement, das Juden und Christen miteinander verbindet. Auf der anderen Seite können aber Christen in Jesus Christus nicht allein einen besonderen Repräsentanten des jüdischen Volkes sehen; er ist für sie vielmehr auch „der Messias, der Sohn des lebendigen Gottes", wie ihn bereits Petrus bei Cäsarea Philippi bekannt hat (Mt 16,16). Im Mittelpunkt des jüdisch-christlichen Dialogs muss deshalb die höchst komplexe Frage stehen, wie auf der einen Seite die Glaubensüberzeugung der Juden, die von uns Christen geteilt wird, dass der Bund, den Gott mit Israel geschlossen hat, aufgrund der unbeirrbaren Treue Gottes zu seinen Verheißungen gültig bleibt, und auf der anderen Seite die christliche Glaubensüberzeugung von der Neuheit des in Jesus Christus uns geschenkten Neuen Bundes theologisch so kohärent zusammengedacht werden können, dass die innere Einheit von Altem und Neuem Testament bewahrt bleibt und sich sowohl Juden als auch Christen nicht verletzt fühlen, sondern in ihren Glaubensüberzeugungen ernst genommen wissen.[50]

Dabei handelt es sich nicht einfach um eine akademische Frage; es geht vielmehr immer auch um die sehr ernste und existenzielle Frage nach dem Heil des Menschen, so dass hier besondere Sensibilität geboten ist. Christen

---

48 Ph. A. Cunningham, J. Sievers, M. C. Boys, H. H. Hendrix & J. Startvik (Eds.), Christ Jesus an the Jewish People Today. New Explorations of Theological Interrelationships (Cambridge 2011).

49 Ebd. XIV. Vgl. die deutsche Version dieses Vorworts: W. Kardinal Kasper, Juden und Christen – Das eine Volk Gottes, in: Communio. Internationale katholische Zeitschrift 39 (2010) 418–427.

50 Vgl. die differenzierte Studie von Th. Söding, Erwählung – Verstockung – Errettung. Zur Dialektik der paulinischen Israeltheologie in Röm 9–11, in: Communio. Internationale katholische Zeitschrift 39 (2010) 382–417.

und Juden sind freilich herausgefordert, auch und gerade dort voneinander zu lernen, wo sie sich wohl am tiefsten unterscheiden. Der zweifellos elementarste Unterschied zwischen Judentum und Christentum bezieht sich auf die Frage der Erlösung der Welt und in der Welt, die unmittelbar mit der christologischen Frage zusammenhängt.[51]

Auf der einen Seite besteht die jüdische Basalkritik am Christusbekenntnis und am Christentum überhaupt darauf, dass das Reich Gottes in unserer Welt noch nicht angekommen und die Welt noch unerlöst ist. Das Judentum ist gerade dort, wo es seiner göttlichen Berufung treu bleibt, ein Stachel in der Seite des Christentums, weil es die Erfahrung der Unerlöstheit der Welt in Erinnerung ruft und einschärft, wie Franz Rosenzweig hervorgehoben hat: „Das Dasein des Juden zwingt dem Christentum in alle Zeit den Gedanken auf, dass es nicht bis ans Ziel, nicht zur Wahrheit kommt, sondern stets – auf dem Weg bleibt."[52] Denselben Stachel hat Schalom Ben-Chorin mit den Worten zum Ausdruck gebracht: „Der Jude weiß zutiefst um diese Unerlöstheit der Welt und er erkennt und anerkennt inmitten dieser Unerlöstheit keine Enklaven der Erlösung."[53] Und in derselben Stoßrichtung hat Martin Buber den bleibenden Unterschied zum Christentum so profiliert: „Die Kirche steht auf dem Glauben an das Gekommensein Christi, als an die der Menschheit durch Gott zuteil gewordene Erlösung. Wir Israeli *vermögen* dies nicht zu glauben."[54]

Damit ist in der Tat die Besonderheit des Christentums im Unterschied zum Judentum benannt, weil es aufgrund des Christusereignisses überzeugt ist, dass inmitten der noch unversöhnten und unerlösten Welt die Liebe Gottes in Jesus Christus dennoch bereits gegenwärtig ist: „Die Besonderheit des Christentums besteht in dem Glauben an die Versöhnung der anderweitig noch unversöhnten Welt in Jesus Christus und in der Gegenwart seines Geistes."[55] Indem das Christentum in Treue zu seiner göttlichen Sendung die Gegenwart der versöhnenden Liebe des Dreieinen Gottes inmitten der leidenden und unversöhnten Welt bezeugt und im Kreuz Jesu Christi den

---

51 Vgl. H. Frankemölle/J. Wohlmuth (Hg.), Das Heil der Anderen. Problemfeld „Judenmission" (Freiburg i. Br. 2010).

52 F. Rosenzweig, Der Stern der Erlösung (Frankfurt a. M. 1988) 459.

53 Sch. Ben-Chorin, Die Antwort des Jona. Zum Gestaltwandel Israels. Ein geschichtstheologischer Versuch (Hamburg 1956) 99.

54 M. Buber, Der Jude und sein Judentum. Gesammelte Aufsätze und Reden (Köln 1963) 562.

55 W. Pannenberg, Das Besondere des Christentums, in: P. Lapide/W. Pannenberg, Judentum und Christentum. Einheit und Unterschied. Ein Gespräch (München 1981) 19–31, zit. 29.

„ständigen Versöhnungstag Gottes“[56] wahrnimmt, ist es auch ein bleibender Stachel in der Seite des Judentums.

Wenn Judentum und Christentum ihren jeweiligen Glaubensüberzeugungen treu bleiben und sich darin wechselseitig respektieren und zugleich herausfordern, können sie sich gegenseitig diesen Dienst am Glauben des jeweils Anderen tun. In diesem gegenseitigen Glaubensdienst bleiben Judentum und Christentum, Synagoge und Kirche unlösbar aneinander gebunden, indem Christen und Juden aus jenem „gemeinsamen Erbe“ leben, das „Nostra aetate“ in Erinnerung gerufen hat. In diesem Sinn ist und bleibt diese Erklärung des Zweiten Vatikanischen Konzils der Kompass der Versöhnung und weist den Weg, wie Juden und Christen noch vermehrt einander gegenseitig und gemeinsam für die Welt in unserer Zeit, eben „nostra aetate“, zum Segen werden können.

56 J. Kardinal Ratzinger, Israel, die Kirche und die Welt. Ihre Beziehung und ihr Auftrag nach dem „Katechismus der Katholischen Kirche“ von 1992, in: Ders., Die Vielfalt der Religionen und der Eine Bund (Hagen 1998) 17–45, zit. 43.

Glaubensüberzeugung und Toleranz
Interreligiöser Dialog in christlicher Sicht [1]

Seit längerer Zeit erleben wir in der heutigen Welt starke Migrationsbewegungen, die zu einer folgenreichen Durchmischung der Bevölkerung führen. Eine Konsequenz aus dieser Entwicklung besteht darin, dass uns andere Religionen nicht mehr als fremdartige Phänomene erscheinen, sondern als Wirklichkeiten entgegenkommen, denen wir im Alltag begegnen, zumal sie im alltäglichen Umgang mit Bekennern dieser Religionen konkrete und persönliche Gesichter erhalten haben. Um eines gedeihlichen Zusammenlebens der Menschen in der heutigen Gesellschaft willen drängt sich von daher der interreligiöse Dialog auf. Hinzu kommt, dass Religion überhaupt, die zwar im heutigen gesellschaftlichen Mainstream zur Privatsache der einzelnen Menschen erklärt worden ist, wieder ein Thema im öffentlichen Diskurs zu werden beginnt. Die Frage nach dem Verhältnis der Religionen untereinander hat zweifellos eine neue Virulenz in der öffentlichen Meinung gewonnen seit dem Attentat vom 11. September 2001 in den USA und den vielen Gewaltausbrüchen im Namen von Religion, deren Bilder der Zerstörung sich tief in das Bewusstsein der heutigen Menschheit eingeprägt haben. Von daher erstaunt es nicht, dass mit dem Dialog der Religionen hohe Erwartungen an ein friedliches Zusammenleben der Menschen verbunden sind. Angesichts dieser Entwicklungen sind wir herausgefordert, uns mit der Identität der einzelnen Religionen und damit auch mit dem eigenen Glauben tiefer auseinanderzusetzen. In der heutigen Gesellschaft, die sich weitgehend durch kulturelle und religiöse Durchmischung auszeichnet, stellt sich für den christlichen Glauben die vordringliche Frage, wie er im heutigen Konzert der Religionen glaubwürdig verantwortet werden kann, ohne den Christusglauben zu einer harmlosen und bloß humanistischen Jesulogie herunterzustufen und das Christentum bloß noch als eine Religion unter vielen anderen erscheinen zu lassen.

---

1 Vortrag bei der Katholischen Erwachsenenbildung in Basel am 20. Juni 2007, erschienen in: Zeitschrift für Missionswissenschaft und Religionswissenschaft 92 (2008) 196–210.

1. Interreligiöser Dialog zwischen Exklusivismus und Pluralismus

Wie ist das Verhältnis des Christentums zu den anderen Religionen genauer zu bestimmen, und zwar aus der Sicht des christlichen Glaubens? Beim ersten Zusehen scheinen nur zwei Wege möglich zu sein, nämlich der exklusivistische und der pluralistische Weg. Für den Exklusivismus kann es außerhalb des Christentums keine Religion geben, die den Menschen Heil anbieten könnte. Da diese Position in der heutigen Kirche – abgesehen von vereinzelten integralistischen Gruppierungen – nicht mehr vertreten wird und seit dem Zweiten Vatikanischen Konzil auch kirchenamtlich aufgegeben worden ist, müssen wir uns mit ihr nicht weiter auseinandersetzen.

Als viel attraktiver erscheint heute der pluralistische Weg, auf dem die verschiedenen Religionen als relative Ausdrucksformen eines ihnen gemeinsam zugrunde liegenden Absoluten und dementsprechend die verschiedenen religiösen Symbole als einer letzten Einheit der Bildersprache der Menschheit entstammend betrachtet werden. Dieser Weg erscheint vielen Menschen deshalb als plausibel, weil heute ein Toleranzbegriff dominierend geworden ist, der einem egalitären Gleichberechtigungsideal das Wort redet und folglich jedwede Tendenz zur Unterscheidung als Diskriminierung brandmarkt. Dem gemäß werden heute auch alle Religionen als gleichermaßen gültig betrachtet und eingeschätzt, so dass es eigentlich gleichgültig ist, zu welcher Religion man sich bekennt. Die Herausstellung von Spezialitäten einer bestimmten Religion wird schnell als überheblich und intolerant beurteilt; und die Benennung von Differenzen zwischen den Religionen wird als diskriminierend empfunden. Tritt eine bestimmte Religion mit dem Anspruch auf Wahrheit auf, wird dieser sehr schnell relativiert, indem betont wird, bereits die Existenz vieler Religionen stelle diesen Wahrheitsanspruch zumindest in Frage. Hinter diesen durchschnittlichen Reaktionen des heutigen Menschen steht letztlich die Annahme, dass die verschiedenen Religionen in wechselnden Gestalten zwar, aber doch im Prinzip alle gleich seien, und dass jeder Mensch eben die seine habe. Der vorwiegende Eindruck dürfte beim heutigen Menschen jedenfalls derjenige sein, dass bei einer bunten Vielfalt von Gestalten und Formen alle Religionen letztlich dasselbe sind und intendieren.

Diese Einstellung hat vor allem elementare Konsequenzen im Blick darauf, was der christliche Glaube unter „Offenbarung“ versteht. Denn im Paradigma eines solchen pluralistischen Relativismus besteht kein Ort mehr für die Annahme einer letztgültigen Offenbarung und personalen Selbstmitteilung Gottes. In der heutigen Welt und teilweise auch in der Kirche ist deshalb die Tendenz stark geworden, auch in Jesus Christus nicht mehr *die* Offenbarung Gottes schlechthin wahrzunehmen, sondern auch in ihm vielmehr nur *eine* Offenbarungsgestalt unter vielen anderen zu sehen, und zwar in der Annahme, dass sich das Geheimnis Gottes in keiner Offenbarungsgestalt ganz zeigen könne. Dem entsprechend betont man, es gebe nicht nur eine Vielfalt von Religionen, sondern auch eine Pluralität von Offenbarungen Gottes, und dem gemäß sei Jesus Christus *ein* religiöses Genie neben vielen anderen im Pantheon der verschiedenen Gottheiten.[2]

Diese bis anhin als spezifisch aufklärerisch geltende These wird heute selbst innerhalb der christlichen Theologie vertreten[3]. Es mag genügen, zwei prominente Beispiele anzuführen: Für Paul F. Knitter steht fest, dass alle Religionen „gleichermaßen gültig" sind[4]. Deshalb könne keine Religion und keine Offenbarung „das einzige, letzte, exklusive oder inklusive Wort Gottes" sein: „Solch ein letztes Wort würde Gott begrenzen und ihm sein Geheimnis nehmen. Das aber wäre Idolatrie."[5] Dem entsprechend kann auch Jesus Christus nur als einer unter vielen in der Welt der Heilbringer und Offenbarer Gottes gelten. Für John Hick ist die christliche Glaubensüberzeugung von der Inkarnation Gottes in Jesus Christus nur eine „metaphorische Idee". Aus dem metaphorisch verstandenen Sohn Gottes habe die christliche Tradition aber die metaphysisch verstandene zweite Person einer göttlichen Trinität gemacht und damit gleichsam Poesie in Prosa verwandelt. Gottes Inkarnation in Jesus Christus könne aber nichts Einmaliges sein, sie sei vielmehr „ein beständiges Charakteristikum von Gottes Beziehung zu seiner Schöpfung" und deshalb inkarniere sich Gott nicht nur in Jesus von Nazareth, sondern auch in Buddha und Krishna.[6]

Eine besondere Variante dieser religionspluralistischen Strömung vertritt der Ägyptologe Jan Assmann. Gemäß seiner Analyse hat Mose die Unterscheidung zwischen „wahr" und „falsch" in die Welt der Religionen eingeführt, die in den biblischen Schriften zutiefst eingeschrieben sei. In dieser

2 Vgl. R. Schwager, Christus allein? Der Streit um die pluralistische Religionstheologie (Freiburg i. Br. 1996).

3 Zur kritischen Auseinandersetzung vgl. E.-M. Faber, Christliche Perspektiven des interreligiösen Dialogs, in: J. Könemann/G. Fischer (Hg.), Interreligiöser Dialog in der Schweiz. Grundlagen – Brennpunkte – Praxis (Zürich 2008) 65–90.

4 P. F. Knitter, Ein Gott – viele Religionen. Gegen den Absolutheitsanspruch des Christentums (München 1988) 42.

5 P. F. Knitter, Nochmals die Absolutheitsfrage, in: Evangelische Theologie 49 (1989) 509.

6 J. Hick, Gott und seine vielen Namen (Frankfurt a. M. 2001) 13.

„mosaischen Unterscheidung" nimmt er eine religionsgeschichtliche Wende wahr, die er aber als höchst problematisch beurteilt, weil sie notwendigerweise zu einer aggressiven Einstellung zu anderen Religionen führe.[7] Assmann nimmt damit eine Kritik auf, die bis in die englische Aufklärung zurückweist und bereits von David Hume vertreten worden ist. In seiner Naturgeschichte der Religion hatte er behauptet, der Polytheismus sei seinem Wesen nach toleranter als der Monotheismus, weil er die anderen Götter an der Gottheit der eigenen Götter teilhaben lasse.[8] Dieses Beispiel sei deshalb angefügt, um darauf hinzuweisen, dass die religionspluralistische Theologie leicht in den Polytheismus als religiöse Variante eines konstitutionellen Pluralismus führen kann, wie das „Lob des Polytheismus" dokumentiert, das der Philosoph Odo Marquard anstimmt, weil man offensichtlich dem Polytheismus mehr Toleranz als den monotheistischen Religionen zutraut.[9]

Die religionspluralistische These, dass sich Gott in der historischen Gestalt Jesus von Nazaret gar nicht habe endgültig, sondern nur für einen bestimmten Kulturkreis, offenbaren können, lässt das Christentum nur noch als „die Europa zugewandte Seite des Antlitzes Gottes" erscheinen[10]. Diese Tendenzen machen eine Grundgewissheit des modernen Menschen sichtbar, die davon ausgeht, dass wir Gott selbst nicht erkennen können, dass vielmehr auch der christliche Glaube nur *eine* symbolische Darstellung Gottes unter vielen anderen bietet. Deshalb möchte man heute – teilweise selbst in der Kirche – den Christusglauben möglichst klein schreiben, zumal in der Begegnung mit anderen Religionen. Diese Tendenz kommt beispielsweise zum Ausdruck in der zugespitzten Frage des evangelischen Theologen Reinhold Bernhardt: „Müssen wir christologisch abrüsten, um interreligiös dialogfähig zu werden?"[11]

„Gott verbindet – Christus trennt": auf diese pointierte Kurzformel könnte man die heute vertretenen religionspluralistischen Thesen bringen.

---

7 J. Assmann, Die mosaische Unterscheidung oder der Preis des Monotheismus (München – Wien 2003). Zur kritischen Auseinandersetzung vgl. Th. Söding (Hg.), Ist der Glaube Feind der Freiheit? Die neue Debatte um den Monotheismus (Freiburg i. Br. 2003).

8 D. Hume, The natural history of religion (London 1737).

9 O. Marquard, Lob des Polytheismus. Über Monomythie und Polymythie, in: Ders., Zukunft braucht Herkunft. Philosophische Essays (Stuttgart 2003) 46–71.

10 J. Cardinal Ratzinger, Wahrheit des Christentums? in: A. Raffelt (Hg.), Weg und Weite. Festschrift für Karl Lehmann (Freiburg i. Br. 2001) 631–642, zit. 632.

11 R. Bernhardt, Desabsolutierung der Christologie?, in: M. v. Brück/J. Werbick (Hg.), Der einzige Weg zum Heil? Die Herausforderung des christlichen Absolutheitsanspruchs durch die pluralistische Religionstheologie (Freiburg i. Br. 1993) 184–200.

Mit deren Bestreitung, dass Jesus Christus der eine und damit zugleich universale Mittler des Heils für alle Menschen ist, ist freilich der wohl zentralste und fundamentalste Punkt des christlichen Glaubens berührt. Denn dabei steht die Identität des Christentums und der christlichen Kirche auf dem Spiel[12]; geht es doch dem christlichen Glauben um das elementare Bekenntnis zur geschichtlichen Menschwerdung des Sohnes Gottes in Jesus von Nazareth: „Im Zentrum des Christentums steht das – nun auch Judentum und Christentum voneinander trennende – Bekenntnis, dass Gott nicht nur zur Welt kommt, sondern dass Gott *als Mensch*, dass er *in der Person Jesu von Nazareth* in unüberbietbarer Weise zur Welt gekommen ist."[13]

2. Analoges Verhältnis zwischen dem christlichen Glauben und den anderen Religionen

Von daher muss ein anderer Weg der interreligiösen Begegnung gefunden werden, der in einer Haltung der Aufmerksamkeit und der Achtung gegenüber den Lichtstrahlen in den anderen Religionen vollzogen wird, ohne jedoch die Fülle der göttlichen Offenbarung, die sich in Christus ereignet hat, in unzulässiger Weise zu relativieren. Denn während der Exklusivismus den interreligiösen Dialog verunmöglicht, macht ihn der Religionspluralismus letztlich überflüssig. Der notwendig andere Weg muss in der Verhältnisbestimmung zwischen dem christlichen Glauben und den anderen Religionen sowohl die Gemeinsamkeiten als auch die Differenzen zu benennen versuchen. Dies ist der Weg der Analogie, der bei aller Ähnlichkeit auch die Unähnlichkeit und bei aller Unähnlichkeit auch die Entsprechung benennt und sich deshalb in drei Schritten vollzieht, nämlich in der affirmativen Anerkennung der anderen Religionen, in deren christlichen Kritik und in der notwendigen Vermittlung von Affirmation und Kritik.[14]

---

12 Vgl. W. Kasper, Einzigkeit und Universalität Jesu Christi, in: K. Krämer/A. Paus (Hg.), Die Weite des Mysteriums. Christliche Identität im Dialog. Für Horst Bürkle (Freiburg i. Br. 2000) 146–157.

13 E. Jüngel, Zum Wesen des Christentums, in: Ders., Indikative der Gnade – Imperative der Freiheit = Theologische Erörterungen IV (Tübingen 2000) 1–23, zit. 18.

14 Vgl. K. Kardinal Lehmann, Das Christentum – eine Religion unter anderen? Zum interreligiösen Dialog aus katholischer Perspektive, in: Ders., Zuversicht aus dem Glauben. Die Grundsatzreferate des Vorsitzenden der Deutschen Bischofskonferenz (Freiburg i. Br. 2006) 401–435.

a) Affirmative Anerkennung der anderen Religionen

Im Verhältnis der Katholischen Kirche zu den nichtchristlichen Religionen stellt das Zweite Vatikanische Konzil mit seiner Erklärung „Nostra aetate" einen Meilenstein dar. Dieses zwar sehr kurze, aber inhaltlich gewichtige Dokument formuliert ein Maximum an Anerkennung und Affirmation von dem christlichen Glauben und den nichtchristlichen Religionen gemeinsamen Elementen, wenn es betont: „Die katholische Kirche lehnt nichts von alledem ab, was in diesen Religionen wahr und heilig ist. Mit aufrichtigem Ernst betrachtet sie jene Handlungs- und Lebensweisen, jene Vorschriften und Lehren, die zwar in manchem von dem abweichen, was sie selber für wahr hält und lehrt, doch nicht selten einen Strahl jener Wahrheit erkennen lassen, die alle Menschen erleuchtet. Unablässig aber verkündet sie und muss sie verkündigen Christus, der ist ‚der Weg, die Wahrheit und das Leben' (Joh 14,6), in dem die Menschen die Fülle des religiösen Lebens finden, in dem Gott alles mit sich versöhnt hat."[15]

An dieser Grundsatzerklärung fällt zunächst auf, dass die Frage nach den Unterschieden zwischen den Religionen nicht sofort und nicht an erster Stelle erhoben wird. Es wird vielmehr zuerst eine behutsame Anerkennung der Gotteserfahrung in den verschiedenen Religionen ausgesprochen. Die Katholiken werden zudem ermahnt, den Dialog und die Zusammenarbeit mit den Bekennern anderer Religionen zu suchen und deren geistliche und sittliche Güter und auch die sozial-kulturellen Werte, die sich bei ihnen finden, zu anerkennen. Dabei spricht das Konzil nicht nur dem einzelnen Bekenner anderer Religionen die Möglichkeit zu, auf diesem Weg sein Heil zu erlangen. Es spricht diese Möglichkeit vielmehr auch der religiösen Gemeinschaft zu, in der der einzelne Bekenner lebt. Wie bereits Augustinus, der übrigens in der Frage der Heilsmöglichkeit der Menschen sehr streng geurteilt hat, zur Annahme geneigt gewesen ist, dass die Güte Gottes von allem Anfang an und immer unter den Völkern am Werk gewesen ist, so dass auch die Heiden ihre verborgenen Heiligen und Propheten gehabt haben, so hebt auch das Zweite Vatikanische Konzil die Heilsmöglichkeit für die Nichtchristen hervor und anerkennt, dass die Menschen ihr konkretes Gottesverhältnis in ihren Religionen leben können. Das Konzil vertritt sogar die Überzeugung, dass selbst Atheisten auf Wegen, die allein Gott kennt, das Heil erlangen können, sofern sie dem verbindlichen Spruch ihres Gewissens folgen.

15 Nostra aetate, Nr. 2.

Der Grund für die positive Sicht der nichtchristlichen Religionen ist ein doppelter. Der erste Grund ist anthropologischer Natur. Das Konzil ist überzeugt, dass zwischen den Religionen deshalb eine fundamentale Gemeinsamkeit und Gemeinschaft besteht, weil sie im Grunde Antworten auf die gleichen urmenschlichen Fragen geben, die die Erklärung über das Verhältnis der Kirche zu den nichtchristlichen Religionen „Nostra aetate" bereits im ersten Artikel in einer sensiblen Weise darstellt: „Die Menschen erwarten von den verschiedenen Religionen Antwort auf die ungelösten Rätsel des menschlichen Daseins, die heute wie von je die Herzen der Menschen im tiefsten bewegen: Was ist der Mensch? Was ist Sinn und Ziel unseres Lebens? Was ist das Gute, was die Sünde? Woher kommt das Leid, und welchen Sinn hat es? Was ist der Weg zum wahren Glück? Was ist der Tod, das Gericht und die Vergeltung nach dem Tode? Und schließlich: Was ist jenes letzte und unsagbare Geheimnis unserer Existenz, aus dem wir kommen und wohin wir gehen?"[16]

Der zweite Grund für die Feststellung fundamentaler Gemeinsamkeiten zwischen den Religionen ist ein strikt theologischer. Für den christlichen Glauben ist Gott der eine, absolute und universale Herr aller Wirklichkeit. Diese Überzeugung findet ihre höchste Artikulation im christlichen Schöpfungsglauben, dem gemäß alles, was ist, durch den lebendigen Gott ins Dasein kommt und von Gottes Liebe und Weisheit durchwaltet wird. In Jesus Christus hat die Liebe Gottes einen konkreten Namen erhalten, weshalb alles durch ihn, in ihm und auf ihn hin geschaffen ist. In diesem christologisch geprägten Schöpfungsglauben ist es zutiefst begründet, dass es nur eine einzige Heilsordnung Gottes geben kann, die Schöpfung und Erlösung umfängt. In diesem Sinn haben bereits die frühen Väter Fragmente des Offenbarungsgeschehens, das in Jesus Christus auf endgültige Weise verwirklicht ist, in der ganzen Welt wahrgenommen und deshalb auch Gottes Heilsratschluss in den religiösen Bewegungen der Menschheit, wenn auch in verschiedenen Spiegelungen, gefunden. In gleicher Weise anerkennt auch das Zweite Vatikanische Konzil, dass sich „von den ältesten Zeiten bis zu unseren Tagen" bei den verschiedenen Völkern „eine gewisse Wahrnehmung jener verborgenen Macht" findet, „die dem Lauf der Welt und den Ereignissen des menschlichen Lebens gegenwärtig ist", und dass sich nicht selten bei ihnen „auch die Anerkenntnis einer höheren Gottheit oder sogar eines Vaters" findet[17].

16 Nostra aetate, Nr. 1.
17 Nostra aetate, Nr. 2.

b) Christliche Kritik anderer Religionen

Die Herausstellung fundamentaler Gemeinsamkeiten zwischen den Menschheitsreligionen ist freilich nur die eine Seite im interreligiösen Dialog. Würde man nur diese Seite sehen, würde man einer nivellierenden Gleichschaltung der verschiedenen Religionen das Wort reden, mit der man freilich weder dem Selbstverständnis der nichtchristlichen Religionen noch dem Anspruch des christlichen Glaubens gerecht werden kann. Deshalb muss die zweite Seite der kritischen Auseinandersetzung mit den anderen Religionen im interreligiösen Dialog hinzu kommen.

Dabei ist davon auszugehen, dass bereits die Heiligen Schriften des Alten und Neuen Testaments und auch die Kirchenväter in den anderen Religionen keineswegs nur Samenkörner der Wahrheit gefunden haben, sondern auch Irrglauben und Aberglauben, Verblendung des Herzens und ethische Verkommenheit. Der biblische Gottesglaube erkennt keineswegs alles, was sich irgendwie als „religiös" darbietet, bereits deshalb als heilsbedeutsam an. Er weiß vielmehr um die verschiedenen Gestaltungen und Verwandlungen des Religiösen, wie dies vor allem in der Verspottung fremder Religionen im Alten Testament zu überdeutlichem Ausdruck kommt. Dahinter steht die Überzeugung, dass Jahwe keineswegs in einer Reihe mit anderen Gottheiten steht, dass diese sich vielmehr in Nichts auflösen, wenn sie mit Jahwe konfrontiert werden. Insofern kann man Jahwe durchaus als intolerant bezeichnen; „denn der Kampf Jahwes gegen die Götzen, zu dem auch der Spott gehört, ist Teil seines Selbsterweises und seiner Selbstdurchsetzung"[18].

Auch im Neuen Testament findet sich eine kritische Sicht der anderen Religionen. Vor allem Paulus geht in seinem Brief an die Römer davon aus, dass die Menschen durchaus in der Lage sind, Gottes Wahrheit zu erkennen, dass sie sie aber so oft nicht anerkennen, sondern verkennen, dass sie den Glanz von Gottes Wahrheit niederhalten und die Herrlichkeit Gottes in götzendienerischer Weise mit bloßen Bildern von vergänglichen Menschen und Tieren vertauschen, so dass sie anstelle des Schöpfers Geschöpfen Verehrung und Anbetung erweisen.

Religion ist nicht in sich immer nur ein gesundes Phänomen. Es muss vielmehr zwischen Wesen und Unwesen jeder Religion unterschieden werden. Denn es gibt auch Pathologien der Religion. Solche sind gerade heute bei einer feststellbaren Renaissance der Religion zu beobachten, in der abergläubische Praktiken bis hin zu zunehmenden Satanskulten vorkommen, die

18 H. D. Preuss, Verspottung fremder Religionen im Alten Testament (Stuttgart 1971) 290.

Johann B. Metz veranlasst hat, von einer religionsfreundlichen Gottlosigkeit zu sprechen und in die Kurzformel zu gießen: „Religion ja – ein persönlicher Gott nein“[19]. Eine besonders schlimme Ideologisierung und Instrumentalisierung der Religion ist dort gegeben, wo sie als Rechtfertigung von Gewaltanwendung und Terrorismus dient. Es gibt deshalb nicht nur Religion, sondern auch Pseudo-Religion, und diese tritt immer dann in Erscheinung, wenn eine endliche Wirklichkeit – wie die Rasse, die Nation, die Natur oder das Volk – mythisch und kultisch überhöht und zu einem Idol gemacht wird, wie dies in eklatanter Weise beim Nationalsozialismus der Fall gewesen ist. Der Hinweis und die kritische Auseinandersetzung mit solchen Perversionen von Religion dürfen im interreligiösen Dialog nicht verschwiegen, sondern müssen kritisch und auch selbstkritisch benannt werden.

Damit tritt auch eine elementare Grenze des interreligiösen Dialogs an den Tag. Wer seine religiösen Überzeugungen mit Macht und Gewalt durchsetzen will, schließt sich selbst aus jedem verantwortungsvollen Dialog der Religionen aus. Umgekehrt muss die Anerkennung der Religionsfreiheit als Menschenrecht der Prüfstein dafür sein, mit welchem Ernst eine Religionsgemeinschaft in den interreligiösen Dialog eintritt und sich den Spielregeln des menschlichen Zusammenlebens unter den heutigen Bedingungen zu unterwerfen bereit ist. Denn die Religionsfreiheit ist das Fundament aller Menschenrechte, ohne das auch alle weiteren Freiheitsrechte bedroht sind, und damit auch das wirksamste Hindernis gegen jeden Totalitarismus.

Von daher stellt sich schließlich eine ernste Rückfrage an die heute allgemein verbreitete Überzeugung, dass jeder Mensch seine eigene Religion leben solle und dass er auf diese Weise das Heil finden werde. Den Ernst dieser Rückfrage verdeutlicht Papst Benedikt XVI. mit praktischen und konkreten Anfragen: „Wird jemand deshalb selig und von Gott als recht erkannt werden, weil er den Pflichten der Blutrache gewissenhaft nachgekommen ist? Weil er sich kräftig für und im ‚Heiligen Krieg‘ engagiert hat? Oder weil er bestimmte Tieropfer dargebracht hat? Oder weil er rituelle Waschungen und sonstige Observanzen eingehalten hat? Weil er seine Meinungen und Wünsche zum Gewissensspruch erklärt und so sich selbst zum Maßstab erhoben hat?“[20] Es ist offensichtlich, dass man solche Fragen nicht positiv beantworten kann und darf, weil es ebenso offensichtlich ist, dass Gott gerade

19 J. B. Metz, Gotteskrise. Versuch zur „geistigen Situation der Zeit“, in: Diagnosen zur Zeit (Düsseldorf 1994) 76–92, zit. 77.
20 J. Ratzinger – Benedikt XVI., Jesus von Nazareth (Freiburg i. Br. 2007) 123.

das Gegenteil will, wie er es uns in Jesus Christus offenbart hat. Man muss deshalb unumwunden zugeben, dass nicht alle religiösen Wege, nur weil sie religiös sind, zum Heil führen. Es muss vielmehr jene Verbindung beachtet werden, die das Neue Testament zwischen der Frage nach dem Heil und der Frage nach der Wahrheit hervorhebt, deren Erkenntnis rettet, wie Paulus ausdrücklich sagt: Gott, unser Retter, „will, dass alle Menschen gerettet werden und zur Erkenntnis der Wahrheit gelangen" (1 Tim 2,4).

c) Vermittlung zwischen Affirmation und Kritik

Als Christen müssen wir am geistigen Austausch mit anderen Religionen interessiert sein, um auf der einen Seite die Spuren zu lesen, die der Geist Gottes in ihnen hinterlassen hat, und um auf der anderen Seite sich die Freiheit der Kritik zu bewahren, ohne dabei in irgendeiner Weise Aggressionen wirksam werden zu lassen. Zwischen der Affirmation und der Kritik der Religionen gilt es somit einen fruchtbaren Weg der Vermittlung zu finden. Dieser kann freilich nicht in einem Synkretismus bestehen, der alle spezifischen Konturen verwischt und letztlich alles für gleich gültig erklärt, und zwar in dem Sinne, dass man sich in der eigenen Religion im Kern mit allen anderen Menschen, die auch religiös sind, identisch fühlt. Ein solches religiöses Weltbürgertum verunmöglicht einen wirklichen Dialog der Religionen und führt oft auch dazu, problematische Gestalten von Religion gegen Kritik zu immunisieren.

Der zu suchende Weg der Vermittlung kann auch nicht darin bestehen, gleichsam eine goldene Mitte zu suchen, die man ein für allemal festlegen könnte. Der Weg der Analogie bedeutet vielmehr die permanente Herausforderung, das Gemeinsame und das Trennende zu benennen und kritisch wie selbstkritisch miteinander zu vergleichen. Denn im interreligiösen Dialog kann bei aller Ähnlichkeit der religiösen Formen eine ebenso große Unähnlichkeit im Gottesverständnis keineswegs von vornherein ausgeschlossen werden. Der grundlegende Unterschied, den es in christlicher Sicht im interreligiösen Dialog zu thematisieren gilt, ist derjenige zwischen dem personalen Gottesverständnis des jüdisch-christlichen Glaubens und dem impersonalen Gottesverständnis anderer Religionen. Denn beide können nicht miteinander harmonisiert werden: „Zwischen Gott und Göttern, zwischen personalem und impersonalem Gottesverständnis gibt es keine letzte Vermittlung."[21]

---

21 J. Kardinal Ratzinger, Glaube – Wahrheit – Toleranz. Das Christentum und die Weltreligionen (Freiburg i. Br. 2003) 85.

Nur wenn Gott selbst Person ist, ist das Allererste und Allerletzte zugleich das Konkreteste und steht der Mensch im Lebensraum seiner Liebe. Und nur wenn Gott selbst Person ist, ist Gebet überhaupt möglich.

Von daher kann es im interreligiösen Dialog letztlich keinen anderen Weg geben als denjenigen der kritischen Unterscheidung der Geister, die eine gehaltvolle Toleranz voraussetzt.[22] Diese unterscheidet sich wesentlich von der heute dominierenden bloß formalen Toleranz, die alle Unterschiede sofort als Diskriminierungen anklagt und nur Gleichheit gelten lässt, so dass Toleranz nur dort als möglich und praktizierbar erscheint, wo die Frage nach der Wahrheit der Religionen suspendiert wird, und zwar in der falschen Annahme, dass mit Wahrheitsgewissheit vertretene Glaubensüberzeugungen den Frieden zwischen den Religionen gefährden würden. Dem gegenüber respektiert gehaltvolle Toleranz die bestehenden Unterschiede und führt gerade durch deren Wahrnehmung zu Einheit und Frieden. Was von jedem zwischenmenschlichen Dialog gilt, trifft erst recht auf den interreligiösen Dialog zu. Denn jeder wahrhafte Dialog setzt voraus, dass er sich zwischen Überzeugungen vollzieht und die Gesprächspartner einander etwas zu sagen haben und willens sind, gemeinsam Wahrheit zu suchen und zu finden. Umgekehrt verdient ein „Dialog“, der zwischen Partnern geführt wird, die selbst keine klaren Standpunkte vertreten und sich gegenüber der zu suchenden Wahrheit indifferent verhalten, diese Ehrenbezeichnung nicht.

Ein wirklicher Dialog kommt einer Gratwanderung zwischen Extremen gleich: Auf der einen Seite führt ein „Dialog“, der an der Wahrheit nicht interessiert ist und jeden beliebigen Standpunkt unbefragt gelten lässt, sehr schnell in die tödliche Langeweile der Indifferenz. Auf der anderen Seite führt jeder „Dialog“ in die fanatische Borniertheit der Intoleranz, wenn der eine Partner für sich allein absolute Wahrheit beansprucht. Beiden Extremen von Gleichgültigkeit und Fanatismus, von Indifferenz und Intoleranz gegenüber zeichnet sich ein wahrhafter Dialog dadurch aus, dass er sich in Freiheit zwischen Wahrheitsüberzeugungen vollzieht und so der Einheit und dem Frieden dient. Dazu braucht es aber gerade nicht eine skeptische und alles relativierende Toleranz, sondern eine Toleranz, die sich selber im Dialog engagiert.

Dies bedeutet konkret, dass der interreligiöse Dialog nicht auf der Grundlage des kleinsten gemeinsamen Nenners erfolgen kann und auch nicht die Unterschiede zwischen den Religionen nivellieren oder gar negieren darf. Es

22 Vgl. K. Koch, Säkulare Toleranz und christlicher Glaube, in: Ders., Konfrontation oder Dialog? Brennpunkte heutiger Glaubensverkündigung (Freiburg – Graz 1996) 123–147.

gilt vielmehr, vom Ureigenen der Religionen auszugehen und dabei die Wahrheitsfrage nicht auszuklammern. Kardinal Karl Lehmann hat mit Recht betont, dass man einen Dialog unter den Religionen für schädlich halten muss, der die religiöse Frage ausklammert und nur politisch und sozial relevante Themen in Angriff nimmt: „Es wäre geradezu paradox, wenn der interreligiöse Dialog sich um alles kümmern würde, was zwischen Himmel und Erde ist, aber nicht um die Suche nach Wahrheit und die Erfüllung dieses Suchens im Glauben an Gott."[23]

3. Die Kirche auf dem religiösen Areopag in der heutigen Welt

In diesen drei Schritten der Affirmation, der Kritik und der Vermittlung bestehen die Struktur und gleichsam die entscheidende Spielregel im interreligiösen Dialog. Dabei handelt es sich um jene drei Schritte, die bereits Paulus in vorbildlicher Weise vollzogen hat, als er sich in Athen auf dem Areopag aufhielt und sich von epikuräischen und stoischen Philosophen in ein intensives Gespräch verwickeln ließ. Diese Gesprächssituation gehört zweifellos zu den eindrücklichsten Szenen, die Lukas aus dem Leben des Paulus zu berichten weiß. Sie stellt so sehr einen „Höhepunkt paulinischer Theologie" dar, dass der katholische Neutestamentler Thomas Söding urteilen kann, Paulus agiere hier als „christlicher Sokrates"[24]. Weil diese Szene auch in der heutigen Situation der Kirche, die sich immer schon auf einem noch größeren religiösen Areopag aufhält, Elementares zu sagen hat, lohnt es sich, sie näher zu betrachten und für den heutigen interreligiösen Dialog fruchtbar zu machen. Für die Situation des christlichen Glaubens in der heutigen Lebenswelt enthält diese Perikope aus der Apostelgeschichte (17,16–34) vor allem drei hilfreiche Wegweisungen:

Paulus stellt sich erstens vorbehaltlos dem Gespräch mit den Athenern über den von ihm verkündeten Gott und vor allem über das Evangelium von der Auferstehung: „Er redete in der Synagoge mit den Juden und Gottesfürchtigen, und auf dem Markt sprach er täglich mit denen, die er gerade antraf" (V 17). Diese auf den ersten Blick lapidare, tiefer gesehen aber

23 K. Kardinal Lehmann, Das Christentum – eine Religion unter anderen? Zum interreligiösen Dialog aus katholischer Perspektive, in: Ders., Zuversicht aus dem Glauben (Freiburg i. Br. 2006) 401–435, zit. 427.

24 Th. Söding, Einheit der Heiligen Schrift? Zur Theologie des biblischen Kanons (Freiburg i. Br. 2005) 172.

äußerst aufschlussreiche Notiz des Lukas zeigt, dass Paulus bereit ist, in das Gespräch mit den Menschen einzutreten und sich dem Dialog auszusetzen. Paulus hat damit vorgelebt, was Papst Paul VI. in seiner Antrittsenzyklika „Ecclesiam suam" zum Grundsatzprogramm der Kirche in Gegenwart und Zukunft erhoben hat: „Die Kirche muss zu einem Dialog mit der Welt kommen, in der sie nun einmal lebt. Die Kirche macht sich selbst zum Wort, zur Botschaft, zum Dialog."[25]

Aufschlussreich ist zweitens die Art und Weise, mit der Paulus seine dialogische Verkündigung in der Begegnung mit den Menschen auf dem athenischen Areopag praktiziert. In einer bemerkenswerten Offenheit spricht er die Athener auf den von ihnen verehrten „unbekannten Gott" an, und er wagt es sogar, diesen „unbekannten Gott" mit dem biblischen Schöpfergott zu identifizieren: „Was ihr verehrt, ohne es zu kennen, verkünde ich euch" (V 23). Dann redet er von „Gott, der die Welt erschaffen hat und alles in ihr", von ihm, „der Herr über Himmel und Erde ist". Und von diesem Gott sagt Paulus: „In ihm leben wir, bewegen wir uns und sind wir" (V 28). Die Athener werden sofort gemerkt haben, dass Paulus damit ein vom griechischen Dichter Aratos auf Zeus gemünztes Dichterwort auf den Schöpfergott der Bibel bezieht. Aus dieser mutigen und großherzigen Bezugnahme des Paulus auf Zeus lässt sich mit dem evangelischen Theologen Wolfhart Pannenberg die Konsequenz ziehen, dass nach Paulus „die Zeusverehrung der Griechen sich irgendwie auf den einen wahren Gott beziehen muss, wenn auch ohne volles Bewusstsein von dessen wahrer Identität"[26]. Paulus praktiziert hier in souveräner Weise, was man heute interreligiösen Dialog nennt.

Die Offenheit gegenüber der Zeusreligion der Griechen entbindet Paulus drittens freilich nicht von Kritik an bestimmten Götzenbildern, die ihn mit „heftigem Zorn" (V 16) erfüllen, und schon gar nicht von seiner Sendung der Verkündigung des Evangeliums. Dies ist bereits ablesbar an den Reaktionen der Athener auf seine Verkündigung der Auferstehung der Toten. Einige Männer und Damaris schlossen sich ihm zwar an. Andere aber spotteten oder wichen elegant aus: „Darüber wollen wir dich ein andermal hören" (V 32). Damit ist deutlich, dass derjenige, der das Evangelium Jesu Christi einer fremden Welt verkünden will, auch mit Hohn und Spott rechnen muss.

---

25 Paul VI., Ecclesiam suam, Nr. 65.

26 W. Pannenberg, Die Religionen in der Perspektive christlicher Theologie und die Selbstdarstellung des Christentums im Verhältnis zu den nichtchristlichen Religionen, in: Theologische Beiträge 23 (1992) 305–316, zit. 308.

Paulus suspendiert deswegen keineswegs die Verkündigung des Evangeliums, aber er vollzieht seine Mission dialogisch.

Der Grund für seine Mission liegt dabei in der Identifizierung des „unbekannten Gottes“ mit dem Schöpfergott der Bibel. Darauf hat Papst Benedikt XVI. mit Recht hingewiesen und zugleich den wahren Kern christlicher Mission aufgezeigt: „Auf dieser Anamnese des Schöpfers, die mit dem Grund unserer Existenz identisch ist, beruhen Möglichkeit und Recht der Mission. Das Evangelium darf, ja muss den Heiden verkündet werden, weil sie selbst im Verborgenen darauf warten (vgl. Jes 42,4). Die Mission rechtfertigt sich dann, wenn ihre Adressaten bei dem Begegnen mit dem Wort des Evangeliums wieder erkennen: Ja, das ist es, worauf ich gewartet habe.“[27] In dieser Ur-Erinnerung an den Schöpfergott und deshalb an das Wahre und Gute in jedem Menschen ist es begründet, dass auch die Kirche heute auf dem religiösen Areopag der gegenwärtigen Lebenswelt der Menschen den verschiedenen Strömungen und pluralistischen Bekenntnissen mit derselben weitherzigen Offenheit begegnen kann, wie sie bereits Paulus auf dem athenischen Areopag praktiziert hat.

Aufenthalt auf dem Areopag der Welt, dialogische Gesprächsbereitschaft mit allen Menschen und missionarische Verkündigung des Evangeliums: Dies sind die drei Lektionen, die auch die Kirche heute bei ihrem Verkündigungsauftrag von Paulus zu lernen hat. Auch auf dem religiösen Areopag der heutigen Lebenswelt kann die entscheidende Frage nicht heißen, *ob* die Kirche heute missionarisch sein soll. Die entscheidende Frage ist vielmehr, *wie* sie dies ist, nämlich in einer verbindlichen Offenheit und in einer offenen Verbindlichkeit.

4. Ehrfurcht vor dem Heiligen im interreligiösen Dialog

Nur auf diese Weise kann die Kirche für den interreligiösen Dialog offen sein. Denn gemäß der Aufgabe der Kirche, „Einheit und Liebe unter den Menschen und damit auch unter den Völkern zu fördern, fasst sie vor allem das ins Auge, was den Menschen gemeinsam ist und sie zur Gemeinschaft untereinander führt“[28]. Mit dieser positiven Sinnbestimmung hat das Zweite Vati-

27 J. Kardinal Ratzinger, Wahrheit, Werte, Macht. Prüfsteine der pluralistischen Gesellschaft (Freiburg i. Br. 1993) 52.
28 Nostra aetate, Nr. 1.

kanische Konzil eine Klärung des Verhältnisses der Katholischen Kirche zu den nichtchristlichen Religionen vorgenommen und damit den interreligiösen Dialog offiziell eröffnet. Dahinter steht die Überzeugung, dass Gott in allen Religionen wirkt und dass auch in ihnen Wahrheit und Heiligkeit leben.

Dieses gemeinsame Zeugnis sind die Religionen der heutigen säkularisierten Welt schuldig, die zunehmend nach dem Prinzip „etsi Deus non daretur“ lebt. Dem gegenüber laden die Religionen dazu ein, nach dem umgekehrten Prinzip „etsi deus daretur“ zu leben, und dies können sie zunehmend nur gemeinsam. Der interreligiöse Dialog macht deshalb auf eine grundlegende Schwäche der säkularisierten Gesellschaften Europas aufmerksam, die die Religion in den Bereich des Privaten abdrängen. Dies geschieht zumeist im Namen der so genannten Toleranz, die freilich derart überstrapaziert wird, dass sie intolerant zu werden beginnt und demjenigen, der sich der Selbstzensur, die sich unter dem Deckmantel der „political correctness“ verbirgt, nicht unterwirft, Sprechverbote auferlegt, wie beispielsweise der stets groteskere Formen annehmende Kampf gegen religiöse Zeichen in der Öffentlichkeit zeigt. Papst Benedikt XVI. hat deshalb in seiner berühmt gewordenen Vorlesung an der Regensburger Universität im Jahre 2006 mit Recht betont, dass „eine Vernunft, die dem Göttlichen gegenüber taub ist und Religion in den Bereich der Subkulturen abdrängt“, zum Dialog der Kulturen und der Religionen „unfähig“ ist[29].

Von daher verhilft der interreligiöse Dialog auch uns Christen dazu, zur eigenen Identität auch in der gesellschaftlichen Öffentlichkeit von heute zurückzufinden. Als Christen verletzen wir deshalb keineswegs den Respekt vor anderen Religionen, sondern wir fördern ihn, wenn wir uns zu dem Gott bekennen, der sich in seiner ganzen Menschlichkeit uns in Jesus Christus gezeigt hat. Zumal in der heutigen Situation, in der Gewalt und Terror im Namen von Religion ausgeübt wird und damit der Name Gottes großen Missbrauch erfährt, sind wir Christen verpflichtet, den Gott zu verkünden, der der Gewalt sein Leiden entgegengestellt, dem Bösen und seiner Macht gegenüber sein Erbarmen aufgerichtet und am Kreuz nicht mit Gewalt, sondern mit seiner Liebe gesiegt hat, und der heutigen Welt das Zeugnis von der Gewaltlosigkeit des Kreuzes Jesu zu schenken, an dem seine Liebe bis zum Ende ein kategorisches Nein zu jeder Gewalt ausgesprochen hat.

---

29 Benedikt XVI., Glaube, Vernunft und Universität. Vorlesung beim Treffen mit Vertretern der Wissenschaften im Auditorium Maximum der Universität Regensburg am 12. September 2006.

Der interreligiöse Dialog ist zudem dazu geeignet, ein Grundprinzip in Erinnerung zu rufen, das für alle Kulturen grundlegend ist, nämlich die Ehrfurcht vor dem, was dem Anderen heilig ist, und damit Ehrfurcht vor dem Heiligen überhaupt. Ohne solche öffentliche Ehrfurcht hat Multireligiosität keinen Bestand. Diesbezüglich zeichnet sich die gesellschaftliche Situation in unseren Breitengraden freilich durch eine ärgerliche Zwiespältigkeit aus: Glücklicherweise kann es sich niemand ungestraft erlauben, das zu verspotten, was den Juden und den Moslems heilig ist. Umgekehrt aber zählt man es zu den grundlegenden Freiheitsrechten, das Heilige der Christen in den Staub zu ziehen und mit Spott zu überschütten. Während es der „political correctness" widerspricht, den Glauben Israels, sein Gottesbild und seine großen Gestalten zu verhöhnen oder den Koran und die Grundüberzeugungen des Islam herabzusetzen, erscheint dort, wo es um Christus und das Heilige der Christen geht, die Meinungsfreiheit als das höchste Gut, das einzuschränken die Toleranz und die Freiheit gefährden würde. Dies wird zumeist politisch mit der seltsamen und für die Demokratie ruinösen Ansicht begründet, dass gesellschaftliche Mehrheiten auch mehr an Spott ertragen müssten. Seit wann gehört es denn zur politischen Kultur einer Demokratie, Mehrheiten privilegiert verballhornen zu dürfen oder gar zu sollen?

Insofern kann der interreligiöse Dialog auch uns Christen helfen, in der Öffentlichkeit Ehrfurcht vor dem, was uns heilig ist, einzuklagen. Die unabdingbare Voraussetzung besteht freilich darin, dass wir Christen selbst jenen „merkwürdigen und nur als pathologisch zu bezeichnenden Selbsthass des Abendlandes" überwinden, „das sich zwar lobenswerterweise fremden Werten verstehend zu öffnen versucht, aber sich selbst nicht mehr mag, von seiner eigenen Geschichte nur noch das Grausame und Zerstörerische sieht, das Große und Reine aber nicht mehr wahrzunehmen vermag"[30]. In diesem Kleinmut dürfte auch der tiefste Grund liegen, dass wir in unseren Breitengraden manchmal so unsensibel gegenüber den großen Bedrängnissen und Verfolgungen sind, denen Christen und christliche Kirchen in anderen Regionen der Welt ausgesetzt sind wie in China, Nordkorea und Vietnam, aber auch im Sudan und in Saudi-Arabien und in Lateinamerika.

---

30 J. Kardinal Ratzinger, Werte in Zeiten des Umbruchs. Die Herausforderungen der Kirche bestehen (Freiburg i. Br. 2005) 87.

5. Christliche Universalität der Liebe Gottes

Nur wenn wir Christen zu den eigenen Wurzeln zurückkehren und unsere Glaubensidentität wieder finden, werden wir für den interreligiösen Dialog fähig. Hier liegt der tiefste Grund, dass im Blick auf den interreligiösen Dialog vor allem nach Spiritualität und nicht einfach nach Ethik gefragt werden muss. Es ist zwar verdienstvoll, dass ein Weltethos entwickelt wird, um auf der Basis grundlegender Prinzipien wie der Ehrfurcht vor dem Leben, der gegenseitigen Achtung und Liebe, der Gewaltlosigkeit und einer gerechten Weltordnung ein friedliches Miteinander der Menschen und Völker zu fördern. Doch Religion lässt sich nie auf Ethik reduzieren. Denn ohne Bezug auf die Wirklichkeit Gottes werden nicht nur das Hoffnungs- und Trostpotential der Religionen, sondern auch der eigentliche Glaubensakt im Sinne des Vertrauens und des Gebetes nivelliert.

a) Toleranz gegenüber Gott

In dieser spirituellen Grundhaltung sucht der interreligiöse Dialog nach dem Gemeinsamen und Verbindenden der Religionen. Dies kann aber nur gelingen, wenn die Überzeugungen des je eigenen Glaubens und das Wissen der je eigenen Tradition nicht in den Hintergrund gestellt, sondern zur Geltung gebracht werden. Dessen Herausstellung kann im heutigen Konzert der Weltreligionen aber nur Aussicht auf Erfolg haben, wenn sie behutsam wahrgenommen und zugleich aus der Kernmitte des christlichen Glaubens heraus vollzogen wird. Damit tritt die große Herausforderung an den Tag, vor der wir heute im interreligiösen Dialog stehen und die darin besteht, auch einen dialogfähigen Zugang zur Überzeugung von der „absoluten" Wahrheit des christlichen Glaubens zu erschließen, die mit der Singularität und Universalität der Person Jesu Christi notwendigerweise gegeben ist.

Wie das christliche Glaubensbekenntnis im interreligiösen Dialog glaubwürdig vertreten werden kann, dafür hat bereits der heilige Ambrosius, der große Bischof von Mailand, den entscheidenden Wegweiser gegeben, wenn er die Erlösung darin identifiziert, dass wir Christen „Söhne des Friedens und der Liebe" geworden sind[31]. In der Tat: Nur wenn der Gott der Liebe im Mittelpunkt steht und die Kirche als Stadt der Liebe in Erscheinung tritt, kann die Universalität des christlichen Heils glaubwürdig bezeugt werden.

31 Ambrosius, Brief XVI an Irenäus, 4.

In diesem Licht der personalen Liebe Gottes bedeutet die Universalität des christlichen Glaubens gerade nicht den Absolutheitsanspruch einer sachhaften, allein im Bereich der menschlichen Erkenntnis verorteten Wahrheit, über die wir verfügen und die wir gegen andere Religionen geltend machen könnten. Sie ist vielmehr das Gegenteil von Ausgrenzung und Polarisierung, von Selbstbehauptung und Intoleranz. Die Universalität der Wahrheit, die der christliche Glaube bezeugt, ist die Person Jesus Christus, die von sich selbst sagt: „Ich bin die Wahrheit". Diese Wahrheit ist reine, universale, alles und alle einschließende und nichts ausschließende personale Liebe, die in Jesus Christus erschienen ist, wie Papst Johannes Paul II. in seiner Enzyklika „Redemptoris missio" herausgestellt hat: „Die Universalität des Heils bedeutet nicht, dass es nur jenen gilt, die ausdrücklich an Christus glauben und in die Kirche eingetreten sind. Wenn das Heil für alle ist, muss es allen zur Verfügung stehen. Aber es ist klar, dass es heute, wie dies früher der Fall war, viele Menschen gibt, die keine Möglichkeit haben, die Offenbarung des Evangeliums kennenzulernen und sich der Kirche anzuschließen. Sie leben unter sozio-kulturellen Bedingungen, die solches nicht zulassen. Oft sind sie in anderen religiösen Traditionen aufgewachsen. Für sie ist das Heil in Christus zugänglich kraft der Gnade, die sie zwar nicht förmlich in die Kirche eingliedert – obschon sie geheimnisvoll mit ihr verbunden sind –, aber ihnen in angemessener Weise innerlich und äußerlich Licht bringt. Diese Gnade kommt von Christus, sie ist Frucht seines Opfers und wird vom Heiligen Geist geschenkt. Sie macht es jedem Menschen möglich, bei eigener Mitwirkung in Freiheit das Heil zu erlangen."[32]

Auf diese Universalität der Wahrheit der Liebe Gottes kann der christliche Glaube auch im Konzert der Religionen heute nicht verzichten, ohne sich selbst, aber auch seinen Dienst an den Menschen preiszugeben. Der undelegierbare Dienst des Christentums in der Gesellschaft besteht vielmehr darin, auf Christus und die in ihm erschienene radikale und universale Liebe Gottes hinzuweisen. Entgegen der von der pluralistischen Religionstheologie geforderten „Abrüstung" der Christologie brauchen wir neue Demut, die darin besteht, dass wir Gott so sein lassen, wie er sich selbst versteht und sich uns offenbart hat[33], und neue Toleranz Gott gegenüber[34], freilich nicht bloß eine

32 Johannes Paul II., Redemptoris missio, Nr. 10.

33 Vgl. Ch. Kardinal Schönborn, „Dominus Iesus" und der Interreligiöse Dialog, in: E. Kapellari/H. Schambeck (Hg.), Diplomatie im Dienst der Seelsorge. Festschrift zum 75. Geburtstag von Nuntius Erzbischof Donato Squicciarini (Graz 2002) 113–123.

34 Vgl. G. L. Müller, Gegen die Intoleranz der Relativisten. Die Erklärung der Glaubenskongre-

formale, sondern eine gehaltvolle Toleranz. Wie wir uns angewöhnt haben, gegenüber den Mitmenschen und ihren Überzeugungen und Lebensweisen tolerant zu sein und ihre Eigenarten zu respektieren, so sollten wir auch und erst recht gegenüber Gott tolerant sein.

Solche Toleranz Gott gegenüber besteht im Kern darin, dass wir ihm gleichsam „erlauben“, sich uns so zu zeigen und zu schenken, wie er ist und wie er es für uns Menschen für gut befunden hat. Wenn Gott sich entschieden hat, uns Menschen dadurch nahe zu kommen, dass er in seinem Sohn selbst Mensch wird, wie können wir da Gott vorhalten, er hätte uns seine Liebe nicht so hautnah und konkret zeigen sollen? Wir sollten diese Nähe Gottes vielmehr zumindest tolerieren, sodann aber dankbar annehmen und daraus leben, und zwar ohne jede Überheblichkeit. Denn Christen, die sich zu dieser in der Person Jesus Christus erfahrbar gewordenen Liebe Gottes bekennen, bezeugen diese Liebe stets in irdischen und oft genug schwachen Gestalten, die hinter diese Liebe zurückfallen. Zum christlichen Glauben gehört deshalb elementar das Eingeständnis und das Bekenntnis, dass er etwas bekennt, über das er gerade nicht verfügt und das er nur in armseliger Weise bezeugen kann, indem er von sich selbst weg weist und auf Christus und die in ihm erschienene radikale und universale Liebe Gottes hin weist – wie es Johannes der Täufer getan hat: „Ich bin die Stimme, die in der Wüste ruft: Ebnet den Weg für den Herrn“ (Joh 1,23). Nur in dieser auf den kommenden Herrn verweisenden Grundhaltung des Johannes des Täufers lässt sich der spezifische Anspruch des christlichen Glaubens auf universale Wahrheit auch heute glaubwürdig vertreten.

b) Universaler Yom Kippur des Guten Hirten

Der universale Anspruch des christlichen Glaubens tritt nirgendwo so deutlich an den Tag wie am Kreuz Jesu. Gerade als Kreuzesbotschaft ist das Evangelium wirklich frohe Botschaft für uns Menschen. Denn das Kreuz Jesu zeigt, dass Gott uns Menschen so wichtig findet, dass er selbst um unseretwillen Mensch geworden ist und gelitten hat. Jesus Christus erweist sich am Kreuz gerade dadurch als der Gute Hirte, dass er selbst Lamm geworden ist, sich auf die Seite der Lämmer, der Getretenen und Geschlachteten gestellt und sein Leben für sie hingegeben hat. Am Kreuz Jesu erweist sich deshalb

gation „Dominus Iesus“, in: Ders., Mit der Kirche denken. Bausteine und Skizzen zu einer Ekklesiologie der Gegenwart (Würzburg 2001) 314–325.

gerade nicht, wie es heute oft missdeutet wird, Gott als gewaltsam. Vielmehr bildet die Gewalt der Menschen den Anlass, von der äußersten und schlechthin wunderbaren Zuwendung Gottes zu uns Menschen zu sprechen.

Am Kreuz ist Gott offenbar als der Lebendige, der auf die menschliche Steigerung des Bösen nicht mit Vergeltungsmechanismen reagiert, sondern mit der Steigerung seiner unendlichen Liebe, die auch und gerade die Bereitschaft einschließt, Leiden auf sich zu nehmen. Denn in der äußersten Liebe des sterbend sich hingebenden Jesus geschieht die äußerste Selbstinvestition der Feindesliebe Gottes in die ihm entfremdete Menschheit hinein. So ist das Kreuz Ausdruck und Summe menschlicher Gewalt und Ausdruck und Summe der Feindesliebe Gottes. Das Kreuz Jesu enthält in keiner Weise Vergeltungsforderungen, wie wir dies mit menschlichen Augen vermuten könnten, weil die äußerste Grausamkeit des Kreuzes – rein menschlich, beziehungsweise unmenschlich gesehen – Rache bis zum Letzten bedeuten müsste, damit die Welt wieder in Ordnung wäre. Entgegen jeder typisch menschlichen Reaktion setzt Gott selbst aber am Kreuz aller Rache und Vergeltung ein unmissverständliches Ende und praktiziert seine grenzenlose Feindesliebe und Versöhnung.

Weil das Kreuz Jesu selbst zum großen Versöhnungstag Gottes geworden ist, ruft es alle in die Versöhnung. Wie Christus am Kreuz die erbärmliche Gewalttat der Menschen gegen ihn in einen Akt der Hingabe für uns Menschen, in einen Akt der Liebe umgewandelt hat, und zwar von innen her, so sind wir Christen berufen und verpflichtet, aus jenem Geist der Versöhnung zu leben, die Christus am Kreuz für die ganze Welt und für alle Menschen gewirkt hat.

Das Kreuz Jesu ist der ständige und universale Yom Kippur. Deshalb steht das Kreuz, die innerste Mitte des christlichen Glaubens, dem interreligiösen Dialog keineswegs im Weg; es weist vielmehr den entscheidenden Weg, dass sich vor allem Juden und Christen, aber auch Muslime und Bekenner anderer Religionen, in einer tiefen inneren Versöhnung gegenseitig annehmen und in ihrer gegenseitigen Versöhnung für die Welt zu einem Ferment des Friedens und der Gerechtigkeit werden sollten. Als Christen dienen wir dann dem interreligiösen Dialog, wenn wir Jesus Christus als den Guten Hirten und die an seinem Kreuz rein gewordene, universale und alle und alles einschließende Liebe verkünden. Die ge-Kreuz-igte Liebe Gottes zu verkünden und selbst im Zeichen des Kreuzes der Versöhnung zu leben, ist eine Botschaft, die auch und gerade die Menschen heute brauchen.

Das Bekenntnis zur Universalität der Person Jesu Christi und zur absoluten Wahrheit des christlichen Glaubens an den Gott der Liebe ist ein hoher

Anspruch, der zunächst zweifellos „das größte Hindernis beim Aufbau einer konstruktiven Beziehung zwischen den Religionen" darzustellen scheint. Es ist aber dem katholischen Neutestamentler Thomas Söding zuzustimmen, wenn er in diesem hohen Anspruch geradezu die „Ermöglichung eines Gesprächs" wahrnimmt, „das über den Austausch von Freundlichkeiten hinauskommt"[35]. Erst auf diesem Niveau vermag der interreligiöse Dialog, der Glaubensüberzeugung und Toleranz nicht als Gegensatz, sondern als gleich wichtig betrachtet und vollzieht, jener Herausforderung gerecht zu werden, vor der wir heute in unserer multireligiös gewordenen Zeit stehen.

35 Th. Söding, Einheit der Heiligen Schrift? Zur Theologie des biblischen Kanons (Freiburg i. Br. 2005) 94.

Der Beitrag des christichen Glaubens bei der Revitalisierung menschlicher Werte

„Ihr seid mehr wert als viele Spatzen“ (Mt 10,31)[1]

1. Geistige Grundlagen Europas

„Europa kann nur bestehen, wenn es klar um seine geistigen Fundamente weiß. Ein Europa ohne geistige Ordnung wird zum Spielball der Mächte.“ Dieses weise Wort des ehemaligen Wiener Kardinals Franz König hat nichts an Aktualität eingebüßt. Dass ein Europa ohne geistige Orientierung oder mit geistiger Umnachtung zum Spielball politischer Mächte werden kann, hat das vergangene Jahrhundert mit seinen zwei schrecklichen Weltkriegen in blutiger Weise gezeigt. Dass ein Europa ohne geistige Orientierung zum Spielball auch ökonomischer Mächte werden kann, ist eine der brisanten Herausforderungen, vor denen wir in Europa heute stehen. Die Frage ist deshalb unaufschiebbar, wie es um die geistigen Fundamente Europas steht.

Beim Nachdenken über diese Frage ergibt sich zuerst die Schwierigkeit, dass es keineswegs leicht ist, die Identität Europas zu definieren. Das Problem beginnt bereits damit, dass man Europa nicht, wie beispielsweise Afrika und Australien, Nord- und Lateinamerika, in geographischer Hinsicht umschreiben kann, insofern die Fragen, wo Europa beginnt und wo es endet, kaum zu beantworten sind. Europa ist keine geographisch eindeutig bestimmbare Größe. Europa stellt freilich auch keine in ethnischer und sprachlicher Hinsicht einheitliche Größe dar; in Europa leben vielmehr die verschiedensten Völkerschaften mit ihren unterschiedlichen Sprachen. Aus diesen Beobachtungen kann man nur den Schluss ziehen, dass Europa kein geographisch und ethnisch klar umschreibbarer, sondern ein kultureller und historischer Begriff ist. Europa ist eine geschichtlich gewordene Wirklichkeit und eine geschichtlich gewachsene Werte- und Schicksalsgemeinschaft.[2] Wenn man die Frage nach der Identität Europas nur mit einem Blick in die europäische Ge-

1 Erschienen in: B.-H. Hennerkes/G. Augustin (Hg.), Wertewandel mitgestalten. Gut handeln in Gesellschaft und Wirtschaft (Freiburg i. Br. 2012) 119–148.

2 Vgl. J. Kardinal Ratzinger, Europas Identität. Seine geistigen Grundlagen gestern, heute, morgen, in: Ders., Werte in Zeiten des Umbruchs. Die Herausforderungen der Zukunft bestehen (Freiburg i. Br. 2005) 68–88.

schichte beantworten kann, drängt sich vor allem die Nennung von drei Städten auf, auf die Papst Benedikt XVI. in seiner Rede vor dem Deutschen Bundestag im September 2011 hingewiesen hat: „Die Kultur Europas ist aus der Begegnung von Jerusalem, Athen und Rom – aus der Begegnung zwischen dem Gottesglauben Israels, der philosophischen Vernunft der Griechen und dem Rechtsdenken Roms entstanden. Diese dreifache Begegnung bildet die innere Identität Europas."[3]

Geht man dieser dreifachen Wurzel in der Geschichte Europas nach, wird man feststellen, dass sie im Christentum zusammengewachsen sind, so dass die europäische Geschichte mit der Geschichte des Christentums unlösbar verbunden ist und das Christentum zur europäischen Identität gehört. Dieser Realität wird jeder begegnen, der Europa durchquert und beispielsweise von Estland nach Gibraltar reist. Er wird zwar unterschiedlichen Völkerschaften begegnen, aber er wird in allen großen und alten Städten Kathedralen und überall das Zeichen des Kreuzes auffinden. Wer sich in der Geschichte Europas auch nur ein wenig auskennt, kann die christlichen Wurzeln Europas nicht leugnen. Damit ist es freilich nicht getan. Denn es stellt sich vor allem die Frage, worin diese christlichen Wurzeln inhaltlich bestehen und wie es heute um sie steht. Auch im Blick auf diese Herausforderung hat Papst Benedikt XVI. vor dem Deutschen Bundestag eine klare Wegweisung gegeben: Die Identität Europas „hat im Bewusstsein der Verantwortung des Menschen vor Gott und in der Anerkennung der unantastbaren Würde des Menschen, eines jeden Menschen, Maßstäbe des Rechts gesetzt, die zu verteidigen uns in unserer historischen Stunde aufgegeben ist"[4].

2. Gravierende Einbrüche in der neueren Geschichte Europas

Wer auf diesem Hintergrund nach dem Sendungsauftrag des Christentums in den europäischen Gesellschaften heute fragt, muss zunächst einen nüchternen Blick in die jüngere Geschichte Europas werfen, um seine heutige Situation verstehen zu lernen. Dazu legt es sich nahe, sich jene grundlegenden Einbrüche vor Augen zu führen, die in den vergangenen siebzig Jahren stattgefunden und das Gesicht Europas maßgeblich verändert haben, was wohl

3 Benedikt XVI., Besuch des Deutschen Bundestages im Berliner Reichstagsgebäude am 22. September 2011.
4 Ebd.

am deutlichsten an jenem Phänomen abgelesen werden kann, das – in einer eher neutralen Optik – als „Wertewandel“ und – in einer kritischen Diagnostik – als „Werteverlust“ bezeichnet zu werden pflegt. Dieses Phänomen zeigt sich, wenn man die heutige Situation in Beziehung bringt zu den Grundüberzeugungen, von denen sich die Gründungsväter eines neuen Europa wie Konrad Adenauer, Robert Schumann, Alcide de Gasperi und Jean Monnet haben leiten lassen[5], dass nämlich nach den Verwüstungen der europäischen Landschaft durch die schrecklichen Terrorherrschaften des Faschismus in Italien, des Nationalsozialismus in Deutschland und des Leninismus-Stalinismus in Russland, die sich alle als antichristliche und neuheidnische Ideologien entlarvt haben[6], der Wiederaufbau Europas nur gelingen würde, wenn sich Europa in frischer Weise auf seine eigenen Ursprünge und damit auch auf seine christlichen Wurzeln zurückbesinnen würde. Im Blick auf diese großen Ideale waren die Gründungsväter des neuen Europa überzeugt, dass die Schrecknisse der Weltkriege, die furchtbaren Zerstörungen und das Drama der großen Ideologien, die die Menschen und die Völker in das Inferno der Kriege gestürzt hatten, in einem konstruktiven Geist aufgearbeitet werden müssen. Die unmittelbare Nachkriegszeit zeichnete sich deshalb durch eine gesellschaftliche und politische Atmosphäre des Aufbruchs und des Neubeginns aus. In den vergangenen sechzig Jahren sind diese Grundüberzeugungen aber weitgehend ins Wanken geraten.

a) Das Jahr 1968 als kulturelle Wasserscheide

Erste Anzeichen dafür waren bereits zu verspüren, als die unmittelbare Nachkriegszeit zu Ende gegangen war und das Versagen der Menschheit und der Menschlichkeit im Zweiten Weltkrieg, die Schwächen beim Wiederaufbau Europas und das himmelschreiende Elend in der Welt erneut und erst recht zu Bewusstsein gekommen waren. Diese Grundstimmung provozierte den ersten großen Einbruch, den man mit der Symbolzahl 1968 zu verbinden pflegt und als Explosion einer radikalen Krise der Kultur Europas, gleichsam als „Wasserscheide zwischen der unmittelbaren, nun zu Unrecht als reaktionär verschrienen Nachkriegszeit und einer neuen geschichtlichen Phase“ be-

5 Vgl. Pontificio Comitato di Scienze Storiche (Ed.), I Padri dell'Europa. Alle radici dell'Unione Europea (Città del Vaticano 2010).

6 Vgl. A. Besancon, Le malheur du siècle. Sur le communisme, le nazisme et l'unicité de la Shoah (Paris 1998).

urteilen muss, „die von einem neuen Schub der Aufklärung, Säkularisierung und Emanzipation von überlieferten allgemein-menschlichen und von christlichen Werten und Verhaltensweisen bestimmt war“[7].

Dem entsprechend setzte man die großen Hoffnungen weithin nicht mehr, wie es die Gründungsväter eines neuen Europa getan hatten, auf das Christentum. Weil man dieses in seiner zweitausendjährigen Geschichte vor allem in seinem Versagen wahrnahm, konnte der starke Eindruck entstehen, man müsse ganz von neuem beginnen. Im Sinne einer, wie man wähnte, wissenschaftlichen Lösung der vorhandenen Probleme nahm man Zuflucht zum Marxismus mit seiner trügerischen Verheißung, mit ihm endlich könnte jene neue Welt geschaffen werden, die die Menschen zweifellos mit Recht ersehnt hatten. Der christliche Hoffnungsglaube wurde damit weitestgehend säkularisiert und in eine innerweltliche Ideologie umgewandelt[8], die der marxistische Philosoph Ernst Bloch mit den verlockenden Verheißungen ausgesprochen hat, in der neu zu errichtenden Welt werde es keinen Unterschied zwischen Sonntag und Werktag mehr geben, der Mensch bedürfe keines Sabbats mehr, da er sein eigener Schöpfer sei, und deshalb sei das technologische Laboratorium die Kathedrale der Zukunft und die Elektrizitätswerke seien die Markuskirchen der neuen Zeit.[9] Da sich solche innerweltliche Ideologien und Utopien auch innerhalb der Kirchen bemerkbar machten und wirksam wurden, führten sie auch einen schwerwiegenden Wandel im kirchlichen Leben herbei, den Walter Kardinal Kasper in dieser präzisen Diagnose festgemacht hat: „Nach 1968 kam es statt zu dem erwarteten Frühling zu einer Erosion des kirchlichen Lebens.“[10]

b) Die Wende von 1989

Der zweite große Einbruch in der neueren Geschichte Europas ist durch das Jahr 1989 und damit durch den Zusammenbruch der kommunistischen Regimes und die mit ihm unlösbar verbundene Wende in Europa mar-

7 W. Kardinal Kasper, Katholische Kirche. Wesen – Wirklichkeit – Sendung (Freiburg i. Br. 2011) 41.

8 Diese „Umwandlung des Hoffnungsglaubens“ hat Papst Benedikt XVI. in seiner Enzyklika über die christliche Hoffnung „Spe salvi“ in einem gerafften Überblick hellsichtig analysiert.

9 E. Bloch, Prinzip Hoffnung (Frankfurt a. M. 1959).

10 W. Kardinal Kasper, Kirche – wohin gehst du? in: Ders./A. Biesinger/A. Kothgasser (Hg.), Weil Sakramente Zukunft haben. Neue Wege der Initiation in Gemeinden (Mainz 20008) 158–175, zit. 158–159.

kiert.[11] Die bestechende Eigenart dieser Wende bestand zunächst vor allem darin, dass sie ohne Krieg und beinahe ohne Blutvergießen erfolgen konnte, weshalb der damalige Kardinal Joseph Ratzinger mit Recht von einem Sieg der Wahrheit des Geistes und der Religion sprechen konnte: „Der Geist hat seine Kraft bewiesen; der Posaunenstoß der Freiheit war stärker als die Mauer, die sie in Grenzen halten wollte."[12] Das äußere und innere Zerfallen der marxistischen Ideologie führte allerdings nicht, wie man zunächst erwarten durfte, zu einer Stärkung der gesellschaftlichen Hoffnungspotentiale, sondern eher zu ihrer nochmaligen Schwächung. Denn an die Stelle der verheißungsvollen Eutopien von Machbarkeit und Fortschritt traten nicht nur neue Dystopien; das Scheitern des dogmatischen Marxismus und der Zusammenbruch des bisherigen Ostblocks stürzten vielmehr auch das utopische Denken marxistischer Prägung und letztlich die Zukunftsvisionen überhaupt in eine tiefe Krise, die ins Mark der neuzeitlichen Zivilisation und ihres Zweckoptimismus gehen musste. Die Überforderung des so genannten wissenschaftlichen Marxismus als der großen Lösung der menschheitlichen Probleme provozierte eine weitgehende Ernüchterung, die ein gewiss unverdächtiger Zeitzeuge wie der deutsche Philosoph Jürgen Habermas treffend auf den Punkt brachte: „Wenn die utopischen Oasen austrocknen, breitet sich eine Wüste von Banalität und Ratlosigkeit aus."[13]

Diese Situation wurde noch dadurch verschärft, dass sich die mit der Wende von 1989 verbundene Hoffnung nicht bewahrheitete, es würde zu einer neuen Zuwendung zum Christentum und vor allem zu einer neuen Attraktivität des christlichen Glaubens in den ideologisch ausgedörrten Ländern des ehemaligen Ostblocks kommen. Der Sturz der großen Hoffnungen brachte vielmehr jenes schillernde Phänomen hervor, das man als Postmoderne zu bezeichnen pflegt[14] und in einem neuen Relativismus und Nihilismus bis hin zum Aufkommen von neuen aggressiven und fundamentalistischen Atheismen in der Gegenwart besteht. Die Erschöpfung von utopischen Energien bildet jedenfalls den innersten Kern einer nicht nur ökonomischen, sondern vor allem geistigen Krise. Wir stehen in der Gegenwart damit vor einem grundlegenden Wandel einer gewiss großen

11 Vgl. W. Fürst u. a. (Hg.), Ideen für Europa. Christliche Perspektiven der Europapolitik (Münster 2004).

12 J. Kardinal Ratzinger, Wendezeit für Europa? Diagnosen und Prognosen zur Lage von Kirche und Welt (Einsiedeln 1991) 105–106.

13 J. Habermas, Zeitdiagnosen (Frankfurt a. M. 2003) 47.

14 Vgl. W. Welsch, Unsere postmoderne Moderne (Weinheim 1987).

Epoche und sind in neuer Weise mit den tiefsten Fragen des Menschen nach seinem Menschsein und der rechten Gestaltung des gesellschaftlichen und politischen Lebens konfrontiert.

c) Kulturgeschichtlicher Sonderweg

Von daher ist auch der dritte große Einbruch sichtbar geworden, in dessen Einflussbereich wir heute stehen. Ohne jeden Zweifel durchlebt Europa heute eine Fülle von atemberaubenden Entwicklungen, es befindet sich aber auch in tief greifenden Umbrüchen. Auf der einen Seite sind zwar die kommunistischen Systeme zusammengebrochen und ist die Mauer aus Steinen entsorgt worden, während freilich die Mauer im Bewusstsein und im Herzen von nicht wenigen Menschen weiterhin existiert und sich als ungemein hartnäckig erweist, wie die blutigen Nationalitätenkonflikte und Bürgerkriege vor allem auf dem Balkan gezeigt haben, die nach der Wende ausgebrochen sind und bis heute nachwirken.[15] Auf der anderen Seite hat sich die europäische Gemeinschaft in einem solchen Ausmaß konsolidieren können, dass sich die Frage erhebt, ob Europa wirklich mehr geworden ist als eine ökonomische Interessengemeinschaft und ob ein Europa, das sich bloß auf einer gemeinsamen Wirtschaft und auf vereinheitlichen Finanzen aufbaut, wirklich Bestand haben kann: Wird ein Europa mit dem Euro als der gemeinsamen Währung allein lebensfähig sein, oder braucht es nicht auch eine geistige und geistliche Leitwährung, die es in der biblischen Gottestradition als jener Wurzel suchen und finden könnte, von der die europäische Kultur maßgeblich geprägt worden ist?[16]

Dass diese Wurzel im heutigen offiziellen Europa aber weithin kaum mehr lebendig ist oder gar abgeschnitten zu werden droht, hat seinen deutlichsten Ausdruck darin gefunden, dass in der Präambel des Reformvertrags der Europäischen Union sowohl ein Gottesbezug als auch eine anerkennende Nennung des christlichen Erbes unterbleiben mussten, allerdings trotz vieler Bemühungen einiger Regierungen, aber wegen des Einspruchs Frankreichs, wo allerdings die hoch gepriesene Laicité in Gefahr steht, ihrerseits zu einer neuen Religion, gleichsam einer französischen Nationalreligion zu werden. Diese Entwicklung bringt es vollends an den Tag, dass Europa seit einiger

15 Vgl. U. Altermatt, Das Fanal von Sarajevo. Ethnonationalismus in Europa (Zürich 1996).
16 Vgl. M. Pera, Warum wir uns Christen nennen müssen. Plädoyer eines Liberalen (Augsburg 2009).

Zeit ein ebenso einmaliges wie schwieriges historisches Experiment unternimmt, hinsichtlich dessen niemand voraussagen kann, wie es ausgehen wird. Denn Europas Versuch, Gesellschaften oder eine Gemeinschaft von Staaten zu bauen, die von einem religiösen Fundament prinzipiell absehen, stellt so sehr ein kulturgeschichtliches Novum dar, dass sich einem das Urteil aufdrängt, Europa sei der einzig wirklich säkularisierte Kontinent.

Die heutige Situation der europäischen Gesellschaften lässt sich zweifellos am adäquatesten mit dem Stichwort der Säkularisierung charakterisieren.[17] Darunter ist der unwiderstehliche Trend zu einem von der Religion überhaupt und vom Christentum im Speziellen emanzipierten und in diesem Sinn säkularistischen Lebensgefühl zu verstehen, das sich unter den europäischen Menschen immer mehr ausbreitet und zu einer weitgehenden Erosion des Christlichen führt. Nicht nur der Staat, sondern auch die ganze moderne Kultur sind stets mehr von einer durchgehenden Pluralisierung der Lebensformen, besonders im Bereich von Ehe und Familie, der Weltanschauungen, Wertüberzeugungen und ethischen Normen gekennzeichnet, so dass sich der gesellschaftliche Pluralismus als die deutlichste Konstante in den postmodernen Gesellschaften herausstellt, dem sich auch das Christentum stellen muss.

3. Gesellschaftliche Folgelasten des Säkularismus

Mit dieser Diagnose kann und darf freilich nicht die Therapie verbunden werden, die Kirche müsse hinter die neuzeitliche Säkularisierung wieder zum so genannten „christlichen Abendland“ zurückkehren. Abgesehen davon, dass die mittelalterliche Einheitsgesellschaft von Thron und Altar und von fürstlichem Zepter und fürstbischöflichem Krummstab in der europäischen Geschichte ohnehin eher die Ausnahme gewesen ist, ist ein Weg hinter die gesellschaftliche Ausdifferenzierung in der Neuzeit einfach nicht möglich. Es ist zudem eine wesentliche und vom Christentum selbst geförderte Errungenschaft der neuzeitlichen Gesellschaft, dass das adäquate Verhältnis von Kirche und Staat immer deutlicher und konsequenter mit dem Vorzeichen einer weitgehenden Trennung verstanden und gestaltet worden ist, die freilich eine loyale Partnerschaft und Zusammenarbeit zwischen beiden nicht

17 Vgl. K. Koch, Hat das Christentum noch Zukunft? Zur Präsenz der Kirche in den säkularisierten Gesellschaften Europas, in: Communio. Internationale katholische Zeitschrift 32 (2003) 116–136.

ausschließt, sondern ermöglicht. Auch der Christ hat deshalb von seinem Glaubensverständnis her ein positives Verhältnis zu einer gesunden Laizität des Staates, wie dies Papst Benedikt XVI. zu Beginn seiner Apostolischen Reise nach Frankreich im Jahre 2008 in einer sehr prinzipiellen Weise ausgesprochen hat: „Ich bin überzeugt, dass in dieser geschichtlichen Zeit, in der die Kulturen sich immer mehr verflechten, ein neues Nachdenken über den wahren Sinn und die Bedeutung der Laizität notwendig geworden ist." In seiner Sicht ist es grundlegend, „einerseits auf die Unterscheidung zwischen politischem und religiösem Bereich zu bestehen, um sowohl die Religionsfreiheit der Bürger als auch die Verantwortung des Staates, die er ihnen gegenüber hat, zu gewährleisten, und sich andererseits deutlicher der unersetzlichen Funktion der Religion für die Gewissensbildung bewusst zu werden und des Beitrags, den die Religion gemeinsam mit anderen zur Bildung eines ethischen Grundkonsenses innerhalb der Gesellschaft erbringen kann"[18]. Wer in einer so grundsätzlichen Weise für eine positive Laizität eintritt, ist dann freilich auch berechtigt und verpflichtet, den Finger auch auf die schwerwiegenden Folgewirkungen eines prinzipiellen Laizismus und Säkularismus in der heutigen Gesellschaft zu legen.

a) Abdrängung der Religion ins Subkulturelle

Eine erste schwerwiegende Folgewirkung des Säkularismus zeigt sich in einem gebrochenen oder zumindest weithin ungeklärten Verhältnis der heutigen Gesellschaft zum Phänomen des Religiösen. In der heutigen Gesellschaft sind starke Tendenzen festzustellen, die Religion als einen gesellschaftlich irrelevanten oder vielleicht sogar lästigen Faktor zu betrachten und sie an den Rand des gesellschaftlichen Lebens abzudrängen. Gegen solche Tendenzen muss sich das Christentum zur Wehr setzen, und zwar vornehmlich aus einem zweifachen Grund. Das Christentum ist dazu erstens aufgrund seines eigenen Glaubensverständnisses verpflichtet, weil es in ihm für eine rein private Religion keinen Platz gibt und weil das Christentum folglich seine Identität verlieren würde, wenn es sich zu einer rein privaten Angelegenheit degenerieren ließe.

Der Abdrängung der Religion in den Bereich des Subkulturellen muss zweitens auch angesichts der sich pluralisierenden und dynamisierenden Gesellschaft, in der immer mehr Menschen anderer Religionen zusammenleben,

18 Benedikt XVI., Begrüßungsansprache im Präsidentenpalast in Paris am 12. September 2008.

widerstanden werden. Die bisherigen Erfahrungen haben gezeigt, dass Menschen anderer Religionen, die bei uns leben, die eigentliche Bedrohung ihrer religiösen Identität nicht im christlichen Glauben wahrnehmen, sondern in der weitgehenden Verdrängung Gottes aus dem gesellschaftlichen Bewusstsein. Denn die strenge Säkularität und Profanität, die sich in Europa herausgebildet hat, ist den religiösen Kulturen von Grund auf fremd; sie sind vielmehr überzeugt, dass eine Welt ohne Gott keine Zukunft haben wird. Aus dieser Beobachtung muss man den Schluss ziehen, dass eine Gesellschaft, die sich dem Phänomen des Religiösen gegenüber verschließt und seine Öffentlichkeit verbietet, interreligiös nicht dialogfähig sein kann. Und eine multireligiös gewordene Gesellschaft wird ohne öffentliche Ehrfurcht vor dem Heiligen, auch vor dem, was den anderen Religionen heilig ist, keinen Bestand haben können. Um des friedlichen Zusammenlebens der Menschen verschiedener Religionen in unserer Gesellschaft willen erweist sich der interreligiöse Dialog als lebensnotwendig; gelingen kann er aber nur, wenn die Religion in der heutigen Gesellschaft ein öffentliches Thema ist oder wieder wird.

b) Veränderungen der Menschenrechtsidee

Die Verdrängung des Religiösen aus dem öffentlichen Diskurs der Gesellschaft zeigt heute unmittelbare Auswirkungen auf Verständnis und Praxis der Menschenrechte, die eine tiefe Verankerung im christlichen Glauben aufweisen.[19] Es ist als weitere verhängnisvolle Konsequenz der säkularistischen Mentalität heute zu beurteilen, dass in aller Unbefangenheit die Frage verhandelt wird, ob die Menschenrechte wirklich universal sind und allen Menschen zukommen. Eng damit zusammen hängt, dass der bisherige Konsens über den Inhalt der Menschenrechte weithin brüchig geworden ist. Dies zeigt sich vor allem darin an, dass heute zwar alle Menschen von Menschenrechten reden, jedoch unter ihnen keineswegs Dasselbe verstehen.

Ein kurzer Blick in die europäische Menschenrechtsgeschichte zeigt, dass bereits von Beginn an zwei unterschiedliche Hauptformen festgestellt werden müssen[20]: Der angelsächsische Typus der Menschenrechte, dem eine explizite christliche Begründung eigen ist, verwurzelt den Begriff der Menschenrechte

---

19 Vgl. E. Jüngel, Zur Verankerung der Menschenrechte im christlichen Glauben, in: Ders., Außer sich. Theologische Texte (Stuttgart 2011) 124–138.

20 Vgl. W. Wertenbruch, Art. Menschenrechte, in: Die Religion in Geschichte und Gesellschaft (3. Auflage, Tübingen 1960) 869–872.

im christlichen Schöpfungsgedanken. Insofern letztlich nur die Schöpfung Ansprüche begründen kann, die jeder geschichtlichen Institution verbindlich voraus liegen, sind die Menschenrechte als Schöpfungsrechte zu verstehen. Die Menschenrechtserklärung, die in der Französischen Revolution gründet, geht demgegenüber davon aus, dass solche Rechte auf der Setzung durch die Menschen selbst beruhen. Da sie die Einsicht in die zweckmäßige Gestaltung des menschlichen Zusammenlebens voraussetzen, sind es die Menschen selbst, die darüber befinden, was als „Menschenrecht" zu gelten hat.

Es versteht sich leicht, dass die französische Tradition für die Relativierung der Menschenrechte eher anfällig ist. Am meisten einem Relativierungssog ausgesetzt ist heute zweifellos das ebenso fundamentale wie elementare Recht auf Leben. Bei diesem hat sich – in der Öffentlichkeit weithin unbemerkt – eine grundlegende Verschiebung bereits in der Begrifflichkeit eingeschlichen. Während dem traditionellen Menschenrecht auf Leben der Gedanke der procreatio zugrunde liegt, mit dem das menschliche Leben von seinem Beginn an bis zu seinem natürlichen Tod für schützenswert betrachtet wird, gehen die so genannten neuen Menschenrechte vom Gedanken der reproductio und damit vom Prinzip der Mach- und Selbstproduzierbarkeit des menschlichen Lebens aus. Hier liegt der Grund, dass nun neue so genannte Menschenrechte formuliert und propagiert werden[21], vor allem das Menschenrecht auf den frei gewählten Tod und das Menschenrecht auf Abreibung im angeblichen Interesse der reproduktiven Gesundheit der Frau unter völliger Missachtung des Menschenrechts des noch ungeborenen Kindes auf Leben. In denselben Kontext gehören auch das propagierte Recht auf grenzenlose Forschungsfreiheit mit dem menschlichen Leben und das Recht von gleichgeschlechtlichen Partnerschaften auf Nachkommenschaft und damit auf Adoption von Kindern und folglich das Recht, selbst definieren zu dürfen, was man unter Ehe und Familie verstehen will – bis dahin, dass jedem Menschen das Recht zukommt, selbst darüber zu entscheiden, ob sich jemand als Mann oder als Frau verstehen will. Denn gemäß dieser von maßgeblichen politischen Kreisen in Europa forcierten Gender-Ideologie haben die biologischen Vorgaben für die menschliche Geschlechtsidentität nichts mehr zu bedeuten und wird Biologie in Kultur aufgelöst[22], ohne freilich zu merken, dass damit eine gnostische Leibfeindlichkeit propagiert wird, wie

21 Vgl. M. A. Peeters, The globalization of the western cultural revolution. Key concepts, operational mechanisms (Brussels 2007).

22 Vgl. beispielsweise J. Butler, Das Unbehagen der Geschlechter (Frankfurt a. M. 1991).

sie das Christentum nie gekannt hat.[23] Da in dieser Sinnrichtung heute alle von Menschenrechten reden, unter ihnen aber etwas sehr Verschiedenes verstehen, kommt es an den Tag, dass heute in Europa ein leidenschaftlicher Kampf um den Menschen und das adäquate Menschenbild ausgetragen wird, bei dem gerade Christen nicht gleichgültig abseits stehen dürfen.

c) Relativierung des Normenbewusstseins

Die gravierenden Veränderungen in Verständnis und Praxis der Menschenrechte haben ihren wesentlichen Grund darin, dass unter ihnen das Recht auf die freie Entfaltung der eigenen Persönlichkeit immer mehr an die erste Stelle gerückt worden ist. Zwar gilt auch in den heutigen Rechtsordnungen die Menschenwürde wenigstens prinzipiell noch als übergeordnete Norm an der Spitze der Menschenrechte; und das Recht auf freie Entfaltung der Persönlichkeit wird – beispielsweise im Deutschen Grundgesetz – als eingeschränkt durch die Rechte anderer, durch das Moralgesetz und durch die verfassungsmäßige Ordnung der für alle geltenden Gesetze verstanden. Von diesen Einschränkungen ist jedoch in der konkreten Rechtswirklichkeit eigentlich nur die Schranke der individuellen Willkür geblieben. Der evangelische Theologe Wolfhart Pannenberg hat mit Recht geurteilt, dass die Fokussierung der Menschenrechte auf das individuelle Recht auf die freie Entfaltung der Persönlichkeit selbst „Ausdruck eines Verfalls der Menschenrechtsidee“ ist, „wenn die Entfaltung der Persönlichkeit nicht auf die Idee des Guten bezogen und ihr untergeordnet wird, sondern selber zu einer Art letzter Entscheidungsinstanz über Gut und Bös zu werden tendiert“. Eng damit zusammen hängt, dass das ethische Normenbewusstsein immer entschiedener auf den „Akt nur noch emotional begründeter Wertungen“ reduziert wird: „Die Unterschiedlichkeit moralischer Wertungen wird selber zu einer Sache der freien Entfaltung der Persönlichkeit.“[24]

Damit manifestiert sich eine weitere Folgewirkung der säkularisierten Grundstimmung in der heutigen Gesellschaft. Wenn nämlich die Realität Gottes aus dem öffentlichen Bewusstsein ausgeschlossen wird, wird der ganze sittliche Bereich notwendigerweise auf das subjektive Umfeld des einzelnen

---

23 Zur kritischen Auseinandersetzung mit der Gender-Ideologie vgl. H.-B. Gerl-Falkovitz, Frau – Männin – Menschin. Zwischen Feminismus und Gender (Kevelaer 2009).

24 W. Pannenberg, Die moralischen Grundlagen der modernen Gesellschaft und die Kirche, in: Ders., Beiträge zur Ethik (Göttingen 2004) 173–184, zit. 177.

Menschen eingegrenzt. Dabei darf freilich nicht verschwiegen werden, dass auch gewisse moraltheologische Strömungen innerhalb der Katholischen Kirche in diese Richtung tendieren. Während das Zweite Vatikanische Konzil eine biblisch orientierte und christozentrisch angelegte Moraltheologie erneuern wollte, wurde bald nach dem Konzil innerhalb der Moraltheologie betont, die Bedeutung der Heiligen Schrift liege nicht auf der Ebene der Inhalte, sondern allein auf derjenigen der Motivation, weshalb der christliche Glaube keine inhaltlichen Grundentscheide in Sachen Moral einschließe, die Inhalte der Moral vielmehr rein rational ermittelt werden müssten. In einem zweiten Schritt wurde auch das für die bisherige Moraltheologie konstitutive Verhältnis von Sein und Vernunft in Frage gestellt und auf die Schöpfungstheologie und damit auch auf das natürliche Sittengesetz als Fundament der Moraltheologie verzichtet; stattdessen wurde das Prinzip der Güterabwägung auf das Gesamt des sittlichen Handelns angewendet und dieses nach seinen vermutbaren Wirkungen beurteilt. Dieses Modell einer gleichsam kalkulatorischen Moral hat seine letzte Zuspitzung in der Behauptung gefunden, dass es keine in sich schlechten Handlungen gebe.

Mit dem Bekanntwerden der schrecklichen Missbrausskandale in der Katholischen Kirche ist hier freilich eine elementare Wende eingetreten, insofern sich ein neuer Konsens eingestellt hat, dass sexualisierte Gewalt und Pädophilie in jedem Fall schlechte Handlungen seien.[25] Dem ist selbstverständlich zuzustimmen; zugleich ist daraus aber zu folgern, dass sexualisierte Gewalt und Pädophilie wohl kaum die einzigen in sich schlechten Handlungen sein können, dass vielmehr die bisherige Annahme kritisch revidiert werden muss, indem in neuer Weise an die Bereitschaft appelliert wird, inskünftig entschiedener auf die Sprache der Schöpfung, die eben nicht stumm ist, zu hören.

4. Revitalisierung der fundamentalen Werte

Führt man sich diese schwerwiegenden Konsequenzen des neuzeitlichen Säkularismus und der damit einhergehenden Abdrängung von Religion und Moral in den Bereich der Privatheit und Subjektivität vor Augen, stellt sich die entscheidende Frage, wie das Christentum im heutigen Europa seine Sen-

25 Vgl. G. Erlandson/M. Bunson (Eds.), Pope Benedict XVI and the sexual abuse crisis. Working for reform and renewal (Indiana 2010).

dung wahrnehmen und seinen Beitrag für die Revitalisierung der grundlegenden Werte und damit für die Zukunft dieses Kontinentes einbringen kann. Dabei ist davon auszugehen, dass die Kirche vom Staat keine Privilegien verlangt, wohl aber die Respektierung des Rechts, in Freiheit ihre Sendung in der gesellschaftlichen Öffentlichkeit erfüllen zu können. Auf die Wahrnehmung dieses Öffentlichkeitsauftrags ist die Gesellschaft sogar selbst angewiesen, weil er sich aus der ihr inhärenten Problematik von selbst ergibt. Denn das wohl tiefste Dilemma der heutigen pluralen, säkularen und weltanschauungsneutralen Gesellschaften in Europa besteht darin, dass sie auf der einen Seite trotz oder gerade wegen ihrer weltanschaulichen Neutralität von weltanschaulichen, ethischen und religiösen Voraussetzungen leben können müssen, die sie selbst aber auf der anderen Seite nicht mehr zu garantieren vermögen.[26] Diese äußerst prekäre Situation ist vom Rechtsphilosophen Ernst-Wolfgang Böckenförde eindringlich herausgestellt und dahingehend fokussiert worden, dass der säkulare und weltanschauungsneutrale Staat selbst nicht mehr über seine eigenen Grundlagen verfügt, dass er aber gerade deshalb auf die öffentliche Erneuerung von religiösen und ethischen Orientierungen dringend angewiesen bleibt, die er freilich nicht selbst hervorzubringen vermag, und dass er deshalb „aus jenen inneren Antrieben und Bildungskräften“ lebt, „die der religiöse Glaube seiner Bürger vermittelt“[27]. Um ihrer eigenen Existenz und Zukunft willen sind die modernen Gesellschaften auf religiöse Gemeinschaften wie die christlichen Kirchen angewiesen, die die fundamentalen Werte, Normen und Rechte, die sich in der gesellschaftlichen Öffentlichkeit in einem verhängnisvollen Prozess der Erosion befinden, aus ihrer letzten Verankerung im transzendenten Bereich schützen und das religiös-kulturelle Erbe wach halten, aus dem auch und gerade die säkularen und weltanschauungsneutralen Gesellschaften leben können müssen. Nimmt man dieses Böckenfördsche Paradox in seiner ganzen Tragweite ernst, dann können die heutigen Gesellschaften nur zu ihrem eigenen Schaden den Öffentlichkeitsauftrag der christlichen Kirchen negieren wollen. Damit wird die Frage unaufschiebbar, welche Werte in der Sicht des christlichen

---

26 Vgl. K Lehmann, Säkularer Staat: Woher kommen das Ethos und die Grundwerte? Zur Interpretation einer bekannten These von Ernst-Wolfgang Böckenförde, in: S. Schmidt/M. Wedell (Hg.), „Um der Freiheit willen …“ Kirche und Staat im 21. Jahrhundert (Freiburg i. Br. 2002) 24–30.

27 E.-W. Böckenförde, Die Entstehung des Staates als Vorgang der Säkularisierung, in: Ders., Recht, Staat, Freiheit. Studien zur Rechtsphilosophie, Staatstheorie und Verfassungsgeschichte (Frankfurt a. M. 1991) 92–114, zit. 113.

Glaubens in den heutigen europäischen Gesellschaften um deren selbst willen revitalisiert werden müssen.

a) Prinzip der Divinität: Gegen neue Götterdämmerungen

Auf dem Hintergrund der voraufgehenden Überlegungen wird es nicht erstaunen, dass an erster Stelle das Prinzip der Divinität genannt wird. Es ist vor allem im Ersten Gebot des Dekalogs begründet, nämlich im Gebot der Ehrfurcht gegenüber Gott, dem Schöpfer der Welt. Denn wer das Gottsein Gottes erkennt und anerkennt und sich vor ihm zur Rechenschaft verpflichtet weiß, ist am ehesten davor geschützt, jenen heimlichen und unheimlichen Götterdämmerungen zu verfallen, die im persönlichen, gesellschaftlichen und politischen Leben immer dann auftreten können, wenn irdische und weltliche Wirklichkeiten an die Stelle Gottes gesetzt und damit vergöttert werden.

In klassischer Weise ist dieses Problem vom Reformator Martin Luther in der Auslegung des Ersten Gebotes in seinem „Großen Katechismus" beim Namen genannt worden, indem er auf die Frage, wer denn Gott sei, geantwortet hat: „Ein Gott heißet das, wozu man sich versehen soll alles Guten und Zuflucht haben in allen Nöten. Also dass ein Gott haben nichts anderes ist, denn ihm von Herzen trauen und gläuben, wie ich oft gesagt habe, dass alleine das Trauen und Gläuben des Herzens machet beide Gott und Abegott. Ist der Glaube und Vertrauen recht, so ist auch Dein Gott recht, und wiederümb, wo das Vertrauen falsch und unrecht ist, da ist auch der rechte Gott nicht. Denn die zwei gehören zuhaufe, Glaube und Gott. Worauf Du nun Dein Herz hängest und verlässest, das ist eigentlich Dein Gott."[28]

In dieser Antwort setzt Martin Luther voraus, dass jeder Mensch immer und überall glaubt und vertraut. Wie sehr der Mensch nicht leben kann, ohne zu glauben und zu vertrauen, zeigt sich vor allem daran, woran er sein Herz hängt; und dies wiederum wird vornehmlich daran sichtbar, zu welchen „Opfern" er bereit ist: Man denke nur an die Verkehrsopfer, an die Opfer, die Staaten in ihren Kriegen zu geben bereit sind, an die Opfer, die wir Menschen in ausbeuterischer Manier der Schöpfung abverlangen und ihre Wirtlichkeit zerstören, oder an die alltäglichen Opfer, die wir im Namen von Macht, Ehre und Prestige zu bezahlen bereit sind. Denn, wie Luther betont, genau dasje-

28 In: Die Bekenntnisschriften der evangelisch-lutherischen Kirche (Göttingen 1976) 560.

nige ist in meinem Leben „mein Gott“, auf das ich letztlich vertraue und an das ich mein Herz hänge. Worauf der Mensch sein Herz hängen und vertrauen kann, dafür hat Luther selbst ein anschauliches Beispiel gegeben: „Es ist mancher, der meinet, er habe Gott und alles gnug, wenn er Geld und Gut hat, verlässt und brüstet sich drauf so steif und sicher, dass er auf niemand nichts gibt. Siehe, dieser hat auch einen Gott, der heisset Mammon, das ist Geld und Gut, darauf er alle sein Herz setzet.“ Denn „wer Geld und Gut hat, der weiß sich sicher, ist fröhlich und unerschrocken, als sitze er mitten im Paradies, und wiederümb, wer keines hat, der zweifelt und verzagt, als wisse er von keinem Gott“. Luther sah sich dabei bereits in seiner Zeit verpflichtet, hinzuzufügen, das Geld sei „der allergemeinest Abgott auf Erden“[29].

Dieses Beispiel hat neue Brisanz erhalten in der heutigen Situation Europas, die von einem „geldgeprägten Pantheismus“ infiziert und in der das Geld weithin zum irdischen Gott avanciert ist.[30] Analoge Götterdämmerungen treten immer dann auf, wenn irdische Wirklichkeiten wie Blut und Boden, Nation und Parteidoktrin die Stelle Gottes einnehmen und damit vergöttert werden. Es muss bleibend zu denken geben, dass die schlimmsten Untaten und die schrecklichsten Massenmorde in der so genannten aufgeklärten europäischen Neuzeit im Namen von antichristlichen und neuheidnischen Ideologien wie des Stalinismus und des Nationalsozialismus verübt worden sind, der mit seinem primitiven rassistischen Antisemitismus zusammen mit dem Judentum auch das jüdische Erbe im Christentum vernichten wollte. Das zwanzigste Jahrhundert hat jedenfalls den Basalsatz des christlichen Glaubens mehr als bestätigt, dass Humanität, die nicht in der Divinität begründet ist, nur allzu schnell in Bestialität umschlägt. Denn dort, wo Gott aus dem Bewusstsein verdrängt wird, wird der Mensch keineswegs frei, sondern gerät er erst recht in die Gefangenschaft von Götzendiensten.

Mit dem Prinzip der Divinität wird im Namen des christlichen Glaubens zwar durchaus kein Widerspruch gegen wichtige Werte wie Nationalität und staatliche Ordnung erhoben; es wird aber sehr wohl unmissverständlich daran erinnert, dass sie nur dann menschliche Werte sind und bleiben, wenn sie nicht verabsolutiert und damit vergötzt werden. Die Abwehr von solchermaßen bedrohlichen Vergötzungen setzt deshalb die öffentliche Erwähnung Gottes und das Bewusstsein von der Verantwortung aller im persönlichen,

29 Ebd. 561.

30 F. Wagner, Geld oder Gott? Zur Geldbestimmtheit der kulturellen und religiösen Lebenswelt (Stuttgart 1984) 134.

gesellschaftlichen und politischen Leben vor Gott voraus, wie Papst Benedikt XVI. immer wieder in Erinnerung gerufen hat: „Ohne ein transzendentes Fundament, ohne eine Beziehung zum Schöpfergott, ohne die Betrachtung unseres ewigen Schicksals laufen wir Gefahr, zur Beute schädlicher Ideologien zu werden.“[31]

b) Prinzip der Humanität: Gegen Erosionen der Menschenwürde

Aus dem Prinzip der Divinität folgt von selbst das Prinzip der Humanität. Da im christlichen Glauben an den Schöpfergott die Erkenntnis der Unantastbarkeit der Menschenwürde jedes einzelnen Menschen, die Idee der Gleichheit aller Menschen vor dem Recht und letztlich die Idee der Menschenrechte entwickelt worden sind, wird einsehbar, dass das Prinzip der Divinität dem Menschen, dem Schutz seines Lebens und der Anerkennung seiner Würde zugute kommt. Die jeden Menschen auszeichnende Würde beruht genauer auf seiner Zuordnung zu Gott, als dessen Ebenbild der Mensch geschaffen ist. Durch die Zugehörigkeit zu Gott steht jeder Mensch unter seinem Vorbehaltsrecht und ist sein Leben unantastbar, so dass die Menschenwürde ohne Gott letztlich kein tragfähiges Fundament mehr hätte. Der evangelische Theologe Wolfhart Pannenberg hat mit Recht angemahnt, „dass der Begriff der Menschenwürde nicht ohne weiteres ablösbar sein dürfte von dem Begründungszusammenhang der christlich-abendländischen Überlieferung“[32].

Der unlösbare Zusammenhang von beiden Prinzipien der Divinität und der Humanität zeigt sich in negativer Hinsicht auch an dem Sachverhalt, dass dort, wo Gott aus dem gesellschaftlichen Leben verabschiedet oder mit überstrapazierter „Toleranz“ hinauskomplimentiert wird, höchste Gefahr besteht, dass auch die Würde des Menschen mit Füssen getreten wird. Auf diesen Schicksalszusammenhang hat der katholische Theologe Johann B. Metz mit Recht seinen warnenden Finger gelegt: „War es nicht dieses späte Europa, in der erstmals in der Welt der ‚Tod Gottes‘ öffentlich verkündet wurde? Und ist es nicht dieses Europa, in dem wir seit geraumer Zeit auch auf den ‚Tod

---

31 Benedikt XVI., Ansprache bei der Audienz für die Teilnehmer an der Vollversammlung der Caritas Internationalis in Rom am 27. Mai 2011.

32 W. Pannenberg, Christliche Wurzeln des Gedankens der Menschenwürde, in: W. Kerber (Hg.), Menschenrechte und kulturelle Identität (München 1991) 61–76, zit. 75.

des Menschen', so wie wir ihn aus unserer bisherigen Geschichte kennen, vorbereitet werden?“[33]

Die Symptome des Schicksalszusammenhangs, dass das Verschweigen Gottes in der gesellschaftlichen Öffentlichkeit dem Menschen keineswegs zugute kommt, sind heute mit Händen zu greifen. Das deutlichste Symptom dafür muss man im Ungleichgewicht zwischen dem moralisch-rechtlichen Schutz von Sachen und demjenigen des menschlichen Lebens diagnostizieren. Der Schutz von Sachen ist in der heutigen Gesellschaft erheblich eindeutiger geregelt als der Schutz des menschlichen Lebens in seinen verschiedenen Phasen und vielfältigen Variationen. Autos sind beispielsweise besser geschützt als die Ungeborenen und Sterbenden, so dass man dem Urteil des Wiener Pastoraltheologen Paul M. Zulehner zustimmen muss, wenn er zu bedenken gibt, man müsste in der heutigen Gesellschaft das Glück haben, „als Auto zur Welt zu kommen“[34]. Man mag dieses Urteil für übertrieben halten; man müsste dann aber eine adäquate Antwort auf den in der vor einigen Jahren in Deutschland geführten Beschneidungsdebatte sichtbar gewordenen paradoxen Sachverhalt geben können, dass diejenigen Juristen und Politiker, die dem Menschenrecht auf körperliche Integrität den Vorrang vor dem Menschenrecht auf Religionsfreiheit gegeben haben, dieses Recht auf körperliche Integrität nur im Blick auf das Haben oder Nichthaben des Praeputiums, nicht hingegen im Blick auf den Schutz oder Nichtschutz der Ungeborenen so vehement verteidigt haben.

Von daher ist es kein Zufall, dass selbst der Grundgedanke der Menschenwürde, dem sich vor allem das Deutsche Volk nach den rechtspositivistischen Rechtmissbräuchen im Nationalsozialismus in besonderer Weise verpflichtet und ihn im Grundgesetz festgeschrieben hat, immer stärker unter ideologischen Verdacht gerät.[35] Wenn neuerdings sogar von einer „Tyrannei der Würde“, die sich mit der religiös-weltanschaulichen Neutralität des Staates nicht vertrage, gesprochen wird[36], wird deutlich, wie viele Nachfahren heute der deutsche Philosoph Arthur Schopenhauer wieder erhalten hat, der bereits

33 F.-X. Kaufmann/J. B. Metz, Zukunftsfähigkeit. Suchbewegungen im Christentum (Freiburg i. Br. 1987) 130.

34 P. M. Zulehner, Ein Obdach der Seele. Geistliche Übungen – nicht nur für fromme Zeitgenossen (Düsseldorf 1994) 54.

35 Zur kritischen Auseinandersetzung vgl. H. Bielefeldt, Auslaufmodell Menschenwürde? Warum sie in Frage steht und warum wir sie verteidigen müssen (Freiburg i. Br. 2011).

36 U. Neumann, Die Tyrannei der Würde. Argumentationstheoretische Erwägungen zum Menschenwürdeprinzip, in: Archiv für Rechts- und Sozialphilosophie 84 (1998) 153–166.

zu seiner Zeit den harten Verdacht geäußert hatte, die Rede von der Menschenwürde sei „das Schiboleth aller rat- und gedankenlosen Moralisten, die ihren Mangel einer wirklichen, oder doch wenigstens irgendetwas sagenden Grundlage der Moral hinter jenen imponierenden Ausdruck ‚Würde des Menschen' verstecken"[37].

Wenn wir uns zudem die anthropologische Revolution vor Augen führen, die bei den rasanten Entwicklungen der medizinischen Biowissenschaften bis hin zur Praxis der Präimplantationsdiagnostik und der Embryonen verbrauchenden, genauer tötenden Forschung zu diagnostizieren ist[38], dürfte man bald zur Überzeugung gelangen, dass diese großen Herausforderungen nicht mehr allein ethisch bewältigt werden können, sondern nur noch strikt Theologisch und damit vom christlichen Glauben an den Schöpfergott her. Die heutigen bioethischen Fragestellungen, die europaweit geführten Euthanasiedebatten und die radikalen Infragestellungen des grundlegenden Gedankens der Menschenwürde im öffentlichen Diskurs bringen es an den Tag, dass die Würde des menschlichen Lebens von seinem Beginn bis zu seinem natürlichen Ende ohne Transzendenzbezug kaum mehr erkannt geschweige denn geschützt werden kann. Es wird immer offensichtlicher, dass die einzig wirklich tragfähige Fundierung für die Personwürde des Menschen und für die sie charakterisierende Unantastbarkeit in einer transzendenten Begründung gesehen werden muss.

c) Prinzip der sozialen Personalität: Gegen individualistische und kollektivistische Extremismen

Der christlichen Überzeugung von der unveräußerlichen Menschenwürde liegt das Verständnis des Menschen als Person zugrunde, das seinerseits zum großen Erbe des christlichen Glaubens in der Menschheitsgeschichte gehört. Denn der für das Selbstverständnis des Menschen fundamentale Gedanke des Personseins hat seinen Ursprung im christlichen Glauben an den Dreifaltigen Gott und ist deshalb wesentlich durch die Kategorie der Beziehung charakterisiert.[39] Von daher ergibt sich das dritte Grundprinzip der sozialen Personalität von selbst. In diesem Prinzip ist freilich die grundlegende

37 A. Schopenhauer, Die beiden Grundprobleme der Ethik, behandelt in zwei akademischen Preisschriften (Leipzig 1860) 166.

38 Vgl. R. Weimann, Biotehik in einer säkularisierten Gesellschaft. Ethische Probleme der PID (Paderborn 2015).

39 Vgl. W. Pannenberg, Person und Subjekt, in: Ders., Grundfragen systematischer Theologie.

Spannung zwischen Individualität und Sozialität eingeschrieben, die die Frage hervorruft, wie sich die berechtigten Anliegen der einzelnen Individuen und die Notwendigkeit sozialer Verantwortung miteinander versöhnen lassen, ohne einem egoistischen Individualismus oder einem kollektivistischen Sozialismus zu verfallen.

In der Geschichte der Menschheit zeigt sich freilich bis auf den heutigen Tag, dass sie sich immer wieder zwischen diesen beiden Extremen bewegt. Nach dem historischen Scheitern des Kollektivismus hat der Individualismus in der jüngeren Vergangenheit eine neue Anziehungskraft erhalten. Mit dem elektrisierenden Stichwort der individuellen Selbstverwirklichung verbindet sich dabei leicht die Mentalität, der Mensch vermöge seine eigene Individualität nur zu garantieren und zu entfalten, wenn er sich von den gesellschaftlichen Verhältnissen löst und sich in den geschützten Raum der reinen Privatheit zurückzieht. Auf der anderen Seite aber machen die Menschen immer mehr die Erfahrung, dass der Rückzug in die Privatheit gerade nicht integrale Freiheit und das erwünschte Glück beschert, sondern das bedrückende und entfremdende Gefühl der Einsamkeit provoziert, wie der amerikanische Diagnostiker P. Slater sensibel feststellt: „Wir suchen mehr und mehr Privatheit und fühlen uns mehr und mehr entfremdet und allein gelassen, wenn wir sie erreichen."[40] Diese Paradoxie bringt es an den Tag, dass auf der einen Seite der Kollektivismus keine Lösung der Probleme des modernen Individualismus bietet und dass sich auf der anderen Seite der historisch gescheiterte Kollektivismus nicht mit einem neuen Individualismus überwinden lässt. Da nämlich die moderne Massengesellschaft letztlich eine gigantische Akkumulation von einzelnen und vereinzelten Individuen ist, stellen sich der Individualismus und der Kollektivismus als die zwei einander entgegengesetzten Extreme heraus, die sich freilich darin berühren, dass beide den einzelnen Menschen allein lassen und damit das Wesen der menschlichen Person von Grund auf verfehlen, die sich nur in personaler Verbundenheit und zwischenmenschlicher Verbindlichkeit selbst verwirklichen kann.

Von daher erklärt sich die neu aufkommende Sehnsucht nach einer Versöhnung von individueller Freiheit und sozialer Gemeinschaftlichkeit und damit nach einem echten und ursprünglichen Menschsein, das sich nur in

Gesammelte Aufsätze. Band 2 (Göttingen 1980) 205–223; J. Ratzinger, Zum Personverständnis in der Theologie, in: Ders., Dogma und Verkündigung (München 1973) 205–223.

40 P. Slater, The pursuit of loniless. American culture at the breaking point (Boston 1976) 13.

Gemeinschaft mit anderen verwirklichen kann. Denn Individualität und Sozialität sind gleichursprüngliche Wirklichkeiten, die es miteinander zu versöhnen gilt und die gleichsam die anthropologische Basis für das Gleichgewicht von Autonomie und Gemeinschaft im Projekt der Vereinigten Staaten von Europa darstellen. Ein solches Projekt kann freilich nur gelingen, wenn jenseits von egoistischem Individualismus und kollektivistischem Sozialismus die Freiheit der Individuen und die Notwendigkeit von sozialer Verantwortung in einer kommunikativen Freiheit versöhnt sind, die die Ehrenbezeichnung „Solidarität" trägt.[41]

Damit stellt sich die entscheidende Frage, wie es um die lebensnotwendige Ressource „Solidarität" in der heutigen Gesellschaft bestellt ist. Diesbezüglich haben in den vergangenen Jahrzehnten wichtige kulturdiagnostische Studien das Ergebnis zu Tage gefördert[42], dass auf der einen Seite ein enger Zusammenhang zwischen dem Freiheitsstreben des modernen Menschen und einer weitgehenden Tendenz zur Desolidarisierung in dem Sinne besteht, dass der Freiheitsanspruch des heutigen Menschen im Kontext mangelnder Solidarität aufkommt und maßgeblich durch das moderne Lebenskonzept einer angestrengten Diesseitigkeit gefördert wird, und dass auf der anderen Seite die einen unsolidarischen Individualismus am meisten hemmende und Solidarität fördernde Kraft in der praktizierten Religion besteht. Aus diesen soziologischen Feststellungen hat Paul M. Zulehner den wichtigen Schluss gezogen, dass Solidaritätsquellen zu erschließen vor allem bedeuten müsse, „den Menschen im lebendigen Gott zu verwurzeln und aus dem Gefängnis purer Diesseitigkeit freizumachen": „Solidarität entsteht vor allem im Umkreis der Auferstehungshoffnung."[43]

5. Wert oder Würde als moderne Gretchenfrage

Mit dieser Schlussfolgerung kehren wir an den Beginn unserer Besinnung auf die christlichen Wurzeln Europas zurück und können nun sehen, wie die drei christlichen Prinzipien der Divinität, der Humanität und der personalen Sozialität unlösbar zusammenhängen. Wenn das Christentum sein grosses

41 Vgl. K. Koch, Solidarität. Lebenselixier christlichen Glaubens (Freiburg/Schweiz 1998).

42 Vgl. besonders P. M. Zulehner, Woraus Europa lebt und glaubt. Europäische Wertestudie (Düsseldorf 1993).

43 P. M. Zulehner, Religion und Autoritarismus. Inkulturation des Evangeliums in den Kontext der Freiheitlichkeit, in: Stimmen der Zeit 209 (1991) 597–608, zit. 604.

Erbe in der europäischen Geschichte auch heute wach hält und revitalisiert, hat es nichts Wichtigeres zu tun als das Gottesgeheimnis als bergendes Obdach für den Menschen zu verkünden. Damit stellt sich freilich die sehr ernste Frage, ob es dazu bereits genügen kann, wenn es seinen Beitrag zur Revitalisierung von grundlegenden Werten leistet, und zwar selbst dann, wenn es diese als unverhandelbare Werte in den gesellschaftlichen Diskurs einbringt. Diese Frage stellt sich vor allem deshalb, weil der Begriff des Wertes heute starke ökonomische Konnotationen aufweist und damit im Zusammenhang jener Kosten-Nutzen-Kalkulation steht, die im Vordergrund des ökonomistischen Wertdenkens steht.

Die gefährliche Logik dieses ökonomischen Wertdenkens hat der verstorbene Schweizer Schriftsteller Friedrich Dürrenmatt in seinem Drama „Der Besuch der alten Dame“ in äußerst anschaulicher Weise vor Augen geführt. Im Mittelpunkt dieses Dramas steht jene Dame, die im Laufe ihres Lebens Milliardärin geworden ist und mit einem Freund aus ihrer Jugendzeit noch eine offene Rechnung zu begleichen hat. Sie stattet deshalb ihrem Heimatstädtchen einen Besuch ab, um den Mitbürgern ihres Jugendfreundes das tollkühne Angebot einer Milliarde zu machen – unter der Bedingung, dass sie ihren alten Freund umbringen. Die Menschen in diesem kleinen und heruntergekommenen Städtchen entrüsten sich natürlich zunächst über dieses irrsinnige und mörderische Angebot. Kaum jedoch ist das Angebot ausgesprochen, beginnen sie zu rechnen, was ihnen denn ihr Mitbürger eigentlich „wert“ sei und was alles sie mit der zugesagten Milliarde machen könnten. Sobald sie sein Leben einer Kosten-Nutzen-Kalkulation unterziehen, finden sie Vieles, was an ihrem Mitbürger auszusetzen ist. Dabei sind sie bereits Opfer der giftigen und tödlichen Frage geworden, was denn das Leben ihres Mitbürgers eigentlich „wert“ sei. Mit dieser Frage ist der arme Mann eigentlich bereits verloren. Als sie ihn dann leibhaftig umbringen, ist dies nur die verhängnisvolle Konsequenz daraus, dass sie ihn in ihren abwertenden und verwertenden Gedanken bereits umgebracht hatten.

Das Drama Dürrenmatts erzählt gewiss eine ganz extreme Geschichte. In überpointierter Weise bringt sie aber genau jene verhängnisvolle Kosten-Nutzen-Kalkulation zum Ausdruck, von der ein ökonomistisches Wertedenken imprägniert ist und die der Staats- und Völkerrechtler Carl Schmitt auf die lapidare Kurzformel gebracht hat, dass niemand werten könne, „ohne abzuwerten, aufzuwerten und zu verwerten“. Denn wer Werte setze, habe sich damit gegen Unwerte abgesetzt, und der Geltungsdrang des Wertes sei unwiderstehlich, so dass der „Streit der Werter, Aufwerter und Verwerter“ unvermeidlich sei[44]. In dieser klassisch gewordenen Definition wird sichtbar, dass das pure Wertedenken eindimensional ökonomisch geprägt ist und in den Geltungsbereich der Tauschgerechtigkeit gehört: Wie beispielsweise die menschliche Arbeit in ihrer total entfremdeten Gestalt als Ware Tausch-Wert für den Arbeiter und Gebrauchs-Wert für den Besitzer der Produktionsmittel hat, der mit ihr einen Mehr-Wert erzeugt und Profit erzielt, so besteht auch in der heutigen Gesellschaft die Gefahr, dass die verschiedenen postulierten Werte einer Kosten-Nutzen-Kalkulation unterzogen und damit ökonomisch verwertet werden. Weil in dieser Weise die menschlichen Werte gerade nicht verteidigt werden können, versteht es sich von selbst, dass sich der Beitrag des Christentums zur Revitalisierung wichtiger Werte in der heutigen Gesellschaft von dieser ökonomistischen Logik der Verwertung grundlegend unterscheiden muss.

Wie aber lassen sich dann die fundamentalen Werte in der heutigen Gesellschaft retten und bewahren? Ein wichtiger Hinweis lässt sich zunächst jener Wegweisung entnehmen, die der Philosoph Immanuel Kant in seiner „Grundlegung zur Metaphysik der Sitten" gegeben hat: „Im Reiche der Zwecke hat alles entweder einen *Preis* oder eine *Würde*. Was einen Preis hat, an dessen Stelle kann auch etwas anderes, als Äquivalent gesetzt werden; was dagegen über allen Preis erhaben ist, mithin kein Äquivalent gestattet, das hat eine Würde."[45] Diese fundamentale Unterscheidung zwischen Wert und Würde gilt zunächst im Blick auf das Leben des Menschen, das im tiefsten Sinn keinen Wert, wohl aber Würde hat, die sich nicht auf-, ab- und verwerten lässt, wie Jesus seinen Jüngern angesichts ihrer Verwurzelung in der grenzenlosen Liebe seines Vaters zuspricht: „Ihr seid mehr wert als viele Spatzen" (Mt 10,31). Diese für den christlichen Glauben, der „nicht für Werte", sondern „für Wahrheit" steht[46], charakteristische Unterscheidung gilt auch und sogar in erster Linie im Blick auf jene wertloseste und prinzipiell nicht verwertbare Wahrheit, die Gott selbst ist. Denn Gott hat letztlich keinen Wert; er ist weder brauchbar noch verwertbar. Er wird vielmehr allein dadurch geehrt, dass Menschen seine Würde anerkennen und ihn wirklich Gott sein lassen.

---

44 C. Schmitt, Die Tyrannei der Werte, in: S. Schelz (Hg.), Die Tyrannei der Werte (Hamburg 1979) 9–43, zit. 35 f.

45 I. Kant, Grundlegung zur Metaphysik der Sitten BA 77, in: W. Weischedel (Hg.), Werke in sechs Bänden. Band IV: Schriften zur Ethik und Religionsphilosophie (Darmstadt 1966) 9–102, zit. 68.

46 E. Jüngel, Wertlose Wahrheit. Zur Identität und Relevanz des christlichen Glaubens. Theologische Erörterungen III (München 1990) XI.

Die absolut wertlose Wahrheit Gottes zu verkünden, macht die grundlegende Sendung des Christentums in der heutigen gesellschaftlichen Öffentlichkeit aus, und darin muss man seinen wichtigsten Beitrag zur Rettung und Revitalisierung der menschlichen Werte erblicken. Diesen Beitrag kann das Christentum aber nur erbringen, wenn es sich nicht selbst den säkularistischen Megatrends in der heutigen Gesellschaft anpasst und damit selbst zur Verwertung der menschlichen Werte beiträgt. Nicht ohne Grund hat der evangelische Bischof Wolfgang Huber als eine der größten Wunden im heutigen Christentum die Tatsache diagnostiziert, dass die christlichen Kirchen mit ihrer starken Fokussierung auf Ethik und Diakonie in der Versuchung stehen, auf den gesellschaftlichen Säkularisierungsschub mit einem Prozess der Selbstsäkularisierung, genauer mit einer durchgehenden Ethisierung der Religion zu antworten: „Die moralischen Forderungen der Religion wurden zum dominierenden Thema; die transmoralischen Gehalte der Religion, die Begegnung mit dem Heiligen, die Erfahrung der Transzendenz traten in den Hintergrund.“[47] Demgegenüber muss das Christentum in Europa in frischer Weise wieder entdecken, dass seine Hauptsendung darin besteht, „den alle Moral überschreitenden Gehalt des christlichen Glaubens in seiner Bedeutung für die Orientierungsprobleme der Gegenwart zu verdeutlichen“[48] und seine spezifisch religiöse Kompetenz entschieden zur Geltung zu bringen, mit der allein es durch keine andere gesellschaftliche Instanz ersetzbar ist.

Das Christentum muss sich in Europa mit neuer Leidenschaft der Gottesfrage stellen und ihr die erste Priorität einräumen. In der Verkündigung des biblisch offenbaren Gottes darf und muss man den am weitesten reichenden Beitrag des Christentums zur politischen Zukunft der Menschheit im Allgemeinen und der europäischen Welt im Speziellen erblicken. „Wo Gott ist, da ist Zukunft“: unter diesem Leitwort stand der Pastoralbesuch von Papst Benedikt XVI. in Deutschland im September 2011; und mit dieser Überzeugung steht und fällt der Beitrag des europäischen Christentums zur notwendigen Revitalisierung der grundlegenden menschlichen Werte in der heutigen gesellschaftlichen Lebenswelt Europas.

---

47 W. Huber, Kirche in der Zeitenwende. Gesellschaftlicher Wandel und Erneuerung der Kirche (Gütersloh 1998) 31.

48 Ebd. 9–10.